首都博物馆丛刊

VOL.24

2010年

首都博物馆 编

北京燕山出版社

图书在版编目（CIP）数据

首都博物馆丛刊. 2010 / 首都博物馆编. —北京：北京燕山出版社，2010.9

ISBN　978-7-5402-2448-6

Ⅰ.①首…　Ⅱ.①首…　Ⅲ.①首都博物馆-2010-丛刊　Ⅳ.①G269.271-55

中国版本图书馆 CIP 数据核字（2010）第 182671 号

首都博物馆丛刊（2010）

编者：首都博物馆编
主编：高凯军
编辑部主任：孙五一
编辑：朱锴　刘高　杜翔
责任编辑：杨燕君
封面设计：| 合 | 和 |
出版发行：北京燕山出版社
社址：北京市宣武区陶然亭路 53 号
邮编：100054
电话传真：86-10-6524430（总编室）
经销：各地新华书店
印刷：小森印刷（北京）有限公司
开本：850×1168　1/16
字数：804 千字
印张：31 印张
印数：001-1000 册
版别：2010 年 9 月北京第 1 版
印次：2010 年 9 月北京第 1 次印刷

定价：80.00 元

首都博物馆丛刊

特约专稿

北京史地

史学论丛

文物天地

博物馆理论与实践

展览研究与探索

博物馆科技与应用

国外博物馆掠影

博物馆大事记

全世界博物馆人的奥林匹克

——写在国际博协第22届大会倒计时100天之际

安来顺

2010年11月7日至12日，三年一届的国际博协大会——第22届国际博协大会——将在国际博协成立整整64年之际首度落户中国上海。这是包括中国在内的全世界博物馆人的一件盛事、喜事。在文化部、国家文物局和上海市人民政府指导下，各有关单位正在积极有序地推进大会各项筹备工作，并取得了可喜的阶段性的成果。在距大会召开倒计时100天之际，作为有幸参加本次大会申办、筹备工作的工作人员之一，作者谨籍此文对大会的有关背景情况作一鸟瞰梳理，祈望与关注、关心、支持大会的同仁们共享。

一、国际博协与国际博协大会

国际博物馆协会（其英文名称为The International Council of Museums，简称国际博协或ICOM）成立于1946年11月，是与联合国教科文组织保持着官方联系的非政府组织。它是世界上唯一代表博物馆和博物馆专业人员的国际组织，是国际博物馆界最大和最有影响的组织，其注册办事处在法国巴黎联合国教科文组织内。

国际博协致力于在世界范围内鼓励并支持各类博物馆的建立、发展及专业管理，组织博物馆各领域的专业合作，宣传博物馆和博物馆事业，履行为国际社会服务的使命（打击非法走私、自然或人为灾害后博物馆急救项目等），规范博物馆道德的标准。

国际博协由国家委员会、国际专门委员会及其附属组织和地区性联盟组成。国家委员会是国际博协的基本机构以及国际博协与其会员进行联系的主要渠道，由该国家全体国际博协会员组成；地区性联盟是本地区国家委员会、博物馆和博物馆专业人员之间信息交流与合作的机构；国际专门委员会，是国际博协开展专业活动和实现其工作计划的主要工具，具有独特的专业特性；所属国际组织，是不同类型博物馆自行建立并根据其章程进行管理的国际组织。

目前，国际博协拥有来自世界139个国家和地区的会员28000多名，会员包括个人会员、团体会员、学生会员、赞助会员和名誉会员。截至2009年，国际博协在115个国家建立了国家委员会，下设

30 个国际专门委员会、17 个附属国际组织以及 7 个地区性联盟，是名副其实的国际博物馆行业的权威性代表。

国际博协大会每三年召开一次，大会接收并审议国际博协会前三年的工作报告及其后三年规划草案。尤其重要的是，国际博协大会期间，会议代表将就通过选择某一特定主题，对博物馆的作用进行深入讨论，并根据这些讨论的结论形成大会决议案提交全体会议通过。国际博协大会历来受到博物馆业界、主办国家和社会公众的高度重视。首先，大会主题的选择和研讨，既反映了业界的共同关注和最新研究成果，同时也反映主办国博物馆的特色和关切；第二，大会在业界具有最广泛的代表性，为不同经济、文化背景下的博物馆专业人员提供了良好的业务交流平台，同时促进了主办国博物馆事业的发展；第三，大会期间组织的博览会、文化活动等项目，为主办国的普通公众更为直接地了解博物馆这种独特的文化资源及其在社会、文化、科技发展中的作用提供了重要的契机。

以最近两届国际博协大会为例。2004 年，来自 99 个国家的近 1600 名会员和随行人员参加了在韩国首尔举行的主题为“博物馆与非物质遗产”的第 20 届大会，期间举办了 211 场分会；2007 年，来自 117 个国家和地区的近 2700 名博物馆专业人士参加了在奥地利维也纳举行的第 21 届大会，大会期间围绕大会主题“博物馆与共同遗产”举办了 5 场主旨报告、195 场分会。所以，国际博协大会享有“国际博物馆界奥林匹克”的美誉。

二、国际博协与中国博物馆的国际化进程

有资料显示，国际博协早在筹备之时就与中国建立了联系，并得到中国博物馆界的大力支持。1946 年 11 月 16—21 日，来自 14 个国家的博物馆、博物馆协会和 5 个国际组织的代表在法国建立国际博协时，虽然中国代表未能亲临会议，但致函大会，正式声明支持建立国际博协，可以说中国是国际博协成立时的发起国之一。然而，由于历史的原因，国际博协与中国博物馆界真正的合作则是在 38 年以后，即国际博协中国国家委员会的正式建立。

改革开放之初，中国的文物博物馆事业如其他事业一样，百事待举，百业待兴。而中国恢复了与国际博协中断近四十年的联系，正式加入国际博协，建立国际博协中国国家委员会，是当时最早对外开放的专业领域之一，在中国博物馆国际化进程中具有里程碑的意义。1983 年 7 月，经文化部和外交部批准，中国博物馆学会派代表团，出席了在伦敦召开的国际博协第 13 届大会，正式宣布中国加入国际博协，并于同年建立了国际博协中国国家委员会。可以说，加入国际博协是中国博物馆启动国际化进程的一个重要里程碑。

二十多年来，中国通过联合举办地区性或专门性学术会议、组织国际博物馆日纪念活动、出席国际博协大会以及合作出版等途径，与国际博协在不同层面上加强了业务的联系与合作，从而推动了国际博物馆事业的发展和进步。其中，1989 年 3 月在北京举行的国际博协第 4 届亚太地区大会、2002 年 10 月在上海召开的国际博协第 7 届亚太地区大会等成为有重大影响的地区性会议。上海会议上通过的博物馆与非物质文化遗产的《上海宪章》是国际文化遗产界涉及博物馆与无形遗产的第一个专业指导性文件，在博物馆领域引起强烈反响，中国博物馆界也为更好地保护无形文化遗产做出了自己的贡献。目前国际博协 30 个国际专门委员会中多数与我国博物馆界建立和保持了紧密的合作关系，其中博物馆学、人员培训、安全与保卫、科技博物馆、钱币博物馆等委员会，都曾先后在我国召开过重要的学术

年会。国际博协于1977年发起创立了“国际博物馆日”，致力于促进博物馆与社会公众之间理解和合作。从1987年开始，国际博协中国国家委员会在各级政府部门和博物馆专业团体的支持下，每年的5月18日都根据国际博协确定的主题开展形式多样的纪念活动，产生了良好的社会影响，增进了全社会对博物馆事业的了解和支持。

随着综合国力的不断增强和博物馆事业的发展进步，中国博物馆在国际博协中的影响力逐步加强，不少中国代表在国际博协的各层次机构中担任了重要职务，直接参与了国际博物馆重要事务的决策和管理。中国代表于1992至1995年担任亚太地区委员会主席、1998至2007年连续三届担任副主席，大大提高了中国博物馆在亚太地区的影响力，增进了中国与其它20个国家博物馆和博物馆专业人员了解和交流。2004年和2007年中国代表连续两届赢得了执委会选举，进入国际博协的最高管理层。另据不完全统计，二十年来曾经和正在担任国际专门委员会副主席或理事的中国博物馆研究者、管理者在15人以上，涉及博物馆学、科技博物馆、自然历史、钱币、城市博物馆等领域。

2010年11月7日至12日，第22届国际博协大会将在中国上海举行。中国方面组建了以文化部蔡武部长为主任委员，以国家文物局单霁翔局长、上海市政府屠光绍副市长、中国科协程东红书记为副主任委员的组委会。目前，大会组委会正与国际博协总部进行着密切的合作，确保大会取得成功。筹备和举办国际博协第22届大会，不仅成为全方位体现中国文物博物馆大国地位和形象的重要机遇，同时也将中国与国际博协的合作推向了一个前所未有的水平。

三、“博物馆致力于社会和谐”——国际博协第22届大会的主题

众所周知，在当今世界博物馆的外部和内部环境正在经历复杂而深刻变化的背景下，博物馆和博物馆人面临着许多重要的发展机遇，同时也面临着不少巨大的挑战。作为国际博物馆协会一面旗帜，国际博协大会应该为今后若干年博物馆的发展确定专业标准，凝聚发展动力，为促使博物馆建立一种全面的价值体系和社会服务范式、强化其本质特征并确保其在全球化时代的发展与繁荣做出贡献，上海大会确定的主题是“博物馆致力于社会和谐”。

“和谐”既是一个对全人类都具有重要意义的概念，也是一个特别能体现东方文化色彩的概念。而“社会和谐”的内容是对话、包容、共存和发展，前提是多元、差异、竞争和创新。其价值观是“和而不同，求同存异”。其内涵包含着几个不同的层面，即民族国家内部各种人群与文化的和睦共处；以民族国家为背景的文化之间的和睦共处；以宗教信仰为背景的各种文化间的和睦共处；人类与自然的和睦共处。

讨论“博物馆致力于社会和谐”这一主题的意义在于，首先，该主题有很强的针对性和现实感，直面当今世界生态破坏和文化冲突导致社会失和的现实，表达了通过自己的努力来缓和冲突，建立和睦关系的良好愿望；第二，该主题与博物馆的文化特征及社会功能具有很好的契合点，是博物馆能扮演最佳角色的一个领域。因为社会和谐的直接表现是人群间、社会间和文化间的互相信任与良性互动，互相信任来自互相理解，互相理解来自于互相了解，互相了解又来源于沟通。博物馆恰恰是文化间互相沟通的最具组织化的平台和窗口，是最理想的文化交流的使者，通过客观展示各种文化的历史与现实促进文化间的沟通和互相了解，有助于消除由于隔阂和误解造成的文化冲突。我们深切地希望，经过国际博物馆大家庭的努力，使“和谐”在当代博物馆的理论与实践中实现其共同认可和接受的意义。我们专业的未来，是让博物馆成为一个可以作为融合文化、经济、社会和环境可持续的论坛和空间。

惟有如此，我们才能为子孙后代留下一个有意义的、共同享有的世界，一个不只属于少数人而是许多人的世界，一个属于所有人的世界。

所以，国际博协关于上海大会的主题声明希望与会代表在以下五个方面的研讨取得积极成果。一是通过一系列的讨论和交流，促使国际博物馆界经过共同努力，对怎样走向更负责任的、更可持续的未来发展发出自己的声音，直至提出新的途径；二是通过汇集全世界的专家，鼓励合作模式创新，促使博物馆更好地处理各种形式的文化遗产——有形的、无形的、可移动的、不可移动的、文化和自然的遗产问题，为博物馆发展做出贡献；三是更加关注保护和捍卫各种形式的文化遗产所亟待解决的问题，包括那些由于武装冲突、饥荒、气候变化、走私以及保护与发展关系紧张等原因致使遗产资源处于危险境地的国家和地区所面临的问题；四是提高博物馆的专业服务质量，将各种层次的博物馆能力建设置于优先地位，特别是在那些涉及博物馆基本功能的领域，使国际上的成功理念和做法得以更好、更广泛地被了解和使用；五是推动更科学的博物馆理论框架的建立，使之更符合创新、包容的精神，并在动态与变化的环境下跨越文化的差异且行之有效，通过博物馆认识水平的提高，在促进社会和谐方面发挥更积极的作用。

四、国际博协第22届大会正在向我们走来

目前，国际博协第22届大会的各项筹备工作正在紧张有序推进，这次全世界博物馆届的盛会正在一步步向我们走来。

经过与国际博协执委会协商并多次征求国内外著名专家学者的意见，2009年6月国际博协正式确认本次大会主题为“博物馆致力于社会和谐”。随后，组委会组织了一系列国际或全国性学术研讨会，加深了对主题认识和研究。

经与国际博协执委会协商一致，大会基本框架已经确定。在上海世博中心举行的为期6天活动内容包括：大会注册报到，大会开幕式、全体大会、主旨报告，国际委员会、地区联盟、所属国际组织会议及活动，开放式主题论坛，博物馆展览会，博物馆、历史遗迹等文化考察活动，全体会员会议、闭幕式、国际博协执委会选举等。目前，大部分实施方案已基本完成。

2009年年底，国际博协主席、总干事联合、中国国家委员会邀请并初步确定了4位国外主旨报告人。这些人选兼顾了地域、专业和性别的平衡。欧洲、北美、南美、非洲各1名，中国2名。4位国外主旨报告人包括了马里前总统、非洲联盟前主席、国际博协前主席阿尔法·科纳雷，欧盟委员会教育、文化、青年和体育总干事贝坦尼·德拉戈尼，世界文化与发展委员会执行主席、墨西哥国立大学教授洛德斯·阿里斯佩，旧金山艺术学院常务院长和资深副校长、艺术评论家奥奎·恩维佐，国内报告人为我国文化学者冯骥才先生和樊锦诗女士。

目前国际博协31个专委会中，29个专委会与我国的联络人沟通协商顺畅或基本顺畅，25个专业委员会确定了分主题和初步日程安排。在国内，相关学术论文征集工作已进入收尾阶段，绝大部分论文宣讲人已基本确定。

大会期间，将举办围绕大会开放式论坛。目前有两个开放式论坛已有初步方案，一是“博物馆与社会经济发展论坛”，一是“博物馆志愿者与志愿文化论坛”。国际博协视听与多媒体委员会与中国博物馆学会共同启动了“视听与多媒体艺术节”筹备工作。9月将组织国际专家评审，颁奖典礼将在大

会闭幕式期间举行。

中方筹委会、国际博协总部、美国盖蒂基金会共同出资，启动了对发展中国家代表的资助计划。根据国际博协评估委员会的综合评价，在68个国家167名申请者中，预计94人可望获得资助，几乎涵盖了所有国际博协成员国家，尤其是发展中国家。同时，为使更多中国博物馆代表，特别是老少边穷地区博物馆有机会参加此次难得的国际专业盛会，执委会已初步拟订专门的支持计划，通过减免会议注册费、定向支持等途径支持他们参加上海大会，预计将有近300名中国博物馆的代表受益于本支持计划。

上海作为大会举办城市动用了大量的人力、财力和物力资源全面启动了会务运行工作。

正像大会筹委会主任委员、文化部长蔡武所讲到的，成功举办2010年国际博协上海大会的意义十分重大，我们有决心和信心将本次大会办成一次成功的、有特色的和令人难忘的国际文化盛会。

2004 年国际博协第 20 届首尔大会

2007 年 5 月单霁翔同志主持召开筹委会第一次会议

2007 年举办城市上海接过国际博协会旗

2008 年 12 月上海市政府副市长屠光绍会见国际博协主席库敏斯

2008 年 12 月中国组委会与国际博协签订框架协议

2008 年“携手 2010：宁波国际博物馆高峰论坛”

2010 年 5 月大会筹委会在广州召开工作会议

国际博物馆学委员会 2008 年长沙年会

2010 年 6 月大会筹委会主任、文化部长蔡武同志主持筹委会第二次会议

国际博协博物馆学委员会 2008 年长沙年会

国际博协中国执委在巴黎出席执委会会议

国际博协主席与中国博物馆代表

中国代表参加国际博协大会决议起草

中国代表参加国际博协咨询委员会会议

中国代表参加国际博协咨询委员会会议

中国取得国际博协2010年大会举办权

ICOM
2010 SHANGHAI CHINA

国际博协第22届大会徽标

ICOM
INTERNATIONAL COUNCIL OF MUSEUMS
CONSEIL INTERNATIONAL DES MUSEES
CONSEJO INTERNACIONAL DE MUSEOS

国际博协徽标

唐阎氏父子墓志考

鲁晓帆

2005年4月，在北京石景山某工地文物部门收集到《唐阎晋及夫人马氏合祔墓志铭》[①]一合，据悉此志石是由北京海淀区三虎桥一带拉渣土时带到石景山工地的。大中七年（853年）刊石。志文正书。首题“唐故阎府君夫人扶风马氏合祔墓志铭并序”。共计二十行，满行为二十五字。志石左下角已断裂、右上角剐蹭严重，但可以拼接成整石。由于漫漶严重，字迹已不能全部认清。盖为盝顶，正书“阎公墓志”四字。二行，行二字。盖四周阴刻有十二文吏手捧十二蓄辰像，四角饰有花纹，盖石左下角残缺。志文见载于《北京市文物研究所藏拓片》一书，志石现存于北京石景山区文物管理所。仔细观察此墓志文内容，可以看到它与《光绪顺天府志》及《京畿冢墓遗文》等所载的咸通十四年（873年）刊石的《唐阎好问墓志》有重要之关联，所以，有必要进行一同考证，以补充史载之不足。

《唐阎好问墓志铭》[②]，咸通十四年刊石。据《光绪顺天府志》云：志石于“京师西直门外出土”，志文亦见《京畿冢墓遗文》等收录。志高六十、宽六十一公分。志文正书，首题“唐故前守宿州司马妫瀛莫三州刺史银青光禄大夫检校太子宾客御史中丞河南阎府君墓志铭并序”。共计二十七行，行三十至三十九字不等。阎周彦撰文。该志记有唐宰相白敏中、李宗闵及幽州卢龙节度使张仲武、张直方、张允伸、张公素等事迹。由于此墓志记载大量唐代史实，清代多位学者分别把它收入自己编辑的书目中，进行注释题写跋文。今在前辈学者考证基础上，结合其父墓志铭，再一次考证。两墓志原文在注释中附录，试加标点。

虽然两个墓志出土年限相距百余年，但从两墓志内容来看无疑是父子关系。这主要是《阎晋墓志》云“府君讳晋，字晋。……年口林卢，心契高古，慕务光之乡，赵郡豪之业。身口生乡里，名不入都邑”与《阎好问墓志》载“祢讳晋，皇不仕”相合。《阎晋墓志》又云：其子好问衔署“幽州节度押衙、银青光禄大夫、捡校太子宾客、□□□殿中侍御史”。《阎好问墓志》云：首题“唐故前守宿州司马、妫瀛莫三州刺史、银青光禄大夫、检校太子宾客、御史中丞河南阎府君墓志铭并序”。《新唐书·地理二》河南道：“宿州，上。”上州司马，从五品下。《新唐书·地理三》载河北道：“妫州妫川郡，上”、“瀛州河间郡，上”、“莫州文安郡，上”。三州同为上州，刺史为从三品。银青光禄大夫为文散官，从三品。太子宾客为职事官，正三品。御史中丞为职事官，正五品上。两墓志记载大部分相同，不同之处是因阎好问晚逝其父阎晋二十年，又任新职所致。

阎晋葬地“改卜地于府城西北樊村先茔在西北一里之原”。因幽州范阳郡为大都督府，府城即幽州城的简称。墓志虽未记乡属，但因出土地点为海淀区三虎桥一带，正处于西直门外。此墓志又为证实幽州保大乡樊村的方位，新增一例实物资料。而阎好问葬地“厝神于幽州之乾十里高梁岸南保大原”。据《光绪顺天府志》载：志石于“京师西直门外出土”。因北京出土的多方唐代墓志皆称西直门外为幽都县保大乡樊村，所以，保大乡樊村是为阎氏家族墓所在地。

《阎晋墓志》云“夫人扶风马氏”，与其子《阎好问墓志》载“祢讳晋，皇不仕。妣扶风马氏”相吻合。《新唐书・地理志一》载：关内道“凤翔府扶风郡，赤上辅。本岐州，至德元载更郡曰凤翔，二载复郡故名，号西京，为府。……县九……扶风。次畿”。而马姓氏是由“马服”氏改变而来。《元和姓纂》记载：马姓“嬴姓，伯益之后。赵王子奢封马服君，子孙氏焉”。[3]志与史载及郡望相合。而“妣扶风马氏，汉宫大练，蜀郡白眉之洪胤也”。即喻阎好问的母亲扶风马氏，是为东汉明帝刘庄马皇后家族的后代[4]。在我国汉代，服饰制度并不十分完备，但是对宫中后妃的衣饰却有着明确的规定。如：汉宫女子日常穿衣就为上衣下裙制。东汉明帝刘庄的马皇后，她就爱穿大练裙，即大帛裙。所以，这里“汉宫大练”即是指马皇后。而“蜀郡白眉”是指三国时期的蜀人马良。《新唐书・地理志六》载：剑南道有“成都府蜀郡，赤”。《三国志・蜀书・马良传》载：马良字季常，是襄阳宜城人。其兄弟五人都非常有才能，且有名望，而五人中又以马良最为出色、最为优秀。乡里为之谚曰：“马氏五常，白眉最良。”[5]这是因马良眉中有白毛，故以称之。而“洪胤”即是指王侯贵族的后代，如晋代成公绥的《正旦大会行礼歌》中载：“肇建帝业，开国有晋，载德奕世，垂庆洪胤。”[6]南朝时宋国的颜延之《赭白马赋》中载：“盖乘风之淑类，实先景之洪胤。”[7]而在唐代李白的《天长节使鄂州刺史韦公德政碑》载：“我邦伯韦公，大彭之洪胤，扶阳之贵族。”[8]即是说马氏是蜀郡最出色的皇族后代。以上均可证明阎晋与阎好问是为父子关系，并且没有任何疑问。

《阎好问墓志》首题：衔署“宿州司马、妫瀛莫三州刺史、银青光禄大夫、检校太子宾客、御史中丞”。又云：“中丞讳好问，字子裕。其先河南人也。”即阎好问籍贯为河南府河南郡。《元和姓纂》载：阎姓“周文王之后，武王封太伯曾孙仲奕于阎乡，因氏焉。一云，唐叔虞之后，公族有食采于阎邑，因氏焉。后汉居汞阳”。[9]据《通志・氏族略》所载，春秋时，晋成公的儿子懿，被封于阎，后被晋国所灭。懿的后代散处于河洛，汉末居荥阳，其子孙以封地名为氏[10]。志与史载相合。

《阎好问墓志》云：好问为“蜀巴西太守芝三十四代孙；二十三代祖眞州刺史鼎；皇贝州长史试大理评事讳昱嫡孙”。这里是说阎好问祖上三十四代为三国时期蜀国的“巴西太守”阎芝。史载：巴西郡设于三国时期的建安六年，刘璋分巴郡垫江以上为巴西郡。巴西郡的郡治便是今日的四川阆中。在三国时蜀国猛将张飞就曾担任过巴西郡太守，其时当为建安二十年。阎芝本人在史书中无传，但在《三国志・蜀书・马忠传》载：“先主东征，败绩猇亭，巴西太守阎芝发诸县兵五千人以补遗阙，遣忠送往。”[11]诸葛亮在《后出师表》云：“自臣到汉中，中间期年耳，然丧赵云、阳群、马玉、阎芝、丁立、白寿、刘郃、邓铜等及曲长、屯将七十余人。”[12]这里志与史载相同，证实阎芝确实曾任职于巴西郡太守。而阎好问二十三代祖阎鼎记为西晋时“眞州刺史”，“眞”即“冀”异体字。冀州，原为大禹治水以后划分的九州之一。三国时系魏国冀州域，境内分属安平、博陵、渤海三郡，晋代仍为冀州所辖，唐代属河北道。所以，唐时冀州与西晋冀州不是一个概念。在《晋书・阎鼎传》载：“阎鼎……初为太傅东海王越参军，转卷令，行豫州刺史事，屯许昌。……值京师失守，秦王出奔密中……鼎少有大志，因西土人思归，欲立功乡里……鼎得书，便欲诣洛……时刘聪向长安，为雍州刺史贾疋所逐，走还平阳。疋遣人奉迎秦王，遂至长安，而与大司马南阳王保、卫将军梁芬、京兆尹梁综等并同心推戴，立王为皇太子，登坛告天，立社稷宗庙，以鼎为太子詹事，总摄百揆。梁综与鼎争权，鼎杀综，以王毗为京兆尹。鼎首建大谋，立功天下。始平太守曲允、抚夷护军索綝并害其功，且欲专权，冯翊太守梁纬、北地太守梁肃，并综母弟，绑之姻也，谋欲除鼎，乃证其有无君之心，专戮大臣，请讨之，遂攻鼎。鼎出奔雍，为氐窦首所杀，传首长安。”⑬《魏书·帝纪第一》载：“是年，晋雍州刺史贾疋、京兆太守阎鼎，以晋怀帝为刘聪所执，共立怀帝兄子秦王业为太子，于长安称行台。”⑭这里是说阎鼎曾与诸人拥立晋秦王为太子登基，后由于内部争权夺利，阎鼎被斩，并传首都城。以上史载记阎鼎为“行豫州刺史事”、“京兆太守”、“太子詹事”等，均未记载“冀州刺史”史载与阎志记载有异，这是否与阎鼎被斩首有关？这里应以志补史之阙。其祖父阎昱为“贝州长史、试大理评事”。《新唐书·地理志三》河北道：“贝州清河郡，望。”长史，从五品上。唐大理寺设有评事八人，为从八品下。

《阎好问墓志》云：“会昌中，燕师赠太尉。兰陵张庄王，念切重甥，特署衙职。功因破虏。”其“燕师赠太尉”即指当时的幽州节度使张仲武，这与《唐张建章墓志》⑮称其为“太尉张公”相同，均可补史阙。“兰陵张庄王”是谓仲武封兰陵郡王，亦见《旧唐书·张仲武传》，而《新唐书·张仲武传》则为“兰陵郡公”，似应订正。“功因破虏”是叙记张仲武大破回鹘进扰之功，事迹见《新唐书·张仲武传》：“俄而回鹘扰边。时回鹘有将勒那颉啜拥赤心宰相一族七千帐，东逼渔阳。仲武遣其弟仲至与裨将游奉寰、王如清等，率锐兵三万人大破之。前后收其侯王贵族千余人，降三万人；获牛马、橐驼、旗纛、罽幕不可胜计。”好问因系参加战事并是仲武“重甥”即外甥之子，故特署衙职。

《阎好问墓志》云：“庄王嫡直方，以户部袭位，情娱弋猎，性乐微行。……明年冬，谏户部……请觐龙阙。”即指张仲武之子张直方。据《新唐书·张直方传》“给检校工部尚书俸”与北京德外冰窖口出土的《唐张建章墓志》称直方“工部奏遗归阙”正合，足以证明张直方当时是为工部，故该志称户部有误。又据《旧唐书·宣宗纪》：张仲武于大中三年五月（《新唐书》作四月）卒，其子直方知留后事，十一月（《新唐书》作八月），幽州军乱，逐直方。《新唐书·张直方传》“三年冬，托以游猪，奔赴阙廷”，可知直方奔京师均为大历三年事，而志称“明年冬，谏户部……请觐龙阙”有误。以上均应以史正志。

《阎好问墓志》云：“庄王犹子德辅，潜祈大福，阴构祸阶。爰从东弟，直临正寝。乃被坚执锐，从辰洎申，威掠前锋，血盈左胁。户部处选名医，始获痊复。”张仲武在任幽州卢龙节度使时曾为其祖父立碑一座，其碑位于今天河北省廊坊市文安县城关镇相公庄。《大唐故赠工部尚书清河公神道之碑》⑯记载了贞元四年卒于幽州昌平的张仁宪事迹及家族关系。按：碑载张仁宪的其中一子张光朝，有三子张仲斌、张仲武、张仲直。张仲斌有四子，长子张德辅。张仲武有一子张直方。即张仁宪是为幽州节度使张仲武的祖父、张直方的曾祖父。张氏家族都为唐代河北幽州一带武将。这里“庄王犹子德辅”是为张仲武其哥哥张仲斌的长子，张直方的堂兄弟张德辅。在张仲武死后，张德辅一心想效仿其它河北武将，欲杀张直方而取而代之，但因张直方的牙将阎好问等“严于宿卫”，使得张德辅“爰従东弟，直临正寝”。的刺杀失败，但阎好问“乃被坚执锐，从辰洎申，威掠前蜂，血盈左胁”。阎好问是在“户部处选名医，始获痊复”。可见阎好问是为当时幽州卢龙节度使张直方信赖的贴身兵将。而在阎好问等兵将的扶持下，张直方平息了这次内乱，后“谏户部吐以血诚，请觐龙阙”。

《阎好问墓志》云：阎好问随从张直方到朝廷后“时台席白公敏中俯边劳，特论半刺，宣皇恩詀授宿州司马”。阎好问是在白敏中任职宰相时被授予“宿州司马”的。这里“台席”是指宰相。在汉代是以三公（即太师、太傅、太保）取象三台，故称宰相的职位为台席。白敏中是为唐代宣宗、懿宗时期宰相，并且是著名诗人白居易的从弟。他虽为李德裕所荐，但在“牛李党争”中，他又是牛党重要人物，政治生涯中官职多次变动，但他最终是以太傅之职退离官府的。“特论半刺”即郡州佐之职，如别驾、长史、司马等。这里是指好问任宿州司马。

《阎好问墓志》云："故天相梁园李公宗闵弟宗冉守埇桥之日，神惊陟屺，望切倚门。"李宗闵在两《唐书》中皆有传，因他是为唐代宗室，任过宰相，故曰"天相"。"梁园"又名梁苑，俗名竹园，为西汉时梁孝王刘武所营建的游赏廷宾之所，故址位于今河南省商丘县东，开封城的东南。这里即谓李宗闵为河南商丘人。在《旧唐书·李宗闵传》载："宗室郑王元懿之后。贞元二十一年登进士第。"他大和三年拜相，累转中书侍郎，集贤大学士。后因卷入了唐代著名的"牛李党争"，多次被贬官职。但他善于诗文，长于碑铭。在现存的《全唐诗》中存其诗1首，在《全唐文》有其文1卷。而在《新唐书·李宗闵传》载："宗闵弟宗冉，其子汤，累官京兆尹，黄巢陷长安，杀之。"证实宗闵确有其弟李宗冉。李宗冉在阎志中记"守埇桥之日"，是谓李宗冉曾任职宿州刺史，这里据志可补《两唐书·李宗闵传》史载之不足。"埇桥"即今安徽省宿州市埇桥。而阎好问任职"宿州司马"时，即是在李宗冉领导下任职。而"神惊陟屺，望切倚门"。是谓阎好问在宿州任职，惊动了居住幽州的老母，故云。其出处来自《诗·魏风·陟岵》："陟彼屺兮，瞻望母兮。"又《战国策·齐策》载："王孙贾母，倚门望子。"

《阎好问墓志》云："故府燕国公以揆路师临之时，乃遵旧歧，遐归故里，署为幽都县令，俄授幽府録事叁军。"这里"故府燕国公"是指曾任幽州卢龙节度使的张允伸。"揆路"即登位宰相之位。《旧唐书·张允伸传》："允伸字逢昌，范阳人也。……世仕幽州军门……大中四年冬，诏赐旌节，……咸通十三年正月二十五日卒，年八十八。册赠太尉，谥曰忠烈。""咸通九年，累加至光禄大夫、检校司徒、兼太傅、同中书门下平章事、燕国公。"志与史同。张允伸在得到宰相之职后，颇为欣赏阎好问，邀请他荣归故里，并署为幽都县令。幽州范阳郡的幽都县为上县，县令为从六品上。幽府即幽州大都督府的简称，录事参军事是为正七品上。其后，又相继"授安塞军使。咸通初，奏侍御史，又摄纳降军使，奏御史中丞。……授节度都虞侯。……又授都押牙。……授妫州刺史。未踰期岁，授瀛州刺史。"可见，阎好问非常受张允伸重用与宠爱。

《阎好问墓志》云："今府仆射以貂蝉统戎之际，推以新恩，难膺旧秩，授莫州刺史。……府师仆射哀恸存亡，叠为赗赙。"这里"今府仆射"按年代应是指幽州卢龙节度使张公素。张允伸逝后，其子张简会任幽州留后仅两月有余，就被张公素赶走。所以，阎好问去世时"今府仆射"不可能是张简会。而因阎好问是在咸通十四年仲夏去世的，下葬时间即刊铭时也为咸通十四年，其时正值张公素任幽州卢龙节度使时期。这样"今府仆射"不可能是其它人。但《资治通鉴·咸通十三年》载：四月，"以张公素为平卢留后……六月，以卢龙留后张公素为节度使"。[17]《资治通鉴·乾符二年》：六月，"卢龙节度使张公素，性暴戾，不为军士所附。大将李茂勋……举兵向蓟，公素出战而败，奔京师"。[18]《新唐书·张公素传》载："公素，范阳人。以列将事允伸，擢累平州刺史。允伸卒，以兵来会丧，军士素附其威望，简会知不可制，即出奔。诏公素为节度使，进同中书门下平章事。"以上史书都未记载张公素为"仆射"，此墓志为仅此一例，可补史阙。张公素在幽州任职达三年之久，而史载他的官职只有节度使、同中书门下平章事。但志载张公素"以貂蝉统戎之际"，"貂蝉"应是喻颂张公素曾有"侍中"或"中书令"等官职。《新唐书·百官志二》：门下省"左散骑常侍……隋废散骑常侍。贞观元年复置，十七年为职事官。显庆二年，分左右，隶门下、中书省，皆金蝉、珥貂，左散骑与侍中为左貂，右散骑与中书令为右貂，谓之八貂。龙朔二年曰侍极"。这里志与史载暗合。按曾担任幽州卢龙节度使的其他人官职来看，张公素理应或多或少还有其它朝廷任命的官职。像检校个什么司徒、司空，赠个太保、太尉，封个什么郡公等等，这些在唐廷招抚节度使都是很惯用的平常事。而张公素史载官职这样少，这不符合常理。所以，墓志记张公素为“今府仆射”，暗喻任“侍中”或“中书令”等官职，当代人所记的当代事，准确性还是蛮大的，应该据志补史载官职之不足。而“赗赙”是指一种助葬制度。东、西周时期在贵族死后，由王、诸侯或者其他方国的首领赠送车马、衣物以及钱财等随葬之物以帮助埋葬死者时使用，这种制度被称之为赗赙制度。赠送不同的物品，名称亦不相同。《礼记 · 文王世子》：“至于赗赙承含，皆有正焉。”[19]《陈书 · 姚察传》载：“两宫悼惜，赗赙甚厚。”[20]阎好问死后享受到幽州最高统帅的助葬，可见他生前与幽州卢龙节度使之良好的关系。

《阎好问墓志》云：有“女二人……次聘莫州郑县主簿刘震，燕灵王显胤”。《新唐书 · 地理志三》河北道：“莫州文安郡，上。……县六。……莫，紧。本郑，开元十三年更。”上县主簿，正九品下。这里是说阎好问次女嫁与的莫州郑县主簿刘震，乃是汉燕灵王后世子孙。但据《汉书 · 高五王传》载：“燕灵王建，十一年，燕王卢绾亡入匈奴，明年，立建为燕王。十五年薨，有美人子（师古曰：王之美人生子也），太后使人杀之，绝后。”[21]而据阎志可知，燕灵王刘建并未绝后，千余年后尚有阎好问的次婿刘震尚在。这就披露了西汉历史所谓燕灵王绝后的机密，这也反映了当时汉代皇室内部错综复杂的矛盾和斗争。其志载刘震事迹可补充《汉书 · 燕灵王传》[22]。

《墓志》云：阎好问“二历典午，四改分符，驯雉一迁，乌台三上”。史上以“典午”指晋朝，因晋帝姓司马氏，所以，“典午”即“司马”也。这里即指阎好问曾两任司马，即宿州司马及幽府司马。《汉典》释：“分符”犹剖符[23]。谓帝王封官授爵，分与符节的一半作为信物。这里即指阎好问曾四任州佐，即两任妫州刺史、瀛洲刺史及莫州刺史各一次。“驯雉”原是指驯顺的雉，后以称颂地方官吏施行仁政，这里即指阎好问一任幽都县县令。而“乌台”原是指御史台。传说汉代时的御史台外有很多柏树，树上有许多乌鸦，所以后人喻称御史台为乌台，也戏指御史们都是乌鸦嘴。这里即指阎好问曾三次任职御史台，即殿中侍御史、侍御史、御史中丞。

《阎好问墓志》云：因为“燕国公……授妫州刺史。……授瀛州刺史。今府仆射以貂蝉统戎之际，……授幽府司马，以督察殷繁。遂其闲逸，重临妫汭，再治旧疆”。阎好问在张允伸为幽州卢龙节度使时曾任妫州刺史，而在张公素为幽州卢龙节度使时又一次任职妫州。所以，阎好问“以咸通十四年仲夏月二十五日即世抡妫州官舍，寿六十有四”，即好问出生于元和四年（809 年）。

《阎好问墓志》云：“赏文举之座，慕元礼之门。”这里“文举”是指孔融。《后汉书 · 孔融传》载：“孔融字文举，鲁国人，孔子二十世孙也。”[24]他是东汉时期著名的文学家，“建安七子”之首。而“元礼”是指东汉时的李膺。李膺，字元礼，东汉颍川襄城人。他为官清廉、主持正义，敢于纳谏，号称“天下楷模”[25]。孔融与李膺有莫逆之交。当年孔文举十岁时，由于机敏聪慧，智进元礼家门，得到李元礼的赏识，从而成为历史上一段佳话故事。这里是颂扬阎好问欣赏和仰慕孔融和李膺的文才与美德。

《阎好问墓志》云：“征其自叙，规乃韦、班。”这里“韦”指汉代的韦贤、韦玄成父子，见《汉书 · 韦贤传 · 韦玄成传》。韦贤，字长孺，西汉丞相。他善于求学，精通《诗》、《礼》、《尚书》，号称邹鲁大儒[26]。韦玄成，字少翁，为西汉丞相韦贤的第四子。据记载韦玄成年少时，聪敏活泼，勤奋好学。韦玄成虽为相府子弟，但他平等待人，不拘门第。其声誉广传，深得人们的称赞[27]。这里的“班”是指东汉的班彪、班固父子，见《后汉书 · 班彪 · 班固传》。班彪，字叔皮，出生于官宦世家，从小好古敏求，与其兄班嗣游学不辍，才名渐显。晚年，专力从事于史学著述。写成《史记》的《后传》六十余篇[28]。班固，东汉著名史学家、文学家。建武三十年，其父班彪卒，自太学返回乡里。在班彪续补《史记》之作《后传》基础上开始编写《汉书》，至汉章帝建初中基本完成[29]。志云：“敬述家风，样传播、陆。”这里“潘”、“陆”分别是指晋代潘岳和陆机。潘岳，字安仁，世称美男子潘安。祖籍荥阳中牟，西晋文学家[30]。陆机，字士衡，与其弟陆云俱为我国西晋时期著名文学家，世称“陆平原”。《晋书·陆机传》称：“少有奇才，文章冠世。”[31]他还是一位杰出的书法家，其《平复帖》是我国古代存世最早的名人书法真迹。《南史·颜延之传》：“延之、灵运，自潘岳、陆机之后，文士莫及。江右称潘、陆，江左称颜、谢焉。”[32]这里是褒扬阎好问的家规与家风。

《墓志》云：阎好问在咸通十四年“仲秋月廿八日，厝神于幽州之乾十里高梁岸南保大原”。按《易经·说卦传》云：乾代表西北[33]。今地西直门外偏西在唐代为幽都县保大乡，正临高粱河岸南。志载说明唐代的幽州城距西直门外东南的保大乡有十里。又据民国初年在西直门外出土的《唐常俊墓志》云：“葬于蓟城北高粱河南礼贤乡之原。”[34]和1956年11月在德胜门外冰窖口出土的《唐张建章改葬墓志》云：“中和三年十月十六日，自邓村原改葬于幽都县礼贤乡高梁河北原。”[35]皆说明高梁河在唐代为幽州城北的一支大水，并跨幽州城幽都县的保大乡与礼贤乡。

注释：

①《唐阎晋及夫人马氏合祔墓志铭》志石现收藏于北京石景山文物管理所，因损毁严重已不能全部录用。本录文由石景山文物管理所同仁提供多方帮助得以完成，在此深表感谢。录文如下：

《唐阎晋及夫人马氏合祔墓志铭》

（志盖）閻公」墓志」

（志文）唐故閻府君夫人扶風馬氏合祔墓誌铭并序」

府君諱晉，字晉。無口口口先人之任，家拎口口，即」口史府君嗣子。幼拎庶矩，不交拎頷雉。長親仁口，不口」拎回口。年口林盧，心契高古。慕務光之鄉，趙郡豪之業。」身口生鄉里，名不人都邑。三霜水旱之義，家有緣口。口」賓口祭之儀，庭無虧訓。韜和重信，貽變口口。侍封之門,」口教子以焉。夫人扶風馬氏，口結傍拎口口公。抱其齋,」樂其道。教子從義，誡女從書，婦德母儀。實內位之襟,」口其壽之脩。知蛇木年，月及諸子。名字口奥，載拎墓口之」立石。三文長遊重七，以大中七年士子口在癸酉八月廿六日，改」蔔地拎府城西北樊村先塋在西北一里之原。大中十年月壬五」日，士子樊蓉等誘護口口，請車以就新室。歲月不使，孫口」口宮。口至丙子年大通剋朝合祔。亭春秋張大乏義口口,」幽州節度押衙、銀青光祿大夫、撿校太子賓客、口口口」殿中侍御史好問，奉口兄長命，以稱家之有口口首，黃賜之」口審題滬，暮匱之制口口庭。次祖載就口口，僭不儉得山東」。士人天之正禮，口口存之報百身。口贖進余九原芊，革」賓草口紀口石洗。嗣何觀銘:」府君之德，惟靜作默。夫人之賢，無口無偏。」碣中嶙峋，逝水湯湯。雙魂祔此，悲風白楊。」

②《唐阎好问墓志铭》缺盖，出土地点时间不详。据（清）周家楣、缪荃孙等编纂《光绪顺天府志》称“京师西直门外出土”。（清）赵之谦编撰《补寰宇访碑录》、（清）陆增祥撰《八琼室金石补正》误作正定出土。（清）吴式芬撰《金石汇目分编》卷一补遗入宛平，卷三又入正定，更有误。墓志今不知其下落。现国家图书馆藏有其拓片。此志亦见罗振玉《京畿冢墓遗文》、（清）吴式芬撰《捃古录》、（清）缪荃孙撰《艺风堂金石文字目》、顾燮光辑《古志汇目》、（清）罗振玉撰《墓志征存目录》等。因志文有多处损毁缺字，故清代以来诸位学者多有补充、考证及跋文。墓志录文如下：

《唐阎好问墓志铭》

（志文）唐故前守宿州司馬嬀瀛莫三州刺史銀青光祿大夫檢校太子賔客御史中丞河南閻府君墓誌銘并序」

姪前幽州節度要籍宣德郎試太常寺奉禮郎周彥恭敘」

中丞諱好問，字子裕。其先河南人也。以咸通十四年仲夏月二十五日即世拎嬀州官」舍，壽六十有四。蜀巴西太守芝三十四代孫；二十三代祖冀州刺史鼎；皇貝州長史」試大理評事諱昱嫡孫。祢諱晉，皇不仕。妣扶風馬氏，漢宮大練，蜀郡白眉之洪胤也。」會昌中，燕师贈太尉。蘭陵張莊王，念切重甥，特署銜𨈆。功因破虜，官奏憲階，心」務廉平，志尚章句。莊王嫡直方，以戶部襲位，情娛弋獵，性樂微行。常以言維」持，嚴拎宿衛。莊王猶子德輔，潛祈大福，陰搆禍階。爰從東弟，直臨正寢。乃被堅執」銳，從辰洎申，威掠前锋，血盈左脅。戶部處選名醫，始獲痊復。明年冬，諫户部吐以血誠,」请觐龍闕。時台席白公敏中俯邊勞，特論半刺，宣皇恩誥授宿州司馬。故天相」梁園李公宗閔弟宗冉守埇橋之日，神驚陟屺，望切倚門。故府燕國公以撰路師臨之」時，乃遵舊歧，遐歸故里，署爲幽都縣令，俄授幽府録事叄軍。纔振紀繩，又委邊壘，授安」塞軍使。咸通初，奏侍御史，又攝納降軍使，奏御史中丞。地臨朔漠，位亜竹符。燕國公遐」察字人試其廵警，授節度都虞侯。有誰何之譽，副旌棨之心，又授都押牙。處付專城，」寔穌邊俗，授嬀州刺史。未踰期歲，授瀛州刺史。今府僕射以貂蟬統戎之際，推以新恩，難」膺舊秩，授莫州刺史。踰數月，授幽府司馬。以督察殷繁，遂其閑逸，重臨嬀汭，再治舊疆。府師」僕射，哀慟存亡，叠爲賵賻。即以其年仲秋月廿八日，厝神扵幽州之乾十里高梁岸南保大原。先夫人」尚氏，合祔先塋之左。今夫人彭城劉氏，即莫州唐興縣令諱箴道之幼女也，淚灑朝晡，」痛無宁息。有子六人。長處暲，討擊副使；次處庸，未莅仕；次處寔，討擊副使；次處玄，慕釋宗；次大端，皆童丱。女二人，長適幽州討擊副使張從嗣，已先凋发；次聘莫州鄚縣」主簿劉震，燕靈王顯胤。二曆典午，四改分符，馴雉一遷，烏臺三上。賞文舉之座，慕元禮之門。少遠暗膏，慕遺清白，周彥幼遵面訊，冠乃山居，書讀素王，驤遷青綬。深」竹林之蔭已謹四十年，痛松扃之期未盈一百日。徵其自叙，規乃韋、班，敬述家風，樣」傳潘、陸。慮渝岸谷，薪折松楸，拉淚何窮，含毫直叙。銘曰：

胤従周室，嬪榮漢皇，巴西剖竹，冀土分疆。爰自河南，裔歸薊北，名摽隼旟，位昇熊軾。峵峒秀峙，碣石壯臨，平原後聳，桒水前潯。栱木風悲，泉庭月皎，望斷魂封，永安宅兆。

③《元和姓纂》三十五马，马姓。第1034页。（唐）林宝撰，岑仲勉校记。中华书局1994年版。下同。

④ 明德马皇后是东汉第二个皇帝——汉明帝刘庄唯一的皇后，“明德皇后”为其谥号，本姓马，是东汉伏波将军马援的小女儿。建武二十八年（52年），她被选入太子刘庄宫中，时年13岁。她生性谦恭和顺，刘庄对她宠爱异常。光武帝刘秀病逝后，刘庄继位，封马氏为贵人。永平三年（60年）当上了皇后。成语“含饴弄孙”即出自《后汉书·明德马皇后纪》“吾但当含饴弄孙，不能复知政事。”含着饴糖逗孙子玩。形容老年人生活安适悠闲，尽享天伦之乐。

⑤《三国志·蜀书·马良传》第982页。（西晋）陈寿著。中华书局1975年版。下同。

⑥《正旦大会行礼歌》（晋）成公绥。见四川文艺出版社《魏晋南北朝诗歌变迁》第十五章。

⑦《赭白马赋》（南朝）宋国的颜延之。转引自《东北史地》2005年第二期登载的姜维公（颜延之《赭白马赋》本事考）。

⑧《天长节使鄂州刺史韦公德政碑》（唐）李白。见今日中国出版社出版的《李白诗集三十卷》。

⑨《元和姓纂》二十四监，阎姓。第767页。

⑩《通志·氏族略》卷二十六，阎姓。（南宋）郑樵著。浙江古籍出版社2000年版。

⑪《三国志·蜀书·马忠传》第1048页。

⑫《后出师表》见《三国志·蜀志·诸葛亮传》的裴松之注引《汉晋春秋》。

⑬《晋书·阎鼎传》第1646页。（唐）房玄龄等著。中华书局1975年版。

⑭《魏书·帝纪第一》第8页。（北齐）魏收撰。中华书局1975年版。

⑮《唐张建章墓志》咸通八年（867年）刊石，志高九十四、广九十八公分。侄张珪撰，弟张总章书。墓志原葬于“以咸通八年二月二日，迁窆于府城东南七里邓村之原”。即现北京永定门外三里处。后改葬于今德胜门外。原墓志与改葬志于1956年11月在德胜门外半里冰窖口迤东一同出土。

⑯《大唐故赠工部尚书清河公神道之碑》位于河北省廊坊市文安县城关镇相公庄。碑高4.3米，汉白玉材质，正面刻有“大唐故赠工部尚书清河张公神道之碑”的篆文题额，是一座为多部古籍收录的著名墓碑。

⑰《资治通鉴·咸通十三年》卷252、唐纪68。（宋）司马光撰，岳麓书院版。下同。

⑱《资治通鉴·乾符二年》卷252、唐纪68。

⑲《礼记》张文修编著，北京燕山出版社1995年版。

⑳《陈书·姚察传》第348页。（唐）姚思廉撰。中华书局1975年版。

㉑《汉书·高五王传》第1987页。（汉）班固著。中华书局1975年版。下同。

㉒《汉书·燕灵王传》第1991页。

㉓ 转自《汉典》网。

㉔《后汉书·孔融传》第2261页。（南朝）范晔撰。中华书局1975年版。下同。

㉕《后汉书·李膺传》第2191页。

㉖《汉书·韦贤传》第3101页。（汉）班固著。中华书局1975年版。下同。

㉗《汉书·韦玄成传》第3108页。

㉘《后汉书·班彪传》第1323页。

㉙《后汉书·班固传》第1330页。

㉚《晋书·潘岳传》第1500页。（唐）房玄龄等著。中华书局1975年版。下同。

㉛《晋书·陆机传》第1467页。

㉜《南史·颜延之传》第877页。（唐）李延寿撰。中华书局1975年版。

㉝《易经》八卦方位：后天八卦：震东，兑西，离南，坎北，乾西北，坤西南，艮东北，巽东南。转载（清）朱骏声著，中华书局版的《六十四卦经解》。

㉞《唐常俊墓志》大历十四年（779年）刊石。据抄本《房山县志》卷四，周肇祥眉批称："志于民国初年西直门外出土。"志高五十五、广五十三公分。该志对北京地理变迁及民族关系等方面提供实物资料。

㉟《唐张建章改葬墓志》中和三年（883年）刻石。高、广均九十五公分。盖无存。志云："中和三年十月十六日，自邓村原改葬于幽都县礼贤乡高梁河北原。"改葬志与原墓志于1956年11月在德胜门外半里冰窖口迤东出土。

北京出土墓志刻工考录

张全礼

一、刻工研究情况的简单回顾及问题

人类的历史大多以文字纪录的流传得以保存至今。《墨子》卷四："子墨子曰：吾非与之并世同时，亲闻其声，见其色也；以其所书于竹帛，镂与金石，琢于槃盂，传遗后世子孙者知之。"①中国古代的文献多产、丰富，自上古至公元后几个世纪，竹和帛是主要书写材料；约公元七世纪印刷术发明后，纸是典籍文献的主要载体。除此以外另有大量丰富的铭刻材料，这些铭刻材料中"镂于金石，琢于槃盂"的工匠中，可能只有石刻刻工有足够的资料可以展开专题的研究。

历代专门记录巧工、哲匠的书籍并不很多。已知专辑石刻刻工的著作中，道光六年（1826年），海盐黄锡蕃辑著的《刻碑姓名录》，著录自汉至元镌工425人。黄把稿本送给当时金石学家刘喜海审阅，刘补充了189人。刘氏没有刊刻成书，后辗转递藏于翁同龢、费寅二氏之手，翁又补15人，费亦补10人总得639人。稿本现藏国家图书馆善本部。1910年左右，上元宗氏据黄氏另一稿本辑入《咫园丛书》，版已镌就，却因故未能印行，后书版归叶氏景葵，叶将该书版捐献与上海图书馆。②顾廷龙先生为其加刻了书衣、题记，于1959年由北京市中国书店刷印出版。宣统年间（1909年—1911年），长洲叶昌炽所著《语石》出版，卷六有5条是专谈镌工的，叶氏共得镌工82人。阚铎的《金石考工录》，出版于1930年左右，收镌工240人。③后有北京图书馆善本部金石组曾毅公先生辑录《石刻考工录》，收集镌刻工人总计近1800人，引用碑刻目900余条。④石刻刻工的辑录经黄、刘、翁、费、叶、阚等氏近百年的辑录工作，不过得刻工八百多人。曾氏新辑即得910人，超过诸家所辑之总和。并且该书有附考一项，从学术角度来说十分重要，虽然这些附考数量不多，但是往往很有启发性。⑤1990年《文献》第1期，刊载了官桂铨先生《〈石刻考工录〉补正》一文，共辑入刻工70多人，碑刻目120多条。⑥1991年《文献》第3期，刊载刘汉忠《〈石刻考工录〉续补》，辑录梁至清代近290人不见于《石刻考工录》和《补正》，另有51人见于《考工录》，但所刻碑目可补。共引用碑目330条。⑦程章灿先生所著《石刻刻工研究》中《〈石刻考工录〉补编》收录历代刻工近4000多人，引用碑目超过4500多条。皆超出《石刻考工录》一倍以上。⑧此书的上编是由石刻刻工研究的专题论文修改而成，虽然作者自谦"上编不够系统、下编未尽完备等诸多毛病"⑨，但是此书无疑是继《石刻考工录》之后在石刻刻工研究方面的大著作。

石刻文献资料很丰富，刻工研究历程已有百余年历史，但是成果与规模均无法与板刻刻工研究相比。究其原因，可能因“刻工资料非常零碎，在集腋成裘的系统搜集之功完成以前，不容易呈现文献的规模效应，其价值与意义也就在很大程度上受到遮蔽。这又反过来导致某些金石学者及专门的金石学著作不够重视及至轻视刻工资料的辑录”。[10]有一些重要的碑刻目录著作著录刻工时有遗漏，另有多个刻工的一般只录首名刻工，余下的刻工以“等”字代之而省略不录。[11]而且这些刻工的籍贯、名号以及题署方式等均著录不全，这些被省略了的内容却是对刻工展开专题研究所需要的第一手资料，但却被人为的省略了。

二、北京出土墓志刻工姓名考录

说明：

（一）本文为北京地区出土墓志刻工研究，据北京地区已公开发表或者是内部出版物中列举的出土墓志的目录及图版，共辑得可补曾毅公、程章灿等先生诸文中未收刻工 36 人，未收碑目 64 通。

（二）本文所辑录的刻工凡在曾毅公、程章灿等人著述中已著录，均以“*”号标示刻工姓名之后，并于此条刻工最后另起一段标出作者姓氏。

（三）前此刻工研究的专著及论文中均对刻工题署标示不够详细，今在刻工姓名之后均标示刻工题署，如“镌”、“刊石”、“勒石”等。其它格式一如前人。

（四）所选碑目的范围均以各书中“墓志”所辖的碑目为准，本文不再重新分类。另所用碑目的年代，均以各书系年代为准，如有同一碑目两书系年不同，以按语标示其下。

（五）碑目出处的书目均用简称，以减少正文字数。

1.《北京图书馆藏北京石刻拓片目录》简称为《拓片目录》；

2.《北京图书馆藏中国历代石刻拓本汇编》简称《拓本汇编》；

3.《北京市文物研究所藏墓志拓片》简称《文研所藏墓志》；

4.《新中国出土墓志·北京卷一》简称《新中国墓志·北京卷一》；

5.《市文物局资料信息中心藏北京地区出土墓志拓片目录（一～十）》[12]是陆续发表在《北京文博》中，每期发表一文，文中简称《文物局资料中心藏墓志（×）》，××年×期×页是指《北京文博》的期数和页码；

6.《北京文物精品大系·石刻卷》简称《大系·石刻卷》；

7.《北京石刻艺术博物馆馆藏石刻目》简称《石刻馆藏石刻目》；

8. 中国国家图书馆网·碑帖菁华栏目简称为国图网·碑帖菁华。

（六）刻工姓名考录如次：

1. 宝台书刻

唐大历十一年（776 年）八月二十九日刻《唐王景秀及妻魏氏墓志》

《文物局资料中心藏墓志（一）》，1996 年 1 期 100 页。

按：《拓本汇编》第 27 册第 148 页著此通墓志的拓片中，未见“宝台书刻”四字；周绍良主编《唐代墓志汇编》（大历 046）著录此通墓志录文亦未见“宝台书刻”。不知《文物局资料中心藏墓志》

是否另有善本所据？

2. 王贞祐镌、书镌（使宅百人将）＊

唐大中元年（847年）十月十四日刻《曹秀文及妻张氏墓志》。

《文研所藏墓志》第30页。

按：《曹秀文及妻张氏墓志》为王贞祐书镌，书为书丹，镌为镌字，此为刻碑两种工序。程氏《石刻刻工研究》第205著录了此刻工（程书中“祐”简化为“右”）。

程。

3. 王居行镌字（太原）

唐乾符六年（879年）闰十月二十三日刻《王尚准故夫人窦氏墓志铭》。

《新中国墓志·北京卷一》（上）第36页。

4. 河阳军随使押衙□□□刻

辽应历八年（958年）四月刻《赵德均妻种氏墓志》

《北京辽金史迹图志》（下）第124页。

按：《考古》1962年第5期第250—251页“河阳军□□□□□□”，陈述《全辽文》第77页所录亦为“河阳军□□□□□□”，不知《北京辽金史迹图志》所据？附记于此。

5. 贺公严、贺寿哥、贺闰哥镌（涿州范阳县西北乡独树村）

辽天庆五年（1115年）刻《延福寺观音堂记并诸师实行录》。

《房山墓志》第44页。

6. 耿著刊＊

金天眷二年（1139年）十二月三十日刻《耶律氏（萧公建夫人）墓志铭》。

《新中国墓志·北京卷一》（上）第53页，国图网·碑帖菁华。

曾。

7. 宫世存刻（河南郡）

金皇统六年（1146年）六月十四日刻《张岐墓志》。

《文研所藏墓志》第61页。

8. 田子颜刊石

金大定二十三年（1183年）三月七日刻《韩诊訸墓志》。

《文研所藏墓志》第65页。

9. 道明刊

金大定二十三年（1183年）八月刻《中都报先寺尼德净灵塔》。

《房山墓志》第83页。

10. 赵仲先刻（佗头）

金泰和三年（1203年）刻《崔宪墓志》

《房山墓志》第103页。

按：《房山墓志》第103页著录为“佗头赵仲元刻”，据第104页拓片，“赵仲元”应为“赵仲先”。

11. 宫济刻（永安）＊

金泰和七年（1207年）六月二十八日刻《张汝猷墓志》

《文物局资料中心藏墓志（二）》1996 年第 2 期第 108 页，《文研所藏墓志》第 69 页。

程。

12．张伯玉、宫琢刻

金大安元年（1209 年）七月十八日刻《金故鲁国大长公主（乌古论元忠要）墓志铭》

《新中国墓志·北京卷一》（上）第 59 页，《文研所藏墓志》第 70 页，《大系·石刻卷》第页，《石刻馆藏石刻目》第 133 页。

13．王守玉刻（古□　石匠）*

至元二十三年（1286 年）四月望日《云峰檀公（从檀）禅师道行石幢之记》。

《新中国墓志·北京卷一》（上）第 61 页。

程。

14．侯林、刘成（石匠）

至元二十七年（1290 年）正月十六日刻《勤公（本勒）禅师塔铭》。

《新中国墓志·北京卷一》（上）第 63 页。

按：《石刻考工录》第 94 页著录大安元年（1209 年）二月十一日刘成（石匠）与人合刻《李适墓志》；《石刻考工录》第 122 页著录至正七年（1347 年）四月刘成（曲阳石匠作头）刻《封崇寺圆明了性大师行业碑》；《石刻刻工研究》第 399 页著录洪熙元年（1425 年）五月刘成与人合刻《敕辽东都司修并镇庙诏》，在以上三碑目中最有可能与本文刘成为同一人的为《石刻考工录》第 122 页著录至正七年（1347 年）四月刘成（曲阳石匠作头）刻《封崇寺圆明了性大师行业碑》，此两碑相差 57 年，此碑在河北唐县封崇寺，地域范围也相距不远。

15．邬德荣刊（吴郡）*

元大德九年（1305 年）《张弘纲墓志并盖》

《文研所藏墓志》第 74 页。

按：《文研所藏墓志》中的拓片影像在刻工题署处很模糊，在图版说明处未著录刻工，此刻工据《考古学报》1986 年第 1 期第 112 页此碑录文补录。

程。

16．李仲信刊（石匠）

元延祐七年（1320 年）二月刻《康信墓志》

国图网·碑帖菁华。

17．张仲仁镌（石匠）

至正八年（1348 年）四月十九日刻《大广济寺开山祖师回光（从信）之灵塔铭》。

《新中国墓志·北京卷一》（上）第 69 页。

18．许宗武镌（云间）

宣德六年（1431 年）六月十日刻《王公（斌）墓志铭》。

《新中国墓志·北京卷一》（上）第 73 页，《文研所藏墓志》第 78 页。

19．求古生窦芳镌字

明正统十年（1445 年）二月十六日刻《陈敬之妻淑人张氏墓志并盖》

《文研所藏墓志》第 86 页。

按：求古生应为窦芳别号。

20. 严广智（镌石作）

明正统十一年（1446年）六月九日刻《明伍花寺开山一代胜公（无际长老）塔院茔志记》。

《新中国墓志·北京卷一》（上）第80页。

按：《新中国出土墓志·北京卷壹》（下）第70页，明正统丙寅岁六月初九日，《伍花寺开山一代胜公塔院茔志记》录文最后“大明正统丙寅岁六月初九日立石、镌石，作严广智”，此刻工应为严广智。此处段句有误。⑬

21. 朱兴镌（括苍，锦衣舍人⑭）＊

正统十二年（1447年）十一月二日刻《王公（彧）墓志铭》

《新中国墓志·北京卷一》（上）第83页，《文研所藏墓志》第88页。

景泰三年（1452年）正月初二日刻《王公（彧）夫人魏氏（妙玉）墓志铭》。

《新中国墓志·北京卷一》（上）第88页，《文研所藏墓志》第92页。

曾、程。

22. 林碧潭镌（吴兴）

正统十四年（1449年）九月七日刻《谢公（徕）墓志铭》。

《新中国墓志·北京卷一》（上）第87页，《文研所藏墓志》第90页，《石刻馆藏石刻目》第136页。

按：此碑两收系年不同，《新》书系为正统十四年九月初七日，《文》系为景泰元年九月初七日，《石》系为景泰元九月七日葬，相差一年。

23. 王敬镌（历阳）＊

正统十四年（1449年）三月二十八日刻《赵（傑）宜人张氏（香）墓志》。

《新中国墓志·北京卷一》（上）第86页。

程。

24. 王用镌（历阳，工部副使⑮）＊

明成化八年（1472年）三月二十五日刻《葛妙聪墓志》。

《文研所藏墓志》第98页，《文物局资料中心藏墓志（三）》1996年第3期第103页。

明成化八年（1472年）三月二十五日刻《刘永诚墓誌》。

《文研所藏墓志》第99页，《文物局资料中心藏墓志（三）》1996年第3期第103页。

成化十六年（1480年）四月二十二日刻《金公（谅）墓志》

《新中国墓志·北京卷一》（上）第114页。

弘治四年（1491年）五月九日刻《安昌伯（钱承宗）母孙氏之墓志铭》。

《新中国墓志·北京卷一》（上）第129页。

正德七年（1512年）八月一日刻《丁公（平）墓志铭》。

《新中国墓志·北京卷一》（上）第169页。

按：《石刻考工录》第101页、第114页、第122页分别著录三通刻工为王用的碑目，根据所刻碑目的年代判断，此王用与本文著录的王用应不为一人。另刘汉忠《〈石刻考工录〉续补》，《文献》1991年第3期第270页著录泰定元年（1324年）三月王用与人合刻《泰定代祀记》，与本文著录的王用也应不为一人。

程。

25. 陈杲勒石（会稽）＊

成化九年（1473 年）五月六日刻《明黄（钟）恭人白氏墓志铭》

《新中国墓志・北京卷一》（上）第 109 页。

程。

26. 李廷纲勒（瑞阳）

明成化十四年（1478 年）十二月十日刻《弓胜墓志》。

《新中国墓志・北京卷一》（上）第 111 页，国图网・碑帖菁华，《文研所藏墓志》第 105 页。

27. 王理刻（永丰）

成化十六年（1480 年）七月七日刻《杜公（俊）墓志铭》。

《新中国墓志・北京卷一》（上）第 115 页。

28. 顾真镌（文思院大使）

明成化二十三年（1487 年）二月二十日《辰保世墓志》。

《文研所藏墓志》第 114 页。

29. 杨润谨镌、镌（东吴，征士郎中书舍人直内殿）＊

明弘治六年（1493 年）八月十日刻《明钱承宗妻张万玉墓志并盖》。

《文物局资料中心藏墓志（三）》1996 年第 3 期第 106 页。《文研所藏墓志》第 121 页。

按：明正德十年（1519 年）杨锐镌《张诚墓志》篆额是“征士郎中书舍人直内殿东吴杨润篆额”，应为一人。《张懋妻王妙荣墓志》刻工题署为东吴杨润谨镌。可能是墓主官阶较高。

程。

30. 杨胜镌（姑苏）

弘治七年（1494 年）二月二十五日《季公（成）墓志铭》。

《新中国墓志・北京卷一》（上）第 132 页。

31. 顾聪镌（东吴，工部文思院副使[16]）＊

弘治十年（1497 年）五月一日《江公（德）墓志铭》。

《新中国墓志・北京卷一》（上）第 135 页。

程。

32. 王宗镌（历阳）＊

正德二年（1507 年）三月二十七日《曾公（鉴）墓志铭》。

《新中国墓志・北京卷一》（上）第 156 页。

程。

33. 杨镛镌（江东）

明正德七年（1512 年）十月十三日刻《梁任墓志》。

国图网・碑帖菁华，《文研所藏墓志》第 140 页，《新中国墓志・北京卷一》（上）第 170 页，《石刻馆藏石刻目录》第 147 页。

34. 杨锐镌（东吴）＊

嘉靖二十八年（1549 年）四月十四日刻《靳公（渊）暨配恭人杨墓志》。

《新中国墓志・北京卷一》（上）第 260 页。

曾、程。

35. 萧鼐镌（淮阴）＊

明嘉靖二年（1523年）刻《夏涌墓志铭》。

《文物局资料中心藏墓志（五）》，1997年2期89页，《新中国墓志·北京卷一》（上）第199页，《文研所藏墓志》第160页，《石刻馆藏石刻目录》第151页。

按：《石刻考工录》第131页，萧鼐的籍贯署为“淮阳”，查原碑拓片为“淮阴”。

曾、程。

36. 杨锐镌（古燕）

嘉靖七年（1528年）四月初九日刻《胡先生（阳）墓志》。

《文研所藏墓志》第173页。《新中国墓志·北京卷一》（上）第219页。

嘉靖十年三月十二日《石宝墓志》[17]（此条碑目由刑鹏兄检示，特此感谢！）

37. 张鸾镌（燕山[18]，古燕[19]）＊

明嘉靖二十四年（1545年）十一月五日刻《甄湧墓志》。

《文物局资料中心藏墓志（五）》，1997年2期95页，《拓片目录》第189，《拓本汇编》第55册107页。

曾、程。

38. 张□［鸾］（燕山）

明嘉靖二十五年（1546年）十二月八日《任勇及夫人黄氏合葬墓志并盖》。

《文研所藏墓志》第205页。

按：此碑拓片不清晰，未见原石，［鸾］为笔者所加。

39. 王守义镌、刻（历阳）＊

隆庆六年（1572年）十月二日刻《李公（琦）墓志铭》。

《新中国墓志·北京卷一》（上）第285页。《文研所藏墓志》第231页，《石刻馆藏石刻目》第166页。

明万历八年（1580年）六月八日刻《陈桂妻邓氏合葬墓志并盖》。

《文物局资料中心藏墓志（七）》，1997年4期90页，《文研所藏墓志》第238页。

万历九年（1581年）四月十六日刻《明（李如梅）妻葛氏墓志铭》。

《新中国墓志·北京卷一》（上）第293页。

曾、程。

40. 守仪镌

明万历元年（1573年）十一月八日《孙钰墓志并盖》。

《文物局资料中心藏墓志（七）》，1997年4期89页。

41. 孙龙镌（古燕）＊

万历五年（1577年）十月十九日刻《王公（泽）暨元配苏宜人合葬墓志》。

《新中国墓志·北京卷一》（上）第290页，《文研所藏墓志》第235页。

曾。

42. 左大诚□（吴郡）＊

万历三十五年（1607年）十二月二十日刻《刘公彩墓志铭》。

《新中国墓志·北京卷一》（上）第306页。

按：此处左大诚应为刻工。万历三十一年四月《重修双寺碑记》刻工：吴郡左大诚刻，应为一人。

曾、程。

43. 王承德镌（山阳）*

崇祯十四年（1641 年）八月五日刻《李公（大本）墓志铭》。

《新中国墓志·北京卷一》（上）第 320 页。

按：《石刻考工录》第 136—137 页著录王承德（历阳）于崇祯二年（1629 年）刻《东安门施茶碑》、四年（1631 年）刻《药王庙碑》两条，第 137 页著录清顺治五年王承德（山阳）刻《东岳庙金灯会碑》条下按语云：王崇（承）德，明末人，崇祯二年、四年已做镌刻工作。《石刻刻工研究》第 480 页著录万历四十四年（1616 年）二月王承德（古燕）刻《关帝庙碑》。如果王承德为一人，那么他的籍贯应为现河北涿鹿县西南之历山周围。历阳、山阳均为历山之阳，此区域古属燕国。

曾、程。

44. 刘光扬镌（宛陵鸿胪寺序班）*

康熙二年（1663 年）四月十六日刻《胡公（来相）墓志铭》。

《新中国墓志·北京卷一》（上）第 332 页。

康熙十四年（1675 年）四月二十四日刻《胡（来相）门李氏附葬墓志铭》。

《新中国墓志·北京卷一》（上）第 336 页。

清康熙二十二年（1683 年）七月初四日刻《清完颜阿什坦墓志并盖》。

《文物局资料中心藏墓志（九）》1998 年第 2 期第 96 页。

按：《胡公（来相）墓志铭》题署为“宛陵刘光扬镌”，另康熙十四年与十八的两碑均题署为“鸿胪寺序班刘光扬镌”。可见刘氏最晚于康熙十四年升为鸿胪寺序班。

程。

45. 李世英镌、刻（燕山，宛平[20]）*

康熙十四年（1675 年）六月四日刻《袁公（一相）暨继配待赠夫人赵氏合葬墓志铭》。

《新中国墓志·北京卷一》（上）第 337 页。

清康熙二十二年（1683 年）三月十九日刻《马雄镇及妻李氏合葬志》。

国图网·碑帖菁华。

曾、程。

46. 范举镌（古燕）

康熙十五年（1676 年）八月十九日刻《祝公（万春）暨元配夫人马氏合葬墓志铭》。

《新中国墓志·北京卷一》（上）第 338 页。

按：《新中国墓志·北京卷一》下册录文中，范举录为范與，碑文中“举”的繁体与“與”形相似。

47. 刘光信镌（宛陵）

清康熙二十七年（1688 年）四月八日刻《祖公（光玺）墓志铭》。

《新中国墓志·北京卷一》（上）第 345 页，国图网·碑帖菁华。

48. 李世景镌

清康熙三十二年（1693 年）十二月三日刻《赵祥星墓志铭并盖》。

《文物局资料中心藏墓志（九）》1998 年第 2 期第 96 页。

49．刘弘骥镌（旌邑）

康熙三十七年（1698年）十二月二十六日刻《清（高承爵）诰赠一品太夫人赵氏墓志铭》。

《新中国墓志·北京卷一》（上）第348页。

50．耿兆麟、王昭氏镌（宛平）

康熙四十二年（1703年）十一月十九日《王公（熙）墓志铭》。

《新中国墓志·北京卷一》（上）第349页。《文研所藏墓志》第267页。

按：《新中国墓志·北京卷一》下册录文中未段句，《石刻馆藏石刻目》第178页未著录刻工。

51．汪紫雯镌（旌德）

清康熙四十六年（1707年）四月十二日刻《纳兰揆方妻觉罗淑慎墓志》。

《文研所藏墓志》第268页，国图网·碑帖菁华，《新中国墓志·北京卷一》（上）第352页，《石刻馆藏石刻目》第178页。

52．朱圭刻字（鸿胪寺序班[21]，鸿胪寺序班加一级[22]）＊

清康熙五十四年（1715年）八月二十二日刻《范承勋墓志并盖》。

《文物局资料中心藏墓志（十）》1998年第3期第96页。

曾、程。

53．刘茂惠刻字＊

康熙五十七年（1718年）五月一日《王公（盛周）暨赵氏刘氏合葬墓志铭》。

《新中国墓志·北京卷一》（上）第357页。

程。

54．袁治瑾镌

清嘉庆二年（1797年）十一月二十八日刻《清胡煦及妻陈氏合葬墓志并阴》。

《文物局资料中心藏墓志（十）》1998年第3期第96页。

按：《拓本汇编》第77册第22页著录此碑未著录刻工。

55．北平文楷摹勒、刻石＊

民国二十年（1931年）前刻《叶君（崇质）母墓志铭》。

《新中国墓志·北京卷一》（上）第367页。

按：《新中国墓志·北京卷一》（下）第349页录文注释中指出此志的系年是据其子《叶崇质墓志》，暂系于民国二十年后。

程。

注释：

①《墨子》卷四，景印文渊阁四库全书本，上海古籍出版社2003年新版，第848册52页。

② 上海书店出版社于1994年出版《丛书集成续编》（全180册）收录民国三十七年（1948年）合众图书馆刊《咫园丛书》。《咫园丛书》中收录黄氏《碑刻姓名录》三卷，著录刻工425人。此版本前有嘉兴张叔未（廷济）孝廉覆札。

③ 曾毅公：《石刻考工录》，书目文献出版社1987年版，第6页。

④ 曾毅公：《石刻考工录》，书目文献出版社1987年版，第7页。

⑤ 程章灿：《石刻刻工研究》，上海古籍出版社2008年版，第12页。

⑥ 官桂铨：《〈石刻考工录〉补正》，《文献》1990年第1期，第204页。

⑦ 刘汉忠：《〈石刻考工录〉续补》，《文献》1991 年第 3 期，第 248 页。

⑧ 程章灿：《石刻刻工研究》，上海古籍出版社 2008 年版，第 12 页。

⑨ 程章灿：《石刻刻工研究》，上海古籍出版社 2008 年版，第 710 页。

⑩ 程章灿：《石刻刻工研究》，上海古籍出版社 2008 年版，第 9 页。

⑪ 如《北京图书馆藏北京石刻拓片目录》（以下简称《拓片目录》）著录的碑目而刻工被遗漏者有 32 条，另有 19 条多人刻工的碑目只著录首名刻工，余下人员以“等”字代替。《拓片目录》未著录的刻工是根据国图网・碑帖菁华栏目著录的碑目信息比较而得。明万历三十□《净土寺置田碑》，《拓片目录》和《拓本汇编》均未著录刻工，《拓本汇编》因图片太小，不能识别，是否有刻工。但国家图书馆网站碑帖菁华栏目中此碑著录刻工为吕昌镌，不知是《拓本汇编》遗漏刻工还是国图网站另有善本所据，抑或国图网刻工录错了。另有刘诚印勒碑 5 通，不知刘是否为刻工。除去此 6 通碑应有 26 通是没有著录刻工的。

⑫ 此份目录由邢鹏兄提供，特此感谢！

⑬《语石》卷六：（刻工题署方式）又有官、私之别，唐时中书省置玉册官，宋有御书院，皆专司镌勒之事，邵建初所刻《圭峰碑》（即《圭峰禅师碑》）及《杜顺和尚行记》（即《杜顺和尚碑》）、《刘遵礼墓志》其署衔皆为“镌玉册官”，或无“镌”字。《拓片汇编》第 52 册 181 页著录，明成化二十年七月《清凉寺并东岳行祠碑》碑文末的题署为：“石作：刘敏、程□、□［刘］宽镌。”（如图一）《语石》卷六：私家之碑，或称都料，或称石工、石作，盖石匠亦间能刊字。宋、辽、金石幢及里社神庙之碑皆出此辈。综此以上的文献和石刻实例，可知此通明正统丙寅岁六月初九日，《伍花寺开山一代勝公塔院茔志记》最后录文段句应为：“大明正统丙寅岁六月初九日立石。镌石作：严广智。”

图一：清凉寺并东岳行祠碑

⑭ 曾毅公：《石刻考工录》，书目文献出版社 1987 年版，第 130 页。

⑮ 程章灿：《石刻刻工研究》，上海古籍出版社 2008 年版，第 414 页；《拓本汇编》第 53 册第 30 页著录《兜率寺天梯路记》刻工题署：“工部副使历阳王用”。

⑯ 程章灿：《石刻刻工研究》，上海古籍出版社 2008 年版，第 429 页；《拓本汇编》第 54 册第 78 页著录明正德十六年（1521 年）三月九日《彭喜墓志》，石署“将仕佐郎工部文思院副使篆”。应为一人。

⑰ 此份碑目由邢鹏兄提供，特此感谢！

⑱ 程章灿：《石刻刻工研究》，上海古籍出版社 2008 年版，第 443 页。

⑲ 曾毅公：《石刻考工录》，书目文献出版社 1987 年版，第 131 页。

⑳ 曾毅公：《石刻考工录》，书目文献出版社 1987 年版，第 138 页。

㉑ 曾毅公：《石刻考工录》，书目文献出版社 1987 年版，第 139 页。

㉒ 程章灿：《石刻刻工研究》，上海古籍出版社 2008 年版，第 500 页。

元明清先蚕坛建置考

李　明

中国是蚕丝的发源地。育蚕、丝织不仅使人类从亘古蛮荒跨入文明时代，还创造出源远流长的蚕丝文化，我国古代皇室行亲蚕礼则是这一文化极致的代表。作为皇家礼蚕的典型建筑，清乾隆年间修建的位于今北京北海内的先蚕坛，是全国现存的唯一的一座皇家祭祀先蚕的祭坛。事实上，元、明时期、清雍正时期，统治者都曾在北京建有先蚕坛，虽已不复存在，但在皇室档案及一些北京地方古籍中还有零星记载。本文通过这些仅存于文献中的珍贵资料，对元、明、清时期统治者在北京先后修建的先蚕坛进行考证，追述逝去的历史，以飨读者。如有不妥之处，敬请斧正。

一、元朝先蚕坛踪迹寻觅

在北京最早修建先蚕坛的为元代。元朝距今已七百多年，先蚕坛建筑早已荡然无存，但《元史》对其营建的时间、位置及规制都有明确记载："武宗至大三年（1310年）夏四月，从大司农请，建农、蚕二坛。博士议：二坛之式与社稷同，纵广一十步，高五尺，四出陛，外壝相去二十五步，每方有棂星门；今先农、先蚕坛位在籍田内，若立外壝，恐妨千亩，其外壝勿筑。是岁命祀先农如社稷，……先蚕之祀未闻。"①这其中说到武宗时期先农、先蚕二坛同时修建，位于藉田中，是在元朝入主中原，建国之后的第40年即公元1310年。在此之前，只有汉族皇权有祭祀先蚕的传统，作为蒙古族建立的元政权，在营建元大都之后不久，就设立先蚕祭祀，可以说元朝统治者已完全视己为中国正统政权，其意义不同寻常。

元朝的藉田又位于何处呢？《续通典》载："元世祖至元七年（1270年）六月，立藉田于大都东南郊。"②《元史》提到至元二十九年（1292年），在都水监郭守敬的主持下开凿了通惠河，行船漕运可以直达大都城内的积水潭。通惠河的地势西高东低，落差很大，东便门外大通桥的水位比通州高丽庄桥的水位高20米，为了节控水流，便于漕运，修建了闸坝，大通桥至通州段40里，中间设闸5处③。大通桥东五里为第一处闸，名为"藉东"，即以其在藉田之东而得名。很显然，藉田位于藉东闸西边。成宗元贞元年（1295年）"藉东闸改名庆丰"④。《析津志》也有"庆丰闸二，在藉田东"⑤的记载。

如今出东便门，美丽蜿蜒的通惠河上大通桥已无踪影，沿河往东，所幸的是庆丰闸遗址不仅保留，还开辟成公园即庆丰公园。园内北岸立有庆丰闸遗址碑，其中碑文："庆丰闸，初名籍东闸，俗称'二闸’。公元 1292 年（至元二十九年）都水监郭守敬主持开凿通惠河时所建。初为上下两座水闸，后于公元 1330 年（元至顺元年）改建石闸。闸基长 120 尺，金门宽 22 尺，并易名‘庆丰’。明嘉靖中吴仲重修通惠河时下闸废弃。现有庆丰闸遗迹当是元代庆丰上闸。……1992 年底再次兴工，浚宽河道，以利泄洪，改善水质，复现清波。为保存文物，光耀先贤，遂将原闸石雕易地保存，闸底略有降低，并仿元制重塑石兽，修建虹桥，爰于原址立碑为记。”［照片 1、2］

照片 1

照片 2

据此，元大都藉田当在今东便门外至东三环外通惠河上的庆丰桥之间，方圆约五里⑥，即可断定当年元朝的先农、先蚕二坛就建于此地之间。［图一］也就是七百年前，在崭新的大都城东南方向的藉田中，伫立着皇家的先农、先蚕二坛，其建制虽然只有祭坛，为了不妨碍耕田也没设围墙，是否举行过先蚕祭祀未有记载，但却是北京历史上的首座皇家先蚕之坛。

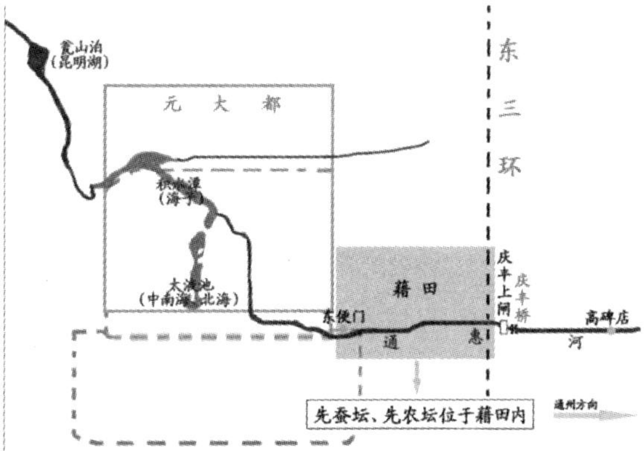

图一 大都水系

二、明朝先蚕坛的兴建与变迁

明朝初年先蚕祭祀没有正式列入国朝祀典。直至嘉靖九年（1530 年）正月，都给事中夏言首次提请皇后亲蚕。此时，大臣中有人提出增设先蚕礼并非偶然，因为嘉靖一朝极为重视国家祀典，原因是由于嘉靖帝不是正统继位。明正德十六年（1521 年），31 岁的武宗朱厚照驾崩。由于武宗没有留下子嗣，又是单传，因此皇太后和内阁首辅杨廷和决定，由最近支的皇室，武宗的堂弟朱厚熜继承皇位，改年号为嘉靖，时年 14 岁，即嘉靖皇帝。嘉靖帝继位之后，曾为生父入皇室太庙与朝臣争执不休。此后，他十分注重国家祀典，开始在京城四处兴建坛庙，一味求全。

夏言之所以提出增设亲蚕礼，是对嘉靖帝察颜观色投其所好。这一点已从《明实录》嘉靖帝的话显现出来："此事在朕心决之久矣，得言之奏甚悦，并无毫末之疑，已有成命。"⑦嘉靖帝在得到夏言的奏请之后"深加纳之，遂敕礼部：'朕惟耕桑王者重事也，古者天子亲耕、王后亲蚕以劝天下，自今岁始，朕躬祀先农，皇后亲蚕。'"于是大学士张聪等因请于安定门外建先蚕坛。"⑧

（一）建坛之争

张聪提议将先蚕坛建于北郊，引起了一场争论。詹事霍韬认为坛址选择过远，认为"皇后出郊难以越宿，且郊外别建蚕室则宫嫔命妇又未得亲见蚕事，有文无实，势难久行，乞择近地便"。嘉靖帝将其驳斥，说："天子耕于南郊，王后蚕于北郊，此万世不可易之，古礼非可以远近计。"⑨

户部以北郊无水源，无法育蚕为由也提出异议，上疏"安定门外近西之地虽宽平可用，而水源不通，无浴蚕之所。初礼部议于皇城内南城，西苑中有太液琼岛之水，况唐制亦在苑中，宋亦于宫中，宜从礼部初议"。⑩嘉靖帝又以"周礼之制耕蚕分南北郊，唐人因陋就安不可为法"⑪将其否决。

礼部尚书李时见嘉靖帝坚持祭祀于北郊，提出了相应的变通方案：大明门至安定门外路途遥远，皇后亲蚕凤辇可从东华或玄武门出；仍于宫中隙地量立蚕茧织室，以终蚕事；先蚕采桑二坛悉仿先农籍田之制，先蚕坛北向，采桑坛东向。⑫至此，嘉靖帝才满意。

争议的最后结果是皇后亲蚕礼在京城北郊安定门外举行，皇后亲蚕的路线从紫禁城玄武门（今故宫神武门）出，由内使陈仪卫、军队一万人护卫，其中五千围坛所，五千护于道。亲蚕礼后，在有水源的西苑选择空地建造织室，用于育蚕。即如《明史》载：三月"丁已，皇后行亲蚕礼于北郊祭先蚕氏"。⑬

（二）建坛北郊

工部于同年（嘉靖九年，1530 年）二月呈上先蚕坛图样，其建制："先蚕坛方二丈六尺，垒二级，高二尺六寸，四出陛。东西北俱树桑柘，内设蚕宫令署。采桑台高一尺四寸，方十倍，三出陛。銮驾库五间。后盖织堂。坛围方八十丈。"⑭嘉靖帝亲自审定。

先蚕坛建制虽然已定，但朝廷负责工程勘舆的钦天监上报"年神不利兴作"。按照周代礼制每年春季选择吉日由王后亲享先蚕，礼部也认为有窒碍"请俟明年"，并提议"其躬桑治茧之事可于宫中行之"。嘉靖帝很不高兴，斥曰："朕已告闻祖考不敢中止。"工部不得已，只好请求"止建先蚕采桑二坛并具服殿及诸蚕室数十楹，余皆罢之"，嘉靖帝准奏。⑮

明史上所说的"九年春正月丙午，作先蚕坛于北郊"，⑯并不是说先蚕坛于北郊已开工，而是说经争议先蚕坛最终确定在安定门外近西之地。真正动工是在二月工部呈上图样，嘉靖帝奏准之后。此项工程是为皇后三月亲蚕做准备，因"年神不利兴作"，按工部呈上的图样，只完成主体部分，其余部分将待负责工程勘舆的钦天监另择吉日再行开工完成。也就是皇后首次行亲蚕礼是在北郊先蚕坛工程只部分完成的情况下进行的。

《明鉴》记载，就在夏言请举先蚕礼，朝臣们为先蚕坛建址热议时，嘉靖帝又流露出分祀的心思，也就是想分别祭祀天地、日月，即“欲分建二郊，并日月为四”。[17]因为，永乐时在京城南郊建天地坛（今天坛），天地、日月、星辰、云雨、风雷诸神一起祭祀，也就是天地、日月一直合祀。对嘉靖帝揣摩已久的夏言，又复奏“天地分祀从来久矣”。[18]这在朝廷上引起了轰动，改变先祖“天地合祀”的定制，此事非同小可，这已不是单单建先蚕坛一事了。朝臣们分为两派，争议十分激烈。詹事霍韬针锋相对指责夏言“紊乱朝政，变乱成法”[19]，“帝大怒，下韬狱”。于是主分祀者众。[20]这就是嘉靖朝发生的，历史上著名的“分祀还是合祀”的大辩论。最后是坚持合祀的霍韬获罪下狱，提议分祀的夏言升迁为礼部尚书。

五月，工部奏“先圜丘而方丘，及东西二坛次之，先蚕坛又次之，今建材不足，请先事圜丘，余以次渐举从之”。[21]以此可见，嘉靖九年（1530 年）京城四郊兴工，大建祭坛。也就是在京城南郊的天地坛（今天坛）内增建圜丘坛，在北郊安定门外东侧修建方泽坛（今地坛）、西侧修建先蚕坛，在东郊修建朝日坛（今日坛），在西郊修建夕月坛（今月坛）。大学士张聪、礼部尚书李时包括夏言等被皇上敕为工程监督。由于所有坛庙工程同时进行，致使建筑材料不足，所以工部只得请求分次第进行，先蚕坛工程延至于后。

（三）改筑西苑

第二年春（嘉靖十年，1531 年），为皇后是否享先蚕礼，礼部在二月上疏“去岁皇后躬祭采桑，已足风励天下。今先蚕坛殿工未毕，宜且遣官行礼”。嘉靖帝坚持已见“令如旧行”。[22]李时等又复奏“考之周礼有代祭之仪，皇后行于宫中而可，不必岁岁出郊”[23]，“皇后出郊亲蚕不便”[24]。在此情况下，嘉靖帝开始动摇，有了将蚕坛改建于内苑的想法。

三月，嘉靖帝驾幸西苑，召见张聪、李时二位重臣。之后，几人乘船渡太液池至西岸，来到旧仁寿宫。在此，嘉靖帝对二位大臣说：“朕惟农桑重务欲于宫前建土谷坛，宫后为蚕坛以时省观，卿等视其可否？”[25]原来嘉靖帝已选中西苑西岸的旧仁寿宫，要在此处重建蚕坛，还特意提出增建具服殿。张聪、李时趋出视地，随承圣谕。嘉靖帝还命其“北郊蚕坛卿不必奏，请即移文工部拆之”。[26]以上史料说明，安定门外所建的先蚕坛还未完工，于嘉靖十年（1531 年）三月被放弃，又改筑于西苑内旧仁寿宫。

关于明代在西苑所修建的先蚕坛的位置，典籍中有少量记载。如《日下旧闻考》载“改筑坛于西苑仁寿宫侧”[27]，《续通典》载“十年改筑先蚕坛于西苑仁寿宫侧，毁北郊蚕坛”。[28]而《金鳌退食笔记》则记为“亲蚕殿（即先蚕坛主殿）在万寿宫西南，有斋宫、具服殿、蚕室、茧馆，皆如古制”。[29]其具体位置的记载似乎有些不同。

先蚕坛究竟改筑于西苑何处？明代西苑万寿宫、仁寿宫这些能确定西苑先蚕坛位置的宫殿又在哪里？《光绪顺天府志》载：“大光明殿在西安门万寿宫遗址之西。”[30]《日下旧闻考》有几段资料提供了更多线索：“万寿宫在西安门内迤南，大光明殿之东。成祖潜邸也。殿东西有永春、万春诸宫，翼而前，为门者三。或曰即旧仁寿宫。”“小山在仁寿宫西。入清虚门，磴道盘屈，……山顶曰清虚殿，俯瞰都城，历历可见。”“兔园山在瀛台之西。由大光明殿南行，叠石为山，穴山为洞，东西分径，纡折到顶。殿曰清虚，俯瞰都城，历历可见。……一名小山子，又曰小蓬莱。……老监云，明时重九或万岁山，或幸兔儿山清虚殿登高。”[31]

由此可知，小山是皇家御园，位于大光明殿南，有诸多称呼：小山子、小蓬莱、兔园山、兔儿山（现已成为平地，图样山就是兔儿山变异的地名[32]）。从《明皇城复原图》［图二］上看，大光明殿东部即万寿宫，大光明殿南面的兔儿山即是小山，虽然上面没有标出仁寿宫，但根据以上史料可判定仁寿宫就在兔儿山东部，即在万寿宫的正南，再依据以上“亲蚕殿在万寿宫西南”和“改筑坛于西苑仁寿宫侧”的记载，可断定先蚕坛是建在仁寿宫西侧，自然也就在万寿宫西南了。说明史书的记载并不矛盾，只是参照的宫殿不同，反而为我们提供了有利的依据。蚕坛没有象嘉靖帝最初提出建在仁寿宫后，而是建在了仁寿宫西侧，很可能是在具体设计改造西苑宫殿整体方案的实施上做了调整。

有人认为明西苑先蚕坛建在蚕池[33]，实际有误。《日下旧闻考》记载“蚕池在三座门西街南，东邻西苑，北与羊房夹道相对”[34]。《明皇城复原图》标明了蚕池的位置，在万寿宫的东边（今中南海西北角），与上面这段资料吻合[图二]。《日下旧闻考》还记载“蚕池，明时宫人织绵之所，今止存云机庙故基”[35]，明确蚕池是明朝宫廷织锦机构的所在地，虽也育蚕，但不是皇家祭祀先蚕之坛。

同年六月（1531 年）“户部以营建仁寿宫及先蚕等坛殿采办大木料价不敷，请开各项纳银事例以补运费。”[36]说明先蚕坛与仁寿宫都在营建或翻修之中。《明实录》载：“九月乙丑，修葺西苑宫殿工毕。”“十二月辛卯，大学士张孚敬（即张聪）以西苑工成遣赐银币，上疏陈谢。”[37]证实西苑仁寿宫内的修缮营建工程于九月完成。《明史》记载：“夏四月丁巳，皇后亲蚕于西苑。”[38]此时西苑新蚕坛尚未建成，很有可能皇后更衣的具服殿、行祭的祭坛都是临建的，但皇后亲蚕的地点已由安定门外改在了西苑。

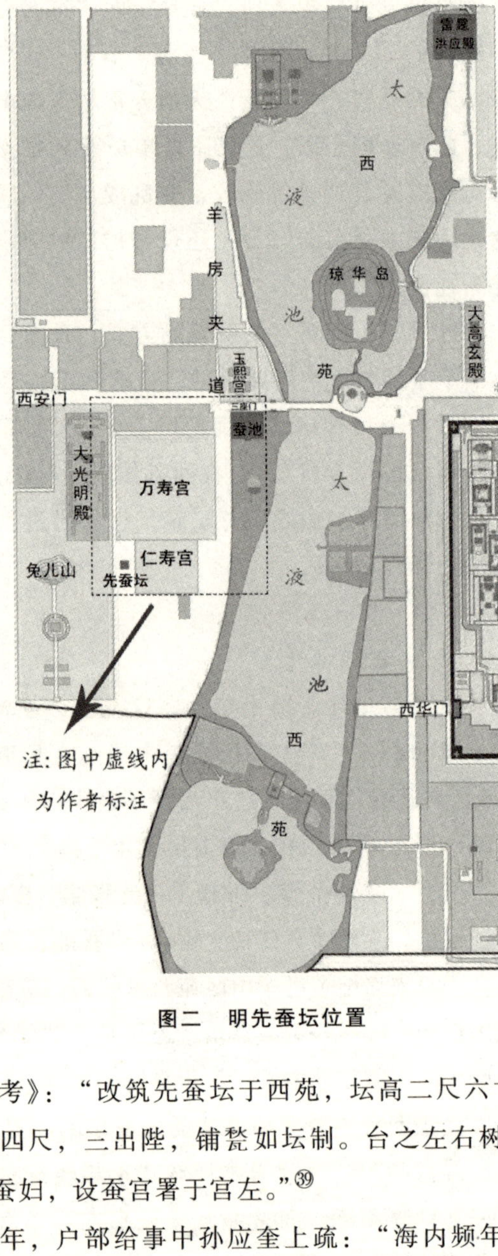

图二　明先蚕坛位置

关于西苑的先蚕坛规制记载最为详尽的是《续文献通考》：“改筑先蚕坛于西苑，坛高二尺六寸，广六尺四寸，四出陛，东为采桑台，高二尺四寸，方一丈四尺，三出陛，铺甃如坛制。台之左右树以桑。东为具服殿，北为蚕室，左右为厢房，后为从室以居蚕妇，设蚕宫署于宫左。”[39]

由于嘉靖帝滥用民力大肆营建宫殿、坛庙，就在这一年，户部给事中孙应奎上疏：“海内频年饥馑，盗贼公行，府库空虚，民力憔悴，请议诸工作缓急促宜暂罢。”[40]“工部以神祇坛、帝王庙、西苑仁寿等宫及蚕坛等皆已垂成，不宜中止。惟门禁、城垣及大小官置不急无益者皆罢之诏，从部议。”[41]

嘉靖朝的亲蚕礼并未持续下去，十六年（1537 年）之后，皇后不再行亲蚕礼。[42]

三、清朝先蚕坛的几经改建

清朝初建，统治者除了必须的国家祀典之外，无暇顾及其它。到了康熙时期，统治逐渐稳固。西苑勤政殿（今中南海内）成为康熙帝夏日避暑听政之地。勤政殿西建有育蚕小屋数间，开辟稻田数亩，小屋西边的丰泽园殿宇后面还栽有数十株桑树。虽未举行皇室亲蚕礼，但康熙帝在处理政务的繁忙之余，曾亲自在此养蚕种稻，身体历行劝课农桑于天下。[43]

（一）建祠北郊

清朝皇室先蚕祭祀提到日程是在雍正末年。“雍正十三年（1735 年）河东总督王士俊疏请奉祀先蚕，略言：‘按周制，蚕于北郊。今京师建坛，亦北郊为宜。’部议然之，侍郎图理琛奏立先蚕祠安定门外，岁季春吉巳，遣太常卿祀以少牢。未及行。”[44]礼部同意建蚕坛于北郊，图理琛的议案虽更为具体，但未来得及实行。

原因是不久朝廷发生重大变故。从《清史稿》雍正十三年闰四月“己亥，建先蚕坛于北郊”[45]的时间上看，这是蚕坛正式动工的时间。八月己丑，雍正帝暴病驾崩。皇子弘历继位，年号乾隆，即乾隆皇帝。此时，蚕坛工程很有可能暂停。因为《清史稿》还记载：乾隆元年（1736 年）正月“癸卯，建京师先蚕坛”[46]，《清实录》记载：“乾隆元年准工部侍郎图理琛议改先蚕坛为先蚕祠。每岁季春巳日，遣太常寺堂上官以少牢致祭。”[47]说明乾隆帝依前朝定制在继位之后不久，即乾隆元年正月，将雍正朝确定的于北郊修建先蚕坛工程继续完成。乾隆帝亲自批准更名为先蚕祠，遣官代祭。

（二）建新坛西苑

乾隆时期清朝国力达到鼎盛，乾隆帝决定大规模营建西苑北海，并新建先蚕坛于其内。“从乾隆七年开始至四十四年止，新建的各式殿堂楼台门座 126 处，亭子 35 座，桥 6 座，碑碣 16 座；重修或改建旧有各类建筑 12 座。[48]在大规模营建的工程中，先蚕坛被列为首批营建项目。

乾隆七年（1742 年）七月，大学士鄂尔泰上奏提出举行亲蚕大典，建先蚕坛。[49]乾隆帝将此议案敕交内务府会同工部等衙门办理。

八月初四日，内务府大臣海望上奏，将制定的先蚕坛建制方案呈报乾隆皇上：“奴才谨就各朝所定详加酌量，移古制以为程据地形而相度拟建。先蚕坛南向，方广二丈六尺，四出陛。采桑坛所古制原为东向，取桑生之义，今拟东向，方广一丈四尺，三出陛。于坛之四围广植桑树，建蚕宫正殿五间，配殿六间。为亲蚕所织室五间，茧馆六间，从室二十七间。外建神库九间，蚕宫署九间。至具服殿一区创自有明嘉靖年间，从前各朝系用帷幙。谨绘成图样三张，恭呈御览。伏候圣明指定，另行放样烫胎。”[50]

二十六日，海望就建造蚕坛殿宇房间估用物料价银等再上奏：“将先蚕坛烫样呈览奉旨照样准做。臣随即率员踏勘，约估得先蚕坛祭台、采桑台、蚕宫、织室、茧馆、神库、神厨并从室殿宇房座八十七间；天门宫、门瘗坎、方河桥闸十一座并各处随墙、门座、大墙、月台、海墁甬路、填筑海岸河道、起培地基以及拆修外围北面大墙等项除需用颜料，向户部领用，琉璃瓦料、杉木架木席，向工部取用，绫绢纸张铜锡物料，向广储司领用，亮铁槽活，交武备院办造。并遵旨将建福宫、瀛台等处余剩木石砖瓦先用外，所有办买木石砖灰绳麻钉铁杂料等项及各作匠夫工价，约估银九万六千五百余两。再查得兔儿山前有旋磨台一座，经年久远倾圮，不堪其中，周围砖块甚多，并有底垫河帮石料此项旧有砖石不便任其弃置。今现在修建蚕坛，奴才愚见请即将此项砖石捡选添用，约估砖块值银四千三百余两。石料值银三千四十余两。除将前项约估银两扣除外净应需银八万九千一百六十余两。请向广储司支领，应用以便今冬备料，明春兴修。谨将约估殿宇房座需用物料工价银两数目另缮清单一併恭呈。”[51]

以上两份宫廷档案不仅详细地告诉我们先蚕坛当时修建的规模及工程的总造价预算，部分砖石材料的来源，还能看出乾隆帝对工程质量要求甚严，有关工程设计、施工等奏折都一一过目，审定，并给予批示。

新的先蚕坛建在西苑东北角［图三］，即太液池的入水口北闸口南，此处是明朝雷霆洪应殿旧址

[图二]，为嘉靖二十二年（1543年）所建。[52]

乾隆九年（1744年）四月初一，“以始建先蚕坛告成，议叙总理监修海望等加级”。[53]从建先蚕坛议案的提出到工程完工，历时一年九个月。新建的蚕坛规制宏丽［图四］。“先蚕坛在西苑东北角。坛方形南向，径四丈，高四尺，四面有陛，各十级。西北为瘗坎坛。先蚕神殿在坛之东南，西向，广三间，朱门，上盖绿琉璃瓦，基高，有三陛。左有宰牲亭，右有井亭。神库在殿北神厨在殿南，各三间。採桑台在坛东，广三丈二尺，高四尺，台而铺金砖，围以白石，东南西三方有台阶，各十级，绕以朱阑，前即桑园。具服殿（即亲蚕殿）在採桑台后，广五间，南向。有三座台阶、各五级。有东西配殿，各三间，四面环以回廊二十间。宫墙东南西三方各有一门。浴蚕河在宫墙东南，从外围北墙流入，南墙流出，墙下有闸，可以开闭。有木桥二。蚕署在桥东蚕室和蚕署相连，二十七间，全都向西。坛垣周围一百六十丈，在西南角，有正门。三门，左右小门各一，西北角有角门，坛垣南外面有两重室，各五间，全都向西。”[54]

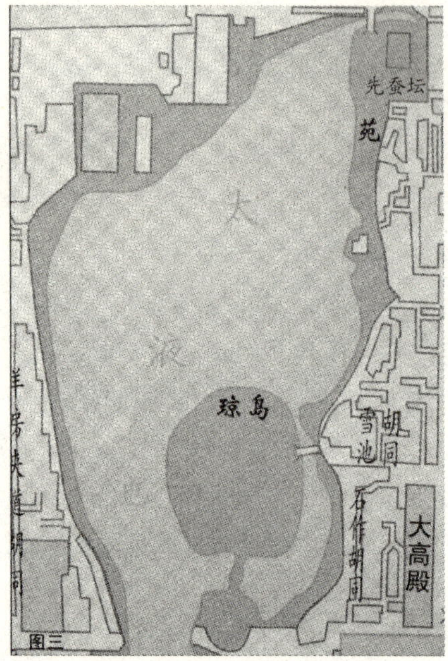

图三 清代先蚕坛位置

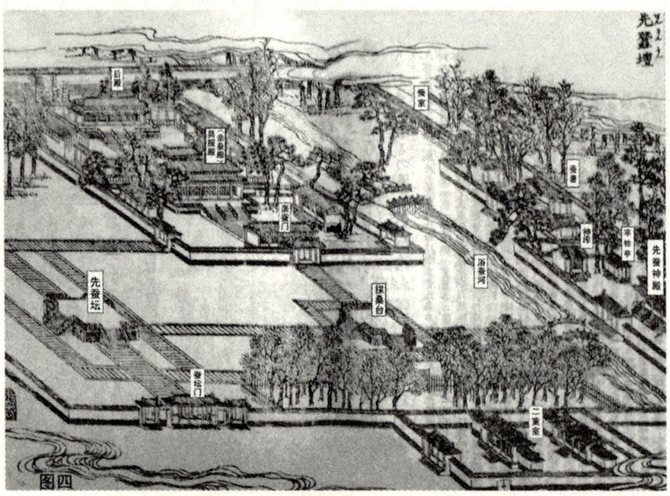

图四 先蚕坛内

这座红墙绿瓦庭院，面积17000平方米，桑树环绕，流水潺潺，神秘肃穆，主殿内配有皇帝亲笔匾联，具有十足的皇家气派。悬挂于亲蚕殿（即具服殿）内的乾隆御笔额为“葛覃遗意”，联为“视履六宫基化本，授衣万国佐皇猷”。悬挂于后殿内的皇上御书额为“化先无斁”，联为“宫春晓觇鸠雨，十亩新阴映鞠衣”，殿内屏风绘有蚕织图。[55]所建位置于皇家内苑，没有礼蚕路途遥远之不便，又近水源，避静优雅，实为亲蚕的理想之地。整个蚕坛建制完备，色彩艳丽，构造精美，是中国古代皇家先蚕祭坛建筑的集大成者。

《清朝文献通考》记：“九年三月吉巳，皇后亲蚕先蚕坛，翼日行躬桑之礼。”[56]孝贤皇后在西苑新建的亲蚕坛举行了清朝首次皇后亲蚕礼。这次亲蚕礼的隆重盛大，从台北故宫珍藏的《皇后亲蚕图》［图五］可见一斑。这幅图是乾隆皇帝在皇后行亲蚕礼之后，让宫廷画师绘制的，它是中国古代蚕丝文化的最高体现。

图五 亲蚕图

皇后行亲蚕礼是三月，蚕坛工程告成是四月初一，也就是先蚕坛建筑是在经过皇后亲蚕的洗礼之后，才举行了落成典礼。

此后，清朝先蚕祭祀时续时断直至宣统三年（1911 年），皇后亲蚕少，大多还是遣妃代行。[57]随着清帝退位，从 1912 年至 1949 年，先蚕坛沉睡在荒芜之中，为人们所遗忘。

新中国成立，这里成为北海幼儿园。孩子们的欢声笑语打破了蚕坛的寂静。有的殿宇得到修缮和改建。令人遗憾的是为了扩大孩子们的活动场所，将蚕池填平，先蚕坛［照片 3］、采桑台被拆除，桑树仅剩两棵。

2007 年，先蚕坛重新修缮。呈现在人们视线之中的蚕坛，端庄绚丽［照片 4、5］，这座皇家祭祀先蚕的建筑，作为京城皇家的九坛八庙[58]之一，它的保存构成了北京皇家坛庙文化的完整性，这在人类世界文化史上都有着十分重要的意义。[59]

照片 3

照片 4

照片 5

注释：

①《元史》卷七十六《志第二十七　祭祀》，中华书局 1976 年版，第 6 册，第 1891 - 1892 页。
②《续通典》卷五十《礼六　藉田》，浙江古籍出版社 2001 年版，下册，第 1429 页。
③ 李学通：《元代北京水系及通惠河闸位示意图》，《中国国家地理》2006 年第 5 期，第 100 页。
④《元史》卷六十四《志第十六　河渠》，中华书局 1976 年版，第 6 册，第 1589 页。
⑤ 熊梦祥著、北京图书馆善本组辑：《析津志辑佚》，北京古籍出版社 1983 年版，第 95 页。
⑥《光绪顺天府志》《河渠志三十六》，北京古籍出版社 2000 年版，第 3 册，第 1300 页。
⑦《明世宗实录》卷一零九，中央研究院历史语言研究所校印民国五十年刊，上册，第 2565 页。
⑧《明世宗实录》卷一零九，中央研究院历史语言研究所校印民国五十年刊，上册，第 2563 页。
⑨《明世宗实录》卷一零九，中央研究院历史语言研究所校印民国五十年刊，上册，第 2564 页。
⑩⑪《明世宗实录》卷一零九，中央研究院历史语言研究所校印民国五十年刊，上册，第 2564 - 2565 页。
⑫《明世宗实录》卷一零九，中央研究院历史语言研究所校印民国五十年刊，上册，第 2566 - 2567 页。
⑬《明史》卷十七《本纪第十七　世宗一》，中华书局 1974 年版，第 2 册，第 223 页。
⑭《明史》卷四十九《志第二十五　礼三　吉礼三》，中华书局 1974 年版，第 5 册，第 1274 页。
⑮《明世宗实录》卷一一零中央研究院历史语言研究所校印民国五十年刊，上册，第 2585 页。
⑯《明史》卷十七《本纪第十七　世宗一》，中华书局 1974 年版，第 2 册，第 223 页。
⑰—⑳《明鑑》卷九　《世宗》上海书店 1984 年版，第 365 页。
㉑《明世宗实录》卷一一三中央研究院历史语言研究所校印民国五十年刊，上册，第 2684 页。
㉒《明史》卷四十九《志第二十五　礼三　吉礼三》，中华书局 1974 年版，第 5 册，第 1275 页。
㉓《明世宗实录》卷一二二，中央研究院历史语言研究所校印民国五十年刊，上册，第 2913 页。
㉔《日下旧闻考》卷三十六《宫室明三》，北京古籍出版社 1983 年版，第 1 册，第 563 页。
㉕《明世宗实录》卷一二三，中央研究院历史语言研究所校印民国五十年刊，上册，第 2945 页。
㉖《明世宗实录》卷一二三，中央研究院历史语言研究所校印民国五十年刊，上册，第 2945 页 - 2946 页。
㉗《日下旧闻考》卷四十二，《皇城》，北京古籍出版社 1983 年版，第 2 册，第 660 页。
㉘《续通典》卷五十《礼六　先蚕》，浙江古籍出版社 2001 年版，第 1430 页。
㉙《京师坊巷志稿》卷上，北京古籍出版社 1962 年版，第 42 页（引《金鳌退食笔记》）。
㉚《光绪顺天府志》《京师志三　宫禁下》，北京古籍出版社 2000 年版，第 1 册，第 72 页。
㉛《日下旧闻考》卷四十二《皇城》，北京古籍出版社 1983 年版，第 2 册，第 664、667、668 页（引《钤山堂集》、《金鳌退食笔记》）。
㉜ 刘建斌、黎吴东：《皇城春秋》（文化百科丛书），文物出版社 2003 年版，第 165 - 166 页。
㉝ 百度网 http：//www. baidu. com“先蚕坛”百科词条历史记载部分。
于德源：《北京史通论》（北京旧闻故影书系 30），学苑出版社 2006 年版，第 300 页。
㉞《日下旧闻考》卷四十二《皇城》，北京古籍出版社 1983 年版，第 2 册，第 660 页。
㉟《日下旧闻考》卷四十二《皇城》，北京古籍出版社 1983 年版，第 2 册，第 661 页。
㊱《明世宗实录》卷一二六，中央研究院历史语言研究所校印民国五十年刊，上册，第 3007 页。
㊲《明世宗实录》卷一三零、卷一三三，中央研究院历史语言研究所校印民国五十年刊，上册，第 3090、3091、3151 页。
㊳《明史》卷十七《本纪第十七　世宗一》，中华书局 1974 年版，第 2 册，第 224 页。
㊴《续文献通考》卷七十八《群祀二》，浙江古籍出版社 2000 年版，第 1 册（下），第 3490 页。
㊵㊶《明世宗实录》卷一二七，中央研究院历史语言研究所校印民国五十年刊，第 3037 页。
㊷《续文献通考》卷七十八《群祀二》，浙江古籍出版社 2000 年版，第 1 册，第 3490 页。
㊸《日下旧闻考》卷二十三《国朝宫室　西苑三》，北京古籍出版社 1983 年版，第 1 册，第 314 页。
㊹《清史稿》卷八十二《志五十八　吉礼二》，中华书局 1977 年版，第 10 册，第 2519 页。

㊺《清史稿》卷九《本纪九　世宗》，中华书局 1977 年版，第 3 册，第 339 页。

㊻《清史稿》卷十《本纪十　高宗一》，中华书局 1977 年版，第 3 册，第 347 页。

㊼《清实录》卷一七二《高宗实录三》，中华书局 1985 年版，第 11 册，第 192－193 页。

㊽ 侯仁之主编：《北海》，（北京览胜丛书），北京美术摄影出版社 2002 年版，第 33 页。

㊾《钦定大清会典事例》卷六六三《工部三　先蚕坛》，光绪二十五年八月石印版。

㊿(51)《清代中南海档案》卷三十　国家第一档案馆

(52)《光绪顺天府志》《京师志三　宫禁下》，北京古籍出版社 2000 年版，第 1 册，第 75 页。

(53)《清实录》卷二一四《高宗实录三》，中华书局 1985 年版，第 11 册（上），第 744 页。

(54) 冈田玉山（日本）著、钱端义、周半一译：《唐土名胜图会》卷二《皇城　先蚕坛图》，北京古籍出版社 1985 年版，上册，第 40 页。

(55)《日下旧闻考》卷二十三《国朝宫室　西苑八》，北京古籍出版社 1983 年版，第 1 册，第 392 页。

(56)《清朝文献通考》卷一零二《郊社十二》，浙江古籍出版社 2001 年版，第 1 册，第 5743 页。

(57)《续文献通考》卷一五五《郊社九》，浙江古籍出版社 2001 年版，第 2 册，第 9114－9115 页。

(58) 高巍等：《漫话北京城》，学苑出版社 2007 年版，第 142－153 页。九坛指的是天坛、地坛、祈谷坛、朝日坛、夕月坛、太岁坛、先农坛、先蚕坛和社稷坛。

(59) 吕玮莎、王磊协助配图。

清代外藩蒙古王公年班来京人数考

李文琪

一、清代外藩蒙古王公的来源

（一）外藩蒙古诸部的受封情况

清代的“外藩蒙古”一词有其固定的内涵和外延。

清代所存在的蒙古藩部所涵盖的范围，包括八旗蒙古，内、外扎萨克蒙古，察哈尔与归化城土默特部、巴尔虎部、额鲁特部、明阿特部、乌梁海三部、达木蒙古。因为他们成为藩部的途径也多种多样，列为藩部后管理的方式也有所不同，所以才有所谓“内属”、“外藩”等藩部之分。也就是说，清代的蒙古之所以有“外藩蒙古”、“内属总管旗”、“蒙古八旗”之分，是由这三大部分受统治管辖体制的不同决定的。①

外藩蒙古在行政隶属上，他们由理藩院直接管辖，但在内部事务某些方面诸如财政、治安、司法等享有较大的自主权。“内属总管旗”则基本上没有自治的权力，由清朝直接设官统治，并且直接纳入军队系统，担负军事防卫或者其他专门任务，这种情况与内属八旗的编制有些类似。②

“外藩蒙古”与后二者相比，一个更鲜明的特点就是，他们的上层人士通常享有很高的政治、经济待遇，包括由清朝直接授予爵位、通过进贡、朝觐等渠道与皇帝直接联系、兼有官吏（扎萨克）和爵臣（领主）的双重身份、由清廷给与数额很高的俸饷、其贵族政治地位与身份可世袭罔替与降等承袭等。而在后二者中基本没有世袭爵职的存在，不设扎萨克，他们的上层也根本没有纳贡、朝觐之资格。

不过，“内属”蒙古的管理体制是在各部与清廷关系的变化中逐渐明确起来的。其中，察哈尔部是在布尔尼之乱后，被编入八旗，隶京旗管辖，“康熙十四年设游牧察哈尔八旗，时以迁察哈尔部众与宣化府、大同府编外，编为八旗如内制……”。③清人其实已经注意到察哈尔蒙古与内、外扎萨克蒙古之区别：“其官不得世袭，事不得自专，与各扎萨克君国子民者不同。”④而归化城土默特部则是在乾隆朝以后逐渐丧失了与外藩蒙古旗相似的地位，由清廷设立都统进行直接的管理的。而巴尔呼部和额鲁特部一部分被编入察哈尔八旗安置，一部分被编入呼伦贝尔的驻防八旗管理，其中额鲁特还有部分被编入热河和伊犁的驻防八旗。乌梁海三部本来分别隶属喀尔喀与准噶尔部，在清朝中后期以后，逐步改为由将军和办事大臣管辖。达木蒙古源自青海和硕特蒙古，在清代被称为达木牛厂，乾隆十六年平定珠尔默特叛乱后将其统辖权归予驻藏大臣。

综上，本文所考察的“外藩蒙古”王公，将以内、外扎萨克蒙古各部为对象，进行深入探讨，对列入“内属”以后的察哈尔部以及归化城土默特部内王公暂不做考察，包括内扎萨克蒙古的24部49旗（或者称为25部51旗，此二种提法常见于诸多清代文献）、外扎萨克蒙古的约16部150旗（截至清末为止的统计数字）、康熙十四年以前的察哈尔部、乾隆以前的归化城土默特部。

具体说来，无论内扎萨克蒙古还是外扎萨克蒙古，二者的部落及旗数都是一个不断变化的过程。在《康熙会典》中，内扎萨克蒙古有23部49旗，而外扎萨克蒙古则仅指喀尔喀三汗部三路38旗：“科尔沁十旗……鄂尔多斯六旗……乌喇忒三旗……余三十五旗……阿霸哈那尔二旗……喀尔喀一旗”，“外藩四十九旗……”。[5]至《雍正会典》，则开始为“外藩五十旗分”，乾隆朝《理藩院则例》中内扎萨克蒙古已记载为25部51旗，《清朝通志》（职官略二）也持同样说法——“二十五部落五十一旗之礼籍”[6]；外扎萨克蒙古在《乾隆会典》中记载为四部落82旗。在《嘉靖会典》中，由于此时归化城土默特一部二旗已被划归游牧“内属部落”之列，对内扎萨克蒙古有恢复了24部49旗的提法——“大漠以南曰内蒙古，部二十有四，为旗四十有九”；[7]而此时外扎萨克蒙古的记载变为86旗。[8]至清末，官方文献如《光绪会典》、《大清会典事例》、《理藩院则例》、《清史稿》中内扎萨克蒙古“四十九旗”一说便固定下来；而外扎萨克蒙古至清末则大约为16部150旗。[9]

内扎萨克蒙古各部如下：科尔沁部、札赉特部、杜尔伯特部[10]、郭尔罗斯部、敖罕部、奈曼部、翁牛特部、巴林部、札鲁特部、喀尔喀左翼、阿鲁科尔沁、克什克腾部、喀喇沁部、乌珠穆沁部、阿巴噶部、浩齐忒部、苏尼特部、阿巴哈纳尔部、四子部落、喀尔喀右翼、乌喇特部、茂明安部、鄂尔多斯部、土默特部。

外扎萨克蒙古各部如下：土谢图汗部、扎萨克图汗部、车臣汗部、三音诺颜部、阿拉善厄鲁特部、额济纳土尔扈特部、青海厄鲁特四部（包括和硕特部、准噶尔部、辉特部、旧土尔扈特部）、青海喀尔喀部、准噶尔厄鲁特旧部（包括杜尔伯特部[11]、和硕特部、辉特部、新土尔扈特部[12]、绰罗斯部）。

外藩蒙古的上层人士享有较高的政治待遇，这是其区别于内属蒙古最鲜明的特征之一。而这种崇高政治待遇的最直接表现，就是清廷对外藩蒙古各部首领的封爵。爵共六等：亲王、郡王、贝勒、贝子、镇国公、辅国公。余者台吉、塔布囊等，则不能被列入王公之行列了。[13]

获得清廷封爵之蒙古首领，除了部分闲散王公，大多同时被授予扎萨克，管理一旗之事务，对清廷负责。

（二）外藩蒙古各部所封爵位数目及王公总额估算

1. 内扎萨克蒙古各部爵位及王公数目

在内扎萨克蒙古诸部中，科尔沁内附最早，在清朝中前期的军事活动中对朝廷效力很多，又是列朝外戚，因此该部不但拥有的爵位最多，其受封之王公的待遇也优于他部。[14]

科尔沁封爵在内扎萨克诸部中为数最多，包括扎萨克和硕亲王、扎萨克多罗郡王、贝勒、贝子、辅国公等，具体将在下文述及。扎赉特部是在天命九年间偕同科尔沁部奥巴（第一代科尔沁土谢图亲王）一起归附后金的，该部只有一个多罗贝勒爵位，袭爵者兼任该旗扎萨克。杜尔伯特部也是在天命九年同科尔沁部奥巴以及扎赉特部人一起归附后金的，该部只有一个固山贝子爵位，兼任扎萨克。郭尔罗斯部同样也在天命九年和以上三部齐归后金，该部封有扎萨克镇国公、辅国公爵位。喀喇沁部是在天聪二年乞求内附的，在后金征察哈尔、征明、清朝追剿李自成、耿精忠的战事中出力很大，因此该部最终所授的爵位也很多，有扎萨克多罗郡王、镇国公、辅国公、扎萨克固山贝子、扎萨克辅国公等。土默特部在天聪三年归附后金，在清朝入关前后诸战役中多次出兵效力，封有扎萨克多罗贝勒、固山贝子等爵位。敖罕部在天聪元年来归，多次效力军前，封有扎萨克多罗郡王、固山贝子、镇国公等爵。奈曼部天聪元年归附，只有扎萨克多罗郡王爵。巴林部在天聪二年归附，军功显赫，授有扎萨克多罗郡王、扎萨克固山贝子爵。札鲁特部在天聪二年归附，授有扎萨克多罗贝勒、镇国公、辅国公等爵位。阿噜科尔沁部在天聪四年归附后金，只封有扎萨克多罗贝勒爵。翁牛特部在崇德元年归附，设扎萨克管理，授有扎萨克多罗郡王、固山贝子、镇国公、扎萨克多罗贝勒等爵。克什克腾部归附于天聪八年，并无王公爵位封授，只封授一等台吉一名兼任扎萨克。喀尔喀左翼部，在康熙三年归附，只有扎萨克多罗贝勒爵。乌珠穆沁部在崇德二年归附，所部封有四扎萨克亲王、镇国公、辅国公、扎萨克多罗贝勒爵。浩齐特在天聪八年归附，封有扎萨克多罗郡王爵。苏尼特部在崇德四年归附，封有扎萨克多罗郡王、多罗贝勒、辅国公等爵。阿巴噶部于天聪六年内附，所部受封扎萨克郡王、固山贝子、辅国公等爵。阿巴哈纳尔部在康熙元年内附，封授扎萨克多罗贝勒、扎萨克固山贝子等爵。四子部落在天聪四年内附，受封扎萨克郡王一爵。茂明安部在天聪七年来归，授封多罗贝勒爵。乌喇特部于天聪七年来归，封有扎萨克镇国公、扎萨克辅国公等爵。喀尔喀右翼部在顺治十年内附，所部封有扎萨克多罗达尔汉贝勒、固山贝子、镇国公等爵。鄂尔多斯部在天聪九年内附，封有扎萨克多罗郡王、辅国公、扎萨克多罗贝勒、扎萨克固山贝子等爵。

在清初，内扎萨克诸部确实得到清廷很高的的荣宠，从康熙十三年的一段圣谕中，我们可以看出，此时无论于名于实，清朝统治者对外藩蒙古是给与了相当优厚的待遇和尊崇的地位的。[15]

根据《蒙古回部王公表传》，清代内扎萨克蒙古各部封爵数目如下：

爵位 属部	亲王	郡王	贝勒	贝子	镇国公	辅国公	总计
科尔沁部	4	4	3	3	1	5	20
扎赉特部			1	1			2
杜尔伯特部				1			1
郭尔罗斯部					1	1	2
敖罕部		2	1	3	1	1	8
奈曼部		1					1
翁牛特部		1	1	1	1		4
巴林部				13		1	5
扎鲁特部			2		1	1	4
喀尔喀左翼部			1				1
阿噜科尔沁部			1				1
克什克腾部							
喀喇沁部		1	1	2	1	4	9
乌珠穆沁部	1		1		1	1	4
阿巴噶部		2		2		1	5

续表

属部 \ 爵位	亲王	郡王	贝勒	贝子	镇国公	辅国公	总计
浩齐特部		2					2
苏尼忒部		2	2			1	5
阿吧哈纳尔部			1	1			2
四子部落		1					1
喀尔喀右翼	1	1	1	2	1		6
乌喇特部					2	1	3
茂明安部			1				1
鄂尔多斯部		1	1	4	1	1	8
土默特部			2	1	1		4
合计	6	19	20	24	12	18	99

清代所封授过的内扎萨克蒙古各部各级爵位的总数约为99个。以上表格统计的是内扎萨克蒙古各部所封的每一级爵位的具体数字，其中，对于某个爵位在承袭中升级或降级为其他爵位的情况，做了分别统计，比如某部所封的多罗贝勒降袭为辅国公，则把这两个爵位都计入被封爵位总数。所以，上表所总结的数字可反映出清代对内札萨蒙古所封授过的爵位次数与各部所封授的每级爵位的数目。但是当一个爵位升级或将继承为其他爵位时，原有的爵位便不存在了，所以不考虑爵级的变化，清代内扎萨克蒙古各部所封授的六级爵位总数共为84个，其中，科尔沁部17个爵位，扎赉特部、杜尔伯特部、奈曼部、阿鲁科尔沁部、喀尔喀左翼、四子部落、茂名安部各有1个爵位，郭尔罗斯部、浩齐特部、阿巴哈纳尔部各有2个爵位，土默特部、乌喇特部各有3个爵位，巴林部、札鲁特部、翁牛特部、乌珠穆沁部、苏尼特部、阿巴噶部、喀尔喀右翼部各有4个爵位，敖罕部有5个爵位，喀喇沁部有6个爵位，鄂尔多斯部有8个爵位。因此可以这样推测：当这些爵位固定之后，清代的内扎萨克蒙古王公的人数总数约为84人。

2. 外扎萨克蒙古各部爵位及王公数目

外扎萨克蒙古各部的爵位是从康熙三十年之后开始陆续封授的。喀尔喀土谢图汗部被授封的爵位有扎萨克和硕亲王、扎萨克多罗郡王、扎萨克固山贝子、扎萨克辅国公等。喀尔喀车臣汗部，扎萨克和硕亲王、扎萨克多罗君王、扎萨克多罗贝勒、扎萨克固山贝子、扎萨克镇国公、扎萨克辅国公爵位。喀尔喀扎萨克图汗部，有多罗郡王、扎萨克多罗贝勒、扎萨克镇国公、扎萨克辅国公等爵。喀尔喀三音诺颜部，在外扎萨克各部中受封爵位最多，有扎萨克和硕亲王、扎萨克多罗郡王、扎萨克多罗贝勒、扎萨克固山贝子、扎萨克镇国公、扎萨克辅国公爵位。阿拉善厄鲁特部，有扎萨克和硕亲王、镇国公等爵。青海厄鲁特部，所部封授扎萨克多罗郡王、扎萨克多罗贝勒、扎萨克固山贝子、扎萨克辅国公等爵位。杜尔伯特部，封授有扎萨克和硕亲王、扎萨克多罗郡王、扎萨克多罗贝勒、扎萨克固山贝子、扎萨克镇国公、扎萨克辅国公等爵位。土尔扈特部，有扎萨克亲王、扎萨克郡王、扎萨克辅国公等爵位。和硕特部授封有扎萨克贝勒、扎萨克贝子等爵。

另外，归化城土默特部在被划归内属前，曾授封有扎萨克辅国公一爵。

根据《蒙古回部王公表传》，外扎萨克各部的封爵数目如下：

属部 \ 爵位	亲王	郡王	贝勒	贝子	镇国公	辅国公	总计
喀尔喀土谢图汗部	2	3	2	2	1	6	16
喀尔喀车臣汗部	2	3	3	4	2	5	19
喀尔喀扎萨克图汗部	1	1	2	1	2	9	16
喀尔喀三音诺颜部	2	4	3	4	3	10	26
阿拉善厄鲁特部	1		1	1	2	1	6
青海厄鲁特部和硕特族	1	3	3	4	1	4	16
青海厄鲁特部辉特族						1	1
青海厄鲁特部准噶尔族		1	1	1		1	4
杜尔伯特部	1	1	2	3	1	2	10
土尔扈特部	1	2	2	3		2	10
准噶尔和硕特部			1	1			2
准噶尔绰罗斯部	1			1			2
合计	12	18	20	25	12	41	128

清代所封授过的外扎萨克蒙古各部各级爵位的总数约为128个。而不考虑爵级的变化，清代外扎萨克蒙古各部所封授的六级爵位总数共为103个，其中土谢图汗部13个，车臣汗部15个，扎萨克图汗部14个，赛音诺颜部20个，阿拉善厄鲁特部3个，青海厄鲁特部共16个，新疆厄鲁特中绰罗斯部1个、杜尔伯特部9个、土尔扈特部10个、和硕特部2个。因此，可以推测当对外扎萨克蒙古王公的封爵活动都完成后，清代外扎萨克蒙古王公的总数约为103人。

根据清朝乾隆朝以后的《蒙古回部王公表传》以及《清朝续文献通考》等文献，清朝对外藩蒙古的绝大多数封爵都是在乾隆朝以前完成的，自乾隆朝后至清末的这段时期内，内扎萨克蒙古各部仅科尔沁部新封了4个爵位，而外扎萨克蒙古则并无任何新封爵位。其中，内扎萨克蒙古的新封爵为分别是：和硕博多勒噶吉亲王，在咸丰四年封授；多罗贝勒，同治三年由辅国公晋爵（此辅国公爵位在咸丰5年封）；辅国公，咸丰五年封授；辅国公，同治四年封授。出现这种情况的原因可能是外藩各部的上层人物获得清廷封爵主要靠军功，而截止到乾隆朝，清代中前期的大规模军事活动都已结束，到清朝中后期，各种军事活动中清廷所倚重的力量又有所变化，因此导致了外藩各部所封授爵位的明显减少。

总结清代内、外扎萨克各部的王公爵位总数，内扎萨克各部共84个，外扎萨克各部的共为103个，这样，外藩蒙古所受封的爵位总数大约为187个。由此推测，清代外藩蒙古王公总人数也约为187名。

（三）蒙古王公爵位的世袭情况

清代外藩蒙古的爵位世袭直到清末都很有秩序地进行，从未间断。如果有爵位的王公死后无子或者死时子幼，便或者由清廷指认，或者由其族中自选一名近族，大多数由其弟弟承袭，也有相当一部分是由在族中的从子或者选嗣子来袭爵，甚至也出现过叔父或者从父袭爵的情况。

如据《清朝续文献通考》所载，敖汉多罗郡王德亲，嘉庆五年削爵后爵位由其叔父玉穆扎布降袭为扎萨克一登台吉，又被削，由玉穆扎布之侄栋啰布在嘉庆九年袭爵，到嘉庆十二年的时候，则由德亲之子德济特晋袭原来的郡王爵。[16]再如旧土尔扈特多罗贝勒旺扎勒车凌，乾隆三十二年袭封，在他死后，嘉庆十五年由其弟弟端多布车凌袭爵，其子巴雅尔奈在嘉庆十七年又重新袭爵。[17]还有一种情况，是在非己子袭封的情况下，爵位不再归还，完全到了袭封者一支。如土默特贝勒索诺木巴尔珠尔，其爵位由其弟贡楚克巴尔桑承袭，此后的袭爵者便都是贡楚克巴尔桑一支，不再是他的子嗣后人。[18]以上几条史料我们可以看出，在一般的情况下，爵位承袭中不会因任何原因造成爵位的消失、中断，也没有爵位增多的可能性，因此这保证了清代外藩蒙古王公爵位数目的确定性和可统计性。

当然，其中肯定会有例外的情况，如乾隆三年科尔沁扎萨克郡王罗卜藏拉什的爵位承袭事件。[19]

从这段史料我们可以看出，科尔沁扎萨克多罗郡王一爵在承袭中没有发生什么变化，但在这个过程中却又多封出贝子一爵，但是这种情况在清朝极为少见，出现于科尔沁部，更反映出了该部地位的特殊。

清代到乾隆朝以后，在外藩蒙古便少有新封爵位，外藩蒙古王公的爵位数目成为一个较为稳定的数字。因此，我们在统计因制度性原因来京的外藩蒙古王公数量时，便可以以爵位数目做为标准和尺度来统计，而不必计算整个清朝的具体王公人数。

二、外藩蒙古王公年班来京人数估算

前面已经总结，清代来京的外藩蒙古王公有因各种原因自发来京并定期或不定期居住者，也有因为制度规定的原因而被动性的来京者。自发来京的外藩蒙古王公在整个清一代的数量上并没有形成规模，虽然随着历史的发展，这个数量多少有一个变化的趋势，但也并非十分明显，统计这一方面的人数困难较大。根据现有可以掌握的资料，本文谨将历代《大清会典》、《大清实录》中可见的，因制度性原因来京的外藩蒙古王公人数做粗略的估算。

根据前文的论述，清代外藩蒙古王公来京的制度性原因包括：年班制度、御前值班制度、备指额驸制度、内外扎萨克的进京听事制度。下面将总结估算因年班原因来京的蒙古外藩王公人数。

年班制度详细规定了外藩蒙古王公每年应该来京的人数及爵位，在这种情况下，每年都有固定数目、固定爵位的王公来京，并成为在京蒙古王公中人数最多、活动相对频繁的一个群体。这种情况一直到清朝后期才发生改变。御前值班制度来京的人数不多，同时它是伴随年班制度而发生作用的。王公子弟的入内随侍、教养内廷、备指额驸制度虽有明确的行文规定，但并无固定的人数限制。

（一）顺治八年到康熙三十九年的情况

自顺治八年到康熙三十九年期间，内扎萨克蒙古各部的王公一直是分做两班，一年一班来京的。康熙三十九年以后，内扎萨克蒙古各部在年班时被编为三班，一年一班轮流来京。[20]

此时划分的内扎萨克蒙古三班人数分别约为一班 27 人、二班 28 人、三班 29 人。[21]

而雍正四年以后，除了自康熙五十五年开始的归化城土默特在年班朝觐的班次被取消之外[22]，内扎萨克的年班基本上没有很大的变动，也就是说，内扎萨克蒙古此时每年年班来京朝觐的王公人数在三十人左右。

上一节已经提到，前面统计的王公爵位总数是清朝所授封的爵位总的个数，包括由一种爵位升或降至另一种爵位的情况，都按照两种或者三种爵位的数目统计，因此这里所总结的年班来京总人数和清廷所封授过的各级爵位总数会有所出入，而和外藩蒙古各部总的爵位数较为近似。下一节对外扎萨克王公来京人数的统计也是如此，就不再另行赘述了。

（二）康熙三十九年到雍正四年的情况

外扎萨克蒙古的年班班次在康熙三十九年就已经划分，但这是仅限于已经内附的喀尔喀蒙古和旧土尔扈特。[23]

此后，外扎萨克蒙古被编为四班，一班13人，二班13人，三班12人，四班18人，每年轮班入京朝觐。[24]

也就是说，在雍正四年青海蒙古被编入外扎萨克年班前，外扎萨克蒙古每年来京的王公人数不会超过二十人，在十五人左右。

（三）雍正四年到乾隆五十三年的人数变化

到雍正四年，青海蒙古也被编入年班之列，分为四班，一班5人，二班三人，三班3人，四班2人。[25]

此时，外扎萨克蒙古王公来京人数稍有增加，每年约二十人。

（四）乾隆五十三年以后

乾隆五十三年，新疆厄鲁特被编入年班，“乾隆五十三年议准，伊犁所属之土尔扈特，科布多所属之杜尔伯特，已出痘者分为四班，一年一班来京朝觐”[26]。

除此之外，御前、乾清门行走的年班也在乾隆五年被确定：

> “乾隆五年奏准，在御前、乾清门行走之喀尔喀王以下台吉以上分为两班，一年一班轮流来京。”[27]但到乾隆十年，这种规定又改为“乾清门行走之喀尔喀汗王等，内有兼扎萨克旗务者，不必入于两班，著按其本来来朝，到京时仍令在御前行走”。

由此得知，年班之御前、乾清门行走的人数在乾隆十年后有所减少。[28]

这段史料说明，到嘉庆二年以后，外扎萨克蒙古御前、乾清门行走至王公每年来京值班者不会超过十人。而到道光十九年，喀尔喀四部王公年班由四班改为六班，王公爵位数没有增多，每年来京的王公人数进一步减少。

清朝还有针对下嫁外藩蒙古的公主子孙姻亲等的年班规定，但这批人在年班时尚未承袭王爵，多为台吉等，因此该人数不必计入年班来京的王公之列。

综上，自顺治八年到雍正四年间，因年班来京的外藩蒙古王公每年在二十八人左右；康熙三十九年以后，喀尔喀蒙古和旧土尔扈特被编入年班，每年来京约十五人，此时来京之外藩蒙古王公总数应为四十人左右；雍正四年以后，青海蒙古编入年班，每班人数不多，外藩王公来京总数增加不到十人；乾隆五十三年，平准后新疆各部编入年班，由于未找到相关资料，这个数字未做统计。需要指出的是，虽然制度规定如此，但在清朝中后期，随着国势日衰，年班制度也逐渐走向衰落，自乾隆朝后期，就开始出现停止年班朝贺仪的情况，特别是到咸丰朝以后，由皇帝降旨停止年班的年数有很多。如：

> “咸丰三年，谕内、外扎萨克王公等，自军兴以来，或捐输经费，或呈进马匹，均属急公报效，本年年班，若仍令其照常入贡，费用浩繁，恐增苦累。所有本年内、外扎萨克王公、台吉、

额驸年班，均著暂行停止一年。四年谕，本年轮应年班之御前、乾清门行走内扎萨克王公台吉等仍著来京，其在外行走之内、外扎萨克王公太吉等，俱著停班一年。八年谕，蒙古汗王等，或捐输驮马银米，或路途遥远，若按年来京，不免劳苦，以后年班，除御前行走之内扎萨克王、贝勒等照常来京外，其余内外扎萨克汗王、贝勒、贝子、公、台吉、额驸等均著停止来京，以示轸念蒙古世仆之意。”㉙

再如咸丰二年、十一年、同治十二年、十三年等数年均无朝贺之仪和筵宴（清文宗圣训）。这也反映出蒙古王公来京人数逐渐减少，满蒙关系淡化的一个史实。

注释：

① 乌云毕力格、白拉都格其：《蒙古史纲要》：“按照统治管辖体质的不同，清代蒙古分为外藩札萨克旗、内属总管旗和蒙古八旗三大部分。”内蒙古人民出版社 2006 年版，第 161 页。

②《大清会典》（嘉庆朝），理藩院－旗籍、典属、徕远各司：“凡游牧之内属者，曰土默特，统其治于将军而以达于院。布特哈之内属者也如之”，“凡游牧之内属者，曰察哈尔，曰巴尔呼，曰额鲁特，曰札哈沁，曰明阿特，曰乌梁海，曰达木，曰哈萨克，统其治于将军，若都统，若大臣而以达于院”。近代中国史料丛刊三编第 72 辑，台湾文海出版社 1993 年版，第 14276、14279 页。

③《钦定八旗通志》，卷三二，兵制志一。吉林文史出版社 2002 年版，第 564 页。

④ 魏源：《圣武记》，卷三，外藩－国朝绥服蒙古记，台湾文海出版社 1967 年版，第 66 页。

⑤《大清会典》（康熙朝），理藩院－朝贡。近代中国史料丛刊三编第 72 辑，台湾文海出版社 1993 年版，第 7062 页。

⑥《清朝通志》，卷六十五，职官略二，浙江古籍出版社 1999 年版，第 7147 页。

⑦《嘉靖会典理藩院总序》，旗籍清吏司－游牧内属者。近代中国史料丛刊三编第 72 辑，台湾文海出版社 1993 年版，第 14221 页。

⑧《大清会典》（嘉庆朝），理藩院－典属清吏司－会盟：“喀尔喀四盟：一曰汗阿林，会土谢图汗部喀尔喀二十旗。一曰齐齐尔里克，会三音诺颜部喀尔喀二十二旗，额鲁特二旗。一曰克鲁伦巴尔和屯，会车臣汗部喀尔喀二十三旗。一曰扎克毕拉色钦毕都尔诺尔，会扎萨克图汗部喀尔喀十八旗，辉特一旗。”近代中国史料丛刊三编第 72 辑，台湾文海出版社 1993 年版，第 14202 页。

⑨ 张永江：《清代藩部研究——以政治变迁为中心》：“到清末，外扎萨克蒙古已扩大到 150 旗。其中，外喀尔喀 86 旗，青海 29 旗，新疆北部（分属科布多和伊犁）32 旗，另外还有游牧阿拉善、额济纳和呼伦贝尔的 3 旗。”黑龙江教育出版社 2001 年版，第 127 页。

⑩ 包文汉、奇・朝克图整理：《蒙古回部王公表传》，《钦定外藩蒙古回部王公表传》卷之二十一，传第五，杜尔伯特部总传：“杜尔伯特部……在喜峰口外，至京师二千五十里，东西距百七十里，南北距二百四十里。……外藩蒙古称杜尔伯特部者二，同名异族。一姓绰啰斯，为卫拉特太吉孛罕裔，旗有十四，驻木乌兰古木，称外札萨克，别有传。一姓博尔济吉特，为元太祖弟哈巴图哈萨尔裔，即今驻牧喜峰口外之内札萨克也。哈巴图哈萨尔十六传至爱纳噶，始以名其部。”内蒙古大学出版社 2001 年版，第 572 页。

⑪ 包文汉、奇・朝克图整理：《蒙古回部王公表传》，《钦定外藩蒙古回部王公表传》卷 95，传第 79，杜尔伯特总传：“杜尔伯特部厄鲁特，为绰罗斯种，与内札萨克之隶科尔沁右翼一旗，同名异族，厄鲁特旧设四卫拉特，杜尔伯特其一也，辉特隶之，后并称卫拉特。”内蒙古大学出版社 1998 年版，第 633 页。

⑫ 包文汉、奇・朝克图整理：《蒙古回部王公表传》，《钦定外藩蒙古回部王公表传》卷之一百一，传第八十五，土尔扈特部总传：“土尔扈特部，分牧而处，以新旧别，称旧土尔扈特为乌纳恩苏珠克图盟，设札萨克十，新土尔扈特为青色特启勒图盟，设札萨克二。别有游牧额济内河札萨克一，亦称旧土尔扈特，以先来归，故自为盟。然实本同族……”。内蒙古大学出版社 1998 年版，第 658 页。

⑬（清）刘锦藻：《清朝续文献通考》，卷二百九十二，封建考六，外藩封爵：“盖自崇德元年定诸藩爵六等，秩视在内王公世袭罔替益修明而光大之。康熙雍正乾隆三朝各部落喁喁归化，超迈往古，于是一仍旧统功赏罪黜至公至平。乾隆以后世守土地莫敢罾忑。近者既崇其禄秩，远者并免其朝贡，或敕书，或颁诏命，要皆谆谆以德义相全面，俾遐荒殊徼奕世子孙长为我圣清屏翰，岂非王者大一统之归乎？”浙江古籍出版社 1999 年版，第 10371 页。

⑭《清史稿》，卷五百一十八，列传三百零五："科尔沁以列朝外戚，荷国恩独厚，列内扎萨克二十四部首。有大征伐必以兵从，如亲征噶勒丹，及剿策妄阿喇布坦、罗卜藏丹津、噶勒丹策凌、达瓦齐诸役。扎萨克等效力戎行，莫不懋著勤劳。土谢图亲王、达尔汉亲王、卓里克图亲王、扎萨克图郡王四爵，俸币视他部独增，非惟礼崇姻戚，抑以其功冠焉。"中华书局1977年版，第4332页。

⑮《清史稿》，卷五百一十八，列传三百零五："尔等秉资忠直，当太祖、太宗开创之初，诚心归附，职效屏藩，太祖、太宗嘉尔勋劳，崇封爵号，赏赉有加，朝觐贡献，时令陛见，饮食教诲，为数甚多，凡有怀欲吐，俱得陈奏，心意和谐，如同父子，朕荷祖宗鸿庥，统一寰宇，恐于懿行有违，成宪未洽，恒用优惕。亲政以来，六年于兹，未得与尔等一见，虽因万机少暇而怀尔之忱，时切朕念，每思尔等效力有年，功绩卓著，虽在寤寐，未之有口，诚以尔等相见既疏，恐有雍蔽，不能上通，故特遣官赉敕赐币，以谕朕意，嗣后有欲所请，随时奏闻，朕无不体恤而行，朕方思致天下于太平，尔等心怀忠尽，毋忘两朝恩宠，朕世世为天子，尔等亦世世为王，享富贵于无穷，垂芳名于不朽，不亦休乎？"中华书局1977年版，第4332页。

⑯ 刘锦藻：《清朝续文献通考》，卷二百九十二，封建六。浙江古籍出版社1999年版，第10374页。

⑰ 刘锦藻：《清朝续文献通考》，卷二百九十二，封建六。浙江古籍出版社1999年版，第10378页。

⑱ 刘锦藻：《清朝续文献通考》，卷二百九十二，封建六。浙江古籍出版社1999年版，第10377页。

⑲《清实录》，第十册，卷七十六，高宗实录二："癸亥。理藩院奏，科尔沁扎萨克郡王罗卜藏拉什病故，应令伊子和硕额驸齐墨特多尔济承袭。但查罗卜藏拉什王爵，系因伊兄郡王阿拉卜坦病故时，其子色布腾多尔济尚右，是以令其承袭。今阿拉卜坦之子长成，所有王爵或另齐墨特多尔济承袭，抑令色布腾多尔济承袭。得旨。罗卜藏拉什自袭爵以来，在额尔德尼昭打仗随围，出力多年。额驸齐墨特多尔济，应袭伊父王爵。所有扎萨克郡王著齐默特多尔济承袭。色布腾多尔济亦去得伊父阿拉卜坦原系王爵，又曾在军营出力，亦应加恩。色布腾多尔济著封为贝子，在前清门行走。"中华书局1986年版，第208页。

⑳《钦定大清会典事例》（嘉庆朝），卷之七百四十七，理藩院－朝觐："康熙三十九年，谕向来四十九旗王、台吉等分两班来京，其家中即有要务，或身报病疴，亦必前来，交春始回本地，明岁冬季又复值班，为期既近，冬月往返劳苦，深可轸念。嗣后有愿来京请安者，当于青草时仍令前来。其循年例前来者分为三班，一年一朝，俾得休息。"近代中国史料丛刊三编，第71辑，台湾文海出版社1993年版，第685页。

㉑《钦定大清会典事例》（嘉庆朝），卷之七百四十七，理藩院－朝觐："一班：哲里木盟内科尔沁亲王一人、郡王一人、贝勒一人、镇国公一人、辅国公一人；郭尔罗斯一等台吉一人；昭乌达盟内敖汉郡王一人，巴林郡王一人，翁牛特贝勒一人，巴林贝子一人，敖汉辅国公一人；卓索图盟内土默特贝子一人，喀喇沁贝子一人、辅国公二人、扎萨克一等塔布囊一人；锡林郭勒盟内苏尼特郡王一人，阿巴噶郡王一人，浩齐特郡王一人，阿巴哈纳尔贝勒一人，乌珠穆沁贝勒一人，苏尼特贝勒一人，阿巴噶贝子一人，乌珠穆沁镇国公一人、辅国公一人；乌兰察布盟内乌喇特辅国公一人；伊克昭盟内鄂尔多斯贝勒一人、辅国公一人；归化城土默特辅国公一人。二班：哲里木盟内科尔沁亲王一人、郡王一人，扎赉特贝勒一人，郭尔罗斯镇国公一人，科尔沁辅国公三人，郭尔罗斯辅国公一人；昭乌达盟内翁牛特郡王一人，札噜特贝勒一人，喀尔喀左翼贝勒一人，敖汉贝子一人，巴林贝子一人，翁牛特镇国公一人，札噜特镇国公一人，巴林辅国公一人；卓索图盟内喀喇沁郡王一人、镇国公一人；锡林郭勒盟内浩齐特郡王一人，苏尼特郡王一人，阿巴哈纳尔贝子一人；乌兰察布盟内四子部落郡王一人，茂名安贝勒一人，喀尔喀右翼贝子一人，乌喇特镇国公一人，茂名安扎萨克一等台吉一名；伊克昭盟内鄂尔多斯郡王一人、贝子二人、扎萨克一等台吉一人。三班：哲里木盟内科尔沁亲王二人、郡王一人、贝勒一人、贝子二人，杜尔伯特贝子一人，科尔沁镇国公一人、辅国公二人；昭乌达盟内奈曼郡王一人，敖汉郡王一人，阿噜科尔沁贝勒一人，札噜特贝勒一人，翁牛特贝子一人，敖汉辅国公一人，克什克腾扎萨克一等台吉一人；卓索图盟内土默特贝勒一人，喀尔喀贝勒一人，喀喇沁贝子一人；锡林郭勒盟内乌珠穆沁亲王一人，阿巴噶郡王一人，苏尼特辅国公一人，阿巴噶辅国公一人；乌兰察布盟内喀尔喀右翼贝勒一人、贝子一人，乌喇特镇国公一人，喀尔喀右翼镇国公一人；伊克昭盟内鄂尔多斯贝勒一人、贝子一人，各令按班来朝。"近代中国史料丛刊三编，第71辑，台湾文海出版社1993年版，第685—689页。

㉒ 张永江：《清代藩部研究——以政治变迁为中心》，黑龙江教育出版社2001年版，第144页。

㉓《钦定大清会典事例》（嘉庆朝），卷之七百四十七，理藩院－朝觐："康熙三十九年议准，年例来朝之喀尔喀扎萨克等，若令与内扎萨克等一例分为两班朝觐，则路途遥远，殊非体恤之意，应将喀尔喀扎萨克分为四班，将班次晓谕，均令按年于十二月封印前到京。其未及岁之扎萨克不必来朝，各令台吉一人代觐。"近代中国史料丛刊三编，第71辑，台湾文海出版社1993年版，第697页。

㉔《钦定大清会典事例》（嘉庆朝），卷之七百四十七，理藩院－朝觐："（康熙三十九年）原定。喀尔喀厄鲁特及驻劄额济纳之土尔扈特分为四班。一班：扎萨克图汗及部内贝勒一人、辅国公一人、一等台吉三人，土谢图汗部内亲王一人、辅国公三人、一等台

吉二人，赛因诺颜部内亲王品级郡王、世子、辅国公、一等台吉各一人，土尔扈特贝勒一人，乌兰乌苏厄鲁特贝子一人，西套厄鲁特镇国公一人，推河厄鲁特公品级一等台吉一人；二班：土谢图汗及部内辅国公品级一等台吉一人，三音诺言部内亲王贝勒贝子品级辅国公、镇国公、辅国公各一人，一等台吉四人，车臣汗部内郡王一人、镇国公二人、辅国公一人、一等台吉三人，扎萨克图汗部内镇国公一人、辅国公二人、公品级一等台吉三人，西套厄鲁特郡王、镇国公各一人；三班：车臣汗及部内贝勒、辅国公各一人、一等台吉四人，土谢图汗部内亲王郡王贝子各一人、贝子品级镇国公一人、辅国公二人、公品级一等台吉一人、一等台吉三人，三音诺颜部内贝勒一人、贝子品级一等台吉一人、辅国公品级一等台吉二人，扎萨克图汗部内镇国公、一等台吉各一人，乌兰乌苏厄鲁特贝子一人；四班：三音诺颜扎萨克亲王及部内郡王、贝勒、镇国公各一人、辅国公三人、一等台吉二人，车臣汗部内亲王、贝勒、贝子、镇国公、公品级一等台吉各一人、一等台吉三人，土谢图汗部内郡王品级贝子、辅国公、一等台吉各一人，扎萨克图汗部内镇国公一人、辅国公四人、一等台吉一人。”近代中国史料丛刊三编，第71辑，台湾文海出版社1993年版，第693—697页。

㉕《钦定大清会典事例》（嘉庆朝），卷之七百四十七，理藩院－朝觐：“青海分四班。一班：厄鲁特郡王、贝子各二人，镇国公、一等台吉、土尔扈特一等台吉各一人；二班：厄鲁特贝勒辅国公各一人，一等台吉三人，辉特辅国公、土尔扈特一等台吉各一人；三班：额鲁特亲王一人、辅国公二人、一等台吉三人，土尔扈特一等台吉一人；四班：厄鲁特郡王、贝子各一人，一等台吉四人，土尔扈特一等台吉、喀尔喀一等台吉各一人。”近代中国史料丛刊三编，第71辑，台湾文海出版社1993年版，第698页。

㉖《钦定大清会典事例》（嘉庆朝），卷之七百四十七，理藩院－朝觐。近代中国史料丛刊三编，第71辑，台湾文海出版社1993年版，第700页。

㉗《钦定大清会典事例》（嘉庆朝），卷之七百四十七，理藩院－朝觐。近代中国史料丛刊三编，第71辑，台湾文海出版社1993年版，第698—699页。

㉘《钦定大清会典事例》（嘉庆朝），卷之七百四十七，理藩院－朝觐：“嘉庆二年奏准，前因喀尔喀汗王等在御前、乾清门行走者渐次出缺，人数无几，暂将闲散行走之员归入年班来京朝觐。现在御前、乾清门行走之喀尔喀王、贝勒等有十三人，除土谢图汗、扎萨克图汗二人每年一人赴热河朝觐外，所余十人应照旧例分为两班，一年一班轮流来朝。”近代中国史料丛刊三编，第71辑，台湾文海出版社1993年版，第700—701页。

㉙《清会典事例》（光绪朝）第十一册，卷九百八十四，理藩院二二－朝觐。中华书局1991年版，第1175—1176页。

清代学术思想的演变与北京

田辛酉

自宋代以来，以程朱理学和陆王心学为代表的学术思想一直为国家统治阶层所倡导，成为了宋、明时期占据社会主导地位的思想理论体系，联系着君王与臣子，联系着政府与社会，联系着统治与被统治的不同阶层。然而，进入明清交替之际，一直被奉为经典的理学体系在种种社会矛盾不断激化的现实面前，在以西学为代表的异域文明的影响之下，也开始被怀疑和求证，坚不可摧的主导地位开始动摇。在经过了明清交替之际多种思想理论的不断冲击之后，理学虽然还拥有着国家统治阶层的倡导和支持，但也不可避免地逐步走向没落，并让位给重新兴起的汉学。本文所要讨论的正是作为当时全国政治、经济和文化中心的北京地区在这样的演变过程中所处的地位，以及处于思想变迁之中的名师大儒们在北京地区所进行的一系列学术活动。

一、明清学术思想演变的概述

中国古代社会学术思想演变的发展是紧紧围绕在以儒家学派为中心的道路上发展过来的，彼此之间既有区别又有联系，即有批判地发展却又一脉相承。中国古代学术界普遍认为，唐代以前的经学统称为“汉学”，而宋朝以后的经学由于吸收了佛教和道教的一些思想理论，从而使得经学具有了更加哲学化的色彩，以“天理”和“人欲”的辩证阐释经典，不断地对经典加以疏解和发挥，尤其是到了陆王心学时期，讲求“体贴”天理的感悟过程，主观色彩更加浓郁，禅学和道学的意味也更加明显，因此，形成了与之前汉学有所不同的经学体系。

（一）明代理学的发展过程

明代理学的发展大致可分为三个阶段：第一阶段，明初继承宋代学术思想，以程朱理学作为统治阶级所倡导的主流学术思想，作为社会思想统治的工具，用以在思想领域控制整个社会；第二阶段，明弘治、正德年间，王阳明在个人对于程朱理学的感悟过程中，远承宋儒陆九渊的“心学”理论，提倡“心”即“天理”、“心外无理”的理论，形成“心学”体系，并在社会中广为流传；第三阶段，明万历以后，社会的内忧外患渐渐体现出来，王朝的走势也每况愈下。同时，由于商品经济的发展，社会民众的自主意识和人格意识也渐渐体现出来，理学和心学对于“人欲”的控制以及崇尚清谈的空疏学风越来越与这样的社会现实背道而驰，开始为人们所质疑和挑战。各种对于理学和心学的质疑之声层出不穷，形成了明末清初之际由理学向实学转变的学术讨论局面。

（二）清代理学和汉学的发展过程

清朝时期，我国社会学术思想界的发展变化经历了从理学到汉学的转变。第一阶段，清朝统治者坚定地确立了理学作为官方学术的社会主导地位。这一时期，清王朝作为少数民族政权实现了对全国的统治，出于维护自身统治的需要，清朝统治者极力吸取并利用作为国家民众大多数的汉族文化传统和思想潮流。清初至康、雍、乾时期，清朝统治阶级再次提倡程朱理学，尤其是康熙时期，他曾说“宋儒朱子，注释群经，阐发道理。凡所著作及编纂之书，皆明白精确，归于大中至正，今经五百余年，学者无敢疵议。朕以为孔孟之后，有裨斯文者，朱子之功，最为宏巨”。①可见，康熙皇帝对于朱熹的推崇已经到了无可复加的地步。为笼络汉族的知识分子，清朝统治者召集大批文人学者，大规模地搜集、编纂和注释古代典籍，一大批“御纂”和“钦定”的注经作品陆续出版。其中，最大规模的编书是乾隆朝时期所编的《四库全书》，这不仅是官方学术著作的集大成者，更成就了我国现存最大的一部官修丛书典籍。《清史稿》中记载，“清兴，崇宋学之性道，而以汉儒经义实之。御纂诸经，兼收历代之说；四库馆开，风气益精博矣”。②

第二阶段，乾隆时期，以古文经学为主流的汉学一派兴起。清朝初定以后，随着政权的稳定，社会生活也逐渐恢复，明末清初之际改朝换代的时代危机也已经随着新王朝的走上正轨而尘埃落定。这一时期，虽然清朝官方极力倡导程朱理学作为主导学术思想的地位，但是，理学的学术理论体系确已走到了穷途末路之际，再无创新，也再无理学大家出现。同时，在经历过明清之际理学与实学激烈的辩争之后，理学在社会学术界的地位已经开始动摇，理学赖以存在的学术基础已经被撼动。“综而论之，圣人之道，譬若宫墙，文字训诂，其门径也。门径苟误，跬步皆歧，安能升堂入室?”③这是从根本上否定了理学存在的基础，也使程朱理学在有清一代再无大的发展空间。而另一方面，清代的学人士子们此时的反清思想已经逐渐归于平静，经世致用的治学风气此时已经渐渐退去，转而向着另一学术方向走去——汉学。汉学的兴起以阎若璩和胡渭为先锋过渡，至惠栋高举“汉学”的旗帜，认为汉代的经学最接近于经典本身的原意，而越到后朝越是偏离原意，到了理学阶段，干脆就是“六经注我”了，因此推崇“凡古必真，凡汉皆好”，完全抛开了魏晋以后的经说，恢复到了汉学的理论中去。而此时汉学又分开吴派和皖派，分别确立了以惠栋和戴震的代表地位。

第三阶段，嘉庆时期，沉寂千年的今文经学开始复苏，并在之后形成一股新的学术思潮，对清朝乃至清末以及近代都产生了深远的影响。在这一时期，以音韵、训诂、文字考证为主要研究方法的古文经学弊端逐渐暴露，而官府所提倡的程朱理学再无大的发展，加之此时社会矛盾和动荡进一步凸现出来，因此，以阐发经典之“微言大义”的今文经学蔚然成风。

（三）明清学术发展与北京

北京作为明、清两朝的京师重地，在清朝的文化发展中起到了重要而特殊的作用，任何学术领域的思想变迁，都会对京师的社会思想领域产生着重要的影响。京师作为全国的政治和文化中心，不仅是全国名家大儒的云集之地，也是各种学术思想的荟萃的平台。同时，作为国家政权统治机关的所在地，以政府为主导的主流学术思想和学术行为也必定会以这里为中心得到集中的体现，并在全国范围内产生着影响。因此，京师便也成为了古籍整理和文献编纂的中心，同时也是全国最大的图书集散地和文化交易市场。

北京既然是大家云集和学术荟萃的地方，不可避免地也会成为各种思想交换碰撞的平台。尤其是从明末清初之际理学与实学的讨论到古文经学的繁极一时再到今文经学的兴起以至于之后的变法改革运动，北京作为国家政治和文化中心地位的体现是其他地区所无法企及的。

二、清代学术思想在北京

京师是清朝政府的所在地，是全国的政治和文化的中心，这里也是思想汇聚、人才济济的重要场所。因此，在谈论明清学术思想的同时，北京地区对于全国学术思想界的作用是不可忽视的。其中，从明末清初到清末，许多学者大家都曾游历过京师地区甚至在此著书立说、展开辩论，留下了自己学术历程的脚印。

（一）明清之际之顾炎武

顾炎武作为明末清初的著名学者，对明朝的灭亡以及王阳明心学的对于社会的弊端有着极为深刻的反思和评论。他曾经深刻地揭露过王学空疏学风对于社会的危害："昔之清谈谈老庄，今之清谈谈孔孟。未得其精而已遗其粗，未究其本而先辞其末。不习六艺之文，不考百王之典，不综当代之务，举夫子论学论政之大端一切不问，而曰一贯、曰无言，以明心见性之空言，代修己治人之实学。股肱惰而万事荒，爪牙亡而四国乱。神州荡覆，宗社丘墟。"④从这段文字中，可以清楚地看到顾炎武对于明末王学崇尚清谈空疏学风而不务实、不从社会实际事物角度出发治学的深恶痛绝。

顾炎武在反思王学空疏学风的同时，大力提倡经世致用之实学的兴发，而顾炎武自己则身体力行，投身到实学的探究之中，《天下郡国利病书》便是他这一时期的一部学术代表作。此书撰于1639—1662年，作者据二十一史、明实录、府州县志和历朝奏疏文集，分类辑录有关民生利害部分，作为撰修《肇城志》的底本。首为舆地山川总论，次为北直隶及十四省分区，对地理形势、水利、粮额、屯田、设官、边防、关隘等，都有详细论述，偏重经济和军事形势概论，又录及西域、交趾和海外诸国，在中国别开生面。书中用很大的篇幅记述和评价了北京的地理形势以及经济和军事价值和意义，寄托了顾炎武对明朝的思念和灭亡的历史教训。

（二）汉学发轫之际之阎若璩

阎若璩，字百诗，别号潜邱居士，先世为山西太原人。十五岁时顿悟学成，一时名士，皆折辈行与交，而阎若璩也一直奉行着"一物不知，深以为耻；遭人而问，少有宁日"的治学原则。阎若璩是清代汉学正式形成前具有过渡性的人物，在批评汉学的同时，他重视考证经书中的读音，从而，考证古文经典的真正含义。他推崇汉代经师马融、郑玄，认为"秦汉大儒专精雠校、训诂、声音，魏晋以来颇改师法，《易》有王弼，《书》有伪孔，杜预之《春秋》，范甯之《穀梁》，《论语》何晏解，《尔雅》郭璞注，皆昧于声音、训诂、疏于校雠者也"。⑤经二十余年埋头研究，"尽得其症结所在"，著《古文尚书疏证》，"引经据古，一一陈其矛盾之故，古文之伪乃大明"。⑥经过阎若璩的考证，古文《尚书》之伪，证据确凿。这使人们认识到一千多年来被人们奉为经典，同时也是宋明理学家重要理论基础的《尚书》为伪书。通过对于伪经的考辨，沉重地打击了宋明理学的理论基础，动摇了它的根基。

根据年谱记载，"行述十七年应鸿词制科，日与傅山人青主游处，而反复辩论，则李天生检讨汪顿翁编修为多"。⑦康熙十七年（1678年），阎若璩应鸿词制科。在京师期间，他的学问为许多学者所推崇。当时与他来往比较密切的是傅山，而与李因笃、汪琬则经常反复辩论。

阎若璩注重发掘经典的原本含义，注重礼制本身的传承。《古今五服考异八卷》是汪琬花费八个月时间，九易其稿才最终完成的。“汪著五服考异，摘数条正其疵谬，汪虽改正而性护前辄，谓人曰豫凶事非礼也，百诗有亲在，奈何喋喋言丧礼乎？若璩应之曰：‘宋王伯厚常云，夏侯胜善说礼服，谓礼之丧服也，萧望之以礼服授皇太子，则汉世不以丧服为讳也，唐之奸臣以凶事非臣子所宜言，去国恤一篇而凶礼居五服之末，识者非之。’而汪犹断断为肯屈服也，昆山徐赞善乾学谓曰：‘于史有证矣，于经亦有证乎？’”[⑧]此后，阎若璩受到了徐乾学的赏识。康熙三十一年（1692 年），徐乾学邀请阎若璩再次进京，待为上客。康熙四十三年（1704 年），“皇四子（清世宗）以书币礼致之，先生力疾至都中，则相待厚，甚逾于宾友”。阎若璩受到皇四子胤禛手书邀请再次来到北京，在胤禛的府邸，阎若璩受到了四皇子热情真挚的接待。胤禛非常赏识阎若璩的才学，“索观所著书，每进一篇，未尝不称善”。不久之后，阎若璩病重，“请移就外，留之，不可”。胤禛“乃以大床为舆，上施青纱帐，令二十人舁之出，移居城外十五里，如卧床箦，不觉其行也”。六月八日，阎若璩在北京去世。胤禛遣官经济其丧，又亲制挽诗四章，其中讲道“三千里路，为余来”，悼念之意味良深。之后又作文章祭阎若璩，称他“读书等身，一字无假，孔思周情，旨深言大，若璩以诸生而受”。[⑨]

（三）汉学之戴震

如果说，阎若璩与胡渭是理学向汉学转变时期的过渡性关键人物，那么，到了惠栋时期，汉学在清代的学术主流地位得到正式的确立。虽然，从惠栋诸传中，没有看到他游历京师的记载，但他的学术成就以及吴派著名学者对于北京思想学术界的影响却是不容置疑的。

戴震虽然是皖派考据学大师，博通经史，兼治音韵、训诂和天文历算，但对于学术的贡献主要不在于考证经典，而在于他的《孟子字义疏证》一书中体现的儒家人文主义思想。正如他自己所说：“仆生平著述最大者，为《孟子字义疏证》一书。此正人心之要。今人无论正邪，尽以意见误名之日理而祸斯民，故《疏证》不得不作。”[⑩]他坚决反对宋明儒家“存天理，灭人欲”的说教，对理欲关系作了唯物主义的分析。他认为人们的情、欲、知觉是与生俱来、自然而有的东西，理欲关系是“欲，其物，理，其则也”、“理者，存乎欲者也”，人们所应当做的，不是“灭欲”，而是“寡欲”或“节欲”，即所谓“欲不可无，寡之而已”、“节而不过，则依乎天理，非以天理为正、人欲为邪也”，“而宋以来之言理欲也，徒以为正邪之辨而已矣”。这种批判，对于封建统治者及其卫道者利用理学和礼教作为迫害人民的工具的专制主义本质，是有力的鞭挞。戴震的理欲之辨对于正当人欲的肯定和承认，正是对人生价值、人生权利的肯定和承认。

戴震的理论和才华也受到了清朝中央政权机构的认可和欣赏。乾隆三十八年（1773 年），清朝政府为纂修《四库全书》，设立四库馆时，戴震被推荐为纂修。四十年（1775 年），特命其与会试中试者，同赴殿试，赐同进士出身，改翰林院庶吉士，从此，更加受到倾听的重用。他出入著作之庭，勤修其职。乾隆四十二年（1777 年），戴震积劳成疾，在北京去世。

三、今文经学兴起时的北京学术界

在内忧外患交逼、社会危机和民族危机日益加剧的形势冲击下，具有忧国忧民传统的儒家知识分子再也不能躲在书斋里专事考据训诂而不问国家大事了。于是在道光、咸丰年间，出现了一股重新强调"经世致用"精神、检讨社会诟病、呼吁社会改革的新思潮。这股思潮实质上是清初实学思潮的继续与发展，然而已经增添了新的内容，其代表人物则是龚自珍和魏源。

龚自珍是清代今文学派之常州学派大师刘逢禄的弟子，他发扬今文经学"托古改制"的传统学风，深刻地揭露了封建末世的社会弊病。他认为当时社会处在治世和乱世之间的"衰世"，就象一个垂危的病人，如"日之将夕"，奄奄待毙而已，"承乾隆六十载太平之盛，人心惯于泰侈，风俗习于游荡，京师尤其甚者。自京师始，概乎四方，大抵富户变贫户，贫户变饿户，四民之首，奔走下贱。各省大局，岌岌乎皆不可以支日月，奚暇问年岁？"他指出，当时各级官吏极端腐败，朋比为奸，寡廉鲜耻，国家面临人才衰竭的危机，不仅是上层将相官僚平庸无能，甚至连小偷大盗都是庸碌之辈。找不到大才。所以，他大声疾呼"更法"、"变古"，进行社会改革，指出："一祖之法无不蔽，千夫之议无不靡，与其赠来者以劲改革，孰若自改革？"[11]然而到底怎样改革？龚自珍并没有开出新药方，而只是慕于今文经学的"公羊三世"学说，主张"齐贫富"、"求人才"而已。

魏源也曾从学于刘逢禄，具有今文经学的学术传统。但他的改革理论相比于比龚自珍来说则更加锐意，这也与他自身的经历息息相关。魏源亲身经历了第一次鸦片战争、太平天国运动等重大历史事件，所以，他的民族危机感更强，眼界更广阔，见识也更加高明。他从西方列强侵略中国的背后看到了西方资本主义的器物文明和科学技术远比古老中国家先进，所以在中国历史上第一次提出了"师夷之长技以制夷"的口号，主张学习西方制造战舰、火器及养兵练兵的先进方法，"尽得西洋之长技为中国之长技"以达到"制夷"即抵抗西方侵略的目的。当然，他还没有能从更高层次上探讨西方强大和中国衰落的原因，没有能从政治经济制度和社会思想方面去比较东西方的异同，所以同龚自珍一样提不出救治中国的有效方法。龚自珍、魏源所代表的经世派儒家，虽然有其历史局限，但他们坚持的"经世致用"精神及呼吁改革、要求人们睁眼看现实放眼看世界的思想主张，是有开风气的历史意义的。他们的思想倾向，也反映出传统孺学已面临"革故鼎新"的新形势，到了要求充实新鲜养料的历史转折关头。

魏源于嘉庆二十年（1815年）来到北京求学，结识了京师各种学术流派的大家名士，广交师友，奠定了他一生学问的坚实基础。嘉庆二十四年（1819年），与龚自珍同师今文经学家刘逢禄，以研读《公羊春秋》而著称。魏源与龚自珍经常纵横时弊，促膝长谈。后来，魏源任内阁中书期间，勤奋攻读了内阁史馆大量秘籍卷宗以及私家著作，积累了丰富的典章制度材料，得到了"精于国朝掌故"、"海内利病了如指掌"的声誉，也为他日后撰写《圣武记》作了指示和材料上的准备。

在没有及第于会试后，魏源投身于"今文经学"崛起的热潮，积极提倡"经世致用"的治学理论。魏源曾经两次详细勘察永定河南北河堤，写成《畿辅河渠议》一书。这本书揭露了治河官吏中饱私囊的事实，言之有据，证据翔实。同时，他还对北京附近的漳河、永定河、子牙河等河道的治理提出了宝贵的建议。在京师，他还写成了《都中吟》的诗篇，全面总结了自己对于时政见解，并揭露了京师上层集团的昏聩、腐败以及花天酒地的没落生活以及对于"经世之学"的探讨："筹善后，筹善后，炮台防江防海口。造械造船造火攻，未敢议攻且议守。船炮何不师夷技，唯恐工费须倍蓰……通仓廒，通仓廒，仓胥拥之何其豪。……西苑闭，西苑开，缠头金帛如云堆。人海缁尘无处浣，聊凭歌舞恣消遣……下海淀，下海淀，请事画若如邮传。未明往返八十里，郎官往城堂住淀……无定河，永定河，以土束水提防多。一石之水泥五斗，淤高束缚如盘涡……地利水性强从人，不师神禹师崇伯。"[12]

道光六年（1826年），魏源帮助贺长龄辑录成书的《皇朝经世文编》成为士林风气转变的一个契机。"数十年来风行海内，凡讲求经济者，无不奉此书为矩薙，几于家有其书"。道光年间，魏源又与黄爵滋、姚莹等人结识，并在这之后成为了贺长龄、林则徐等人的幕僚。这些士大夫一般都是籍隶南方，因而愤疾时势腐败，同参幕府，共议时政，彼此提携，互相声援，在匡济时弊和严禁鸦片等方面，都曾起过相当积极的作用，有利于北京知识阶层世风的转变。

四、结语

从宋代的程朱理学到明代的陆王心学再到清代汉学的古文经学以至于后来今文经学“托古改制”说，中国社会思想学术界的变迁是伴随着社会现实矛盾的变化而变化的。当一种社会学术思想的发展到了“过犹不及”或是“停滞不前”的时候，就必然会为一种更加适应社会现实需要的学术思想所取代。纵观明清社会学术思想的变迁不难看出，在经历过明亡清兴的社会矛盾之后，实用之学、经世之学的呼声越来越高，尤其顾炎武、黄宗羲为代表的理论学者的极力提倡终于掀起了一阵思想界的反思。然而，新的王朝的建立和一时间的太平盛世，终于还是没能将这样的反思化作现实，而是走向了理学的另一对立面——朴学的兴起。加之清代文字狱盛行，学者们的思想再次被压抑，只得潜心于古文经学的研究之中。然而，社会的发展的社会矛盾的进一步激化是无可避免的。随着西方列强的坚船利炮和先进的器物文明进入中国人的视野之后，社会思想界又再一次的处于了激烈的反思和辩论的活跃时期。这一时间，作为王国中心和暴风中心的北京（京师）地区无疑成为了各种矛盾和思潮的聚集场所以及争论平台，“登高望远，四周辐射”，中国的知识分子们有一次在危机中寻求着救国救民的正确道路！

注释：

①《清实录》卷二百四十九《圣祖实录》，中华书局1985年影印版第6册，第466页。

②《清史稿》卷四百八十《列传二百六十七》，中华书局1977年版，第43册，第13099页。

③《清史稿》卷四百八十《列传二百六十七》，中华书局1977年版，第43册，第13100页。

④《四部备要》，顾炎武：《日知录》卷七《夫子之言性与天道》，中华书局1989年版，第64册，第131页。

⑤ 黄爱平著：《朴学与清代社会》，河北人民出版社2003年版，第41页，阎若璩：《四书释地·宋荦序》。

⑥《四库全书总目提要》卷十二《经部·书类》，中华书局1989年版，第212页。

⑦ 张穆编：《阎潜邱先生年谱》，见北京图书馆编：《北京图书馆藏珍本年谱丛刊》第83册，北京图书馆出版社1997年影印版，第617页。

⑧《清代碑传全集上》，卷一三一，上海古籍出版社1987年版，第663页。

⑨《清代碑传全集上》，卷一三一，上海古籍出版社1987年版，第664页。

⑩ 段玉裁编：《戴东原先生年谱》，见北京图书馆编：《北京图书馆藏珍本年谱丛刊》第104册，北京图书馆出版社1997年影印版，第647页。

⑪ 龚自珍著，夏田蓝编：《龚定庵全集类编》、《奏议书疏类》卷七《西域置行省议》、《治辩类上》卷四《乙丙之际著议第七——劝豫》，中国书店1991年版，第68页，第165页。

⑫ 魏源著：《魏源集》，中华书局1976年版，第676页。

参考文献：

① 白寿彝主编：《中国通史》第十卷，上海人民出版社2004年版。

② 蔡美彪主编：《中国通史》第十册，人民出版社1992年版。

③ 戴逸主编：《简明清史》第二册，中国人民大学出版社2003年版。

④ 黄爱平著：《朴学与清代社会》，河北人民出版社2003年版。

⑤ 梁启超著：《中国近三百年学术史》，北京市中国书店1985年版。

《恩福堂年谱》之史料考订

刘　高

馆刊第23期，刊有拙作《恩福堂笔记诗钞年谱》之史料考订，由于文章较长分两次刊出，本文论述英和《年谱》之史料。

谱主英和是自为年谱，始自生年，即乾隆三十六年（1771年），终于道光十九年（1839年），六十九岁。其后由其子奎照、奎耀补记。

英和生于清王朝的盛世，但繁荣昌盛的背后已是败象丛生。《年谱》所记，反映了嘉、道时期专制统治日逐衰败。官场腐化，对上唯唯诺诺，对事推拖敷衍。行政机构推卸职责，政务废弛。财政收入日减，盐课、田赋等税由于中央财政体制逐步弱化，弊端百出。而各地起事不断，军费浩大，清政府经济已十分拮据。这些在英和的奏章中都有揭露。但由于文字过多，限于本文篇幅，只能择要录出，不能窥其全貌，笔者实感无奈。下面摘其有助于研究者的史料，按年谱顺序列出。

一、查办吉兰泰盐池事[①]

"嘉庆十一年（1806年）丙寅，三十六岁。三月，嘉庆帝谕：向来晋省池盐，由商行运，蒙古盐斤入口，本有例禁，嗣经分定地界行销。迨河东盐课改归地丁，听民间自行贩运，遂无一定口岸，蒙古盐斤因此侵越晋省，而且侵越淮纲。现派英和、初彭龄、同兴筹办，或仍改归商运，妥议候旨。"[②]

英和等奏："非禁水运，不能限制口盐；非设官商，不能杜绝私贩。蒙古盐斤应停其水运，由陆路行销于例食蒙古盐之州县。河东池盐自当仍改商运以循旧章。"[③]

六月谕旨曰："为今之计，莫若将蒙古池盐，河东池盐一并招商承办。着英和、初彭龄、倭什布等，将山、陕、甘三省盐务通盘筹画具奏。"[④]

英和等具奏："河东盐务扼要首在招商，应仍照乾隆十年以前成例，准三省运商，按每年盐收丰歉成本重轻，听其自定卖价，不复限以定额。至吉兰泰池盐既入官招商承办，派引行销，自无侵越之虞。"[⑤]

以上是嘉庆十一年三月、六月两次谕旨及英和等人奉旨后经过查办所上奏疏。

清代盐法最初继承明制，其后随时间推移有所变更。所行盐法，"曰官督商销、曰官运商销、曰商运商销、曰商运民销、曰民运民销、曰官督民销，惟官督商销行之为广且久"。[⑥]其法行之杂乱纷繁，官、商、食盐百姓互为纠结，百姓受害非浅。以清政府财政收入计，盐课是全国的一大财源，而长芦、两淮、河东盐课又在财政收入中占重要地位。于是各朝皇帝都倾心关注盐务的改进。

嘉庆九年五月，嘉庆帝“以晋省盐务改归地丁后，监禁废弛，致蒙古盐乘间侵越，谕（山西巡抚）伯麟筹办”。伯麟奏：“改归商运，盐价必增，更恐贩运贫民失业，至蒙古盐入口，应于碛石（口）上下派员严查。”⑦帝从其议。伯麟是反对招商承办的官员。

英和等人奉谕，两次具奏，提出“河东盐务扼要首在招商”、“自定卖价”、“仍照乾隆十年以前成例”、“不复限以定额”。这种以循旧章、成例的办法，实际是不违朝旨“莫若将蒙古池盐、河东池盐一并招商承办”的同一版本。也是对“课归地丁”的倒退，还原为商办。对河东池盐课归地丁，英和等在奏言中指出：“征盐课于有粮之民，而锡美利于无引之贩”。致使河东池盐任凭无引之私贩到处运销，且漫无稽查，私贩日多，淮商连年亏耗，“自当仍改商运”。⑧

其时有多种情况困扰着清政府，其一，河东池盐课归地丁后，盐价大贱，任人贩运各地。而两淮、长芦等地盐价不敌河东，私价、官价贵贱悬殊，食盐之民争相就贱而食。于是影响到两淮等地的盐销售量。更有吉兰泰盐池分销山西食土盐各地，久之，侵及长芦、两淮。这使清政府每年财政收入占重要地位的长芦、两淮等地盐课受到极大影响。其二，当嘉庆初季，“川、楚之乱，淮、浙、芦、东各商所捐，自数十万、百万以至八百万，通计不下三千万”。清统治者最高层与大盐商关系互为依恃，关系密切。“盐商时邀眷顾，或召对，或赐宴，赏赉渥厚，拟于大僚。或有缓急，同俯亦尝贷出数百万以资周转。”而盐商与清统治高层的密切关系，由来已久。“或遇军需，各商报效之例，肇于雍正年，芦商捐银十万两。”乾隆年间，除金川、后藏等军饷捐银外，高宗效康熙南巡，前后共六次，各盐商以巨资供奉，“乘舆屡次游巡，天津为首驻跸地，芦商供亿浩繁，两淮无论矣”。⑨六下江南，昭示清帝国盛世的繁荣昌盛，粉饰国泰民安的太平景象。于是一路供应之奢靡浮华备难尽述，如袁枚《扬州画舫录》，时人笔记及野史中多有描述，本文不作赘言。但大盐商挥金如土，这些巨资从何而来？统治者却不作追究。政治腐败，官、商勾结，贪脏舞弊中饱私囊，对小民敲骨吸髓不遗余力。统治者与各商相互依恃也就铸成盐务难治的大错。

嘉庆年间，专制制度的框架及行政运转的章法已显露出种种弊端；社会动荡，民不聊生，各地起事连续不断，田赋、盐课等税收入锐减，加之庞大的军费等等，清政府经济拮据已昭然若揭。英和等人应和嘉庆谕旨中意图，提出课归地丁之弊，废除听民自运，实行官督商销，自此盐务仍由官、商控制。河东的课归地丁遂告终结。

与英和同为受命查办盐务的初彭龄却曾在云南为有清一代盐务作出贡献。早在嘉庆四年，初彭龄授云南巡抚，当时前任总督富纲上折请罢官盐，改为民运民销。朝命彭氏筹议，当即提出：“不分井口，听民贩运；商贩于领照后，远近听其所之，不至抬价居奇；灶户自煎自卖。”⑩这种民运民销法，使商民皆可领票运盐，如此简便易行，云南的盐务变革成为清代盐政中的一个成功案例。而河东盐课归丁半途而废，原因多种，内地各盐场皆由官、商控制，多年来手段娴熟视为常规，尽管课归地丁，但仍可官、商合谋，利用各种手法使农户有苦难言，负担加重，最后半途中止。云南偏于一隅，地旷人稀，且井盐易煎，以其远离内地，却成为清代盐政中的成功省份。

二、天理教教众攻进紫禁城

“嘉庆十八年癸酉，四十三岁”。该年九月十五日，天理教林清率教众起事，京师禁城内有太监多人助之，于午刻攻进皇宫，史称癸酉之变。研究此段史事者多引昭梿所著《啸亭杂录》。当日昭梿自始至终亲历其间，所记详尽，为一有价值之史料。英和《年谱》中，叙述以身为步军统领布置逮捕，并亲审林清时的经过情形，与昭梿所记有差异之处，现将两著作所记列出。

（一）天理教起事日期

《啸亭杂录》："会辛未秋（嘉庆十六年），彗星出西北方，钦天监又奏改癸酉闰八月于次春二月，诸贼乃以为预兆。又其经有'八月中秋黄花落地'语，遂附会其说，以为本朝不宜闰八月，故钦天监改之，而不知康熙戊戌久有之也。"⑪

《恩福堂年谱》林清供词："所习天理教，经内有'八月中秋，中秋八月，黄花满地，白阳出现'语句。本年应闰八月，则九月十五日仍是闰中秋，故欲谋逆。"⑫

上引两书，《啸宁杂录》将天理教经文简化为两句："其经有'八月中秋黄花落地'语。"从昭梿所引经文中，无法了解天理教林清何以定于九月十五日起事。

《恩福堂年谱》中引出经文四句，此是英和在审讯林清时的供词。林清供述"本年应闰八月，则九月十五日仍是闰中秋，故欲谋逆"等句。这就让人了解林清等教众起事日期之来由。

（二）逮捕林清等人之经过

《啸亭杂录》："会英公和至，已授步军统领，因命番役张吉、高铎、徐永功三人往宋家庄擒捕林清。会有宋某举发其事，因命为引导。时由东华门溃散者，已归告林清，清踌躇竟夕不寐，绕床嗟叹，然犹希冀曹福昌之逆党应承于十七日起事者，⑬或有所徼幸，因未逃遁。黎明时，张吉等三人已至其家，扉尚合，张扣扃久之，林清着燕服出。张吉伪告曰：'城中事已有成，奉相公命，延清入朝。'清大喜过望，欲登车，其姐闯然出曰：'事吉凶未可知，不可独往。'张、高等推妇扑地，遂驱车返。妇踉跄归，命数十人追之，车已入南苑门。门随掩，追者无及，返。"⑭

《恩福堂年谱》："（张吉等，）面称本日黎明抵宋家庄，适林清闻车马声，误认为河南滑县贼首李文成来援，出门探望，即被擒获，置槛车中，并擒其同居之安住、董帼太二逆。属（届）时庄内人声四起，势将夺犯，亟驱车奔，佯呼接应者速前，又佯呼由海子循墙走，以疑误追者，车固人海子黄村门矣。门旧合，因予（英和自称）管理海子事，随传谕辟门放入，门复合，取道大红门进永定门，押解到署，而张吉等惊魂未定，述前事犹色沮语吃也。"⑮

以上二书对擒拿林清时的经过叙述详尽，使人读后如亲历目睹。但昭梿自叙当日"王大臣闻变，皆由神武门入，余在邸方与僮手奕，闻变，驰马入"⑯，其后在禁城内或亲历或耳闻，而捕捉林清及审讯等事，实系闻于众口。当时英和已授步军统领，亲自部署，指派番役捕捉林清等人。虽英和并未前往，但番役头目张吉擒获林清等人后，必然要向英和禀明经过情形。由于职位责任攸关，英和所述应该更为可信，此一材料可补《啸亭杂录》之不足处。

（三）九月十七夜京城之乱

《啸亭杂录》："晚间骤闻禁城外喧哗声，俄时遍满街巷，讹言太平湖业经接战，又云西长安门已破，遍都城人声沸腾。有骑白马人沿街传呼有贼，盖即（曹）福昌之党羽，期于是夜举事者。至夜半，人声渐息，实无一贼焚掠，盖贼党煽惑，使我兵自践踏也。而是夜倡乱者，唯擒曹福昌一人，余皆不为究诘。此十七日之事也。"又，曹伦父子《啸亭杂录》也叙及结果："后于十月间，步军统领英公和因访获曹福昌从逆有证，遂逮其父曹伦至，御讯于丰泽园，即时正法。”[17]

《恩福堂年谱》：“十七日凌晨，禁城已为肃清，唯搜擒藏匿余匪。午刻，（知）从逆内有太监名，亟写出飞启皇子在内派人拿缚。申刻，张吉等擒林清至，将该逆押送刑部。是夜，城中讹传有贼自城北越墙而进者，有自城南越墙而进者，举城惊骇。实无其事也。取令箭派官持往弹压，毋许张皇，将传信之步甲二人插箭分翼游行示众，讹言始息。”[18]

两书之歧处在于，昭梿写出当夜是曹福昌倡乱，准备起事，而被官兵擒获；但英和却叙及乃“讹传”、“实无其事”，未提出曹福昌倡乱事，只派官弹压，终于“讹言始息”。令人诧异的是，英和身为步军统领有镇压叛乱之责，为什么不写出当夜捕获倡乱者之事？难道昭梿能无中生有，并无曹福昌倡乱？

三、议开捐例奉旨具奏

“嘉庆十九年甲戌，四十四岁。嘉庆帝谕：侍郎吴璥请开捐例，潘世恩、苏楞额议请暂开捐例，卢荫溥等议请将常例推广加增；[19]推广常例，事多格碍难行，暂开捐例，能否于经费有裨？着派曹振镛、托津、铁保、英和四人妥议具奏。”

英和奏：“臣等四人会议，意见未必尽合，臣谨就所知直陈。理财之道，不外开源节流，暂开大捐与酌加常捐，均出一时补苴之术。其实大捐之开，汉官得以出结，吏胥得以沾润，银号得以通融，而于国家经费，未见实有裨益。至于加增常例，诚如圣谕‘事多格碍难行’。所谓开源，取天下自然之利，公之天下，且可赡养人民。查新疆向有金矿银矿，开之矿苗旺盛，裕课足民，足敷该处兵饷，则内地经费，日见宽舒。至节流之道，曾降谕旨，今岁暂停谒陵。至木兰秋狝亦应请酌定年限，间岁一行。更应详查正项经费外，务使岁入之数浮于岁出。”[20]

以上摘自英和奏疏。嘉庆帝指派之四人，曹振镛时任吏部尚书、协办大学士；托津，东阁大学士，管理户部；铁保，吏部尚书；英和时任工部尚书。四人皆为京师枢臣中各司部务之要员。也是嘉庆帝认为持重可被咨决大事的官员。为了谋求可裕国用的良策，在帝京的议政庙堂上，四大臣各抒己见。于是英和单独上奏，认为四人意见未必尽合，只能直陈己意。

这一奏疏反映了嘉庆年间经济危迫的现实。战火连绵，军饷浩大，各地课税受到极大影响，而各项经费为不时之需，或有不可节用者。如吏部侍郎吴璥，数任河东河道总督，深知河工用度繁重，曾疏陈河工费用归地粮摊征，以此革职留任，[21]此次又请开捐例。英和在其奏疏中指出：“嘉庆年间业已五次，所谓人情踊跃等语，不过纸上空谈，徒有虚名，竟无实济。”加增常例，“不免物议沸腾，且于经费未见有益。”[22]对于开源之计，除提出开发新疆矿藏之利，更把乾隆年间至嘉庆年户部遗留问题揭出，如“户部入官地亩一项”，“即以和珅、福长安两家而论，入官地不下二三千顷，此项地亩，至今并未升科。”新垦荒地，满一定年限后，应照一般田地征收银、粮，此即谓升科。而权臣和珅等田亩入官而从未征收银、粮，如此巨资归入何处？而且英和自谓久任户部侍郎，虽“屡饬井田科司员，行文查催，无如直隶地方官奉行不力，大约此项地租，历年尽饱胥吏之橐，且风闻有以碱薄抵换膏腴之弊，应请敕交户部查明，严催直隶总督作速升科，无令隐匿侵渔抵换，于国用亦有裨益。”[23]英和于此时提出这个存在已久的老问题，确是闻见所及，到应该指出之时。但也深知行政机构上下相蒙，通同作弊种种劣绩。然而顽疾难医，非一人之功可以收效。

新疆自乾隆二十四年平定后，鞭长莫及，治理困难重重。而“岁支兵饷百数十万，内地颇受其累”。[24]英和以发展经济的目光提出应在新疆开采金银矿藏、内地也应兴办矿务，在当时对国家经费实有裨益。但英和身在帝京，对新疆政情却不能深入了解，多次发生的叛乱已使清廷费尽人力财力。而派去的官员又有不少人贪鄙专横，擅作威福。如天山南路是维吾尔族聚居之地，向有伯克制。到任官员“往往苛索伯克，伯克又敛之回民。嘉庆末，参赞大臣斌静尤淫虐，失众心。”[25]后斌静被逮治，但官、民之间仍时有冲撞事故。因此清统治者对英和的这一建议并未采纳。

其后，英和对新疆时有叛乱发生，也认识到“派往之办事领队及侍卫章京人等，或意存见小，子女玉帛，嗜欲纷营，又役使回人，自恣威福，往往激成事端。现在外夷蠢动，边衅不清，皆不肖官员有以启之也”。[26]如其所指，这些私欲膨胀、残狠盘剥小民的官员怎能监管开发矿藏？

四、筹议海运

“道光五年乙酉，五十五岁。四月初十日奏言：为通筹漕河全局，酌量变通，应请暂雇海船以分滞运，酌折额漕，以资治河，为一劳永逸，久安长治之计。（一）明年请暂停河运，将本年新征漕粮，酌分海运，余悉征收折色，以资治河兼可治淮治湖，而永利漕运也；（二）酌雇海船装运，督办高宝剥运，催攒东境挽运，宜钦派大员督理也。”[27]

越十日（四月二十日），又奏言：“前议暂雇商船海运者，诚以河道既阻，重运中停，河漕不能兼顾，唯有暂停河运以治河，雇募海船以利运，虽一时之权宜，实目前之急务，舍此别无良策。夫东南为财赋之区，频年有歉薄，本年清口过船，多夫牵挽，船运车挽，日需数万人，以细民力作于寒暑风雨之中，辍耕劳民者至矣。暂雇海船分运，则民力逸而生气益舒。至酌折额漕，《漕运全书》内载，凡漕粮题准改折，只许按价征收，滥行科索者，参处。至改收折色，酌照市价，由督抚奏定，藩司出示晓谕，不许科索。”[28]

以上是英和四月初十及后十日两次奏言之节录。两次奏言全长共七千余字。限于篇幅，故撮其要录出。

对海运，英和早年即已关注，其自述“余未第时，因仓有海运名，即注意于运务。迨入翰林后，每于清秘办公之余，辄阅《永乐大典》，凡有元一代海运事宜，手自摘录，汇钞成册，藏之于家。历数十年，每以河工为患，粮艘挽运为艰，时思海运而未敢轻举也。”道光年“适南河水路阻滞，盘剥官粮粒米狼戾，势不得不行海运，而不能顾恤人言也。”[29]

清初漕政仍因袭明制，设卫所以屯田分配，军人耕作，屯丁则专任运送漕粮，行军运之法。南粮北运，以河运行之已成定制。而北京通惠河则成为南粮运入北京的主要河道，北京通州自然是漕运中的枢纽。漕粮至此，或驳船或车载送至京城各京仓，如京师朝阳门一带的储积仓、海运仓、禄米仓等粮仓。

但河运年久弊病丛生，南粮北运途中官员们贪污、船工等监管人员作弊偷盗，清政府虽下令严查，却难绝弊端。更让清政府难以置办的是河患无时，虽投入大量人力物力却难收实效。英和有《河叹》诗，姑且录数句，可反映其对河运的意见：“淮弱黄强将倒灌，频岁常为运河患。粮艘浮送翻借黄，计本权宜都习惯。”更有“湖浪滔滔直际天，孱弱情形惊忽变。”[30]水来庐舍俱没，灾黎遍野无处逃生。而“天庾正供”的南漕北运妨于河患，停泊浅搁。于是有识之士以河运难筹，提出改行海运。

嘉庆时期，运河浅涸，漕船受阻。于是命江、浙大吏筹划海运，两江总督勒保等提出海运不可行十二事。嘉庆帝则下谕旨：“海运既多窒碍，唯有谨守前人成法，将河道尽心修治。……断不可轻议更张，所谓利不百不变法也。"[31]在上者墨守成规，在下者谁愿丢乌纱弃禄位？于是终嘉庆在位之年，无议海运者。

在圣谕煌煌的压力下，如自谓"逢睿庙（嘉庆帝）知遇之真，眷顾之重"的英和也只是在道光年间才敢倡言海运，这也是独裁政治的应有现象。其实，早在嘉庆晚期东南地区河患频仍，漕运已成为难筹之积弊，知识界不乏通达睿智之才，有人探究时弊，面对现实，以解民倒悬为己任。如当时任苏州府同知的齐彦槐曾上"陈海运策"于苏抚，[32]其时"明旨"昭然在耳，最后以窒碍难行而作罢。又如以经世致用关心河、漕、盐三巨政的包世臣，在其著作《安吴四种》中也提出行海运以救漕弊之议。[33]但统治者只知因循陈规，大吏们以开创艰难，畏缩不前。

道光四年，黄水骤涨，河道浅阻，粮船输挽困难。于是行借黄水入运（河），添筑闸坝，不久，黄水挟沙淤积更甚。于是召两江总督魏元煜及江、浙大吏议改行海运，诸人以窒碍难行复奏。此时独有英和力排众说，倡"暂雇海船分滞运，酌折额漕，以资治河"的建议。道光帝又命魏元煜等议，元煜奏："请仍征本色，至海运事关创始，如蒙宸断施行，再督饬司道详晰妥议。"[34]这是把"海运与否"还之于上，众大吏墨守成规已成积习，遇有更张则茫无所措，难以置办，只以窒碍难行为辞。更有河运漕粮的受益者为利益驱动，百般挠阻。于是群议纷杂，经久难于定论。

五年五月，调陶澍任江苏巡抚。由于"洪泽湖决口，运道艰阻，上命澍悉心妥议。陶奏：'全漕由海运则不可，而商船未尝不可分载。至折漕与停运均不可行，来岁当以海、河并运，可期无误。'六月，陶澍至沪筹雇商船督办监管。通计装载正耗各米一百六十三万三千余石，前后用船一千五百六十二只。"[35]道光六年，所运漕粮全数抵天津，不爽时日，颗粒无损。事毕，受到"优诏褒奖"，在官场中成为众望所归的能吏。英和以首议海运交部议叙，并赐紫缰。

陶澍的成功在于敢在众官畏缩不前时，采纳通达时务睿智之士的识见。这里录出江苏苏州府同知齐彦槐给陶澍的两首诗，摘取数句如下。

《谒公诗》："我岂能充识途马，公真不忝济川舟。虚怀下向谁能及，却许刍荛借著筹。"

《又辞公诗》："一得刍言幸竟成，局中局外总功名。展禽不解谐臧氏，文举何须荐弥衡。国士岂图身有益，山人原与世无争。退无六鹢寻常事，珍重云帆万里行。"[36]

齐氏两诗，写出陶澍的虚怀下问，齐氏的上达识见，最后是"一得刍言幸竟成"。但以国士自励的齐彦槐陈说此举非"图身有益"，谢绝上峰荐举。在藏污纳垢的官场中追名逐利比比皆是，有大力者推荐是升官的机缘，而升官与发财是联袂并行的。齐氏视名利如无物，洁身自去，认为"退无六鹢寻常事"，确实是旷达磊落通达实务的睿智之士。

道光七年，陶澍"偕总督蒋攸铦合疏陈海运章程八条"，希望早日解除漕运之种种弊端，但"格于部议"[37]，海运不行。道光二十八年，续行海运。其后，咸丰朝战争不断，以海运漕粮，终清之世，海运遂以为常。

注释：

① 吉兰泰盐池：在阿拉善额鲁特（卫拉特）旗南境定远营西北，周百余里，在阿拉善地势最低，但仍高出海面三千一百尺。池中盛产盐。池畔凝盐，二至六尺高，远望去白如积雪，采取甚易，不需晒煮，盐质洁白良美，号称吉盐。陕、甘二省多用之，销路在潞盐之上。盐池之利，为阿拉善亲王所专。阿拉善旗，旧旗名。在今内蒙古自治区巴彦淖尔盟南部。定远营，旧名。也称定远城，建于清雍正年间。现称彦浩特镇，在今内蒙古自治区阿拉善盟东南部，贺兰山西麓。见臧励禾等编：《中国古今地名大辞典》，商务印书馆香港分馆1982年版，第294页；辞海编辑委员会编：《辞海》（缩印本），上海辞书出版社1980、2002年版，第421页、

第47页。以下简称《中国古今地名大辞典》及《辞海》。

②-⑤ 英和:《恩福堂笔记诗钞年谱》,北京古籍出版社1991年版,第351—357页。以下简称《恩福堂笔记诗钞年谱》。又,盐课:盐税也称盐课,对食盐产制、运销所征之捐税。清代盐课分三种,盐户交灶课;运销商交引课;另有杂课。地丁:将丁银并入田赋征收,地丁合一,丁银和田赋统以田亩为征税对象。淮纲:明末和清代初、中期商人垄断食盐运销的制度,称纲法;而以纲法为特征的两淮盐政,简称淮纲。引:商人运销货物之凭证,也指所规定的重量单位。

⑥《清史稿》卷一百二十三《志九十八》食货四,中华书局1976年版,第13册,第3604页。以下简称《清史稿》。

⑦ 王钟翰点校:《清史列传》卷三十四《大臣传次编九》,中华书局1987年版,第9册,第2612页。以下简称《清史列传》。又,引文中"应于碛石上下派员严查"一句,查地理辞典,无碛石条,再查《清国史》8册伯麟传,也印碛石二字。最终查档案449号军机大臣字寄(条):"伯麟等此时既未便遽行更张,唯应于碛口上下另择要隘地方,添派干员,会同该管各官严行查禁。"见中国第一历史档案馆编:《嘉庆道光两朝上谕档》,广西师范大学出版社2000年版,第9册,第168—169页。《上谕档》是原始档案影印出版,具有相当的准确性,应以此做依据,碛石改为碛口。碛口:碛口镇,在山西临县西南,与离石县(现为市)接界,当临水入黄河之口。旧本无市(场),清乾隆时河溢,侯台、曲峪两镇商人移居,商业逐渐繁荣。清置汾州府通判驻扎于此,民国初年改置县佐,旋废。见《中国古今地名大辞典》,第1231页。

⑧《恩福堂笔记诗钞年谱》,第352页。

⑨《清史稿》卷一百二十三《志九十八》食货四,第13册,第3613页。

⑩《清史列传》卷三十四《大臣传次编九》,第9册,第2654页。

⑪⑭⑯⑰ 昭梿撰、何英芳点校:《啸亭杂录》卷六,中华书局1980年版,第159—160页;第166页;第162页;第167—168页;第170页。以下简称《啸亭杂录》。

⑫⑮⑱《恩福堂笔记诗钞年谱》,第375页;第375—376页。

⑬ 曹福昌:《啸亭杂录》卷六记,有汉军独石口都司曹伦者,侍郎遭瑛后也。家素贫,尝得林清资助,遂入贼党。适之任所,乃命其子曹福昌勾连不轨之徒,许为城中内应。福昌欲于十七日起事,盖以是日上驻跸白涧,诸王大臣皆往迎銮,乘其间也。而林清狃于经言,未及改期(第160页)。

⑲ 常例:又称规礼或陋规。清各级政府机构和官吏,凭借行政权力向所属机关和人员索取的献金和礼物。下级为应付这种需索,即加派赋税,如火耗、平余、杂派等项,收入除供办公及本身享用外,余数即向上级馈赠。向府道、藩臬、督抚进献的三节两寿礼金为规礼或常例。督抚司道则向中央部、寺馈送土仪和部费,名目不一,种类甚多。见《辞海》(缩印本)1980年版,第1440页。

⑳《恩福堂笔记诗钞年谱》,第376—380页。

㉑《清史稿》卷三百六十《列传一百四十七》,第37册,第11372页。

㉒-㉔《恩福堂笔记诗钞年谱》,第377页,第380页,第379页。

㉕《清史稿》卷三百六十七《列传一百五十四》,第38册,第11454页。

㉖《恩福堂笔记诗钞年谱》,第407页。

㉗ 折色:旧时征收田粮,谓米石为本色,谓折价征收银两为折色。高宝:江苏省高邮县和宝应县之合称。剥运:运粮于内河、沿海之船,称剥船,其可由人拨运,也称驳船,剥与驳通用。挽运:船运行时,由多人牵挽而行。

㉘《恩福堂笔记诗钞年谱》,第392—406页。又,清口:古地名。古泗水入淮之口,在今江苏淮阴西。古泗水一名清水,故名。也称泗口,清河口。地当南、北交通咽喉,旧为黄、淮交汇之处。自明弘治年间,因筑堵黄陵冈(山东曹县西南),黄河被迫改道南迁,在清口处与淮河和大运河汇流,由云梯关(江苏滨海西南)入海(1855年改道山东)。黄河自上游夹带泥沙而下,年久河床淤积,在清口与淮水交汇,经常形成倒灌。黄淮入于运河,又在沿途决口,冲决堤防。参见《辞海》(缩印本)1980年版,及蔡美彪等:《中国通史》,人民出版社1986年版,第9册。

㉙㉚《恩福堂笔记诗钞年谱》,第27—28页,第196页。

㉛《清史稿》卷一百二十二《志九十七》食货三,第13册,第3593页。

㉜㉝《清史稿》卷四百八十六《列传二百七十三》文苑三,第44册,第13417—13418页。

㉞《清史列传》卷三十五《大臣传次编十》,第9册,第2774页。

㉟《清史列传》卷三十七《大臣传续编二》,第10册,第2916-2917页。

㊱㊲ 王焕镳编:《陶文毅公年谱》,见北京图书馆编:《北京图书馆藏珍本年谱丛刊》,北京图书馆出版社1997年影印版,第136册,第161—162页,第195页。

京西门头沟煤矿简述

齐鸿浩

门头沟地区的采煤业历史可上溯到辽代，龙泉务辽瓷窑早在辽代就已用煤烧造瓷器了，可见这时人们对煤的认识已经达到一定程度，已不是初采了。元明清三代，门头沟开始以盛产煤炭而闻名遐迩。大峪山一带，小煤窑星罗棋布，达二百座以上。明朝的时候，由于朝廷派遣的矿监强征暴敛，引发窑工抗税，惊动了皇帝，不得不减免税收，可见当时的窑户的力量有多大。

门头沟第一家近代煤矿，也就是中英门头沟煤矿的前身——通兴煤矿，矿址位于门头沟内魏家村西坡，经直隶省宛平县于光绪五年（1879年）八月二十三日发照开采。矿权人为门头沟天桥浮村人段益三，矿区面积36.5亩，全为土法开采，产量不多。数年之后，段益三感觉开矿资本不足，遂于1896年招请美国商人施穆与其合股开采，共同投资开办通兴煤矿。后请英国人宾士为技师，英国人德肥司为帮工，中国人王锦为司账，在王自惠地内开凿斜井，以蒸汽锅炉为动力机器提升煤炭和井水。虽然产量依然不大，但却是北京历史上早批拥有机械动力的煤矿。煤矿设置有蒸气锅炉，以蒸气为动力，用于矿井的提升。到清光绪二十二年（1896年）改为中美矿商合办。以后不久，又完全租与英商，成为英商独办。但限于我国矿物条例制约，英商独办是不允许的，光绪三十四年（1908年）又改为中英合办，总经理为吴懋鼎。当时有竖井一口，采煤仅一层，每天产煤五百吨左右。1914年，这矿修建了轻便路，与城子的门头沟火车站连接起来，煤炭运销北平、天津等地。矿区面积为4950.9亩。到1917年，夏季淫雨成灾，因水患而被迫关闭。

在门头沟矿西南，有中比资本家合办的裕懋煤矿公司，始创于1913年，初由华商何裕瑞与比利时商人林阿德合办。资本为10万两银，中比双方各半。订有合办合同。合同内容与通兴煤窑有限公司相同。1914年经农商部批准立案。1915年，何裕端资本不足，改推赵玉书为中方代表。后经赵玉书、林阿德之手，以5万元代价将裕懋公司让与华商周奉璋和英商佐治·麦边接办，从此中比合办裕懋煤矿公司改为中英合办。资本增至20万两银，中英各半，并订立新的中英裕懋煤矿公司合办合同。矿区面积也扩大为1104亩。中英裕懋煤矿公司英方代表佐治·麦边，原在南洋经营橡胶业，某家庭在上海开办有银行和东方垦殖公司，曾在山西、河北等地投资办矿，与华商周奉璋为亲属关系。佐治·麦边早就有在北京投资办矿想法，碍于《大清矿务章程》中外国人不许独资在华办矿条文规定，只好作罢。进入民国，矿业管理发生变化，周奉璋与佐治·麦边购买裕懋煤矿，其实只是请周棒璋出名合办，周奉璋常住上海，办矿徒有其名，实际矿权却为麦边独自掌握。1917年，中英裕懋煤矿公司改为门头沟煤矿公司，矿区面积扩大到4486.5亩。1918年，佐治·麦边在第一次世界大战中被征回国战殁。其在

华财产以尔却 · 麦边和大尔格雷治 · 麦边为继承人。

1920 年 4 月，通兴煤窑有限公司华商代表吴熙庚，与中英门头沟煤矿公司华商代表周奉璋，会呈京兆财政厅转呈农商部，转让通兴煤窑有限公司矿权，将通兴煤矿一切动产和不动产折价售给门头沟煤矿公司。同年七月，经农商部批准，更换矿照，成立新的中英门头沟煤矿公司。资本增为 150 万元，中方占 51%，英方占 49%。生产规模随之扩大，开凿立井两口（即后来的门头沟煤矿东、西立井井口），1923 年正式生产，成为当时北京最大的矿井，当年产煤 41388 吨。至 1934 年，中英门头沟煤矿年产煤 43.8 万吨，占当年北平地区煤炭总产量的 39%。而当时北平地区规模较大的兴宝、宏福、中兴、协中、广丰、利丰六家民族资本煤矿年产量总和也只占北平地区总产量的 26%，其余北平百余家土采煤窑总产量占北平产煤的 35%。1934 年 4 月 12 日，中英门头沟煤矿公司代表人周奉璋领得国民党实业部采矿第 65 号、第 66 号执照，分别标明矿区面积为 275.656 公顷和 293.811 公顷，采矿权均自 1920 年 12 月 1 日至 1950 年 11 月 30 日有效。当时中英门头沟煤矿的矿区总面积和年产量在全国也属前列。1939 年，中英门头沟煤矿资本已达 430 万银元，职工人数 3 千余名。中英门头沟煤矿英方代表威廉 · 麦边，一手掌握矿权，在平西实行垄断性生产，成立“联合售煤处”，不准门头沟民窑自销煤炭，并利用矿井井深和机器设备优势，故意制造水患，灌淹民窑，制造煤荒，以从中取利，致使门头沟许多土采煤窑和民族资本煤矿破产倒闭。

1937 年“卢沟桥事变”后，日本侵略军进占平西矿区。1941 年 12 月，太平洋战争爆发，中英门头沟煤矿落入日人手中。1942 年 2 月 27 日，麦边将其在门头沟煤矿股份让与日本人白鸟吉乔。日本侵略军对门头沟煤矿实行军事管制，任命白鸟吉乔为军管理人，为侵略战争服务，采取了疯狂的掠夺方式开采，造成事故频出。1942 年，门头沟煤矿产煤 55 万吨，达到解放前的最高年产量，也是北平地区单个矿井在解放前的最高年产量。抗日战争胜利后，国民党政府经济部于 1945 年 10 月 13 日派王恒源接收门头沟煤矿，矿权为国民党政府所有。白鸟吉乔被民国政府列为战犯逮捕，公审后枪决。麦边又通过英国政府，向中国政府索要矿权，引起社会各界及门头沟煤矿职工愤慨，开展了保护矿权斗争。直到 1948 年 12 月 14 日，门头沟地区获得解放，门头沟煤矿归人民所有。平西煤矿公司成立后，门头沟煤矿为该公司首批矿井之一。全国解放后，京西矿务局对门头沟煤矿进行了大规模的改造和建设，使门头沟煤矿发展成为国家大型矿井。到 1985 年末，门头沟煤矿有职工 7077 人，固定资产原值 8361.4 万元，拥有各种机器设备 3261 台，累计向国家交纳税利 8350.65 万元。

浅谈北京老戏院

齐　峰

我国的戏曲有着悠久的历史，从它的起源、发展逐步走向成熟经历了一个相当长的时期。作为表演戏剧的场所，戏院（戏园子）从戏剧诞生之日就成为演戏必不可少的一个组成部分，一辈辈演员将戏剧不断改进、创新，剧院也随着戏剧的前进而同步发展。可以说这些戏院记录了一部戏曲发展史。在清末到民国期间，我国的戏曲，尤其是京剧得到了空前的发展，京剧演出市场异常繁荣，北京城戏园林立，成为当时一道绚丽的风景。让我们穿越时空，去领略一百年前北京戏院的魅力。

一、戏楼历史探源

有记载的戏楼最早出现在两千多年前的东汉时代，据《东汉春》记载："皇帝于平乐观下起大坛，……设秘戏以示远人。"[①]这段文字记载了在广场上高搭戏台，皇帝坐在"大坛"赏乐的盛况。"平乐观"是戏楼名，据考位于河南洛阳城西。在东汉时并没有成型的戏剧，"秘戏"只是当时的一种乐类。到六朝时又出现了"广望观"，顾名思义是广大人民群众观望的地方。根据现在的记载来看这些最初的戏台都是露天结构，并不是在室内有固定座位的正规剧场。

到了唐朝，戏剧兴起了，出现了"乐棚"。乐棚以砖石木材建造，舞台加了盖顶．设计制造都十分精致，但还不是固定演出场所。唐代寺庙中开始出现"戏场"，这是后世"庙台"的前身。

宋元时期出现固定化的演出场所"勾栏"。勾栏是看棚、乐棚和露台三位一体的建筑，内有戏台、后台、看席和神楼。由于勾栏是木制结构，易于倒塌、着火，到明代逐渐衰落，此时内外城兴起的"茶园"逐步取而代之。到清中叶北京的茶园已颇具规模，随着戏剧的发展和京剧的形成，茶园逐步从喝茶转向听戏，称谓也从茶园改为戏园子了。

二、清末戏楼的繁华盛景

清朝是戏曲发展的鼎盛时期，众多戏楼拔地而起，其中宫廷戏楼更是辉煌壮丽。清朝的统治者都喜好戏曲，康乾时宫中即有演戏的机构"南府"，既选征艺人进宫当差又组织太监学戏。乾隆五十五年(1790 年)，皇帝八旬大寿，南方徽调班"三庆班"进京祝寿演戏。随后四喜、春台、和春等徽班也陆续进京，这四个班社被称为“四大徽班”。他们来到北京扎下根并各自发展，由于各班社都有不同的拿手剧目，在演出中竞争激烈，徽调逐渐取代了昆曲和弋调高腔在北京舞台上的位置，日益受到北京观众的欢迎。1828 以后，一批汉剧演员进入北京，由于徽调和汉剧两个剧种在声腔和表演方面有着血缘关系，所以徽、汉两班都经常合作，经过一个时期的相互吸收、融化，又从昆曲、秦腔中不断吸收营养，终于形成了集戏曲艺术之大成的京剧艺术。

（一）宫廷戏楼

道光五年（1825 年），“南府”改为了“升平署”，专管皇家的排戏、演戏活动。

皇家的演戏场所非常多，小型戏台精巧美观，大戏楼壮丽恢弘，无不显示出皇家应有的气派。列举几例：

故宫宁寿宫畅音阁大戏楼建于清乾隆三十四年。从上往下依次是福台、禄台、寿台。寿台是主要表演区，有活动的天花板和地板，台底有水井和水池，上下有机关，能引真水上台。

颐和园德和园戏楼建于乾隆年间，为三层大戏楼，主要是由扮戏楼、大戏台以及慈禧看戏的颐乐殿三部分组成。其中的大戏楼构思巧妙，结构严谨，富丽堂皇，被誉为“京剧摇篮”，是当年光绪皇帝和慈禧太后看戏的场所。它是我国目前保存最完整，建筑规模最大的古戏楼。

除此之外，长春宫，圆明园中同乐园，颐和园中听鹂馆，中南海中颐年殿，紫光阁和纯一斋等地都设有戏台。

在北京规模最大的是故宫宁寿宫畅音阁戏台和颐和园的德和园戏楼。这两处都是三层建筑，三层从上到上依次代表福、禄、寿，下设五井，非常壮观。清宫中过节必演应节戏，都是声势规模浩大的连台本戏，如《阐道除邪》、《地涌金莲》等必在这三个戏台上演。这种大戏动辄数十人上演，并借助大戏台的机关布景作为演出手段，这样豪华的规模是民间戏楼不能相比的。

各王府戏台存目：

清朝末年，政治腐败，统治者贪图享乐。王府里多数设置了供王公贵族观剧享受的戏台，也有的王府戏台是临时搭建的，凡是喜庆日期都要艺人们进府演出堂会。当时有“早是歌场擅盛名，差传堂会奏新声，笑他几辈寻芳客，今日梨园见不成”的诗句记载了堂会的热闹场面。清末北京王府的戏台主要有：

庆王府：定阜大街。

肃王府：东交民巷内，后迁至崇文门。

预王府：现在的协和医院。

端王府：西四宝产胡同附近。

庄王府：太平仓平安里。

涛贝勒府：西单背阴胡同。

询贝勒府：东城区秦老胡同。

恭王府：前海西街。

醇王府：后海北河沿。

内务府总管继家：西安门麻花胡同。②

（二）会馆戏楼

会馆是旧时中国一种独特的人文景观。最早的会馆在京城产生。是京城的官吏为家乡来京考试的举子和在京侯补官员而设的馆舍。后来又出现了行业会馆。会馆既是谋求公益的组织又是同乡集会议事、宴客娱乐的场所。会馆戏楼早期和神庙结合在一起，用作同乡公人在一起敬神祈福的场所，后来也发展成了酒楼、茶园、戏院式戏楼建筑。

北京的会馆建于明代，清代中期达到鼎盛。清中叶至民国初，北京宣武门外骡马市大街至虎坊桥一带的大小胡同都是全国各省各府各县的大小会馆。其中山西、湖北、广东、安徽的会馆数量及房产居各省前列。根据《顺天府志》记载，京城会馆有445处。到1949年前，北京共有391座会馆。由于材料有限而且零乱，难以尽全，汇集以下简作介绍：

1. 正乙祠戏楼

正乙祠戏楼位于前门外西河沿，是浙江商人建的银号会馆戏楼。修建于明朝，至今有三百多年的历史。它的可贵之处，就是忠实地保留了老戏园子的格局而没有改变。正乙祠戏楼坐北朝南，现有的占地面积约有一千平方米，戏楼分为两层，看楼中心为马蹄型，上有罩棚，戏台为三面开放式。戏台正前方和两侧开辟为上下两层的高级敞开式包厢，另外面对戏台前边约有百余平方米的看池，可同时容纳二百人左右。“正乙祠戏楼历史上经历了四次大的修复：一是乾隆年间，徽班进京；二是清同治四年，京剧形成前后；三是民国二年，京剧已走向繁荣；四是1995年的大修复，社会开始呼吁振兴京剧。”③我们由此可以看到被赞誉为“中华戏楼文化史上的活化石”的正乙祠戏楼见证了中国京剧从形成到衰落的整个过程。

2. 湖广会馆

位于虎坊桥西南角的湖广会馆，于道光十年增建了戏楼。舞台为方形开放式，台沿有矮栏，坐南朝北，台前为露天平地，如今已改为室内戏楼。三面各有两层看楼，可容纳几百人。现在的湖广会馆在重新修缮后继续用于演出京剧曲艺等节目，戏楼舞台上依然保持“守旧”，出入场需要掀门帘（具体见后文）。观众座位分为上下两层楼，下层观众席都是八仙桌太师椅，这样的仿古摆设于现在的剧院并不少见，清末民国期间的戏园中并没有这样的八仙桌坐席（私人家办“堂会”时坐席除外），早期都是方桌条凳，后来改革成为排形座椅，所以这样的八仙桌坐席摆设只是现代商业的卖点，而不能如实地反映历史上戏楼的情况。

除此外，安徽会馆、奉天会馆（后改哈尔飞戏院）等会馆也建有戏楼。

3. 清末民间戏园子存目

老茶园、戏院存目如下：

天乐茶园：前门鲜鱼口内，后改华乐园，即建国后大众剧场。

广和楼戏园：前门肉市北口路东（现在的前门牌楼东广和剧场）。

广德楼戏园：前门大栅栏西街路北（现已重新装修，仍开业演出京剧曲艺等）。

中和园：前门粮食店北路口西。

燕喜堂：前门外北孝顺胡同口。

丹桂园：东安市场内西门南面路西。

久春园：东安市场内。

广兴园：崇文门外东茶食胡同东口路北。

泰华园：东四清真寺对面。

二友轩菜馆：东四牌楼。

景泰园：东四龙福寺街。

天和茶园：鼓楼南路东。

天汇茶园：地安门鼓楼东大街。

春仙茶园：西单大街路西。

阜成园：阜成门外桥头路西。

德胜园：德胜门外路西。

广和园：前门大栅栏西街路北。

大亭轩：前门大栅栏西口路南（1907 年 12 月改为大观楼电影戏园，作为中国电影诞生地，2005 年 12 月 22 日大观楼重新开放并申报百年影楼的吉尼斯世界记录。）

裕兴园：前门鲜鱼口抄手胡同路西。④

（三）清末戏院中的设施和观剧状况

清末的戏园多在临街，门前高悬一匾额，上写着字号（如“三庆园”等）。园内的戏台是砖木结构搭建成的正方形，与今日正面看戏不同，那时除了舞台后面外，其它三面都可以看见台上的表演。戏台上立有四根柱子，前面台口的两根立柱上照例要悬挂一副对联，词句各有不同。戏台正面下方有雕刻精美的护栏，一般采用莲花、狮子等造型，与之相对应的上面也有雕刻精美的垂栏。那时台下观众的座位都是长桌与长凳，戏台三面都有座位，正面观看的位置叫做“池座”，戏台两侧的位置叫“两厢”，两厢后边靠墙的地方都有高的木凳，称为“大墙”。楼下观众都不正对舞台，看戏需侧身扭头。

当时剧院称为茶园、茶楼是有原因的，齐如山先生在他的《齐如山回忆录》中曾提到：“北平所有戏馆，在民国以前，几百年的工夫，没有一处叫作戏园的，都是名约茶园。因当初只是饮茶，随带着听听唱而已……来客花的茶资，而不是戏价，所以北平这些年来，虽然是花钱听戏，但没有戏价这个名词，都说是茶钱……”⑤所以那时人们还是以喝茶为主，听戏为辅，所以常说“听戏”却不说“看戏”。楼上称“楼座”，前面为“包厢”。楼上戏台后两侧叫“后楼”，从后楼看戏只能看见舞台上演员的背影，因此这里也称为“倒观儿”，直到民国后三十年代的剧场还保留着这样的座位。

需要说明的是，由于封建制度的束缚，1900 年前的戏园是不准女性观众进入的。直到辛亥革命（1911 年）后，北京的第一舞台（后文介绍）建立，才突破了男女分座的界限。

清代演出剧目的广告很有意思，戏报子贴在戏园大门以外，上面只写明哪个戏班哪个演员演出，并不写具体的剧目。在戏园门外摆上一件道具（术语称为“砌末”）作为当天演出剧目的广告，比如摆一座亭子，表示该戏园要演出《御碑亭》，放一对狮子则表示要演出《双狮图》，老戏迷一看便知。清末演戏的时间很长，有时能达到 10 个小时，但不能演出夜戏，剧院要算计好时间，在太阳落山天大黑前结束演出。演戏时剧场按座位收取“茶资”，一般都是在倒数第二出戏前后即“压轴戏”时收钱。

三、民国时期戏院状况

（一）民国时期四九城戏园子的分布

台湾著名戏曲评论家丁秉燧在他的名著《菊坛旧文录》中回忆道：“在民国二十六年（1937 年），北平的戏院由九家变成十一家，以后就变成十家。戏院有内城外城之分，又有东城西城之别。外城是指前门（正阳门）外，东区有两家，一是广和楼，在肉市，历史最为悠久，人称‘东广’。……一是华乐戏院，在鲜鱼口，历史仅次于广和楼。……大栅栏内有三家戏院，广德楼，人称‘西广’、三庆戏院和庆乐戏院。粮食店有一家中和戏院。以上这四家都经常演大班戏。……西柳树井大街有个第一舞台，很大，有两千五百多个座位，是演义务戏所在。……前门外西区还有一家开明戏院，在西珠市口。内城东城有一家吉祥戏院，在东安市场里面，……西城有一家哈尔飞戏院，在西单牌楼旧刑部街。以上内外城一共九家戏院，这是截止民国二十六年初的情况。……（民国）二十六年二月二十四日（丁丑年正月十四），在内城西长安街西口，开了一家长安戏院。（民国二十六年）三月七日（正月二十五），在西长安街上，离长安戏院一箭之地，又开了一家新新戏院。设计得非常现代化……这时北平已经有十一家戏院了，而在西城连开长安、新新两家以后，哈尔飞在相形之下，显得局促落伍，而趋于淘汰，所以不到二十六年底就关门了。从此北平就固定有十家戏院（内城三家，外城七家），以迄三十七年为止。"[6]这样具体的记录翔实地介绍了民国时期北京最为繁华的剧院景观。

（二）民国时期戏园内景管窥

二十世纪二三十年代是京剧发展的高峰，剧场内的舞台及各种演剧设备也得到发展。此时的演出已经出现了节目预告，各剧场大都在报纸上做演出广告。惟独广和楼的日场戏仍然不做预报，并将在剧场外摆设"砌末"的风格保持了很久。

各个剧场内的舞台设置大同小异，前台高挂一方幕布，称为"守旧"。上秀各种图案文字。梅兰芳先生民国时期演出照片中就可看到他的一副"守旧"，上秀大朵团花，并有"梅畹华博士"等等字样，也有一些属于广告性质的"守旧"，有一张1931年梅兰芳先生在开明戏院为招待美国范朋克演出的照片，"守旧"上赫然绣有"请吸梅兰芳香烟，状元方全新"等广告语，[7]颇能代表那个时代的特色。

当时的舞台都比较窄小，没有现在舞台的侧幕，演员上台下台要走"上场门"和"下场门"。上、下场门都挂有锦缎绣花门帘，称为"门帘台帐"，起初是没有字的门帘，后来发展为上场门帘秀"出将"，下场门帘秀"入相"字样。

民国时期剧场多演夜戏，各剧院灯光设置也不相同。现存的许多民国演戏照片中都能看到当时灯光设备的设置。一般剧院围绕舞台的边沿设置一排地灯，上空设置三五组吊灯，各剧场情况不同，演员根据剧场灯光的明暗决定化装的浓淡。

当时的乐队的位置在舞台的中后，"守旧"前面，也就是说乐队在演员的身后伴奏。这种设置也是破坏剧情的，但多少年来观众们习惯于这样的舞台设置，并不提出异议，就像舞台上负责"检场"、"饮场"的伙计，他们穿着大褂随意出现在各种朝代的戏剧中。直到程砚秋先生二十世纪三十年代到欧洲各国考察戏剧，回国后才提出了具体建议，取消了"检场"、"饮场"等不合理的设置，净化了舞台。

当时的剧场舞台大都没有安装扩音设备，一是由于那时剧场规模较小，一般在几百人左右，二则演员功力深厚，吐字发音规范科学，这也就是演员总强调唱腔要"达远"，要使得每个字都能清晰地送到楼上最后一排观众的耳朵里。

民国时期的剧场内已经出现了排式座椅，逐步取消了池座。每排木座椅的后背上有一小平台，供后一排座位的观众放茶水之用。紧贴着舞台两侧的座位叫"小池子"，坐位置很容易被台上演员挡住视线，所以也是以听为主。此外，民国时期的观众席中还出现过一种"压弹席"，根据京剧研究家、北大教授吴小如先生回忆："当时（二十世纪三十年代初）的戏院还有一种特殊的现象，即在池座一排排座位的最后，还摆着几张方桌，围坐着一些军警（包括他们的亲友）在看戏，桌上竖着牌位一样的标志，用红纸写着几个大字——'军警压弹席'。……至沦陷后再来北京时，便看不到这种'压弹席'了。"[8]

（三）民国时期戏院与清末戏楼的异同及发展

随着时代的发展，社会的进步，民国时期北京的戏园子较清末时有了很大的发展。民国四年

(1914年)京剧名武生杨小楼、名旦姚佩秋与商人集资兴建的第一舞台(位于前门外柳树井街路北),首先打破了旧戏园子的格局。观众座位变成了横排长条木椅子．舞台为椭圆形,台中央设有人工转台,并第一次使用了幕布。叫第一舞台,当时的确名副其实。1937年的一场大火,使第一舞台付之一炬。

接着,新建的开明戏院仿外国剧场形制,观众席设为一排排单人座椅,并开始实行对号入座。此风一开,许多旧戏园也纷纷仿效改建。广和楼、广德楼和三庆园改得最晚。

在第一舞台之后,东华门大街新开了真光剧场,它起先是电影院后改为剧场,据《梅兰芳舞台生活四十年》(第三集)记载,真光剧场1921年建成,"剧场里地面是下坡式,前低后高的。半圆式舞台,紫色的大幕、侧幕。装有正规的舞台灯。……这以前虽然有第一舞台和新明戏院是比较新,但没有这里更新……这个真光剧场的取名叫剧场而不叫茶园或戏院或舞台,也是当时北京第一份,并且在经营管理上在当时也是新的"。⑨

京剧的说明书改良是从真光剧场开始的,以前的戏单印刷为石印,字体大小不一,差异极大。梅兰芳先生的承华社在真光剧场演出的戏单,改用道林纸铅印,一折为二,外面是封面,印有"真光剧场戏单"字样,字体整齐,大小相同。《西施》演出时又增加了说明书内容,这是北京梨园界前所未有的。

此时的剧场虽然比清末的茶园有了很大发展,但剧场中仍然保留着许多陋习,观众任意吃、喝、聊天,剧场内的景象十分混乱。民国戏园子中卖香烟的行业取代了前清的买水烟,卖茶食奶酪和小商品的行业逐渐被取代,但依然保留着茶水行、小卖行和令人厌恶的"手巾板"。

四、清末、民国时期戏院发展的原因

京剧的形成与发展有两个不容忽视的因素,一是艺术家的革新、创造的才能和他们始终不脱离民间演出,因此得到了广大观众的喜爱和支持,这是内因。从外因看,京戏作为清朝宫廷贵族的爱好,他们为京剧的发展提供了优越的物质条件和精神支持,尤其到了咸丰、同治、光绪三朝。北京内城逐步放开了开设演戏茶园的限制,剧场内也从不准演出夜戏到允许点蜡和使用汽灯,这都表明了政府对戏曲演出场所限制的不断放宽。

从观众角度看,清末民初的文艺娱乐远没有今天的项目丰富,所看除了京剧外,只有所谓"什样杂耍",即相声杂技和各种地方鼓曲,所以多数观众都是京剧加曲艺的"双料"爱好者。很多爱好者不但爱听爱看还要亲自演出,或清音桌清唱或粉末登台,一时间北京城票房林立,出现了一大批业余爱好者,称为"票友"。这些票友多数处于当时的知识分子阶层或是满清后裔,他们有时间、精力和文化功底对京剧进行高层次的研究,他们有的帮助演员成名,有的请名师来传授自己技艺,还有的不顾自己满清遗老的尊贵身份从爱好者"下海"成为正式演员,不但以此为生还能创造出自己的流派,使当时百姓的娱乐圈成为了皮黄的天下。

清末民初的社会变革也对京剧产生了重大影响。1919年五四运动爆发,新文化运动作为它的一个组成部分对京剧艺术的发展和改革产生了深远影响。由于当时的社会环境和各种思潮的影响,京剧舞台表演打破了许多固有的程式。采用了镜框式舞台、幕布和转台。突破了虚拟的表演方式,增加了写实布景,后来又采用电影手段,利用新式科技,搞起了灯光布景和各种机关布景。这种变革并不十分成功,它突出了外力的因素而减弱了对演员表演上的要求,背离了京剧艺术虚拟化的程式美,但也受到当时观众的欢迎,并且为丰富舞台布景和灯光的运用积累了经验。

五、总结及引发的思考

从北京老戏园子的发展能看出一部中国京剧发展史。作为传统文化的京剧是中华民族的国粹和艺术瑰宝，凝结着二百多年艺术家们的辛勤智慧，她曾代表一个时代艺术发展的方向。如今京剧的衰落有多个原因，我们不妨试看一二。

首先，我们这个时代已经不属于京剧。前文提到过，京剧发展在清末民初，百姓生活娱乐非常贫乏。如今的社会，各种娱乐设施应有尽有，让人眼花缭乱。京剧失去了当初的大众普及性，而成为了一种寂寞的小众艺术，这也似乎更使她增加了艺术性。

再者，现在的京剧演员基本功不过硬成为问题。在解放前，要学戏当演员的孩子被送入科班，科班和家长立下生死文书，约定学生的死走逃亡听天由命。学生在科班中进行近似于残酷的七年训练，当时的教育方法和体罚学生的行为虽然不科学，却真的让那一个时代的戏曲演员拥有了绝对过硬的基本功，为艺术发展打下坚实的基础。现在的戏曲学生受到保护，享受着他们应该有的权利，我们为他们幸福地学戏感到欣慰，也为他们失去艰苦锻炼的环境和磨练意志的机会而感到惋惜。

第三，剧团由谁来养的问题。解放前的京剧演出班社可算多如牛毛，他们都是自负盈亏。如今剧团归国家供养，演员拿固定工资，生活有了保障，生存已不成问题，他们不再担心观众上座的多少，没有了早年的压力，也就没有了发展的动力，所以从这种原因看剧团国营的体制并不符合戏曲发展的规律。

第四，演出剧目贫乏和剧场的“高门槛”现象。京剧演出的剧目越演越少是人所共知的，京剧剧目曾有“唐三千，宋八百”之说，虽然夸张却说明了剧目之内容丰富，数量惊人。老一辈艺术家所会的戏一般都在百出左右，当然会两三百出的艺术家也不在少数，而现在的舞台上上演的剧目只有三十多出，高频率的重复上演，使观众的不欢迎已成了正常现象和必然结果。再有，今天的剧场门票价格高昂也是观众流失的另一主要原因。长安大戏院最高票价在八百元左右，这绝不是工薪阶层所能接受的，相对于每月收入两三千元的家庭来说，花八百元看戏简直是不可想象，这高门槛吓跑了喜欢听戏的观众，他们也许觉得与高价进剧场看戏相比坐在家中看电视更来得实在。

前文总揽了北京老戏院的辉煌盛景，这短短的一些介绍和描写对于剧院的发展历史来说只是沧海一粟，难以窥其全豹。在文章最后通过戏院的兴衰引出了笔者对京剧艺术的一家之言，并不一定正确。总之不论剧场也好，戏剧也罢，它们作为相互依存、发展的两个艺术载体，将踏着时代的步伐继续发展下去。

注释：

① 侯三希：《北京老戏园子》，中国城市出版社 1996 年版，第 1 页。

② 侯三希：《北京老戏园子》，中国城市出版社 1996 年版，第 188 页。

③ 候三希：《北京老戏园子》，中国城市出版社 1996 年版，第 14 页。

④ 北京市艺术研究所、上海艺术研究所：《中国京剧史（上册）》，中国戏剧出版社 1990 年版，第 189 页。

⑤ 齐如山：《齐如山回忆录》，中国戏剧出版社 1998 年版，第 210 页。

⑥ 丁秉燧：《菊坛旧闻录》，中国戏剧出版社 1995 年版，第 12 页。

⑦ 梅兰芳纪念馆：《梅兰芳珍藏老相册》，外文出版社 2003 年版，第 97 页。

⑧ 吴小如：《吴小如戏曲文录》，北京大学出版社 1995 年版，第 840 页。

⑨ 梅兰芳口述，许姬传记：《舞台生活四十年》（第三集），中国戏剧出版社 1981 年版，第 214 页。

北京鞭炮民俗研究

韩 冰

一、背景

放鞭炮是中华民族延续千年的传统民俗，是一种深厚的文化积淀。然而，在现代化进程中，燃放鞭炮所引发的人身伤亡事故，火灾、爆炸和危害环境等事件，让我们触目惊心。1993 年，首都北京禁止了燃放鞭炮。2005 年，北京解除了鞭炮的禁放令，鞭炮由全面禁放改为有组织的限放。目前，燃放鞭炮问题，成为了人们关注的热点，“禁”与“放”的争论从未间断。因此，我们有必要深入探讨北京鞭炮民俗在现代化进程中的存在现状、社会功能和发展趋势，从人类学和民俗学的视角，分析其存在和发展的文化内涵。

为了更好的研究北京鞭炮民俗的情况，我对北京市延庆县新兴社区居民展开了调查。主要采用定量研究的方法，以人类学的问卷调查法为主，参与观察法和文献研究法为辅。所采用的抽样方法是偶遇式抽样。调查分为三个阶段：第一，文献查阅和收集阶段；第二，问卷调查和个案访谈阶段；第三，春节期间，参与观察阶段。

问卷调查阶段：调查发放问卷 50 份，由于问卷的填写方式是由笔者提问，调查对象进行回答，笔者代填，所以问卷回收率是 100%，有效问卷 50 份。性别比例为 1:1。15 岁及以下、15 岁到 30 岁、30 岁到 45 岁、45 岁到 60 岁、60 岁及以上的五个年龄段的居民分别占总量的 10%、20%、20%、40%、10%。社区中，白天活动较多是 45 岁到 60 岁年龄段的人，所以比例相对较高。问卷内容涉及 10 个问题（附后），涉及敏感和隐私话题较少，总体可信度较高。

参与观察阶段：运用自身的感觉器官和辅助工具收集资料，观察燃放鞭炮者和观看鞭炮者的行为和情绪，进行定性分析。在问卷调查和参与观察期间，进行个案访谈。采用的是非结构式访谈法。访谈数量 15。其中，15 岁及以下、15 岁到 30 岁、30 岁到 45 岁、45 岁到 60 岁和 60 岁以上这五个年龄段，各 2 人，均男女各半。该社区鞭炮销售点销售人员 2 人，新兴小区居委会工作人员 1 人，北京东城区居民 2 人。

二、鞭炮民俗的历史源流

燃放鞭炮是中华民族的传统习俗，已有两千多年的历史了。据我国史料记载，最早的鞭炮见于西汉时期，把竹子放入火中焚烧，发出“噼啪”的声响，可以驱鬼避疫，所以鞭炮原名“爆竹”。南北朝时，梁朝人宗懔在《荆楚岁时记》中记载：“正月一日，鸡鸣而起，先于庭前爆竹、燃草，以辟山臊恶鬼。”①由于“山臊”多于大年初一出现，所以在初一燃放鞭炮，逐渐成为一种习俗。春节燃放鞭炮的习俗也正是源于此。②北宋时，随着火药的发明和使用，民间出现了用纸筒代替竹子，里面裹着火药的燃放物，称名为“炮（爆）仗”。从此，鞭炮彻底取代了爆竹，驱鬼避邪的同时，也被赋予了辞旧迎新的新意。到了明清两代，鞭炮更为流行。现在，鞭炮仍保留着驱鬼避邪的本意，但喜庆色彩更加浓厚了。

三、鞭炮民俗的社会功能

鞭炮民俗在我们的社会生活中扮演着重要的角色。驱鬼要放鞭炮；春节迎神、祭神要放鞭炮；庆典要放鞭炮……放鞭炮在无形中成为了我们生活中最普通、最快捷的喜庆和哀悼方式。鞭炮民俗在社会生活中主要发挥着驱鬼敬神、喜庆娱乐、调节和维系的功能（见表1）。

表1 燃放鞭炮的原因（多选）

		喜庆娱乐	驱鬼避邪	释放情绪	文化习惯	维系感情
总	人数	44	18	17	10	18
计	比例	88%	36%	34%	20%	36%

（一）驱鬼敬神的功能

从第一部分鞭炮的历史源流中可以看出，鞭炮的原意在于驱鬼避疫。在科学尚未昌明的旧时代，人们把许多无法解释的自然和社会现象，归于神异邪僻。燃放鞭炮时，会产生一种人本身不能发出的巨大的声响，可以惊吓并驱除“山臊”。鞭炮的这种威慑力和超越人自身的能力，使它在人们心目中逐渐成为驱鬼避邪的法宝，并带有了神灵信仰的色彩。由于鞭炮本身的喜庆色彩，人们逐渐把它用来迎神。随着社会的进步和科技的发展，鬼神成为了迷信之说，鞭炮驱鬼敬神的功能，也逐渐衰退。在现代，大部分人已经不太了解鞭炮的历史意义了，特别是青少年（见表2）。

表2 居民对于鞭炮最初涵义的理解

		驱鬼避邪	喜庆热闹	娱乐	不知道	总计
15岁及以下	人数	1	1	2	1	5
	比例	20%	20%	40%	20%	100%
15岁到30岁	人数	3	4	2	1	10
	比例	30%	40%	20%	10%	100%
30岁到45岁	人数	5	3	1	1	10
	比例	50%	30%	10%	10%	100%

续表

		驱鬼避邪	喜庆热闹	娱乐	不知道	总计
45岁到60岁	人数	12	7	1	0	20
	比例	60%	45%	5%	0%	100%
60岁及以上	人数	3	1	0	1	5
	比例	60%	20%	0%	20%	100%
总计	人数	30	16	6	4	50
	比例	48%	32%	12%	8%	100%

（二）喜庆娱乐的功能

在调查中，88%的居民认为放鞭炮的原因是喜庆娱乐（见表1），60%的居民喜欢放鞭炮（见表3）。他们认为放鞭炮不仅能带来热闹的气氛、喜悦的心情，而且给生活增添了不少乐趣。鞭炮本身就具有浓厚的喜庆色彩。燃放鞭炮时，我们会看到绚烂夺目的火花，听到轰天炸雷的巨响。视觉和听觉在那一瞬间得到了满足，喜悦、安慰、希望等诸多美好的情绪也油然而生。此外，放鞭炮又是一种娱乐活动。各式各样的鞭炮，丰富了人们的选择；各种各样的摆法，增加了人们娱乐的情趣。在现代社会中，因为鞭炮民俗喜庆娱乐的功能，它成了年节和仪式庆典中必不可少的一部分。

表3 居民对于鞭炮的认可度

		喜欢	一般	不喜欢	总计
15岁及以下	人数	1	3	1	5
	比例	20%	60%	20%	100%
15岁到30岁	人数	5	4	1	10
	比例	50%	40%	10%	100%
30岁到45岁	人数	7	2	1	10
	比例	70%	20%	10%	100%
45岁到60岁	人数	15	3	2	20
	比例	75%	15%	10%	100%
60岁及以上	人数	2	2	1	5
	比例	40%	40%	20%	100%
总计	人数	30	14	6	50
	比例	60%	28%	12%	100%

（三）调节和维系的功能

在调查中，34%的居民认为放鞭炮能够释放情绪，36%的居民认为放鞭炮可以维系感情（见表1）。放鞭炮对于个人自身的调节，起着重要的作用。放鞭炮是可以人为控制的行为，控制放鞭炮的过程代表着人们对于自己未来的控制。点燃鞭炮的瞬间，内心得到了一种释放和平衡。鞭炮具有很强的爆发力，正是这种爆发力，使我们的情绪实现了最大化的释放。

鞭炮是世代情感的寄托，是乡土情谊的维系。在我的调查中，大部分的居民经常和家人、亲戚、邻里一起燃放鞭炮（见表4）。2005年，美国纽约市部分地区和已经“禁放”了34年的新加坡，都解除了华人春节期间燃放烟花爆竹的禁令。[③]鞭炮民俗承载了太多的期待和情感，游子的思念、儿女的挂牵……在鞭炮声中，我们感受到了群体的凝聚力。

表4　经常一起放鞭炮的人（多选）

		家人	亲戚	朋友	邻里
总计	人数	41	26	11	17
	比例	82%	52%	22%	34%

四、北京禁放鞭炮的原因和存在的问题

1993年10月12日，北京市第十届人民代表大会常务委员会第六次会议通过了《北京市关于禁止燃放烟花爆竹的规定》，并于1993年12月1日开始实行。该法规规定：北京市东城区、西城区、崇文区、宣武区、朝阳区、海淀区、丰台区、石景山区为禁止燃放烟花爆竹地区。远离市区的农村及其它远郊区、县则暂不列为禁放区域，由当地区、县人民政府另行规定。在禁止燃放烟花爆竹地区，任何单位或个人不准生产、运输、携带、储存、销售烟花爆竹。国家重大庆典需要燃放礼花的，由市人民政府决定并发布公告。北京是全国第二个禁放鞭炮的城市。

（一）禁放鞭炮的原因

调查显示，北京禁放鞭炮主要有三方面的原因，即人身伤害、环境污染、爆炸或火灾事故（见表5）。我将从这三个角度阐释鞭炮禁放的原因。

表5　禁放鞭炮的原因（多选）

		环境污染	人身伤害	爆炸或火灾事故	浪费金钱	严重扰民	危害健康
总计	人数	27	32	25	8	10	1
	比例	54%	64%	50%	16%	20%	2%

1. 人身伤害

据统计，1993年春节期间因燃放烟花爆竹致伤544人，比1992年增加54.5%。据北京市公安局提供的情况，1993年元旦、春节期间，北京地区查获非法制造、运输、销售烟花爆竹行为146起，比1992年上升31.5%，收缴违禁品种价值40余万元。在我的调查中，有58%的居民认为劣质、非法、违禁的鞭炮是造成人身伤害的罪魁祸首（见表6）。同时，人们的安全防范意识和正确燃放鞭炮的知识有待提高。

表6 造成人身伤害的原因

		燃放非法、劣质鞭炮	市民安全防范意识低	燃放不当	政府执法、管理存在缺陷	总计
总计	人数	29	10	6	5	50
	比例	58%	20%	12%	10%	100%

2. 环境污染

燃放鞭炮，会造成严重的环境污染，主要是大气污染、噪音污染和固体废弃物污染。大量鞭炮的集中燃放造成了大气短时的严重污染，但随着鞭炮燃放的减少，污染状况会迅速改善。燃放鞭炮会产生大量硝烟，危害人体健康。

燃放鞭炮时会产生大分贝的噪音，远远超过了人的理想声音。中国和德国的几位科学家曾做过一项调查，在对1150个病例的分析中，得出了“即使是近距离接触燃放鞭炮一次，就有可能造成终生听觉损害”的结论。④鞭炮燃放过后，会产生大量的鞭炮碎屑，造成严重的固体废弃物污染。如果将碎屑燃烧，又会造成二度的空气污染。

3. 爆炸、火灾等事故

燃放鞭炮所造成的爆炸、火灾事故，十分严重。由此直接导致的经济损失和人身伤亡，更是数不胜数。据统计，1993年，北京因燃放鞭炮引发火灾208起，造成损失13.7万元。2004年春节期间，北京市因燃放鞭炮引发火灾350起。全国因燃放鞭炮发生的火灾达到7117起，占全部火灾的41%。⑤

（二）鞭炮禁而不止

近年来，禁放的反弹现象日益严重。一边是禁放的口令，一边是四城八巷的鞭炮声，此起彼伏。全国政协委员陶思炎同志曾在“两会”上提交过一份“解禁”议案，指出：“现在春节之所以没有年味，很多人都热衷于洋节，其中一个重要因素就是禁放烟花爆竹。我觉得爆竹只要一恢复，年味就恢复90%。气氛上来了，年文化、年经济也会随之而起。”

在我的调查中，58%的居民不支持北京禁放鞭炮。其中，30岁—45岁和45岁—60岁这两个年龄段的居民，不支持的人数较多（见表7）。

表7 不同年龄段的居民对于禁放的态度

		支持	无所谓	不支持	总计
15岁及以下	人数	0	3	2	5
	比例	40%	60%	40%	100%
15岁到30岁	人数	3	2	5	10
	比例	30%	20%	50%	100%
30岁到45岁	人数	1	2	7	10
	比例	10%	20%	70%	100%
45岁到60岁	人数	3	4	13	20
	比例	15%	20%	65%	100%
60岁及以上	人数	2	1	2	5
	比例	40%	20%	40%	100%
总计	人数	9	12	29	50
	比例	18%	24%	58%	100%

五、鞭炮禁而不止的理论分析

（一）鞭炮民俗功能分析

马凌诺夫斯基在《文化论》中曾提出，“一物品之成为文化的一部分，只是在人类活动中用得着它的地方，只是在它能满足人类需要的地方”、“所有的意义都是依它在人类活动的体系中所处的地位，它所关联的思想，及所有的价值而定”。⑥他主张文化之所以是一个完整的体系，在于它可以满足人类的生存和发展的需要。从功能理论上看，现代化进程中的鞭炮民俗无法摒弃和禁止，是因为它的社会功能满足着人类生存和发展的需要，也可以说是时代的需要。

马斯洛的需要层次论把人的需要分为七级，最下两级为生理需要和安全需要，属于低级需要，其他五级：归属和爱、尊重、认知、审美、自我实现，属于高级需要。他认为，低层次的需要至少得到部分满足以后，高层次的需要才有可能成为行为的决定因素。在社会生产力低下的时代，人们需要满足生存的需要，即衣、食、住的基本需要。生存的需要也就是生理和安全需要。前文提到，鞭炮民俗最初的社会功能是驱鬼敬神。古代的人们通过燃放鞭炮，来驱除山中的鬼怪，以求平安。后来，鞭炮成为了敬神的工具，春节时迎灶神、祭灶神、迎财神时，要燃放鞭炮。古代人迎神、敬神，是为了祈求来年风调雨顺、五谷丰收。驱鬼敬神的功能，是对于自然环境所产生的精神上的适应，进而满足生存的需要。表达了人们祈求平安康泰、衣食无忧的美好愿望，

时代的变更带动着人类需要的改变。随着社会的进步，人的需要从低层次向高层次逐步升华。鞭炮民俗中求生存的成分逐渐淡化了，求发展的因素增多了。鞭炮民俗的功能也由驱鬼敬神演进为喜庆娱乐、调节和维系。在现代社会中，鞭炮民俗的喜庆娱乐功能，满足了人们审美的需要。鞭炮本身就具有喜庆的色彩。燃放鞭炮时，绚烂夺目的火花和轰天炸雷的巨响融合在一起，我们收获了视听上美的震撼和心灵上美的感动，审美的需要得到了满足。放鞭炮的调节和维系功能满足了人们归属和爱的需要。除夕夜里，有中国人的地方，就会有鞭炮声。燃放鞭炮时，我们找到了社会认同感和民族依赖感。鞭炮民俗是一种群体的凝聚力，维系着社会中的每一个成员。鞭炮民俗的喜庆娱乐、调节和维系功能满足了当代人发展的需要。鞭炮民俗的社会功能满足着时代的需要，所以鞭炮民俗没有被现代化的进程淘汰，它存在着，体现着自己的价值。

（二）鞭炮民俗符号分析

任何一种或一个民俗事物和现象，都是经过人们用相应的表现体构成的。这些表现体，正是各式各样民俗元素的象征符号。例如，大红轿、红盖头等传送着中国传统婚俗的喜庆信息。可以说，民俗符号是由民俗表现体和它所表现的民俗内涵构成的，即由“能指”和“所指”构成。当我们看到鞭炮的外形，听到鞭炮的声音时，所表达的民俗内涵是辞旧迎新。能指是鞭炮，所指是辞旧迎新，传达出春节过年祈福的符号。当然，在现在社会生活中，鞭炮不仅仅是春节的要素了，它已经融入到我们生活的点点面面，做寿要放鞭炮，晋升要放鞭炮……总之，只要是为了表示庄严和喜庆，人们都习惯于用燃放鞭炮来庆贺和营造隆重的气氛。鞭炮被约定俗成的象征着喜庆吉祥，已经成为民众的一种文化习惯。

（三）鞭炮民俗稳定性分析

“民俗具有稳定性，是指民俗一旦产生，就会伴随着人们的生产及生活方式长期相对的固定下来，成为人们日常生活的一部分。民俗稳定性，一般来说取决于经济基础和与之适应的意识形态。当这一经济基础消失时，民俗文化并不因此而立即消失，它作为人类群体观念的反映，仍然要保持一个相当长的时期。”一个民俗的产生和消亡是遵循客观规律的，是个缓慢而又渐进的过程。并不是行政命令的调控和法律的强制可以控制的。力图通过一纸禁令就永远地、彻底地禁止放鞭炮，是没有结果的。鞭炮民俗诞生于农业社会，是适应当时的经济基础所产生的。两千多年过去了，社会发生了巨大的变革，经济基础也发生了改变，而鞭炮民俗仍传承至今。可见，鞭炮民俗具有稳定性。

（四）鞭炮民俗心理分析

“民俗心理具有从众的心理趋势。”任何一种民俗心理的发展，不是在所有地方同时进行的，它是一个传播的过程，即地域性的传播，数量上和形式上的传播。放鞭炮民俗最初也是个别人发现了其驱山魈的作用，后来通过不断的交流和心理暗示，人们逐渐开始对鞭炮的威慑力有了一定的认可。人们的从众心理促使更多人不断地效仿实行而逐步扩大起来。自然而然的，鞭炮的民俗在人们心中逐步深入、积淀，形成了一种群体心理。在过去，由于人们经济条件有限，大年初一放一个二踢脚，就已经很满足了。现在，人们所放的鞭炮，不仅数量多了，而且种类也丰富了，甚至还出现了攀比现象。鞭炮民俗的从众的心理，可见一斑。

鞭炮民俗心理的形式发生了改变，但所表达的心理愿望是共同的。从古到今，放鞭炮无论是在现代社会抑或是古代社会，无论是最初的驱邪敬神心理还是逐渐演变的喜庆娱乐心理，都表达了人们渴求安宁和幸福的愿望。

六、北京鞭炮民俗的发展

（一）“限放”：政策环境

2005年9月9日，北京市人大常委会表决通过的《北京市烟花爆竹安全管理规定》，取消长达13年的禁放令，改“全面禁放”为“局部限放”。局部限放，主要表现为限时和限地。从农历除夕凌晨开始到正月初一午夜12点，可以昼夜燃放，从大年初二到元宵节十五，早上7点到午夜12点，可以燃放烟花爆竹。北京市五环以内的地区为限制燃放区，五环路以外地区全年“解禁”，易燃易爆危险场所、交通枢纽、党政机关驻地、军事要地、文物保护单位等为“禁放区”。

在大量的民意测验和充分听证的基础上，鞭炮由禁放改为限放。而在限放条例实施过程中，是否真正能够既满足市民恢复年味的愿望，又不导致安全局势失控呢？公安部2006年2月7日通报显示，1月28日至2月4日，与去年同期相比，火灾起数上升15.5%，死亡人数下降41.1%，受伤人数下降1.3%，直接财产损失下降50.3%。在我的调查中，62%的居民认为限放比较合理和有效（见表8）。由此可见，“禁改限”政策的实施是成功的。

表 8 燃放规定合理性比较

		禁放	限放	准放	不知道	总计
总计	人数	7	31	10	2	50
	比例	14%	62%	20%	4%	100%

目前，鞭炮的安全问题仍是人们关注的焦点（见表 9），居民们希望政府能够加强鞭炮管理的力度（见表 10）。市民可以买到放心炮，过平安年。

表 9 限放后，居民关注的焦点

		人身安全	环境污染	浪费	火灾、爆炸等事故	总计
总计	人数	34	10	0	6	50
	比例	68%	20%	0%	12%	100%

表 10 政府需要加强的地方

		非法、劣质鞭炮的查处	安全防护	安全教育	鞭炮生产、运输和销售的监督管理	总计
总计	人数	26	5	6	13	50
	比例	52%	10%	12%	26%	100%

（二）适应：变中不变

任何一个文化，只要当它不断自我扬弃时，它才是富于生命力的。现代化进程中的鞭炮民俗，需要“俗随时变”，不断注入新鲜的文化血液，适应时代的需求。

鞭炮是中国的特产。从古至今，由于人们不断加工、改进，鞭炮的品种、样式越来越多。随着科学技术的进步和社会的发展，鞭炮又有了新的形式——电子鞭炮。电子鞭炮溶入了现代电子科技，利用正负极爆炸空气而发出爆炸声。电子鞭炮的外观、声响和节奏与传统鞭炮一模一样，燃放的时候，有真正放炮的感觉。它从本质上继承了传统鞭炮喜庆的功能。而与传统鞭炮相比，它又有三个优势：第一，安全。第二，环保。第三，实惠。

电子鞭炮是鞭炮民俗在自我调节、适应现代化的过程中，开创出的新的形式。它既传承了鞭炮民俗的文化内涵，又满足了新时代的要求。

七、结束语

中国社会科学院人类学教授罗红光先生曾说过，“每个时代都有自己的文化精髓，而且必须在当时的文化土壤中才能生存。年轻人在传统的节日中加入了现代元素，其实是中国民俗文化对现代生活的一种适应。我倒觉得这是文化的一种进步”。[⑦]许多人并不知道为什么过年要放鞭炮，只是傻傻的在炮声中喊着，笑着，开心着，我想这就是答案了。放鞭炮作为中华民族特有的传统民俗，在现代化进程中创新着，适应着。适应中前进，前进中探索新的适应。

附录：

延庆县民众鞭炮民俗认可度的调查问卷

您好：

鞭炮民俗是中华民族延续千年的传统民俗，是一种深厚的文化积淀。1993 年，首都北京禁止了燃放鞭炮。2005 年，鞭炮由“禁放”改为“限放”。我设计此问卷，希望能够了解民众对于鞭炮民俗的认可程度。本问卷不用填写姓名，答案也没有正确和错误之分，仅供调查研究使用。衷心感谢您的支持与合作！

问卷编号____________

调 查 员____________

调查日期____________

性别____________ 年龄____________ 文化程度____________

1 你喜欢放鞭炮吗？

①喜欢 ②一般 ③不喜欢

2 你认为，鞭炮最初产生的用意是什么吗？

①驱鬼避邪 ②喜庆热闹 ③娱乐 ④不知道

3 你对禁放鞭炮持什么态度？

①赞成 ②无所谓 ③不赞成

4 你认为，禁放鞭炮的原因有哪些？（多选）

①造成环境污染 ②造成人身伤害 ③引发爆炸或火灾事故

④浪费金钱 ⑤严重扰民 ⑥其他________________

5 你认为，放鞭炮造成人身伤害的根源在哪里？

①非法、劣质鞭炮燃放 ②市民安全防范意识低 ③燃放不当 ④政府管理存在缺陷

6 你认为，人们为什么要放鞭炮？（多选）

①娱乐的方式 ②辞旧迎新 ③驱鬼避邪 ④释放情绪

⑤沟通感情 ⑥文化习惯 ⑧其他________________

7 你认为，目前哪种鞭炮燃放的规定，最合理和有效呢？

①禁止燃放 ②限制燃放 ③准许燃放 ④不知道

8 你经常和什么人一起放鞭炮？（多选）

①和家人亲戚 ②和朋友 ③独自一个人 ④其他____________

9 鞭炮限放后，你最担心那方面的问题？

①人身安全 ②环境污染 ③浪费 ④火灾、爆炸事故

⑤其他____________

10 你觉得，政府应该在哪个方面加强力度？

①非法、劣质鞭炮的查处　　②安全防护　　③安全教育

④鞭炮生产、运输和销售的监督管理　　⑤其他__________

注释：

① 萧放：《〈荆楚岁时记〉研究——兼论传统中国民众生活中的时间观念》，北京师范大学出版社 2000 年版，第 27 页。

② 赵东玉：《中华传统节庆文化研究》，人民出版社 2002 年版，第 153 ~ 154 页。

③ 宋才发：《论过年习俗与放鞭炮民俗文化遗产的法律保护》，《中央民族大学学报》2006 年第 1 期，第 58 页。

④ 李令军、李金香：《北京市春节期间大气污染分析》，《中国环境科学》2006 年第 26 期，第 537 页。

⑤ 单艳红、潘枫：《中国烟花爆炸燃放情况调查及利弊分析》，《花炮科技与市场》2006 年第 9 期，第 46 ~ 48 页。

⑥ 吴翔之：《年节文化中声音符号的象征意义及解读》，《温州大学学报》2007 年第 1 期，第 42 页。

⑦ 成梅：《春节应该怎么过，专家谈民俗文化的传承与变迁》，《中国青年报》2005 年，2005 - 02 - 07。

参考文献：

① 陈勤建：《当代中国民俗学》，上海文艺出版社 1988 年版。

② 乌丙安：《民俗学原理》，辽宁教育出版社 2001 年版。

③ 邹东升、冯清华：《城市烟花燃放"禁改限"的政策调整分析》，《社会科学家》2006 年第 6 期。

④ 田晓岫：《中国民俗学概论》，华夏出版社 2003 年版。

⑤ 钟敬文：《民俗学概论》，上海文艺出版社 1999 年版。

⑥ 陈碧、袁艺：《烟花鞭炮与中国传统民俗》，《株洲工学院学报》2003 年第 6 期。

⑦ 谭权：《"疏堵结合、控制源头"的烟花爆竹管理模式》，《工程爆破》2003 年版，第 1 期。

清至民国北京地图简述

林 岫

一、引言

地图是地球表面事物和现象在平面上的缩影。它是按一定法则，显示地面自然、社会现象的图，概括地反映了它们的地理分布与相互关系。地图也称舆地图。中国古代地图大致分为全国地图、地方图和城市地图。地方图和城市地图的起源比全国地图要早一些。

在北京城的历史发展进程中，产生了一定数量的地图，这些地图承载了大量北京历史上的自然、人文信息，同时它又直观地描述了这些信息在特定时间内的空间分布，因此，它们在研究北京历史、地理、风俗、文化、气候、水文、地貌等方面有着巨大的理论价值和现实意义，是研究北京历史发展不可或缺的文献。

在北京地方文献藏品中，北京地区舆图是北京地方文献工具书的重要组成部分。但因其内容、尺寸和保存方式的特殊性，因此往往将其与其他文献分开介绍和研究。

二、类型

西周时期洛邑的城市规划图是最早的城市地图。马王堆西汉墓出土的《城邑图》是现存最早的城市地图。成都又出土了东汉画像砖土的城市局部地图。隋代宇文恺有《东都图记》。宋代宋敏求的《河南志》中有宋代地图。吕大防有《长安图》。程大蛙的《雍录》，有图三十二幅，是汉、唐都城宫殿的历史地图集。南宋有碑刻《平江图》和崖刻《静江府城图》。元代李好文的《长安志图》中有两幅城市地图，即《奉元城图》和《汉故长安城图》。还有碑刻《庆远城池图》。明清两代也继承了古代传统，无论在数量和种类上都堪比前代。除了地方志、图集和类书中的城市地图外，还出现了单独的城市地图。如嘉靖年间成图的《北京城宫殿之图》应是现存最早的北京地图，现藏于日本东北大学。清康熙年间的《皇城宫殿衙署图》、《雍正北京城图》是较早的北京舆图。而《乾隆京城全图》则是我国现存幅宽最大、内容最详、绘制最精的古代城市地图，是清代乾隆朝大规模地图测绘工作的产物。民国时期北京地图的绘制达到了一个新水平，处于承前启后的阶段。

在北京地方文献公私藏品中，北京城市地图数量众多，仅王灿炽所编的《北京史地风物书录》中就收录各类地图三百余种。其本身数量远不止于此。本文仅能按舆图所反映的内容择要简述三十种，以备有关人士研究之需。

（一）行政区划图

反映了北京不同历史时期的行政区划。有市区图和郊区图。在北京城市地图中，行政区划图占较大比例。

《明清北京城图》（徐苹芳编著，中国社会科学院考古研究所编辑，比例尺：1:12000，地图出版社1986年，地图两幅，文字说明一册（143页），彩色，28cm×21cm）原是为《中国历史地图集》编绘的。包括《明北京城复原图》、《清乾隆北京城图》及一本文字说明。说明部分包含明北京城复原图说明书、明北京城复原图坊巷胡同地名表、明北京城复原图建置资料表、清末以来北京风貌图片27幅、地名索引及后记。《明北京城复原图》的底图是以1937年出版的万分之一的《实测北平市内外城地形图》为底本，并根据清乾隆间绘制的《京城全图》中的街巷，按比例改缩而成的。因此，这个底图是清乾隆时期的北京现状。书末地名索引收录了《明北京城复原图》和《清乾隆北京城图》的所有地名（坊名除外）。

《雍正北京城图》（清雍正年间［1723～1735］，一幅，手绘墨线本，100cm×63cm）现藏于英国国家图书馆。图中对于皇城绘制较少，紫禁城内则全为空白。本图清楚的标出了西直门大街横桥北上游渠道与德胜门水关内湖泊相连的一段，弥补了乾隆十五年［1750］内务府实测京师全图的缺陷。本图采用了传统的画法，即不精确测量，而是采用形象绘制的方法，所绘街道与《宸垣识略》中木刻本地图相似，主要表示街道，另有重要官署庙宇。这种地图对自然景观、房屋建筑的位置描绘清晰，但无法显示各点之间的距离。中国古代地图多为这种形象绘制法。

《乾隆京城全图》（比例尺：1:650，乾隆十五年［1750］绘制，墨线勾绘，局部有彩色。折装册页式本，共51册，合成图为14.01m×13.03m）是我国现存古代城市地图中幅宽最大、内容最详、绘制最精的一幅，开引进近代城市地图学应用于绘图之先河，以新的地图绘制方法，即实测方法绘制的第一幅城市地图。原刻本今存于国家第一历史档案馆。1935年北京故宫博物院文献馆发现于清内务府造办处舆图房。

该图以京师（今北京）城区为范围，详细绘制城市建筑物。图中准确绘出了京城的形状及建筑物的位置、布局，充分反映了京城历史文化名城的风貌。图中涉及自然、人文景观地名共二千九百多个。另外，该图还注重对居民区（点）的绘制。例如，王府不仅画出了其形状、大小，有些连门、厢房、花园假山都有所表现。四合院的绘制颇为逼真。具有城图的科学性、艺术性和可读性。1940年，日本“兴亚院华北连络部政务局调查所”曾将该图缩印出版，比例改为1:2600，以《乾隆京城全图》为名，附解说及索引。同年，故宫博物院亦以《清内务府藏京城全图》为名，依1:2600，影印为散页函装，共二百零八页，附《排列图》。1996年，由北京市古代建筑研究所，北京市文物事业管理局资料中心编制，由北京燕山出版社出版了《加摹乾隆京师全图》。

《北京内外城全图》（清道光年间［1821～1850］绘制，一幅，绢地彩色手绘本，239cm×180cm）是现存最早的绢地手绘北京地图。本图内容丰富、色彩鲜艳。图中采用形象画法反映了道光年间北京城区的宫殿衙署、王宫府第、街巷胡同、河湖水系、寺庙景观等。其中街巷胡同绘制详细，标注名称。此外，本图还侧重表现八旗旗营戍守的分布状况。

《最新详细帝京舆图》(清光绪三十四年[1908]佚名绘制，一幅，彩色，71cm×51cm)是清朝末期由清廷大臣编制的一幅地图。庚子事变后，清政府开始着手施行新政，并于光绪三十年[1904]宣布“预备立宪”，此后，清政府逐步加紧立宪步伐。基于此种历史背景，本图在编制时特加入了光绪三十四年八月初一的一份关于新政立宪的上谕。本图对了北京城区街巷进行了详细绘制，并以不同颜色标出各机构及宗教祭祀场所、河流、城墙等。图侧另附有《各省会馆基址》一览表。

《实测北京内外城地图》(民国内务部职方司测绘处绘制，民国二年印刷，比例尺：1:8500，一幅，彩色套印，115cm×100cm)是民国政府成立后测绘的第一幅北京城地图，内容丰富且测绘精细。此图尺幅阔大，图上标有方格网，每一方格代表一平方华里。全图设计了32种图例，不仅绘出了城垣、水道、湖泊等基本信息，还标注了桥梁、牌楼、铁路、学校、医院、寺庙、水井等事物。此图较注重表现新事物，展示了民国初年北京城市的变迁。

《实测京师四郊地图》(民国内务部职方司测绘处绘制，民国四年出版，比例尺：1:36200，一幅，单色，92cm×120cm)是一幅民国年间的实测北京地图。该图采用现代绘图方式，内容范围包括北京内外城以及四郊地区。此图测绘精确，图例详细，在西山地区采用地形图方式绘制，标有等高线。为研究民国初年的北京提供了客观依据。

《京兆二十县分图》(民国京兆尹公署内务科自治课制，比例尺：1:100000。民国六年，一册，单色墨印，54.4cm×35.3cm)为京兆二十县之图说。图册含图35幅，配以图说分叙各县位置、境界、地势、河流、道路、物产、名胜、风俗等。图册还附有《京兆所属自治区及城镇村户口一览表》。

民国三年，北洋政府改顺天府为京兆地区，作为独立区直属于中央政府。京兆地区下二十县，其中大兴、宛平、良乡、通县、昌平、顺义、怀柔、密云、平谷、房山十县在今北京境内。

《京都市内外城地图》(民国内务部职方司测绘处编制，京都市政公所民国七年出版，比例尺：1:8000，一幅，彩色套印，117cm×102cm)是民国政府成立后进行的第二次实测编绘的详细地图，反映了北京在行政、交通等方面的变化。如图中绘制了民国四年通车的环城铁路等。图中还标有以大沽口海平面为基点算起的北京水平石标八十一处，并绘红色水平等值线。

民国十七年国民政府迁都南京以前，北京又称京都，由市政公所负责市政建设。本图即京都市政公所于民国五年测绘的。本图绘制于民国初年，其时北京城区行政规划仍袭清制，即内城十区(内左一区至内左四区、内右一区至内右四区、中一区、中二区)、外城十区(外左一区至外左五区、外右一区至外右五区)。

《京师内外城详细地图》(京师内外城二十区警察属测绘，比例尺：1:6000，京师警察厅总务处民国十七年发行，彩色套印，160cm×138cm)是北洋军阀统治时期北京警察机关编绘发行的一幅北京城区地图。此图内容丰富、详实，除京城街道、河流、寺庙等以外，还绘制了学校、图书馆等文化设施，邮局、信筒、水井、自来水、电车道站等市政设施。由于此图为警察厅所制，图中亦特别绘制了与警事、军事有关之事项，专以红色几何符号标出警察署、侦缉处、派出所、守望台等警用处所以及奉军大帅府、北洋政府院署、部署等军事处所。本图另附图说介绍北京城市户口人数、警察部署、每一机构及人员所管辖户数、人口数等。

《北平特别市区域略图》(北平特别市市政技术室绘制，比例尺：1:100000，北平特别市市政技术室民国十七年刊行，一幅，二色，61.8cm×68.4cm)反映了国民政府迁都南京，北京改为北平特别市时期的行政区划之变化。图中绘出了新旧四郊的界线，对四郊的村镇、铁路、公路等也做了比较详细的标注。

国民政府迁都南京后，对北平特别市的区域范围也给与了重新划定，北至沙河镇，东北至孙河镇、东霸镇、东南至青云店、西至三家店。

《最新北平全市详图》（北平建设图书馆编绘，北平建设图书馆民国十九年出版，彩色套印，73cm ×48cm）是北平特别市降为北平市后绘制的一幅北京城区地图。本图街道、机构、设施等标注详细，图中特以红线标出当时的北京电车路线。本图另附《北平街巷更名一览表》、《北平官署学校一览表》、《北平游览处所一览表》、《北平旅馆名称地址一览表》、《北平公寓名称地址一览表》、会馆一览表及在北京城区示意图上标注的《北平电车站一览表》。

国民政府迁都南京后，北京由首都降为北平特别市，又于民国十九年降为北平市。

《北平四郊详图》（王华隆编，比例尺：1:45000，最新地学社民国二十三年刊行，彩色套印，70cm ×91cm）是一幅主要供游览使用的北平城郊图，由钱玄同为其题名。图中城区部分按照内城六区外城五区方式分区，对电车线路及电车站进行了标注。四郊部分详细标注了道路、水系、村镇等。图中还标注了名胜古迹、文化娱乐场所等，并在相关景点特别标明“燕京八景”。本图另附《颐和园图》、《北海公园全图》、《故宫博物院全图》以及《北平四郊名胜详图》。其中《北平四郊名胜详图》为中英对照图，比例尺为 1:750000。

《京城内五分区图》（北平市政府财政局测绘股编绘，比例尺：1:4000，北平市政府财政局测绘股民国二十六年印制，一幅分切为 30 张，单色，424cm ×611cm）是民国年间刊行的一幅专门反映北京城内一区至内五区的地图。本图测绘印制历时四年，采用三角测量法，具有较强的准确性和实用性。全图尺幅较大，反映内容丰富。图中街巷建筑均以平面图的方式绘出，并对建筑外围长度进行了标注。本图附《内五分区略图》，清晰标注 30 幅图排列方式，为方便查询，每幅图又分若干区域，全图共分为九十九部分。在每幅图中标有文字说明应与哪幅图相接。本图另附《测绘说明》，对本图的测绘过程有较详细描述。

《实测北平市内外城地形图》（北平市政府工务局测绘，比例尺：1:5000，北平市政府工务局民国二十六年刊行，彩色套印，180cm ×170cm）是民国年间绘制的比例尺最大的一幅北京城区实测地图。本图绘制内容丰富、精确，树木、芦苇、矮树墙等均有标识。重要公共游览场所等与文化有关的单位的内部地形，图中亦有详细标注。工务局还以其测绘之水准基点推算，在图中标明等高线。此图另附《内外城三角网图》及图说介绍测绘标准，及当时北平城区及各分区面积。

《北京分区详图》（邵越崇制，北京亚洲舆地学社民国二十九年刊行，一册）是北京地图中较早以图册的形式出现的地图。图册装帧为六十开袖珍本，方便携带。全书共收入十三幅折页图。包括内一区至内六区，外一区至外五区，北京四郊全图并附西郊新街市图、颐和园图、北京近郊名胜图及北京西郊街道图。图册依据工务局实测图编绘，内容丰富准确。图册加入《北京内外城区分区检视表》方便检索。图后附《北京街巷索引》，所收街巷按笔划排序。此外图册还附有简略的游览指南。

《旧北京一九四九年城郊区地图》（北京市地质地形勘测处绘制，比例尺：1:25000，内部用图，1976 年，一幅分切九张，单色，140cm ×176cm）绘制于 1976 年，但其反映的内容是 1949 年北京解放之前的北京概貌。图中所绘行政分区、地名均以当时名称为准。本图反映内容丰富，包括公路、街巷、建筑、树木、桥梁、水系等，本图还在山区部分绘有等高线。在北京旧城西侧还标一新城区，该图反映了当时的城市规划思路。

《旧北京一九四九年城区地图》（北京市地质地形勘测处绘制，比例尺：1:5000，内部用图，1976 年，一幅分切十二张，单色，194cm ×175cm）与《旧北京一九四九年城郊区地图》同为建国以后绘制的旧北京地图。本图绘制范围为北京城区及周边小部分地区。分区仍以内城七区、外城五区为准。本图比例尺较大，反映内容丰富详实，街巷、建筑、树木、水井、土堆等均标示清晰。

（二）专题图

专门反映了北京城某一方面（包括自然、人文）景物的地图。

《北京历史地图集》（侯仁之主编，北京出版社1988年出版）虽为当代人所编，却详尽地反映了北京城区的历史沿革。第一集，是一部地方性的普通历史地图集，它以现北京市十区九县为范围，反映北京市历代政区沿革和北京城白金朝建都以来各个时期的城区变迁。图集采用“古墨今赤”的表现手法，以政区图、城区图、皇城图、宫城图、苑囿图及陵寝图顺序排列。书后索引按图幅类型分三部分编制：历代政区图地名索引：历代城市图地名索引；园林、陵j捆地名索引。第二集，于1996年出版。主要分五大部分：1. 序图，编绘了卫星影像北京政区以及有关地貌、气候、水系、土壤和植被等诸图幅；2. 总图（一），包括石器时代年表、文化，第四纪地质图，三万年来环境演变植物证据、演变序列；3. 旧石器时代，包括旧石器时代古环境、文化遗存；4. 新石器时代，包括新石器时代文化、镇江营遗址、上宅遗址、北埝头遗址以及雪山遗址等相关图幅；5. 总图（二），包括北京地区农业萌芽、环境考古图、北京地区和周围地区文化关系示意图、地图集工作考察路线图等。时间上溯到有文字直接记载以前、北京地区原始农业的萌芽和最初居民点在平原上出现的时期，集中反映了近年来新石器时代的重要发现和研究成果，核心部分是新石器时代最重要的遗址和遗存的分布图。

《北京历史舆图集》（该书编委会编，外文出版社2005年出版）共收录首都图二fs馆藏历史地图750余幅，收录范围自宋代至中华人民共和国成立前。全书共分四卷：第一卷收录了区域总图、北京城图及城内外分区图145幅，包括明代地图4幅、清代地图30余幅，其余为民国和日伪时期地图，按成图的先后顺序排列；第二卷收录了北京郊区、郊县地图173幅，包括区域图、城池图、建筑面积图等，按现行的行政区划排列，每个行政区划下再按成图的先后顺序排列；第三卷包括外文地图和风景名胜图180余幅；第四卷为专题地图，收录了经济建设、公路、铁路、航空、河道、巡防、旅游、历史等专题地图250余幅。书中附有《中国古代城市地图的发展脉络》及《中国古代城市地图发展大事年表》。各卷均附英文题名及简单说明，包括绘制者、绘制年代、尺寸、比例尺、出处等内容。本图集系统整理了首都图书馆藏北京古旧地图，对研究北京历史、地理、风俗、文化，以及气候、水文、地貌变化等方面的研究提供了参考。

《北京城宫殿之图》（一幅，木刻墨印，99.5cm×44.5cm）是现存最早的北京地图，现藏于日本宫城县东北大学。国家图书馆根据该藏本复制。图上未注作者和年代，但图中出现明嘉靖十年［1531］建成的历代帝王庙，而在嘉靖四十一年［1561］改称皇极殿、中极殿、建极殿的奉天殿、华盖殿、谨身殿仍未改名，故此图年代应在明嘉靖十年至四十年［1531～1561］之间。图上所注“万历当今福寿延”字样说明该图在万历年间刊行。

本图范围包括北京内城，采取了传统的缩绘守法，绘出北京的宫殿、衙署、坛庙、城垣和主要街道，反映出明朝北京城市的结构、布局。该图还绘有自海子向西南流入北沟沿的一条河道。

《皇城宫殿衙署图》（清康熙年间［1662～1722］，一幅，238cm×178cm）是一幅实测北京皇城地图，现藏于台湾“中央图书馆”。全图范围东至东华门，西至西安门，南至大清门，北至地安门。图中较详细的绘制了皇城内的宫阙、官署、民房、街道等内容，且精度较高，是编绘乾隆京城全图的部分资料来源。

《静宜园全图》（陈安澜绘，比例尺：1:2500，民国九年发行，一幅，彩色，74cm×103cm）是一幅专门描绘香山静宜园全貌的地图。香山静宜园始建于清康熙年间，1860年遭英法联军焚毁。1918年在其旧址上建香山慈幼院。本图则反映了这一时期的香山静宜园。本图标注清晰详细，除标注道路、房屋、景观等内容，还对台阶、门牌、桥梁、岩石等进行了标注。本图还以慈幼院男校宿舍前为原点标注等高线。全图标注采用中英文对照方式，专门标明古地名，并加括号以示区别。

《北平农事试验场全图》（萧瑜编述，民国十七年印刷，比例尺：1:1250，45cm×60cm）是一幅描绘农事试验场全貌的地图。本图详细的绘出了乐善园中古建筑——畅观楼、纪念塔、豳风堂等名胜古迹的分布位置。北平农事试验场是北京动物园的前身，原为清乐善园。本图另附《北平农事试验场图说》一文。

《实测圆明园、长春园、万春园遗址形势图》（北平市工务局测制，比例尺：1:2000，北平市工务局民国民国二十五年发行，彩色套印，98cm×140cm）详细标注了圆明三园建筑遗址，包括建筑、湖泊水系、植被、山石道路等。其中建筑部分依据当时遗存之建筑确定方位，并参考藏于北平国立图书馆的《雷氏圆明园》图样进行校正。实地无遗迹的亦按此图样补入，并以虚线标明。此图后经北平营造学社审订后方始刊行。本图另附图说介绍圆明三园历史、测绘过程等内容。

《北平名胜游览地图》（邵越崇编纂，上海复兴地学社民国三十七年出版，一册）是图文结合介绍北京名胜景点的图册。全书共收入六幅图，分别为北平内外城游览图、故宫博物院古物陈列所历史博物馆图、北海公园团城图、中南海公园图、万寿山详图及北平四郊名胜图。此六幅图按顺序收入，意为使游览者按图之顺序依次观光游览。此外，书中还附有北平名胜旅游指南说明，对五十六处名胜做详细说明。

（三）外国人士绘制的北京地图

清末至民国初年，一些外国来京人士为了自己各方面的需要也绘制了一些地图。

《北京城图》（［法］三军地理局印制，［清］咸丰年间，一幅，套色印刷，74.5cm×88cm）是一幅法文地图。依据清道光年间“北京城图”为底本编译而成。本图真实地绘出了北京城垣轮廓，并标明皇城、内城、外城的区域，城门及交通要道上的桥梁、牌楼、河湖、水坑等均以形象法标出。

《北平历史与地图》（［美］弗兰克·多恩（Frank Dorn）绘，比例尺：1:155000，北洋印字馆民国二十五年出版，一幅，彩色，81cm×70cm）是民国年间外国人所绘北京城市地图中较有特色的一幅。全图绘制了北京内外城主要道路，并在各个地理位置旁边注有英文标识。此外，本图还配有大量极富民俗特色的图画，直观地表现当时北京的社会状况以及相关风俗习惯，并附有反映北京建城历史的图画及文字。2004年，学苑出版社重新刊印此图，对图上英文说明配注中文，并在地图背面附北京城市建设历史年表等内容。

《北京商工案内地图》（［日］山田广编绘，北京商工案内社会昭和十四年［1939］刊行，彩色套印，71cm×50cm）是日伪统治时期由在北京的日本人编绘发行的一幅地图。“案内”为指南之意，此图为一幅北京城区商业指南图。本图着重绘制了北京的工商企业、店铺等。为方便查询，全图将北京城分为二百零八个区域。图中附表包括了机关学校、银行、会社、旅馆、饭店、医院、剧场等三百余处。值得一提的是，此三百余处单位绝大多数为日本人在京产业，日伪统治由此可见一斑。还附有《北京概说》，介绍北京著名旅游景点，并有一简易《游览北京略图》。

《北京官衙会社商店案内图》（［日］后藤势一编绘，华北邦人案内社昭和十七年［1942］刊行，一幅，彩色套印，80cm×67cm）与《北京商工案内地图》相似，亦是一幅北京城区商业指南图。较之《北京商工案内地图》，本图更为详细。在图中将日本人开办的商店均以红色标出。本图附《商店会社速检表》，以便检索。另附著名商店会社的照片。本图背面为《北京邦人官衙会社一览》，包括《北京概观》介绍北京概况及著名景点并附照片。此外，还有日本人所开设的机关、学校、商店、会社地址的详细介绍，并以职业类型排序。

三、结语

北京历史地图是研究北京城历史进程和社会变迁的重要参考资料，也是当代北京历史地理研究、旧城改造、环境管理等方面的主要依据。

有关北京历史地图的工具书，除了文中所提到的王灿炽先生的《北京史地风物书录》，收录了数百种各类地图的线索。另外，还有首都图书馆藏的《清内务府造办处舆图房图目初编》也提供了一些地图的线索。2009年冬，琉璃厂中国书店展示了一批老北京地图，包括清末雕版印刷的《京师城内首善全图》、19世纪末至20世纪初在法国巴黎出版的《北京内外城平面图》、民国时期用石版印刷技术印制的《北平市内外城水平点位置图》以及日军占据北京时期出版的有关计划改造北京城的《北京都市计划要图》等，都是各个时期非常重要的历史资料。而北京大学历史地理研究中心现已着手对北京历史地图进行全面的数字化，这项工作的完成将为北京史学工作者检索、利用北京历史地图带来更大的便利，从而使其发挥出更大的价值。

参考文献：

① 王灿炽：《北京史地风物书录》，北京出版社1985年版，第303~322页。

19 至 20 世纪研究介绍北京的指南类西文文献

赵晓阳

（续《首都博物馆丛刊》第 23 辑）18、《北平》（Peiping）（1946 年，英文）

由美军红十字会编辑和印刷。书中无出版年月，但一定是 1946 年以后的书。全书 129 页，封面中文题名《北平》，有参考文献，12 张生肖图，14 张有关皇家建筑、烤鸭、北平街景、民间木雕和喇嘛的照片。是北京指南类的介绍性书籍，非常简单实用。

全书共 7 个部分。第一部分为入门介绍 4 章：1. 一般介绍和本书目的；2. 北平历史简述；3. 北平城市结构；4. 北平概况。

第二部分城墙内的景点 9 章：1. 皇城；2. 天坛；3. 雍和宫；4. 孔庙；5. 贡院；6. 拈花寺；7. 白塔寺；8. 蟠桃宫；9. 前门的寺庙。

第三部分为城墙外的景点 28 章：1. 黄寺；2. 地坛；3. 东岳庙；4. 十八罗汉；5. 日坛；6. 通州运河；7. 白云观；8. 五塔寺；9. 大佛寺；10. 大钟寺；11. 中国寺庙；12. 玉泉山；13. 卧佛寺；14. 香山；15. 天台寺；16. 法海寺；17. 太监墓；18. 八里庄塔；19. 月坛；20. 界台寺；21. 潭柘寺；22. 妙峰山；23. 大觉寺；24. 黑龙潭；25. 温泉；26. 长城；27. 十三陵；28. 西陵和东陵。

第四部分为北京杂录 8 章：1. 北平的魅力；2. 北平名人；3. 北平节日；4. 1946 年的中国节日；5. 一百句中国谚语；6. 北平的庙会和市场；7. 中国宗教简介；8. 中国艺术和建筑。

第五部分为今日北平 5 章：1. 重要机构地址；2. 娱乐；3. 教堂地址；4. 医院；5. 购物。

第六部分为北平的未来。

第七部分为索引。

本书有第二次世界大战后美国驻北平司令写的前言，声称尽管社会上有许多关于北平指南一类的书，但没有一本是专门为驻北平的美军写的，此书提供了最大限度的方便和新信息。

19、《北平和周围地区指南》（A Guide to Peiping and its Environs）（1946 年，英文）

无作者。1946 年由北平书店（Peking Bookshop）出版。全书共 144 页，26 张照片，大多是北京的皇家建筑，是对北京简单实用的介绍。

全书分三部分。第一部分 8 章：1. 简述；2. 北平简史；3. 主要朝代；4. 著名建筑；5. 中国饮食；

6. 节日和庙会；7. 中英词汇对照。第二部分15章：1. 使馆区；2. 天坛和先农坛；3. 紫禁城南部；4. 紫禁城西北部；5. 紫禁城东北部和煤山；6. 太庙和中山公园；7. 南海和中海；8. 北海；9. 孔庙和雍和宫；10. 哈德门大街和王府井大街；11. 后门和德胜门之间的内城；12. 皇城西部和内城；13. 外城的东部；14. 外城的西部；15. 内城其它几个景点。第三部分8章：1. 东郊；2. 北郊和西北郊；3. 西郊；4. 颐和园和玉泉山；5. 卧佛寺、碧云寺、香山和八大处；6. 其它历史遗迹；7. 南口附近的长城；8. 明十三陵。

20、《生活在北京》（Living in Peking）（1981年，英文）

彭文兰（Wenlan Peng）编写，1981年由英国的Wayland Publishers Ltd. 出版；1984年第二次印刷。这是“生活在世界名城”（开罗、香港、莫斯科、罗马、东京、纽约等）系列从书之一，丛书共14本。本书共52页，照片多张。

全书25章：1. 北京是如何开始的？2. 北方的都城；3. 地理；4. 气候；5. 语言和民族；6. 政府；7. 家庭生活；8. 住房；9. 上学；10. 大学；11. 青年人；12. 饮食；13. 购物；14. 旅游；15. 生活在郊区；16. 报纸、电视和收音机；17. 娱乐；18. 春节；19. 京剧；20. 旅游购物；21. 文物保护；22. 为将来工作；23. 词汇；24. 多了解一点北京；25. 索引。

彭文兰是在英国华裔英语播音员，20世纪80年代初曾在中央电视台教授过英语。

21、《北京城市指南》（Beijing：City Guide）（1994年，英文）

罗伯特·斯特瑞（Robert Storey）编写，1994年Lonely Planet Publications出版，全书260页。Lonely Planet Publications是世界知名的旅游性出版社，本书是多卷本世界各地导游手册之一。

全书共14章：1. 导言；2. 关于北京；3. 游客有用的信息；4. 如何到达与离开北京；5. 如何出游；6. 可观之景与可做之事；7. 酒店；8. 餐馆；9. 娱乐；10. 购物；11. 景点；12. 词汇；13. 索引；14. 地图。

22、《古代和现代北京的城市生活》（Cities through Time，Daily Life in Ancient and Modern Beijing）（1999年，英文）

罗伯特·F. 包德温（Robert F. Baldwin）撰写，雷·韦伯（Ray Webb）摄影，1999年由美国明尼苏达州明尼阿波里斯城的Runestone Press出版，旅游指南，简单实用，共64页。

全书分古代北京、皇城北京和现代北京三部分。古代北京7章：1. 最早的先民；2. 军事要塞；3. 皇室；4. 农民、商人和手艺人；5. 一个受剥削人的一生；6. 契丹和燕京；7. 城墙和入侵者。皇城北京11章：1. 忽必烈汗时代的生活；2. 马可波罗；3. 紫禁城；4. 妇女生活；5. 科举；6. 风筝和游戏；7. 祭祀；8. 疾病；9. 太极拳和武术；10. 带面具的艺人；11. 慢慢崩溃的帝国。现代北京10章：1. 被占领的城市；2. 城墙倒坍；3. 天安门发生的事情；4. 人口拥挤的城市生活；5. 自行车流；6. 语言和学校；7. 吃在北京；8. 新年；9. 继续走下去；10. 北京时间。后附关于中国和北京的书目索引和作者介绍。

二、具体旅游点、机构和地名地图指南

1、《天坛》（The Temple of Heaven）（无年，英文）

葛量洪（Alexandra Etheldred Grantham）编写，北京万国美术会（Peking Institute of Fine Arts）印

刷，无年月。全书共40页，是作者自费出版，印刷质量差。作者是英国外交员，1847年任香港总督。

2、《西山的寺庙》（The Temples of the Western Hills）（1923年，英文）

郝播德（Gilbert Ernest Hubbard，1885－?）编写，1923年北京La Librairie Francaise出版。全书共76页，介绍了戒台寺、金仙庵、黑龙潭、香界寺、灵光寺、龙门寺、龙王堂、妙峰山、宝珠洞、八大处、秘魔崖、碧云寺、狮子窝、大觉寺、潭柘寺、大悲寺、天台寺、卧佛寺，但非常简略。作者在北京生活17年，十分喜爱北京文化。

郝播德是英国银行家、外交家。1920年来华，任英国公使馆二等参赞。1924年辞职，任汇丰银行驻北京代理人，1937年返回英国。还著有《东方的工业化及其对西方的影响》（Eastern Industrialization and Its Effect on the West，1938年）；《英国的远东政策》（British Far Eastern Policy，1939年）等书。

3、《北京地图目录注释》（Index and Illustrated Guide Book to the New Official Plan of Peking）（1925年，英文）

中华坤舆图志会编著并于1925年出版，共134页，照片55幅，为京城及周边风景名胜，基本清晰，有北京及周围包括直隶在内的地名中外文对照近2500条，还有主要商号名称中外文对照700余条。

全书共7章：1. 北京城和周围；2. 直隶省；3. 周朝至辽朝的北京城；4. 秦朝的北京城；5. 元朝的北京城；6. 北京的环境；7. 北京城和四周。附录8个：1. 专名索引；2. 直隶省地图；3. 直隶省新地图索引；4. 更多解释；5. 北京城计划索引；6. 历史遗迹和宗教；7. 北京的城门；8. 北京商业指南。

4、《明十三陵》（The Ming Tomb）（1926年，英文）

由亚历山大·埃瑟尔德·格拉汉姆（Alexandra Etheldred Grantham）撰写，1926年由吴连熙（音译Wu Lai－His）编辑和出版。共21页，13张有关明十三陵不清晰的照片，印刷质量低，内容简单，系自费出版。

5、《辅仁大学1926年公告》（Bulletin No. I of the Catholic University of Peking September 1926）（1926年，英文）

无出版机构和出版社，1926年由美国The Archabbey Press－Beatty，PA印刷，共71页，清晰照片17幅，均为辅仁校园内风景。

全书共11章：1. 北京天主教大学的中文名称：辅仁大学；2. 建筑楼和操场；3. 机构简介；4. 辅仁大学精神来源；5. 明朝末代皇帝和宽容；6. 英敛之（辅仁大学创办人）的逝世；7. 英敛之给教皇保罗五世的信；8. 中国研究；9. 北京高等教育调查；10. 辅仁大学的社会朋友；11. 辅仁大学的大事表。

6、《喇嘛寺》（Le Temple des Lamas）（1931年，法文）

乔治·布亚尔（George Bouillard）撰写，1931年由那世宝（Albert Nachbaur，1880－1933）编辑出版，共127页，几张不清晰的照片。描述了雍和宫和喇嘛教的历史。

全书共4章：1. 喇嘛教；2. 喇嘛教的历史；3. 北京城不同喇嘛教寺庙的简短历史；4. 雍和宫的历史。

那世宝是法国报人。1919年来华，任法文《北京新闻》（Le Journal de Pekin）社长兼主笔，先后开设过那世宝印字馆（Imprimerie Na－Che－Pao），那世宝书店（Librairie Albert Nachbaur），那世宝万国无线通讯社（Agence Na Che Pao）。著有《北京漫谈》（Pekinades，1921 年）；《北京漫谈续编》（Encore des Pekinades，1924 年）；《中国民间画》（Les images Populaires Chinoises，1931 年）。他编辑出版了许多法文有关老北京的书籍。

7、《颐和园：位置、历史和启发》（I Ho Yuan）（1935 年，英文）

1935 年由颐和园管理处编辑并出版的导游手册，共 49 页，24 幅不清晰照片，虽然是西文，却以线装书的形式出版，非常少见。本书英文全名为 I Ho Yuan；a Brief Treatment of the Location，History and Present Edifices of the Imperial Summer Palace.

全书共 9 章，1. 东宫门内；2. 东南山坡；3. 北苑门内；4. 西南山坡；5. 后山；6. 谐趣园；7. 南湖；8. 昆明湖；9. 桥。

8、《北平历史和地图》（A Map and History of Peiping）（1936 年，英文）

窦尔恩（Frank Dorn）撰写，1936 年天津和北平的北洋印字馆（The Peiyang Press，Limited）出版印刷。全书 22 页，有一张很大的彩色插图形式的北京地图，并附简要解释。

封面插图极有意思，用一缎带将 1121－1936 年、汉族人、蒙古族人、满族人以及北京以前曾用过的地名，如大都、北京、南京等连在一起，别开生面。

窦尔恩是美国炮兵军官，1934 年前后以外交官身份来华。

9、《中国筷子：中国菜谱和北京餐馆指南》（Chinese Chopsticks，A Manual of Chinese Cookery and Guide to Peking Restaurants）（1938 年，英文）

夏玛丽（Mary Li Sia 音译）撰写，笔者所见的是 1938 年由北京的 Peking International Women's Club 的第二版，共 144 页。作者是美国出生的华人，曾在美国受过高等教育。

全书共四部分：第一部分是菜谱，共 9 章：1. 冷菜；2. 家禽：鸡、鸭、鸽子；3. 肉类：猪肉、牛肉、内脏；3. 海鲜：鲍鱼、蟹、牡蛎、对虾、虾类、鱼类；4. 蔬菜；5. 点心；6. 面食；7. 汤类；8. 米饭；9. 茶。第二部分是菜单，都是北京著名餐馆的菜单和价格。第三部分是北京著名餐馆的地址、菜系等信息。第四部分是中英文对照的菜名。是向外国人介绍中华饮食，以及北京地区的餐馆的指南书籍。

三、人物指南

1、《北京名人录：1921 年》（Peking Who's Who，1921）（1922 年，英文）

1922 年由蓝慕山（Alex Ramsay，1875－?）和阿尔夫莱德·L. 梅耶（Alfred L. Meyer）编辑出版，由天津印字馆（The Tientsin Press）印刷。共 87 页，无照片。是面向北京外侨的生活指南类书籍，所有介绍人物都是北京外侨，以及他们的职业、地址、电话等基本信息。蓝慕山是英国报人，1905 年来华。

全书共 5 章：1. 名人录；2. 居民名单（以字母为顺序）；3. 女士名单；4. 各类指南；5. 各类消息。

2、《北京名人录：1922 年》（Peking Who' s Who，1922）（1923 年，英文）

蓝慕山（Alex Ramsay）于 1923 年编辑和出版，全书共 127 页，由天津印字馆（The Tientsin Press）印刷。全书共 127 页，无照片，多幅广告。

全书共 11 章：1. 名人录；2. 中国政府服务机构；3. 使馆和外交机构（工作人员名单和地址）；4. 使馆区机构；5. 教堂、教会和宗教组织（工作人员名单和地址）；6. 医院和慈善机构（地址电话和人员名单）；7. 教育机构（人员名单）；8. 俱乐部和社团；9. 全部居住在北京的外国人名单（以字母为顺序）；10. 女士名单；11. 商号名单。

3、《北京名人录：1923 年》（Peking Who' s Who，1923）（1924 年，英文）

1923 年由蓝慕山（Alex Ramsay）编辑和出版，由北京专门印刷《东方时报》（The Far Eastern Times）的东方印刷局（The Eastern Printing Works）印刷。全书共 188 页，无照片。

全书共 12 章：1. 名人录；2. 中国政府服务机构；3. 使馆和外交机构（工作人员名单和地址）；4. 使馆区机构；5. 教堂、教会和宗教组织（工作人员名单和地址）；6. 医院和慈善机构（地址、电话和人员名单）；7. 教育机构（人员名单）；8. 俱乐部和社团；9. 全部居住在北京的外国人名单（以字母为顺序）；10. 女士名单；11. 商号名单；12. 补充和变动。

4、《北京西绅总会规定》（Rules of the Peking Club）（1929 年，英文）

1929 年由华北正报出版社（North China Standard Press）出版，共 18 页，是北京外侨组织——北京西绅总会（Peking Club）的条例规则。

共有 33 条规定：1. 姓名；2. 目的；3. 财产；4. 入会条件；5. 权利；6. 时间；7. 入门费；8. 合同；9. 会员；10. 选举；11. 新会员；12. 辞职；13. 访问者和访问会员；14. 荣誉会员；15. 女士；16. 管理；17. 委员会；18. 委员会的职位；19. 委员会职责；20. 法律；21. 法律；22. 会议注意事项；23. 一般会议；24. 批准；25. 一般会议的投票；26. 审计；27. 费用；28. 规定；29. 投诉；30. 服务；31. 室外用酒；32. 竞赛；33. 狗。

从这里可以看出，外国人在北京的社会生活圈子是非常西式的，完全与中国人生活在不同的独立圈子里。

论召公封燕和建国的时间

韩嘉谷

一、问题的提出

周武王封建燕国，是先秦时期我国北方地区的一件大事，对促进政治统一、经济发展、社会进步起到了重要作用。但由于“国史先失”，司马迁在撰写《史记·燕召公世家》时，只能以“自召公已下九世至惠侯”十字掠过，其他古籍也极少涉及，于是对燕国之封产生了诸多疑问。郭沫若认为燕是“自然生长的国家，与周或通婚姻，或通盟会而已”①。齐思和认为“召公之封，尤有可疑。夫武既克殷，灭国甚多。择地而封，岂患无土？又何必远流之幽州之野？且戎、狄杂错，召公又安得越之而有燕？”结论是“原本夷狄而冒为姬姓者也”。②至于封燕地点、时间和过程更是歧见丛生。《史记·正义》引徐才宗《国都城记》称：“周武王封召公奭于燕，地在燕山之野，故国取名焉。”陈梦家接受这一观点。③《太平寰宇记》称“（涞水）县地即周封召公于此也”。王国维《北伯鼎跋》也持此说。④又由于战国铜器铭文中的燕多作“郾”，于是顾颉刚等认为燕国初封在河南，然后向北迁徙，先迁汾水流域，再迁河北境内。⑤傅斯年说河南郾城“为召公初封之燕无疑”。⑥

1962年试掘房山琉璃河遗址，发现西周早期遗存⑦，并在嗣后的调查和发掘中，发现了董家林古城⑧和黄土坡墓地⑨，出土了一批铸有“侯”等字样的铜器，尤其是琉璃河1193号墓《克罍、克盉》铭文的发现⑩，人们对这里即是燕国早期都城基本成为共识⑪。但由于在铜器铭文中尚未见到有关召公封燕的直接记录，因此对召公封燕的具体时间和建国过程仍存在较多分歧。张亚初确信《史记》等书关于武王封召公奭于北燕、燕建国于周武王时期的记载，认为1193号墓的墓主是第一位燕侯，即召公元子，并援引梁山七器之一《太保簋》铭文“王永太保赐休集（余）土”，释“永”为继续的意思，认为先前武王已经赏给了召公燕地，这是又一次赏赐，是武王封召公奭于北燕的有力证据⑫。陈平亦主武王封召公说，认为克即召公元子，册封的时间是在灭商后同年四月庚戌至乙卯的七天之中⑬。不过他又认为：“召公在武王之世因河北顽抗势力未除、道里不通和召公本人要留在王室辅佐武王，故而未能立即就封，周初北燕国的实际就封与建国，很可能与伯禽代周公封鲁一样，或是后延到成王早年的事情。”⑭王宇信认为：“武王时周人势力未及东方、北方”，故召公受封当在武王已死的宏观武王时期⑮。孙华认为《史记·燕召公世家》关于“周武王之灭纣，封召公于北燕”的记载“很成问题”，“召公奭在武成时期的活动圈子主要是以周王为中心，其活动区域主要在周之西土和南土（召公奭涉足东土事务主要应在周公归政以后）”，“召公奭不曾就封为燕侯，第一代燕侯应为召公之子克而不是召公本人”，“燕国的建立肯定应在‘周公救乱’即平息商遗民及三监的反叛以后，而决不会在以前。”[16]王巍等根据《鼎》铭文，认为“召公本人并未前往燕国就封燕侯，而是‘以元子就封’，次子留周室代为召公”。[17]这样便产生了四种说法，即周武王封召公于燕，燕的建国时间在武王时期；周武王召公于燕，燕的建国在成王时期；周公摄政封召公于燕，燕的建国在成王时期；召公奭不曾封燕，燕建国在成王时期。尽管这些意见涉及燕国建国时间“出入不会超过数年”[18]，但却关系到燕国早期历史的一系列根本问题，如燕的建国究竟是在武王还是成王时期，燕国的始祖是召公还是召公元子，周人为何要把召公派到幽州之野建立燕国以及如何建国等，这些问题将燕国早期历史厚厚地蒙上了一层迷雾，无法得出一个清晰的概念，而且对燕国是否初封河南然后北迁等问题也难以有透彻说明。

二、周武王的战略部署及其实施

召公封燕是周武王大封的一部分，是周武王灭商后为统治全国而采取的重要战略部署，因此全面考察周武王大封的实施情况，有助于了解召公封燕和建国过程的相关历史背景。

周人取得伐纣战争胜利后，仍有两大因素严重威胁着新生的周人政权：一是商朝虽亡，余孽犹在，随时可能复辟；二是各地部落集团虽然承认了周人的“共主”地位，但普遍怀有警惕之心，稍有风吹草动随时可能掀起波澜。《尚书大传·牧誓·大战》云：“纣死，武王皇皇，若天下之未定。”确实反映了周武王的焦虑心情。针对此形势，当时采取了三项措施：一是“封纣子武庚、禄父，以续殷祀”，安抚殷遗；二是封“先圣王之后”，对各地部落首领进行笼络，以此凸现周人的共主地位；三是进行“功臣谋士”之封，在周人内部进行再分工，派人到原商畿及其周围地区建立次一级的周人政权，藩屏周室。古文献资料基本保存了整个封建过程，先是在商都封武庚禄父和“先圣王之后”，然后“乃罢兵西归。行狩，记政事，作《武成》，封诸侯”。《汉书·律历志》保存有《武成》片断，其中“粤五日甲子”灭商日子由临潼出土的《利簋》证实[19]，因而也就提高了“列爵惟五，分土惟三”等其它文字的可信程度。

司马迁对周武王封召公于燕坚信不疑，除《史记·周本纪》外，在《史记·燕召公世家》又说：“然社稷血食者八九百岁，于姬姓独后亡，岂非召公之烈邪?”但是《史记·齐世家》在记齐桓公北伐回国时，对相送出境的燕庄公有如下话：“命燕君复修召公之政，纳贡于周，如成康之时。”《汉书·武五子传》也说：“旦燕国虽小，成周之建国也，上自召公，下及昭襄。”容易使人产生出召公封燕和建国都在成王时的印象。其实这只是反映了燕的建国到成王时才告完备，但并没有否定武王时召公对其封国的初建，若全面考察武王大封的实施情况便可了解这一点。

周武王封纣子武庚禄父于殷之旧都后，即派管、蔡、霍三叔分别在殷旧都周围的邶、鄘、卫三个地点屯军监视，即是《逸周书·作雒解》所说的“武王克商，乃立王子禄父，俾守商祀。建管叔于东，建蔡叔、霍叔于殷，俾监殷臣”，史称“三监”。其中管、蔡二人还直接参与商人的内部治理，故《史记·鲁世家》曰：“封纣子武庚、禄父，使管叔、蔡叔傅之，以续殷祀。”《史记·管蔡世家》记为：“二人相纣子武庚、禄父。”约是受《史记·鲁世家》和《史记·管蔡世家》文字的影响，《汉书·地理志》把“三监”的构成说成是管、蔡和武庚。此说不合事理，因为“三监”是专为监视殷遗而设，其中不可能有本身就是被监视对象的武庚。《尚书·蔡仲之命》记："惟周公位冢宰，正百工，群叔流言。乃致辟管叔于商；囚蔡叔于郭邻，以车七乘；降霍叔于庶人，三年不齿。"说明管、蔡、霍才是"三监"，因和武庚一起勾结叛乱而受到处罚。"三监"地望众说纷纭。颜师古注《汉书·地理志》称："自纣城而北谓之邶，南谓之鄘，东谓之卫。"于是人们把它的范围看得很大。陈梦家云："周武王灭纣以后，分殷国为三，即鄘、邶、殷。及武庚与管、蔡叛周，成王、周公讨之，于是邶入于燕，鄘封微子开为宋，殷封康叔为卫。"[20]刘起釪亦把邶置于河北，鄘置于山东[21]。其实邶、鄘、卫只是为监视殷遗而设立的三个屯军点，纣之续殷地点在其原先的行都朝歌，邶、鄘、卫位置便只能在朝歌周围附近，这在古文献、古地名和古文化遗存资料中均有线索可寻[22]。令周武王万万没有想到的是，他派遣监视武庚的这几个兄弟，在他死后为了争夺权位，竟与武庚勾结叛乱，使新生的周政权经历了一场严重的政治危机。不过这也说明周武王统治全国的战略部署，在他在位时即着力推行。

"先圣王之后"之封是为了在灭商后的新形势下，调整周人和"友邦"的关系，建立新的社会秩序。从今天发现的考古发现看，这类分封也是在武王在位时即着力实行。以燕山地区为例，这里商周时期存在有孤竹、令支、无终等许多古国，今在这些古国的范围内，均发现有土著贵族在商周之际接受周王的封赐，证据是这些墓葬都用鼎簋为组合的青铜礼器随葬，见于卢龙闬各庄[23]、滦县陈山头[24]、迁安马哨村[25]、小东山庄[26]、蓟县张家园[27]等多个地点。

卢龙闬各庄属孤竹国南境[28]，《汉书·地理志》辽西郡令支县下记："有孤竹城。"《水经注》记濡水（今滦河）迳令支县故城东后，引《魏土地记》曰："肥如城西十里有濡水，南流迳孤竹城西。"肥如县唐改名卢龙县，故《史记·周本纪》《正义》引《括地志》云："孤竹故城在平州卢龙县南十二里，殷时诸侯国也。姓墨胎氏。"闬各庄墓位于卢龙县治南12公里，出土鼎、簋为组合的青铜礼器，同出有燕山地区特有的金臂钏和弓形器，附近居住址为大坨头文化和围坊三期文化堆积（29），表明是土著族遗存。《史记·周本纪》记："伯夷、叔齐在孤竹，闻西伯善养老，盍往归之。"商末即已归周的孤竹君自然应在受封之列。《孟子·万章》记孤竹君"居北海之滨"。此"北海"为今之渤海，故位于闬各庄西20余公里的滦县陈山头墓也可能属孤竹范围，出土有鼎、簋、弓形器和管銎斧等器，文化属性和闬各庄墓一致。

迁安小东山庄接近令支境。《汉书·地理志》记辽西郡令支县"有孤竹城"。《水经·濡水注》记："濡水又东南迳卢龙塞，又东南迳卢龙故城东，……又东南流迳令支县故城东。……《魏土地记》曰：肥如城西十里，有濡水，南流迳孤竹城西。"隋开皇六年（586年）废肥如县入新昌县，十八年改新昌县为卢龙县，即今治。按此方位，汉令支县应在卢龙西北的濡水（今滦河）沿线，小东山庄正在此方位。令支亦是塞名，为古代"九塞"之一，是卢龙塞别名，后世称喜峰口，关城已沉于今潘家口水库，水库迤东的迁西、迁安一带皆是令支故地。小东山庄墓也出土鼎、簋和金臂钏、弓形器，另有多件具围坊三期文化特征的陶鬲。铜簋有铭文："⿰亻工（象形）爵作宝尊彝"，第一字像人扶持一段带节的柱状物，疑为"支"字。《说文》云："支，去竹之枝也，从手持半竹，会意。"《国语·周语》云："天子之所支，不可坏也。"注云："拄也"。正符合此形象，或为令支族徽。

迁安马哨村墓西距小东山庄12公里，南距闬各庄20公里略多，很难说这里是孤竹还是令支境。出土鼎、簋各一，鼎壁有一"卜"字，意义未明。簋底有一"㠱"字，即其，是商代一个地位显赫的部族集团，殷墟卜辞和妇好墓铜器均有"亚其"文字[30]。昌平白浮墓出土的卜骨上有"㠱祀"、"㠱上下韦驭"字样，铜戈和铜戟上的"丌"是其的异体字[31]。㠱在商代晚期又多写作，顺义牛栏山墓铜器[32]、喀左北洞2号坑"㚼"方鼎[33]、传清末芦沟桥出土的《亚盉》[34]均有"亚㠱侯𠂤"徽识，表明其族成员中多有燕国高官。

张家园墓所在地蓟县是无终故地，笔者曾有专文阐述[35]。这里要强调的是，顾炎武《日知录》怀疑“无终国先在云中、代郡之境，而后迁右北平”缺乏根据。蓟县无终历史远比山西无终要早。《列子·汤问》云：“禹之治水也，迷而失涂，谬之一国，滨北海之北，不知距齐州几千万里，其国名曰终北。”此“终北”之国即是无终，商代已经存在。张家园、刘家坟[36]等居住址和墓地显示无终的早期历史，两处墓地皆出土鼎簋为组合的青铜器，张家园墓的年代达商周之际。无终后参与山戎“病燕”，遭齐桓公打击后向太行山区转移，这便是山西无终的来历，由于和蓟县无终同源，因此浑源李峪村[37]的铜器和唐山贾各庄[38]酷似。

上述墓葬的共同特点是随葬铜器皆用鼎、簋组合，年代多在商周之际[39]。鼎、簋组合是周人的“重食”礼俗，[40]下层贵族普遍采用，[41]，尤以关中地区更为突出[42]。燕山地区土著贵族商代曾采用商人的“重酒”礼俗，如平谷刘家河墓出土鼎、爵、鬲、甗、爵、卣、斝、罍、瓿、盘、盉等中原式铜器，酒器居突出地位[43]，共出有燕山地区特有的金臂钏等器物，附近居住址文化堆积也是大坨头文化和围坊三期文化遗存，[44]表明属土著。可是到商周之际，这个地区的土著贵族，普遍采用了周人的“重食”的礼俗，必是周武王封“先圣王之后”的产物。

三、和召公建国同时进行的太公、周公建国

“功臣谋士”之封是周武王大封的核心，建立“价人维藩，大师维垣，大邦维屏，大宗维翰”（《诗·大雅·板》）的统治秩序。其中齐、鲁二国的分封和建国，对考察召公封燕和建国时间最具参照价值。

建国过程最清晰的是齐国，《史记·齐太公世家》的记载有二段文字。第一段：“武王已平商王天下，封师尚父于齐营丘。东就国，道宿行迟，逆旅之人曰：‘吾闻时难得而易失，客寝甚安，殆非就国者也。’太公闻之，夜亦而行，黎明至国。莱侯来伐，与之争营丘。营邱边莱，莱人夷也，会纣之乱，而周初定，未能集远方，是以与太公争国。太公至国修政，因其俗，简其礼，通商工之业，便鱼盐之利，而人民多归齐，齐为大国。”第二段：“及周成王少时，管蔡作乱，淮夷畔周，乃使召康公命太公曰：‘东至海，西至河，南至穆陵，北至无棣，五侯九伯，实得征之。’齐由此得征伐，为大国，都营丘。”根据这二段文字，对齐的建国过程可归纳如下：一、在后来成为齐国领土的地方，土著势力十分强大，因此齐太公赴封地建国时，受到了以莱夷为首的土著部落顽强抵制。这一情况可信，因为在今考古资料中，可见到这一带在商代末年，基本上是土著文化的天下，尽管像张店南家遗址等出土物具有典型商文化特征[45]，但多数属土著性质遗存，如寿光县涡宋台、火山埠[46]、青州凤凰台[47]等，尤以青州苏埠屯[48]晚商墓群最为突出，显示出雄厚实力。二、齐太公建国的目的地是营邱，但在遭到莱夷争夺后，改在了一个称作“齐”的地方。这是原商朝的一个军事据点，见于殷墟卜辞，如《后上》一五·一二：“癸丑王卜，贞，旬亡祸，在齐师。”《前》二·五·四：“庚寅卜，在齐师，贞，王伐（?）往来亡灾。”商朝灭亡，齐太公便利用该地点建国，取国名曰齐。三、初期的齐国完全处于土著部落包围之中，齐太公只是用政治和经济手段争取当地民众。四、武王死，成王接位，淮夷畔周，齐太公乘机展开对夷人的全面征伐，终于真正成为大国，并开始以营丘为都，完成了整个建国过程。

和齐国相比，鲁的建国过程显得较为曲折，甚至有一些地方令人困惑，然而却可藉此了解与召公

建国有关的相关历史背景。《史记·鲁周公世家》记周武王灭商后，"封周公旦于少昊之虚曲阜，是为鲁公"。但《周本纪》记"召公为保，周公为师，东伐淮夷，残奄，迁其君于蒲姑下"，〔正义〕引《括地志》云："泗水徐城县北三十里古徐国，即淮夷也。兖州曲阜县奄至，即奄国之地也。"按照这些说法，鲁国以曲阜为都应是"残奄"以后的事，此前曲阜属奄，"残奄"前不可能成为鲁国国都。奄地历史悠久，《水经·洹水注》引《竹书纪年》云："盘庚即位，自奄迁于北蒙，曰殷。"知哪儿一度曾是商都。据考古调查，奄国所在的济宁地区，虽然也发现有典型的商文化遗址，但只是个别的，使人有"孤岛"之感，晚商时期占主导的是土著文化[49]。商都迁离奄地后，奄成为土著阵容的一部分，故史籍多称"商奄"。《韩非子·说林》记："周公旦已胜殷，将攻商盖（奄）。辛公甲曰：'大难攻，小易服，不如服众小以劫大。'乃攻九夷而商盖（奄）服矣。"这条史料很重要，说明周公建国的最初目的地是奄，只是因为奄国势力较强，只得另选地点，这就是河南鲁山的鲁[50]。《左传》昭公二十九年记刘累因惧孔甲"而迁于鲁县"。《甲骨文合集》九九七九卜辞记"鲁受黍"，都指此。周公在此建国，故取国名曰鲁。这一过程似与《鲁周公世家》的"周公不就封，留佐武王"的记载相悖，其实"留佐武王"是在武王染病后开始的，此前周公一直在为筹建自己的封国努力，也只有这样，才能解释周公为什么要攻奄，以及鲁国得名的由来。周公"卒相成王"时告诫其子伯禽曰："子之鲁，慎无以国骄人。"此事亦在平叛前，当时伯禽所去的鲁已由周公初创，伯禽是接替周公前去主事。

周公建国开始不久，周武王突然病倒，于是返京"留佐武王"。《史记·鲁周公世家》记："武王克殷二年，天下未集，武王有疾，不豫，群臣惧。"不过没有立即死去，因为同书又记："明日，武王有瘳。"瘳，《说文》解释为"疾病愈也"。《左传》昭十三年记"事齐楚其何瘳于晋"。注："瘳，差也。"看来武王虽然没有死去，但由此病疴缠身，无法再理朝政。这段时间有多长，古籍记载不一。《史记·封禅书》记："武王克殷二年，天下未宁而崩。"但日本高山寺保存的《史记·周本记》却记武王克商后二年病，"后二年而崩"。《诗谱·豳风谱》也说：武王灭商后"二年有疾，疾瘳，后二年崩"。另外还有三年说，如《淮南子·要略》云"武王立三年而崩，成王在襁褓之中"；六年说，如《史记·周本纪·集解》引皇甫谧曰"武王定位年，岁在乙酉。六年庚寅崩"；七年说，如《管子·小问》云"武王伐殷克之，七年而崩"。夏商周断代年表定武王在位四年，相当卧病二年说。

周公是得到周武王格外信赖的人物，《逸周书·度邑解》记武王对周公曾有"乃今我兄弟相后"语，大有以国相托之意，因此周武王病后便成为权力中心。周武王死，周公摄政，在他以成王名义作的《康诰》中，对他的同母兄弟姬封说："王若曰：孟侯，朕其弟，小子封。"俨然以天子自居。许多古籍记载了周公的"俨天子"形象，《荀子·儒效》说周公"履天子之籍，听天下之断"；《韩非子·难二》说"周公旦假为天子七年"。但周公的言行也使召公等产生疑惑，《燕召公世家》记："成王既幼，周公摄政，当国践祚，召公疑之，作《君奭》。"最强烈的反应来自周公的几个亲兄弟，据《管蔡世家》记，武王有同母兄弟十人，长子伯邑考早逝，次子即武王，三子为管叔鲜，周公是第四，按照兄终弟及排序，也轮不到周公接王位。于是"管叔及其群弟流言于国曰：周公将不利于成王"。面对舆论压力，周公采取了出走的办法。《列子·杨朱》记："武王既终，成王幼弱，周公摄天子之政，召公不悦，四国流言，居东三年。"《尚书·金縢》记："周公居东二年，则罪人斯得。"[51]《墨子·耕柱》记："古者周公旦非关（管）叔，辞三公东处于商奄。"从这些资料看，周公"居东"似是事实，只是"处于商奄"的可能性不大，因为此时商奄尚未为周人所有，最好的去处应是他的封地，即已由伯禽代封的鲁。《鲁周公世家》有"人或谮周公，周公奔楚"语，司马迁将此与成王少年得病相联系，但［索隐］引谯周言，认为应是《尚书·金縢》之事，较合理，因鲁地近楚，故产生"奔楚"说。周公

“居东”后，管、蔡和武庚勾结发动叛乱，《逸周书·作雒解》记：“周公、召公内弭父兄，外抚诸侯。元年夏六月，葬武王于毕。二年，又作师旅，临卫政殷，殷大震溃。降辟三叔，王子禄父北奔，管叔经而卒，乃囚蔡叔于郭凌。凡所征熊盈族十有七国，俘维九邑。”不仅使新生的西周政权度过了危机，同时也扭转了鲁、齐建国受阻的局面。《鲁世家》记：“伯禽即位之后，有管、蔡等反也，淮夷、徐戎亦并兴反。于是伯禽率师伐之于肸……遂平徐戎，定鲁。”鲁国至此才完成建国过程，将国都从鲁迁到曲阜。

齐、鲁二国的建国过程，都经历了平叛前后的二个阶段，即平叛前初创阶段和平叛中的扩张阶段，说明周武王封建的“功臣谋士”诸侯国，武王在位时都已开始创建，燕国也不能滞后。

注释：

① 郭沫若：《中国古代社会研究》，科学出版社，1961 年。

② 齐思和：《燕、吴非周封国说》，《燕京学报》第二十八期，1940 年。

③ 陈梦家：《西周铜器断代》（二），《考古学报》第 10 期，1955 年。

④ 王国维：《北伯鼎跋》，《观堂集林》卷 18，第 3 册第 884 页。

⑤ 顾颉刚：《燕国曾迁至汾水流域考》，《责善半月刊》1 卷 5 期，1940 年 5 月。

⑥ 傅斯年：《大东小东说》，《中央研究院历史语言所集刊》第二本第一部分。

⑦ 北京市文物工作队：《北京房山县调查简报》，《考古》1963 年 3 期。报告把遗址中的刘李店遗存定为“殷周”，误。笔者曾参与该遗址试掘，实习报告定为西周，见李伯谦《北京房山董家林古城址的年代及相关问题》，《北京建城 3040 年暨燕文明国际学术研讨会会议专辑》，北京燕山出版社，1997 年。

⑧ 中国社会科学院考古研究所等：《琉璃河燕国古城发掘的初步收获》，《北京文博》1995 年 1 期。北京大学考古学系等《1995 年琉璃河周代居址发掘简报》，《文物》1996 年 6 期。

⑨北京市文物研究所：《琉璃河西周燕国墓地》，文物出版社，1995 年。

⑩中国社会科学院考古研究所等：《北京琉璃河 1193 号大墓发掘简报》，《考古》1990 年 1 期。

⑪ 齐心：《琉璃河商周遗址发现、发掘与研究》，《北京建城 3040 年暨燕文明国际学术研讨会会议专辑》，北京燕山出版社，1997 年。

⑫ 张亚初：《太保罍、盉铭文的再探讨》，《考古》1993 年 1 期。

⑬ 陈平：《克罍、克盉铭文及其有关问题》，《考古》1991 年 9 期。

⑭ 陈平：《燕史纪事编年会按》，北京大学出版社，1995 年。

⑮ 王宇信：《〈史记〉“封召公奭于燕”的武王为宏观“武王（时期）”说》，《北京建城 3040 年暨燕文明国际学术研讨会会议专辑》，北京燕山出版社，1997 年。

⑯ 孙华：《匽侯克器铭文浅见》，《文物春秋》1992 年 3 期。

⑰ ⑱ 王巍、徐良高：《先周文化的考古学探索》，《考古学报》2000 年 3 期。陕西省考古研究院商周考古研究部《陕西夏商周考古发现与研究》，《考古与文物》2008 年 6 期。

⑱ 殷玮璋：《新出土的太保铜器及其相关问题》，《考古》1990 年 1 期。

⑲ 张政烺：《〈利簋〉释文》，《考古》1978 年 1 期。

⑳ 陈梦家：《西周铜器断代》（一），《考古学报》第 9 期 1955 年。

㉑ 刘起釪：《周初的“三监”与邶、鄘、卫三国及卫康叔封地问题》，《历史地理》第二辑，1982 年。

㉒ 张新斌：《周初“三监”与邶、鄘、卫地望研究》，《中原文物》，1998 年 2 期。

㉓ 唐云明：《河北境内几处商代文化遗存记略》，《考古学集刊》第二辑。

㉔ 孟昭永：《河北滦县出土晚商青铜器》，《考古》1994 年 4 期。

㉕ 李宗山等：《河北省迁安县出土两件商代铜器》，《文物》1995 年 6 期。

㉖ 唐山市文物管理处等:《河北迁安县小山东庄西周时期墓葬,考古 1997 年 4 期。

㉗ 天津市文物管理处:《天津蓟县张家园遗址试掘简报》,《文物资料丛刊》第一集,1979 年。天津市历史博物馆考古部:《天津蓟县张家园遗址第二次发掘》,《考古》1984 年 8 期。天津市历史博物馆《天津蓟县张家园遗址第三次发掘》,《考古》1993 年 4 期。

㉘ 韩嘉谷:《孤竹国名及相关问题》,《首都博物馆丛刊》2008 年总第 22 辑,北京燕山出版社。

㉙ 河北省文物研究所:《河北卢龙县东阚各庄遗址》,《考古》1985 年 11 期。

㉚ 曹定云:《亚其考》,《文物集刊》2,文物出版社。

㉛ 北京市文物管理处:《北京地区的又一重要考古收获》,《考古》1976 年 4 期。

㉜ 程长新:《北京市顺义县牛栏山出土一组周初带铭青铜器》,《文物》1983 年 11 期。

㉝ 省博物馆等:《辽宁喀左县北洞村出土的殷周青铜器》,《考古》1974 年 6 期。

㉞ 潘祖荫:《攀古楼彝器款识》,《国家图书馆藏金文研究资料丛刊》第 10 册,北京图书馆出版社,2004 年。

㉟ 韩嘉谷:《试探无终》,《北京文博》2006 年 1 期。

㊱ 韩嘉谷等:《蓟县邦均西周时期的遗址和墓葬》,《中国考古学年鉴》1987 年。

㊲ 山西省考古研究所:《山西浑源县李峪村东周墓》,《考古》1983 年 8 期。

㊳ 安志敏:《河北省唐山市贾各庄发掘报告》,《考古学报》第 6 册 1953 年。

㊴ 杨建华:《燕山南北商周之际青铜器遗存的分群研究》,《考古学报》2992 年 2 期。

㊵ 张长寿:《商周时代的青铜容器》,《考古学报》1979 年 3 期。

㊶ 李丰:《黄河流域西周墓葬出土青铜礼器的分期与年代》,《考古学报》1988 年第 4 期。

㊷ 陕西师范大学中国青铜文化研究中心:《西周重食文化的新认识》,《考古与文物》2009 年 1 期。

㊸ 北京市文物管理处:《北京市平谷县发现商代墓葬》,《文物》1977 年 11 期。

㊹ 北京市文物工作队:《北京平谷刘家河遗址调查》,《北京文物与考古》第三辑,1992 年。

㊺ 淄博市博物馆张光明:《淄博市张店周村古遗址调查报告》,《海岱考古》第一辑,山东大学出版社,1989 年。

㊻ 寿光县博物馆:《寿光县古遗址调查报告》,《海岱考古》第一辑,山东大学出版社,1989 年。

㊼ 山东省文物考古研究所等:《青州市凤凰台遗址发掘》,《海岱考古》第一辑,山东大学出版社,1989 年。

㊽ 山东省文物考古研究所等:《青州市苏埠屯商代墓地发掘报告》,《海岱考古》第一辑,山东大学出版社,1989 年。

㊾ 张学海:《论四十年来山东先秦考古的基本收获》,《海岱考古》第一辑,山东大学出版社,1989 年。

㊿ 郑克煜等:《鲁国史》,人民出版社,1994 年。

51 在整理《清华简》中也作"三年",和《列子》同。见李学勤:《清华简九篇综述》,《文物》2010 年 5 期。

一部研究中华民族史的佳作

——简评《论中华民族》一书

徐自强

2009年秋，首都博物馆为了庆祝中华人民共和国建国六十周年，在中国民族文化馆、中央民族大学、新疆维吾尔自治区文物局、湖南省博物院、内蒙古博物院、湖南省博物院、贵州省博物馆、云南省博物馆、青海省博物院、西藏博物院、新疆维吾尔自治区文物商店、广州博物馆等十多家文、博单位的支持下，举办了一个很好的展览“多彩中华”。

该展览运用丰富多彩的资料，以图文并茂的形式，将我国56个民族的生产、生活、文化等多方面的情况，集中展现在世人面前。它既比较准确地体现了各个民族自身的特点，又反映了新中国建立六十年来各族人民团结奋进的伟大成就。可以说，“多彩中华”的成功举办，为灿烂的中华文化的保存与发展又书写了一部新篇章。这对我来说则是又受到了一次形象的爱国主义教育，给我留下了深刻的印象。

其后，又在同年10月的《中国文物报》上读到了高凯军先生的《从地域特点看中华民族发展的历史趋势》一文，感到有新意，很受启发。同时，又觉得文中的很多观点与见解与笔者正在修订的《中华远古史概论》一书的观点，有很多相同或相近之处，真可谓是“不谋而合”。故此，经过进一步的了解，才知道该文不仅是“多彩中华”展览图籍中的一篇指导性的论文，而且还是作者即将出版的专著《论中华民族》的简要介绍，故有了翘首以待之念。

近日，终于看到了由文物出版社于2010年4月出版的《论中华民族》——“从地域特点和长城的兴废看中华民族的起源、形成与发展”（以下简称“论民族”）一书。该书正文9则，加上跋和索引共11部分，篇幅369页，文字近30万，插图83幅，图表12种，可谓内容丰富，精彩纷呈。粗读一遍，感受良多，不揣简陋，撰此书评一篇，以求教于作者与时贤。

该书的突出特点，笔者认为主要有四：

一、切入视角新颖

此类论著，据笔者所见数量很大，古往今来，至少在数百种以上。现仅据费孝通教授主编《中华民族研究新探索》(中国社会科学出版社，1991年5月第一版) 附录二，刘毓尧编订的《“中华民族”研究论文索引》统计，就达到222种，该索引论著中从书名上就明确标出以“地域”等特征入手进行论证者则极为少见，甚至是无。但此书，正如作者在其“结论”中（P315）所言“本文为了探索中华民族起源、形成和发展的基本趋势和特征，选择了就‘地域’特点入手。”可以说，作者从论述的一开始就抓住了一个带“本质"性的新视角，新切入点，给读者以新鲜感，使人进入立刻就想翻阅的境界。

所谓“地域”，简言之，就是指地理条件，自然环境。马克思主义理论告诉我们，世界上一切事物的存在与变化都是以时间、地点、条件为转移的。地球上一切事物的生存和发展离不开地域（即空间)，有生命的物质（植物、动物、人类）更是如此。这是人类和其社会存在的前提。中华民族是在特定的时间与空间中形成与发展的，在论述时，更离不开对自身存在的“地域”的了解。可以说“地域”对人类的影响，一般说来是对其变化发展的“限制”与“制约”作用，多属量变的范畴，其作用的大小，因条件的不同而异，但有时候其影响与作用则是决定性的，是质变性的。

作者以“地域”特征作为切入点，论述它对“中华民族”的影响时，是从三个方面进行的：(1)“中华大地的外部屏障决定了中华各族发展的内向特征”(P315)；(2)“中华区域的地形、地貌、资源和气候的多样性，导致了以华夏——汉族在黄河、长江中下游流域率先发展起来的农耕经济为核心的六大经济区的形成，从而决定了汉族和周边少数民族的互补依存关系”(P316)；(3)“在核心经济区先进经济、文化的吸引力和全球性趋于寒冷的气候波动推动力的共同作用下，北方少数民族逐波南下成了难以阻挡的历史趋势，因此华夏、汉族从狭隘的民族观念出发所修筑的长城屡次被突破，特别是清朝入关并统一全国，突破和废弃了明长城这道中国历史上最后的分割胡汉的防线，为中华民族多元一体格局的最终确立奠定了政治基础”(P316)。

这些论述基本上是可取的。故此，作者把中国“地域特点”对中华民族的形成、演变所产生的影响和发挥的作用，形成为一种基本上可以成立的认识，或者说形成了一种言之有理的“一家之言”是值得称道的。

二、取材丰富简洁

材料是一切科学研究的基础，是产生一切认识的出发点和形成结论的落脚点。有一分材料说一分语，这才是科学的态度。一个科学结论的形成，必须有大量的科学的材料做为依据，其认识才能称之为科学的认识和科学的结论。

作者在《论民族》中采用的材料既丰富而又简洁。所谓丰富，主要是指取材的范围广泛，既有众多的文献材料，包括文字形成以后，后人用现行文字记录、整理的古代传说中的留下的史料文献，如文中常引用的《尚书》等（P52)；也有近代以来考古发掘出土的各种材料，如稻、粟等食物材料(P19)，铜器、画像石等艺术材料（P199)，尤其是其中的甲骨文、金文、简牍等文字材料，更是不可阙如的部分。

所谓简洁，是指作者在取舍使用这些材料时，不是泛举大量的例子，堆砌材料，而是从需要出发，择其精者，点到为止，以说清问题为原则。如：讲到农耕文明稻作的起源时，只是总的指出长江下游的浙江浦江上山遗址、浙江余姚河姆渡遗址、桐乡罗家角遗址、杭州附近的跨湖桥遗址为止（P18)；粟作的起源，只讲到河北磁山文化和河南裴李岗文化遗址为止（P19)，不再作更为具体的引证。在讲到“三代”民族中的“夏”时，只提出河南偃师二里头文化的遗址和遗物（P27—29），讲到周代时只举出一批铜器和铭文（P48、49）等为止，也不作更多的考证分析，从而使行文简洁流畅，易于明白，容易接受。

三、结构层次清晰

首先，该书在论述中华民族“发生、发展、形成、演进”这一大问题时，将其分为层次和时期两个方面进行论述。层次是讲中华民族产生、形成、演进的外在条件、客观背景，以及所处的地域特点和民族本身的内容：时期是指中华民族形成、演进的阶段，如华夏族、汉族、中华、中华民族等，从而把中华民族的演进历程清晰地呈现在人们面前。

其次，在论述中华民族的演进过程时，第一，将其演进内容分为华夏、汉族和中华民族三大阶段；第二，论述中华民族是在农耕和农耕经济为基础的条件下，在古代各氏族、部落的交往中，逐步汇聚、形成的。它包括了在新石器时代创造了大量古文化的先民（如仰韶文化、裴李岗文化、磁山文化、龙山文化、大汶口文化、青莲岗文化、齐家文化（P22—23）的主人，尤其是经过初步汇聚的创造了夏、商、周三代文明的先民。正如作者所述：“尽管‘三代’不同源，他们最初的生活区域和生产方式也各不相同，但是，由于他们为谋求更适宜的生存环境，先后汇集到黄河中下流域地区，都因地制宜地开始了以旱作农业为主的农耕生活，而且三者在政治、经济和文化方面有着密切的替代和继承关系。这就决定了他们在物质和精神文化方面大同而小异的发展趋势，即出现了文化趋同的现象。”（P31）“应该说，这种在共同地域和共同经济生活中形成的大同而小异的物质文化面貌，为夏、商、周三大来源不同的部落集团最终融合为统一的华夏族奠定了坚实的物质基础，因此，到春秋战国时期，使华夏族形成了共同地域和共同经济生活的观念。按《尚书·禹贡》的说法，大禹治水成功以后，根据黄河、长江中下游流域的土壤类型、山川物产等制定了‘九州贡法’。……其中对九州的划分贯穿了九州一统的思想，所反映的主要是对‘三代’农耕经济地理分布情况的认识，故又被称为‘三代九州’。九州主要分布在黄河中下游流域到长江中下游流域地区，和前述新石器时代的农耕文化圈大体吻合，反映了春秋战国时期由夏、商、周三大部落集团融合而成的华夏族对自身共同地域、共同经济生活的认识”。（P32）

由此可见，华夏族的形成是在以黄河中下游流域为主的地区，生活在该地区及其周围地带“一万”个以上的远古先民（即古代氏族、部落等）在长期交往中，互相吸收、补充后，逐渐形成的。古史传说中夏代时的“万国”（实际上这时所谓的“国”，就是在一个相对独立的地区自谋生存发展的一个氏族或部落）林立;、商代三千、周代八百的诸侯称雄；战国时的七国争霸等等，就是华夏族形成的一个生动写照。

第三，汉族的形成是在更大范围、更多古族认同的反应。秦朝统一帝国的建立，在黄河两岸、大江南北建置了三十多个郡，据湖南里耶出土的大量秦简可知，湘北湘中一带也建立了秦辖郡制。汉时，在扩大疆土、发展经济、统一文化等推动下，黄河、淮河、长江流域的广大地区，秦岭南北的大山大川都是更多先民、古族交流融合之所，从而汉族形成了。如作者所言，“无论是若干部落集团融合为统一的民族，还是一个民族吸收本族以外的民族成分，归根到底，都是由各种因素所导致的各方或彼此在经济、文化上的趋同。”（p59）“黄河、长江中下游流域地理环境的特点使汇集到这里的不同部落集团先后转向农耕经济，并在语言和思想文化方面打上了深刻的农耕传统的烙印。”（P68）“在华夏经济、文化强大凝聚力的影响下，原来因经济、文化落后而被视为蛮、夷、戎、狄的楚、吴、越和秦的经济文化逐渐达到甚至超过了中原‘诸夏’的水平，也融入到华夏族中来，从而使华夏族人口到秦统一时已增加到四千万。就战国至秦汉时期来说，‘诸夏’的统一和华夏族的发展壮大，为汉族的形成奠定了坚实的基础；从更长远的观点看，华夏族则构成了今天我们中华民族内在凝聚力的最初核心。”（P69）由华夏族演进为汉族是由多种因素促成的，作者认为概言之有四：（1）“政治统一和疆域扩展为华夏向汉族的发展打开了广阔的空间……为中国封建社会向第一个鼎盛时期——两汉王朝的出现以及在这四百多年间华夏进一步发展成统一而强大的汉族奠定了物质基础。”（P71、75）（2）“移民政策为华夏——汉族的自身发展和吸收少数民族成份创造了条件。”（P75）（3）“文化政策巩固了华夏——汉族原有的语言、文化基础。”（P81）“这种文化历久不衰，一直延续到今天。在此基础上形成的一些基本观念，如中华一统的国家观和民族观、荣辱分明的道德观、天人合一的自然观等仍然在影响着我们的政治生活、社会生活、家庭生活以及人同自然的关系。”（P96）“重农政策和措施促进了农业的发展和汉族人口的增长。”（P97）“秦汉时期郡县体制内的人口也就是华夏汉族的人口之所以从秦初的四千万发展到了东汉后期的五千六百多万的规模，除了华夏——汉族人口自身增长外，还陆续吸收了不少周边少数民族的成份，如前边提到的匈奴、乌桓、氐、羌、蜀、楚、越、哀劳等，都为汉族的发展或多或少注入了新的血液。”（P103）总之，“秦汉王朝的政治统一意图和所作努力代表了先秦列国的共同愿望，符合历史发展趋势，所以才最终获得成功，并推动了华夏向汉族的发展。”（P103）

第四，中华民族的形成。中华民族的形成是中国土地上神州范围内更大规模、更多人口内的认同，如从源头华夏族肇始算起，至少有了几千年的历史，就其中中华民族出现而言，也经历了一千多年的岁月。简言之，它经历了从自在到自为的两个时期。自在阶段大致从隋唐时期开始，自为阶段大致从近代鸦片战争（1840）以后开始。我们还是先看《论民族》作者对这个问题的论述吧。

“魏晋南北朝至隋唐时期是中国历史上第二次从分裂走向统一，从混乱走向秩序，从多民族的矛盾、斗争和交流走向融合并孕育中华民族雏形的时代。”（P204）“胡、汉融合的现实不仅使隋、唐王朝顺利地完成和巩固了国家的政治统一，也使从隋、唐的统治者和广大民众逐渐改变了传统的民族观念，开始给这个由胡汉融合而成的新族体冠以‘中华’之名，实现了中华民族的最初认同。”

“‘中华’一词，最早出现于魏晋时期的天文学领域，是取‘中国’和‘华夏’的首字复合而成，用来指称中原地区上方的星宿。后来，中华一词又被引申为原居中原地区的汉族，……到北魏孝文帝汉化改革以后，进入中原的鲜卑等北方少数民族的经济生活、语言、文化和习俗都发生了深刻地变化，胡、汉融合已经很深，所以像苻融那种自认夷狄的观念到鲜卑人这里则为之一变，鲜卑统治者开始以中华正统自居。……隋、唐统治集团作为民族融合的群体，就更顺理成章地接受并认同了中华的民族观念。唐太宗在总结其民族政策成功经验时曾指出：‘自古皆贵中华、贱夷狄，朕独爱之如一，故其种落皆依朕如父母。’（见《资治通鉴》卷198，贞观二十一年（647）五月条）。在这里他将‘中华’与‘夷狄’对举，用的无疑是民族概念，‘中华’不再是专指传统意义上的汉族，而是指以汉族为主体融合诸多少数民族而形成的新的族体，其中就包括如前所述的南、北方少数民族合计约640万，约占唐朝在籍总人口峰值的10%强。因此，可以说，汉族和少数民族经历魏晋南北朝的民族大融合，到隋、唐时期正式形成了早期的中华民族，尽管那时候还没有现代意义上的民族概念，但‘中华’一词所指已经是涵盖了现代民族概念所具有的如经济生活方式、语言、文化和主、客观方面的民族认同等基本要素。”（P211—212）

作者在上引长文中论述的“中华民族”最早形成于隋、唐时期，为其早期阶段的观点，笔者认为是有理有据的，是可以成立的。可以称为“一家之言。”但笔者认为这个阶段的中华民族只能是“自在”的中华民族，而且是其早期阶段，与演进为“自为”的“中华民族”尚有相当的距离。

作者又指出“中华民族的本质是汉族与进入黄河、长江流域的少数民族相融合的产物。由于中华民族的内向迁徙、交流与融合一直在不断地进行，汉族也因少数民族的加入而在不断地变动和发展壮大，所以，此后，陆续进入中原的突厥、回鹘、契丹、女真、蒙古、满洲及其在中原所建立的五代、辽、金、元、清等在政治上都以正统自居，在民族成份上，也许是出于民族自尊的考虑，都只认中华民族而不自认为是同化于汉族。这不仅是因为他们当了统治者说了算，也是因为不同历史时期的汉族由于又有新的民族成份加入而确实不同于传统意义上的汉族了。”(P213)

作者在此所述的中华民族，虽然在地域上有了很大的扩充，人口上有了很大的增加，文化、语言等方面都有了进一步的融合，但笔者认为其经济所具特征仍是属于“自在”阶段的民族，可称其为第二阶段或晚期阶段。中华民族由“自在”向“自为”的过渡，是在近代时期，即1840年中英鸦片战争以后才逐渐展开的，可以说这一阶段又经历了一个世纪，直到二十世纪四十年代中国人民抗日战争全面开始和彻底胜利，这个过渡才基本完成。

对此，我们再看看《论民族》作者对此问题的论述。他说：“费孝通教授1989年在香港中文大学所作的‘中华民族多元一体格局’的演讲中，提到了一个重要观念，即中华民族有一个从‘自在的民族’到‘自觉地民族’的发展过程。他说：‘中华民族作为一个自觉的民族实体，是在近百年来和西方列强对抗中出现的，但作为一个自在的民族实体则是几千年的历史过程中所形成的。’同时他还指出中华民族多元一体格局形成过程的‘主流是由许许多多分散孤立存在的民族单位，经过接触、混杂、联合和融合，同时也有分裂和消亡，形成一个你来我去，我来你去，我中有你，你中有我，而又各具个性的同时又是以汉族为核心的多元一体。’这个观念客观地反映了中华民族发展的主要趋势和最终结局，也得到了学术界的广泛认同。但是，关于‘一体’的内涵、形成多元一体格局的原因和步骤，还值得深入分析。我认为，长城的突破和外国列强的入侵在中华民族多元一体格局确立的过程中发挥了重要的促进和刺激作用。所谓‘一体’主要是指政治一体和民族一体。两者既有联系，也有区别，并非同步进行的。例如废除了长城，统一了全国，实现了中华各族的政治一体化，但国内各族群之间的差别和矛盾仍然存在，故而还不能说实现了民族一体。只有在外国列强入侵面前，这种矛盾方退居次要地位，而一致对外的民族矛盾则上升为主要矛盾，激发了中华各族群共同民族意识的形成，实现了对中华民族的主流文化、核心价值观的和共同利益的广泛认同，从而才使中华民族多元一体格局最终确立下来。”(P257) 又说：“一般说来，不同族群在共同的敌人入侵面前，更容易求同存异，团结抗敌，结成更高层次的民族统一体。十九世纪四十年代，由于工业革命的广泛开展，世界资本主义处在更大规模的上升期，先发展起来的欧美和后起的沙俄、日本等为了扩大商品市场、争夺原料产地，征服殖民地的活动日益疯狂，尚处于封建社会末期的中国成了他们侵略、占领和瓜分的主要目标之一。英、法充当了侵略中国的总先锋，沙俄步其后尘大肆侵吞中国领土，日本的野蛮侵略和占领等给中国各族人民造成了深重的灾难。从反面刺激了中华各族人民的觉醒，逐渐认识到只有团结起来一致对敌，才能克服亡国灭种的危机。所以，无论清政府坚持抵抗还是后来转向投降卖国，中华各族人民都一直坚持着不屈不挠的反侵略斗争，并在斗争中不断强化了由几千年来形成的密切经济文化联系和强大凝聚力，以及休戚与共的共同民族意识。”(P296—297)

于此可见，中华民族的形成是经历了一个漫长的历史过程的。由华夏族——汉族——中华民族的前期（即至清朝乾嘉时期，或1840年以前）是自在的中华民族形成、发展时期；从清道光时期以后，即1840年鸦片战争以后，中华民族在不断反抗外来列强侵略的斗争中，逐渐觉醒，不断增强团结，真正认识到为了中华民族的生存，不被帝国主义灭亡，在这生死存亡的紧要关头，各族人民必须紧密地团结起来，展开一次保卫家乡、保卫祖国，争取生存的伟大斗争。这一点在二十世纪的伟大抗日战争中达到了高潮。其后，1949年中华人民共和国的宣告成立与56个民族的认定，各自成为以汉族为主的中华民族大家庭中的一员为标志，宣告了“多元一体的自觉的中华民族”最后形成。所以，现在，尤其是改革开放以后重申的“为伟大中华民族的复兴而努力奋斗”的口号，则是为自觉的、多元一体的中华民族发展的继续。

总之，作者在《论民族》一书中，用不同的篇幅，从两个层次（形成的环境与民族融合）、三个阶段（华夏族—汉族—中华民族）将中华民族的演变轨迹，清楚地呈现在读者面前，是该著作的一个重要特点。

四、论证思想深邃

思想深邃是指作者在论述该著作的思想认识比较宽远精深，包括两个方面的内容：一是指认识问题的观点与方法，二是指论述问题的过程与结论。

观点方法的深邃，笔者认为有三点可以提出来讨论：（1）是将“时、空观”用于问题的分析，从“地域”特征切入，看其对有关问题的影响；（2）是坚持辩证的分析方法，如对长城的认识，要注意正负两方面的影响，要全面等；对“中华民族”形成的分析既要注意对抗斗争，更要注意交流与融合的两个方面，而以融合为主，同时还要有演变与发展的观点，不能一成不变，量变与质变贯穿于变化的过程之中；（3）坚持实事求是，以材料的分析为基础，再作出结论的唯物主义的态度等。如在分析了汉族形成的基础上，魏晋南北朝时期的南北方各族的交流与融合后又形成了“中华民族”的“雏形”（即第一阶段）；后来到辽、金、元、清入主中原并交流融合后又进入到了中华民族形成的“发展期”等新认识可为其代表。但稍感遗憾的是未能更明确地提出这“雏形期”和“发展期”就代表了中华民族发展中“自在阶段”的出现与结束。对其后阶段的论述也有类似的情况，只分析其过程与表现，不明确提出“自为”或“自觉”的结论。

关于论述中做出的深邃结论，笔者认为应该包括：（1）指出了对中国地域特征的三面屏障所导致的相对封闭的地貌特征对中华民族发展造成的正负两方面影响的认识。在正面影响中，尤其是指出了“这就给中华民族及其文化的独立发展提供了近两千年的宝贵时间，是中华民族得以形成了华夏——汉族这个具有强大生命力的主体族群和主流文化。……这个主体族群和主流文化并未因晚清以来帝国主义列强的屡次入侵和占领而更易和中断，中华文明因此成了世界上唯一没有中断的古老文明。”（P4）（2）指出了“中华各族之所以主要选择了内向的发展方式，不仅是受到东亚大陆外向天然阻隔的限制，也与这一封闭区域内部的地理特点密切相关。一方面，这一地理单元地域广大，内部阻隔较小，给中华各族发展提供了广阔的回旋余地和民族之间经济、文化交流的便利条件。……另一方面，这一单元内的自然条件的差异导致了具有内向凝聚力的民族分布格局……使这里形成了史前两大交相辉映的农耕文化圈，即长江中下游流域的稻作文化圈和黄河中下游流域的旱作文化圈，成了华夏——汉族起源、发展的摇篮和中华民族政治、经济和文化的中心地区。……形成了以汉族农耕文化为中心，以周边少数民族的游牧、渔猎和原始农业文化为边缘的民族分布格局。这种分布格局导致了汉族和周边少数民族经济、文化交流的必然性。……特别是北方少数民族面临因周期性气候波动以及由此产生的严重生存危机的时候，向内地寻求生存之路的愿望就更加强烈。历史上多次发生的北方少数民族内迁，如东汉、魏晋、女真、蒙古和明代的满洲等的内迁或入主中原，很大程度上都是这种原因造成的，这也是他们对汉族经济发达地区保持持久向心力的根本原因。”（P7—8）（3）作者根据费孝通教授“中华民族多元一体格局”的理论，试图对“一体”的内涵、形成多元一体格局的原因和步骤（P256）作出“深入的分析”。现在通过“多彩中华”展览的成功举办和《论中华民族》一书的写作，可以说对上述设想已作出了初步的解答，如他说：“从这两个角度来考虑，使我更加清晰地看到了中华民族‘古今之变’，即从先秦时期的华夏到秦皇时期的汉族，再到唐代的中华，最后历经五代辽金元清和近代，发展壮大为中华民族的历史脉络，归结出了民族融合和发展过程中的内在规律和外在原因。内在规律我把它表达为‘先多效应’，即从长远的观点看，在民族关系发展过程中，先进、多数的族群必然要影响和同化落后、少数的族群。这个想法，笔者早在1987年《六至八世纪汉族对突厥族的影响》和1990年《通古斯系的兴起》两文中就已提出，在本文中又进一步加以推广和运用。外在原因则主要表现在，当若干个有关系的族权遇到了共同的外部敌人时，就更容易求同存异，一致对外，最终因政治统一和民族团结合成统一的民族。再放大一些看，除了中华民族之外，世界上很多民族的起源、形成和发展，都受到了这种内在规律和外在原因的支配，大致可以说古今中外概莫能外。这些算不算‘成一家之言呢’？这个问题就留给读者和历史去评判吧。”（P324）对此，笔者的看法是肯定的，其提出的见解和作出的具体分析是可以成“一家之言”，以供读者和时贤讨论的。

综上所述，《论民族》一书其特点是突出的，观点是可以成立的，结构层次是清晰的，论证也是比较充分的，可以说是研究中华民族问题的一部佳作，阅之是大有裨益的。

综观其书，也有一些问题值得进一步商榷，提出若干与作者探讨。

比如，在作者对“地域”特点已有论述的基础上，如果能补充两点，似对有关问题的论证更为有利。（1）不仅要看到我国地域东西向的三个阶段（似应加上东部大陆架上的四大领海区域更为全面，可暂称为第四阶段）和大山（天山、阴山、秦岭、五岭等）、大川（长江、黄河等）形成的复杂地形和景观，还应看到我国地域从北到南形成的几大气候带、寒带、温带、亚热带、热带等对东北、华北、华中、岭南等几大地区的影响，从而也看到对生存在当地诸多族群产生的影响和制约作用。（2）似应加上三大屏障内部环境：山、川、湖泊、高地、丘陵、盆地、平原等景观对形成古代“上万个”氏族的影响与制约，只有在当时的地域条件下形成的最早氏族才是以后交流、融合的前提和基础。传说中禹会“万国”于塗山，其前期会有更多的称为“国”的氏族。所以中华民族的形成，是成千上万个古族，在几千年的岁月中，根据不同时期的特点进行对抗、斗争、交流、融合的结果。（3）在对我国历代长城的认识和评价上，提出要用两分法，认为“从长城在中国民族种中国发展中的地位，它既有积极作用，也有消极影响。客观地评价长城在中国和中华民族发展中的历史作用，不仅有利于我们从中吸取经验、教训，维护国家的统一和民族的团结，从而促进中华民族多元一体化的进程。”（P146）从总的方面看，这种两分法的观点和认识方法是可以接受的。

但是，作者在对一些问题的论述中，却出现了不够准确，未能分清主次的现象。如认为“历史上，北方少数民族屡次以各种方式突破长城防线而内迁，就反应了它作为中原王朝特别是汉族王朝把北方少数民族排斥在外的防御工事而对中华内向交流、融合与发展以及中国从分裂走向统一的阻碍作用。”（P146）又如“在分析了长城正面作用后，论述长城的负面影响时，说‘它（指中原王朝修的长城）

违背了在历史时期全球性气温呈下降趋势的背境下，北方少数民族寻求内向交流和发展的规律’。”又“从中华民族内向发展、交流与融合乃至当今国际政治的角度看，长城这道人工屏障的消极影响也不能忽视。”（P148）

又如“从中华民族发展的长远的观点看，长城的修筑和驻防不但难以阻止北方少数民族的南下和中华各族内向交往与融合的历史趋势，还给历代被迫修筑长城的各族人民造成了沉重的负担与痛苦。……说它‘可诅咒’，是因为从长远观点看，它的修建和驻防不但给人民造成了沉重的负担和痛苦，而且助长了大汉族主义的倾向，阻碍了少数民族与汉族交流与融合的历史趋势，反映了当时的中原王朝在民族政策上的无能与无奈。”（P149—150）

又如，说明朝重建长城和派兵驻防“阻碍了他们同中原汉族的经济、文化交流、违背了中华各族内向迁徙、交流与融合的历史趋势。”（P259）“明清之际女真人对明朝长城的突破则进一步为中华民族多元一体格局的最终确立创造了条件。从这个意义上说，长城不是中华民族的象征，反而是中华各族迁徙、交流与融合的人为障碍。”（P149）“满族入主中原，废除了长城，统一了全国，实现了中华各族的政治一体化。”（P257）等。

从上述各点可以看出作者对长城的问题是十分重视的，但从总的倾向看，似乎有负面影响大于正面影响的感觉，如真如此，这就更是值得商榷的了。笔者认为，中国历代王朝对长城的修筑，只是与远古的先民修环壕、陷阱；中国的居民筑城堡、城墙；现代人类建海、陆、空防御体系一样，不过是在对敌斗争中保卫自己生存的一种手段，所谓“兵来将挡，水来土掩”而已，不必将其正面作用负面影响过分渲染。总的说来，其正面作用应是占主要地位的。

作者多次强调从“长远观点看”，长城的正面作用和消极影响如何如何等等，真正地从融合的长远观点看，长城在中国历史的长河中，中华民族形成发展演进的长河中，只在冷兵器时代起过积极的保卫自己的作用，当然也出现过一些负面的影响，尤其在与北方少数民族的交流、融合中，但这种消极影响与正面保卫作用比较起来是次要的。从长远的观点看，各民族间交流与融合，主要是在和平时期，双方（汉族与各少数民族、和各少数民族间）都独自地存在并和睦相处的条件下才有可能。试问在族与族之间矛盾上升加剧，甚至成为主要矛盾，敌我矛盾的情况下，为了防御敌人进攻，保卫自身安全，要加强武器装备，加强防卫工事，加固长城或修筑城坊时，在这种情况下，还能要求为了彼此的交流与融合而不准备吗？所以，作者认为历代重修长城违背了北方少数民族南下内向迁徙、交流的历史趋势，甚至助长了大汉族主义的倾向等，显然是不符合事物的发展规律和不妥当的。

作者还认为从当今国际政治的角度看，长城的消极影响不可忽视。“从女真突破长城的意义上看，长城不是中华民族的象征，反而是迁徙、交流、融合的人为障碍”等说法，这是夸大了长城的消极影响的不妥当的说法。

以上这些个人意见，仅供与作者商祺，不妥之处，欢迎批评指正。

中央民族大学古文字陈列馆所藏时代最早的契丹大字墓志

乌拉熙春　金　适

[提要] 中央民族大学于2009年建成开馆的中国首家民族古文字陈列馆（设于民族博物馆三层），收藏有30多个文种、100余件民族古文字文物。其内容之丰富表现在基本上已囊括了中国现已发现的所有古文字文种，其价值之贵重表现在许多藏品在同类文物中亦属稀见。其中有一件契丹大字墓志拓片（及汉文墓志拓片），为迄今发现的契丹文字墓志中时代最早者，刻写时间是辽穆宗应历十年（公元960年）五月二十八日。契丹大字墓志与汉文墓志并非对译，前者更侧重于先祖和家族的记述，尤其是对揭示东丹国宰相世选制、契丹古俗"妻连夫名"这些辽代汉文史料和汉文墓志中语焉不详甚或记载皆无的史实，堪称弥足珍贵的第一手资料。根据笔者的解读结果，契丹大字墓志当命名为《痕得隐太傅墓志》。痕得隐，是墓主之"字"，其名契丹大字墓志和汉字墓志均未载录。汉字墓志载墓主之"字"作"鞩德"，是略去了词末in的不甚贴切的音译。

中央民族大学古文字陈列馆所藏契丹文字资料中最值得注目的一件，就是契丹大字《痕得隐太傅墓志》。它是迄今为止发现的契丹文墓志中年代最早的一件，刻于辽朝第四代皇帝穆宗应历十年（960年）五月二十八日。同时，它也是迄今为止发现的契丹文、汉文并刻（非对译）于同一墓石上的年代最早的一件。因志石情况不明，推测契丹大字刻在志石的正面、汉文刻在志石的背面。

契丹大字与汉字皆为楷书风，字体端正且字间留有约半字的字距。从拓片情况来看，志石保存得相当完好，正反两面字迹基本清晰无损。汉文墓志第28行载"庚申岁（960年）五月二十八日丙寅葬于内恩军北高神山"。此北高神山可能在阿鲁科尔沁旗天山一带，即墓主痕得隐的家族墓地。

契丹大字墓志24行，共526字，183条单词。笔者业已解读并拟音的达168条，尚待解读的有15条。契丹大字志文从开篇即叙述墓主家系，没有标示何人的墓志亦即志题的文字，志文末尾也没有韵文颂词。因此，根据墓主名讳"痕得隐"及其官称"太傅"，将契丹大字墓志命名为《痕得隐太傅墓志》。汉文墓志33行，第1行亦即志题："上国都监太傅墓志铭并序"，第29行后半至第33行乃韵文颂词。墓志撰写时间：应历十年五月二十八日，契丹大字和汉字皆刻于志文末尾。

"痕得隐"，契丹大字的表音是hede－in。词末带有－in，可知这是墓主的"字"①，其名失载。汉文《上国都监太傅墓志铭》音译作"鞩德"，省略了词末音节－in。这种不甚贴切的音译，常见于《辽史》

和辽代汉文墓志。痕得隐生于辽太祖八年即后梁末帝朱瑱乾化四年（914年）十二月二十六日，薨于辽穆宗应历九年（959年）十月一日癸酉，享年四十六岁。契丹大字《痕得隐太傅墓志》详细记述了墓主的祖父母、父母、伯父、叔父、堂兄等人的名讳，但墓主的妻、子以及一弟的名讳却付诸阙如。

将契丹大字《痕得隐太傅墓志》与汉文《上国都监太傅墓志铭》的记述相比较，前者侧重记述墓主的家族成员而后者侧重记述墓主的入仕经历。类似这种记述特点在契丹文、汉文并存的辽代墓志中常见，当然也有例外，比如契丹大字《霞里隐大王墓志》和汉文《北大王墓志》②，后者仅记述了家族成员而“大王入仕年月，历宦官娑，并次于契丹字内”。

契丹大字《痕得隐太傅墓志》开篇即从墓主祖父母记述起。祖父“敌辇沤里思”（“敌辇”乃其“字”，“沤里思”乃其“名”），即《辽史》卷六十六皇族表、卷七十三耶律曷鲁传、卷七十五耶律觌烈传所载之“偶思”、汉文《耶律羽之墓志》（会同五年［942］）之“沤思涅烈”，遥辇时为本部夷离堇。汉文《上国都监太傅墓志铭》记作“涅烈”，云其“三任北平王，芳名华国，茂业荣家，绢德累功，善终令始。”金云大王及北平王之封爵，皆不见于《辽史》，前者仅见于汉文《耶律羽之墓志》。契丹大字《痕得隐太傅墓志》称其作“阿庐朵里敌辇夷离堇沤里思”。汉文《上国都监太傅墓志铭》的“涅烈”，契丹语原型为dilen，通常音译作“敌辇”或“迪辇”。是可知“涅烈”乃其字而非其名。汉文《上国都监太傅墓志铭》中有“东收新罗巨猾、西平达涅狡徒”一句，“达涅”即《辽史》之“达旦”；汉文《上国都监太傅墓志铭》又将《辽史》人名“挞烈”音译作“涅拽”。是可知泥、端二母可通。“沤思”，乃其人之名，契丹语原型为eursi，音译作“欧里思”、“沤里思”或“欧里斯”（如《辽史》卷八十一“欧里思，字留隐”、《辽史》卷一太祖本纪上“南宰相耶律欧里思”、《辽史》卷七十六“耶律沤里思，六院夷离堇蒲古只之后”、《辽史》卷十九兴宗本纪二/重熙十三年“夏四月己酉，遣东京留守耶律侯哂、知黄龙府事耶律欧里斯将兵攻蒲卢毛朵部”）。是可知汉文墓志之“沤思”与《辽史》之“偶思”皆为略去了词首音节的节尾辅音-r的不甚贴切的音译形式。eursi用做契丹男子之“字”时，表现为后续-n的形式eursin，汉文译音“沤里僧”。

“阿庐朵里”，契丹语原型作aldor。见于《辽史》卷百十六国语解“阿庐朵里一名阿鲁敦。贵显名。辽于越官兼此者，惟曷鲁耳。”《辽史》卷一太祖本纪上/神册元年“三月丙辰，以迭烈部夷离堇曷鲁为阿庐朵里于越。”《辽史》卷七十三耶律曷鲁传“太祖既备礼受册，拜曷鲁为阿鲁敦于越。阿鲁敦者，辽言盛名也。”《辽史》卷六十六皇族表“阿鲁敦于越曷鲁”。是可知其有“贵显”、“盛名”之意。从音义双方将契丹语aldor与蒙古语aldar（盛名、荣誉）相比较，可知两词具有同源关系，且契丹语第二音节尚保持着较蒙古语古老的语音形式。契丹文墓志中多处出现“门第贵显”、“子孙贵显”、“贵显之位”、“贵显之帐”、“贵显之人”的词组，皆为同一语词的使用环境。然《辽史》将“阿庐朵里”等同于“阿鲁敦”则为误记。“阿鲁敦”，契丹语原型作aldon，与“阿庐朵里”同根而非同一词。“阿鲁敦”专用于女性，而“阿庐朵里”则专用于男性。契丹语此种同根词后续标示性别差异后缀-r/-n的构词方式，尚多见于动词和序数词③。契丹大字《痕得隐太傅墓志》在敌辇沤里思之妻“敌烈”之前所冠的，正是“阿鲁敦”；与其夫名之前所冠的“阿庐朵里”划然有别。因此，《辽史》“拜曷鲁为阿鲁敦于越”与“阿鲁敦于越曷鲁”中之“阿鲁敦”，皆为“阿庐朵里”之误。

痕得隐的祖母、敌辇沤里思之妻，契丹大字《痕得隐太傅墓志》作“敌烈么格”（“敌烈”乃其名④，“么格”乃女性尊称），又称“阿鲁敦敌烈”，乃斡纳拨石烈蔑古乃弥里叔画宰相之女。汉文《耶律羽之墓志》载其作“皇妣夫人邈屈耐奇叔画宰相之女也”。由此可知汉文的“邈屈耐”即契丹文“蔑古乃”的同音异译。汉文墓志的“奇”，似乎是叔画宰相女之名，但音韵与契丹大字《痕得隐太傅墓志》的“敌烈”不吻合。敌烈么格生育六子、六女（女儿之名墓志未载）。笔者曾推测蒲古只妻之姓氏为蔑古乃、蔑古乃氏属六院部⑤。而今契丹大字《痕得隐太傅墓志》的解读证实了这一推测：蔑古乃氏正是隶属于六院部，并且明确其为斡纳拨石烈辖下之弥里。笔者对契丹大字《萧袍鲁墓志》（大安六年［1090］）的解读结果证明：墓主亦姓蔑古乃氏。墓主乙辛隐袍鲁即《辽史》卷二十四道宗本纪四所载大安元年（1085）十一月任北府宰相的萧袍里。墓志1965年6月出土于辽宁省法库县柏家沟乡前山村，其地当是蔑古乃氏族本帐所在地。

痕得隐长伯父空宁于越夷离堇（872～918），其妻空么格乙林免（“空”乃其名，“乙林免”乃其夫身居大王之位的女性尊称）。汉文《上国都监太傅墓志铭》载：“伯讳喁衮，初将弱冠，任北平王。及壮龄，就加于越。功名远播，勋业弥高，劳效寻以克成。忽亘疾而薨逝。”汉文《耶律羽之墓志》载：“长兄曷鲁，于越、北大王。”此人即《辽史》卷七十三有传的控温曷鲁。“控温”、“喁衮”、“空宁”皆为同音异译。传载：“耶律曷鲁，字控温，……父偶思，遥辇时为本部夷离堇，曷鲁其长子也。……三年（918）七月，皇都既成，燕群臣以落之。曷鲁是日得疾薨，年四十七。……子惕剌、撒剌，俱不仕。”《辽史》卷六十六皇族表载空宁曷鲁有族孙“太师斜轸”、其子“小将军狗儿”。卷十七圣宗本纪八/太平八年十月“枢密使、魏王耶律斜轸孙妇阿聒指斥乘舆，其孙骨欲为之隐，事觉，乃并坐之，仍籍其家。”可知斜轸尚有孙“骨欲”，为皇族表所遗漏。惟此斜轸一系究系谁人之后，尚待考。

痕得隐次伯父兀里轸夷离堇（880～935），其妻兀里只么格乙林免（“兀里只”乃其名）。契丹大字《痕得隐太傅墓志》载：“兀里轸夷离堇，迁渤海国建东京，任丹国之大内相。”汉文《耶律羽之墓志》载：“次兄污里?，前北大王、东丹国大内相。”兀里轸觌烈，《辽史》有传。传载：“耶律觌烈，字兀里轸，六院部蒲古只夷离堇之后。父偶思，亦为夷离堇。……十年（935）卒，年五十六。弟羽之。”兀里轸觌烈之子，惟见于契丹大字《痕得隐太傅墓志》所载“大内相之长子率懒宰相”，任都统、封燕王。汉文《上国都监太傅墓志铭》载“太傅堂兄东国宰相率剌，押奚王等十万众，取西南往河阳路，直入洛京镇抚关西，回军到国。遂加南面都统使、燕京留守、封燕王。”率剌，依契丹语原型当音译“率懒”，乃其字。将志文与《辽史》卷百十三耶律牒蜡传相比较：“牒蜡，字述兰，六院夷离堇蒲古只之后。天显中，为中台省右相。……天禄五年（951），察割弑逆，牒蜡方醉，其妻扶入察割之幕，因从之。明旦，寿安王讨乱，凡胁从者皆弃兵降；牒蜡不降，陵迟而死。妻子皆诛。”可知墓志所云“率剌（率懒）”亦即《辽史》本传所记之耶律牒蜡；墓志所谓“东国宰相”即“东丹国中台省右相”。此人之名，多存异译，如《辽史》卷四太宗本纪下作“述兰迭烈哥”；《辽史》卷五世宗本纪又作“牒冢”。《葬舍利佛牙石匣记》（天禄三年［949］）作“燕主大王”；《李内贞墓志》（保宁十年［978］）作“故燕京留守南面行营都统燕王”；《陈公之铭》（乾亨三年［981］）作“燕主令公”。《新五代史》卷七十刘旻传有“燕王述轧”其人，传载：“兀欲遣燕王述轧、政事令高勋以册尊旻为大汉神武皇帝，并册旻妻为皇后。兀欲性豪俊，汉使者至，辄以酒肉困之，珙素有疾，兀欲强之饮，一夕而以醉卒。然兀欲闻旻自立，颇幸中国多故，乃遣其贵臣述轧、高勋以自爱黄骝、九龙十二稻玉带报聘。已而兀欲为述轧所弑，述律代立。”《新五代史》卷七十三四夷附录第二亦载其人之事：“兀欲立五年，会诸部酋长，复谋入寇，诸部大人皆不欲，兀欲强之。燕王述轧与太宁王呕里僧等率兵杀兀欲于大神淀。德光子齐王述律闻乱，走南山。契丹击杀述轧、呕里僧，而迎述律以立。”钱大昕氏考云：“按辽史，弑世宗者泰宁王察割也，述轧与察割声相近。泰宁王即察割之封号。其时封燕王者为牒蜡，亦以党逆伏诛，无名呕里僧者。考之逆臣传，其时有六院大王耶律朗字欧新，以持两端，伏诛，当即此所云呕里僧也。呕里僧，通鉴作沤僧，皆欧新之转，两史所述封爵互异。盖五代史得于传闻，不如辽史之可据也。”⑥然冯家升氏已指出其误：“五代史燕王述轧即牒蜡字述兰之异译，轧、兰系发音之强弱。”、“又按五代史之泰宁王呕里僧，即察割字欧辛之异译。”⑦冯氏辨误之论可谓精辟，然“轧、兰系发音之强弱”解释颇嫌牵强。事实上，“轧”、“兰”的异译当归结为用影母字（或余、云母字）与用来母字对译契丹语非词首辅音 r 这两种对音形式。辽代墓志中就有以影、余、云母字对译契丹语非词首辅音 r 之例，而《辽史》则往往表现为以来母字对译。比如：墓志的“涅拽” =《辽史》的“捻烈”；墓志的“失围”、《辽史》的“室韦” =契丹文墓志的？irui。此外，《新五代史》所载之“呕里僧”虽如冯家升氏所言当是察割之字，但并非察割之字“欧辛”的异译，而是传闻所致误译。因为契丹文墓志中已经出现察割之字，契丹语表音是 eusin 而非 eursin。不仅《新五代史》，《辽史》卷三十八地理志二也出现同样的误译：“沤里僧王从太宗南征，以俘镇、定二州之民建城置州。察割弑逆诛，没入焉。”此处的“沤里僧王”即指察割本人，但正确的音译当是“沤僧”。《辽史》卷百十二察割传载其字作“欧辛”，才是符合契丹语原型的音译。

据契丹大字墓志所载世系：牒蜡为兀里轸觌烈长子，兀里轸觌烈为敌辇沤里思次子，敌辇沤里思为曷鲁隐匣马葛之子，匣马葛乃谐领蒲古只之同母弟早已为笔者所证实⑧。因此可知，牒蜡非蒲古只之后，而是匣马葛之后，《辽史》本传“六院夷离堇蒲古只之后”当更正为“六院夷离堇匣马葛之后”。墓志对先祖事迹不乏曲笔回护，契丹大字《痕得隐太傅墓志》亦如此。《辽史》载牒蜡于察割之乱后“凌迟而死”；而契丹大字《痕得隐太傅墓志》则隐讳其死因仅作“已薨”。牒蜡生年史籍、墓志皆不载，惟墓志称牒蜡为痕得隐太傅之“堂兄”，则牒蜡之生年当在 914 年以前，较其父兀里轸觌烈年龄之差不会超过 33 岁。《辽史》卷八十二耶律虎古传“耶律虎古，字海邻。六院夷离堇觌烈之孙。……子磨鲁古。”牒蜡死后妻子亦皆伏诛，则虎古是否其子颇有疑问。觌烈共有几子史乘未明载，且汉文《耶律元宁墓志》（统和二十六年［1008］）载“迷离已阿钵等，公之爱弟也”，可见元宁之弟非迷离已阿钵一人。元宁为长子，生于会同二年（939）；虎古于“保宁初，补御琖郎君”，生年当晚于元宁。或即元宁之弟抑未可知。

痕得隐三伯父，契丹大字《痕得隐太傅墓志》作“第三子敌辇郎君，未膺封号。”汉文《耶律羽之墓志》作“季兄涅烈神子，舍利。”

痕得隐四伯父，契丹大字《痕得隐太傅墓志》未载其名讳，仅曰“第四子，丹国之左院大宰相。”，契丹大字《夺里不郎君位志铭》（大康七年［1081］）称其曰“寅底哂兀里只宰相，天皇帝之时任丹国之宰相。”其人即耶律羽之（890～941），汉文《耶律羽之墓志》载“公即金云大王第四息也”。“公”即指其墓志首行载“大契丹国东京太傅相公”，志文载：“比及大圣大明升天皇帝收伏渤海，革号东丹，册皇太子为人皇王，乃授公中台右平章事，……以会同四年（941）岁次辛丑八月十一日戊戌，薨于官，春秋五十有二。……夫人重衮，故实六宰相之女也，升天皇帝之甥。……夫人生子一十人，诸夫人生子四人。”契丹大字《痕得隐太傅墓志》未载寅底哂兀里只之子，汉文《耶律羽之墓志》载：“嫡子佛奴，幼年谢世。其余诸子，并有仁孝，俱怀器能。女四人，二人早亡，二女皆幼。仲子阙等于哀酷之余，攀号之际，虑人移世改，谷变陵迁，徽猷不振于将来，盛德篾闻于远裔，乃勒贞石，用传不朽。”仲子阙，当即笔者所译契丹大字《夺里不郎君位志铭》所载“寅底哂兀里只宰相之第二子东挞领统军石鲁隐相公”，此人之六世孙即墓主特免夺里不郎君（1038～1080）。《辽史》卷七十五羽之传复载其有“子和里，终东京留守。”和里与石鲁隐是否同一人尚不能确定，倘是同一人，则石鲁隐乃其字、和里乃其名。《耶律元宁墓志》（开泰四年［1015］）亦载其另一子东京中台省右相甘露。甘露契丹名迪列，见载汉文《耶律道清墓志》（太平三年［1023］）。甘露本人亦有墓志出土，但志石已残，仅知甘露契丹名作“迪列”；夫人为“皇后之族”。志盖尚存完整字迹“漆水公兼兰陵夫人墓志铭”。从所任官职来看，甘露与和里不会是同一人，当是佛奴、石鲁隐诸弟中之一人。

痕得隐之父，契丹大字《痕得隐太傅墓志》作“朮保邻胡里只郎君”。汉文《上国都监太傅墓志铭》作“朮保里”，但这又是略去词末 n 辅音的不甚贴切的译音，乃其字而非其名。当依契丹语原型音译作“朮保邻”；其名“胡里只”，为“郎君”。二十岁曾随伯父空宁曷鲁于越出征，二十五岁亡。妻朮保里么格，奥隗部曷鲁隐宰相之女，生育二子。长子即痕得隐，次子名讳未载。汉文《上国都监太傅墓志铭》载：“皇考讳朮保里，夙统兵权，早分忧□。东收新罗巨猾，西平达涅狡徒。而又妙荣开疆，良图霸国。兄弟着六龙之号，子孙扬三公之名。世世侯王，门门台辅。享年二十五。所婚夫人北宰相处子，即皇妣也。太傅皇考之长子也，妻二人。”此处所云“太傅”，即指墓主“懃德”，依契丹语原型当音译“痕得隐”，乃其字，名失载。“朮保邻”与汉文《耶律羽之墓志》所载“朮宝”音近，“胡里只”又显然是同墓志所载“护之”的译音。因此，颇疑《耶律羽之墓志》言羽之有二弟“护之、朮宝”实为其五弟“朮保邻胡里只”一人之名与字。因为其六弟契丹大字《痕得隐太傅墓志》作“第六述澜胡鲁古郎君，幼弟也。”，名与字皆不合“护之”、“朮宝”之音。朮保邻有子二人，但汉文《上国都监太傅墓志铭》与契丹大字《痕得隐太傅墓志》皆只记录其长子，即墓主痕得隐太傅。三十岁官至王府司徒，充任北大王副使，随堂兄曷鲁本吼大王扈从太宗入汴，有辅佐功勋；三十五岁补充燕京南面副都统，佐堂兄述兰牒蜡宰相镇抚关西有功，改授西南路兵马都监。应历四年（954）五月忻、代二州叛汉，痕得隐随涅拽侍中（即《辽史》卷七十七有传的涅鲁衮挞烈，六院部郎君褭古直之后）同赴河东救援，战于忻口唐林大获胜捷。应历九年（959）二月奉旨统押皇帝旗鼓，五月周侵逼燕京，痕得隐统军交战于燕京南故安县。当年五月寝疾，十月一日薨于云州天成军。翌年五月二十八日葬于内恩军北高神山。痕得隐太傅之弟，及妻、子名讳，契丹大字《痕得隐太傅墓志》和汉文《上国都监太傅墓志铭》皆未记录。

痕得隐的叔父，契丹大字墓志作“述澜胡鲁古”，已故。

痕得隐之父与叔父二人，即汉文《耶律羽之墓志》所载：“弟护之、朮宝，舍利。并早亡”。

敌辇沤里思究系匣马葛之第几子，迄今相关墓志皆未明载。据笔者解读的契丹小字《耶律撒懒相公墓志铭》（大安八年［1092］），匣马葛第二子谐领库古勒郎君第二子撒懒鲁不古详稳，太宗朝任西南五押大详稳，《辽史》卷四太宗本纪下/会同元年（938）夏四月“己亥，西南边大详稳耶律鲁不古奏党项捷”；三年（940）三月“丙子，鲁不姑上党项俘获数”；《辽史》卷七十属国表/会同元年（938）“西南边大详稳耶律鲁不古奏党项之捷”；会同四年（941）“鲁不古伐党项回，献俘”诸条中之鲁不古（鲁不姑），皆系撒懒鲁不古其人。且属国表将“献俘”系于会同四年，当依本纪改订为会同三年。撒懒鲁不古之字“撒懒”的译音乃据契丹小字《耶律撒懒相公墓志铭》的 saran，但契丹大字《痕得隐太傅墓志》所表示的却是？uran，通常音译作“述澜”或“述兰”。契丹大字墓志记述此人作“伯父述澜详稳，任西南招讨”。

撒懒鲁不古之子曷鲁本吼（911～949），据契丹小字《耶律撒懒相公墓志铭》乃其父之“第二子”；契丹大字《痕得隐太傅墓志》则作“长子”，封采访之号。汉文《上国都监太傅墓志铭》称其为“太傅堂兄何卢保大王”（此“何卢保”又是略去词末 n 辅音的不甚贴切的译音。下文所引《辽史》的“曷鲁”，则是连词末音节尽皆省略），云“于丁未岁（947）扈从嗣圣皇帝大驾，于丙午岁（946）正月一日，大唐天子与百官蹈舞呼万岁，朝见嗣圣皇帝。是丙午岁（946）十二月十八日，收下中国。丁未岁（947）正月一日，坐朝得神器与金箱玉印兼明堂，俱将来入上国。大王寻加采访使，善始令终。”

曷鲁本吼，《辽史》有传。传云："耶律吼，字曷鲁，六院部夷离堇蒲古只之后。……时有取当世名流作七贤传者，吼与其一。天禄三年（949）卒，年三十九。子何鲁不。"

何鲁不，即汉文《萧袍鲁墓志》所载墓主妻耶律氏之父"横帐故前节度使曷卢不"。何鲁不以下世系见载契丹小字《耶律撒懒相公墓志铭》与《大耶律初鲁得迪鲁堇将军妻挞体娘子墓志铭》（天庆五年［1115］），详尽考证可参见《从契丹文墓志看辽史》相关章节⑨，兹不赘述。

注释：

① 契丹男子一般拥有"字"与"名"。当一个动词词根用于男子之"字"时，词末语音形式是－n；用于男子之"名"时，词末语音形式是－r。当一个体词或外来语词用于男子之"字"时，词末语音形式是－in。契丹女子一般只有"名"而无"字"，当一个动词词根用于女子之"名"时，词末语音形式与男子之"字"相同，也是－n。当一个体词或外来语词用于女子之"名"时，词末语音形式与男子之"字"相同，也是－in。详细考证参见乌拉熙春《契丹古俗"妻连夫名"与"子连父名"》，《立命馆文学》601号，2007年8月，第12～34页。收入《爱新觉罗乌拉熙春女真契丹学研究》，日本京都松香堂，2009年版。

② 汉文墓志盖及墓志文记述的"北大王"，根据契丹大字墓志的解读证实，皆为"南大王"之误。详细考证参见乌拉熙春《从契丹文墓志看辽史》（日本京都松香堂，2006年版），第113～114页。

③ 契丹语一部分体词、动词带有性别后缀（男性－r、女性－n）的详细考证，参见乌拉熙春以下论著：(1)《契丹古俗"妻连夫名"与"子连父名"》、(2)《契丹语的性？数？格》，《东亚文史论丛》，日本京都大学东亚历史文化研究会，2008年第1号，第1～11页。(3)《契丹语的序数词》，《契丹语言文字研究》，日本京都大学东亚历史文化研究会，2004年版，第179～187页。

④ 契丹人曾存在"妻连夫名"这一古俗。本墓志中出现的痕得隐太傅的长辈女性之"名"无一不是来自其夫的"字"的词根。但这种古俗在辽代中期已趋于消失。详细考证参见乌拉熙春《契丹古俗"妻连夫名"与"子连父名"》。

⑤ 乌拉熙春：《从契丹文墓志看辽史》，日本京都松香堂，2006年版，第32～34页。

⑥ 钱大昕：《廿二史考异》卷六十六，广雅丛书本，第15页（上）。

⑦ 冯家升：《辽史证误三种》，中华书局1959年版，第366页。

⑧ 乌拉熙春：《匣马葛考》，《立命馆文学》582号，2003年12月，第1～10页。及《从契丹文墓志看辽史》，日本京都松香堂，2006年版，第124～133页。

⑨ 乌拉熙春：《从契丹文墓志看辽史》，日本京都松香堂，2006年版，第133～142页。

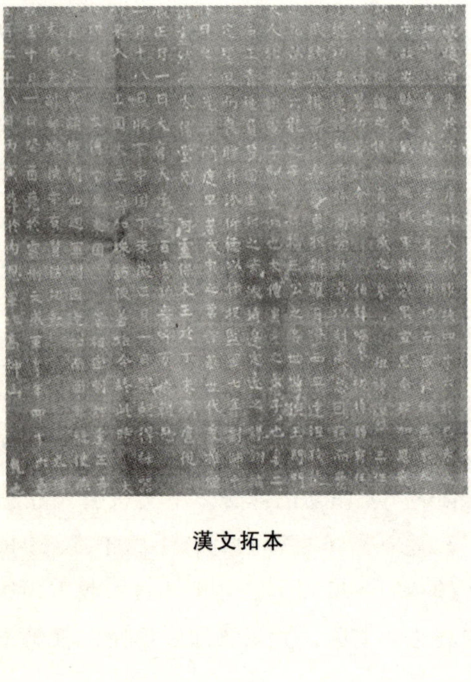

漢文拓本

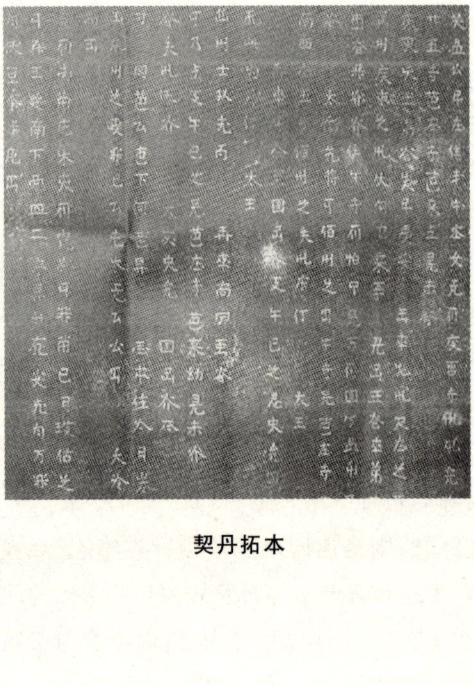

契丹拓本

中华文明与古代中美洲文明关系研究回顾及评价

邵欣欣

古代美洲拥有和世界其他地区不同的文明，其中以玛雅文明为代表的中美洲诸文明最为璀璨辉煌。很长时间以来，有一种看法认为，中美洲文明尤其是玛雅文明与中华文明之间存在非常密切的关系。近些年来，一些围绕中美洲文化举办的展览在国内都取得了不错的反响，如北京中华世纪坛在2001年举办的“神秘的玛雅——墨西哥古代文明展”和首都博物馆在2006年举办的“美洲豹崇拜——墨西哥古文明展”。玛雅中华同源说的影响也日益扩大。本文拟回顾中华文明与古代中美洲文明间关系这一问题，并就此提出笔者的见解。

一、总体研究概况

本文所述“中美洲”又译“美索美洲”，是西文 Mesoamerica 的中译名，此词属于考古学和文化区域的概念，与地理学上的中美洲（Central America）范畴不尽相同。[①]在哥伦布到达美洲之前，这一区域曾经先后出现过很多辉煌灿烂的文化，如奥尔梅克文化、泰奥提华坎文化、阿兹特克文化等，其中最著名的是玛雅文化。玛雅人的文字体系是中美洲各个文明中最成熟的文字体系，所以在国外学界，受到玛雅文字研究的推动，玛雅文明的研究成果最为突出，形成了与古典学（Classics）、埃及学（Egyptology）、亚述学（Assyriology）等学科齐名的玛雅学（Mayanology）。由于上述原因，尽管从广义上来说，本文讨论的内容是关于整个中美洲地区文明与中华文明的关系，但国人对中美洲地区文化最为了解的是玛雅文化，所以在文中讨论两者关系时笔者也常以玛雅文明与中华文明的关系一语代之。

因为资料的限制，国人对哥伦布到达美洲前的中美洲文明认识起步较晚，内容以介绍玛雅文化为主。20世纪80年代初，商务印书馆曾经出版过“外国历史小丛书”系列，其中一册是景振国编写的《古代美洲的玛雅文化》[②]，该书虽然篇幅不大，却涵盖了玛雅学知识的各个基本点，如玛雅文明是如何被发现的、现存的四部玛雅手稿、玛雅的历史分期等问题，而且分析概括非常到位；北师大外语系的胡春洞教授，在80年代也写过一篇关于玛雅文化的专论《光辉灿烂的玛雅文明》[③]。到了20世纪90年代，随着国人对古代文明和域外文明兴趣的不断增加，对中美洲文明，尤其是玛雅文明的介绍就更多了，其中不乏精品，如北京大学研究古典文明的朱龙华教授撰写的《叩问丛林——玛雅文明探秘》一书，作为《失落的文明》系列丛书的一本④，这本书集中国学者研究之大成，而且通俗易懂。

最近几年，国内还举办过一系列关于古代美洲文明的展览，如2001年在北京中华世纪坛举办的“神秘的玛雅——墨西哥古代文明展”，为了配合展览，社科院拉丁美洲研究所的徐世澄研究员曾经在北京师范大学做过有关玛雅文化的讲座；首都博物馆在2006年举办的“美洲豹崇拜——墨西哥古文明展”。这些展览为国人近距离观察古代美洲的文物精品提供了便利条件，体现了我国人文学科研究水平的提高和科研条件的改善。

尽管有关古代美洲文明的展览不断增多，但是中华文明和玛雅文明的关系在各个展览中反映得并不多。在2001年中华世纪坛的“神秘的玛雅——墨西哥古代文明展”中，最后一个专题为“文明背影”，内容即是探讨古代美洲文明中的外域因素，展品中有陶锅、陶罐、项链、雕塑等，这些文物被解读为或多或少地带有与美洲以外文明相似的元素（参见图一），除了个别文物被猜测与古代非洲有联系以外，其他展品全都带有东亚文明的因素，不过由于客观条件限制，相关的展陈不是很丰富。2006年首都博物馆举办的“美洲豹崇拜——墨西哥古文明展”主要围绕着在古代中美洲地区流行的美洲豹崇拜进行展览，分为四个部分：“印第安守护神”、“美洲豹的后裔”、“豹人”和“献祭”。关于古代美洲和中华文明的关系在这次展览中没有着重提及，当然，如果我们进一步研究的话，会发现古代美洲的美洲豹崇拜和东亚地区的虎文化也具有一些相似点，不仅如此，即使抛开与虎文化的相似性不谈，展览中的文物仍带有许多其他与中华文明相似的因素（参见图二）。笔者认为，之所以中华文明和古代中美洲的关系在展览中反映得不多，主要的原因是这一命题虽然经过多年的研究，仍然是一个颇具争议的问题，非定论性的判断不便在展览中表达。但是面对这个问题，国人寻求答案的心情越来越迫切，近些年还出现了各种以此为题材的文学作品⑤，笔者觉得现在有必要整理一下以往的各种说法，梳理出大致的脉络，对将来举办更多有关中墨文化交流的展览起到促进作用，并奠定坚实的研究基础。

图一，羽蛇纹彩绘锅，来自“神秘的玛雅——墨西哥古代文明展”，器物上的羽蛇图案被认为与中国早期的蟠龙纹相似。图片引自《神秘的玛雅——墨西哥古代文明》，北京出版社2001年版，第247页。

图二，玉面具。引自首都博物馆“美洲豹崇拜——墨西哥古文明展”。古代美洲先民与中华民族祖先一样，都喜欢用玉作为个人的装饰，玉在文化中也具有相当神圣的地位。这种相似的观念被当成中华文明和古代美洲文明同源的证据之一。图片引自《美洲豹崇拜——墨西哥古文明展》，文物出版社2006年版，第41页。

二、关于中华文明与古代美洲文明同源说的几种观点

大体说来，关于中华文明和古代美洲文明之间的关系，国人大体上有两种看法，按照社科院研究员徐世澄和郝名玮在《拉丁美洲文明》一书中的总结就是“同源说”和“独自发展说”[6]。前者认为，古代美洲文明来源于古代中华文明，中华文明与古代美洲文明有着密切的联系；而后者认为，古代美洲文明基本上是自行发展起来的，与中华文明联系不大。

前一种说法实际上是比较零散的观点的汇总，这种观点来自一些社会人士，也有一些学者持有这种观点。但是每个人实际上是各有侧重，观点不尽相同，《拉丁美洲文明》一书中就提到了其中两个观点：“扶桑国”之争和“殷人东渡”之争。但是这并不能将所有的观点涵盖进来，下面笔者将“同源说”的主要观点按照时间顺序列举一下，有些说法和例证较为繁复，限于篇幅，本文只能择其要点概括，难免挂一漏万，请各位专家批评指正。

（一）史前人类迁徙说。现代的美洲人类大部分是在几万年前，通过亚洲北部的白令海峡到达北美洲的。那个时候，地球上处于冰川期，人类处于狩猎采集阶段，人们为了追逐猎物，穿越了因为冰期而变干涸的白令海峡，来到了美洲的新世界。此后，人们就定居下来，形成了美洲文明。这种观点即“亚洲派”。除此之外，关于美洲人类的来源，还有“澳大利亚派”，认为南美洲的居民应是从南太平洋群岛迁徙过去的。[7]不过，即便“澳大利亚派”论断正确，也只是证明了部分南美洲居民的来源，学界普遍承认北美洲的居民应是从东北亚迁徙过去的。

从考古学的石器类型来看，以贾兰坡为首的旧石器考古学家总结认为，从中国大陆东部沿展，以华北为中心，延长到东西伯利亚、日本列岛和西北美洲，拥有一个“华北细石器系统”，这与分布于欧洲、非洲、印巴次大陆和地中海地区的“地中海细石器系统”相对。[8]这种石器特征也叫“楔状石核”，其分布的文化区又叫“古北亚区文化带”。[9]

史前人类从亚洲迁徙到美洲，这是“同源说”和“独立发展说”都承认的观点，不过两派观点对史前人类迁徙的看法不同，笔者将在后文中解释。

（二）远古部落迁徙说。持这种观点的人主要通过三个角度来论证这一问题，一个是远古部落图腾的对比研究，找出中华远古部落与美洲居民的联系，另一个是从《山海经》入手，还有学者从语言学的角度，分析美洲居民的语言与汉语的亲缘关系。

热衷于图腾对比研究的人多为社会上的文化人士。中国太平洋历史学会会员王大有、宋宝忠等人合著《中华祖先拓荒美洲》一书，在书中引用了在美国期刊《国家地理》上刊登的两幅易洛魁联盟的奥次顿哥印第安人图画。他们断定，这两幅图画绝不只是简单地反映印第安人的自然崇拜，而应该是《天鼋黄帝酋长礼天祈年图》和《蚩尤风后归墟值夜扶桑图》（参见图三），反映的是中华古族的信仰。除了这两幅图画以外，书中更多的采用了图腾和族徽比较研究的方式。经过一系列的符号比较，作者认为，中国的古代先民部落，如轩辕氏、夸父氏、少昊氏、颛顼氏、羲和氏等，都曾经到达美洲的土地，他们的后代在美洲土地上繁衍生息，形成了美洲各部族。轩辕氏迁到美洲，后裔就是奥次顿哥印第安人；夸父氏走的更远，范围一直到南美洲的查文文化和新西兰的毛利人；少昊氏、羲和氏则迁到了现今美国加州一代，并称之为扶桑汤谷。[10]总之，其基本思想是，这些印第安人的图腾崇拜与我们祖先的神话一脉相承，他们就是我们华夏文明的子孙。

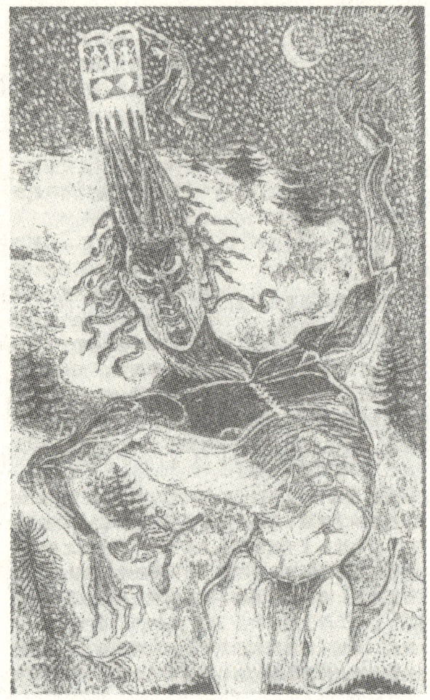

图三，《天鼋黄帝酋长礼天祈年图》来自《中华祖先拓荒美洲》封面，《蚩尤风后归墟值夜扶桑图》来自第59页。

持远古部落迁徙说的人还用《山海经》作为证据。在20世纪50年代，美国学者亨利埃特·默茨对中国古籍《山海经》进行了研究，发表了以《淡墨》为题的研究成果。[⑪]她将《山海经》中记载的部分山川河流与美国西部的地形一一对应，结果令她震惊，墨茨认为，中国人在古代曾经到美洲历险，《山海经》是反映古代东北亚乃至西北美洲地理情况的百科全书。[⑫]而王大有等人则将结论更向前推进了一步，他们认为，《山海经》中的《东山经》的一部分尚在中国本土，而《海外东经》和《大荒东经》都记录的是美洲的地理情况，夸父族迁徙美洲的记载集中在《西次三经》、《中次五经》、《大荒西经》、《大荒北经》、《海外北经》和《海外东经》。他们总结说，从《山海经》的叙述来看，古中华人对以黑龙江流域为中心的东北亚地区、北美洲及东部沿海比较熟悉，必定有人从美洲返回中华本土，不断向故土传递信息。笔者认为，在这些论者的心目中，《山海经》说明了早期中国与美洲之间的双向联系，而且佐证了中华先民迁徙美洲的历史。

除了图腾对比和《山海经》以外，语言学也是论证角度之一。北京师范大学教授胡春洞对玛雅语言学知识有一定的研究，在20世纪90年代，他不再坚持过去的观点，而是认为玛雅人与华夏文明有渊源关系。[⑬]在《玛雅文化——论玛雅与华夏文化同源》[⑭]一书中，他从风俗习惯、日常生活、基本产业、科学技术、体貌特征，特别是语言方面来比较华夏民族和玛雅人的相似点。在语言学上，他用了整本书一半的篇幅，通过核心词汇相似比较，根据相似率来判定两个民族分离时间的长短，得出结论：玛雅人与华夏民族分离时间在5000年左右。[⑮]5000年以前，正是我们所说的“三皇五帝”时代，也就是远古部落生活的时代，这种说法也可以看作是远古部落迁徙说的一个分支。

（三）“殷人东渡”说。这是中华文明和古代美洲文明之间关系的热点问题之一，也是最早提出的问题。问题的起因要回溯到清末，1910年清政府派特使欧阳庚（《中华祖先拓荒美洲》作者之一，欧阳可亮的父亲）去墨西哥办理华侨索赔案。欧阳庚到墨西哥后，向清政府报告，有印第安人自称殷商后裔，请求一并索赔。清政府认为查无实据，没有给予理会。最近一些年，学者们又开始对这一问题进行讨论。持“殷人东渡”说的人们的观点是，武王伐纣时，殷商大将攸侯喜的军队几十万人“不翼而飞”，使得商纣王不得不让奴隶去抵御周人的军队。其实这些殷商军队都集体渡海去了美洲大陆。美洲大陆上的“奥尔梅克”文明就是那些商朝部众所创造。所谓“印第安人”，就是“殷地安人”，就是那些逃亡的商朝部众怀念故土而起的名字。

按照“殷人东渡”说，奥尔梅克文化和南美洲的查文文化都是突然崛起的，不是土生土长的文化。从雕刻、墓葬、神话来看，奥尔梅克文化和南美洲的查文文化都带有明显的中华文明的气质。[16]奥尔梅克文化和查文文化作为中美洲和南美洲较早出现的文化，如果它们都是殷商部族创造的，那无疑整个中美洲和南美洲的文明将是殷人东渡的结果。

（四）关于“扶桑”和“扶桑国”的各种说法。

“扶桑”作为传说中的上古神木，是中华民族的传统信仰之一。“同源说”派援引有关“扶桑”的证据，将问题引入深化。例如，胡春洞认为，中国的扶桑就是玛雅神话中的“绿树”。[17]上文也提到，王大有等人认为，汤谷扶桑故地在中国，后来陆续有不少中华古部族迁到了美洲，少昊羲和族迁徙到今加利福尼亚半岛以东的墨西哥北部地区，在此地建立了少昊美洲汤谷扶桑国。扶桑在美洲指的是参天的巨型松柏，在今黄石公园里就有此类树。太阳扶桑文化在北美洲、中美洲和南美洲都有分布。[18]

除了扶桑以外，“扶桑国”也是学术界争论的热点之一。美国学者亨利埃特·默茨不仅研究了《山海经》，而且还考查了《梁书·诸夷传》中关于扶桑国的记载。《梁书·诸夷传》中提到了一个扶桑国，列在了东夷诸国的最后，并且讲到，在齐永元元年，扶桑国有沙门慧深（僧人）来到中国，讲了一些关于扶桑国的概况，书中的记载就是按照僧人的叙述转录而成。默茨认为，“扶桑国”就是指的墨西哥，“沙门慧深”是一个中国僧人，他曾经到过墨西哥，甚至说慧深就是玛雅传说中的“奎察特尔柯阿特尔”（传授给玛雅人知识的祖先神），玛雅人的宗教就是佛教[19]。墨茨的论断在中国也引起了相当的反响。

除了《梁书·诸夷传》中提到的“沙门慧深”以外，也有观点认为，著《佛国记》的东晋僧人法显也到过美洲。连云山的《谁先到达美洲——纪念东晋法显大师到达美洲1580年》一书[20]，系统地论证了此观点。该书提到，法显在《佛国记》中叙述，他到印度取经，于公元前412年在狮子国登上返航的船只，结果向东航行百日左右，到达了“耶婆提国”，在此地居住了五个月，又历尽千辛万苦回到中国。根据行程推算，连云山认为，所谓“耶婆提国”就是现在的墨西哥，法显是从东南亚地区直接坐船不知不觉地漂到了墨西哥地区，然后才回到了中国（参见图四）。

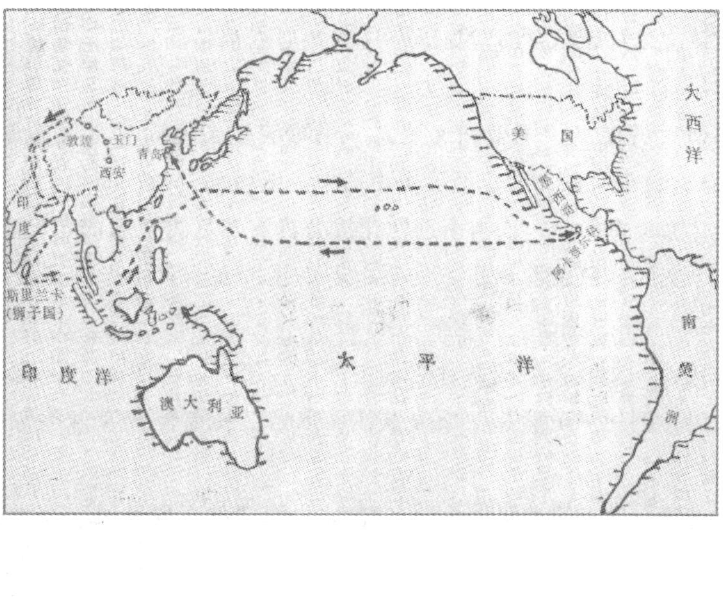

图四，连云山推测的法显到达美洲航线图，引自《谁先到达美洲》第17页。

严格来说，“扶桑国”和法显发现美洲说都不涉及美洲文明的起源问题，但是如果成立的话，就证明在隋唐以前，中国和美洲之间已经建立起双向的交流。

三、独立发展说与笔者的思考

与同源说相对，学界另一些人力持独立发展说的观点，这些人主要是高等学府和研究机构中的教授学者，其中不乏重量级的人物。

北京大学教授罗荣渠先生自20世纪60年代就开始关注这一问题，在80年代撰写的《扶桑国猜想与美洲的发现》一文中，他对扶桑国的问题进行了详细的考察，他对“扶桑国说”的评价如下：首先，在《梁书·诸夷传》中，对扶桑国僧人慧深的介绍非常模糊，慧深的身份问题一直没有解决；其次，《梁书》中关于扶桑树的论述很难将其解读为美洲的玉米或棉花；第三，从当时的航海技术和大洋环流来看，亚洲与美洲之间进行双向航行几乎是不可能的；第四，相关的考古方面的证据，如石锚等，存在诸多疑点。罗荣渠认为，《梁书》中关于扶桑国的记载是个孤证，扶桑国的地理方位可能在东北亚，扶桑木可能是桑树或梧桐树，而且根据佛教的传播路径来看，扶桑国也不应该超出东北亚的地理范围。最后，罗荣渠对美洲文化起源问题做了初步的总结，他评论说，美洲文化起源的问题自从近代以来就已经提出，大多来自欧洲人的奇思怪想，其思维模式是世界各大文明都起源于单个文明，这本身禁不住推敲，学界要以正确的态度研究文明间的文化传播。

邹衡和张光直先生的弟子、美国斯坦福大学华裔学者蒋祖棣则从考古学和人类学的角度考察了玛雅文明与中国古文明的关系，他的观点值得一讲。在《玛雅与古代中国》一书中，他从形成基础、文化景观、年代学等角度入手，分别总结了玛雅文化区和古代中国文化区的基本文化特征，并在此基础上，尝试从一般文化因素和宗教文化品的角度对两个文明进行比较和初步分析。蒋祖棣认为，两个文明之间的相似点，例如陶器间的相似，属于各自发展演变序列的某一环节上表现出来的偶然相似，两个文化区间相似点存在直接联系的可能被排除。那么如何解释两个文明间有许多的相似点呢？蒋祖棣讲到，由于两个文明间生业系统的相似，以及他们在观念系统中的某些相似，造成两个文化在某些遗物形体上的近似。但是，两个文明在内容、相互关系和运动方式上存在差别，造成了两者基本文化特征的不同。换句话说，蒋祖棣将古代中国和玛雅文明之间的一些相似点，诸如个别器物和形制等，做了详细的比较，他发现，在总体文化特征相异的前提下，这些相似点都是偶发的、不存在直接联系的，这就让一些从个别器物出发做比较的论证显得苍白无力。

社科院的徐世澄和郝名玮研究员在《拉丁美洲文明》一书中表达了他们对古代美洲文明的看法，他们倾向于“独立发展说”，认为拉丁美洲文明也经历了由简单、低级到复杂、高级的发展进程，有自己独有的特色。他们也是从整体来考虑问题，认为个别文化成分具有华夏古文明的印记是不能排除的，但是联系是间接的、偶然的、个案的，尚未发现拉美文明中受华夏古文明直接影响发展起来的整体文化群落。[21]

以上是关于中华文明与古代美洲文明关系的两种立场的回顾，笔者在考察这一问题的过程中，也产生了自己的一些想法，在此略作阐述。虽然想法略显肤浅，但若能使诸位专家触类旁通，笔者也感到甚为满足。

首先，旧石器时期的人群传播与后来的文明传承没有直接关系。“独立发展说”也承认，美洲的人群是从亚洲迁徙过去的，但是几万年前的人类是狩猎人群，还没有农业和定居生活，仍处于旧石器时代。笔者认为，旧石器时代的人群在石器构造上有相似点，并不能说明这些人群在进入新石器时代和文明社会以后有彼此传承的关系，就像旧大陆的旧石器文化的相似性，并不能推衍出世界各个古文明的同源性。判定文明间有相互传承的关系与否，关键是看一个业已成熟的文明是否在一个新地域衍生出一个子文明，如辽国灭亡，契丹人迁到西域建立了一个新的政权西辽，我们可以说西辽文明是辽朝的一个子文明，如果没有母体辽国，何来子文明呢？在旧石器时代，中华大地上的居民还没有形成华夏民族的核心特质，因此我们不能凭借旧石器时代的传播证据来证明华夏民族的迁徙问题，否则就是时空错位。

第二，关于同源说的论据需要进一步推敲。在文明比较的视角中，我倾向于蒋祖棣的方法，文明的比较应是系统的对比，从物质生产（也就是蒋祖棣所说的生业系统）、民众观念以及发展轨迹等多方面进行系统地比较，而不是具体某一件文物或者某一个符号的比较，因为少数器物和符号在整个文明中占的比重很小，少数相似性证据在大量相异性证据面前显得说服力不足，例如关于扶桑国的证据，《梁书·诸夷传》中认为扶桑国有马等大牲畜，有佛教，这与古代美洲的情况相去甚远，无论怎么解释也难以令人信服。零星的、个别的器物和符号的相似最多只能说明文明间交流的存在，说明不了文明间的传承关系，比如在中国发现的异域钱币能说明交流的存在，而不可能说明中华文明来自其他地方。况且，有些证据存在很大的争议，如“殷地安”称呼的由来，到底是当地人怀念故土的自称，还是哥伦布将他们误认为印度人而出现的称呼，都是可以进一步研究的；再如，连云山提到的法显《佛国记》中的“耶婆提国”，除了“其国外道，婆罗门兴盛，佛法不足言”的记叙之外，其他可以直接证明的材料太少，到底是不是墨西哥，也难以下定论。

第三，文明间相互影响的因素不能作为否定文明主体性的依据。美洲文明有自己的文明体系，发展脉络清晰，即便我们承认文明中有外来的因素，也不能全盘否定美洲文明的主体性。经过比较我们就会发现，在东亚文化圈的周边地带，如朝鲜、日本、越南等地，到处都是与中华文明相似的元素，如汉字、儒家思想、龙信仰等，比古代美洲的中华文明元素要清晰得多、密集得多，这些相似点都是从华夏大地上传播过去的元素，但是我们仍然不能否认这些地区的文明是自成体系的，将这些地区的居民称为中华子孙也是不合理的。既然与中华文明有如此多相似点的文明都保持着自己的主体性，为何古代美洲文明偏偏要认为是华夏文明的组成部分呢？如果是传承关系，为何美洲文明没有继承中华文明的很多先进因素呢？比如，“殷人东渡说”如何解释，一个青铜铸造业发达、使用战车作战的殷商民族，为何到了美洲就倒退为几乎没有金属铸造业、不知使用轮子的民族呢？拥有成熟文字和甲骨占卜发达的殷商人，为何到了美洲就变成了使用独特图画文字系统以及十八与二十进制天文历法的民族呢？

最后，笔者认为，中华文明与古代美洲文明的关系问题是一个需要进一步研究的问题，可能在相当长的时间内没有最终的答案，现在将这一问题盖棺定论为时太早。我们要多学科、多角度地考察这一问题，有些视角，例如语言学的角度，就是一个很好的切入点。胡春洞认为，玛雅语与阿兹特克语音近义同的词汇不如玛雅语与汉语的多[22]，如果这个现象属实，那么玛雅人的身份问题倒真是可以探讨，因为语言是判断一个族群身份的重要依据，至今美洲印第安人的语言仍然分为数百个小语族，其中关系非常复杂，个别族裔的美洲先民和华夏民族的语言亲缘关系是值得研究的。除了语言学的角度，现代科学分析基因分布的研究成果也可以用来参考，旧石器时代哪些族裔的亚洲人分几次迁居美洲，通过基因图谱研究也可以获得很多线索。

总之，自清末出现的“殷人东渡”说开始，中华文明与古代中美洲文明的关系问题就成为萦绕在几代学者和文化人心中的一大谜团。就目前发现的材料而言，要想彻底解释清楚这一问题是十分困难的。笔者回顾了以往提出的几种说法，并就这一问题阐述了自己的想法，希望随着日后国人研究水平的提高和研究材料的丰富，中华文明与古代中美洲文明的关系问题能够最终呈现更加清晰的答案。

注释：

① Mesoamerica的具体范围可以参考郝名玮：《“中美洲”文明浅探》，载《美洲豹崇拜——墨西哥古文明展》，文物出版社2006年版，第170页。

② 景振国：《古代美洲的玛雅文化》，商务印书馆1983年版。

③ 胡春洞：《光辉灿烂的玛雅文明》，选自《拉丁美洲史论文集》，中国拉丁美洲史研究会编，东方出版社1986年版。

④ 朱龙华：《叩问丛林——玛雅文明探秘》，云南人民出版社1999年版。

⑤ 例如马伯庸：《殷商舰队玛雅征服史》，二十一世纪出版社2007年版。

⑥ 郝名玮、徐世澄：《拉丁美洲文明》，中国社会科学出版社1999年版，第97～106页。

⑦ 郝名玮、徐世澄：《拉丁美洲文明》，第26～27页。

⑧ 韶华宝忠双、欧阳如水明：《中华祖先拓荒美洲》，黑龙江人民出版社1992年版，第2页。题名是四位作者的名字合称，分别是王大有（号韶华）、宋宝忠、王双有、欧阳可亮。

⑨ 景振国：《古代美洲的玛雅文化》，第4页。

⑩ 参见韶华宝忠双、欧阳如水明：《中华祖先拓荒美洲》第五、六、七章。

⑪ 英文名叫Pale Ink，期刊论文多将其题目翻译成《淡墨》，中译本书名则为《几近退色的记录》，海洋出版社1993年版。

⑫ 值得一提的是，默茨不仅提出中国人曾在古代到达美洲，而且还提出过古希腊人曾经到达美洲的观点，她认为荷马史诗《奥德赛》反映了奥德修斯曾经到过美洲。故而我们可以看出，文化传播的大前提在墨茨的学术思想占有重要地位。

⑬ 因为胡春洞在之前写的论文《光辉灿烂的玛雅文明》中认为，玛雅文化是美洲人民自己创造的，而不是外来的。

⑭ 胡春洞：《玛雅文化——论玛雅与华夏文化同源》，复旦大学出版社1997年版。

⑮ 胡春洞：《玛雅文化——论玛雅与华夏文化同源》第134～135页。

⑯ 参见韶华宝忠双、欧阳如水明：《中华祖先拓荒美洲》第八章。

⑰ 胡春洞：《玛雅文化——论玛雅与华夏文化同源》，第5页。

⑱ 参见韶华宝忠双、欧阳如水明：《中华祖先拓荒美洲》第七章。

⑲ 亨利埃特·默茨：《几近退色的记录》，第七至九章。

⑳ 连云山：《谁先到达美洲——纪念东晋法显大师到达美洲1580年》，中国社会科学出版社1992年版。

㉑ 郝名玮、徐世澄：《拉丁美洲文明》，第105～106页。

㉒ 胡春洞：《玛雅文化——论玛雅与华夏文化同源》第66页。

柳如是诗文中的漂泊意识与她的时代

李吉光

四、柳如是诗文中的漂泊意识

（续《首都博物馆丛刊》第23辑）关于在柳如是诗文中体现的漂泊意识，前人少有论及，清朝人多认为她与钱谦益、陈子龙、汪汝谦等人的交往不过是歌妓的本色使然，很少有人关注柳如是作为小女子在这样日复一日的酬唱与漂泊中的痛苦与哀怨。甚至连陈寅恪先生在撰写《柳如是别传》时，对柳如是与程嘉燧，钱谦益等人的交往的描写，也多少带有一点局外人的眼光，认为柳如是不过是钱牧斋的尤物，而多少有些忽视柳如是的个体感受。而陈先生之后的研究者，大多因袭着陈先生的研究思路与材料取舍，而少有创见。美籍华人康正果先生在《诗骚与艳情——中国古典诗词的女性研究》一书中，甚至把柳如是当作沦落才女的典型，认为她在与众多男性的酬和中，刻意使自己的才学平庸化，以迎合男权社会的审美需要。我以为，这种看法完全把柳如是作为一个抽象的符号来看待，是对这一传奇女子极大的歪曲和误解。因此，本人将在这一部分中探讨柳如是诗文中漂泊意识产生的原因，以及它的普遍性与特殊性。

明清易代之际，女子的漂泊意识较他人尤甚。在国泰民安之时，她们亦常被不可把握的命运所捉弄，而到了朝代更替之时，她们更是常体会着他人无法体会的伤痛。而由于妇女文化水平的提高，越来越多的女作家加入了吟诗作文的行列。据胡文楷先生《历代妇女著作考》所录，有别集传世的女作家元代是20人，明代是245人，清代则攀升到2300余人。她们的作品，基本上仍停留在述悲写怨的范围，笼罩在一种无可奈何的精神氛围中。但是另一方面，她们又认为用诗歌书写性情是自己的分内之事，“诗故非大丈夫职业，实我辈分内之事。”或许，她们自己也认识到女子更为内倾的思维方式和单调的生活环境决定了她们创作的主题。这些女作家的别集题名常有“悲”、“怨”、“伤”、“萍”等字眼，正是从这些作品题名中，我们可以看到在易代之际女子与男子对于个人身世的不同情感体验。

时代常需要男子匡扶天下，“先天下之忧而忧，后天下之乐而乐”正是人们对男子的基本道德要求。女子所受的教育没有给她匡扶社稷的理想，她也自然失去了退隐山林的可能。因此，她自身的漂泊意识非常强烈，一旦失去家庭这最后一根救命稻草，她将一无所有。

柳如是也不例外，虽然比较宽松的社会环境使她有可能在与众多男子的酬和中显示她的政治才华和爱国热情，但社会并未给她提供任何自食其力的可能，因此，择人而嫁，仍然是她在美人迟暮之后的最佳选择。《尺牍》三十一通是柳如是写给汪汝谦（然明）的书信集，这些书信写于柳如是离开陈子龙，前途未卜，择婿人海之时。《柳如是别传》摘出，“关于河东君身世飘零之感及归宿选择之难者，略诠论之。”

据现有材料，柳如是与汪汝谦的第一首唱和诗是汪汝谦的《余久出游，柳如是校书过访，舟泊关津而返，赋此致怀》：

浪游留滞邈湖山，有客过从我未还。不向西泠问松柏，遽怀南浦出郊关。两峰已待行云久，一水何辞拾翠悭。犹拟春风艳桃柳，桡舟延伫迟花间。①

郊关，即杭州的东关，汪汝谦由此南下福建访林天素，因此错过了柳如是的来访。

在诗中，汪汝谦用西泠松柏这四个字，点明了柳如是秦淮妓的身份。并且说明对柳如是这样的歌伎，自家的大门永远是敞开的。虽然热情，却不过是与歌伎酬和之常例，多少有点泛泛之感。柳如是的和诗则是：

《答汪然明》

微雰独领更幽姿，袖里琅玕今尚持。天下清晖言仲举，平原高会有当时。因思木影苍林直，为觉西泠绣羽迟。便晓故园星剑在，兰皋秋荻已荒靡。②

仲举：《后汉书·党锢列传》云：不畏强暴陈仲举……窦武，刘淑，陈蕃为三君。君者，言一世之所宗也。

星剑：星辰剑的简称，泛指宝剑。典出《晋书·张华传》。

在这首诗中，柳如是以陈仲举，平原君比汪汝谦，说汪有号令天下的作用。至于“因思木影苍林直，为觉西泠绣羽迟”两句，陈寅恪先生以为是“上句谓素仰然明尚侠之风，下句谓不以己身访谒汪氏过迟为嫌”。我以为，汪把柳如是作为一普通歌伎，而柳如是却把汪当成了当代名士，她不仅认为汪汝谦有收拾大局的能力，在她个人的感情上，也对汪汝谦给予了厚望，因此“因思木影苍林直，为觉西泠绣羽迟”一句，是指柳如是如同仰望汪汝谦之树影，因为有了汪汝谦这棵大树，她自己才感到安全与放松，不觉得一时的失礼会迁怒于对方。不仅如此，在诗中，柳如是还把对方比作故园星剑，认为他对国事空有满腔的抱负，却对时势无能为力。只可惜，柳如是对汪汝谦的这种感情，汪汝谦并不理解，在他给柳如诗的答诗中，只作男女间之调笑，有“老奴愧我非温峤，美女疑君是洛神”之句，并且说“欲访仙源违咫尺，几湾柳色隔芳尘。”仙源，典出唐传奇《游仙窟》，即歌伎的住所。我以为，不论柳如是对汪汝谦怎样推重，汪汝谦却始终把她当作一普通女子，正所谓落花有意，流水无情，她与汪汝谦的关系并非如陈寅恪先生所言是“名流高僧知己美人”，至少，柳如是视汪汝谦为知己，而汪并未作如此打算。柳如是对汪汝谦的感情是复杂的，有崇敬，有请求，亦有弱女子托身于人的渴望。或许，柳如是与汪汝谦尺牍中的凄苦之情也是因为为情所苦，而又无以寄托。

五、柳如是与秦淮八艳的比较

以上论述了柳如是的个人交游，着重分析了她的感情经历与爱国情怀。在这部分，我们把目光转向柳如是生活的时代，把柳如是与她同时代的其他青楼女子作一简单的对比，我们就会发现柳如是这一奇女子，虽然“故不必同于世俗之女性”，但她的出现同样有着时代的必然性。

柳如是一直被称为秦淮八艳之一，如果把秦淮八艳做一个横向比较，会发现她们大部分与明末社团领袖为代表的清流势力有过密切往来。马湘兰作为秦淮八艳中时代最早的一位，余怀也未睹其面，她生活在万历到天启年间，《列朝诗集小传·闰集·香奁下》记载："（马湘兰）性喜轻侠，时时挥金以赠少年，步摇条脱，每在子钱家，弗顾也。常为墨祠郎所窘，王先生伯縠脱其厄，欲委身于王，王不可。"[③]《列朝诗集小传·丁集中》王稚登条记载，"稚登，字伯縠，先世江阴人。"王伯縠执掌江南文坛三十多年，据记载，"伯縠为人，通明开美，妙于书及篆隶，好交游，善接纳，谈论娓娓，移日分夜，听者靡靡忘倦。"[④]马湘兰可谓慧眼识珠，直到晚年，马湘兰仍对其恋恋不忘，"伯縠七十初度，湘兰自金陵往，置酒为寿，燕饮累月，歌舞达旦，为金阊数十年盛事。"[⑤]柳如是与陈子龙的交往前已论及，这里兹不赘述，我们来看其他几位。董小宛与冒襄交好，冒襄作为明末四公子之一，屡次被阮大铖追捕，但董小宛始终无怨无悔，吴梅村有诗咏此事云："念家山破定风波，郎按新词妾按歌。恨杀南朝阮司马，累侬夫婿病愁多。"[⑥]冒襄逃难，认为董小宛累赘，"越二十七日，凡二十七辞"，而董小宛"唯坚以身从"，并说："妾身如江水东下，断不返吴门。"[⑦]寇白门虽然与保国公朱弼国交好，"十八九时，为保国公购之，贮之金屋"，但当甲申国变之后，朱弼国生降，并要卖掉寇白门时，寇白门却勇敢地"以千斤予保国赎身，跳匹马，短衣，从一婢南归，归为女侠"。[⑧]顾眉归于龚鼎孳，"尚书雄豪盖代，视金玉如泥沙粪土，得眉娘佐之，益轻财好客，怜才下士，名誉胜于往时。"[⑨]

以上对秦淮八艳整体情况作一考证，我们会发现这些女子几乎无一例外的与政治结缘，和他们交往的男子既有党社领袖，也有高官巨贾，亦不乏风流才子。歌舞升平，不乏慷慨凄凉之音；儿女情长，亦可见英雄气短之貌。《板桥杂记》题咏有云：笙歌画舫月沉沉，邂逅才子订赏音。福慧几生能修到，家家夫婿是东林。那么，这种"家家夫婿是东林"的局面又是如何造成的呢？

我以为，这一事实的历史渊源要追述到明朝初年。明初，明成祖朱棣大杀忠于建文帝的大臣，其妻女往往沦为娼妓，"发象房，配象奴，不辱自尽；胡闰妻女发教坊为娼：此亘古所无之事。"[⑩]朱棣的这一举措，直接造成了明初官妓的繁荣。后朱棣迁都北京，北京一越成为政治经济文化的中心。南京原是明太祖朱元璋的开国之都，高门甲第云集于此，自然气派不凡。再加上南朝宋、齐、梁、陈四朝都定都于此，其文化氛围远远优于北方。到了明朝末年，东北满洲崛起，时时威胁着中原，西北的农民起义正是风起云涌，北京又是权力争夺的中心，只有南京较少战乱，经济正常发展，又有长江天险的阻隔，因其得天独厚的地理位置，自然成为东南地区的文化中心。诗人才子多云集于此，也就造成了青楼文化的畸形繁荣。秦淮河畔，青楼与贡院遥遥相对，形成一道独特的风景线。"旧院与贡院相对，仅隔一河，原为才子佳人而设。逢秋风桂子之年，四方应试者毕集。"在这样的环境中。青楼歌妓们一方面为士人们提供声色之娱，"转车子之喉，按阳阿之舞，院本之笙歌合奏，回舟之一水皆香。"[⑪]另一方面，她们也自觉迎合这一阶层的审美需要，在青楼歌妓中出现了不少能文善画者，卞玉京，"知书，工小楷，善画兰，鼓琴。喜作风枝袅娜，一落笔，画十余纸。"[⑫]她的妹妹卞敏以善画兰，"亦止写筱竹枝，兰草二三朵，不似玉京之纵横枝叶，淋漓墨渖也。然一以多见长，一以少为贵，各极其妙，识者并珍之。"[⑬]据现代学者胡文楷先生《中国历代妇女著作考》一书中考证，秦淮八艳中除了李香君、卞玉京、寇白门外，其他五位都有诗文集传世，可惜除柳如是的诗文集外，其余四位的今多未见。红颜薄命，其断肠之词，和泪之曲，散迹于天涯。同起于青琐之间，柳如是身后独有陈寅恪先生煌煌百万言《别传》传其事迹，可谓不幸中的万幸也。

在思想上，他们亦受到士大夫阶层的影响。士大夫把从一而终的贞节观念带入青楼，这些女子往往对自己倚门卖笑的生活颇感羞愧。明末"侠妓"一说盛行，不少青楼女子为了报答所谓的知遇之恩，充当了士的角色，在历史上留下了光辉的一页。这样的侠妓，以往只见于《甘泽谣》等传奇小说中，而在明末这一形象则确实出现在现实生活中。柳如是更是亲自走到了抗清的第一线，以青楼女子的身份唱出了时代的最强音。明末士大夫也往往乐于对女子的行为进行品评，当她们的行为符合忠义的价值取向时，往往大加赞扬；反之，即便屈节受辱而死，同样不得善终，但是在世人眼中，前者重于泰山，后者却只能轻于鸿毛。《板桥杂记》以对比的方式记载了葛嫩与王节的故事。葛嫩与孙克咸交好，后孙克咸兵败被俘，“兵败被执，并缚嫩。主将欲犯之。嫩大骂，嚼舌碎，含血喷其面。将手刃之。”[⑭]与此相对的是，王月与蔡如蘅交好，后蔡如蘅兵败被擒，王月被张献忠掠去，“擒其家，得月，留营中，宠压一寨，偶以事忤献忠，断其头，蒸置于盘，以享群贼。嗟乎！等死也，月不及嫩矣，悲夫！”[⑮]这样一来，青楼女子往往更为主动地迎合士人的这一思维方式，《板桥杂记》记载著名歌妓二十余位，以抗节而死的远不止葛嫩一人。

另一方面，这些女子经常会不自觉地被卷入政治漩涡中，在世事变幻中，审时度势，待时而动，这是她们全身自保的重要手段之一。吴三桂与陈圆圆的故事早为世人所熟知，但陈圆圆的经历远非那么简单。陈圆圆先被买至外戚周嘉定伯家，“外戚周嘉定伯以营葬归苏，将求色艺兼绝之女，由母后进之，以纾宵旰忧，且分西宫之宠，因出重币购圆圆。”[⑯]陈圆圆“轻鬟纤屐，绰约凌云”，在一次酒宴上，吴三桂为她的美貌深深倾倒，“停卮流盼，深属意焉。”后吴三桂降清，进爵为王，圆圆本应受正妃位，但她却婉言辞谢，说：“妾以章台陋质，谬污琼寝，始于一顾之恩，继以千金之聘，流离契阔，幸保残躯。”终不受正妃的封号。在晚年，看破了吴三桂的谋反野心，“以齿暮，请为女道士。霞帔星冠，日以药炉经卷自随。”吴三桂死后，其谋反事败露，其家平籍，陈圆圆却因入道得以保全。时人非常钦佩她的见识，“然遇乱能全，捐荣不御，皈心净域，晚节克终，使延陵遇于九原，其负愧何如矣！”[⑰]尽管陈圆圆与柳如是一个在乱世中勉强得以全身，另外一个殉节而亡，但她们的胆识都不得不令人钦佩。吴三桂“冲冠一怒为红颜”，为了保全自己的爱妾而忍辱投降，但陈圆圆却屡以“章台陋质”为托词，终不受清朝的封号。“巾帼”与“须眉”在历史的天平上，究竟哪一个更强悍？“天下兴亡，匹夫有责”，在兴亡的关口，当“匹夫”纷纷拜倒在石榴裙下，“匹妇”却撑起一片蔚蓝的天空。

从这个角度看，柳如是的产生是必然的。但是陈寅恪先生在《柳如是别传》中屡次所言，“不必以世俗之女子目之”，也正因为此，她竟使陈寅恪先生在失明膑足的情况下，耗尽后半生的全部心血，倾注于这样一个传奇女子。在对待爱情的态度上，柳如是虽然常常感慨身世之飘零，但是她却从不肯为了所谓的爱情而屈居于任何人之下，她的生命如烈焰之燃烧，虽然短暂却散发出夺目的光彩。

也正因为此，陈寅恪先生在柳如是身上找到的共鸣，既是学术的，也是人生的。在今天的知识分子眼中，柳如是不仅是历史人物，更是一个文化现象，是陈寅恪先生后半生的寄托，也是学术圈里一直热衷的话题。那么，值得我们深思的是，《柳如是别传》的写作距离今天已有半个多世纪，知识分子的生存环境也有了巨大的改善，为什么我们的古代文史研究再没有出现像《柳如是别传》这样的扛鼎之作？我想，这是今天学术界必须面对的问题，也是我这篇小文的意义之所在。

注释：

① 汪汝谦：《春星堂诗集》，第三卷，乾隆刻本。

② 柳如是：《柳如是集》，中国美术学院出版社2002年版，第46~47页。

③—⑤ 钱谦益著：《列朝诗集小传》，上海古籍出版社1984版，第765页，第481页，第765页。

⑥ 余怀，李金堂校注：《板桥杂记》，上海古籍出版社2000年版，第35页。

⑦ 冒襄，涂元济校注：《闺中忆语五种·影梅庵忆语》，中国广播电视出版社1993年版，第6页。

⑧—⑮《板桥杂记》，第51页，第30页，第15页，第13~14页，第37页，第39页，第26页，第50页。

⑯，⑰ 纽琇：《觚胜》，上海古籍出版社1983年版，第69页，第72页。

环太湖流域史前陶釜研究

俞嘉馨

（续《首都博物馆丛刊》第23辑）根据陶釜分型定式，参考碳十四数据，形成表六[231]。

表六　马家浜时期出土陶釜遗址相对年代表

<table>
<tr><th>时间段</th><th>草鞋山</th><th>绰墩</th><th>崧泽</th><th>彭祖墩</th><th>东山村</th><th>祁头山</th><th>圩墩</th><th>骆驼墩</th><th>神墩</th><th>罗家角</th><th>新桥</th><th>广福村</th><th>吴家埠</th><th>狮子山</th><th>邱城</th></tr>
<tr><td>过渡期</td><td>⑦</td><td>④</td><td rowspan="2">下层</td><td rowspan="3"></td><td>五</td><td></td><td>中层</td><td rowspan="6">第四阶段</td><td rowspan="13">晚
中
早</td><td rowspan="4">第一层</td><td rowspan="9">①—⑤</td><td></td><td rowspan="4"></td><td rowspan="6">马家浜文化层</td><td rowspan="6"></td></tr>
<tr><td rowspan="6">马家浜晚期</td><td rowspan="9">⑧—⑨</td><td rowspan="8">中期
早期</td><td rowspan="5">第四阶段</td><td rowspan="4">四期三期</td><td rowspan="5">②—③</td><td rowspan="9">一期（③—⑤）</td></tr>
<tr><td rowspan="12"></td></tr>
<tr><td rowspan="8">二期</td></tr>
<tr><td rowspan="2">第二层</td><td rowspan="2">第三文化层</td></tr>
<tr><td rowspan="3">二期一期</td></tr>
<tr><td rowspan="3">第三阶段</td><td rowspan="5">④—⑤</td><td rowspan="3">第三阶段</td><td rowspan="3">第三层</td><td rowspan="3">第四文化层</td><td rowspan="8"></td><td rowspan="3">下层</td></tr>
<tr><td rowspan="7">马家浜早期</td></tr>
<tr><td rowspan="6"></td></tr>
<tr><td rowspan="5"></td><td rowspan="3">第二阶段</td><td rowspan="3">⑧—⑨</td><td rowspan="4">第四层</td><td rowspan="5"></td><td rowspan="5"></td><td rowspan="5"></td></tr>
<tr><td>⑩</td><td rowspan="4"></td></tr>
<tr><td rowspan="3"></td><td rowspan="2">一期</td><td rowspan="3"></td></tr>
<tr><td rowspan="2">一</td><td>⑩</td></tr>
<tr><td></td><td></td><td></td><td></td></tr>
</table>

表七 甲、乙类遗存发掘分类图

序号	位置	遗址名称	马家浜		崧泽	
			圜底	平底	圜底	平底
1	东部	吴县草鞋山				
2		昆山绰墩				
3		昆山少卿山				
4		苏州越城				
5		青浦福泉山				
6		青浦崧泽				
7		吴县郭新河				
8		吴县澄湖				
9		青浦金山坟				
10	北部	无锡彭祖墩				
11		张家港东山村				
12		张家港许庄				
13		江阴祁头山				
14		常州圩墩				
15		常熟钱底巷				
16	西部	金坛三星村				
17		金坛北渚荡				
18		宜兴骆驼墩				
19		宜兴西溪				
20		宜兴元帆				
21		溧阳神墩				
22	南部	桐乡罗家角				
23		桐乡新桥				
24		吴江梅堰				
25		余杭吴家埠				
26		长兴狮子山				
27		湖州邱城				
28		嘉兴南河浜				

五、陶釜的传播

圩墩、罗家角、马家浜、草鞋山遗址因在圜底腰檐釜所表现的共性可视一条线路[232]，后续资料表明在太湖西部的骆驼墩、祁头山、吴家埠、邱城等姊妹因共出平底腰檐釜同坐另一条板凳。釜型分布虽基于“两条板凳”，但内部传播链条错综复杂。根据陶器的直接“输出”与渗透扩散的传播特点[233]，讨论传播、源流问题。

（一）系统中心区溯源及影响力分析

表七显示了大宗釜型的遗址分布情况[234]，地理角度可分为东部近山地区和西部平原地区两个中心，依器型可分为东部圜底釜区域和西部平底釜区域[235]，但区域内情况更为复杂。

东部圜底釜系统经草鞋山[236]向东、南部扩展，与北部互动，在北部被吸收发展；在东部作为土著器型稳定延续[237]，至马家浜后期发生变化。草鞋山土著器型延续至崧泽时期，说明圜底釜系统持续时间相当长。

西部平底釜区域内早期太湖以北平底釜属非主流，与同是平底器的骆驼墩相似性差。骆驼墩与宁镇地区更亲密，如薛城下文化层 H2：16[238]与骆驼墩乙类 Ca[239]、薛城中文化层 M84：2[240]与骆驼墩乙类 Ba[241]。

（二）共出遗址分析

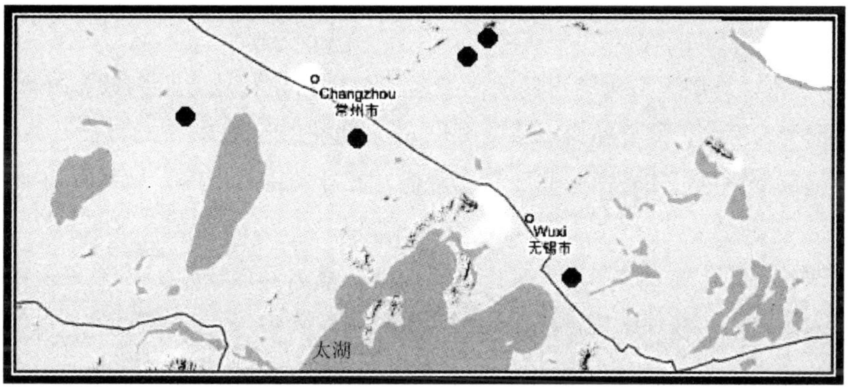

图二一　长江下游环太湖流域马家浜文化时期共出遗址分布（比例 1：25000）

五处共出遗址[242]形成了太湖以北的半圆形漩涡地带。

1. 三星村遗址

三星村地处宁镇与环太湖流域的交界地带，文化属性活跃，与北阴阳营、凌家滩、崧泽诸文化互动，如三星村 M875：1、M899：1 与薛城 M5：3[243]、M37：1[244]相似。三星村早期属圜底体系，后沿袭宁镇地区平底特点，到马家浜晚期逐渐接受宁镇地区特色。

2. 圩墩遗址

早期圩墩下层属圜底系统，圩墩中层平、圜并存，檐缘由宽向窄、器腹由深向浅演变。圩墩下层与中层文化面貌基本相同紧密承接。甲类 F 型作为圩墩土著器型向东、北部地区传播。残片 F、G 类中东山村与圩墩相近，但斜直口、直腹在圩墩晚期已不见，说明该釜型圩墩受东山村影响较大。罐形深腹、浅腹釜与草鞋山同型较多。圩墩中期仅 1 件罐形平底釜只在吴家埠有类似器型，两遗址关系尚需考量。

3. 祁头山遗址

祁头山自成特色，特有的乙类 Gb 型贯穿全期，发展出带有彭祖墩因素的本地器型[245]，器高遵循由低向高的发展脉络。

凡器型矮胖者在祁头山均为小平底，受宁镇或外来器影响[246]，经过神墩深化再向更北的祁头山传播。西部地区与祁头山乙类Aa型的交流发生在过渡期，且祁头山依然稳固地延续乙类G型风格。彭祖墩对祁头山的影响发生于马家浜晚期，过渡期前，仅是直接传播。从另一个角度反映了祁头山本身文化的强势，其他外来因素不足以对其产生影响。

4. 张家港东山村

早期筒形锯齿檐缘腰檐釜得到保持。东山村乙类D型仅与绰墩甲类De型稍有类似。圩墩F6：2可能受东山村乙类D型影响，过渡期时东山村的平底釜才开始向东部传播。

海安青墩遗址[247]和龙虬庄遗址[248]中均发现了与马家浜圜底系统相近的遗物，而龙虬庄主要炊器是盆形釜，说明乙类D型可能属外来因素。

东山村釜型FaⅠ式跨全期，对于周边地区极具传播效力[249]。

甲类Fe型受神墩、三星村影响，其圜底说明东山村特色稳固，仅吸收了西部局部风格，时期为过渡期。东山村甲类H型源头可能来自草鞋山，反映了东部对东山村的影响。甲类F型反映了圩墩与东山村的亲密关系。

多个例证表明东山村与环太湖流域诸遗址相互影响的同时，积极吸收并发展区域外的文化特色。

5. 无锡彭祖墩

彭祖墩残器Ca型、圩墩下文化层均发现同类器，但由同期其他釜型判断，圩墩下文化层Ca型为圜底，彭祖墩同期均为平底，结合祁头山乙类BdⅠ式、骆驼墩乙类BbⅠ式特征及相对年代关系，大胆的推测这种上腹部造型特色可能是由骆驼墩向北传播，经圩墩、彭祖墩，最终影响到崧泽甲类I型并被普及。

彭祖墩早中期属平底系统，晚期平底减少圜底增加，显示该遗址处于马家浜文化诸类型的分界处。故彭祖墩早期与太湖西、北部较密切，晚期受东部影响明显著。

（三）交叉地区传播关系

每个遗址都是开放的地域，每个地区都是开放的疆界，彼此间传播纵横交错，辅助传播路线虽各有特点，但与大势吻合。五处共存遗址虽受两个体系影响，但因圜、平底系统间切换速率的不同，故内部关系较为复杂。

太湖西、北、东部地区初期多点开花，后呈顺时针传播发展。马家浜文化的陶釜祖型分布于太湖西、北、东部，且西、北部地区更加丰富。

1. 由西向北长线传播

宁镇与太湖西部交界地带的特色釜型向北部扩展，始终影响祁头山地区，但祁头山乙类Gb型作为土著釜型发展且未受外来因素影响，该直接传播贯串祁头山全期。此传播线路中，马家浜晚期平底釜因素也不断作用于圩墩。进入过渡期后，交界地带的特色釜型向北传播的脚步终于到达东山村。

2. 东、北互动传播

马家浜早期，太湖东、北部仅草鞋山、彭祖墩、圩墩三处，所出陶釜均为夹砂灰陶或夹砂灰褐陶。草鞋山和圩墩釜型的众多共性说明二者早期关系密切[250]，但“草鞋山——圩墩”链条仅存于马家浜初期，相对年代大致为草鞋山第十层，之后的传播路径更多表现为由北向东的特点。

3. 由北向东长线传播

草鞋山第八、九层胎质均为夹砂红陶。东山村无论形制、胎质均与草鞋山吻合，可见草鞋山此时更受东山村影响。

彭祖墩位于“东山村——草鞋山”链条的平、圜底转变节点上，表现为彭祖墩二期夹砂红陶釜F1①：2的出现。之后彭祖墩受圜底系统影响增多，构成了由太湖北部腹地向东推进的夹砂红陶釜线路。进入过渡期后，北部盆形系统影响绰墩，继而发展为垂腹釜并延续至崧泽时期，可见太湖以东地区釜型基本源于南、北地区因素，故绰墩甲类De型必由外来的东山村因素造成。同时东山村盆形釜发展趋势体现了由长江以北向南的传播特点。

4. 由西向东短线传播

北部地区表现为圩墩、祁头山、东山村间互动关系且圩墩向北部地区传播。祁头山特色稳固发展，圩墩也在其中[251]。此时因东山村为夹砂红陶传统，圩墩Ic型已转变为夹砂红陶，故祁头山M10：2来源属圩墩的判断成立。

圩墩与祁头山间传播线路处在圩墩与东山村线路中，圩墩、东山村涵盖了草鞋山的所有类型，也有区别于草鞋山的类型。

（四）南部圜底釜区域分析

表七可见南部地区虽延续圜底风格但极具罗家角特色。罗家角第三、四层带脊釜与河姆渡相比质地不同器型相似。学界已对环太湖流域新石器时代文化序列和钱塘江南岸考古学文化展序列学达成共识：

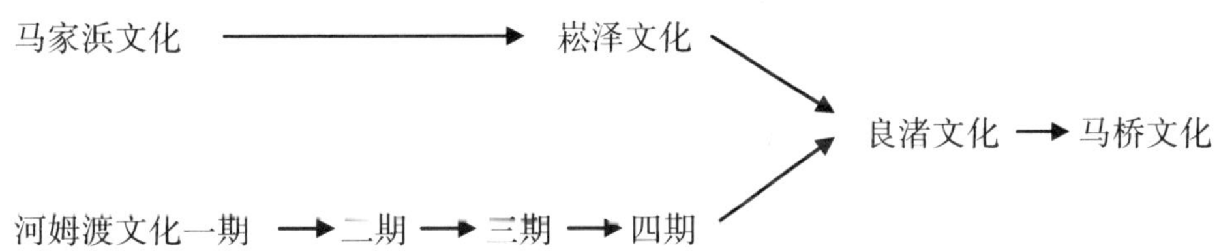

罗家角与河姆渡是平行发展的共同体，早期已相互影响。二者虽风格相依相异[252]，但河姆渡第三、四层的精湛艺并未过多影响罗家角，就带脊釜而言罗家角A型应为经河姆渡影响所产生的地方风格，说明二者相互影响并行发展。

罗家角内化了河姆渡风格且持续全期，扩展到新桥、谭家湾地区。嘉兴Dc型体现的河姆渡风格可推测河姆渡对太湖以南地区的影响边界东至嘉兴。

（五）西南部平底釜区域分析

本区域深受罗家角影响，其独有特征构成了区域内的传播桥梁。纵观罗家角、吴家埠、邱城、骆驼墩的釜型演变，罗家角的文化面貌包含了区别于东部圜底釜系统的平底元素，体现了西部平底系统对南部的影响。

罗家角向西南、西部地区文化传播始于马家浜早期。吴家埠、邱城所构成的平底区域始终深受太湖以南、以西的力量共同作用，构成西部近山地区的地方类型——西南部平底区域，该地极具文化吸纳、创新能力，相较周边其生产力水平发展速率更高且处于前列。马家浜中后期该地已率先迈入用鼎的新阶段。

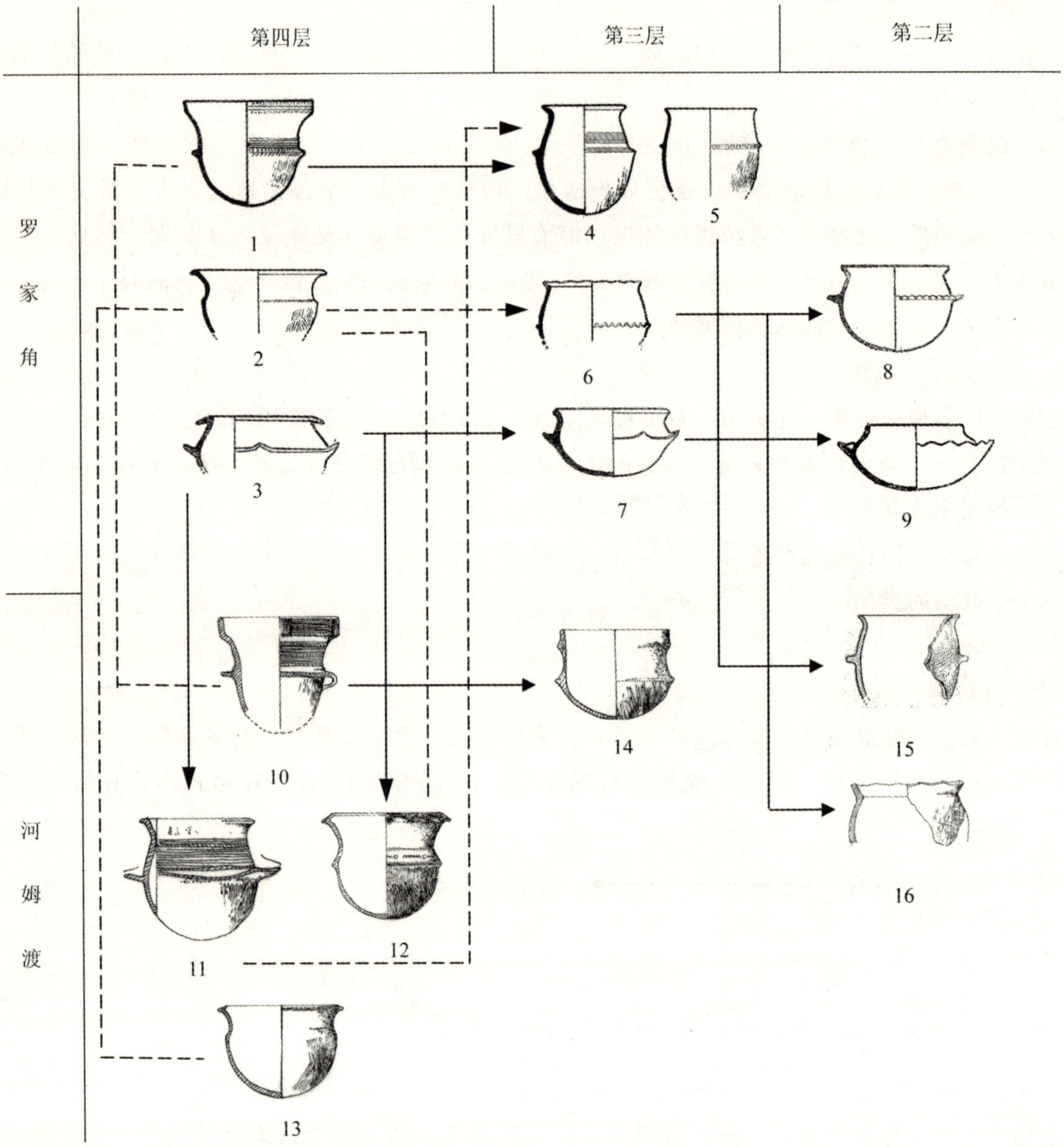

图二二　马家浜文化A型带脊釜与河姆渡源流关系示意图

桐乡罗家角：1. T117④：15　2. T114④：50　3. T116④：36　4. H5：1　5. T118③：13　6. T133③：20　7. T125③：10　8. T130②：4　9. T119②：10

余姚河姆渡：10. T31④：70　11. T30④：75　12. T20④：34　13. T19④：26　14. T18③：86　15. 井1：201　T34②：203

西部丘陵地区与南部平原地区间的交流早在7000B.C.前后已发生交流，随时间推移南部发展速率渐变缓，西部对南部影响更为突出。到罗家角第三层，西部类型向南、北两方向分别传播且对北部的影响力小于南部，西部釜型特点融会在罗家角自身陶釜发展脉络中。可见北部较南部文化更强势，西南沟通更密切，再次证明了罗家角文化面貌后期势衰，生产力渐弱的趋势，由传播者逐渐退为受众。

西、南部间的传播关系可见自然环境对人类文化的阻隔能力并非不可逾越，先民的活动能力在马家浜时期已经很强。

结语

任何文化都无法孤立发展，当某种釜型出现后，往往会在一定范围内传播，影响其他文化，以至较晚遗址常常同时存在几种形态。

通过考古发掘调查的成果，可在总面积30340平方公里的环太湖流域标出几十处出土陶釜的遗址，它们散布于太湖沿岸，是长江下游地区先民史前时代最集中、最主要的活动地域。

七千年前，腰檐釜是散落于太湖沿岸几处遗址的特有釜型，之后一千多年中，在与周边其他文化的交往过程中扩散传播，得以在环太湖流域广为流行，并以腰檐为基本特征发展出风格多样的釜型。即使同为陶釜，在鋬、腰檐、口沿、腹部、底部所体现出各地方特色如满天星斗般熠熠生辉。马家浜早期，太湖西、南、东、北部已分别表现出不同的釜型风格，由于地域及自然环境等因素影响，西部与南部，东部与北部结成了两个联系相对密切的共同体。

进入公元前六千年前后，随着更多文化遗址的出现，早期釜型因各地区间文化交流而相互吸收、改造、扬弃，形成马家浜时期诸文化的共同因素。陶釜不再是草鞋山、圩墩、罗家角、骆驼墩、彭祖墩、东山村等遗址表现的特色，不再可用东部与北部筒形圜底，筒形平底，西部平底，南部多角腰檐几个词来概括的地方特色，它已成为融合了本土与异地，原生与外来，传统与突变的复杂系统，作为马家浜文化标志性器物，划分马家浜文化的不同类型、不同发展阶段的主要标识。而由釜派生出的鼎，最终成为史前乃至商周礼器中的重要因素。

传播系统错综复杂但仍有章可循。进入马家浜中后期，早期链条随着各遗址发展速率差异而消解，新链条在面貌相近的遗址中萌生。传播路径以顺时针为大势，伴有局部地区逆向影响，除太湖东部地区，周邻地区活跃因素渗透入区域内使漩涡地带彰显多样性。无论周邻文化的发展程度如何，都可能渗透、影响或征服漩涡地带，而漩涡地带的遗存无论势力上强大与否，可能或可以对周邻文化的许多因素进行吸收或扬弃[253]。表面的文化差异，其背后暗含着如生产力水平高低，文明进程快慢，发展速率急缓，自然环境优劣等诸多客观因素、时代背景的关系链，这些错综复杂的元素也共同造就了一地区的开放程度、内化水平、创新能力。

讨论陶釜的发展、传播历程主要展现了马家浜文化系统内诸多区域的文化交往、融合过程，环太湖流域文化以开放的姿态，积极与其他文化或吸收养分丰富自己，或积极、主动向邻近地区施加影响，在中华远古文明起源与形成的复杂化进程中做出卓越贡献[254]。

附表 环太湖流域陶釜源流关系示意图

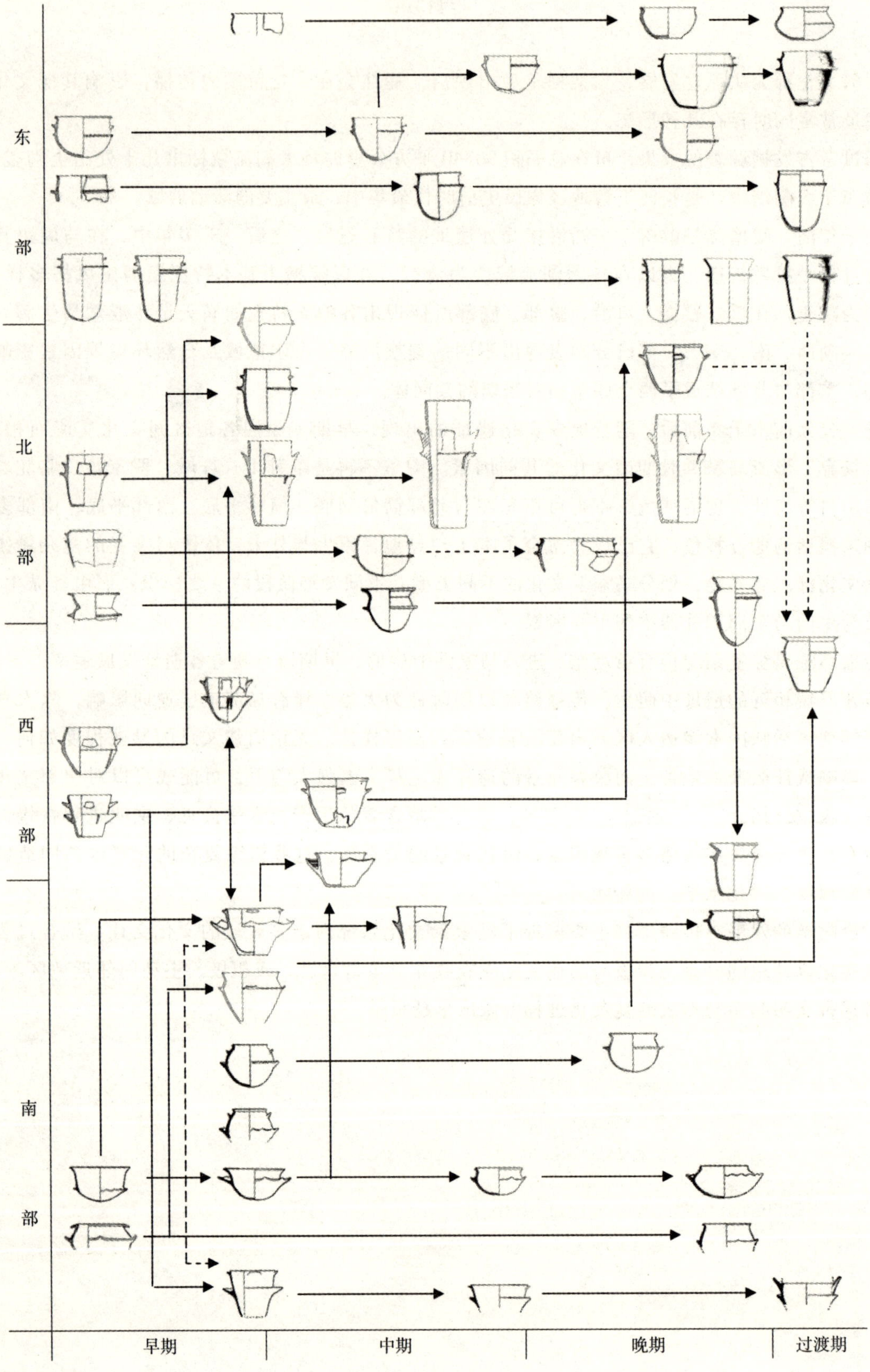

注释：

㉛ 本文为《环太湖流域史前陶釜研究》（下），文中所出现的图号、表格号等均以《环太湖流域史前陶釜研究》（上）、《环太湖流域史前陶釜研究》（中）为基础顺延。见：俞嘉馨：《环太湖流域史前陶釜研究》（上），《首都博物馆丛刊. 2008 总第 22 辑》北京燕山出版社 2008 年版，第 168～187 页，俞嘉馨：《环太湖流域史前陶釜研究》（中），《首都博物馆丛刊. 2009 总第 23 辑》，北京燕山出版社 2009 年版，第 161～180 页。

㉜ 苏秉琦先生早已在其文章中指出"马家浜文化中圩墩、罗家角、马家浜、草鞋山都是一条板凳上的兄弟，有共同因素、共同渊源，走过一条相似道路"，可见四处遗址共性明显，联系紧密。苏秉琦：《太湖流域考古问题——1984 年 11 月 17 日在太湖流域古动物古人类文化学术座谈会上的讲话》，《东南文化》1987 年第 1 期，第 22～25 页。

㉝ 陶器的传播，通常是经过两种方式产生的。一是直接的"输出"，即甲文化的产品通过某种途径被携带至乙文化区，或又通过转手于乙转至丙文化区。如此，就会在乙或丙文化区中发现少量属于甲文化的产品。另一种方式则是，甲文化的某种产物、纹饰等被乙文化借鉴、吸收、改造成为乙文化，从而得以发展，并再向外传播。见：高广仁，邵望平：《史前陶鬶初论》，《考古学报》1981 年第 4 期，第 446 页。文中用"渗透扩散"概括了第二种传播方式。

㉞ 在研究诸遗址陶釜流传关系时，首先需保证参与研究的各个遗址在时间跨度方面具备同步性，即遗存发展时序的一致性。对同时期遗存进行横向类比。首先需要划分遗址文化期。将研究对象即环太湖流域出土陶釜的诸遗址按照马家浜文化时期、崧泽文化时期两大时间段进行一级分类。这里需要指出两点：1. 遗址甄选，论述对象将选取出有器型较为完整的陶釜且有相关资料记载的遗址。2. 标本选择，环太湖流域诸遗址发掘陶釜数量巨大，不乏大量残器和缺乏基本信息的陶釜记录。文中选取的标本为完整器。残器只在需要时引入辅证说明，且需具有代表性特征。其次需要划分釜型类别，通过第二、三部分的陶釜型式分析，以大宗的甲类圜底釜、乙类平底釜进行归类，从而确定遗址基本面貌。由此观察研究对象在环太湖流域的位置关系。表七正是从以上原理出发，从地理位置、所在时期、釜型特征等方面进行排列对比，便于分析论述。

㉟ 以苏秉琦的"一条板凳"说法为先，江苏、浙江等地的研究者曾在相关论著中多次提及两个中心的问题，故而该理论已经非常成熟，理论的前提是研究对象陶釜出土情况较为单一，但对于两个中心间的交叉地带并未作过多探讨，因而，本研究的深意更在于对确定区域内的西部脉络分析，并理清复杂的交叉地带内的传播脉络。见：苏秉琦：《太湖流域考古问题——1984 年 11 月 17 日在太湖流域古动物古人类文化学术座谈会上的讲话》，《东南文化》1987 年第 1 期，第 22～25 页；陈晶：《马家浜文化两个类型的分析》，见：中国考古学会：《中国考古学会第三次年会论文集（1981）》，文物出版社 1984 年版，第 21～27 页；陈国良：《长江下游地区史前文化的炊器研究》，《考古学文化论集》（二），文物出版社 1989 年版，第 213～219 页。

㊱ 甲类 H、I 型贯穿于圩墩、东山村全期，连同草鞋山，具备构成圜底釜系统源头的可能性，表明马家浜早期东、北地区互动频繁。甲类 H、I、J 型可见草鞋山文化面貌相对单纯。

㊲ 绰墩、崧泽、梅堰与草鞋山釜型相近，说明草鞋山的影响力直接且巨大，但几处遗址也各有发展。崧泽甲类 G 型与甲类 Ga Ⅰ、Gb Ⅰ除口沿差异外釜型相似，且延续到过渡期，说明崧泽在吸收草鞋山特色基础上发展出本地特色。

㊳ 南京市文物局，南京市博物馆，高淳县文官所：《江苏高淳县薛城新石器时代遗址发掘简报》，《考古》2000 年第 5 期，第 5 页。

㊴ 俞嘉馨：《环太湖流域史前陶釜研究》（中），《首都博物馆丛刊. 2009 总第 23 辑》，北京燕山出版社 2009 年版，第 162、163 页。

㊵ 南京市文物局，南京市博物馆，高淳县文官所：《江苏高淳县薛城新石器时代遗址发掘简报》，《考古》2000 年第 5 期，第 10 页。

㊶ 俞嘉馨：《环太湖流域史前陶釜研究》（中），《首都博物馆丛刊. 2009 总第 23 辑》，北京燕山出版社 2009 年版，第 161、162 页。

㊷ 结合表七对同时出有圜底釜和平底釜的遗址统计结果和图二一所示的马家浜文化时期五处共出遗址的位置关系而进行继续论述。由于资料所限且现有资料不具普适性，故将苏州越城和青浦崧泽两处遗址排除在研究范围内。5 处共出遗址虽同属马家浜文化时期，但相对年代有早有晚。为了便于了解这一区域内遗址的共性与差异等特征，暂且将存在于不同时空的五处遗址迭压在同一平面上。

㊸ 南京市文物局，南京市博物馆，高淳县文官所：《江苏高淳县薛城新石器时代遗址发掘简报》，《考古》2000 年第 5 期，第 10、11 页。

㊹ 南京市文物局，南京市博物馆，高淳县文官所：《江苏高淳县薛城新石器时代遗址发掘简报》，《考古》2000 年第 5 期，第 10、11 页。

㊺ 乙类 Gb 型早期与彭祖墩 Ga 型 T3202⑤：5 近似。

㉔⑥ 由于神墩与骆驼墩文化面貌相似，祁头山和神墩的乙类Bd型器可能的联系只有三星村小平底明器2件，此外宁镇地区薛城中层的5件同类器的相对年代早于三星村第二期，显示了传播的合理性。

㉔⑦ 南京博物院：《江苏海安青墩遗址》，《考古学报》1983年第2期，第150~190页。

㉔⑧ 张敏：《高邮市龙虬庄新石器时代遗址》，见：中国考古学会：《中国考古学年鉴（1994）》，《文物出版社》1995年，第184、185页。海安青墩和虬龙庄遗址均位于长江以北江淮东部地区，在环太湖区域内未出现相似器型，故而需要更进一步结合外围的考古资料进行补充研究。此处提到的东山村F6：2，器型上与两处江淮东部地区遗址历来所处的盆形陶釜近似，表现出文化遗存间的紧密联系。

㉔⑨ 纵观马家浜时期诸遗址所出釜型，型如FaⅠ式一般均为圜底，这点在祁头山后期得到证实，故而类似釜型在早期的圩墩、草鞋山、西溪、广福村，晚期的凤凰山、崧泽均有发掘，当然其他遗址的传播源头不一定来自东山村，在草鞋山早期有同类型器，但可以肯定的是FaⅠ式影响力极强。

㉕⓪ 此发现正好与以往研究中对“草鞋山——圩墩遗址类型”的划分吻合。

㉕① 表现为马家浜后期祁头山M10：2与圩墩Ic型最为吻合。

㉕② 多角腰檐釜贯穿罗家角，罗家角甲类B、Da型腰檐风格影响着河姆渡如T30④：75，此多角风格还用于釜口沿如T20④：34，结合了河姆渡刻划风格，与罗家角相依相异。

㉕③ 高蒙河：《试论“漩涡地带”的考古学文化研究》，《东南文化》1989第1期，第18页。

㉕④ 本文收集的资料大部分截止于2006年，修改过程中又增补了一些新近的资料，文中所引用线图除个别原报告中未给出体量尺寸无法判断大小外做过一定技术性调整，均以原报告中提供的器物标本的数据或比例尺为基础，以统一的比例标准缩小并绘制，基本保持原貌。

参考文献：

① 高蒙河：《长江下游考古地理》，复旦大学出版社2005年版。

② 浙江省文物考古研究所：《浙江考古精华》，文物出版社1999年版。

③ 中国考古学会：《中国考古学年鉴（1990）》，文物出版社1991年版，第201页。

④ 张敏：《关于环太湖地区原始文化的思考》，见：吉林大学边疆考古中心：《庆祝张忠培先生七十岁论文集》，科学出版社2004年版，第255~270页。

⑤ 俞伟超：《考古学是什么》，中国社会科学出版社1996年版。

⑥ 牟永抗、魏正瑾：《马家浜文化和良渚文化——环太湖原始文化的分期问题》，见：文物编辑委员会：《文物集刊（1）》，文物出版社1980年版，第102~108页。

⑦ 姚仲源：《二论马家浜文化》，见：中国考古学会：《中国考古学会第二次年会论文集（1980）》，文物出版社1982年版，第128~135页。

⑧ 汪遵国：《太湖地区原始文化的分析》，见：中国考古学会：《中国考古学会第一次年会论文集（1987）》，文物出版社1980年版，第111~122页。

⑨ 方向明：《马家浜——良渚文化若干问题的探讨》，见：浙江文物考古研究所：《纪念浙江省文物考古研究所建所二十周年论文集》，西泠印社1999年版，第33~48页。

⑩ 丁品：《钱塘江两岸新石器时代晚期文化关系初论》，见：浙江文物考古研究所：《纪念浙江省文物考古研究所建所二十周年论文集》，西泠印社1999年版，第49~58页。

⑪ 夏鼐：《碳—14测定年代和中国史前考古学》，《考古》1977年第4期，第217~232页。

⑫ 苏秉琦：《太湖流域考古问题——1984年11月17日在太湖流域古动物古人类文化学术座谈会上的讲话》，《东南文化》1987年第1期，第22~25页。

⑬ 苏秉琦：《华人·龙的传人·中国人——考古寻根记》，辽宁大学出版社1994年版。

⑭ 陈晶：《马家浜文化两个类型的分析》，见：中国考古学会：《中国考古学会第三次年会论文集（1981）》，文物出版社1984年版，第21~27页。

⑮ 陈国庆：《长江下游地区史前文化的炊器研究》，见：苏秉琦主编：《考古学文化论集（2）》，文物出版社1984年，第213~230页。

⑯ 黄宣佩：《略论崧泽文化的分期》，见：中国考古学会：《中国考古学会第三次年会论文集（1981）》，文物出版社1984年版，第28～33页。

⑰ 牟永抗：《江新石器时代文化的初步认识》，见：中国考古学会：《中国考古学会第三次年会论文集（1981）》，文物出版社1984年版，第1～14页。

⑱郑建明，陈淳：《马家浜文化研究的回顾与展望——纪念马家浜遗址发现45周年》，《东南文化》2005年第4期，第16～25页。

⑲中国社会科学院考古研究所：《新中国的考古发现和研究》，文物出版社1984年版。

⑳中国社会科学院考古研究所：《新中国的考古收获》，文物出版社1961年版。

㉑文物出版社：《新中国考古五十年》，文物出版社1999年版。

㉒郑建明：《环太湖史前社会复杂化进程的考古学探索》，见：浙江省文物考古研究所：《浙江省文物考古研究所学刊（第八辑）纪念良渚遗址发现七十周年学术研讨会文集》，科学出版社2006年版，第601～611页。

㉓江苏省地方志编纂委员会：《江苏省志·文物志》，江苏古籍出版社1993年版，第40、41页。

㉔龙虬庄遗址考古队：《龙虬庄——江淮东部新石器时代遗址发掘报告》，科学出版社1999年版。

㉕南京市文物局，南京市博物馆，高淳县文官所：《江苏高淳县薛城新石器时代遗址发掘简报》，《考古》2000年第5期，第1～20页。

㉖吴建民，孙世英：《江苏新石器时代遗址分布特征与环境、海岸线变迁关系》，见：刘泽纯：《第四纪沉积与环境变迁》，东南文化杂志社1991年版，第119～132页。

㉗景存义，伍燕南：《从全新世沉积环境分析长江三角洲北翼滨海潮汐水道建港的可行性》，见：刘泽纯：《第四纪沉积与环境变迁》，东南文化杂志社1991年版，第97～104、132页。

论"十七年邢令"戈的铭文释读及相关问题

祁普实

在1982年第9期的《文物》上，有一篇李学勤先生所撰文章，题为《北京拣选青铜器的几件珍品》，其中介绍了一件由北京市文物局程长新、张先得先生共同在北京铜厂废旧物资中拣选出来的战国铭文铜戈。此戈通长28.7厘米，援长18厘米，中起脊，前锋弧尖，胡长14.2厘米，内长10.4厘米，微上翘，近阑部三穿，内三面有刃，戈整体呈较为均等的扁"T"字形。（见图1）戈内部有刻铭两行，但由于是出土后经过传世的器物，其铭文表面已经被清除过锈蚀，因本身字体刻画较浅，故不甚清晰，李先生释读为"十七年，邢令吴蒙，上库工师宋，冶厘执剂"，共十七个字，并将其定为赵国兵器，此戈现收藏于首都博物馆，被定为馆藏二级文物。

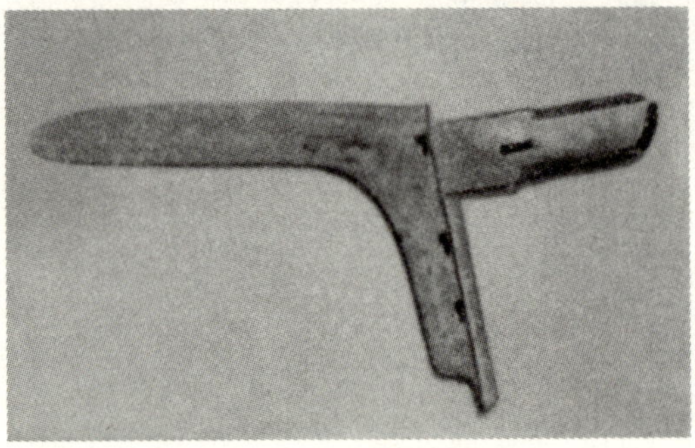

图1

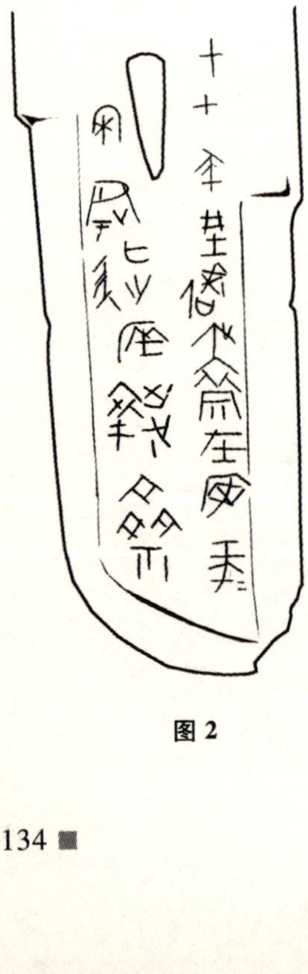

图2

笔者近日在对此戈实物铭文进行细致的摹写后（见图2），发现李先生早年所释读的内容尚有几处值得商榷。以下就对铭文逐句进行分析释读：

第一句"十七年，邢令"五字，应无疑问，"十七年"，为此戈所在诸侯国某一位国君的纪年，"邢"为西周初期周公之子的封地，古邢国的简称，后为地名（今河北邢台附近），东周时期曾有几个名为"邢"的地方。根据盛行"物勒工名"的时代特征和铭文字体来判断，此戈之"邢"应为战国时代"邢丘"的简称，其地理位置在战国时期东周与韩国及魏国的接壤之处，其大部分领土属东周所有。据《史记》卷四十五《韩世家》第十五中记载："（韩昭侯）六年（公元前357年），伐东周，取陵观、邢丘，"①，之后，在韩王安九年（公元前230年），包括邢丘在内的韩国全境为秦所占。《史记》卷四十四魏世家第十四中又有："（安釐王）十一年（公元前266年），秦拔我郪丘（注又作邢丘）"②。故此说明，在战国时代，邢丘是先后分属于东周、韩国、秦国的，与赵国、魏国并无直接从属关系，魏的鄚丘只是邢丘的一小部分，且魏并不名之为“邢”。令为官名，为县一级的地方长官，《韩非子·外储说左下》载：“西门豹为邺令……居期年上计，君收其玺，”[③]。战国时代的县已经十分普遍，地位较之于郡则更高，战国中期商鞅在秦国变法时，每县设有令和丞，县令下的丞，在县中的地位是相当于国君的相。其他如韩、魏等国在县令之下设有御史，县御史在县中的地位相当于国君的御史大夫。

“吴蒙”两字，为此令的姓名，先秦的“吴”字及通“吴”字主要有两种写法，一种字形为左上从“虍”，右下从“鱼”从“吴”的“虞”，另一种字形为“口”在“夭”字的右上部或左上部的“吴”，（见图3.a）此戈吴字字形为左下从“大”，右上从“半口”，应为简写的“吴”字，战国早期著名的政治家、军事家吴起即为吴姓，而“蒙”字字形上部从“艹”、从“冖”，下部从“豕”，但戈铭此字上部从“文”，下部从“而”从“月”，故而应读为“齋（斋）”或“斉”（通脐）字为宜（见图3.b），且此二字为合文，“吴”字的下部与“斋”或“斉”的上部共用，合文的形式在我国的战国晚期十分盛行。此外，在战国兵器上，铭文的官称后有仅署名而无姓氏的，如：“郾王喜造”戈[④]，喜即为人名，又如：“十七年，丞相启、状造郃阳”戈[⑤]、“七年，上郡守閒（间）造”戈[⑥]等，启、状、閒（间）亦均为人名，其姓皆省略不署，也有姓与名都署的，如：“二十年丞蔺相如”戈[⑦]、“四年相邦吕不韦”矛[⑧]等，还有只署官称不署姓名的，如：“二年相邦春平侯”铍[⑨]，“八年相邦建信君”铍[⑩]等。

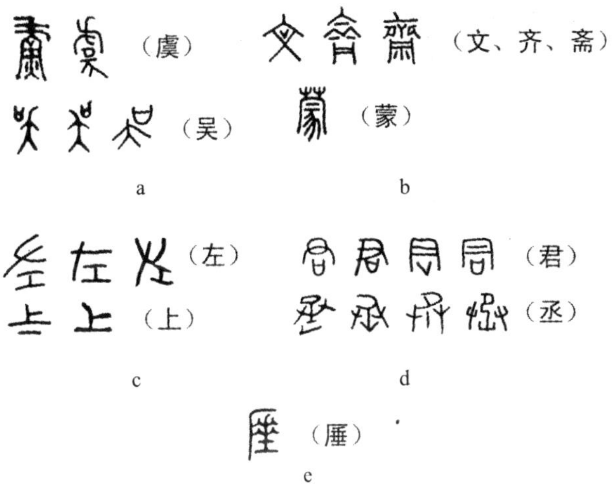

图3

第二句“上库工师宋”，“上库”为战国时期国家军事武备机构，另有“左库”、“右库”之分，此机构一般位于宫城之内，直接受国君掌控。此戈铭文从笔画来看，库前之字的左部从“𠂇”，右部从“土”从“工”，应为“左”字，而非“上”字（见图3.c），“工师”二字为合文，工师为武库中的一级官吏，负责兵器的样式设计、监制及成型后的加工完成，其职务虽小，但很重要，每一件装备都要经过他的核定才可投入使用。“宋”二字无疑应为工师的姓名，“宋”字上部从“宀”，下部从“木”，此铭文的实际笔画与之相符，“”字应为左上部从“卩”，右下部从“又”，而铭文中此字为上部从“尹”，下部从“上”从“半口”，因而，此字应读为“丞”或“君”更为合适（见图3.d）。

第三句“冶厓执剂”，“冶”为“冶工”的简称，即冶炼工，是负责兵器的青铜材料配比和熔炼浇注的工匠，成书于我国先秦时代的《考工记》卷上第四“攻金之工”中记载：“金有六齐，六分其金而锡居一，谓之钟鼎之齐；五分其金而锡居一，谓之斧斤之齐；四分其金而锡居一，谓之戈戟之齐；……”[⑪]，由此可知，先秦时代铜戈的合金配比大约为铜占80%、锡和其他成分占20%，当然，这还需要对不同类型的铜戈实物进行金属元素分析才可以确定。“厓”字应为人名，其外应从“厂”，其内应从“垂”（见图3.e），但戈铭此字外从“厂”，内从“坐”，应为一同“猛”字的异体字[⑫]，“执剂”为执掌六剂配比之意，“猛”的主要工作就是负责铸造兵器时的青铜合金比例。

另外，李先生将此戈定为赵国兵器，其依据为铭文中所使用的“执剂”为赵国所特有，这也似乎很值得商榷，1981年吉林省长白县出土的“二十年丞蔺相如”戈、1975年山西临县发现的“王何立事宜安”戈⑬等，其皆为赵器无疑，但铭文中并没有“执剂”的描述，另外，联系到“邢丘”位于战国中晚期韩国与东周的接壤之处，起初大部分属东周所有，在韩昭侯六年为韩所攻占，之后又归属于秦，况且韩、赵本同源于三晋文化，其语言习惯也当比较接近，故而，绝不能排除此戈属东周或韩、秦的可能。

再者，关于戈的所属年代，可通过对其形制和铭文中的“十七年”的探索找到答案。此戈形制尺寸在先秦长胡戈中属于中等偏大的，厚度亦属偏厚的，其整体外观近似英文大写的扁“T”字形，内上三面皆有锋刃，内下锋刃呈上扬斜角状，这类锋刃造型的戈，最早出现于战国早期的晋、楚之地（见图4），战国中期晚段开始盛行，各国纷纷仿效，延续到西汉早期仍有使用，其锋刃结构大大增加了戈的杀伤力，同时也从运动力学原理角度使戈在运动中达到更大程度的平衡，而易于使用者控制。从目前考古发掘出土及采集的情况来看，战国时代此类形制的戈大致可分为以下5式：

图4

Ⅰ式：1972年四川涪陵小田溪3号墓出土的“二十六年蜀守”戈⑭（见图5.a），通长24厘米，援长14厘米，微上扬，前锋弧尖，前锋下刃有钩角，上下齿间16.2厘米，锋刃明显规整，近阑部四穿，内长10厘米，内三面有刃。1987年，四川青川出土的“九年吕不韦”戈⑮（见图5.b），通长26.5厘米，援长16.8厘米，微上扬，前锋弧尖，前锋下刃有钩角，锋刃明显规整，胡长15厘米，近阑部四穿，内长10厘米，内三面有刃。

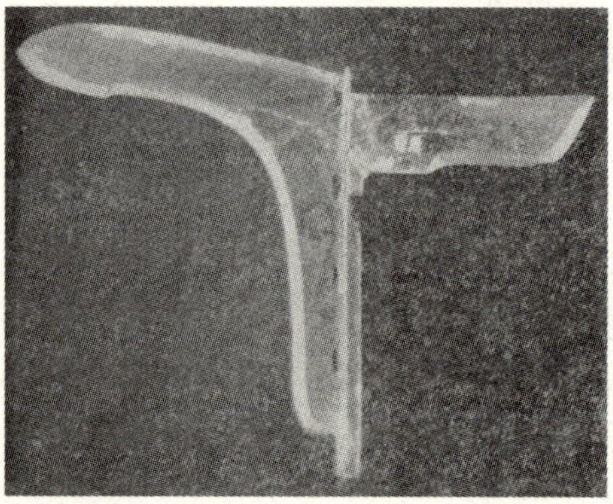

a

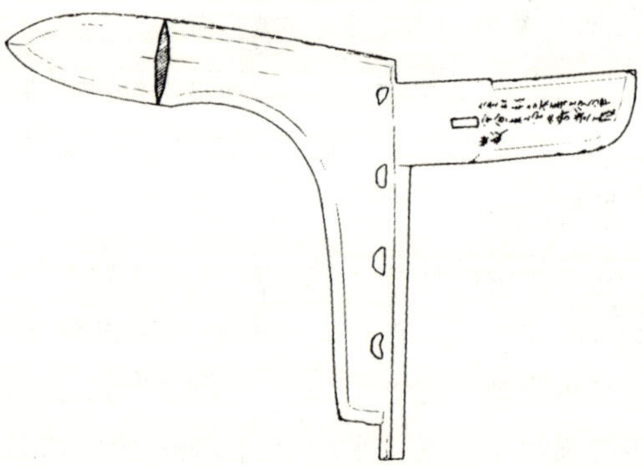

b

图5

Ⅱ式：1981年吉林长白出土的“二十年丞蔺相如”戈，通长25.3厘米，援长15.8厘米，内长9.5厘米，援与内的高点基本相等，前锋弧尖，近阑部三穿，内三面有刃，内下锋刃微上翘。（见图6.a）、1984年河北临城出土的“二年邢令”戈⑯（见图6.b），通长26.5厘米，援长16.9厘米，内长9.6厘米，援与内的高点基本相等，前锋弧尖，近阑部三穿，内三面有刃，内下锋刃微上翘。1971年河南新郑县白庙范村出土的“郑右库”戈⑰（见图6.c），通长25.2厘米、胡长11.2厘米，援与内的高点基本相等，前锋弧尖，前锋下刃稍有钩角，近阑部三穿，内三面有刃，内下锋刃微上翘。

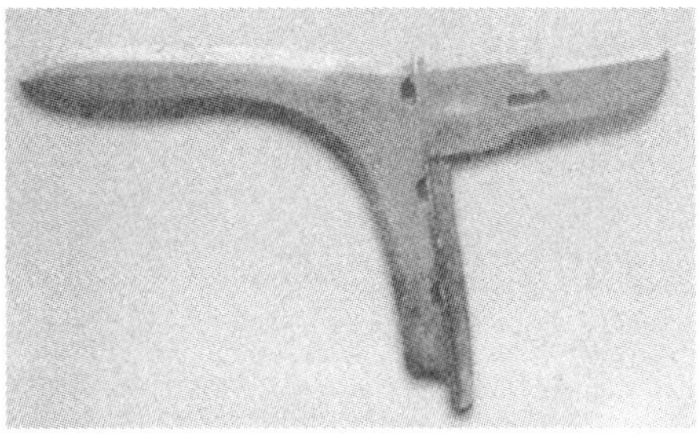

a

c

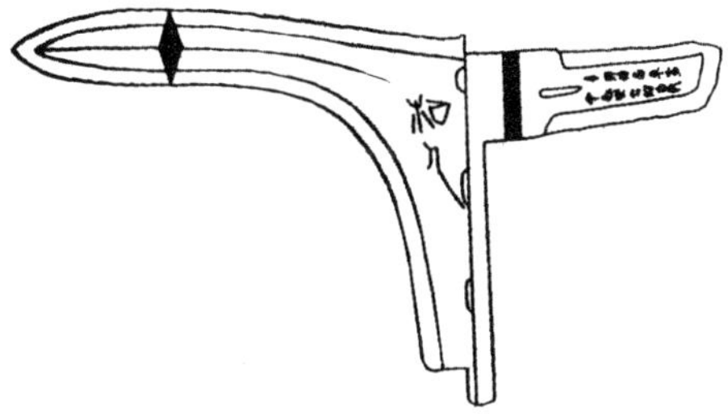

b

图 6

Ⅲ式：1973 年，河北易县燕下都 23 号遗址出土的“燕王喜造”戈（见图 7. a），通长 24.5 厘米，援微上扬，前锋弧尖，前锋下刃稍有钩角，胡部有刺，近阑部三穿，内三面有刃，内下部锋刃呈向内弧形。1973 年，河北易县燕下都 23 号遗址出土的“九年将军张二月”戈[18]（见图 7. b），通长 25.7 厘米，援微上扬，前锋弧尖，前锋下刃稍有钩角，胡部有刺，近阑部三穿，内三面有刃，内下部锋刃呈向内弧形。

Ⅳ式：1979 年，内蒙古准格尔旗出土的“二年上郡”戈[19]（见图 8. a），通长 24.9 厘米，援微上扬，胡长 12.3 厘米，内长 9.2 厘米，前锋弧尖，近阑部三穿，内三面有刃，并微上翘。1982 年，天津市文物管理处拣选的“十七年丞相启、状造郃阳”戈（见图 8. b），援、胡残断，近阑部三穿，内长 7.6 厘米，内下部锋刃稍呈向内弧形。

Ⅴ式：1988 年，山西太原南郊金胜村赵卿墓出土铜戈[20]（见图 9. a），援长 17.1 厘米，上下齿间距 13.1 厘米，援部弯钩状弧刃，微上扬，前锋弧尖，近阑部四穿，胡下部有一刺，长内，内三面有刃，并明显上翘，援与内的高点基本相等。1958 年，湖南常德德山 51 号楚墓出土铜戈[21]（见图 9. b），通长 26 厘米，胡长 12.6 厘米，内长 10 厘米，援部弯钩状弧刃，明显上扬，前锋弧尖，近阑部四穿，内三面有刃，微上翘，援与内的高点不等。1978 年，湖北随州曾侯乙墓出土错金铭文戈[22]（见图 9. c），通长 30.7 厘米，援长 19.2 厘米，胡长 11.5 厘米，内长 11.5 厘米，援部弯钩状弧刃，微上扬，前锋弧尖，近阑部四穿，内三面有刃，并明显上翘，援与内的高点基本相等。1965 年，河北易县燕下都 44 号墓出土的“二年向贯（贵）府”戈[23]（见图 9. d），通长 31.5 厘米，上下齿间距 17.5 厘米，援部弯钩状弧刃，微上扬，前锋弧尖，近阑部四穿，内三面有刃，并明显上翘，援与内的高点基本相等。1977 年，山东蒙阴出土的“平阿左造”戈[24]（见图 9. e），通长 24 厘米，援长 14 厘米，胡长 12 厘米，内长

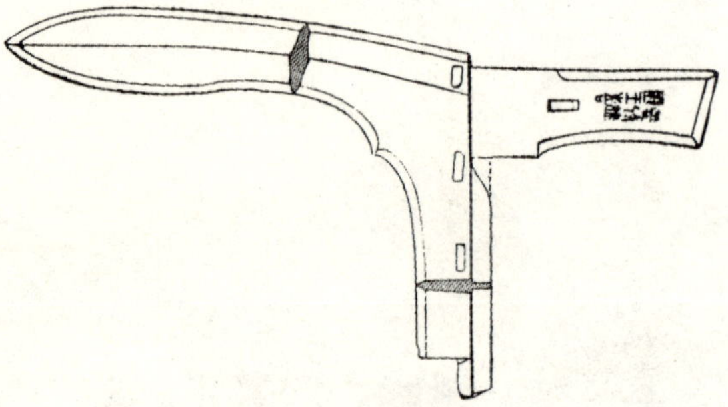

a

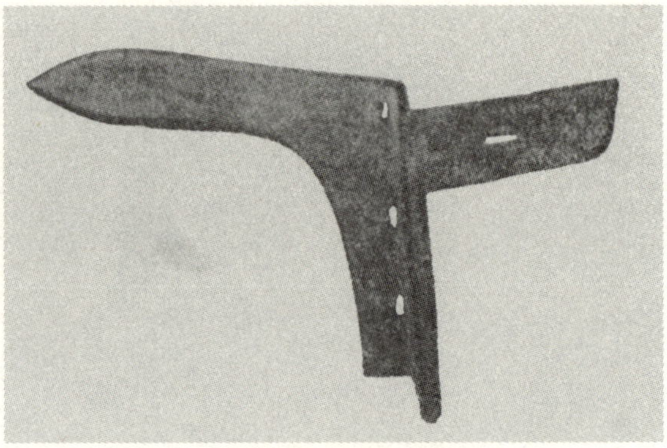

a

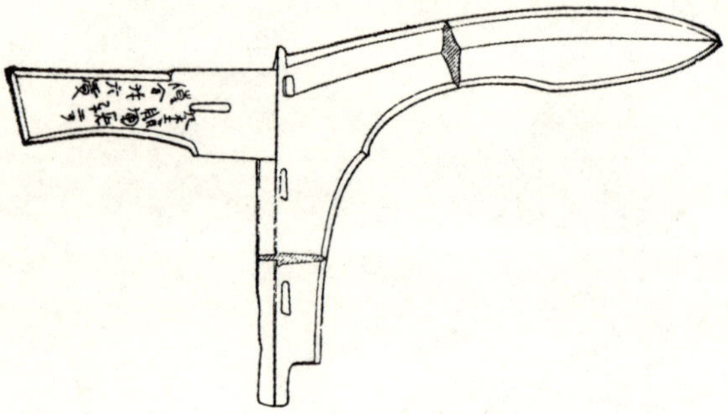

b

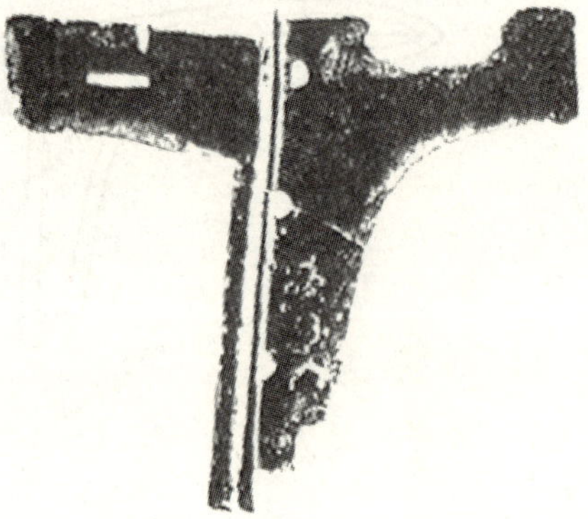

b

图 7

图 8

10 厘米，援部微上扬，前锋弧尖，近阑部三穿，内三面有刃，并明显上翘，援与内的高点基本相等。根据上述资料，可以归纳得出以下几点：

Ⅰ式戈多为战国晚期秦中央政权所监制，特征为胡部较长且较宽，援部稍短，较直，微上扬，援与内的高点明显不等，前锋弧尖稍宽，援下前端有钩状刃，近阑部四穿，内较长，多平直，锋刃棱边明显规整。

Ⅱ式戈多为战国晚期韩、赵、魏所制，特征为援与胡的长度相近或援稍长，援与内的高点基本相等，戈整体呈基本均等的“T”字形，前锋弧尖稍窄，近阑部三穿，内下部锋刃多微上翘。

Ⅲ式戈多为战国晚期燕国所制，特征为援部微上扬，援与内的高点不等，前锋下刃稍有钩角，胡部多有一刺，间或有二刺者，近阑部三穿，内下部锋刃呈向内弧形。

Ⅳ式戈多为战国晚期秦新并入的属地所制，特征为援微上扬，援与内的高点不在同一水平线上，但长度稍逊于秦戈，近阑部三穿，内下部锋刃不上翘，锋刃不及秦戈规整。如“二年上郡”戈整体与赵、魏戈基本相似，唯胡与援均较宽，内下部锋刃不上翘。而“十七年丞相启、状造郃阳”戈从残存部分来看，内部与燕戈相似，近阑部为三穿，与秦戈有较大差异。《史记》卷四十四魏世家第十四中记：“（魏襄王）七年（公元前 312 年），魏尽入上郡于秦”，郃阳又作“合阳”[25]，上郡、郃阳本为魏地，与秦境接壤，在战国晚期为秦所并，据此分析，此二戈应为并入秦后的魏国工师或被征募的燕国工师所造。另外，从铭文内容看，两者皆为地方工丞所造，符合新并入秦的属地兵器的铭文特征，而有别于秦中央政权所制兵器，如《文物》1989 年第 6 期所载的“武库受属邦咸阳寺工”矛[26]、《考古》

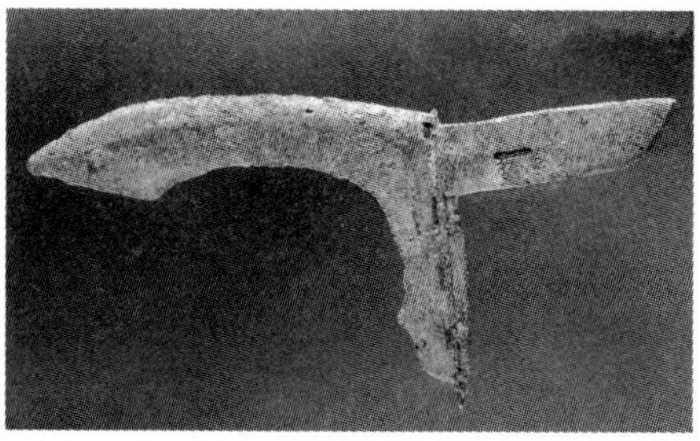

a

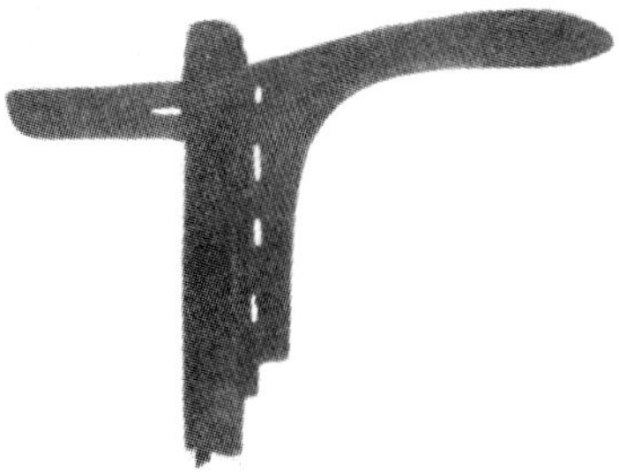

b

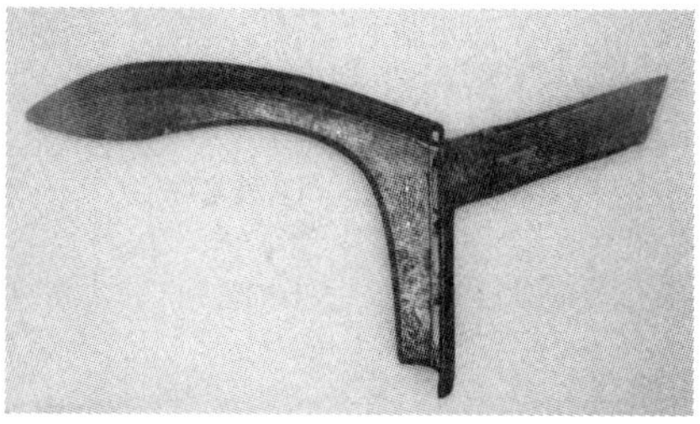

c

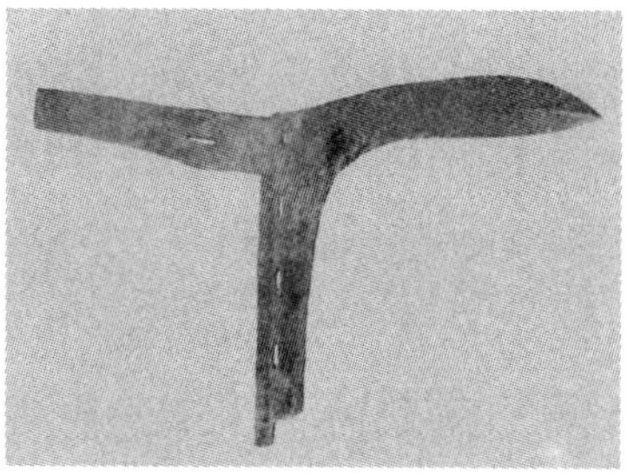

d

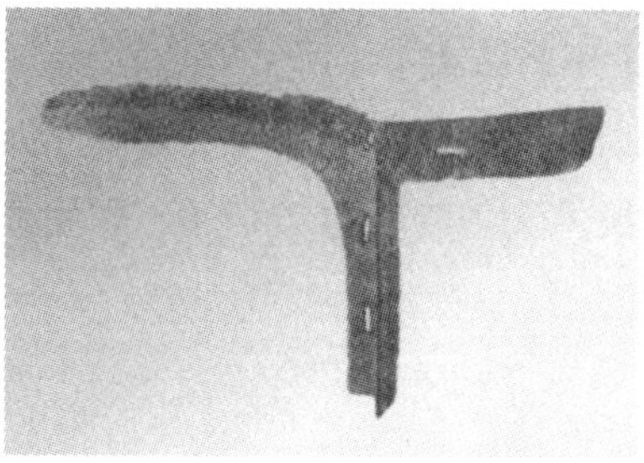

e

图 9

1959 年第 9 期所载的“四年相邦吕不韦造寺工”戈[27]，其“武库”及“寺工”都是秦中央政权的直属武备机构。

V 式戈多为战国早中期晋、楚、齐所制，特征为长援，长胡，长内，援部多为弯钩状弧刃，前锋弧尖较窄，援与内的高点基本在同一水平线上，近阑部多为四穿，内上三面有刃，并明显上翘。太原南郊金胜村赵卿墓出土的铜戈，属春秋晚期晋器，是此类型戈中迄今所发现的年代最早的实物，曾侯乙墓出土的错金铭文戈为战国早期所制，也是由此类型而来。曾国本是姬姓诸侯，文化源于中原周室，在战国早期成为楚国附庸，故其政治文化等方面均融合了周楚两种类型，兵器亦然。河北易县燕下都 44 号墓出土的“二年向贯（贵）府”戈，则极有可能是燕国在与齐国或楚国的战争中的掠获品，其铭文中的向贯（贵）为人名，另见有属于秦国相邦的“向寿之岁”戈[28]，对比发现，“二年向贯（贵）府”戈与“向寿之岁”戈的铭文字体都与包山楚简中的文字相近（见图 10），向寿[29]为秦宣太后[30]的外族，而秦宣太后本为楚人。另外，向氏的源流有西周分封的向国[31]（春秋时属莒，战国中期属楚），还有春秋时期分别属郑、属晋及属吴的“向”地等，鉴于上述原因，此戈存在属楚或属齐的可能，时代应为战国中期。“平阿左造”戈应为战国早中期齐国所制，“平阿”之名未见史载，但齐国西有“阿”（又名东阿），春秋时称“柯”，“阿”的东北有平阴，东南有东平，故推测“平阿”为其中两地的合称。

根据上述分析，“十七年邢令”戈的铭文释读为“十七年，邢令吴斋（脐），左库工师宋丞（君），冶猛执剂”似乎更为适宜，另外，通过对上述几种类型铜戈的形制、铭文内容等方面的情况进行比较，尤其是从铭文“左库工师宋丞（君），”来分析，可排除为秦属邦或新并入属地兵器的可能，再参考《史记》中韩取邢丘的时间（公元前357年）来看，基本可以确定本文所述“十七年邢令”戈为战国中晚期东周或韩所制，时代为战国中期中段至战国晚期之间，再综合“十七年”推测，纪年有“十七年”并符合拥有邢丘条件的战国中晚期东周天子及韩国诸侯有周安王（公元前385年）、韩昭侯（公元前346年）、韩宣惠王（公元前316年）、韩釐王（公元前279年）、韩桓惠王（公元前256年），这样，其制作年代及相应王侯也基本可以确定范围了。

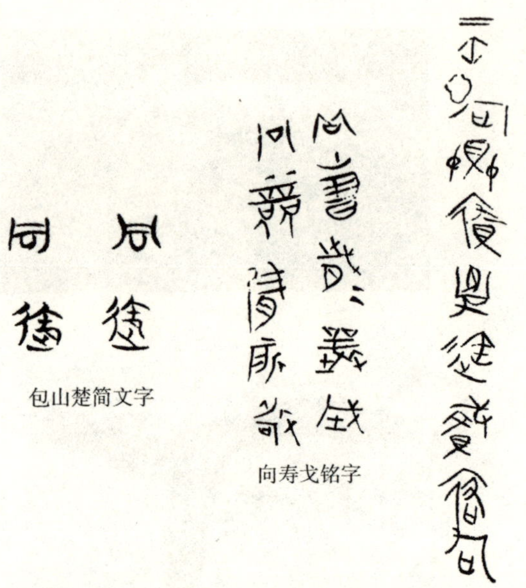

包山楚简文字

向寿戈铭字

二年向贯（贵）腐戈铭文

图10

总之，此戈虽非科学考古发掘品，但由于品相完好、铭文内容丰富，故而其对研究战国时代的政治、经济、文化、冶铸技术和军事战争，都具有重要的参考价值，在此感谢给予大力支持并提供宝贵资料的于立凡、李健两位同志。

注释：

①《史记》卷四十五《韩世家第十五》，中华书局1982年版，第6册，第1868页。

②《史记》卷四十四《魏世家第十四》，中华书局1982年版，第6册，第1854页。

③ 张觉等著：《韩非子》（译注），上海古籍出版社2007年版，第445页。又，韩非著，由后人辑集而成，旧称《韩子》，共五十五篇，重点宣扬了法、术、势相结合的法治理论，韩非“法”、“术”、“势”相结合的法治理论，达到了先秦法家理论的最高峰，后人赞誉其为“集法家之大成”。韩非：战国晚期著名的哲学家、散文家、法家，韩国人，生于周赧王三十五年，卒于秦王政十四年，出身于贵族世家，是韩国宗族的旁支公子。著有《孤愤》、《五蠹》、《内外储》、《说林》、《说难》等。

④ 河北省文物管理处：《燕下都第23号遗址出土一批铜戈》，《文物》1982年第8期，第43页。

⑤ 田凤岭、陈雍：《新发现的十七年丞相启、状戈》，《文物》1986年第3期，第42页。

⑥ 陶正刚：《山西屯留出土一件“平周戈”》，《文物》1987年第8期，第61页，又，上郡：战国魏置，秦沿袭，治所在肤施（今陕西榆林东南）。

⑦ 丁贵民、韩彩霞：《吉林长白朝鲜族自治县发现蔺相如铜戈》，《文物》1998年第5期，第91页。

⑧ 乌兰察布盟文物工作站：《内蒙古清水河县拐子上古城发现秦兵器》，《文物》1987年第8期，第64页。

⑨ 故宫博物院编：《故宫青铜器》，紫禁城出版社1999年版，第324页（图332）。

⑩ 故宫博物院编：《故宫青铜器》，紫禁城出版社1999年版，第324页（图333）。

⑪ 韩寓群、徐传武主编、闻人军译注：《考工记》（译注），上海古籍出版社2008年版，第41页。

⑫ 汉语大字典编辑委员会：《汉语大字典》缩印本，湖北辞书出版社 四川辞书出版社1992年版，第31页。

⑬ 董珊：《二年主父戈与王何立事戈考》，《文物》2004年第8期，第63页。

⑭ 童恩正、龚廷万：《从两件四川铜戈上的铭文看秦灭巴蜀后统一文字的进步措施》，《文物》1976年第7期，第82页，（图8）。

⑮ 黄家祥：《四川青川县出土九年吕不韦戈考》，《文物》1992年第11期，第93页。

⑯ 刘龙启、李振奇:《河北临城柏畅城发现战国兵器》,《文物》1988 年第 3 期,第 51 页。

⑰ 郝本性:《新郑“郑韩故城”发现一批战国铜兵器》,《文物》1972 年第 10 期,第 32 页。

⑱ 河北省文物管理处:《燕下都第 23 号遗址出土一批铜戈》,《文物》1982 年第 8 期,第 44 页。

⑱ 李三:《内蒙古准格尔旗出土一件上郡青铜戈》,《文物》1982 年第 11 期,第 75 页。

⑳ 文物出版社编:《中国考古文物之美》第 4《春秋晋国青铜宝藏 – 山西太原赵卿墓》,文物出版社 1994 年版,第 173 页,(图 79)。

㉑ 湖南省博物馆:《湖南常德德山楚墓发掘报告》,《考古》1963 年第 9 期,第 469 页,(图 2)。

㉒ 文物出版社编:《中国考古文物之美》第 5《战国地下乐宫 – 湖北随县曾侯乙墓》,文物出版社 1994 年版,第 181 页,(图 95)。

㉓ 河北省文物管理处:《河北易县燕下都 44 号墓发掘简报》,《考古》1975 年第 4 期,第 234 页。

㉔ 刘心健:《介绍两件带铭文的战国铜戈》,《文物》1979 年第 4 期,第 25 页。

㉕《史记》卷四十四《魏世家第十四》,中华书局 1982 年版,第六册,第 1848 页。

㉖ 华义武、史润梅:《介绍一件先秦有铭铜矛》,《文物》1989 年第 6 期,第 73 页。

㉗ 湖南省文物管理委员会:《长沙左家塘秦代木椁墓清理报告》,《考古》1959 年第 9 期,第 457 页。

㉘ 董珊:《向寿戈考》,《考古》2006 年第 3 期,第 65 页。

㉙ 中国历史大辞典编撰委员会:《中国历史大辞典》上册,上海辞书出版社 2000 年版,第 1096 页。

㉚ 中国历史大辞典编撰委员会:《中国历史大辞典》下册,上海辞书出版社 2000 年版,第 2296 页。

㉛ 中国历史大辞典编撰委员会:《中国历史大辞典》上册,上海辞书出版社 2000 年版,第 1096 页。

参考文献:

1. 程长新、张先得:《历尽沧桑 重放光华——北京市拣选古代青铜器展览简记》,《文物》1982 年第 9 期。
2. 李学勤:《北京拣选青铜器的几件珍品》,《文物》1982 年第 9 期。
3. 河北省文物研究所:《燕下都》上下卷,文物出版社 1996 年版。
4. 张守中编:《包山楚简文字编》,文物出版社 1996 年版。
5. 谭其骧主编:《中国历史地图集》第一册(原始社会 夏 商 西周 春秋 战国时期),中国地图出版社 1982 年版。

高句丽瓦当发现与研究

李 梅

（续《首都博物馆丛刊》第23辑）（二）中国境内集安以外地区瓦当研究

1、辽源龙首山山城。龙首山为高句丽晚期修筑，唐代、渤海国早期沿用。

出土莲花纹瓦当，单瓣无辐线纹饰，夹沙灰陶、红褐色陶均有。依据花瓣间纹饰不同分二式。

Ⅰ T25·2，夹沙红褐色陶，直径14厘米。当心是一个大乳钉纹，外饰一周凸弦纹，4瓣花瓣组成主体花纹，每一瓣花纹两侧各围一对半月形纹饰，半月形纹饰宽窄不一，距离莲瓣的位置远近不一，外饰一周凸弦纹，边缘高起，超过当心。瓦当制作比较粗糙，线条宽大，属于工艺水平较低时期的作品。

Ⅱ T25·1，夹沙灰陶，较完整，直径12.5厘米。当心是一个大乳钉纹，及一周小乳钉纹组成，外绕一周凸弦纹，8瓣莲花花瓣组成主体花纹，4瓣为一组，一组花瓣较宽，另一组则细长，两组花瓣相间排列，主体花纹外围一周凸弦纹。外缘突起高。龙首山山城，只有单瓣无辐线纹瓦当，瓦当纹饰呈现晚期特征，没有辐线纹，属集安地区瓦当分期的第三期。

2、珲春三家子乡温特赫部城。高句丽地方城址，唐代、渤海国继续使用。

采集到一件横瓣莲花纹瓦当，T52，黄褐色，泥质陶，直径15厘米，高浮雕式。此类瓦当与集安出土的横瓣莲花纹瓦当相似，区别在于东台子遗址出土的横瓣花瓣带有梗，制作细致，象是在珲春的瓦当使用之前出现的一种瓦当类型，并在一定程度上影响到珲春瓦当，结合平壤地区的横瓣莲花纹瓦当，推测珲春的横瓣莲花纹瓦当晚于东台子遗址出土的横瓣莲花纹瓦当。

3、西丰城子山山城。高句丽扶余城①，唐代征高句丽的文献记载中提到过。

出土多件莲花纹瓦当，瓦当完整和残损均有T23、T49。其中T49，完整，六瓣变形莲花纹瓦当，红色，泥质，直径17厘米。当心为一个乳钉纹，外围一周凸弦纹，主体花瓣六瓣，分两组，一组为双瓣，一组为突起的单瓣纹，每组三瓣，交错分布。瓦当的花纹形制受到中原地区北朝瓦当影响很大。

4、抚顺高尔山城。

抚顺是高句丽中晚期军事重镇新城所在地②。始筑年代首见于故国原王五年（335年③），6世纪中叶，又修筑新城④，辽代继续沿用。

高尔山城出土的瓦当为两类，一类莲花纹瓦当，另一类乳钉纹瓦当。

莲花纹瓦当　因花瓣间纹饰差异分为三式。

I　T48・1、T26・1，均残，灰色、红色两种，直径约14厘米，六瓣花瓣，高浮雕式。当心是一个大乳钉纹，莲瓣为单瓣，花瓣外饰不闭合的两条边框线，花瓣间饰一条凸棱，与外缘接，好象一道辐线纹。外缘较高。

II　T26・2，残存约四分之一，当心为一个乳钉纹，与上式相比，II式的乳钉纹的较小，花瓣中部起脊，花瓣间饰三角形纹饰。

III　T48・2，残存不到四分之一，直径约17厘米，青灰色，泥质陶，烧制火候高。当心残存一小边，似莲蓬状（小乳钉纹组成），花瓣瘦长，中央起脊，花瓣间饰“T”形纹饰，与当心相接。外缘由连续分布的长方形突起组成，这种外缘的装饰图案象是联珠纹⑤的变形。图案立体感强。

高尔山山城的单瓣莲花纹瓦当受到中原地区瓦当的很多影响。

乳钉纹瓦当　有完整的2件，青灰色、红褐色。T12，直径12.8厘米。莲蓬状当心，两周乳钉纹构成主体花纹，里面一周较大，外面一周较小。外缘较高。

5、凤城凤凰山山城（乌骨城）⑥。推断始建于高句丽极盛时期，为高句丽南部重镇，规模大。

采集到几件莲花纹瓦当。其中T24，直径15厘米，8瓣花瓣。当心由一个乳钉纹外绕一周凸弦纹组成，当心较小。花瓣又尖又窄，四瓣有弦纹，另外四瓣没有弦纹，两种花瓣相间排列。花瓣间饰乳钉纹，外饰一周弦纹。外缘突起。纹饰匀称纤细，图案布局疏朗有致。

凤凰山山城出土的单瓣无辐线纹瓦当是一类地区特征很强的瓦当，出现在6世纪以后。

（三）朝鲜平壤地区瓦当研究

自427年迁都直到668年灭亡，高句丽后期都城所在地区。在大城山山城遗址、土城里遗址、清岩里遗址、定陵寺遗址、安鹤宫遗址、平壤城（长安城）遗址都有瓦当出土。

1、类型式

平壤地区的瓦当类型比集安地区的瓦当类型多。瓦当类型有莲花纹瓦当、横瓣莲瓣纹瓦当、兽面纹瓦当、单个遗址出土的瓦当类型，莲花纹瓦当以单、双瓣分为两个型，每型之下以有无辐线纹划分亚型。另外在单个遗址出土的瓦当类别中包括了六种不同的瓦当纹饰，分为六型，分别为小莲瓣纹瓦当、蔓草纹瓦当、连环纹瓦当、12瓣变形莲瓣纹瓦当、树叶纹瓦当、缠枝纹瓦当。

莲花纹瓦当　数量多，4瓣、6瓣、8瓣瓦当都有。以单瓣、双瓣分出型，以有无辐线纹分亚型。在有辐线纹的亚型中，以辐线纹变化划分式别，由三条直线构成一组辐线纹，向两条直线为一组的辐线纹变化，后成为两条辐线组成一组辐线纹，而且辐线不与当心和边缘相接，最后辐线纹变成一条线，不与当心和边缘相接，辐线纹饰的变化呈现退化趋势。无辐线纹亚型中以花瓣间纹的不同分三个亚亚型，即三角形间纹、草形间纹和其它形间纹。

A　单瓣莲花纹瓦当　大城山山城、土城里遗址、清岩里遗址、汉王墓、定陵寺、安鹤宫、平壤城等遗址出土，数量较多，灰色、红色瓦当都有，4、6、8瓣花瓣，每个花瓣单独一体，当心有大乳钉状、莲蓬状等多种。

Aa　单瓣有辐线纹莲花纹瓦当 根据辐线纹分四式，见表九：

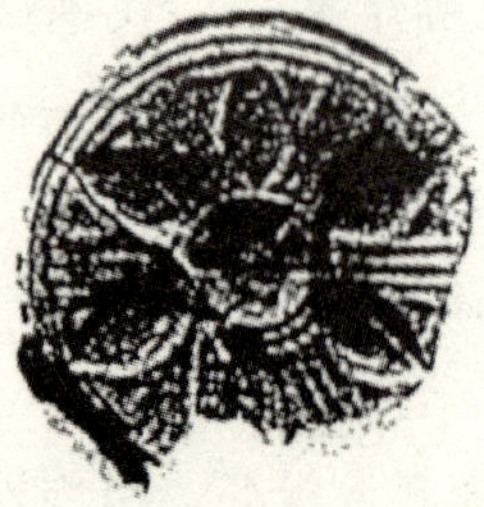
I T22·3

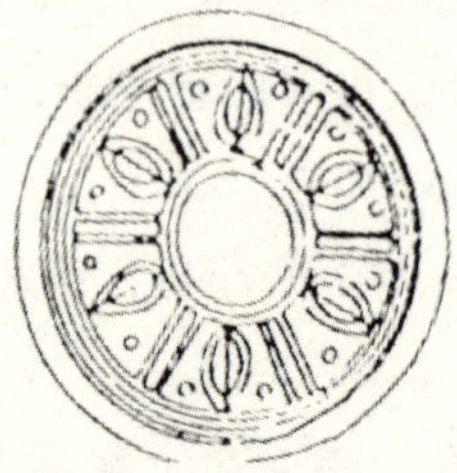
II T6·3

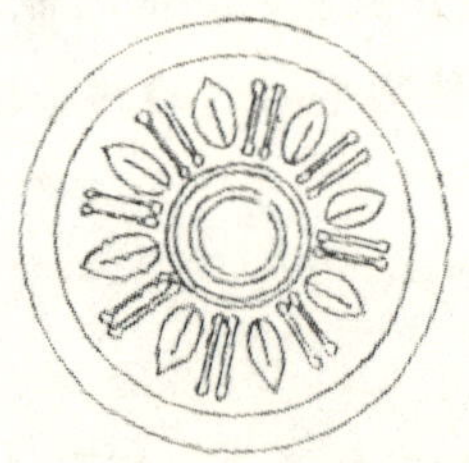
III T7·3

IV T54·1

I T6·7、T6·9、T7·1、T7·2、T21·4、T22·3，大城山山城、土城里遗址、清岩里遗址、定陵寺遗址出土，6瓣花瓣为多数，当心有的是一个大乳钉纹，或乳钉纹上装饰一个小乳钉纹，也有的是三条凸棱交叉将当心分为六等份，每一份内饰一个小乳钉纹，花瓣间辐线为三条一组，而且辐线纹两端分别与当心和外缘相接，花瓣凸起，花瓣两侧有的各饰一对小乳钉纹，有的各饰一对小三角纹，还有的花瓣两侧除了辐线纹没有其它纹饰。

II T6·1—6、T6·8、T20·1，大城山山城、汉王墓出土。6瓣的瓦当多。当心有的是大乳钉纹及大乳钉纹上装饰一个小乳钉纹，有的是莲蓬状，还有的是由两周凸弦纹构成当心，且辐线由当心正中发出，将两层凸弦纹分成若干等份而成的当心，见T6·4。花瓣中央起脊并突起，花瓣间各饰两道直线形辐线纹且与当心和外缘相接。有的莲瓣外饰曲纹半包莲瓣，图案美观，见T6·6。

III T7·3、T7·4，定陵寺遗址出土，8瓣花瓣，当心有两种，一种是乳钉纹外围凸弦线，另一种是两个同心圆凸棱内套一个小方格突起组成，花瓣起脊，间纹有两条辐线纹，辐线纹缩短，与当心和外缘不相接，而且辐线纹的两端退化成小结点。

IV T6·15、T7·5、T54，大城山山城遗址、定陵寺遗址、安鹤宫遗址出土，4、6、8瓣，花瓣突起，当心有的是大乳钉纹，有的是莲蓬状，主体花瓣外尖内圆，一条辐线纹，退化明显。大城山山城出土的一例瓦当装饰了联珠纹，T6·15。

Ab 单瓣无辅线纹莲花纹瓦当 间纹不同分出三个亚亚型。

Ab（a）三角形间纹 T6·11、T6·12、T6·16、T6·17，出土地点在大城山山城，5、8瓣都有。因三角形纹饰的变化分三式，三角形纹饰由立体三角纹向平面三角纹变化，最后的平面三角纹外饰双层箭头状凸棱。见表十：

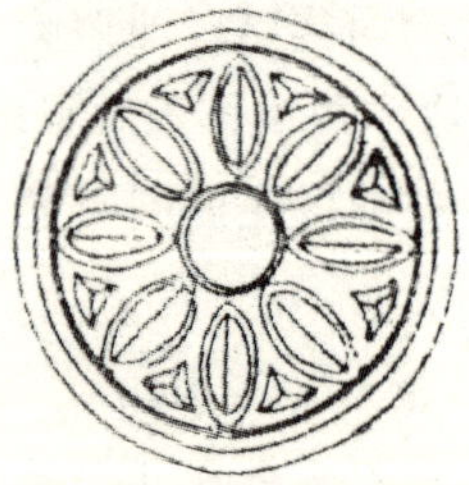
I T6·11

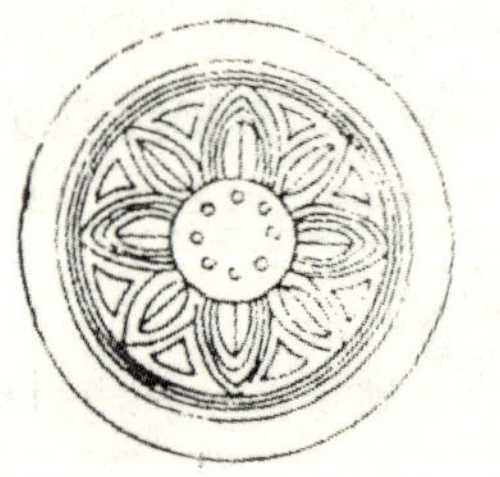
II T6·12

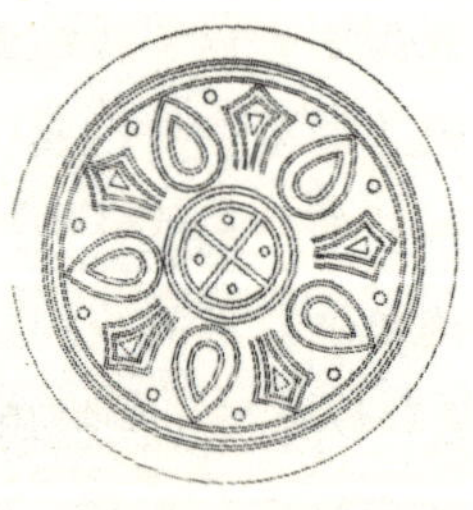
III T6·17

I T6·11、T6·16，8瓣，当心是乳钉纹，花瓣扁长排列紧凑，花瓣间纹为立体的三角形纹饰。T6·16，有两种花瓣交错分布，一种为莲花纹花瓣，另一种为叶纹，并且在当心的乳钉纹外饰一周8

个小三角形纹，瓦当外缘呈锯齿状，是一例较特殊的莲花纹瓦当。

II　T6・12，莲蓬状当心，且当心较大，主体花瓣起脊，在花纹之间饰外缘弧的三角形纹，边缘饰多层弦线。

III　T6・17，花瓣5瓣，极为少见，十字格形当心，间纹为小三角形纹外围两周箭头状凸棱。

Ab（b）　草形间纹　T54・3、T54・4、T56・2、T56・3，安鹤宫遗址和平壤城遗址出土。以间纹本身的变化分三式。见表十一：

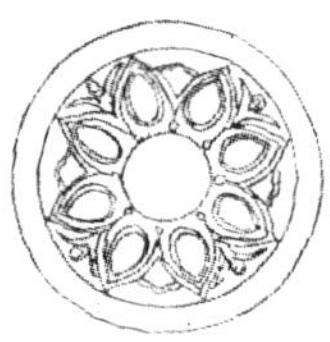		
I　T54・3	II　T56・3	III　T56・2

I　T54・3、T54・4，安鹤宫遗址出土，8瓣。当心由一个大乳钉纹外连一周8个小乳钉纹组成，花瓣突起，双层花瓣，间纹是四个草形纹装饰在双层花瓣之间，外缘有的带有联珠纹，有的不带联珠纹。

II　T56・3，平壤城出土，当心为一个乳钉纹，8瓣，花瓣小而简化，花纹外包好象柿蒂纹似的纹饰，草形纹的根部加长。

III　T56・2，平壤城遗址出土，6瓣，当心是一个乳钉纹，花瓣细长，间纹线条更粗大，草形纹象树叉一样，外缘饰联珠纹饰。

Ab（c）间纹种类繁多，互相之间没有明显联系。因此分出7个不同各例，依次介绍，没有先后。

（1）T6・13，无间纹，大城山山城出土，8瓣，当心为一个乳钉纹，花瓣分为两种，4个花瓣有弧曲线包围，4个无弧曲线，两种花纹相间排列。

（2）T6・10，月牙形间纹，大城山山城出土，6瓣，当心由一个大乳钉纹外饰一周6个小联珠纹，花瓣起脊。

（3）T6・14，乳钉纹间纹，大城山山城出土，4瓣，大乳钉纹为当心，花瓣两侧饰一队弧线纹饰，半包着花瓣。

（4）T6・19，矛头状间纹，大城山山城出土，4瓣，大乳钉纹当心，花瓣起脊，瘦长。

（5）T7・7，树状间纹，定陵寺遗址出土，6瓣，当心为一个乳钉纹，花瓣扁平，外缘饰一周联珠纹饰。

（6）T7・8，对钩形间纹，定陵寺遗址出土，4瓣，当心为一个较大的乳钉纹，外饰4个很小的乳钉纹，莲花纹花瓣瘦小。

（7）T56・4，人字形间纹，平壤城出土，10瓣，当心是一个乳钉纹，莲花瓣与当心接，外缘较窄。

B　双瓣莲花纹瓦当 大城山山城、土城里遗址、清岩里遗址、汉王墓遗址、安鹤宫遗址、平壤城遗址等出土，4瓣、6瓣、8瓣都有，颜色有灰色和红色，小型、大型的瓦当都有使用。以有无辐线纹分型。

Ba　双瓣有辐线纹莲花纹瓦当 T6・22、T20・2、T21・1—3、T21・5、T21・6、T22・1、T22・2、

T54·2，大城山山城、土城里遗址、清岩里遗址、安鹤宫遗址都有出土，4 瓣、6 瓣、8 瓣花瓣都有。根据辐线的变化分四式，其中辐线纹由三条直线为一组到两条直线为一组，后变成两条退化的直线为一组的辐线纹，最后成为一条退化的直线纹辐线纹。见表十二：

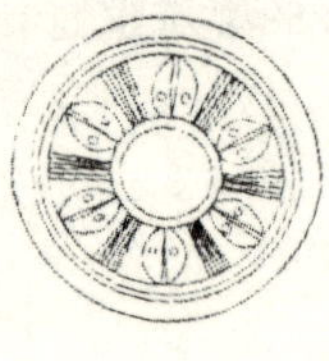			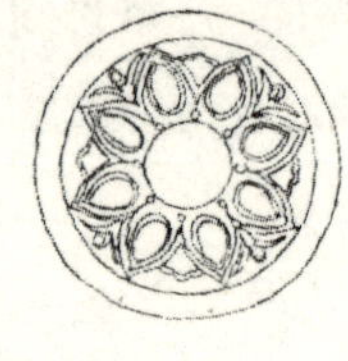
I T6·22	II T21·2	III T20·2	IV 54·2

I T6·22、T21·3、T21·6，大城山山城、土城里遗址出土，6 瓣、8 瓣花瓣，当心有的是一个大的乳钉纹，有的当心是稍小的乳钉纹，之上饰一个小乳钉纹，双瓣花瓣较短，花瓣中部饰两条内凹线，在花瓣两侧多装饰一对小乳钉纹，三条直线成一组辐线纹，辐线纹两端分别与当心和外缘接。

II T21·1、T21·2、T21·5、T22·1、T22·2，土城里遗址和清岩里遗址出土，4 瓣、6 瓣，当心多为乳钉纹，也有莲蓬状，花瓣上纹饰内凹，还有花瓣上起三道脊的纹饰，花瓣两侧饰一对小乳钉纹，两条直线组合为一组辐线纹，且与当心和外缘相接。

III T20·2，汉王墓遗址出土，6 瓣，当心是一个较小的乳钉纹外围一周弦纹，花瓣细长单薄，上饰三条突棱，辐线纹开始退化，一组辐线纹由两条变短的直线组成，辐线纹不与当心、外缘相连。

IV T54·2，安鹤宫遗址出土，4 瓣，当心是一个大的乳钉纹，花瓣宽而长，辅线纹由两条直线组成，这两条直线合在一起，内与当心接，外呈花蕊状，不与外缘相连，饰联珠纹。

Bb 双瓣无辐线纹莲花纹瓦当 依据间纹分出两个亚亚型⑦。

Bb（a）乳钉纹间纹 大城山山城、定陵寺遗址、安鹤宫遗址出土，4 瓣、8 瓣，依据乳钉纹逐渐简化的趋势，分三式。见表十三：

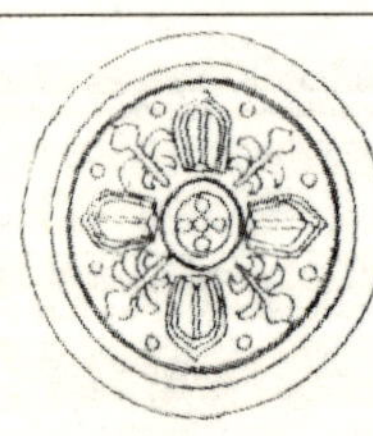	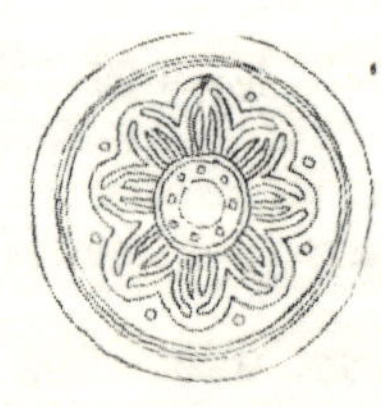	
I T6·18	II T7·10	III T7·11

I T6·18，大城山城出土，4 瓣，莲蓬状当心，由五个小莲子组成，间纹是草叶纹和两个小乳钉纹组成。

II T6·20、T6·21、T7·10、T7·12—15、T54·5，大城山城、定陵寺遗址、安鹤宫遗址出土，8 瓣，当心有的是乳钉纹，有的是莲蓬状，还有的是十字格形，花瓣间各饰一个小乳钉纹。边缘较窄。

III T7·11、定陵寺遗址出土，一个大乳钉纹为当心，花瓣间无任何纹饰装饰。瓦当的纹饰风格简约。

Bb（b）三角形间纹 定陵寺遗址和安鹤宫遗址出土，4 瓣和 8 瓣。根据三角形间纹简化的趋势划分二式。见表十四：

I　T7·9

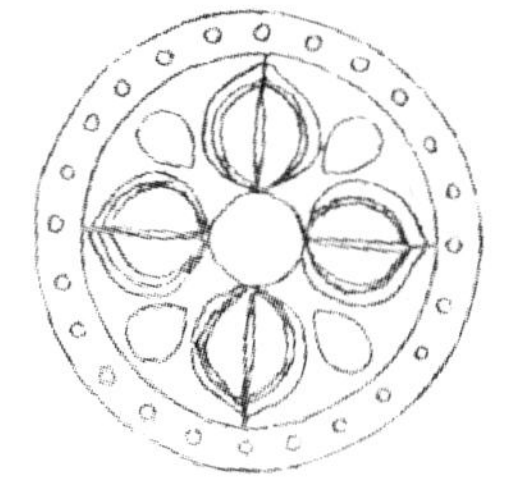

II　T54·6

I　T7·9，定陵寺遗址出土，8 瓣，当心分四小瓣，比较少见，花瓣细较长，花瓣间饰弧边三角形纹。

II　T54·6，安鹤宫遗址出土，4 瓣，当心为一个大乳钉纹，花瓣宽，花瓣间饰变形三角形纹，三角形各边的弧曲程度大，近似椭圆形，外缘饰联珠纹。

横瓣莲花纹瓦当　T57，平壤城出土，边缘略残，当心由一个乳钉纹及两周凸弦纹组成，弦纹外饰一周乳钉纹（比当心乳钉纹较小），共 9 个，花瓣横置，首尾相接，花瓣间饰小乳钉纹。

兽面纹瓦当　T17，定陵寺遗址出土，纹饰不很清晰，眼鼻突出，牙齿不清，是平壤地区少见的瓦当。

单个遗址出土的瓦当共有六个类型：小莲瓣纹瓦当、蔓草纹瓦当、连环纹瓦当、12 瓣变形莲花纹瓦当、树叶纹瓦当、缠枝纹瓦当。

2、分期

平壤地区瓦当依据纹饰变化，并结合文献中对遗址年代的记载可以划分为一、二、三期。

第一期，427 年迁都之后—6 世纪初中期。瓦当类型包括单瓣有辐线纹瓦当的 I、II 式，双瓣有辐线纹的 I、II、III 式，双瓣无辐线纹中乳钉纹亚亚型的 I 式。大城山城⑧、土城里遗址、清岩里遗址、定陵寺遗址、汉王墓遗址等遗址出土。大城山城的修筑年代，原报告认为是 4 世纪末至 5 世纪初；定陵寺遗址位于“东明王陵”的前方，是一个以塔为中心的佛寺遗址，建筑年代与王陵的年代同时，所谓的东明王陵遗址实际上是长寿王的陵墓⑨，主要依据墓葬形制及墓葬壁画与集安地区的长川 2 号墓对比，推测为 5 世纪末的王陵，只能是 491 年葬的长寿王的陵墓；清岩里土城东北方向为大城山遗址，年代接近。

瓦当纹饰比较细致，尤其是双瓣无辐线纹莲花纹瓦当。总体纹饰风格呈现早期特征，花纹布局侧重于轴对称，体现分区装饰的思想。

第二期，6 世纪初中期—6 世纪晚期。瓦当类型有单瓣有辐线纹瓦当的 III、IV 式，单瓣无辐线纹草形纹亚亚型瓦当的 I 式，双瓣有辐线纹瓦当 IV 式，双瓣无辐线纹瓦当乳钉形亚亚型的 II、III 式，以及兽面纹瓦当，小莲瓣纹瓦当，蔓草纹瓦当，连环纹瓦当，12 瓣变形莲花纹瓦当、树叶纹瓦当等多种瓦当类型。出土地点有大城山山城，定陵寺遗址，安鹤宫遗址。安鹤宫遗址的建筑年代与大城山城的年代差不多，始建于 4 世纪末 5 世纪初，然而今天发现的宫殿不是开始时修建的，而是后来改建的，从开始修筑，到后来一直都在使用。

中期瓦当盛行，种类繁多，主体花纹之外的辅助性装饰花纹比较复杂，整体上看，纹饰制作细致，布局考究。平壤地区的瓦当制作工艺在这一时期里逐渐达到高峰。

第三期，6 世纪晚期—7 世纪中晚期高句丽灭亡。单瓣无辐线纹草形纹亚亚型瓦当的 II、III 式和缠枝纹瓦当。平壤城出土。平壤城遗址是高句丽586年迁都的长安城，其始建年代应在586年之前，约为6世纪中晚期。

纹饰种类较少，而且开始退化、粗化，主体花纹的主要地位不在明显，辅助性纹饰相对较为复杂，整体纹饰线条粗，制作上略显仓促。这一阶段的瓦当纹饰已经过了繁荣期。

三、余论

（一）《旧唐书·高丽传》中第一次出现关于高句丽用瓦的记载，实际用瓦在此之前就已经出现，时间上应早于文献记载，以考古发现的材料为主。

集安地区年代较早的瓦当为卷云纹瓦当，这类瓦当无疑受到汉代云纹瓦当的影响。单瓣有辐线纹莲花纹瓦当与三燕瓦当中有辐线的瓦当纹饰接近，三燕瓦当使用时间比较明确，在4世纪中期到5世纪前期，高句丽瓦当与三燕瓦当之间究竟是前者受到后者的影响，还是后者受到前者的影响还是未知。

公元4世纪初，高句丽占领乐浪郡[10]后，前燕则封故国原王钊为"营州诸军事、征东大将军、营州刺史，封乐浪公，王如故"[11]。公元5世纪初，高句丽占领辽东后，北魏政权又封长寿王琏为"都督辽海诸军事、征东将军、领护东夷中郎将、辽东郡开国公、高句丽王"[12]。当时高句丽使者在北朝受到的礼遇，仅次于南朝使者。与此同时，高句丽也接受南朝的册封。高句丽文化在和南北朝文化的接触中，必然受到影响，瓦当上的突出表现是集安地区6世纪以后大量出现的单瓣无辐线纹莲花纹瓦当。

单瓣无辐线纹莲花纹瓦当制作和使用的年代晚，本文以为在6世纪以后。这其中存在一个问题即迁都平壤之后，集安地区大量用瓦的原因。是由于瓦当年代推测有误，还是迁都后生产、建筑风格的变化。本文认为后者才是迁都之后集安地区大量用瓦的真正原因。在迁都之后，以集安国内城为别都，列高句丽的"三京"[13]之一，地位极其重要。在集安建造了大量的壁画墓，有的年代晚到6世纪中叶以后，其墓葬形制规格都很高，而且迁都平壤之后，集安的多处建筑址大量使用瓦当是合乎情理的。但是对于集安的瓦当纹饰风格的更多影响来自于中原地区。结合上述高句丽与中原地区北朝政权的紧密联系，以及与南朝交往很多的历史，并对比莲花纹瓦当纹饰，可以看出瓦当纹饰布局与南、北朝的瓦当很相似，而在高句丽瓦当中找不到直接祖型。

莲花纹瓦当最早出现在中原地区还是在东北地区还不明确。中原地区的莲花纹瓦当材料最早见于北魏时期，已经到了4世纪后期，而三燕[14]瓦当最早可以到4世纪中期，莲花纹瓦当是否最早出现在东北地区，有待更多材料的补充和进一步研究证明。

（二）平壤地区瓦当没有发现在集安地区出现的忍冬纹瓦当，而且兽面纹瓦当也很少见到，以莲花纹瓦当为主，莲花纹的式样繁多。分析原因有两个方面，一方面在于其政治、经济的发展繁荣，生产水平的提高，对于瓦当纹饰这样的生产细节有更多关注，瓦当纹饰的多样性是高句丽文化本身特征的体现，反映了高句丽当时的生产生活水平都有改善；另一个原因在于进入隋唐双方战争不断，规模不断升级。正在此一时期，高句丽的瓦当纹饰自身特色大发展，出现多样性，感觉好像是在发展中失去了方向，显得有些杂乱，这一点反而表现了中原文化对于高句丽文化的影响作用。

（三）高句丽瓦当颜色有青灰、灰和红色三种，遗址中多用红色瓦当，墓葬中则多用灰色、青灰色瓦当。莲花纹瓦当红色和灰色均有，而兽面纹瓦当、忍冬纹瓦当红色为多。

瓦当以直径大小分为三型，有小型、中型和大型。集安地区大型瓦当居多，平壤地区关于瓦当大小的统计数字不全，可以见到的大城山城遗址出土的瓦当，大、中、小三型都有。瓦当大小不同是由于遗址本身不同还是由于地区间的差异引起，有待更全面统计数据的补充。

（四）高句丽瓦当在城址、墓葬、宫殿、祭祀址、寺庙都有使用。《旧唐书·高丽传》中记载："其所居必依山谷，皆以茅草葺舍，唯佛寺、神庙及王宫、官府乃用瓦"⑮，考古发现上，除重要的建筑基址外，在一些大型积石墓上也有用瓦现象。城址如丸都山城⑯、国内城、大城山城、土城里土城、清岩里城、平壤城等；墓葬有千秋墓、太王陵、将军坟、汉王墓等；祭祀遗址有集安东台子遗址；宫殿遗址有安鹤宫；寺庙有定陵寺遗址。

（五）高句丽瓦当是实用与艺术的巧妙结合，既为建筑物提供防风雨侵蚀的庇护，也美化建筑物，集绘画、浮雕、工艺美术、书法雕刻于一身，闪现着高句丽民族艺术的光芒。

高句丽瓦当是高句丽建筑发展的实物证据，也是高句丽城市规模，经济繁荣的实物证据。在集安地区和朝鲜平壤地区有诸多建筑遗址上出土的瓦当，同时在墓葬上也有瓦当出土，这对于我们了解北方少数民族"冢上作屋"的风俗及其形态很有意义。

注释：

① 陈大为：《辽宁高句丽山城再探讨》，《北方文物》1995 年第 3 期。

② 转引魏存成：《高句丽遗迹》，文物出版社，2002 年版。

③《三国史记·高句丽本纪》，近泽书店 1941 年版。

④ 同上。

⑤ 瓦当的联珠纹，是瓦当外缘的一种装饰纹饰。中原地区自北朝以来的莲花纹瓦当及兽面纹瓦当上大量可见。联珠纹的出现和使用可能与佛教的传播流行有关。

⑥ 崔玉宽：《凤凰山山城调查简报》，《辽海文物学刊》1994 年第 2 期。

⑦ T59 不在划分之中。依据《高句丽瓦当研究》，该例瓦当出土在平壤，现藏日本九州大学。该瓦当与平壤地区的双瓣无辅线纹莲花纹瓦当纹饰风格很不同，具体情况有待进一步研究。

⑧ 在大城山山城，定陵寺遗址等地出土的瓦当数量多，同一个遗址出土的瓦当分入不同期，由于见不到原始材料，不知道出土瓦当的层位关系，这里的分期以及前面的类型式划分都是依据纹饰的变化，结合遗址间的对比而进行的。

⑨ 永岛晖臣慎：《高句丽的壁画古坟——关于真坡里古墓群》（刘力译），《东北亚历史与考古信息》1985 年总第 7 期。

⑩ 汉四郡（公元前 108 年 ~ 公元 313 年），是公元前 108 年汉武帝征服卫满朝鲜后在朝鲜半岛北部和中部设立的四个郡，分别为乐浪郡、玄菟郡、真番郡、临屯郡。313 年，高句丽吞并乐浪郡。

⑪《旧唐书》卷 199 上《东夷列传》，中华书局 2002 年版，第 16 册，第 5321 页。

⑫《旧唐书》卷 199 上《东夷列传》，中华书局 2002 年版，第 16 册，第 5321 页。

⑬ 魏存成：《高句丽遗迹》，文物出版社，2002 年版。

⑭ 三燕，是中国历史上东晋十六国时期东部鲜卑慕容部建立的"前燕"、"后燕"、"北燕"三个地方政权。其中北燕政权是由汉人冯跋所建，因其原籍山西，迁于辽西后，"遂同夷俗"，被称作"鲜卑化的汉人"。故与鲜卑同列。自慕容皝于东晋咸康三年（337）始称燕王，到慕容儁称皇帝，历后燕、北燕，至冯弘于大兴六年（436）被灭，共历 99 年时间。史学界将此三个燕国地方政权称为"三燕"。

⑮《旧唐书》，卷 199 上《东夷列传》，中华书局 2002 年版，第 16 册，第 5320 页。

⑯ 丸都山城出土瓦当材料只见文字介绍，而没有图片。在《文物考古汇编》1982 年第 1 期上有李殿福撰写的《集安高句丽山城子山城调查与考略》一文，其中有关于丸都山城出土瓦当的文字介绍。

谈金代童子镜

于力凡

童子纹饰一直作为生育题材的艺术形式出现在铜镜上，但是不同时代赋予了不同的表现形式和内容。唐代童子镜反映了佛教莲花生子的思想，宋代童子镜主要是体现民间习俗。但它们都不是当时的主流品种，相对来说金代童子镜是金代铜镜中一个较为流行的类型，显现着金代铜镜的独特风格，它蕴涵了金代丰富的文化、民俗、以至宗教思想。首都博物馆馆藏四童攀花枝镜（包括八角形镜缘、圆形镜缘两种）、二童玩莲镜、三童戏花镜、五童举花钱纹镜、五童举花镜，基本涵盖了金代童子镜的主要类别。本文以馆藏金代童子镜为基础，结合考古发掘及征集实物资料，对童子镜纹饰文化及其时代背景略作分析。

一、金代童子镜形式、纹饰及分布

（一）四童子镜

1. 四童攀花枝镜

（1）八角形，圆钮，八瓣莲花式钮座。镜背纹饰分为内外两区。内区四童环列手执花枝，一仰三俯于花间嬉戏。外区以蜜蜂纹饰作装饰带，借鉴了唐镜的装饰技法。八角形镜缘是仿辽代铜镜形制。工艺制作较粗糙，带有金代早期铜镜工艺特征。(图1)

直径12.9厘米，北京地区拣选，首都博物馆藏。

直径13厘米，河北省平泉县征集。

直径13厘米，刻二女真字，旅顺博物馆藏。

直径12.8厘米，镜缘刻“上京警巡院”及花押，黑龙江省阿城出土。

（2）圆形，宽素缘，内饰八角形，八瓣莲花式钮座。主体纹饰同上。(图2)

图1

直径 17.3 厘米，镜缘刻“韩州主簿验记官高”及花押，吉林省出土。

(3) 圆形，圆钮，宽素缘，八瓣莲花式钮座。纹饰与 (1) 式基本一致，制作更为精细。(图 3)

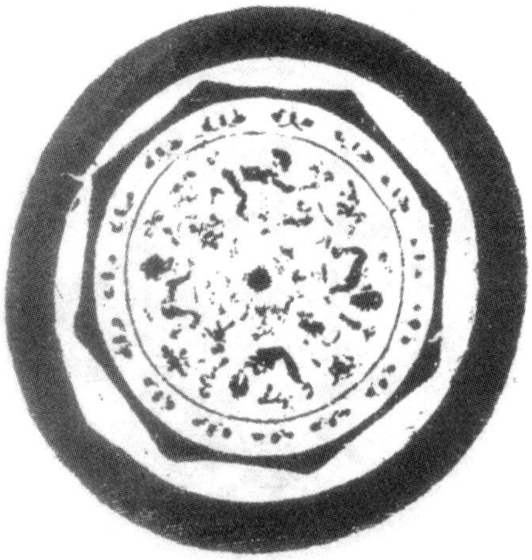

图 2

图 3

直径 14.5 厘米，北京地区拣选，首都博物馆藏。

直经 14.1 厘米，镜缘刻“北京验记官”及花押，河北省隆化县出土。

直径 13.4 厘米，镜缘刻“铜院官”及花押，旅顺博物馆藏。

直径 14.1 厘米，镜缘刻“上京警巡院”，黑龙江省阿城市金上京出土。

(4) 圆形，圆钮，八瓣莲花式钮座，窄素缘。纹饰同上。(图 4)

直径 11.5 厘米，镜缘刻“北京验记官”及花押，吉林省榆树向阳金代遗址出土。

2. 四童卧荷镜

圆形，圆钮。四童各卧于四片荷叶之上，间饰四朵小花。(图 5)

直径 10.4 厘米，镜缘侧刻有文字，已无法辨识，旅顺博物馆藏。

图 4

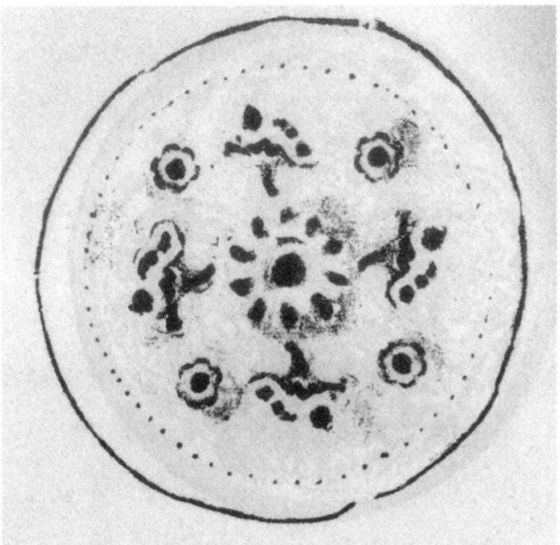

图 5

3. 四子四蜓绕花镜

方形，圆钮。四童头向镜角，脚踏花叶，同向行走。内圈环绕四朵莲篷，每边各饰两朵莲花。四角各饰一只蜻蜓。（图6）

边长8.6厘米，镜缘刻“单州验记官”及花押，河北省张家口市拣选。

4. 四童卧花镜（一般称四童攀花枝镜，本文为与1. 四童攀花枝镜区别，改称四童卧花镜。）

（1）六瓣葵花形，弓形钮。四童一仰三俯于花丛中嬉戏。（图7）

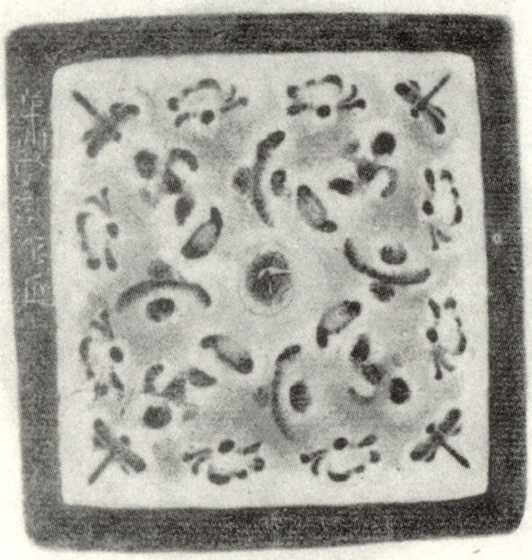

图6

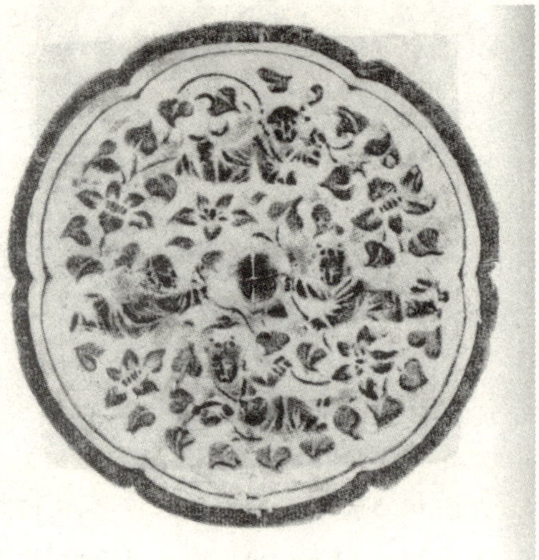

图7

直径14.6厘米，辽宁省大连普兰店市大刘家杨村出土。

直径14.8厘米，河北省承德市拣选。

直径14.1厘米，黑龙江省阿城市金上京出土。

直径13.8厘米，吉林省长春市郊小城子古城出土。

直径13.6厘米，有刻款，黑龙江省阿城市出土。

（2）圆形，素缘。纹饰同上。

直径14厘米，黑龙江省宾县出土。

（二）二童玩莲镜

1. 圆形，扁桥式钮，窄缘。钮左一男童执莲，右一女童执荷，脚踏莲枝在荷花间嬉戏，地纹饰水波纹。（图8）

直径9.9厘米，北京地区拣选，首都博物馆藏。

直径9.6厘米，黑龙江省阿城市料甸乡西华村出土。

直径9.7厘米，河北省围场县出土。

2. 圆形，小钮，窄缘。纹饰基本同上。（图9）

直径8.9厘米，吉林省德惠后城子古城出土。

直径8.9厘米，镜缘刻“云中县官”及花押，河北省尚义县大清沟出土。

直径9.1厘米，旅顺博物馆藏。

直径 8.8 厘米，黑龙省江阿城市出土。

图 8

图 9

（三）三童戏花镜

圆形，小圆钮，窄缘。钮外环列铭文“盘沟左字王家造”，铭文反书，外环列三童子与三朵花卉。（图 10）

直径 11.3 厘米，首都博物馆藏。

直径 12.3 厘米，吉林省前郭他虎古城出土。

直径 13.2 厘米，山东省茌平县出土。

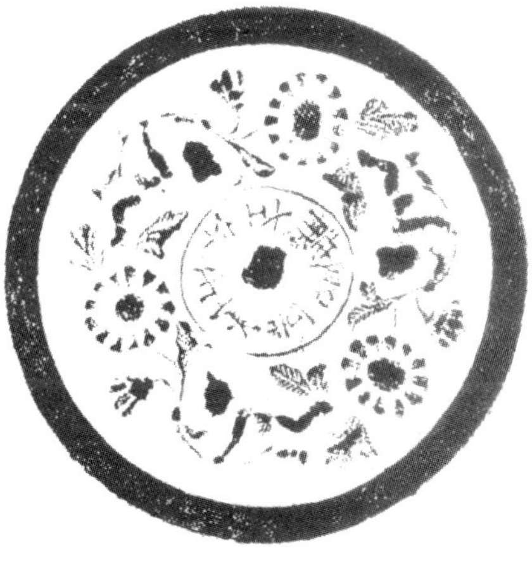

图 10

图 11

（四）五童子镜

1. 五童举花钱纹镜

圆形，圆钮。沿镜缘环饰五枚“大定通宝”钱纹间饰五枚戳记，五童各扶一朵花，同向环列，钮周围环列五枚“大定通宝”钱纹。（图 11）

直径 12.1 厘米，北京地区拣选，首都博物馆藏。

直径12.5厘米，河北省平泉县拣选。

直径12.5厘米，吉林省辽源市郊出土。

直径12.3厘米，黑龙江省阿城市半拉城子遗址出土。

直径12.5厘米，辽宁省大连庄河市大营出土。

2. 五童举花镜

圆形，圆钮。沿镜缘饰五童各扶一朵花，同向环列。（图12）

直径12.1厘米，北京地区拣选，首都博物馆藏。

以上资料显示出金代童子镜规格多样，纹饰丰富，分布地域广泛，在当时较为流行。

图12

图13

二、金代童子镜纹饰文化

（一）四童子镜

1. 佛经中讲述了莲花生子的故事。《杂宝藏经》卷一《鹿女夫人缘》中说，鹿女夫人一步一莲花，后嫁梵豫国王，生下一朵千叶莲花，“开而看之，见千叶莲华，一叶有一小儿。取之养育，以渐长大，各皆有大力士之力。”[①]《大唐西域记》卷七《千佛本生故事》也有鹿女夫人“生一莲花，花有千叶，叶坐一子”[②]的记载。敦煌壁画中也有不少反映“鹿母夫人故事”或“莲花童子”的题材。首都博物馆藏“唐代莲生贵子纹铜镜”（图13）表现的也是这个题材。尤其是敦煌壁画311窟莲花生子藻井的构图和金代“四童卧荷镜”、“四子四蜓绕花镜”有很多相似之处。“四童卧荷镜”、“四子四蜓绕花镜”受到唐代铜镜莲生贵子纹的影响，说明这时的女真民族在生育习俗中已经接受了佛教思想。《金史·太宗》记载天会元年十月“上京庆元寺僧献佛骨，却之。”[③]这说明此时金上京已有佛教寺院庆元寺，佛教已经传入，但统治者还未曾信佛。《金史·五行志》记载天会九年七月：“上御西楼听政，闻咸州所贡白鹊音忽异常，上起视之，见楼外光明中有像巍然高五丈许，下有红云承之，若世所谓佛者，乃擎跽修虔，久之而没。”[④]自此，太宗始信佛。金代最信奉佛教的帝王是金熙宗。《佛祖通载》说：“济安太子诞生的第35天，熙宗诏见海惠大师。在宫侧建造相当壮丽的佛阁：大储庆寺。同年十二月，太子济安病重，熙宗同皇后到储庆寺焚香，流涕祈祷，赦金上京五百里罪囚。太子死后，命‘塑像于储庆寺，上与皇后幸守安置之。'"[⑤]说明金熙宗时期金代统治者在生育习俗中已经接受了佛教思想。金王朝在灭辽，灭北宋南进中原后，佛教开始大规模传入。金代统治者对佛教信仰的态度有所不同，金世宗本人就不信佛。金代统治者接受了佛教，也吸取了辽代佛教过度发展的教训，接受了宋代统治者儒佛并重的思想，对佛教施行利用与限制相结合的政策。金代"四童卧荷镜"、"四子四蜓绕花镜"现在能见到的不多，说明在当时流行的程度有限。

2. 宋代童子图案中男童占绝大多数，女童很少，这是受当时传宗接代宜男思想的影响。金代"四童卧花镜"童子为两男两女，这和宋代童子图案中的儿童性别比例有很大差别。金代"四童卧花镜"纹饰为两男两女的设计思想应该是和金史中关于金代五世昭祖向萨满巫师求子的记载有关。《金史·乌古出》记载："乌古出初，昭祖久无子，有巫师能道神语，甚验，乃往祷焉。巫良久曰：'男子之魂至矣。此子厚有福德，子孙昌盛，可拜而受之。若生，则名之曰乌古迺。'是为景祖。又良久曰：'女子之魂至矣，可名曰五鵶忍。'又良久曰：'女子之兆复见，可名曰斡都拔。'又久之，复曰：'男子之兆复见，然性不驯良，长则残忍，无亲亲之恩，必行非义，不可受也。'昭祖方念后嗣未立，乃曰：'虽不良，亦愿受之。'巫者曰：'当名之曰乌古出。'既而生二男二女，其次第先后皆如巫者之言，遂以巫所命名名之。"[⑥]由"四童卧花镜"纹饰上部中间位置向左旋转，童子的性别依次是男、女、女、男，和昭祖求子性别顺序是一致的，纹饰反映了萨满教在女真族生育习俗中的影响。女真族原始宗教萨满教重视女性生殖崇拜，金代童子镜中出现女童（包括二童子玩莲镜），反映了金代女真人在生育习俗中对女性地位的认识，与宋代汉人在生育习俗中的文化差别。

（二）二童子镜

目前研究者基本认同金代铜镜二童玩莲纹主题取材七夕供奉摩睺罗的风俗。薛能《三体诗语》引《唐岁时纪事》说："七夕，俗以蜡为婴儿形，浮水中以为戏，为妇人宜子之祥，谓之化生。本出西域，谓之摩睺罗。"[⑦]可见以摩睺罗为题材的风俗是反映生育习俗。摩睺罗作为七夕供养，视作送子的吉祥物，在北宋南宋时极为流行。《东京梦华录》描写北宋京城开封七夕风俗："皆卖磨喝乐，乃小塑土偶耳。……或饰以金珠牙翠，有一对值数千者，禁中及贵家与士庶为时物追陪。"[⑧]金盈之《醉翁谈録》记载："京师是日多博泥孩儿。端正细腻。……或加饰以男女衣服。有及于华侈者。"[⑨]《梦粱录》记载南宋杭州七夕："内庭与贵宅皆塑卖磨喝乐，又名摩睺罗孩儿，悉以土木雕塑……或以金玉珠翠装饰尤佳。"[⑩]宋代许棐《泥孩儿》诗云："牧渎一块泥，装塑恣华侈。……潜乞大士灵，生子愿如尔。"[⑪]讲的就是当时人们对摩睺罗的祈子信念。宋代赵师侠《鹊桥仙》中描写七夕供奉的摩睺罗："摩孩罗荷叶伞儿轻，总排列、双双对对。"[⑫]元杂剧《忍字记》说："花朵儿浑家不打紧，魔合罗般一双男女，知他在那里?"[⑬]综合这些资料看七夕供奉的"摩睺罗"造型是一对，一男一女执荷执莲的两个小儿形偶。

摩睺罗手中执荷叶或荷花是受到佛经故事中荷花生子思想的影响。《东京梦华录》还记载了七夕："小儿须买新荷叶执之，盖效颦磨喝乐。"[⑭]《梦粱录》记载七夕："市井儿童手执新荷叶，效摩睺罗之状。此东都流传，至今不改。"[⑮]宋代铜镜上持荷童子纹饰反映的就是儿童效颦摩睺罗的市井风俗。持荷童子的造型都为男童，因为祈子是祈生男孩。金代铜镜二童玩莲纹一男童一女童执荷执莲，踏荷舞蹈，塑造的是"摩孩罗荷叶伞儿轻，总排列、双双对对"的形象。二童踏荷而舞，纹饰背景用水波纹，应该不是反映儿童游戏的写实场景。所以金代铜镜二童玩莲纹一男一女执荷童子不同于宋代持荷童子的设计理念，它更多的是要体现供奉神"摩睺罗"。二童玩莲纹中二童服饰发式精致繁褥，正像宋代文献中记载"摩睺罗""装塑恣华侈"。陈元靓《岁时广记》记载："摩喉孩儿，斗巧争奇，戴短簷珠子帽，披小缕金衣。”⑯图8中的男童有戴“短簷珠子帽”的装束。

近代研究者对“摩睺罗”也做了一些考证：“吴晓铃先生也在《‘耍孩儿’剧种小考》一文中指出：‘魔合罗’是印度梵文名词‘大黑天’的音译。汉语借入这个名词后，渐渐由专名变为通名，它自宋元以来便不再指‘大黑天’，而只指的是工艺品泥塑娃娃。”“大黑天神为佛教密宗的重要护法神，他被说成是大自在天的化身，而大自在天则源于湿婆，是创造之神、再生之神、舞蹈之神。”⑰这可能就是二童玩莲纹男女童子踏荷舞蹈的设计思想。踏荷舞蹈的设计在当时也是有借鉴的。唐代的《柘枝舞》，据《柘枝词》序介绍：“此舞因曲为名，用二女童……于二莲花中藏，花坼后见，对舞相占，实舞中雅妙者也。”⑱西安博物馆里有一座唐代开元时期的石碑，描述了这种舞蹈，二名舞者立于莲花上，舞姿对称。宋代葛立方《韵语阳秋》记载：“柘枝舞起于南蛮诸国，而盛于李唐，得于今者，尚其遗制也。……与古小异矣。”⑲这些记载说明童子踏荷舞蹈在唐宋时期比较流行，并且也在不断的发展变化。敦煌壁画中也有不少童子在莲花中起舞的形象，如晚唐第173窟中一童子踏于莲花上，双手持长带当空而舞，另一童子双手抱拳，飘带在头顶上飞舞。唐代“莲生贵子纹铜镜”：“镜钮上方一莲花含苞待放，托以双叶。钮的下方一大莲叶，由茎左右分出莲花各一，每花上各立一童子，居钮左右相对而置，童子均头顶莲叶，作舞蹈状。”⑳金代铜镜二童玩莲纹中童子踏荷舞蹈应该是受到这些流行风尚的影响，也有莲生贵子的吉祥寓意。

同时踏荷舞蹈的设计也反映了女真人的生活情趣。《异域志》记载女真人“风俗好歌舞”。《金史》记载大定二十四年五月金世宗至上京：“宴于皇武殿。上谓宗戚曰：‘朕思故乡，积有日矣，今即至此，可极欢饮，君臣同之。’赐诸王妃、主，宰执百官命妇各有差。宗戚皆沾醉起舞，竟日乃罢。”㉑女真人信仰萨满教，萨满男女巫师在避灾祷福的活动中都是以歌舞形式出现，以后用于民间娱乐活动。这也是女真人喜爱歌舞的原因之一，他们认为歌舞是一种吉祥的形式。女真族的儿童舞蹈也非常盛行，舞蹈场面在金墓出土的砖雕中有所反映。河南焦作西冯封村金墓出土的砖雕，有舞童子，舞姿各异。二童玩莲纹中两童跳跃舞蹈具有浓郁的生活气息，炽热浓烈的气氛，带有女真人的舞蹈风格。

建立金王朝的女真完颜部原本处于原始部落社会，据宋人洪皓《松漠纪闻》记载：“女真旧绝小，正朔所不及，其民皆不知纪年，问之，则曰我见草青几度矣。盖以草一青为一岁也。自兴兵以后，浸染华风，酋长生朝，皆自择佳辰。粘罕以正旦，悟室以元夕，乌拽马以上巳，其它如重午、七夕、重九、中秋、中、下元、四月八日皆然。”㉒这说明女真族原本没有纪年历法，也就没有岁时节庆。随着女真人进入汉地，接受了汉人的岁时节庆习俗，七夕成为金王朝官方承认的节日。“摩睺罗”题材出现在金代铜镜上反映了金代女真民众对七夕节庆文化的认知已经达到了一定程度，这应该是在大量女真人迁徙汉地，和汉族共同生活后的结果。金代铜镜二童玩莲纹反映出金代继续流行七夕供奉“摩睺罗”的求子风俗，并在其中又融入了女真人的民族风情及审美情趣。

（三）五童子镜

金代“五童举花钱纹镜”，五童各擎一花，五子五花。中国古代有一典故为“五子登科”。典出五代后周时窦禹钧的五个儿子仪、俨、侃、偁、僖相继及第的故事，故称“五子登科”。北宋范仲淹作《窦谏议録》记载：“窦禹钧，范阳人，为左谏议大夫致仕。诸子进士登第，义风家法为一时标表。冯道赠禹钧诗云燕山宝十郎教子以义方，灵椿一株老，丹桂五枝芳。人多传诵。”㉓大典本《顺天府志》云：“窦禹钧墓，墓在城西二十里玉河乡之鲁郭村。”㉔现在的北京石景山是“以旧时的鲁郭村衍化而来的。”㉕在石景山鲁谷原有一座明万历时建立的寺院——大慈寺。寺中《大慈寺碑》记载：“大慈寺地去京师阜城门二十里而遥，有庄曰鲁郭村。村之南有隙地，仅存一石，题曰：五花院，相传为古人静摄之处。鞠为茂草，不知经几何时矣。”[26]“静摄”有修身养性之意，所以“五花院”有书院的说法。《石景山名胜掌故传说》中说窦禹钧：“在此建立了一所书院，请天下名儒，用来教授五个儿子，五子相继长成，也相继登科，时称燕山窦氏五龙，时人称书院为五花院。”[27]由此看“五花”的由来是出自《窦谏议録》中“丹桂五枝芳”，这说明古人有以“丹桂五枝芳”引为“五花”的思想认识，所以“五童举花钱纹镜”中五子五花很可能是涵含窦禹钧五子“五枝芳”的寓意。

铜镜纹饰中的钱纹是借鉴了汉镜的装饰手法。东汉“五铢小鸟盘龙镜”饰一枚“五铢”钱纹。“龙虎对峙镜”饰一枚“五朱”钱纹。金代“仿汉家常贵富镜”上饰一枚“大定通宝”钱纹，铭文“家常贵富”，所以钱纹的寓意就很明确了，是表示富贵。五子举花钱纹纹饰饰十枚“大定通宝”钱纹，明显是代表大富贵。纹饰中的花，研究者一般认为是芙蓉花，寓意荣华。铜镜上的戳记看不出铭文，但能看出一行行象征性的文字排列。如果说戳记是印纹那么它就是功名官位的象征，但是戳记显示是长方形的，而宋代、金代的官印形制都是正方形的。台北故宫博物院藏画《宋人百子图》中画一小儿骑竹马，扬鞭策马向前。一小儿边扛旗边敲小锣，一小儿扮随从，另有两小儿在后，一捧印、一捧鹿（谐音禄），显然是一幅科举高中后的夸官图。印表示官，鹿（谐音禄）表示财，官和财是相连的，反映了当时的社会心理。《宋人百子图》的作者是北宋末南宋初的画家苏汉臣。说明这时就已经有把童子、印和财这三个标志性的纹饰联系在一起作为生育题材中寄托民众追求功名利禄的表现方式了，这是一种约定俗成的表现方式。比较五童举花钱纹纹饰外圈的五枚“大定通宝”钱纹也只是显示了半圆，所以笔者认为长方形的戳记要表示的还是印纹。如果是这样，五童举花钱纹纹饰也具备了童子、印和财三个标志性的纹饰，它的表现方式和《宋人百子图》中夸官这一组图案的表现方式是一致的，寓意也应该是一样的，为子孙祈求功名利禄。而十枚钱纹和印纹放在一起是将官和大富贵联系在一起。以博得显赫的官位，赢得荣华富贵是当时社会主导思想所提倡的。

《金史·食货志》记载金世宗大定十八年开始铸造“大定通宝”钱币：“十九年，始铸至万六千余贯。二十年，诏先以五千进呈，而后命与旧钱并用。”[28]这说明“大定通宝”钱币自大定十八年开始铸造，大定二十年才开始少量面市流通。“五童举花钱纹镜”铸有“大定通宝”钱纹，以“大定通宝”钱币面市的时间作为参考，可以断定铸镜时间最早也就是从大定二十年开始。金代从贞元元年（1153年）在燕京建都，到大定二十年（1180年）已有27年，金王朝建都燕京后会对燕京周围的文化更为注意和弘扬。窦禹钧是燕京地区或燕京附近的人（因古籍中记载的不十分一致），是由于“以汝有阴德，延筹三纪，赐五子各荣显”。[29]范仲淹作《窦谏议録》是：“録以示好善者，庶见阴阳报应之理，使恶者知所戒。”[30]这一题材符合统治者的教化思想。范仲淹在《窦谏议録》中已写到“诸子进士登第，义风家法为一时标表”，“丹桂五枝芳，人多传诵。”说明窦禹钧故事在北宋时就有一定影响了，到金代大定时期应该已是中都附近广为流传的功德美传，在民众中已有广泛的认知度。而这一时期的女真人对汉文化已经有更多的认识和了解，所以具有这样吉祥寓意的题材应该是当时生育主题纹饰的首选。

将五子、五花、印、钱这些纹饰归纳在一起，无论是纹饰还是文化它都符合中国传统的传承习惯和寓意，并结合铜镜铸造的历史时期，显见五童举花钱纹纹饰寓意应该和窦禹钧故事有关。

明代铸有“五子登科”铭文铜镜。金代“五童举花钱纹镜”不是以铭文，而是以纹饰表现五子登科题材，由此看来铜镜上最早表现五子登科题材的极有可能是始于金代“五童举花钱纹镜”，金代“五童举花钱纹镜”这种表现形式更为生动，工艺也更为复杂。铜镜上的“大定通宝”钱纹直径2.5厘米和真的“大定通宝”钱币小平钱直径一样，钱文仿瘦金体，笔力飘逸遒劲，文字清晰，和真钱所差无儿。金代铸币权掌握在官府置钱监。金世宗大定八年明令严禁民间私铸钱，所以“五童举花钱纹铜镜”应该是官府铸造。

三、金代童子镜流行的时代背景

金代流行童子镜的独特时代特征，应该跟女真人的崇镜习俗、求子习俗有关。女真族信仰萨满教，“女真萨满以跳神祈福求子为职，跳神时‘各持两镜，高下其手，镜光闪烁’，形态如癫似狂。这种以跳神招魂使妇女生育的巫术，一直延续到明代女真及清代满族，直至近代仍风靡于许多信仰萨满教的民族中。”㉛

在金代童子镜上两种纹饰是必有的，一是童子，二是花。《抚顺满族民俗》一文在“满族先人的‘崇镜’之风”一节中谈到：“妇女不生孩子，或生一个再不怀孕了，也用镜子去催孕催生。不生孩子被认为是冲撞了花神，这个花神也被称作送子娘娘。就得请萨满来看病。”㉜萨满在看病祈子活动中用“水一碗、镜一面”，萨满跳神：“一边跳，一边问妇女：‘镜子里有没有孩子？水里有没有花？’据说，有几朵花就有几个孩子。”㉝这里讲的满族先人就是女真人。金王朝被蒙古灭亡之后，女真人大量迁徙回辽宁的沈阳、抚顺一带。清太祖努尔哈赤统一东北女真各部建立后金，皇太极继位称帝后，废除“女真”旧称，定族名为“满洲”，简称满族。萨满祈子活动中把铜镜、童子和花联系在一起，这可能就是金代童子镜上童子必和花在一起的释意，它来源于萨满教的祈子信仰。萨满教的信仰包括自然崇拜，花神也是其中之一。由金代童子镜纹饰中可以看到女真人在生育习俗中是崇拜花神的。

金代童子镜显然受汉唐宋辽文化影响，但居统治地位的女真民族文化特色也十分鲜明，反映了金代多元文化融合的独特风格。中国古代铜镜有着传统艺术的个性特征。它的铸制工艺、形制变化、纹饰、铭文、产生与流行，都与时代的发展有着密切的联系。由于童子纹饰在铜镜上出现得不多，一直以来对它的研究并不充分。而金代童子镜却是独具金代铜镜特色的一个类别，金代童子镜不但在金代较为流行，在历代童子镜中也可称为佼佼者。

注释：

① 吉迦夜、昙曜译撰，陈引驰注译：《杂宝藏经》卷一，花城出版社 1998 年版，第 43 页。

② 玄奘、辩机原著，季羡林等校注：《大唐西域记校注》卷七，中华书局 1985 年版，第 595 页。

③《金史》卷三《本纪第三》，中华书局 1975 年版，第 1 册，第 48 页。

④《金史》卷二十三《志第四》，中华书局 1975 年版，第 2 册，第 534 页。

⑤ 白玉奇主编：《大金国第一都》，黑龙江人民出版社 1997 年版，第 227 页。

⑥《金史》卷六十五《列传第三》，中华书局 1975 年版，第 5 册，第 1541 页。

⑦ 周弼编：《三体唐诗》卷一，纪昀等编纂：《文渊阁四库全书》，商务印书馆 2008 年影印版，第 1358 册，第 6 页。

⑧ 孟元老著，邓之诚注：《东京梦华录注》卷八，商务印书馆 1959 年版，第 209 页。

⑨ 孟元老著，邓之诚注：《东京梦华录注》卷八，商务印书馆 1959 年版，第 210 页。

⑩ 吴自牧著：《梦粱录》卷四，浙江人民出版社 1980 年版，第 25 页。

⑪ 许棐：《梅屋第四稿》，王德毅主编：《丛书集成三编》，新文丰出版公司 1997 年影印版，第 40 册，第 512 页。

⑫ 唐圭璋编：《全宋词》卷 279，中华书局 1965 年版，第 2091 页。

⑬ 颜慧云、陈襄民校注：《郑廷玉集》，中州古籍出版社 1997 年版，第 179 页。

⑭ 孟元老著，邓之诚注：《东京梦华录注》卷八，商务印书馆1959年版，第209页。

⑮ 吴自牧著：《梦粱录》卷四，浙江人民出版社1980年版，第25页。

⑯ 元老著，邓之诚注：《东京梦华录注》卷八，商务印书馆1959年版，第210页。

⑰ 康保成：《中国戏神初考》，《文艺研究》1998年第2期，第51页。

⑱ 郭茂倩编：《乐府诗集》卷五十六，《四库家藏》，山东画报出版社2004年版，第109册，第429页。

⑲ 葛立方撰：《韵语阳秋》卷十五，纪昀等编纂：《文渊阁四库全书》，商务印书馆2008年影印版，第494册，第732页。

⑳ 丁孟：《铜镜鉴定》，广西师范大学出版社2000年版，第74页。

㉑《金史》卷八《本纪第八》，中华书局1975年版，第1册，第186页。

㉒ 洪皓：《松漠纪闻》，王德毅主编：《丛书集成续编》，新文丰出版公司1989年影印版，第276册，第534页。

㉓ 范仲淹撰：《范文正公集》，上海书店1989年影印版。

㉔ 石景山区委宣传部等编：《石景山名胜掌故传说》，同心出版社2002年版，第197页。

㉕ 石景山区委宣传部等编：《石景山名胜掌故传说》，同心出版社2002年版，第197页。

㉖ 中共石景山区宣传部等编：《北京市石景山历代碑志选》，同心出版社2003年版，第85页。

㉗ 石景山区委宣传部等编：《石景山名胜掌故传说》，同心出版社2002年版，第198页。

㉘《金史》卷四十八《志第二十九》，中华书局1975年版，第4册，第1071页。

㉙ 范仲淹撰：《范文正公集》，上海书店1989年影印版。

㉚ 范仲淹撰：《范文正公集》，上海书店1989年影印版。

㉛ 王则：《金代女真族的萨满教》，《博物馆研究》1993年第3期，第50页。

㉜《抚顺满族民俗》编委会，抚顺市政协文史资料委员会，政协新宾满族自治区委员会，新宾满族文化艺术研究会编：《抚顺满族民俗》，抚顺市新闻出版局1999年版，第152页。

㉝《抚顺满族民俗》编委会，抚顺市政协文史资料委员会，政协新宾满族自治区委员会，新宾满族文化艺术研究会编：《抚顺满族民俗》，抚顺市新闻出版局1999年版，第152页。

北京地区佛教造像五题

邢 鹏

一、法海寺的藏传佛教造像

笔者在浏览网站时偶然见到一批由德国人赫达·莫里逊拍摄于一九三三年至一九四六年的老照片①，其中有一批关于北京西郊石景山模式口的法海寺殿堂及佛教造像的老照片。

根据记载，法海寺始建于明代，是太监李童修建的。而明代内廷的宦官多与来自西藏的藏传佛教僧人有比较密切的接触，并在他们修建的寺庙中供养这些僧人。法海寺也是这样。

因“文化大革命”时法海寺的泥塑佛教造像被毁，因而目前所见的关于寺内造像的照片就成为研究其历史的重要文献资料，由此对莫里逊拍摄照片的科学价值可见一斑。照片中拍摄的主要对象，目前看来应该是墙壁上的壁画：这些壁画位于照片中的主要位置，并且塑像都因取景的原因而没有被完整拍摄。因殿内至今都完整地保存了明代壁画②，所以这批殿堂内景的照片为我们提供了这些造像的相对位置、体量大小、塑造内容、塑造的时间等相关信息。

根据目前所见的照片（图1—图3）③，笔者认为这些塑像与墙壁上的壁画共同营造一处佛教世界——设计者最初的设计思想：殿堂正门在南侧正中的明间、殿内主尊供奉三世佛像、佛像身后壁屏北面绘制三尊菩萨壁画、殿堂东西墙壁下泥塑十八罗汉、北侧墙壁正中为殿堂后门、后门两旁北壁上绘制的内容为《帝释、梵天礼佛图》、而殿堂东西两侧的墙壁上绘制《赴会图》，这些内容共同组成一幅“法会”场景，即：佛在中央说法、周围（塑像）是十八罗汉听佛说法、再外围（东西两侧壁画）是十方佛、菩萨、飞天等都赶来赴法会听佛“说法”，而礼佛者跪在佛前祈祷。根据这一场景中泥塑的罗汉和彩绘的菩萨等的形象分析，这些形象还都属于汉传佛教的人物形象。根据寺内的三世佛像、大型泥塑天王像（应在天王殿）等因素，我们认为整个寺院总体上也还是汉传佛教寺院。

但值得注意的是在罗汉像的旁边却出现了风格迥异的藏传佛教造像形象，能够识别的有一尊大成就者比瓦巴（费卢波）像（图1、图2）和一尊游戏坐、系禅思带的思维菩萨像（图3）。根据照片中比瓦巴像和思维菩萨像所处位置关系可以推断两者的位置：比瓦巴像位于东壁的东北角，思维菩萨像位于西壁的西北角。另据文献记载可知殿堂内还另有一尊大黑天像④。

图1 石景山法海寺之大成就者比瓦巴像
（赫达·莫里逊 摄）

图2 石景山法海寺之大成就者比瓦巴像
（赫达·莫里逊 摄）

根据照片所表现出的比瓦巴像、思维菩萨像和二臂大黑天像与诸罗汉像、三世佛像的颜色差异可知，这三尊像的塑造、装饰时间与漆金的三世佛像、罗汉像不同。且这三尊造像的题材内容、风格与殿堂中其它塑像、壁画营造出的氛围（造像组合内容）并不一致。加之这三尊像均位于角落中，都说明这三尊像可能是后来被安置在三世佛殿中的。

将老照片中的比瓦巴像与现存首都博物馆带永乐年款的比瓦巴像⑤进行对比，我们发现两者十分相似。可见其也应该为明代塑造。这类比瓦巴像的共同风格不仅可以使我们更加了解北京地区明代藏传佛教造像的特点，而且因其被供奉在殿堂中，更有助于了解当时的供奉形式、宗教派别、修行方法等信息，而这些信息大多是目前博物馆收藏的脱离了原始位置的佛教造像所不具备的信息。而且对于其它地区的同一时期（或年代比较接近的时期内）、同类题材造像也可以作为参考，如浙江杭州飞来峰元代雕刻的比瓦巴与买酒女打赌情景的摩崖雕刻。

图3 石景山法海寺之思维菩萨像
（赫达·莫里逊 摄）

二、玉泉山藏传佛教造像摩崖石刻

同样是在上述网站上，在《赫达·莫里逊镜头下的中国（67）》⑥中看到了一批关于北京西郊玉泉山的藏传佛教造像摩崖石刻的照片，因其中有玉泉山标志性建筑——妙高塔。

妙高塔为一金刚宝座式佛塔，始建于清乾隆年间，“妙高”为梵语“须弥”之意译。

因玉泉山目前尚不对外开放，无法对这些摩崖石刻进行编号、拍照、绘图等初步记录和研究工作，更无从进行深入地探讨。但从莫里逊拍摄的摩崖造像照片（图4（1））中可知这些造像多位于山体朝阳的一侧，位置多在妙高塔下方的山腰断崖处。

图4（1） 北京西山妙高塔（赫达·莫里逊 摄）

图4（2） 北京西山妙高塔者（赫达·莫里逊 摄）

综合摩崖造像的面貌、服饰、莲座等方面所体现出的时代特征，笔者初步推定造像为清代中期（约为乾隆时期）作品——其风格与清乾隆裕陵内佛教雕塑风格十分近似。自清代康熙年间以来，玉泉山地区一直被作为皇家的“三山五园”苑囿之一，因此这些摩崖造像应是清皇室雕凿的。根据照片可知这些摩崖造像的题材有三大类：佛像类：有三世佛像（图5）、释迦牟尼佛成道像、释迦牟尼佛说法像、大日如来像、无量寿佛像、龙尊王佛像、大肚弥勒佛（五子闹弥勒）像；菩萨像类：有菩萨坐像（图6）和菩萨站像等；护法神像类（图7）。

图5 三世佛像

综合莫里逊拍摄的摩崖造像照片和妙高塔名称的含义，我们认为这些摩崖造像应与妙高塔是有关系的，它们都是清代皇家在玉泉山开始修建的某项大型佛教工程的一部分。这项大型工程的目的，可能就是要按佛教宣称的宇宙观——须弥山的样式（可参考现存于北京雍和宫的铜须弥山模型，图 8），在京西的玉泉山营建模仿佛教世界景象的园林。

图 6 菩萨坐像

图 7 护法神像之一

图 8 铜须弥山模型

三、铜鎏金持国天王像、广目天王像与韦驮像

北京艺术博物馆收藏有一尊持国天王像（图 9）。其双足之间的台座上有被摩擦过的字迹，内容已无法辨认。综合此造像的风格特点，其应为明末的造像作品。

2009 年北京保利秋拍明清宫廷造像中有一件明代“铜鎏金广目天王立像”（图 10）。对于这尊广目天王像，黄春和先生指出“特别值得特别注意的是，此像与北京艺术博物馆（馆址在北京海淀区万寿寺）收藏的一尊铜鎏金持国天王像有诸多相同之处，两尊造像高度相同，都为 111.5 厘米，人物造型的艺术风格也颇为一致，根据其相同特点，笔者相信北京保利推出的这尊广目天王像与北京艺术博物馆所藏持国天王像原来应为某寺天王殿所奉四大天王中的两尊，属于一组同堂的供奉。”⑦

在首都博物馆的佛像展厅里曾经展出过一件风格类似的韦驮像（图 11）。韦驮像高 120 厘米，宽 65 厘米，台座前后进深 40 厘米。两足之间的台座上刻有双钩楷体左书“大明崇祯辛巳年虔命御用监恭造”的铭文。而铭文中的“命御用监”的字样说明造像者应为明末的崇祯皇帝或其

图 9 北京艺术博物馆藏持国天王像

近亲属，造像机构为由太监掌管的二十四衙门之一的“御用监”。根据造像的体量较大，铸造精美、全身鎏金的华丽装饰等特点，推测其应为供奉在内廷或苑囿中某佛寺内的一组造像。

而北京艺术博物馆收藏的持国天王像的艺术风格、体量、制作工艺等方面都与首都博物馆的这尊韦驮像基本一致，似乎为一组造像在历史上佚散后的残存品。

图 10　2009 年北京保利秋拍明铜鎏金广目天王像

图 11　首都博物馆藏崇祯款韦驮像

四、双手抱拳的广目天王像

平时我们常见的佛教四天王形象一般位于寺庙天王殿中，其形象一般为坐姿，各持法器。这种形象在元代就已出现了，如北京居庸关云台的拱券内壁雕刻的四天王形象。

站姿的四天王像在北京法海寺明代正统年间的壁画中存在，是作为二十诸天像的一部分出现的。笔者在考察北京西郊大觉寺大雄宝殿内的彩绘泥塑二十诸天像时看到其中的四天王像中也是站立状的，作双手抱拳状。其年代为明宣德时期。

无独有偶，笔者在《北京文物精粹大系 · 佛造像卷（下）》中（图版 43、44）看到一幅明代名为“西方广目尊天像”的水陆画。其中广目天王像为绿面金甲、头戴宝冠，作拱手抱拳站立状，旁边的一小鬼为其抱着用锦缎包裹着的琵琶（天王的法器），图上有金笔榜题“西方广目尊天”。书中指出其与书中另外的水陆画同属一堂。据此可知该《西方广目尊天像》也是“二十诸天”这一题材中的一幅。值得注意的是：通常广目天王是持绳索或龙（蛇）的，而此幅名为“广目天王”的水陆画中天王身边的小鬼抱持的竟然是琵琶——持国天王的法器，不知何故？但这尊像的风格和样式都与大觉寺二十诸天像中的四天王像接近：穿着铠甲、双手抱拳的武将站姿形象。故推测此画作应为明代早中期之作品。

五、韦驮坐像

寺庙中常见的韦驮像通常位于天王殿的大肚弥勒佛像之后，一般为站姿，或双手合十、两手腕中横置一金刚杵（图12），或一手握杵拄地、一手叉腰（图13），再或为一手托金刚持底部、杵身依于肩头、另一手当胸结无畏印（图11）。

图12　韦驮像（金刚杵横置）

图13　韦驮像（金刚杵拄地）

图14　法源寺青铜韦驮坐像

图15　大觉寺漆金韦驮坐像（修复后）

多年前笔者曾见到法源寺天王殿内供奉一尊青铜韦驮坐像（图14），其身着盔甲，双手合十，前臂横捧持一杵，垂脚坐于一方形台座上，着盔甲，双膝分开，根据时代风格等因素判断其为明代后期作品。

笔者于1999年在北京西郊大觉寺的殿堂的角落中见到一尊金漆韦驮坐像，其姿势与法源寺青铜塑像一致，但面部已毁，后于2009年修复（图15）。根据其制作风格推定其制作年代亦应为明代，亦应是大觉寺内原物。

结合法源寺青铜韦驮坐像可知，北京地区明代时的韦驮像除上述三种姿势外，还有一种为坐姿。

注释：

① 爱历史——老照片的故事（http：//blog. sina. com. cn/zyajack）。《赫达·莫里逊镜头下的中国（1）》。http：//blog. sina. com. cn/s/blog_ 5a06287d0100b0aa. html。

② 北京市法海寺文物保管所、中国旅游出版社画册编辑室编：《法海寺壁画》，中国旅游出版社．1993年版，第2页。

③ 图1、图2、图3都来自：爱历史——老照片的故事（http：//blog. sina. com. cn/zyajack）。《赫达·莫里逊镜头下的中国（15）》。http：//blog. sina. com. cn/s/blog_ 5a06287d0100b2ot. html ~ type = v5_ one&label = rela_ nextarticle。

④ 苗天娥《法海寺青铜梵钟辨析》，《北京文博》2008年1期，32—37页。图像见黄春和《汉传佛像时代与风格》，文物出版社，2010年版：224页之图242。

⑤ 比瓦巴是印度八十四位大成就者之一，藏传佛教萨迦派尊奉的重要上师。其形象为头戴花冠，面形丰圆，双目圆鼓，形象威猛。面颊及下颌有螺卷胡须，两耳垂大圆环，一副印度人面孔。上身戴项圈，胸前饰璎珞，下身围兽皮，手腕、臂和足部有钏镯装饰。游戏坐姿，身体运转自然，躯体、四肢粗壮有力。右手当胸捧骷髅碗，左手高举，食指指天，表现毗瓦巴曾与卖酒女打赌时以手定住太阳的故事情景。底底座上顺刻“大明永乐年施”铭文。整躯体量高大，艺术水平极高，是明朝宫廷造像中罕见的佳作。

⑥ 爱历史——老照片的故事（http：//blog. sina. com. cn/zyajack）。《赫达·莫里逊镜头下的中国（67）》。http：//blog. sina. com. cn/s/blog_ 5a06287d0100bg9h. html ~ type = v5_ one&label = rela_ nextarticle.

⑦ 黄春和《精致典雅　皇家风范——2009年北京保利秋拍明清宫廷造像综述》，北京保利国际拍卖有限公司网站（http：//www. polypm. com. cn/index_ zh. php）。《北京保利09秋拍明清宫廷造像综述》［2009-10-19］。http：//www. polypm. com. cn/news_ detail. php？ nid = 681。

谈明鲁荒王朱檀墓出土的文物

任思音

一、绪言

翻阅《中国考古学文献目录》[①]及1991年至2003年的《中国考古学年鉴》后，可统计出发表材料的明代墓葬大约有三百多座。涉及明代墓葬的多数文章是发掘简报，仅有少量文章进一步讨论墓葬中的随葬品，如江苏淮安王镇墓的出土书画，先后有徐邦达和尹吉男两位学者对其进行简析与考证[②]。从中可看出，美术史界对书画关注的传统。明墓考古报告仅出版了定陵[③]与梁庄王墓[④]两套。直接相关的书籍少，一般是介绍性的画册，但也有些分类研究的书籍在行文中提到了明代墓葬，如王仁湘主编的《中华文明之旅》丛书中的许多专题都在明代部分提到了考古发掘的出土物，刘永华著《中国古代车舆马具》[⑤]一书在讨论明代车马造型与装饰时也举出了考古发现的雕刻与壁画。

乐观的是，已有学者开始关注明代高规格的墓葬问题了，比如刘毅的博士论文[⑥]就以明代帝王陵墓制度作为研究课题，是本较为完整与系统的专著。从20世纪五十年代开始，以定陵发掘为起点，多座明代帝王陵墓的调查发掘资料相继刊布，提供了资料基础。但多数文章是资料性与知识性的，探索研究性的较少。1980年后，有多篇论文发表，并在徐苹芳著《新中国的考古发现和研究》[⑦]的第四章，和杨宽著《中国古代陵寝制度史》[⑧]中讨论过。

海外学者也将目光投向了明陵研究，代表是现居美国的学者杨晓能，他在Orientation杂志发表的系列论文[⑨]，旨在对传统研究予以冲击，站在考古学的视角，结合出土文物与陵寝制度来讨论皇家与精英文化。这样的研究已不再拘泥于陵寝制度的范畴之内，而是延伸到了社会上层的文化方面。

这些前人足迹对我很有指引作用，同时，明代墓葬之外的道路上，他们对我也很有借鉴意义。如王国维的“二重证据法”。[⑩]我在本文中的基本研究方法，就是以考古调查与发掘的实物资料为依据，结合明代为主的历史文献记载，通过两种材料互相比较发现问题，并争取在一定程度上解决问题。

二、关于朱檀墓的三个问题

讨论朱檀墓的同时，阅读明代墓葬材料，找出迄今发掘的二十多个同级别墓葬相互比较，可发现一些共性与个性：共性是这些墓选址基本都符合明朝风水观，有陵园、封土、玄宫等；个性是每个墓葬在封土大小、墓室结构、随葬品种类等方面各有不同。明鲁荒王朱檀墓是山东省的文物工作者在1970年春至1971年年初，在山东邹县境内，有计划地发掘的，这也是除了定陵之外唯一主动发掘的亲王级墓葬。由于没有出土墓志，则参照《明史》记载："鲁荒王檀，太祖第十子。洪武三年生，生两月而封。十八年就藩兖州……二十二年薨，谥曰荒。"[11]可以得出朱檀墓建于洪武年间，在发掘至今的亲王墓葬中，这是年代最早者。这是吸引我关注朱檀墓的原因。

在提出相关问题前，我依据《发掘明朱檀墓纪实》[12]先概括介绍下这座墓的具体情况。明鲁荒王朱檀墓，在今山东省邹县和曲阜县交界处的九龙山南麓。该墓墓圹开凿于山石中，距地表20余米深，圹内建砖筑前、后2墓室，全长20.5米。由于长年积水，随葬品保存完好。有九旒冕、皮弁、乌纱折上巾和各种丝棉衣物，其中一件长3米、宽1米的布单，是现存早期棉布的重要标本。有多种漆木家具，以盝顶描金漆箱的工艺水平较高，其中置放了纸质的衣服模型。葬仪品有木质贴金并刻有"鲁王之宝"的谥宝，有木雕彩绘俑群共计432个，分别为手持各种仪仗器具的仪仗队与车马，比例相称，刀法简练，反映了明初的亲王仪仗制度。最难得的是还保存着1张古琴、3卷绢本画和7种21册元刊本书籍。之所以说最难得，是因为已发掘的同级或更高级别的墓葬中从未出土过此类物品，这是吸引我的另一个原因。

（一）墓中书画的流传过程

鉴于古琴、绘画与书籍的情况在《纪实》中都有清晰的描述，就不在此重复了。但在书画方面，我有些兴趣和疑问，在本文中略作说明。刚已提到，朱檀墓出土了琴棋书画、文房四宝等明代皇族墓葬中罕见的随葬品。这里的罕见是相对于像冕、弁、龙袍、俑等有礼制作用，在大多同级墓葬中都有发现的随葬品而言的。那为何独有朱檀墓中有书画等物品的出现呢？查看《明史》，有一条对朱檀的记述："好文礼士，善诗歌"，寥寥几言，只能推知墓主人朱檀喜好文人雅兴之事，无法确定其是否有收藏书画赏玩的习惯，而墓中书画的出现恰能给我们更进一步了解墓主人的机会。所以，朱檀墓的这点特殊之处与墓主人的偏好有密切联系。

阅读纪实时我发现，出土绘画的记录数字为四卷，因其中一卷已腐朽，所以只有三卷给出了描述与分析。三卷分别为宋人绘《葵花蛱蝶》扇面，后有宋高宗赵构金书题跋，并附有元人冯子振、赵巖二跋；元钱选《白莲图》，也附有元人冯子振、赵巖题跋；最后一幅画纪实中称其为"宋金碧山水"[13]，无款识。以上绘画的判定均系当时考古工作者的断代与分析，我仅在此引述。这三卷画上皆钤有宽边朱文"司印"二字骑缝印。在明代内府许多著名古书画上，都钤有"纪察司印"朱文半印，这半方印是明初洪武时期的官印，它的全文本是"典礼纪察司印"。前半方打在执掌库藏物账本上，所以在书画上只留有后半方。如看到钤有这半方印的作品，就可肯定是明代以前的东西。至于作品真伪，是另一个问题，这个时代下限是能肯定的。因此可知这三幅作品属于明代内府收藏，是如何到了鲁王朱檀手中，猜想也许是皇帝赏赐所得，但我没有考证，留待以后解疑吧。

"司印"之外，画后题跋的冯子振[14]和赵巖[15]又能给我们提供什么信息？冯子振（1257—1327年以后）字海粟，自号瀛州客，又号怪怪道人，攸州（今湖南攸县）人。著有《居庸赋》，首尾几五千言，传诵一时，有海粟诗集存元诗选中。所作散曲至多，今存以《鹦鹉曲》最为有名。赵巖，字鲁瞻，号秋巖，长沙（今属湖南省）人，寓居溧阳（今属江苏省）。长于诗，在大长公主前曾立赋八首七律，大受赞赏，得公主赏赐甚盛。好酒，人称"醉后可顷刻赋诗百篇，时人皆推羡之"。其散曲仅存小令一首。[16]这些人物介绍给了我们一些信息，首先在地理方面，攸州和长沙同属元代湖南道宣慰司[17]所治下的政治区域，也就是说，这二人算是同乡。我们还能得知二人都为当时较为知名的文人，并且赵巘还得到了鲁国大长公主的赏识。

关于二人与墓中书画的关系，《纪实》有交代，线索是《葵花蛱蝶》背面赵构题跋右边的一方“皇姊图书”朱印，这是元鲁国长公主的藏书印。鲁国长公主好收藏书画，据《墨缘汇观》说：“考大长公主凡所藏名书画，皆命冯子振及赵巘、张珪等题识。”[18]这句话就讲明了为何冯、赵二人会在盖有“皇姊图书”印的画上题跋了。鲁国大长公主是元世祖忽必烈的孙女、元仁宗爱育黎拔力八达的姐姐、元文宗的岳母祥哥剌吉（约1283—1331年）。她对书画有特殊嗜好，私人收藏了大批名家书画。这在“天庆寺雅集”中得到了证实，雅集时至酒阑时，她拿出图画若干卷，命与会的儒士们各随其能，题识于后。袁桷《鲁国大长公主图画记》记载了这件事。留下书跋的就有袁桷、魏必复、张珪、王约、冯子振、陈颢、陈庭实、孛术鲁翀、李源道、邓文源、赵巘、赵世延、王毅、曹元用、元永贞、柳贯、吴全节、王观等20余人。她的收藏都是书画史上的一流名迹。书法如定武兰亭、唐摹钟繇贺捷表、黄太史（庭坚）松风阁诗、徽宗扇面；名画如周昉金星、惠崇小景、巨然山水、燕文贵山水、王振鹏狸奴、徽宗桃实图，等等。画上通常盖有“皇姊图书”、“皇姊珍玩”收藏印。欣赏范围极宽，收藏宏富。事实上，元朝虽然没像五代南唐西蜀和宋代一样设立画院，但设有专门机构负责宫廷绘画，即将作院下的画局。而且历朝皇帝都很注意学习汉文化，并喜好书画，元文宗时还设立奎章阁，身边有虞集、柯九思等书画家，品评鉴定古代书画名迹。流传至今的许多艺术珍品上都有“天历之宝”、“奎章阁宝”巨印，就是文宗密府收藏的标志。元顺帝时仍有“宣文阁”、“端本堂”等类似收藏书画的机构。

选取年代较早的一幅，现我基本可讲出《葵花蛱蝶》的流传过程，即赵构—元鲁国长公主—明内府—朱檀墓。但这只是个可证明的结果，中间环节仍有缺落，也就是这些收藏者之间的联系，希望今后能够找到相关材料将他们真正连接起来。

（二）由出土服饰看明初制度的继承

元末明初朝代的交替时期，明朝新制度对于前朝的继承与抛弃问题。朱元璋建立明朝制度的着眼点是恢复汉族文化传统，《明朝首饰冠服》[19]一书结合南京出土的王公贵族妆饰文物来讨论明朝命服制度的分析，较为清楚。文章内容不再赘述，只有一句颇有说服力：“洪武三年，朱元璋诏定明朝服色。礼部奏：‘夏尚黑，殷尚白，周尚赤，秦尚黑，汉尚赤，唐服饰尚黄、旗尚赤。国家取法周汉唐宋以为治，尚赤为宜。’”[20]至于后面的“周、汉、唐、宋崇尚火德，所以尚赤。朱元璋兴起于南方，建都于南方，南方为火，也因此‘尚赤为宜’”。[21]来解释之前朝代及朱元璋选择服色原因，因文中没有引文，我也没有考证，姑且放在这里，有待大家鉴别。

命服制度本身属于礼制的范畴，那么这种“取法周汉唐宋”服饰制度的订立便有很深的政治意义。以上是继承方面，至于抛弃和抵制的方面，书中也有论及：“而对于被推翻的元朝政治与文化因素，明朝朝廷则旗帜鲜明、态度刚绝地予以否定和抵制。明朝始建，朝廷就颁布禁令禁胡服、胡语、胡姓。朱元璋领导的起义，是明王朝的，所以在政治制度及服饰制度的取向上坚决废除元朝因素。”[22]这里已把范围扩大了，称服饰的取向非一般的文化取舍和审美取法，其实反映的本质是政治取向。

当然，在对朱元璋一知半解，与这些文字描述的基础上，加上图片对照，很容易得出明朝服饰弘扬汉传统，反对胡文化的结论。但事实总不那么绝对，在《云想衣裳——中国服饰的考古文物研究》[23]中虽提出到明代以后，汉族传统服装又占据上风的形势，但也没有忽略元代服装因素的遗留。书中说："元代蒙古族服装的一些特色幸运地在明代服装中保留下来，这就是上下连在一起的束腰袍子，类似元代的'辫线袄子'。"并举出三例，其一就是本文讨论的朱檀墓中曾出土用织金缎制作的蟒袍，腰间有横道线纹装饰，收腰，下面打细密竖褶，使下裳如裙子形状。在明代此样式叫做"曳撒"，后来又有人叫"程子衣"的，也类似这种式样。绘画上见中国历史博物馆藏的《明宪宗行乐图》中的宪宗皇帝也穿这种袍子，腰间有褶。另有四川省博物馆中藏的明代陶俑中，也有些穿"辫线袄子"的，说明此式样在当时很流行。所以对于这种具有实用性元素的态度似乎并不那么严格按照继承与抛弃的原则行事。

这种实用性态度不仅反映在服饰上，还反映在政治制度上。读钱穆先生的《中国历代政治得失》[24]我大受启发，书中第四讲明代部分，论及明代地方行政时，首先明确的就是，明朝虽以行省制度著名，但绝非首创，行省制是从元代开始的，也可以说金代就先已有行省了。[25]"元代的行中书省，就是一个行动的中央政府，宰相府的派出所，分驻在这个地方来管事。如是则地方绝无权，权只在中央。……元代这一制度，明朝人自然懂得他的用意。明代人明知这一制度在名义上就说不通。而且明代已废去了中书省，更何来行中书省？所以把行省长官改称为承宣布政使。全国正式划分为十三承宣布政使司。"[26]

可见明朝从服饰还是从政治上看，制度建设都不像皇帝本人说的那样绝对。就像英国学者霍布斯鲍姆的观点那样，传统是被发明出来的。朱元璋作为农民起义的既得利益者，有着强烈私心与专制欲望，所以，他订立的制度、规则虽然借用了汉文化传统，也声称否定和禁止少数民族文化，但这些传统他当时也只能凭历史描述来想像，并不能亲身感受，所以这都是"被发明的传统"。他的发明在历史上看是新的。

（三）冥币与墓主人的关系

朱檀墓随葬的冥币数量有没有什么意义？受手中资料所限，我还不能够肯定结论的可信性，把过程简述一下吧。

其实这一点在张建华的文章《山东邹城市明朱檀墓出土洪武通宝金质冥钱》中已经论述了[27]，我略作一点补充。这 19 枚洪武通宝金钱出于朱檀楠木棺内铺褥上，1956 年发掘的明神宗朱翊钧及皇后合葬的定陵中也有这种葬俗，神宗葬于朱檀死后 200 多年。与一般墓葬出土的钱币不同，这些金钱显然不是行用钱，因为明初并不流通金质方孔圆钱，况且它只发现于鲁王楠木棺内的铺褥上，故应是专为殉葬制作的"冥钱"，也叫做"瘗钱"。朱檀生于洪武三年，卒与洪武二十二年，年仅 19 岁，这个数字与冥钱的数字一样。

张建华文中说："依照死者的卒年决定随葬钱币的数量，这在南宋时已有。据《江西德安南宋周氏墓清理简报》所载，该墓墓主周氏为隆兴府武宁人，新太平州通判吴畴之妻，生于嘉熙四年（1240），卒于咸淳十年（1274），墓志上说她"享年三十有五"在她的身下，就随葬了铜钱 35 枚，分为 7 排放置，每排 5 枚。只是该墓随葬的钱币不是专为殉葬制作的。"[28]

搜索材料时，发现梁庄王墓也可作为一点依据。依据最新出版的报告[29]，梁庄王生于永乐九年，卒于正统六年，得出享年三十岁，梁庄王妃享年三十有八。而墓中出土金银钱币，属于梁庄王随葬品的共计三十枚，属于王妃的共计 42 枚。可见梁庄王陪葬的冥币也符合上文提出的规律，但王妃不符合，当然可以推之为身份差别，不过这种冥币与墓主人的关系我还是不敢妄下结论的。

虽然本文看似提出了很多问题（当然存在问题不只三点）但都没能解决，只能借助文献与考古发掘材料，来做一点尝试性的讨论。

注释：

① 北京大学考古系资料室：《中国考古学文献目录 1990—1949》，文物出版社 1991 年版中国社会科学院考古研究所图书资料室：《中国考古学文献目录》之 1949—1966，1971—1982，1983—1990，文物出版社，分别出版于 1993 年、1998 年、2001 年。

② 徐邦达：《淮安明墓出土书画简析》，《文物》1987 年第 3 期，第 16 ~ 第 18 页。尹吉男：《关于淮安王镇墓出土书画的初步认识》，《文物》1988 年第 1 期，第 65 ~ 第 72 页。

③ 中国社会科学院考古研究所、定陵博物馆、北京市文物工作队：《定陵》，文物出版社 1990 版。

④ 湖北省文物研究所、钟祥市博物馆：《梁庄王墓》，文物出版社 2007 年版。

⑤ 刘永华：《中国古代车舆马具》，上海辞书出版社 2002 年版。

⑥ 刘毅：《明代帝王陵墓制度研究》，人民出版社 2006 年版，第 25 ~ 第 35 页。他在引论中对明代帝王陵墓的研究状况做了梳理，我在此借用并作一个简要介绍。他提出关于明代墓葬，热点集中于帝王陵寝制度的讨论。这样的研究自明代已开始，但明清时期局限在礼制讨论和舆地著录两个范畴。民国初年开始出现科学调查的报告以及比较有价值的维修工程勘察和工作记录，但可信度令人质疑。

⑦ 徐苹芳：《新中国的考古发现和研究》，文物出版社 1984 版。

⑧ 杨宽：《中国古代陵寝制度史》，上海古籍出版社 1985 版。

⑨ 杨晓能先生的系列论文计划写五篇，收集到了三篇：*Ming Art and Culture from an Archaeological Perspective——Part 1: Royal and Elite Tombs*, *Part 2: The Imperial Mausoleum and Elite Burial Practices*, *Part 3: Textiles and Ceramics*，分别发表于 *Orientation* 杂志的 2006 年 6 期、9 期和 2007 年 2 期。

⑩ 1925 年王国维提出的“二重证据法”。他在《古史新证》的“总论”中说：“吾辈生于今日，幸于纸上之材料外，更得地下之新材料，由此种材料，我辈固得据以补正纸上之材料，亦得证明古书之某部分全为实录，即百家不雅之言亦不无表示一面之事实。此‘二重证据法’，惟在今日始得为之。虽古书之未得证明者，不能加以否定，而其已得证明者不能不加以肯定，可断言也。”
王国维：《古史新证》第一章，第 2 页 ~ 第 3 页，影印北京来熏阁 1935 年影印本，清华大学出版社 1994 年版，转引自刘毅：《明代帝王陵墓制度研究》，人民出版社 2006 年版，第 37 页。

⑪《明史》卷一百十六《列传第四、诸王一》，中华书局 1974 年版，第 12 册，第 3575 页。

⑫ 山东省博物馆：《发掘明朱檀墓纪实》，载于《文物》1972 年第 5 期，25 页；下面均将这篇文章简称“纪实”。

⑬ 同上，30 页。纪实中仅给出了前两幅作品的图片，而最后这幅没有给出，大概是如文中所述“画面脱落”所致。

⑭ 生于元宪宗七年，卒年不详。仕承事郎、集贤待制。《元史·儒学传》谓：“天台陈孚其为诗文大抵任意即成，不事雕凿。攸州冯子振其豪俊与孚略同，而孚极敬畏之，自以为不可及。子振于天下书无所不记，当其为文也，酒酣耳热，命侍史二三人润笔以俟，子振据案疾书，随纸数多寡顷刻辄尽。”

⑮ 生卒年不详，宋代丞相赵葵后代。早年遭遇鲁王雕阿不剌（元朝弘吉剌氏帖木儿之子）诬谤而退居江南。在大长公主前曾立赋八首七律，大受赞赏，得公主赏赐甚盛。而出门即将金银器皿“皆碎而为分，惠官中从者及寒士”（转引自【元】孔静斋：《至正直记》卷一“赵巘乐府”条）。然一生潦倒，晚年醉病而卒，遗骨归长沙。

⑯ 同上。

⑰ 参照“中国历史地图集”。

⑱ 原文见［清］安岐：《墨缘汇观》，本文转引自山东省博物馆：《发掘明朱檀墓纪实》，载于《文物》1972 年第 5 期，第 29 页。

⑲ 南京市博物馆编：《明朝首饰冠服》，科学出版社 2000 年版。

⑳ 同上，第 2 页。

㉑ 同上。

㉒ 同上。

㉓ 赵超：《云想衣裳——中国服饰的考古文物研究》，四川出版集团、四川人民出版社2004年版。

㉔ 钱穆：《中国历代政治得失》，三联书店2001年版。

㉕ 同上，第105页。

㉖ 同上，第106——第107页。

㉗ 张建华：《山东邹城市明朱檀墓出土洪武通宝金质冥钱》，《中国钱币》2003年第4期。

㉘ 同上，第32页。

㉙ 湖北省文物研究所、钟祥市博物馆：《梁庄王墓》，文物出版社2007年版。

参考文献：

① 《明史》卷一百十六《列传第四、诸王一》，中华书局1974年版。

② 北京大学考古系资料室：《中国考古学文献目录1990—1949》，文物出版社1991年版；中国社会科学院考古研究所图书资料室：《中国考古学文献目录》之1949—1966，1971—1982，1983—1990，文物出版社，分别出版于1993年、1998年、2001年。

③ 刘毅：《明代帝王陵墓制度研究》，人民出版社2006年版。

④ 中国社会科学院考古研究所，定陵博物馆，北京市文物工作队：《定陵》，文物出版社1990年版。

⑤ 湖北省文物研究所，钟祥市博物馆：《梁庄王墓》，文物出版社2007年版。

⑥ 南京市博物馆编：《明朝首饰冠服》，科学出版社2000年版。

⑦ 刘永华：《中国古代车舆马具》，上海辞书出版社2002年版。

⑧ 赵超：《云想衣裳——中国服饰的考古文物研究》，四川出版集团、四川人民出版社，2004年版。

⑨ 方诗铭：《中国历史纪年表（修订本）》，上海人民出版社2007年版。

⑩ 钱穆：《中国历代政治得失》，三联书店，2001年版。

⑪ ［英］E·霍布斯鲍姆，T·兰格著，顾杭，庞冠群译：《传统的发明》，译林出版社2004年版。

⑫ 山东省博物馆：《发掘明朱檀墓纪实》，载于《文物》1972年第5期。

⑬ 巫鸿：《“墓葬”：可能的美术史亚学科》，《读书》2007年第1期。

⑭ 杨晓能：*Ming Art and Culture from an Archaeological Perspective——Part 1: Royal and Elite Tombs, Part 2: The Imperial Mausoleum and Elite Burial Practices, Part 3: Textiles and Ceramics*，分别发表于*Orientation*杂志的2006年第6期、第9期和2007年第2期。

⑮ 徐邦达：《淮安明墓出土书画简析》，载于《文物》1987年第3期。

⑯ 尹吉男：《关于淮安王镇墓出土书画的初步认识》，载于《文物》1988年第1期。

⑰ 云峰：《论元代鲁国大长公主祥哥剌吉及其与汉文化之关系》，中央民族大学学报（哲学社会科学版）2006年第1期。

⑱ 张建华：《山东邹城市明朱檀墓出土洪武通宝金质冥钱》，2003年第4期。

文人绘画对过渡期青花瓷装饰风格的影响

杜晓君

五、题材的移植

（续《首都博物馆丛刊》第23辑）图案化的动植物纹是明晚期之前传统青花瓷装饰的主流题材，它是一种纯视觉的装饰，是基于纯视觉层面上图案的组合，构成线条的疏密安排，色彩的搭配对比等是营造装饰效果的全部手段，虽然有主体纹饰与辅助纹饰的区别，且具有诸多象征意义，但这并不是主题性绘画。文人绘画对过渡期青花瓷装饰题材上的重要影响就是把主题性绘画带入瓷器装饰中，传统文人绘画意义上的山水、花鸟、人物画取代图案化的动物、植物纹的主体地位，使过渡期青花瓷的装饰由此而具有了文人艺术的精神气质和文化内涵。

（一）山水画由人物陪衬走向独立

受文人绘画的影响，过渡期青花瓷装饰中对山水的表现由传统的人物衬景地位发展成为独立的装饰题材。

传统绘画中，山水画是文人写情寄兴，玩味笔墨的最重要绘画手段，卷轴画中对山水的表现早至魏晋即已出现，这就是东晋顾恺之著名的《洛神赋图》卷，山水作为人物活动的衬景出现在画面中，是典型的“人大于山、水不容泛”的早期山水形态。隋代展子虔《游春图》被认为是中国山水画成熟的代表作品，它是把山水作为独立题材加以描绘的最早卷轴画作品⑦，相对于《洛神赋图》卷而言，《游春图》营造出了山水的深度空间并把握住了人物与山水的准确比例关系，这种空间营造技巧上的成熟与比例关系的正确把握改变了早期山水“人大于山、水不容泛”的形态而具有“咫尺千里”的视觉效果，这正是成熟山水画所必需具备的两个条件。

五代宋初，以荆、关、董、巨为首的山水画家群的出现显示出山水画全面走向成熟，空间表现更加丰富多样，既有大山大水全景式构图的北派山水，也有平淡天真江南小景式的南派山水；技巧上，用以显现山石树木纹理质感与结构的皴法得到了很大发展，墨法也逐渐丰富，有笔有墨开始成为画家的自觉追求。

两宋时期，由于山水画家的独特创造，形成了许多开宗立派、对后世影响极深的山水样式与技法样式，诸如以“蟹爪枝”闻名的“李郭派”，以水墨横点著称的“米氏云山”，擅画湖山小景的惠崇、赵令穰，以青绿山水见长的王希孟，专擅界画舟船的郭忠恕，以至喜画边角之景而被称为“马一角、夏半边”的马远、夏圭等，这是一个创造样板并对后世产生深远影响的时代。

元代山水利用“以书入画”、“诗书画印相结合”的手段把文人趣味引入山水画。宋人解决了山水画中空间与技法问题，元人则因以书入画而解决了山水画的趣味问题。宋人山水注重的是“写物”，而元人山水更注重“寄情”。在皴法墨法的使用上，宋人山水是以准确传达山石、树木等质感为终极目的，而元人山水则把质感的追求转变为对最具有情感表现力的书法趣味的追求。

明代山水画早期是远接宋人衣钵的院派山水盛行，中期吴门继起，以元四家为依归，晚期虽派系纷繁，但基本上是以董其昌为首的讲究笔法墨趣的文人画为主流。青花瓷器装饰中，山水题材的成熟也基本上遵循着卷轴画中山水题材的演变轨迹。山水的表现虽然早在元青花作品中已见端倪，甚至明代初期、中期的作品也并不鲜见山水题材，只是到了明中期以后过渡期，在强势的文人艺术氛围的影响和文人直接消费的带动下，瓷器装饰中的山水题材才最终以主题性绘画的方式摆脱了早期装饰中的陪衬地位而成为独立装饰题材，文人绘画的风格样式、精神气质也伴随着题材的移植而被移植。

元青花装饰中具有表现山水的朦胧意识，构成山水的草、木、云、石等具象要素都已出现，但并没有组合成独立的山水题材，加上基于技术表现方面的欠缺等诸多因素的限制，使元代青花瓷装饰中对山水题材的表现非常幼稚，尽管这时期的文人山水画已经非常成熟。

作为瓷器装饰中人物画的陪衬，草、木、云、石等诸山水具象要素被作为分割空间、暗示故事情节的符号很有秩序地安排在人物故事画面之中，这种功能往往是以牺牲合理的空间和构图为代价。藏于美国波士顿美术馆的青花三顾茅庐梅瓶就是较典型的例子（图15)，为了表现人物故事情节和草堂环境的需要而安排在刘备前方的山石和篱笆在构图上显得突兀失位，空间深度关系混乱，其多达六层且面积巨大的边饰使主体纹饰空间被大大压缩，视觉上很不利于主题性绘画的表现。

图15 元 青花三顾茅庐图青花梅瓶

虽然瓷器装饰因基于社会生产需要而产生的某些符号性技法和构图安排与文人绘画中个性化的文人趣味相抵触，但是，标志着青花瓷走向成熟的元青花装饰从一开始就具备了题材多样化的发展可能。

青花瓷装饰中对山水题材再一次感兴趣是在明初永乐时期。青花胡人乐舞图扁壶（图16）是早期山水题材中昙花一现的作品：构图空前开朗，比例把握适度。它可能是永乐青花瓷中表现山水题材最成功的作品，如果不是青料独特的发色特征，它几乎会被认为是过渡期的杰作。这件作品中，构图的疏朗以及空间深度的表现技巧的成熟，使人不得不怀疑它与文人绘画有着必然的联系。把近景、中景、远景作为推进空间深度的构图的方式是文人画偶像派画家倪瓒的创造。在倪瓒成熟风格的作品中，其构图往往采取平远两段式章法：近坡高树数株，中间以留白表示辽阔的平远空间，远山被提到画面的最上端，这种简洁的构图方式在表达空间深度上非常有效。青花胡人乐舞图扁壶毫无疑问具有倪瓒绘画中平远两段式构图章法特征，这种构图章法在永乐以后的瓷器装饰中一度消失，因为接下来在宣德以及空白期的作品中，我们看到的山水形态基本上是元代青花风格的翻版。

图16 永乐 青花胡人乐舞图扁壶图

宣德至正德时期青花瓷装饰中对山水的表现方式基本上是元代风格的延续，即完全是配合人物故事情节加以展开。

依附于人物而存在的山水模式维持到正德时期终于有了松动，这时期也是吴门画派崛起画坛的时候。如果说正德青花八仙葫芦瓶（图17）已经具备了山水画独立的微细倾向的话，那么嘉靖时期在个别瓷器装饰上已出现了非常成熟的独立的主题性山水画装饰。笔者曾见过的一件嘉靖时期的青花松下休憩图瓷板是一件地道的独立山水题材作品，人物与山水具有非常合理的空间比例，远处平远空间以充满书法趣味的笔法层层推远，这种画法是文人画最典型的构图处理方式之一。这件瓷板表明，嘉靖时期的青花瓷已经开始将文人山水的题材、技巧完整地移植到瓷器的装饰之中。

图17 正德 青花八仙葫芦瓶

随着山水纹饰的独立倾向日渐明显，早期装饰中人物与山水的主次关系也逐渐发生转换。

在嘉靖以前尤其是在元代和明初的作品中，人物表现都具有个性化的细节描绘，其服饰、面相乃至性格特征的刻画都具体入微，与符号化的山水主次搭配，相得益彰；而随着山水纹饰日渐独立成为表现主题时，其装饰重心也逐渐转向对山水空间、树石质感乃至笔法、意境的关注，人物表现却转变成为符号化语言，不再具有细节表现，这种作品在万历晚期已经出现，到崇祯、康熙时期，终于出现了纯粹山水题材装饰（见23期图13）。

山水题材的独立不只通过人物与山水主次角色的转换来实现，更在技法图式乃至意境情思方面全面移植文人绘画之趣味而成为独立的主题性绘画。山水题材的独立，是过渡期青花瓷突破传统风格的重要成就。

（二）独幅花鸟画出现

花鸟之于瓷器装饰，在唐代长沙窑作品中已有极生动的表现，甚至还出现了描写花鸟情态的诗题：春水春池满，春时春江生，春人饮春酒，春鸟弄春声。把人的情感通感于花鸟情态，完全具备了成熟花鸟画的创作观念。

传统绘画里，花鸟画题材的独立和创作观念的成熟是在宋代。《宣和画谱》之《花鸟叙论》特别强调了要赋予花鸟画以社会伦理道德观念，称花鸟画“有以兴人之意者，率能夺造化而移精神，遐想登临览物之有得也”。⑧宋徽宗赵佶本人就是花鸟画高手，非常善于借花鸟画来表达自己内心的感情世界，“山禽矜逸态，梅粉弄轻柔；已有丹青约，千秋到白头”是他在《梅花山禽》图中的题诗，充分表现了他内心的情感色彩和浪漫情怀。

青花瓷装饰中，在过渡期以前，花鸟题材基本延续了元代以来的装饰风格，这与山水题材风格的演变一样，其构图安排和绘画技法充分考虑到瓷器作为实用工艺品在器物形状本身上的装饰需要：连续、对称的构图方式与丰富繁杂的边饰几乎出现在每一件瓷器装饰上，设色用线肯定有力而无浓淡虚实变化。明中期以来，随着文人绘画影响的日益加深，花鸟题材装饰中的工艺特征日渐淡化，构图上突破了瓷器本身的器形限制，而成为独幅的花鸟画作品，绘画技巧上也随着青料调画方式的进步而具浓淡变化之致，文人画中花鸟题材风格多样的艺术图式与精神情感移植于瓷器装饰，这种风格上的变化最晚出现在嘉靖时期。嘉靖青花花鸟图八角盒（图18），该作品充分利用盒盖的八角形空间来构成一幅独立的花鸟画，锦鸡飞鸟与树石花草被作了虚实主次的安排，与传统的工艺化构图方式有很大区别。在明末与清初的一些作品中，还极力淡化甚至取消边饰来满足独立的主题性花鸟画在构图视觉上的需要。清康熙孔雀牡丹图笔筒（图19）明显反映出明末清初青花瓷装饰与传统装饰中的构图差异以及对文人绘画中水墨变化趣味的模仿。这种变化在山水、人物题材中也同样显而易见。

图18 嘉靖 青花花鸟图八角盒

图19 康熙 青花孔雀牡丹图笔筒

明代青花瓷装饰中花鸟题材在风格技法上与传统绘画保持着相当一致的步调。永乐、宣德时期官窑青花瓷中的花鸟纹饰与宫廷绘画有相当渊源，许多画稿出自宫廷名手，以边景昭为代表的工笔重彩的宫廷花鸟画对青花瓷中的花鸟装饰有重要影响。边景昭是永乐至宣德初期的宫廷画家，其花鸟远承两宋院体工笔重彩之传统，画法工细，形象精确，赋色浓艳，富丽堂皇，这种风格对当时官窑青花的花鸟纹饰产生了直接影响。永宣时期花鸟图案的青花作品，其装饰纹饰无论是花鸟顾盼呼应的动态处理，还是其一丝不苟的绘画笔法与精准细腻的形象刻画，都与以边氏为代表的明早期宫廷花鸟画渊源极深。

明中后期，以“白阳青藤”为代表的水墨写意花鸟引领画坛新风，画家偏爱适于表现水墨变化与书法趣味的芭蕉竹石、牡丹莲菊等题材。受此影响的过渡期青花瓷装饰中的花鸟题材也以之为主流（图 20）；同时，在绘画形式上，巨幛大幅之外，文人花鸟更流行册页手卷的绘画形式，与之相对应的折枝花卉的构图形式颇为流行；几乎同时，这种表现形式也流行于青花瓷装饰中。崇祯青花花鸟图莲子罐（图 21），在绘画形式上采取了文人花鸟画中折枝花卉的表现形式，这与晚明花鸟名家孙克弘、周之冕的花鸟作品极其相似。

图 20　明末文人画花鸟题材与青花瓷装饰题材

图 21　崇祯　青花折枝花鸟莲子罐

（三）反映文人生活与历史典故的人物画大量涌现

明代治理国家的根本方略从初期功臣治国逐渐过渡到以后的文官治国，皇权专制依靠文臣建立起一套完整的官僚机构，从中央六部到省府州县都以文臣尤其是进士出身的文人为主。明中后期，作为权力机构的内阁非进士莫入，内阁辅臣也都是进士出身。与文官集团相纠结的是庞大的士大夫阶层，在明代，士人包括进士、举人、监生、诸生等知识分子，其中进士都依例被授以官职，进入文官统治集团。

明中叶以后，文人士大夫成为异常活跃的社会力量，阳明心学兴起，文人讲学、结社之风兴盛，从京师繁华之地，到偏郡僻邑，士大夫讲论学问、性命道德等学术活动十分活跃。文人结社，还有另一种类型，即根据共同志趣而成立的结社。政治上，文人士大夫关心国家大事，抨击时政，臧否人物甚至直接参与政治斗争；艺术上，明中叶以来，绘画、书法、建筑、雕塑、工艺等莫不以文人趣味引领风尚；在明代，一般士大夫多能兼擅琴棋书画，他们悠游林下，雅集文会，吟风弄月，涂抹丹青。⑨

游艺之外，文人士大夫日常生活也多翻新出奇，或精致典雅、或放旷不羁。以茶酒为例，明中后期文人士大夫不但讲究饮茶场所，而且还兴起美人伴茶，焚香伴茶等特殊的饮品香茗的风尚。[10]文人于茶能静心明志，于酒则放胆煽情。明代酒楼日趋繁荣，各种不同等级的酒楼分别越来越清楚，美酒佳肴、歌伎舞女，应有尽有，还有专供文人墨客饮酒赋诗的诗牌、酒牌。文人生活中，行游也是一项重要活动，不但可以饱览山水，还可以开畅心胸，净化心灵，是一种重要的人生体验。

明代中后期文人着力追求生活的新奇多彩，他们十分注重生活的艺术化，艺术的生活化，反映到艺术作品中，建筑、雕塑、卷轴绘画、版画、瓷器、文玩、家具等诸多艺术门类中均留下了晚明文人生活极其丰富的形象资料，过渡期青花瓷装饰中即有着异常鲜活的文人生活写照。

卷轴画中人物题材在明早期基本继承宋元以来"成教化、助人伦"的创作思想，较少反映文人现实生活；明代中期以后，吴门四家中文徵明、唐寅、仇英均是人物画高手，浙派有戴进、吴伟、张路等诸家并立；晚期有丁云鹏、尤求、吴彬、陈洪绶、崔子忠等人物名家辈出，其人物画内容均十分注重对文人现实生活的描绘，诸如雅集文会、煮茶清谈、饮酒赋诗、行旅访友、求佛问道以及为文人所景仰的文人逸事、历史典故等；明代中后期，甚至还兴起了记录文人现实生活的纪实性绘画，最典型的就是山水纪游。画家往往把某一具体的旅游行程用写实的手法记录下来，这是把生活艺术化的一种方式，这种纪实性绘画在明中晚期的盛行，反映了当时文人艺术化的生活态度。作为过渡期瓷器人物题材装饰，在表现文人生活趣味时，基本上全盘继承了文人绘画的创作观念、题材与技法。

过渡期青花瓷中展现了晚明清初文人异常丰富的生活细节。前文提到的青花初夏睡起图盘（见第23辑图4），表现的是一位名叫杨诚斋的文人在初夏午睡之后闲散恬淡的心境，人物表现具有丰富的生活内涵，其诗题"梅子留酸贱齿牙，芭蕉分绿上窗纱；日长睡起无情思，闲看儿童捉捉花"所表现出闲散恬淡不重名利的思想情绪，正是当时文人较常见的精神状态。其落款"初夏睡起、杨诚斋题"则表明这是一件很个性化的艺术品，图中临门闲立的人物很可能就是那位正百无聊赖的杨诚斋先生。这种个性化的人物表现在过渡期以前的人物题材装饰中是不可能有的。虽然这件作品胎釉的工艺质量与典型的过渡期上品细料器有很大区别，但其装饰观念完全告别了传统规范，实为过渡期的先驱性作品。

对琴棋书画的爱好和擅长几乎是晚明清初文人的必要素养和生活乐趣之一。过渡期青花瓷中有大量表现这类文人风雅生活的作品，诸如松下对弈，携琴访友，踏雪寻梅，雅集文会，烹茶清淡等题材的作品比比皆是。

对历史典故、文人逸事的喜爱和描绘则反映出当时文人的心理需求和生活理想。文王访贤、圯下拾履、萧何月下追韩信、科弟联芳等这些题材的出现表现出当时文人具有某种积极进取的人生态度以及对科举制寄予的期望。康熙初期十分流行的"圣主得贤臣颂"青花文字笔筒更是对文人的这种心态的直接反映。同时，历代文人轶闻趣事也是当时十分流行的题材，苏武牧羊、竹林七贤、红杏尚书、赤壁夜游、羲之爱鹅、张旭醉书等题材的大量出现正是对当时文人生活理想、人生情趣、心理状态的折射。

（四）书法文字成为瓷器装饰的独立纹饰

书法文字作为独立纹饰应用于瓷器装饰，最著名的莫过于唐代的长沙窑与宋代的磁州窑。由于上层社会的提倡，唐宋书法盛极一时，长沙窑与磁州窑的装饰深受影响。唐代长沙窑瓷器的书法装饰以警世格言和古诗为主，内容大部分反映中下层人民的生活情景和思想感情，语言真挚，具有强烈的民间乡土气息，其书风特点以行为主，兼带楷、草体意（图22）。

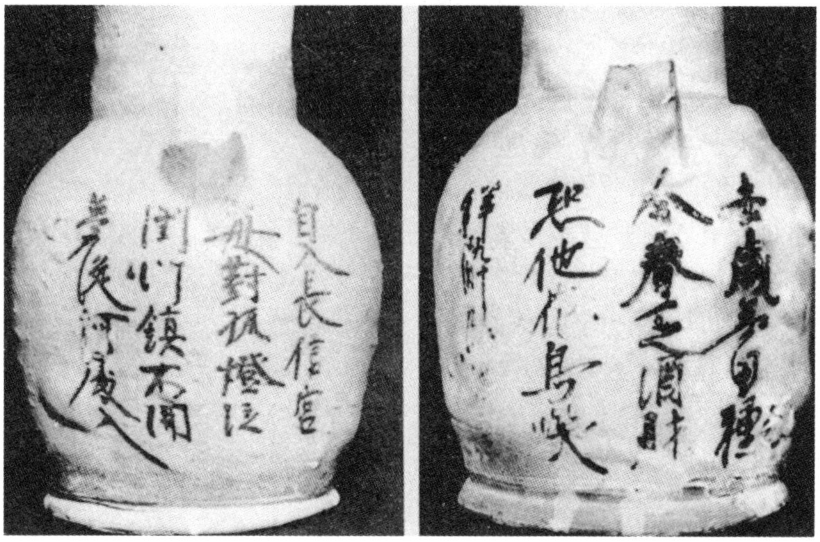

图 22　唐　长沙窑诗文执壶

长沙窑的书法传统在磁州窑作品中得到继承发扬，书体更加恣肆豪放，内容更加广泛。如传世或出土的许多瓷瓶上多以文字写明用途，如："神芎丸"（药），"梨花白"、"醉乡酒海"（盛酒）；有的碗或瓷枕写着"道德清净"等宗教用词；有的写着"招财利市"、"牛羊千口"等商家吉语；还有的在枕头上刻写着一个"忍"字或"高枕无忧"或"众中无语，无事早归"以及"有客问浮世，无言指落花"等反映明哲保身的处世哲学的字句。题诗、题词更是不胜枚举："常忆离家日，双亲拂背言，遇桥须下马，有路莫行船，未晚先寻宿，鸡鸣再看天，古来冤枉者，尽在歧路边。"生动地刻画出一幅游子背景离乡思念双亲的愁苦情景。

总体来看，唐宋时期长沙窑与磁州窑的书法装饰书体自由奔放，内容贴近民间生活，乡土气息极为浓厚，世俗化倾向十分明显，创作主体基本上可以肯定是民间艺人。

入明以后，以书法装饰瓷器的传统逐渐式微；明初，永乐始见帝王年号的刻款和书款，但也极罕见；宣德时期为一大变，帝王年号款成为瓷器的重要装饰，这一传统一直延续至清末，成为定例。空白期之后的成化、弘治、正德、嘉靖、隆庆、万历诸朝年号书款成为瓷器文字装饰的主要内容，以致成为鉴定瓷器的一条重要依据。

明中期以来，民窑青花中书法装饰多见"富贵佳器"、"万福攸同"、"金玉满堂"等吉祥语及斋堂款，且多书于器底，书法草率居多，罕见诗词、警句等内容。崇祯青花中书法装饰较少见，顺治、康熙青花中重视书法艺术装饰的传统再一次恢复，最常见的有"梧桐一叶落，天下尽皆秋"等诗句，更是出现了以整篇文章的书法为装饰手段的作品，且数量不少，成为一个极具特色的陶瓷品种，但基本都是陈设瓷，以文人所用笔筒为多，常见的书法题材有"圣主得贤臣颂"（图 23），前后"赤壁赋"、"醉翁亭记"等。

这时期瓷器的书法装饰有别于唐宋时期世俗化特点，在文人艺术浪潮的影响下，过渡期青花瓷中文字装饰具有文人艺术的显著特点，书法端庄秀丽，多以楷书为体，内容以文人名篇诗作多见，器形以文玩用具居多，清新脱俗，别具一格。

明末书坛、画坛的大师级人物董其昌有《书锦堂记》书画合璧卷传世（现藏吉林省博物馆），此卷以欧阳修《书锦堂记》为题材，画面表现夏秋之交，一片茂林峦岫，远近相连，构图平远开阔。林中茅屋数间，当是所描写的书锦堂。在画法上，此图用笔细秀工整，以石青石绿皴点晕染，色泽湿润，是董氏小青绿设色作品为数不多的代表作之一。董其昌是晚明文人艺术的倡导者和实践者，其言论和艺术风格对后世影响深远。很巧合，过渡期青花瓷中也有以此文为装饰题材的作品，与董氏之书画卷有否直接联系无法考证，但可以肯定的是，青花《书锦堂记》笔筒是一件受文人艺术影响，以书法为主题纹饰的典型文人用具。此笔筒器身满录宋代欧阳修《书锦堂记》全文，落款“竹石主人”，下一方一圆连珠印，康熙时期常见的绘于器底的秋叶图形款居然被作为引首章之用，这是典型的文人书法作品中落款用印之品式，秋叶款的这种用法，在过渡期瓷器中是较罕见的。

图 23　康熙　青花圣主得贤臣颂笔筒

总之，从题材上看，过渡期青花瓷的装饰在传统的以动物植物纹为主的工艺化装饰风格逐渐消解的过程中，全面移植文人绘画题材，山水、花鸟、人物诸体具备，成为独立的主题性绘画装饰，山水必有意境，花鸟必有情态，人物必有故事，以书法为主题纹饰的装饰在远接唐宋传统的基础上进一步以文人趣味为依归，使过渡期青花瓷的装饰题材与风格显现出有别于传统面貌的清新格调。

结　　论

过渡期青花瓷是在一种漫长而稳定的社会体制鼎盛时期的物质财富具有相当积累状态下的文化产品。它发展于明、清两个王朝交替时期，这种政治控制上相对松弛的环境造就了其多样化的装饰艺术风格，政治势力强加于瓷器装饰的等级观念基本消失，市场的消费需求左右着瓷器生产的质量和审美趣味；制瓷技术的进步与装烧方法的改良造就了过渡期青花瓷一流的工艺品质。文人绘画对过渡期青花瓷的影响是极其深刻和全方位的，题材的移植、技法的借鉴，风格图式的渗透无不体现在过渡期青花瓷的大量作品之中。关于文人生活的社会背景、社会风尚、市民文化、士商合流的文化现象、中外文化交流等无不对这一时期青花瓷的装饰风格产生了积极的影响，这些方面的研究还有待继续。

注释：

⑦ 有的学者根据图中建筑物的装饰等细部描写主张其底本在中晚唐以后，摹本则为五代、宋，尚未获得公认。

⑧《宣和画谱》卷十五《花鸟叙论》，见纪昀等：《文渊阁四库全书》，上海古籍出版社 2003 年版，第 813 册，第 156～157 页。

⑨ 张岱在《陶庵梦忆》中记述了其到绍兴龙山下设立的“斗鸡社”，以斗鸡为乐，博取古董、书画等趣事“天启壬戌间，好斗鸡者，设斗鸡社于龙山下，仿王勃《斗鸡檄》，檄同社。仲叔秦一生日携古董、书画、文锦、川扇等物与余博，余鸡屡胜之……”，上海古籍出版社 1982 年版，第 27～28 页。

⑩ 张岱，《陶庵梦忆》，“崇祯癸酉，有好事者开茶馆，泉实玉带，茶实兰雪，汤以旋煮无老汤；器以时涤无秽器。其火候、汤候，

亦时有天合之者……"，上海古籍出版社 1982 年版，第 76 页。

参考文献：

① 中国硅酸盐学会：《中国陶瓷史》，文物出版社 1997 年版。
② 叶喆民：《中国陶瓷史纲要》，轻工业出版社 1989 年版。
③ 赵宏：《中国古代仿古瓷》，北京图书馆出版社 1997 年版。
④ 周心慧：《中国古版画通史》，学苑出版社，2002 年版。
⑤ 周芜编：《金陵古版画》，江苏美术出版社 1993 年版。
⑥［日］铃木敬编：《中国绘画总和图录》，东京大学出版会 1982 年版。
⑦ 周芜等编：《日本藏中国古版画珍品》，江苏美术出版社 1999 版。
⑧ 炎黄艺术馆编：《景德镇出土元明官窑瓷器》，文物出版社 1999 版。
⑨ 马未都：《明清笔筒》，中国青年出版社 1997 版。
⑩ 黄云鹏、甄励：《景德镇民间青花瓷器》，上海人民美术出版社 1994 版。
⑪ 周世荣：《长沙窑瓷绘艺术》，上海人民美术出版社 1994 版。
⑫《酣酣斋酒牌》，中华书局 1961 版。
⑬ 刘育文主编：《海外中国名画精选》，上海文艺出版社 1999 版。
⑭ 杨仁恺主编：《中国书画》，上海古籍出版社 1995 版。
⑮［英］哈里－加纳著，叶文程、罗立华译：《东方的青花瓷》，上海人民美术出版社 1992 版。
⑯ 耿宝昌：《明清瓷器鉴定》，紫禁城出版社 1993 版。
⑰ 三上次男：《元明陶瓷》，出光美术馆 1977 版。
⑱ 李科友、吴水容整理点校：《古瓷鉴定指南》，北京燕山出版社 1993 版。
⑲ 傅振伦：《中国古陶瓷论丛》，中国广播电视出版社 1994 版。
⑳［英］J 戴维斯著、熊寥译：《欧洲瓷器史》，浙江美术学院出版社 1991 版。
㉑ 李正中、朱裕平：《中国古瓷汇考》，天津人民出版社 1991 版。
㉒ 徐荣：《中国古陶瓷文献指南》，轻工业出版社 1988 版。
㉓ 毕克官：《中国民窑瓷绘艺术》，外文出版社 1991 版。
㉔ 周世荣、魏止戈：《海外珍瓷与海底瓷都》，湖南美术出版社 1996 版。
㉕ 傅抱石：《中国绘画变迁史纲》，上海古籍出版社 1998 版。
㉖ 冯先铭：《中国陶瓷》，上海古籍出版社 1995 版。
㉗ 郑振铎：《中国古版画丛刊》，上海古籍出版社 1988 版。
㉘ 陈万里：《陈万里陶瓷考古论文集》，紫禁城出版社 1997 版。
㉙ 周仁等著：《景德镇瓷器的研究—景德镇制瓷胎釉的研究》，中国科学院冶金陶瓷研究所专刊，科学出版社 1958 版。
㉚ 张浦生：《青花瓷器鉴定》，书目文献出版社 1995 版。
㉛ 于敏中等：《日下旧闻考》，北京古籍出版社 2000 版。
㉜ 张庚：《国朝画征录》，上海古籍出版社 1995 版。
㉝ 沈德符：《万历野获编》，中华书局 1959 版。
㉞《明实录》，中央研究院历史语言研究所 1984 年版。
㉟ 纪昀等：《文渊阁四库全书》，上海古籍出版社 2003 年版。

三合庄新结庵明代摩崖造像调查记

徐 冬 张 燕

一、地理环境

北京房山区三合庄位于北京西南九十公里，从北京出发，过云居寺，至京郊名胜风景区十渡之一渡，由干(千) 河口往北进山5公里。这一地区是太行山脉与燕山山脉交汇之处，南北走向，山体岩层为石灰岩，山上植被以灌木丛林为主，山中遍植花椒树和柿树。在长约10公里的山沟内，分布3个村落，沟口是瓦沟村，中间是三合庄，沟尽头是东关上。三合庄是在解放初期由大南岗、南离河、牛家庄等3个小自然村合并而成，240户人家。

图1 三合庄摩崖佛像外景

新结庵摩崖造像在当地被百姓俗称佛爷殿，位于村西侧笔架山半山腰处（图1），东南约17公里处即是京郊著名寺院——云居寺。

二、历史背景

新结庵距云居寺仅有一山之隔，两站之间行程乘火车仅13分钟。房山云居寺在北京宗教发展史上是有重大影响、规模最大、历史最长、保存至今的古寺院之一。以藏石刻佛教经版一万五千余块而著名。石经雕刻事业始于隋初僧人静碗，他为完成其师南岳慧思大师的遗志，在幽州白带山凿洞刻经，拉开了长达一千余年的刻经序幕。唐贞观四年云居寺落成，从此，这一寺院成为北京佛教传播的重要寺院之一。在云居寺的历史发展进程中，该寺曾多次获得皇帝和官方的支持。隋炀帝曾由长安亲至涿州，其皇后为云居寺施绢千匹，其内弟萧禹施绢五百匹，使朝野上下争相模仿施舍。在唐代，唐玄宗八妹金仙公主出资扩建寺院，捐资赞助刻经，平民百姓则结为邑社，共同集资，施刻石经。至辽代，云居寺再次得到皇帝的重视，辽圣宗、兴宗都曾亲自过问云居寺刻经之事，使云居寺刻经事业在这一时期又达到了一个高潮。自唐、辽以来，石经山云居寺愈为世人瞩目，瞻礼者络绎不绝。继金、元两朝之后，云居寺刻经才逐渐衰落。到明神宗万历年间，著名高僧德清和达观在云居寺发现佛舍利，又一次引起京城皇帝的重视，明万历之母慈圣皇太后闻讯，将云居寺佛舍利迎入慈宁宫供养，又施财钱将被占的琬公塔院赎回，使山寺再次兴盛。这样一座历史长达千年、多次受到皇帝重视的寺院，其历史兴衰对周边地区佛教发展必然产生重大影响。虽然京西佛教发达，但查房山县志①，“新结庵”的历史文献记录阙载。推测此庵为民间山中小庙，规模较小，或至清朝已衰。

三、遗址及残碑

在新结庵寺院遗址附近，有两通残碑，字迹剥损严重。根据可辨字迹笔录碑文大意如下：“明成化十五年重修涿州房山县大成山新结庵。这里古刹相传，有高僧朗禅师迎僧录司左善世□师…典往，江湖之胜顿明，临济直指□□师，参师睹以道场，秀丽为大檀丛林，朝暮焚修祝延，可谓既春也。涿州房山富贵高明迩善，而刻铭以示广代也。施主结缘乐助，以□重修。朝廷于教化民之意。……大明成化十五年崇俱行众善矣。”此碑已断为几节。

另一通为造井碑，碑额为“佛大明国”，碑文笔录大意如下：“甲局西北大成山辛结庵住世□大禅师无念祖师，会水□。今有辛成县□社社人□张晋□造井一眼……亡母……”

据残碑所记，这处遗址在明代叫新结庵，属涿州房山县，明成化十五年（1479年）曾重修。笔架山在明代曾称为大成山，据村中老人回忆，解放前这里有十王殿（供养十大元君），还有龙王庙和菩萨殿，这道沟曾叫“西安沟”，可能既由“新结庵”转音而来。

房山这一地区初设郡县始于秦朝，西汉时县境有广阳、良乡、西乡三县，东汉时废西乡，仅广阳、良乡二县，分属广阳郡和涿郡。三国、两晋时期又分属燕国和范阳郡，南北朝时期则属燕郡，隋时仅有良乡一县，属涿郡，唐良乡属幽州范阳郡，辽属析津府，宋属燕山府，金属大兴府，元始有大都路房山县一称，明时属顺天府涿州②，清雍正年间房山县改为直属顺天府。经核，碑文所记明代“涿州房山县”与史书记载相合。

临济宗是禅宗南宗五家之一，从曹溪的六祖慧能，历南岳、马祖、百丈、黄檗，一直到临济的义玄，于临济禅院举扬一家，唐开成年间宜丰黄檗寺希运禅师的僧徒义玄，从师学法33年之后往镇州（河北正定）滹沱河畔建临济院，广为弘扬希运所倡启的禅宗新法③，后世称为临济宗。临济宗以专修禅定，素以棒喝为特色，接引学人，单刀直入，机锋峻烈，以迅雷不及掩耳的手段或言句，剿绝情识，使学人忽然省悟，在五家宗派中流传最久。明代各宗派中，以禅宗盛行，而临济为最，曹洞次之④，碑文中提及禅师及临济宗，是与禅宗在明朝时期盛行背景相符。

碑中所记“僧录司左善世”为明朝所设的僧官之一，明洪武年间为整顿佛教，仿照宋制设各级僧司、僧官，在京设僧道录司，各府设僧纲司，州设僧正司，县设僧会司。僧录司诸僧官由礼部任命，有左、右善世；左、右阐教；左、右讲经；左、右觉义等职，主要是监督僧众行仪及主管考试等，各僧官都按级给俸⑤。据碑文载京城僧官曾来到这里组织重修寺庵。

四、摩崖造像

这组摩崖造像以浮雕的形式凿刻在架山半山腰处一个自然石穴内，崖壁有椽眼，石壁进行了简单的加工，前有一平展的石台，浅龛高2.5、宽5.6～6米，浮雕厚约10～20公分（图2）。造像组合为三佛二弟子。主尊为释迦（图3），由佛座、佛像、背光三部分组成，下为须弥仰莲座，底宽1.3、高0.8米，最下两层为素面，上为束腰仰覆莲，仰覆莲之间饰以联珠纹，莲高0.45米、莲瓣宽约0.1米，上下均为7瓣，莲瓣微鼓，略成长方形，周边双线刻，莲瓣尖部饰以3个圆圈。佛像高1.15米、胸宽0.6米，主尊面部风化，头有高肉髻，着右袒袈裟，左手向上，平置腹前，右手抚膝，结跏趺坐。背光高1.6米、宽1.15米，周边为火焰纹，佛像上正中为带羽翼的迦陵频迦鸟，两侧为龙子，龙子之下为缠枝莲花。

图2　摩崖全景

图3　正中主尊造像

两侧坐佛造型基本相同，通高2.3米、底宽1.2米，均为结跏趺坐，施禅定印，着右袒袈裟，背光之上均为缠枝莲花，不见迦陵频迦和龙子（图4）。其余与主尊相同。三佛之间为二弟子，弟子通高1.9米、底宽0.7米，其中莲座高0.5米（图5）。

图4　左侧坐佛

图5　左侧弟子像

座下为两层高台，上为联珠仰莲，莲瓣为圆尖形。弟子高1米，跣足立姿，身着袈裟，双手合十。背光外圈为火焰，内饰缠枝莲花。这组造像风格扁平呆板，由于山崖是石灰砂岩，风化磨损严重，人为破坏亦能看出。与佛像相比，背光中的图案保存相对较好。

这组造像艺术风格受早于它的京城寺院石刻造像风格影响，如元代居庸关云台石雕，创建于元至正二年（1342 年），云台上有三座并排的白色藏式佛塔，行人从塔下通过，因此叫过街塔或门塔⑥。门额正中雕刻大鹏金翅鸟，两侧则为龙，大鹏金翅鸟又称迦楼罗，为佛八部护法之一，取龙为食。“金翅鸟，常食斯龙及龙妻子，恐怖海中诸龙种类，愿佛拥护。”⑦门额雕刻形象正是。五塔寺，原名真觉寺，创建于明代永乐年间，塔成于明成化九年（1473 年）。据考，明永乐初年，一位印度高僧来北京，向明成祖朱棣奉献了五尊金佛和金刚宝座塔的建筑图样，永乐皇帝为他按此图样修建了这座精美的佛塔。其塔上佛龛龛眉雕刻与居庸关云台门额雕刻题材、造型基本相同，亦为金翅鸟和龙⑧。与之相比，三合庄新结庵佛光上的金翅鸟和龙子题材亦来自京城佛塔石刻图样，但是由于是民间模仿，造像拙朴，比例失调，把龙形象变为不见龙首及龙尾，而增添了双翼。另外，其背光中缠枝莲花与真觉寺石刻中的同类题材风格亦相同。由以上艺术风格比较可知，三合庄新结庵摩崖造像是受京城真觉寺佛教石刻艺术影响，其寺庵的历史发展则与云居寺的发展有关⑨。

注释：

① 冯庆澜等修，高书官等纂：《河北省房山县志》，台北成文出版社 1968 年版，389 ~ 840 页。

② 顺天府：“永乐元年春二月庚戌，改北平曰顺天府。”《明史》卷六《本纪第六成祖二》，中华书局 1977 版，第 1 册，第 79 页。

③ 义玄禅师：“临济义玄禅师示寂。谥慧照禅师。学者称临济宗。”宋释志磐撰：《佛祖统纪》卷第四十二，江苏广陵古籍刻印出版社 1992 年版，第 4 本，1773 页。

④ 中国佛教协会编：《中国佛教》第一辑，知识出版社 1980 年版，第 114 页。

⑤ 僧道录司：“僧录司。左、右善世二人，正六品，左、右阐教二人，从六品，左、右讲经二人，正八品，左、右觉义二人，从八品。”《明史》卷七十四《志第五十职官三僧道录司》，第 6 册，第 1795 页。

⑥ 居庸关云台雕刻：北京市文物事业管理局编：《北京文物精粹大系—石雕卷》，北京出版社 2000 年版，图 111 居庸关云台券面，第 145 页。

⑦ 见西晋月氏国三藏竺法护译《佛说海龙王经》卷第四，金翅鸟品第十六，《高丽大藏经》22 册，第 234 页。

⑧ 真觉寺金刚宝座雕刻：北京市文物事业管理局编：《北京文物精粹大系—石雕卷》，北京出版社 2000 年版，图 165 金刚宝座券面迦娄罗及龙女，第 190 页。

⑨ 本文是在 1997 年调查的基础上完成的，参加人员有：房山区三合庄书记李占强、副书记姜有福、张燕、何嵘、卢风阳、刘文德。摄影徐冬。

中国清代外销瓷中的“采樱桃图”源流探索

裴亚静

2010年2月4日—5月9日，首都博物馆举办了专题展览——“中国清代外销瓷展”，展览集中了清代自康熙至宣统时期的192件（套）外销瓷，其中以清康熙、雍正、乾隆时期外销瓷为主。展览按照瓷器风格分为两个主题：中国风格（中国瓷器直接外销至欧洲）、中西合璧（欧洲在中国订制的瓷器）。展示了清代外销欧洲瓷器的面貌。

展览中有一套清代的广彩村姑采樱桃图杯、碟①（图1），这是一套简单的茶具，由一个茶杯和一个作为杯托的碟子组成，碟高2.9厘米、口径12厘米、足径7厘米。杯高4.5厘米、口径7.8厘米、足径3.7厘米。画面主题是采樱桃，占据了盘子的大部分空间，右侧有两棵绿色的樱桃树，其间点缀着点点红樱桃，盘边缘绘有绳索形边饰。画面上有3个人物：一个穿雪青色上衣、橙色裤子的男人站在梯子上采樱桃，他手中拿着两颗樱桃，正递给左侧的女人，她头戴绿色帽子，身穿玫红色外套，内穿橙色长裙，双手捧起围裙去接樱桃；右侧有一个人背向后跪坐在地上，旁边有一条白色的小狗。中间的空地上，还有一个藤编的竹篮。

图1

通过查阅海外收藏中国外销瓷的资料，发现同样的题材还见于一些其他收藏。

1. 荷兰格罗宁根博物馆（Groningen Museum）收藏一件茶碟[2]，直径 12.3 厘米，年代为 1770—1780 年。

2. 美国的艾维母美术馆[3]（the Elvehjem Museum of Art）收藏一件同题材的盘[4]（图 2），直径 23.2 厘米。盘折沿，盘心为采樱桃图案，盘壁边缘仍绘有绳索形边饰。这个博物馆还收藏了一件画风不及此盘精致的茶碟。

图 2

图 3

3. 美国的麦肯收藏（the McCann Collection）中也有一件采樱桃图盘[5]，布局同艾维母美術馆那件。

4. D. F. Lunsingh Scheurleer 在他的书 *Chinese Export Porcelain* 中用了一件碗和一件盘[6]，同样都是采樱桃图案和同样的边饰。

5. 在一个巴西人的私人收藏中也收藏一件同题材的盘[7]（图 3），直径 24 厘米。

6. 甘雪莉《中国外销瓷》中收录了一件私人收藏的采樱桃图茶托[8]，直径 10.5 厘米。

从多个博物馆和私人收藏的采樱桃图外销瓷来看，这个图案主要用于中国外销瓷茶杯、茶托，以及盘碗的装饰图案，茶托的直径在 10 厘米左右，盘的直径在 24 厘米左右，绘画图案布局及边饰基本相同，仅在花叶多少，人物衣服颜色略有差异。

荷兰学者 C. J. A. Jorg 将中国清代外销瓷分成两个部分：一类为欧洲人直接将瓷器作为一件商品在中国购买的，叫做“buying in”，这类瓷器完全是中国瓷器造型和装饰花纹的中国风格；另一类被称作“*Chine de Commande*”（定烧瓷器），是指欧洲人在中国订购的借用欧洲造型或者欧洲图案的中国瓷器[9]。“采樱桃图”外销瓷就属于第二类。前几本书中都提到了图案的来源，来自法国版画家尼古拉斯·庞塞（Nicolas Ponce，1746—1831）的一幅作于 1775 年的同名版画[10]（图 4）。版画所描绘的图案比外销瓷上要复杂得多，右侧有几株长得非常繁茂的樱桃树，一位男子站在梯子上采樱桃，他正把手中的樱桃递给左侧用围裙接着的女人，这个女人身材姣好，身穿洛可可式的长裙，身体微微后仰，正仰面看着采樱桃的男人，姿势非常优雅。右侧还有一个穿裙子的女孩坐在地上，背对着我们，她手指伸出，好像在指点什么。旁边有一条俏皮的小狗也在仰面看着采樱桃的人。在画面的中心，还有一头身上驮着樱桃枝的驴子。这是一幅非常生动的采樱桃图！

我们将尼古拉斯的版画和中国外销瓷上的图案对比，可以发现，中国画工将画样进行了简化，作为背景的大片的樱桃树被减为一两棵，繁密的枝叶也做了精简，左侧的女人身上衣服很普通，没有优美的线条，她像一尊雕像一样站在那里，与采樱桃的男人之间没有任何眼神的呼应，右侧的女子和小狗也了无生气。最重要的是，中间的驴子不见了！难怪西方学者米歇尔·伯德莱（Michel Beurdeley）说："原画（尼古拉斯的版画）中人物的自然流畅在中国画工手中变得僵硬，面部表情也消失了，花园是典型的东方式的，在这个简化的程式化的版本中，法国的优雅与妩媚完全消失了。"⑪欧洲人在中国订烧瓷器时，一般都将画样带到中国，由中国画工在瓷器上绘画图案，由于东西方的文化背景不同，生活方式不同，绘画技法不同，画在瓷器上的图案和画样相比，往往会有一些出入。无论是中国人将西方绘画图案画在瓷器上，还是欧洲人将中国外销瓷在荷兰进行后加彩，都存在同样的问题，画得形似神不似，而且经常走形。

图 4

图 5

前面几本书也都提到，尼古拉斯·庞塞版画的粉本来自于法国画家皮埃尔·安东尼·波杜因（Pierre-Antoine Baudouin，1723—1769）的一幅水粉画，皮埃尔曾经在法国著名画家弗朗索瓦·布歇（Francois Boucher，1703—1770）的工作室工作，后来娶了布歇的女儿，布歇是皮埃尔的岳父。皮埃尔有大量画作存世，法国卢浮宫博物馆、美国大都会博物馆、国家艺术馆和哈佛艺术馆都收藏了他的作品，其中以卢浮宫最多。但是他的采樱桃这幅画作却已经不存世了。有趣的是，布歇曾经从皮埃尔的画中得到灵感，创作了一幅 La Cueillette des Cerises⑫（图5）。我们可以从布歇的画中感受一下皮埃尔原画的构图与风采。从尼古拉斯的版画来看，布歇的绘画采用的是原画的中间部分，樱桃树的位置由右侧换到了左侧，画面中只出现了两个人物：一个男子站在梯子上采樱桃，正将手中的樱桃递给下面的女子，女子身穿红裙，赤脚站在地上，双手捧围裙接住男子递下的樱桃，围裙中已经有不少樱桃了。树下堆了几个花盆，地上杂乱地放着一些物品，还有一辆手推车和那个男子的草帽。天空光影变幻，与自然十分和谐，绘画细腻。

布歇是法国画家、版画家和设计师，是一位将洛可可风格发挥到极致的画家。当时荷兰东印度公司的商船将大量中国艺术品运至世界各地，引发了欧洲的中国风热潮，布歇也有四幅画与中国风有关，《中国皇帝上朝》、《中国捕鱼风光》、《中国花园》和《中国集市》。这四件油画画面上出现了大量写实的中国物品：中国的青花瓷、花篮、团扇、中国伞等，画中的人物装束很像是戏装，与当时的清朝装束还离得比较远，但中国特色还是很明显。虽然是画中国清朝人的装束，但还是相差甚远，虽然如此，在中国风在欧洲流行的年代，贵族们争相收购这些画，并且以这四幅画为蓝本，用毛和丝编织成挂毯，仍被抢购一空。布歇当初画这幅采樱桃图的目的，是否也与中国风有关呢？

关于采樱桃题材外销瓷的烧造年代，据荷兰东印度公司的档案记载，自1777年（乾隆四十二年）开始，荷兰东印度公司开始在中国订购“果篮”、“采樱桃”和其他的欧洲题材装饰图案。在此之前，公司的定单一般会写“青花”、“花卉装饰带酱口”、“珐琅彩”、“德累斯顿风格”等，公司很少在中国订购欧洲题材的外销瓷，因为瑞典东印度公司在这方面有了很好的尝试，荷兰东印度公司也在这个时期开始开始订购欧洲题材瓷器，并有逐渐上升的势头[13]。Jorg 认为1777年荷兰东印度公司开始在中国订购采樱桃图案的瓷器，但从他书后总结的表格来看，是在1778—1779年，器类有带托盘的碗、不带托盘的碗、黄油盘、咖啡杯、巧克力杯、茶杯，以及少量的奶罐和成套的茶具和咖啡具（见下表）[14]。和中国风格的外销瓷相比，数量要少得多，订制瓷需要绘画特殊的图案，成本要高出直接购买的瓷器很多。因为价格很高，回到欧洲销售，得到的利润不及普通瓷器，这与荷兰东印度公司盈利的宗旨不合，因此，这类瓷器的订购量是非常少的。

“采樱桃”图案的定烧时间和品种表

	1778年	1779年
不带托盘的碗（对） (bowls without saucers)	124	500
不带托盘的碗（件） (bowls without saucers)		1207
不带托盘的碗（半品脱，件） (bowls without saucers)	799	1205
带托盘的碗（件） (bowls with saucers)		243
带托盘的碗（半品脱，件） (bowls with saucers)	540	450
带盖和座的黄油盘（件） (Butter dishes with lids and stands)		50
不带把手的咖啡杯和杯托（套） (Coffee cups and saucers without handles)		17246
带把手的巧克力杯和杯托（套） (Chocolate cups and saucers with handles)		1000
晚餐盘（单个，件） (Dinner plates)		1200
奶罐（件） (Milk jugs)		150
大碗（件） (Punchbowls)	934	1186
汤盘（件） (Soup plates)		200
不带把手的茶杯和托盘（套） (Tea cups and saucers without handles)	5016	
茶壶（件） (Tea pots)		151
茶和咖啡具（套） (Tea and coffee services)		13

除了外销瓷外，采樱桃题材还见于当时的铜胎珐琅器上。美国的历史迪尔菲尔德（Historic Deerfield）收藏的外销艺术品中就收藏一件铜胎画珐琅杯⑮（图 6），杯壁开光图案中绘画的就是布局和画面改变了的采樱桃图。图案绘于杯壁一个花苞形开光内，中心是一颗樱桃树，画面中只剩下了两个人：梯子上的男子采樱桃递给下面的女子，女子身材臃肿，面无表情。画面空间狭小，人物毫无生气。很显然，这也是一件在中国绘画的外销铜胎珐琅杯。

图 6

图 7

从海牙的档案来看，采樱桃题材外销瓷主要定烧于 1777—1779 年，此后就很少烧造。但是由于“采樱桃”这个题材当时是很受欢迎的，此后也仍然作为装饰图案，如美国华盛顿与李大学的里夫斯中心（the Reeves Center Collection）就收藏嘉庆时期的一件瓷盘⑯（图 7）。这件瓷盘比乾隆时期的樱桃盘绘画都要细腻而程式化，除了中心的采樱桃图案外，盘边缘绘画锦地 C 形开光内花卉和风景。因为这件盘的时间要晚于 1777—1779 年间荷兰东印度公司的订制瓷，一是不必拘泥于画样，二是可能画样进行了修改，但是嘉庆时期的采樱桃外销瓷传世还是很少的。

同样的图案又用于德国的麦森瓷器和其他国家的瓷器工厂。如巴西的私人收藏中，有一件盖罐⑰（图 8），这种罐在欧洲叫做 Potiche，意思是盖子可以移动的盖罐，19 世纪末的法国桑松（Sanson）作坊制作，这件罐以蓝釉金彩为底色，莲花形开光内绘画白釉粉彩采樱桃图案。

图 8

1498 年（明弘治十一年）葡萄牙人最先绕过好望角，开辟了东方新航线，1511 年（明正德六年）又在马六甲建立贸易中心，1517 年来到中国，在广东的上川岛登陆。40 年后以澳门为据点与中国展开贸易，此后开始了中国历史上规模最大的瓷器贸易。其他国家不甘坐视葡萄牙人从同中国的贸易中获取巨额利润，纷纷加入，并相继成立了同亚洲进行贸易的公司。1600 年（明万历二十八年），东印度公司在英国成立后，各国相继成立东印度公司，投身于和中国的贸易中。1602 年，荷兰联合东印度公司在阿姆斯特丹成立，足以与葡萄牙和西班牙的亚洲贸易垄断地位抗衡，很快主导了亚洲贸易。1604 年，法国东印度公司成立，1614 年，丹麦东印度公司成立，1731 年（清雍正九年），瑞典东印度公司成立。

东印度公司的贸易船只将大量的中国外销艺术品包括瓷器、丝绸、壁纸、家具等运到西方，西方人通过这些艺术品上所绘画的人物、风景、生活方式来了解中国，欧洲从宫廷到市民各个阶层竞相追捧中国艺术品，并影响了当时欧洲的艺术设计，引发了欧洲的中国风。在瓷器贸易中，东印度公司最早是直接从中国购买纯中国风格的瓷器，渐渐地，欧洲人开始从中国订购一些适合他们自己生活方式、生活品味的瓷器，其中一类是仿照欧洲金属器造型，适合饮用西餐并具有当时欧洲流行的洛可可装饰风格的瓷器。另一类是将欧洲的装饰图案用于定烧的中国外销瓷上，这两类瓷器在 18 世纪较为流行，并且深得各贸易公司的喜爱，当时被称做“*chine de commande*”，属于在中国的定烧瓷，是中国风格中很典型的一类。欧洲装饰最早用于外销瓷的是徽章瓷，即标志一个国家、一座城市、一个军团、一个家族或一家公司徽章纹饰的瓷器，专供西方国家或军队授勋，或贵族喜庆典礼之用。此外，还有神话故事、宗教故事、寓言、港口和船只、人物肖像和政治事件、勇士和田园风光。而后者常取材于以欧洲画家绘画作品为蓝本制作的版画图案，如华托、布歇的画常被复制到中国瓷器上。展览中的另外一件瓷器[18]（图 9）也是来源于 Nicolas de Larmessin Ⅲ（1684—1755）制作的一幅版画[19]（图 10），他的版画又以画家尼古拉·朗克列（Nicolas Lancret，1690—1743）的画 Les Qies de Frere Phillipe 作为粉本，它描绘了法国古典文学代表作家，著名寓言诗人让·德·拉封丹（Jean de la Fontaine，1621—1695）根据乔瓦尼·薄伽丘（Giovanni Boccaccilo）的作品而创作的寓言故事：一个隐居的鳏夫，带着他的儿子去弗罗伦撒，路上碰到一队漂亮的女人，儿子问她们是谁？菲利普（Filippo）回答说，她们是邪恶的东西。这个回答不能满足儿子的好奇心，于是年轻人问他们的名字，父亲希望能够打消儿子的兴致，回避他的问题说：“她们叫绿鹅。”儿子天真地说：“亲爱的爸爸，我真希望你为我弄到其中的一个绿鹅。”这里爸爸说的绿鹅可能是指女子的年轻美貌和优雅仪态。

“采樱桃”就是“*chine de commande*”的一个典型的订制图案，它取材于尼古拉斯·庞塞据法国画家皮埃尔·安东尼·波杜因的一幅水粉画而制作的版画，是荷兰东印度公司 1777—1779 年间在中国定烧的瓷器图案，订烧的瓷器仅限于少量的一些类别，如盘、茶杯及杯托、巧克力杯及杯托、咖啡杯和杯托等。由于中西方文化背景的不同，中国画工在绘画的过程中没有完全将原作搬到瓷器上。而当时人们非常喜欢这个图案，又得以在其他工艺品如珐琅器上及稍晚的嘉庆时期瓷器上使用。

图 9

图 10

注释：

① 胡雁溪，曹俭编：《它们曾经征服了世界——中国清代外销瓷集锦》，中国大百科全书出版社 2010 年版，第 339 页。西方学者称“采樱桃”图案为“cherry - picker”。

② Jorg C. J. A, *Porcelain and the Dutch China trade*, P123, fig48.

③ 2005 年 5 月 6 日，该馆改名为 Chazen Museum of Art，位于威斯康辛大学内。

④ Catherine Coleman Brawer, Chinese Export Porcelain - from the Ethel (Mrs. Julius) Liebman and Arther L. Liebman Porcelain collection, PL 95。Elvehjem Museum of Art, University of Wisconsin - Madison, 1992。

⑤ JOHN Goldsmith Phillips, *China - trade Porcelain*, PL60.

⑥ Scheurleer, D. F. Lunsingh, *Chinese Export Porcelain*, PL213, 214. (New York: Pitman Publishing Corporation, 1974)

⑦ Veiga Jorge Getulio Chinese Export Porcelain: in Private Brazilian Collections。(London: han - shan Tang Ltd: 1989.)

⑧ 甘雪莉著，张关林译：《中国外销瓷》，东方出版中心 2008 年版，第 128 页。

⑨ Jorg C. J. A., *Porcelain and the Dutch China trade*, P11., 1982.

⑩ Beurdeley, Michel, *Chinese trade porcelain*, P219. (Rutland, Vt. Charles E. Tuttle Co., 1962)

⑪ Beurdeley, Michel *Chinese trade porcelain*, P52. Rutland, Vt. Charles E. Tuttle Co., 1962

⑫ 这幅画现收藏于伦敦附近的 Kenwood House.

⑬ Jorg C. J. A., *Porcelain and the Dutch China trade*, P108., 1982.

⑭ 见 Jorg C. J. A., *Porcelain and the Dutch China trade*, 一书的附录二：1729 - 93 荷兰东印度公司从中国输出瓷器的造型和装饰品种，此表从附录二中将订制“采樱桃”图案的瓷器摘出。Jorg 在正文中写的是“cherry - picker”，在附录二中称为”flower picker”，与正文中提到的另外两种图案“水果篮”和“橙色风格”同时出现，所以推测附录中的”flower picker”应为“采樱桃”图案。

⑮ Amanda E. lange *Chinese Export Art at Historic Deerfield*, Historic Deerfield, Inc. Deerfield Massachusetts.

⑯ Thomas V. Litzenburg, Jr. in collaboration with Ann T. Bailey *Chinese Export Porcelain in the Reeves Center Collection at Washington and Lee University*, (London 2003).

⑰ Veiga TorgeGetulio Chinese Export Porcelain: in Private Brazilian Collections。(London: han - shan Tang Ltd: 1989.)

⑱ 胡雁溪　曹俭编：《它们曾经征服了世界——中国清代外销瓷集锦》，中国大百科全书出版社 2010 年版，第 345 页。

⑲ Catherine Coleman Brawer, Chinese Export Porcelain - from the Ethel (Mrs. Julius) Liebman and Arther L. Liebman Porcelain collection, P 95。Elvehjem Museum of Art, University of Wisconsin - Madison, 1992。

大美而不言

——紫砂茗壶的美学特征赏析

王　江

茶具是茶文化的派生物，但不是茶文化的从属物。自茶具与食具、酒具乃至乐器揖别，走上独立的发展道路后，经过几千年的演变，除了茶具的实用功能不断被发现外，茶具主要以其独特的质地美、器型美、装饰美和意蕴美的不断丰富而确立了自己的艺术价值。饮茶不再是单纯的口感品味，品茗和赏壶相互交融，组成了两个相映成趣、互为观照的审美体验，进而使味觉和视觉达到完美的统一。茶具提高了茶文化的审美档次，丰富了茶文化的内涵。

毫无疑问，茶具的集大成者当属景瓷宜陶。景德镇瓷质茶壶以质地优良，工艺精巧，釉色齐全，造型奇特而著称于世。但就造型的古朴典雅、装饰的丰富多彩、文化内涵的丰厚积淀而言，宜兴的紫砂茗壶都是无与伦比的。它独特的艺术水准是其他陶瓷类艺术难以企及和无法取代的。在首都博物馆馆藏的百余件宜兴紫砂文物中，涵盖了从明末至民国的紫砂样式。以使用功能分类，紫砂铭壶类为大宗，其他类别还包括有笔筒、帽筒、像生器，碟、盘、瓶、杯等。其中紫砂茗壶的造型分类，又包括自然形、几何形、筋纹形、小壶形、水平壶等。

古人云：天地有大美而不言。紫砂茗壶秉承天地之灵气，天生纯质，脱胎成器，造化万千，亦有大美而不言。

一、返璞归真的裸美

紫砂茗壶是泥土和烈火相煎相融的产物，它来自泥土，又以泥土的本色裸胎面世。素质、素形、素色、素饰，不上彩、不施釉，这份与生俱来的泥土质感和自然美，正是紫砂茗壶感人魅力之所在。

裸胎带来了泥土的气息和朴实无华的风格，增强了与人的亲和力，无论触摸还是把玩，都有一种似曾相识的亲切，符合中国人“天然去雕饰，清水出芙蓉”的审美情趣。紫砂茗壶的厚重与素雅，沉稳与宁静，纹饰的隐约依稀和肌理的清晰可见，完美的统一在裸胎中。裸胎既是紫砂茗壶含蓄之美的内核，又是收敛精、气、神的载体。裸胎的本土本色体现了返璞归真的美学追求，凸显了中国传统文化中“天人合一”的理念。

在诞生紫砂茗壶的这块土地上，养育着闻名天下的阳羡茶。这是一对神奇的双胞胎。同样出于泥土，又同样情系绿水，向往江河。于是，一个独特的茶艺现象便不难理解了，紫砂茗壶不仅适于泡茶，反过来也需要茶水的滋养。紫砂壶不仅是烈火冶炼出来的，而且还是像养花养鱼一样用水养出来的。茶水对它的冲刷，无疑是对泥土的一种浇灌和养护，反映了泥土对雨露的本能渴求。紫砂铭壶愈养愈清新，愈养愈滋润。贮茶不变色，泡茶不走味，盛暑不宜馊，使用年代愈久，壶色越发光润，甚至在泡过茶的空壶内注入沸水，也会透出一股清淡的茶香。这是其泥质特性所决定的。以茶养壶如同以茶修身，养壶即养心即怡情，这是紫砂茗壶对中国茶道的一大贡献。

二、师法自然的型美

紫砂茗壶是造型艺术，它总是在追求和创造着千姿百态、不拘一格的外在形式，以增加紫砂茗壶的审美情趣和感性力量。

紫砂茗壶的使用功能要求它的外形必须由壶身、壶嘴、壶流、壶底、壶把、壶盖、壶钮组成，讲究丰肩、圆腹、圈足、曲流和敞口，以保证端拿便利，出水流畅。但这并不妨碍作为艺术品的紫砂茗壶在有限的空间中做无限地探求和表现。告别了酒具，紫砂茗壶依旧可以制作成罐、瓶、碗、盏、瓯、缶；不是自然界的一花一叶、一石一山、一物一景，却可以摄取世间百态，制造出钟鼓、如意、八卦、果蔬、僧帽、合欢等惟妙惟肖的壶形。像生杂果壶（图 1），就是网罗天下果品，装饰一壶。壶身塑成倒置的石榴，莲藕作流，香菇作盖，菱角作把。壶身贴塑栗子、花生、瓜子、红枣等百果。莲蓬、核桃、荸荠为足，各有一着地点，使之放置稳定。杨彭年制、瞿子治铭的鼓型壶，鼓身作扁圆鼓型，腹部鼓起，中气十足。上下平展，似蒙鼓皮，各饰一周鼓钉。道光纪年的南瓜型壶（图 2），壶身作南瓜形，瓜棱刻画清晰自然。盖钮作瓜蒂式，形象极其逼真。拧曲的瓜藤根部作把，新萌出的瓜茎、瓜叶、瓜芽贴饰于瓜面，叶脉筋络自然逼真①。天地间的万物，都是紫砂茗壶的师法对象，无不表现的淋漓尽致。

图 1　象生杂果壶

图 2　道光纪年的南瓜型壶

紫砂茗壶的造型艺术如同中国的传统绘画和书法艺术，主要是靠线条表现出来的。在紫砂茗壶或方或圆的基本形态中，线条的粗细、曲直、虚实，表现出了平面与立体，透视与错觉，节奏与韵律，对称与均衡，变化与统一的浑然一体的气势与格局。共性一脉相承，个性千变万化，让人叹为观止。制壶大师顾景舟曾说：“不圆而圆，不方而方，智欲其圆，行欲其方，刚柔相济，允刻用臧。”②这既是紫砂茗壶造型艺术的经验总结，也是对中国传统文化的精妙诠释。

方圆之中万千变化的奥妙，在于中国传统文化的方圆之道。“外圆内方”的哲理给了制壶大师们丰富的创作灵感，“方匪一名，圆不一相”，“柔中寓刚，圆中有变”的造型技艺日臻成熟。方圆变化得以气象万千。“方”赋予壶之正气神气，“圆”赋予壶之圆满圆融。阳刚之气与阴柔之美的完美统一，尽在方圆之中。

纵观从历史深处走到今天的形态各异、栩栩如生的众多紫砂茗壶，它的造型艺术精髓可以用一句话归纳：全是拟人之作。试看哪一把紫砂茗壶不是一个端坐着的人呢？它们或是老僧入定，或是仙人指路，或是举杯邀月，无不温润如君子，豪迈如丈夫，飘逸如仙女，风流如骚客。以人为本、为模的拟人化的造型，突出了形象的张力，赋予了紫砂茗壶以人格。以壶喻人既是塑形，又是写意，在似与不似之间，引人遐想，出神入化的意韵扑面而来。

三、造化万千的饰美

如果说裸胎是紫砂茗壶的肌肤，器型是它的体态，那么装饰就是它的羽衣霓裳。由于紫砂泥料具有良好的可塑性，天然的表现力给了能工巧匠、文人墨客倾注艺术创造的优质材料。自明代以来，紫砂茗具在发展过程中，充分吸收了中国传统工艺中漆器、碑刻、牙雕、竹雕、篆刻等多种装饰技法，汇集于一身，形成了自己的陶刻、印纹、泥绘、捏塑、贴花、透雕和镶嵌等多种装饰技艺，拓展了装饰空间，深化了表现主题。勇于吸收，大胆创新，使紫砂茗壶成为了荟萃多类艺术的集大成者。陈荫千制竹节提梁壶（图3），通体雕塑竹形，壶身取粗壮的竹段形，盖钮和提梁作双竹相绞状，钮下贴饰竹叶，嘴部捏雕小竹节三段，造型逼真，宛若生成一般③；朱石梅刻字方柱形壶（图4），质地细腻，呈米黄色。造型干练，壶体为方柱形，盖、钮、流、把皆与壶体保持一致，也呈方形。壶体一侧模印隶书“传世富贵”四个大字；另一侧镌刻楷书“挹彼甘泉，清泠注兹。先春露芽，一枪一旗。烹以兽炭，活火为宜。素瓯作配，斟斯酌斯。”下署“道光巳酉春，行有恒堂主人制”④；盘奎制竹节壶（图5），通体造型为竹节，盖、钮、流均为神姿多异的竹竿，几片竹叶似秋风吹落在壶身，壶腹一侧绘有幽兰，与竹韵遥相呼应，另一侧以行书书写“涤我尘缘”，颇具超凡脱俗的文人情怀。方圆之间尽显造型、绘画、书法、篆刻、雕刻各种工艺的融会贯通和相得益彰。这也说明，艺术是相通相融的，文化是血脉相承的。

图3 陈荫千制竹节提梁壶

图4 朱石梅刻字方柱形壶

受时尚的影响，紫砂茗壶的装饰风格一直处在变化中。远古崇尚自然，明代青睐典雅简洁，清代标榜华丽妍媚，近代又重归古朴雅致，而现代又以张扬个性，表达观念，引领时代的潮流。不拘一格的变化尽管峰回路转、潮起潮落，但不变的创作理念确是“和”的思想。方圆之道在于和，装饰之美在于和谐统一。“夸而有节，饰而不诬”与其说是装饰技巧，莫如说成是“中和”、“中正”、“中庸”的古老哲学思想的体现。

图5 盘奎制竹节壶

四、画龙点睛的意美

紫砂茗壶是天时地利人和的杰作，不仅来自工匠艺人的天才创造和精雕细刻，而且还来自文人墨客，儒、道、释三家杰出人物的参与，他们或言志，或寄情，或互相题赠，以神来之笔的铭文和诗画，为紫砂茗壶注入了灵气，丰富了内涵，使其承载了更多的文化信息。

相传春秋战国时期，范蠡帮助勾践灭吴后，携西施泛舟五湖，潜居宜兴，甘当陶朱公，开创了文人加盟紫砂茗壶制作的先河；苏东坡曾设计提梁壶，并题有“松风竹炉，提壶相呼”的诗句；清朝皇帝乾隆也不甘沉寂，在壶上挥毫题诗：“软饱趁几余，敲吟兴无竭”，茶助诗兴，敲吟无竭的情景跃然眼中；扬州八怪之首的郑板桥在壶上亲刻一首讽刺权贵的诗：“嘴尖肚大耳偏高，才免饥寒便自豪，量小不堪容大物，两三寸水起波涛”，针砭时政，毫不留情。

值得一提的是，清代嘉庆年间，时为溧阳知县的陈鸿寿（号曼生）以巨大的热情和文化功底投入紫砂茗壶的创作。创设的壶形多为几何形，质朴、简练、大方，为前代所没有，开创了紫砂壶样一代新风，留下了“曼生十八式”⑤（图6）的造型楷模。他在“曼生壶”上独树一帜的题记也颇有意味，极富文学意趣，文切意远，耐人寻味。如：“诗清都为饮茶多”，“茶山之英，含土之精，饮其德者，心怡神宁”，“如瓜镇心，以涤烦襟”，“内清明，外直方，吾与尔偕藏”，显示出陈曼生的艺术造诣和文人胸襟，赢得了赞赏。

图6 曼生十八式

拜读紫砂茗壶上的铭文，是对中国诗词歌赋的一次深刻回顾体味。“吸之两腋生风，玩之四周香拂”。吸吮和把玩的意境是那么生动、细腻。“梅雪枝头活火煎，山中人兮仙乎仙”⑥，此乃神仙过的日子。“烹茶无客至，得味有诗来”⑦，有道是有茶才有诗，有诗才有味，有味才有品。“寒夜客来茶当酒”，透着亲切；“柴门反关无俗客，纱帽笼头自煎吃”，可谓自嘲。“梅花松竹为三友，诗酒琴棋作四时”⑧，未写茶却无处不浸透着茶韵茶味。“奇石峰前瑶草，名花苑外嘉木”，依旧未写茶，却无处不显示出茶的神奇与名贵。还有“水浸一天星”，“清风拂面来”，“平生一片心”等铭文，精道的写实，浪漫的情怀，画龙点睛般使紫砂茗壶生动起来，深刻起来，成为会说话的器物。

铭文多是刻在壶上的，其刀工严谨，气脉连贯，直达古意。这又是紫砂茗壶的一大景观：书卷气和金石味共同构建了一个诗情画意的境界。铭文直达审美主题，丰富了人文内涵，也成为紫砂茗壶一个突出的美学特征。

紫砂茗壶是实用工艺美术品，是实用性与艺术性完美结合的典范。它的制作、发展和演变不仅受到中国传统文化的陶冶，也受到外国文化思潮的影响。汉代中期，佛教自印度传入东土。受佛教文化的影响，茶具装饰中出现莲花、佛头和菩提等。开辟了通往西域的丝绸之路后，波斯地毯和金银器具的装饰和造型风格也融入到瓷质茶具的制作中，出现了凤头壶、宝相壶。元代茶具中的垂云纹等纹饰，也是从蒙、藏喇嘛教文化中脱胎而成的。明清以西洋画启迪紫砂壶的创作灵感，先后出现了金字塔壶（图 7）和珐琅紫砂壶（图 8）。随着当代中外陶艺不断交流，新思想、新技术的相互渗透，壶艺制作不断涌现中外结合之作，如：法国优仑设计，中国技师制作的优仑壶⑨（图 9），庄子 · 子非鱼系列壶和金钱豹系列壶（图 10）等，都是引领潮流的成功之作。这充分说明紫砂壶艺既是民族的，也是世界的。

图 7　金字塔壶

图 8　绿地珐琅彩瓜棱壶

图 9　优仑壶

图 10　金钱豹壶

智利诗人巴勃鲁·聂鲁达由陶器联想到活化石的歌唱，写下了激情奔放的诗篇：“这些会唱歌的罐子从来都是人民制作的。用胶泥和双手制作的。用陶土和双手制作的。用岩石和双手制作的。用银和双手制作的。”“我总想让人在诗歌中看到这样的手。我总想创作出一种带指纹的诗。一种带着漂白粘土的诗，水能盛在里面歌唱。一种面包的诗，大家能够充饥。只有人民的诗歌才能保留这手工的痕迹。”⑩聂鲁达的憧憬在陶瓷的故乡中国实现了。

2006年，宜兴紫砂陶制作技艺被认定为我国第一批国家非物质文化遗产。通过对紫砂茗壶美学特征的简要分析，我已经感受到这份文化遗产的煦丽和凝重，也看到它不断发展的美好前景。

紫砂茗壶，沉默的土陶，大美而不言，上面刻着带指纹的诗，水能盛在里面歌唱。

注释：

① 梁志成：《宜兴紫砂发展及馆藏紫砂文物概论》，《首都博物馆丛刊》1997第11期，第91页。

②《江苏陶艺》2006年第21期，《抟埴方圆，雪泥留痕——记一代紫砂陶瓷艺术家顾景舟》，http：//www.taoxie.gov.cn/jsty/2007/0615/article_19.html。

③ 梁志成：《宜兴紫砂发展及馆藏紫砂文物概论》，《首都博物馆丛刊》1997第11期，第88页。

④ 梁志成：《宜兴紫砂发展及馆藏紫砂文物概论》，《首都博物馆丛刊》1997第11期，第91页。

⑤ 吴山主编：《中国紫砂辞典》，江苏美术出版社2007年版，第350—352页。

⑥ 夏俊伟，韩其楼：《中国紫砂茗壶珍赏》，上海科学技术出版社2001年版，第102页。

⑦《阳羡茶与紫砂壶文化资料摘录》，搜壶居：http：//www.sohuju.com/Article.aspx？id=31。

⑧《阳羡茶与紫砂壶文化资料摘录》，搜壶居：http：//www.sohuju.com/Article.aspx？id=31。

⑨ 胡付照：《紫砂茶具的文化价值研究》，江南大学硕士研究生学术论文，中国知网，http：//www.cnki.net/。

⑩ 马丽华：《走过西藏——灵魂像风》，中国藏学出版社2007年版，第168页。

参考文献：

① 冯先铭主编：《中国陶瓷》，上海古籍出版社1994年版。

② 李知宴著：《中国陶瓷文化史》，台北文津出版社1996年版。

③ 王玲著：《中国茶文化》，中国书店出版1992年版。

④ 郭孟良著：《中国茶史》，山西古籍出版社2003年版。

清末北京“规复”制钱政策初探

王 显 国

清代，政府实行分散铸钱政策，北京户部设宝泉局、工部设宝源局（简称京局），各省设一至数个钱局。其中宝泉、宝源局铸造数量大、延续时间长，对清代钱币的供给作用较大。清中期以前，北京及各省钱局仅铸造制钱，咸丰三年开始铸造当十、当百、当千等各式大钱，不久大钱壅滞，各省多停止铸钱，唯有京局仍铸造当十大钱。同光年间，清政府决定出台“规复”制钱（即恢复鼓铸、行使制钱）政策。本文拟对清末北京“规复”制钱政策的出台、过程及失败原因进行初步探讨。

一、清末北京“规复”制钱的起因

京局自咸丰三年起陆续鼓铸当五、当十、当百、当千等大钱，不久仅铸当十大钱。当十大钱虽是法定货币，但仅限于在京城及近郊行使。如同治六年，“惟是大钱一项，专于京城之内”①；光绪二年，“自军兴改铸大钱已二十余年，行用当十大钱地方，曾不出都门四十里之外”②。京城商民出京时，需要携带制钱，致使北京制钱越来越少。这种现象不仅不利于商业往来，也不利于币制的统一。同时，当十大钱贬值严重，在京城“大钱一千仅敌制钱二百之数，是名虽当十，而实则当二矣。”③

由于大钱贬值，京城钱价日低，物价大涨，造成兵民生活艰难。如光绪二年，“京市银价每两易大钱十六千上下，而商贾百货，自布帛米盐以及零星日用之物，无不异常腾贵，数倍于前。贫民终日之役力，仅供一饱，犹或不赡，以致旗、民交困，生机维艰，日甚一日④。”光绪九年，“近来物价日昂，钱价日低。……近年以来，行大钱未见其利，京城之中，谋生者日见其艰，数月以来，钱店关闭者十居四五，其存者尚复讹言四起，岌岌有不安终日之势。”⑤

此外，清政府认为鼓铸大钱非长治久安之计。清中期以前，统治者对前朝鼓铸大钱和发行纸币的危害性有较为清醒的认识，故清政府定鼎北京后仅鼓铸制钱，对纸币的发行也很谨慎，虽因财政困难于清初发行过纸币，但经济稍有好转后迅速废止。嘉庆十九年，侍讲学士蔡之定奏请发行纸币，嘉庆帝斥责他“何得轻改旧章，利未兴而害已滋甚乎”，并将其以“妄言乱政者”治罪⑥。道光朝，因鼓铸制钱成本高、财政经费难以支撑，多位大臣奏请鼓铸大钱，但均遭户部驳斥。咸丰三年，清政府迫于

"军务、河工接踵靡费……库帑支绌"[⑦]的压力，开始鼓铸当十、当百、当千等虚值大钱，不久后仅京城鼓铸和使用当十大钱。虽然京城三十年来一直使用当十大钱，但清统治者始终认为铸行当十大钱是权宜之计，而恪守祖宗成法、恢复制钱制度才是永葆其统治的长久之计。同时，在清朝内忧外患之际，清政府可能也希望规复制钱来重温康乾盛世的旧梦。

二、清末"规复"制钱政策的出台

清政府规复制钱的想法由来已久。同治六年，户部奏请北京恢复行使制钱，但北京仍鼓铸和使用当十大钱；光绪十三年，在众多大臣奏请和清最高统治者的支持下，再次出台并实施"规复"制钱政策。

（一）同治六年"规复"制钱政策的初次提出

同治元年，湖广总督官文因京城物价增长，奏请"规复"制钱。鉴于"云南多事，川路（运输铜、锌等）不通"，铸钱成本过高，官文建议在京城"收制钱搭放兵饷，如直隶、山东、山西、河南应解钱粮，崇文门、天津、山海关、张家口、杀虎口等处税务，并报销各项，均令交部银钱各半[⑧]"，以筹集制钱。同治帝批示由"户部妥议具奏"后便没了下文，看来户部否决了这个提议。

同治六年十一月，户部尚书宝鋆奏称："窃惟当十大钱之设，原因铜斤缺乏，欲以数文之铜当十文之用，推行各省，以期变通尽利。乃行之既久，市廛相率折减。每大钱一枚，不独不能当十文之用，并不敷所糜之工本，欲省铜而转以费铜。且小民零星贸易，以钱易银，及以钱购物，均受折减之累。于国用民生，皆有未便，此亟宜停大钱以复制钱也。"[⑨]为了不引起市场骚乱，他建议京局照旧鼓铸大钱，而由湖北、江西、广东、浙江、江苏等省每年于"盐卡、厘卡"中提出制钱各三十万串（对外称作"天津练饷"），秘密运往天津备用，一旦筹集的制钱充足，就恢复行使制钱。户部尚书的提议立即得到清政府的批准，同治帝谕令湖广、江西、江苏、浙江、广东等五省"每年酌提制钱三十万串，由轮船装运天津，交崇厚择地严密收存，听候提用。……所提之钱，务须年清年款，以两年为止，不准稍有短解。"[⑩]在同治帝的大力支持下，自同治六年起，湖北、江西、广东、浙江、江苏五省陆续运送制钱至天津，具体数量见表1：

表1　同治六年至八年各省提解制钱运津存储（天津练饷）简表[⑪]

省名	年代	提解数量	资料来源
湖北	同治六至八年	二十六万串	湖广总督郭柏荫折
江西	同治七年	三十万串	江西巡抚刘坤一折
广东	同治七年	三十万串	两广总督瑞麟折
浙江	同治七年	十万串	两江总督李瀚章折
江苏	同治七年	三十万串	两江总督曾国藩折
合计		一百二十六万串	

户部计划两年内筹集制钱三百万串，由上表，江西、广东、江苏三省仅在同治七年完成计划份额，而其余省份和年份均不足额，共计运解制钱一百二十六万串，完成数量不及计划之半。

我们看到，户部此次提议"规复"制钱较为仓促。一是制钱来源不足。京城钱局未恢复鼓铸制钱，仅是依靠外省支持的一百二十余万串制钱投放京城，数量过少，且后继乏力。二是户部未制定相应的应对措施。京城行使大钱已达数十年，不仅大钱充斥，而且人们观念上已经认可，没有一整套措施难以进行改革。因此，这次恢复制钱制度的结果只能是不了了之。

（二）光绪十三年"规复"制钱政策出台

光绪初年，京城仍行使大钱，且物价居高不下，不断有大臣奏请恢复制钱制度。光绪十二年六月十四日，众大臣的奏议引起慈禧太后重视，她谕令军机处："现在钱法亟应整顿，如何筹办铜斤，加炉鼓铸，以期渐复旧钱之处，著军机大臣会同户部工部堂官妥议具奏，醇亲王奕譞著一并与议[12]。"慈禧令户、工二部与军机大臣、醇亲王奕譞共同商讨"规复"制钱之事，可见其重视程度。

光绪十二年七月初八日，侍读学士龙湛霖再次"请复制钱"，加快了恢复制钱制度的步伐。当时众大臣对恢复制钱有些顾虑，龙学士归纳为四点："一曰发款之骤增也，一曰鼓铸之缺铜也，一曰方改时之纷扰也，一曰既改之争讼也。"龙湛霖针对以上顾虑逐条进行驳斥[13]，他认为京城恢复行使制钱有利无弊。此奏迅速引起决策者的兴趣，慈禧当即下旨，将该奏折"著军机大臣会同户部、工部堂官，归入前次交议整顿钱法事宜，一并妥议具奏。醇亲王奕譞仍著与议[14]。"在不到一个月的时间内，慈禧太后连下两道懿旨催促"规复制钱"，总管全国钱法的户部不得不做出反应。

户工二部的看法没龙湛霖乐观。首先是鼓铸经费不足。龙湛霖的奏折中称恢复制钱不增加经费的开支，那仅是相对制钱搭放军饷环节而言。但宝泉、宝源局鼓铸制钱还需其它大量经费，如铸钱原料的购买、设备及厂房的添置等。清末，遭受了太平天国等起义的沉重打击，清财政困难日益加剧，又值"加奉饷，还洋款，东三省练兵及云南、广西边防饷银等项，复不下七八百万两"，已无财力进行货币改革，这也是户部迟迟未能"规复"制钱的主要原因。其次是铸钱原料不足。清代铸钱以铜、锌为主要材料，其中铜多产于云南（称为滇铜）。但是"云南矿务，自办理招商集股以来，尚无成效，每岁运京之铜，不过一批五十万斤，较之从前岁办滇铜六百数十万斤，不及十分之一[15]。"此外，大钱已在京城行使了三十余年，一旦废弃易引起纷争。

因此，户部对"规复"制钱积极性不高，但慈禧两次下旨督办此事，又不能抗旨不遵。于是，户、工二部提出了以三年为期逐渐恢复行使制钱的建议。其主要建议如下：一是铸钱原料的购买。为解燃眉之急，由户部筹款购买日本铜，同时加强云南铜矿及贵州锌矿的开采和运输，以期恢复国产铜、锌的供给。二是令京外各省加紧鼓铸制钱，如有成效，将储备的制钱运解京城，"以佐规复制钱之用"。可见，户、工二部未准备让京局恢复铸造制钱，而是依靠外省钱局运解制钱至京，这与同治六年没什么区别。所不同的是，他们注意到国外机器铸币的优点，首次提出采用机器铸造制钱，不过尚处在试铸阶段。由于"欲储足制钱腾挪款项"等措施都不是一蹴而就的，故户部提出以三年为期逐渐恢复制钱制度，"三年内，京局仍旧鼓铸当十大钱支付各项放款；三年后由户部查看情形，奏请规复[16]。"户、工部的建议明显留有余地，三年后能否恢复制钱还要根据具体情况再定。可见，户、工部对规复制钱缺乏信心，其建议也没多少实质性内容，大有拖延、应付之意。

时隔半年，"规复"制钱之事出现转机。户部于光绪十三年正月上了一个奏折，称直隶、江苏等省机器铸钱亏本过甚，添置新厂三年不能完成，"京局开炉恐滋市井疑虑，而以饬令湖北等省搭解制钱运津备用为请"[17]。户部不愿铸行制钱的目的不言自明了。该奏折激起了慈禧太后强烈不满，她强调"旧制必宜规复，钱法亟应整顿"，并斥责户部堂官"不能仰体朝廷裕国便民之意，饰词延宕，实属大负委任。户部堂官均著交部严加议处，原折、单掷还，仍著将开铸各事宜，迅速另行筹议具奏。限于一年内一体办理就绪，毋再迟延干咎。懔之。"[18]慈禧的愤怒之情溢于言表，并将三年期限缩短为一年，可见她恢复制钱制度之决心。

在清最高统治者的多次督催下，光绪朝"规复"制钱政策正式出台并开始实施了。

三、清末"规复"制钱政策的实施情况

为了筹集充足的制钱，户部要求北京的宝泉、宝源二局以及各省钱局开炉鼓铸制钱，自光绪十三年始，北京和各省钱局陆续铸造制钱。

（一）京局鼓铸制钱情况

光绪初年，宝泉、宝源二局铸钱原料短缺，铸造数量减少，其厂房也"年久失修，炉座多半倾圮。去岁已由臣部（户部）钱法堂咨行工部奏估兴修，刻下正在开工，如有续需添修炉座，亦即详察情形，赶紧兴办。"[19]光绪十三年夏秋之间，户、工部厂房、炉座等修缮完毕，并于年内开始鼓铸制钱，当年各开炉十卯，共铸制钱约计十八万余串。光绪二十三年，户部尚书麟书等奏称，自光绪十四年至此，已累计搭放制钱九百万余串之多。此九百万余串之中，也包括京外各省运解的制钱一百四十八万串，京局铸造制钱约七百五十余万串，年平均铸造制钱七、八十万串之多。这个数字可能偏大，如光绪二十四年京局"每月虽止一卯，而合二局并计，尚月铸一万八千余串，"[20]二局年鼓铸额不足二十二万串。

宝泉、宝源二局连年鼓铸，所得制钱搭放军饷。虽然光绪十四年后每年都有近百万制钱进入市场，但京城之中仍行使大钱，几乎不见制钱。鉴于此，光绪二十三年有人奏请恢复鼓铸当十大钱[21]。光绪三十一年，户部尚书鹿传霖奏称："规复制钱之议，前后持之十年，仍未能悉见通行，则以所铸之钱，大半归于私毁，嗣仍铸当十大钱，虽名实不符，犹以为暂时权宜之计。"[22]由此，京局已于光绪三十一年前停铸制钱，并恢复铸造当十大钱，但其具体时间未见文献记载。光绪二十七年，因铜元盛行，光绪帝曾谕令"沿江沿海各督抚筹款仿铸（铜元）。至京城制钱亦应照办。"[23]而京局从未采用机器铸造铜元，估计当时的做法是改铸当十大钱。因此，京局恢复当十大钱铸造应是在光绪二十七年前后（与"前后持之十年"大致符合），正值京局鼓铸制钱亏本严重，而各省铜元盛行且获利颇丰之时。

光绪三十一年，由于"铜元畅行，制钱多被销毁。各省旧有钱局，久经废弛。"因此，户部"奏请裁撤（京师钱局），惟留宝泉局西北两厂，专供改铸六分制钱之用"[24]。这次改铸制钱，"每月所出不足三卯，铸钱工料等项，岁亏甚钜[25]。"宣统二年年底，户部再次停铸制钱，并裁撤宝泉局。

我们看到，京局光绪年间两次恢复铸造制钱，第一次持续了十余年，铸造制钱数量相对较大，第二次持续近七年，铸造数量较少。两次鼓铸制钱的目的不同，前者为"规复"制钱，后者为"补铜元之用"。

（二）外省钱局鼓铸及制钱运京情况

在户部的督催下，各省自光绪十三年始也陆续开炉鼓铸制钱，具体情况见表2。

表 2 光绪朝各省钱局开炉情况表㉖

省别	局别	开炉时间	停铸时间	钱重	备注
直隶	宝津局	光绪十三年		一钱	土法
		光绪十四年			机制法
	天津机器局	光绪二十二年		八分	土法机制法
		光绪二十四年		七分	
		光绪二十五年		八分	
吉林	宝吉局	光绪十三年		八分	
山东	宝东局	光绪十三年		一钱	
山西	宝晋局	光绪十三年		一钱	
		光绪二十六年		七分四厘	月铸二千串
江苏	宝苏局 江宁府局	光绪十三年	光绪十六年	一钱	
		光绪二十一年		八分	交广东钱局附铸次年改为七分，机器铸造
		光绪二十五年		七分	土法鼓铸
		光绪三十一年			铸当五钱，因私铸而停铸
江西	宝昌局	光绪十三年	光绪十三年	一钱	
		光绪二十五年		八分	
福建	船厂	光绪十三年		八分五厘	不久停铸
		光绪十九年			开八炉
浙江	军火机器局	光绪十三年	光绪十四年	一钱	土法（机器制造工费较炉铸为高）
	军装制造局	光绪二十二年		七分	
湖北	宝武局	光绪十三年	光绪十三年	一钱	
		光绪二十二年	光绪二十五年	六分	委托粤省机器铸造
陕西	宝陕局	光绪十三年	光绪十四年	一钱	
		光绪十八年			
		光绪二十五年			四月开炉鼓铸
云南	宝云局	光绪十三年	光绪十六年		
		光绪二十五年		八分	
新疆		光绪十三年		一钱二分	一文当制钱四文
广东		光绪十五年	光绪二十年	一钱	机器铸造，十六年减钱重至八分
四川	宝川局	光绪二十年		一钱二分	本省情况特殊，不用铸一钱重制钱
		光绪二十四年		八分	
湖南	宝南局	光绪二十二年		八分八厘	
河南	宝河局	光绪二十四年		七分	
奉天		光绪二十五年		五分	

由上表，光绪十三年，直隶宝津局、吉林宝吉局等十余钱局开炉鼓铸制钱，除新疆铸一钱二分红钱、福建船厂铸八分五厘制钱、吉林宝吉局铸八分制钱外，其余省份均铸造一钱重制钱。但由于鼓铸制钱亏本过甚，多数钱局在当年或数年内就停止铸造了。此后又有些钱局恢复鼓铸，但也是时开时停，对清末制钱的供给影响不是很大。

为支持京城恢复行使制钱，直隶、江苏等省份光绪十三年至十六年共运解京城制钱一百四十八万串，见表3。我们看到，光绪十三年有八省运解制钱，但光绪十四至十六年，仅直隶与江苏还有能力运解制钱，其它省份已经停运。其中，安徽、四川省光绪十三年尚未开炉鼓铸制钱，运解京城的制钱应是购买或从税金中抽取而来。

表3 光绪十三至十六年年间各省制钱解京数量表[27]

年份	省别	钱数	资料来源
十三年	直隶	50，000串（采办）	直隶总督李鸿章折
	江苏	150，000串（提解又名京饷）	两江总督曾国荃等片
	安徽	50，000串（提解）	安徽巡抚陈彝折
	江西	50，000串（提解）	江西巡抚德馨片
	福建	250，000串（采办、代铸）	福建巡抚杨昌浚折
	浙江	80，000串（代铸）	浙江巡抚卫荣光片
	湖北	200，000串（提解、代铸）	湖广总督裕禄湖北巡抚奎斌折
	四川	100，000串（采办）	四川总督刘秉璋折
十四年	直隶	300，000串（代铸）	直隶总督李鸿章折
	江苏	150，000串（代铸）	两江总督曾国荃、巡抚崧骏折
十五年	直隶	50，000串（代铸）	直隶总督李鸿章折
十六年	直隶	50，000串（代铸）	直隶总督李鸿章折
合计		1，480，000串	

四、京城“规复”制钱后的混乱状况

清政府“规复”制钱的目的是要平抑物价，逐渐废除大钱，统一币制。但制钱未出之时已经引起了市场的混乱。

首先，当十大钱壅滞，银钱交易受阻。自咸丰三年以来，京城行使大钱已三十余年，市场上大钱通行。为了稳定市场，逐渐推行制钱，清政府在未行制钱之时，下令“每当十大钱准折抵制钱二文，官民购置物件及各行商买，均照此出入，不得稍有参差。其捐项、税务，亦照此折抵数目，搭成交收，庶大钱制钱相辅而行，不致偏废[28]。”此后，清廷又多次重申，但大钱的行使仍处处受阻。光绪十三年四月，制钱尚未铸出，“钱铺续有关闭，钱票现钱涨落不常，狡狯情形，实难揣测[29]。”光绪十四年正月，以白银兑换大钱者几乎绝迹，“大商交易，均用银不愿用钱；小商则专挑极重之当十大钱，稍轻者即不行使，以致小民持钱不能购食[30]”；二月，制钱刚投放市场，“而小本买卖全赖现钱交易，刻下所卖之钱既无法易银，而以钱易货又无肯卖，致使人心惶惶，束手无策[31]。”

其次，物价上涨，商、民生活艰难。制钱入市后，引起了物价的普遍上涨。如光绪十四年正月十六日，“物价骤长。小本生意，零星贩子，以是歇业者，十居其九。次日，银盘又昂，物价复长。白面每斤加钱一百文，老米如之，杂粮、小米、玉米等，每斤加八十、一百、一百念文之谱。油、酒、炭、酱、盐，每斤加至二百。醋向日每斤八十文，今竟一百二十文。猪、羊肉每斤加四五百文不等[32]”。我们看到，醋每斤涨价50%，其它日用品也涨价八十至五百文不等。清末，普通兵民生活本来就很艰苦，物价上涨随引起“小民费钱而食不能饱，物价增贵，偷窃之辈甚于从前，但为抢夺耳[33]”，甚至有人无法生存而自寻短见。

再次，市面上仍流通大钱，不见制钱。京局于光绪十三年夏秋间开始铸造，次年二月在发放军饷时搭放制钱。此后，每年都有数十万串制钱搭放军饷，市面本应制钱越来愈多，但事实并非如此。如光绪十五年底，市场交易时仍沿用当十大钱，见不到一文制钱；二十一年十二月初九日，御史胡景桂奏称：“乃都中商民交易仍用当十大钱，而两局所铸、八旗所领之制钱，竟不知消归何有[34]；二十四年，因“京师以制钱少，行当十钱如故[35]。”数年后，清政府不得不停铸制钱，恢复鼓铸当十大钱。

我们看到，自光绪十三年改铸制钱以来，宝泉、宝源二局连年鼓铸，搭放军饷制钱约千万串，但京城日常交易不见制钱，始终沿用当十大钱。且改铸制钱后，京城物价大幅上升，人们生活艰难。因此，我们可以说这次币制改革没有达到预期的目的。

五、清末“规复”制钱政策失败的原因

自秦统一货币以来，方孔圆钱成为我国古代主要的货币形式，形成了我国独特的货币体系。明中期以后，随着白银的地位逐渐上升，铜钱或多或少退到辅币的位置，但仍是人们日常生活的重要媒介。清末，由于商品经济的发展，传统的铜钱体系难以维持下去，清政府恢复制钱政策难逃失败的命运。

首先，币值落后。与我国传统的小农经济相适应，清中期以前铜钱体系运行正常。十九世纪以后，随着与中西方交流的加强，尤其是鸦片战争后国门洞开，传统的自然经济趋于衰退，商品经济逐渐发展起来。在此背景下，“国内市场扩大，城乡商品生产和商业流通明显发展，市场出现了异常繁荣的景象。”[36]而传统的铜钱质重价轻，携带和交易不便，已经不适应这种商品流通的需要。此外，十九世纪初英国采用金本位制后，除中国、墨西哥仍使用白银外，西方国家先后均采用金本位制。而中国仍是白银、铜钱并重，银本位制尚未形成，铜钱也不是严格意义上的辅币，这种币制远落后于同时代其他国家，已经是改革币制的时候了。

其次，铜、锌等铸钱材料缺乏。相对金、银来说，铜钱的主要成分铜、锌是贱金属，因此铜钱的购买力较低，商品流通中需求量大。如乾隆三年，仅北京的宝源、宝泉两局铸钱需铜六百一十万余斤[37]。清代国产铜、锌数量有限，而进口的日本铜价格高、数量不稳，京局与各省钱局经常缺乏鼓铸材料。虽然乾隆朝云南铜矿发展较快，但其铜产量勉强满足京局及部分省局鼓铸的需要，从整体上看清代铸币材料缺口较大。如清代曾多次出台“铜禁”政策，禁止民间使用黄铜器皿，以增加铜、锌材料的供给。清末，云南铜矿衰微，“每岁运京之铜，不过一批五十万斤，较之从前岁办滇铜六百数十万斤，不及十分之一。以现在滇铜之数，而欲规复制钱，其势不能。”[38]何况，随着商品经济的发展，此时对铜钱的需求量更大，铸币材料的供给已经不能满足鼓铸的需要。可见，以这种贱金属为材料的铜钱体系难易维持下去。

丙次，铸钱成本过高。清末，京局及多数省份钱局采用翻沙法铸造制钱。由于铜、锌的价格不断上涨，铸造技术落后，铸造成本过高，鼓铸制钱亏本严重。如光绪十三年四月十五日，陕西巡抚叶伯英奏称："惟铸钱一事，工本无不折耗。查旧案，铸钱一串，需工本银一两一分九厘，合现时银价约需钱一串六百四十五文。"㊴宝陕局铸钱亏本64.5%，于次年不得不停止鼓铸。

为降低鼓铸制钱成本，清政府将钱重由每文一钱逐渐减重至五分（见表2），并引进机器铸造制钱，以期扭转亏本的局面，但也事与愿违。如光绪十四年，直隶试用机器铸钱，"每年成钱七万二千串，共须工料银十万七千四百余两，按制钱一千五百文合银一两，每造制钱一千，约需工本制钱二千二百三十七文七毫，亏折未免过钜。"㊵光绪十五年，两广总督张之洞奏称，广东省以机器铸钱，"每一月约需一万三千两，铸成制钱一万二千五百缗，若以银一两易制钱一千文计之，尚有不敷银数百两"㊶；次年，由于广东铜、锌等材料涨价，将钱重减至八分，"每铸一千必费银一两三四钱以上，未免亏折过钜"㊷。为此，直隶、广东等省先后停止机器鼓铸制钱。

我们看到，虽然清政府多次命令各省铸造制钱，由于上述原因，多数钱局在当年或数年内就停止鼓铸制钱（见表2），北京的宝泉、宝源二局勉强支撑十余年，最后也不得不放弃鼓铸制钱。

注释：

① 中国人民银行总行参事室金融史料组编：《中国近代货币史资料》第一辑（下册），中华书局1964年版，第512~513页。

② 中国人民银行总行参事室金融史料组编：《中国近代货币史资料》第一辑（下册），中华书局1964年版，第515页。

③ 中国人民银行总行参事室金融史料组编：《中国近代货币史资料》第一辑（下册），中华书局1964年版，第516~517页。

④ 中国人民银行总行参事室金融史料组编：《中国近代货币史资料》第一辑（下册），中华书局1964年版，第515页。

⑤ 中国人民银行总行参事室金融史料组编：《中国近代货币史资料》第一辑（下册），中华书局1964年版，第516页。

⑥《清朝文献通考》卷十五《钱币三》，浙江古籍出版社1988年版，第7691页。

⑦ 中国人民银行总行参事室金融史料组编：《中国近代货币史资料》第一辑（下册），中华书局1964年版，第201页。

⑧ 中国人民银行总行参事室金融史料组编：《中国近代货币史资料》第一辑（下册），中华书局1964年版，第511页。

⑨ 中国人民银行总行参事室金融史料组编：《中国近代货币史资料》第一辑（下册），中华书局1964年版，第512~513页。

⑩ 中国人民银行总行参事室金融史料组编：《中国近代货币史资料》第一辑（下册），中华书局1964年版，第512~513页。

⑪ 中国人民银行总行参事室金融史料组编：《中国近代货币史资料》第一辑（下册），中华书局1964年版，第515页

⑫ 中国人民银行总行参事室金融史料组编：《中国近代货币史资料》第一辑（下册），中华书局1964年版，第520~521页。

⑬ 中国人民银行总行参事室金融史料组编：《中国近代货币史资料》第一辑（下册），中华书局1964年，第518~520页。侍读学士龙湛霖奏称："其虑发款之骤增也，户部放钱之款，以兵饷、役食及各衙门公费三项为大宗，当此库款支绌之时，藉放大钱，尚可稍资节省，一旦复旧，巨款骤增，在部臣酌盈剂虚，自不得不统筹兼顾。臣愚以为上之益下，惟其实，不惟其名。大钱虽名曰当十，其实只当制钱二文，是该兵丁等领款十成，仅得二成实用，曷若即按此数改发制钱，尚不失为覆实之道。况今岁以来，蒙天恩普加八旗兵饷及京官俸薪，大小臣民，也已欢腾鼓舞。只此放钱一款，为数甚微，酌减数成，岂至便生觖望，况名减而实未减乎？拟请饬部自规复制钱之日始，将兵饷、役食两项，暂减八成发放，俟库款充足，再行复旧。至各衙门公费，向多中饱，本无实济，拟请饬部酌量情形，可减者减，当裁者裁。如此一转移间，朝廷所出之数不至加多，而兵民所入之数不至加少，则发款之骤增不足患矣。其虑鼓铸之缺铜者，滇铜历年解不足额，议者谓大钱以一当十，鼓铸犹时恐不敷，况改铸制钱，须用铜斤奚啻倍徙。夫使大钱真能以一当十，则此说是已。不知坊间市价，大钱六七百枚才易银一两，制钱千五六百枚易银一两，是大钱之值仅倍于制钱也。大钱一枚重二钱八分，制钱一枚重一钱二分，并有重一钱者，是大钱之铜，且不仅倍制钱也。现在大钱之散布都城者，既无不足之虞，则就此数收回改铸，化一大钱之铜为二制钱，即以二制钱抵一大钱之用。其铜相若，其足用亦适相若，又何至赢于此而绌于彼乎？……其虑方改时之纷扰者，小民可与乐成，难于谋始，骤然变法，诚不免扰害市廛。臣愚请拟以渐行之。先将户部现存制钱作兵饷、役食支放，由顺天府、五城示谕商民，与大钱并行不悖。俟云南报解之铜到京，宝泉、宝源两局铸有制钱若干，再将大钱陆

续收买。……其虑既改大钱之争讼者……拟请由顺天府、五城出示，将大钱、制钱两项准银作价，凡民间借贷典当及一切赊欠等帐，大钱若干以后准折制钱若干。至各项物价，亦应由顺天府、五城出示，令其照数酌减，免致奸商把持市面，抬价居奇。如此则既改后之争讼可免矣。”

⑭ 中国人民银行总行参事室金融史料组编：《中国近代货币史资料》第一辑（下册），中华书局1964年版，第523页。

⑮ 中国人民银行总行参事室金融史料组编：《中国近代货币史资料》第一辑（下册），中华书局1964年版，第520～523页。

⑯ 中国人民银行总行参事室金融史料组编：《中国近代货币史资料》第一辑（下册），中华书局1964年版，第520～523页。

⑰ 中国人民银行总行参事室金融史料组编：《中国近代货币史资料》第一辑（下册），中华书局1964年版，第524页。

⑱ 中国人民银行总行参事室金融史料组编：《中国近代货币史资料》第一辑（下册），中华书局1964年版，第524页。

⑲ 中国人民银行总行参事室金融史料组编：《中国近代货币史资料》第一辑（下册），中华书局1964年版，第551页。

⑳ 中国人民银行总行参事室金融史料组编：《中国近代货币史资料》第一辑（下册），中华书局1964年版，第556页。

㉑ 中国人民银行总行参事室金融史料组编：《中国近代货币史资料》第一辑（下册），中华书局1964年版，第551页。

㉒ 中国人民银行总行参事室金融史料组编：《中国近代货币史资料》第一辑（下册），中华书局1964年版，第868页。

㉓ 中国人民银行总行参事室金融史料组编：《中国近代货币史资料》第一辑（下册），中华书局1964年版，第863页。

㉔ 中国人民银行总行参事室金融史料组编：《中国近代货币史资料》第一辑（下册），中华书局1964年版，第872页。

㉕ 中国人民银行总行参事室金融史料组编：《中国近代货币史资料》第一辑（下册），中华书局1964年版，第872页。

㉖ 中国人民银行总行参事室金融史料组编：《中国近代货币史资料》第一辑（下册），中华书局1964年版，第579～583页。

㉗ 中国人民银行总行参事室金融史料组编：《中国近代货币史资料》第一辑（下册），中华书局1964年版，第542页。

㉘ 中国人民银行总行参事室金融史料组编：《中国近代货币史资料》第一辑（下册），中华书局1964年版，第531页。

㉙ 中国人民银行总行参事室金融史料组编：《中国近代货币史资料》第一辑（下册），中华书局1964年版，第530页。

㉚ 中国人民银行总行参事室金融史料组编：《中国近代货币史资料》第一辑（下册），中华书局1964年版，第534页。

㉛ 中国人民银行总行参事室金融史料组编：《中国近代货币史资料》第一辑（下册），中华书局1964年版，第535页。

㉜ 中国人民银行总行参事室金融史料组编：《中国近代货币史资料》第一辑（下册），中华书局1964年版，第538～539页。

㉝ 中国人民银行总行参事室金融史料组编：《中国近代货币史资料》第一辑（下册），中华书局1964年版，第536页。

㉞ 中国人民银行总行参事室金融史料组编：《中国近代货币史资料》第一辑（下册），中华书局1964年版，第541页。

㉟《新校本清史稿》卷一百二十四志九十九《食货五钱法》，第3648页。

㊱ 郭彦玲硕士论文《论晚清货币制度的变迁》，郑州大学，第25页。

㊲《清朝文献通考》卷十五《钱币三》，浙江古籍出版社1988年版，第4995页。

㊳ 中国人民银行总行参事室金融史料组编：《中国近代货币史资料》第一辑（下册），中华书局1964年版，第520～523页。

㊴ 中国人民银行总行参事室金融史料组编：《中国近代货币史资料》第一辑（下册），中华书局1964年版，第564～565页。

㊵ 中国人民银行总行参事室金融史料组编：《中国近代货币史资料》第一辑（下册），中华书局1964年版，第567～570页。

㊶ 中国人民银行总行参事室金融史料组编：《中国近代货币史资料》第一辑（下册），中华书局1964年版，第572～575页。

㊷ 中国人民银行总行参事室金融史料组编：《中国近代货币史资料》第一辑（下册），中华书局1964年版，第575～576页。

2005年首都博物馆征集近现代文物综述

张　燕　陈仲英

首都博物馆于1981年在孔庙建馆，其馆藏文物种类及数量是在20世纪50年代的北京文物工作队考古发掘积累的基础上发展起来的，馆藏文物达到20万余件。伴随着首都博物馆新馆建设的启动，以完善新馆展陈，充实馆藏为目的的首都博物馆文物征集工作同时展开。2001年6月，北京市文物局召开首都博物馆文物征集工作专题会，确立了本馆主要征集方向，2004年为迎接新馆的建设，征集部多次开会①，在社会各界的热情支持下，十年以来共计征集文物7141件套，接受捐赠文物24340件套。其中，在开馆前的2005年，仅这一年就征集到1200余件套民国时期的文物，弥补了当时近现代文物不足的弱项，为当时的新馆展览布置打下了良好的基础，下面仅就这一年的征集文物大致归纳如下：

一、清代晚期的文物

甲午战争后，我国外患内忧，光绪二十四年（1898年），光绪皇帝接受康有为等资产阶级改革派建议，颁布了一系列变革政治的法令，史称“戊戌变法”或“百日维新”。同年9月21日慈禧太后发动政变，囚禁了光绪光帝，康有为、梁启超远逃，杨深秀、杨锐、林旭、刘光第、谭嗣同、康广仁被杀于菜市口，维新运动夭折。关于这段历史，我们在2005年12月底征集到24件套。如张荫桓手迹、翁斌孙信函及张元济、徐致靖信札、文廷式扇面、戴鸿慈楷书七言联、李端芬书法扇面等等。

（一）张荫桓信札（图1）。张荫桓（1837—1900年），广东南海县佛山镇人，出身商人家庭。受到李鸿章的赏识与器重，屡经保荐，官至道员。曾充任清政府驻美国、西班牙和秘鲁三国公使，留有《三洲日记》一本，光绪十六年回国。1898年戊戌变法时调任管理京师矿务铁路总局。政变发生后，张荫桓被革职抄家，发配新疆。光绪二十六年义和团运动期间，1900年慈禧太后下令，张荫桓在戍所被杀。我们征集到的这封信扎，共7页，每页8行，无年份，有月日（3月6日），有大婚（同治帝）用款字样，当为同治十一年（1872年）。他写给友人晴岚大兄，晴岚个人情况不详，信中述及晴岚随山东巡抚丁宝桢治理河工，十分辛苦，戴星出入，心力并劳，盛德丰功。并呈丁氏排律一百韵，请晴岚先阅。信中还说传丁宝桢将升任两江总督，张认为这恐系由外国新闻报纸误传之误，张认为两江总督为中外交涉之枢机，现政府刻意羁縻，丁氏“性刚，虑不肯忍辱”。随信寄去曾国藩遗折原抄一纸，又涉及同治帝大婚款项等情况。此件文物在通史展中展出。

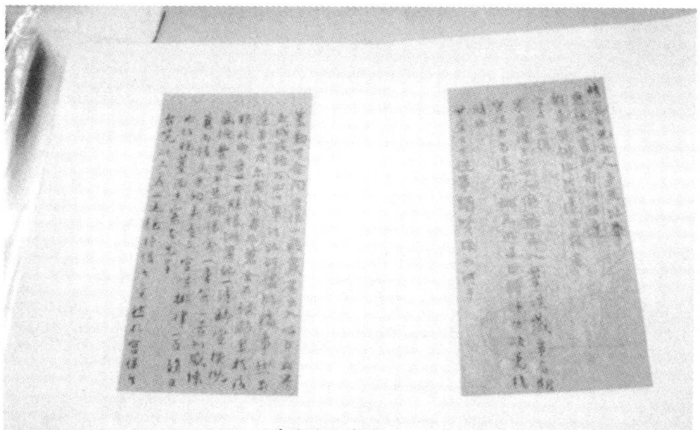

05.011 《清代名人字迹——张荫桓信札》

图1　张荫桓信札

（二）张元济致友人吴保初信函。张元济（1867—1959），清末中进士，入翰林院任庶吉士，历任刑部主事，总理各国事务衙门章京。曾参加维新运动，主张变法，提倡改革。戊戌变法失败，受“革职永不叙用”处分。1902年，张元济进入商务印书馆，后任董事长。吴保初（1869—1913），淮军将领吴长庆之子，曾任刑部山东司主事。戊戌变法前后，他著文痛论阻挠新法之害。《农学报》原名《农学》，罗振玉创刊于1897年5月（光绪二十三年四月），由上海农学会主办，当时亦称《农会报》，到1906年1月停刊，共出版315期，为农业科技知识的传播起到了非常重要的作用。1897年张元济写给吴保初，请吴氏帮助发行开广风气的《农学报》。此信函撰写之日应晚于1897年5月。

（三）戴鸿慈对联（图2）。他是清末“五大臣”出洋考察的官员之一。光绪三十一年（1905年），清政府为了挽救危局，接受了资产阶级立宪派提出“立宪”的建议，挂起“预备立宪”的招牌，特派镇国公载泽、户部侍郎戴鸿慈、兵部侍郎徐世昌、湖南巡抚端方、商部右丞绍英等“五大臣”分赴东西洋各国考察政治。作为“五大臣”之一的戴鸿慈（1853—1910）在清末预备立宪发动初期扮演了一个重要的角色。戴鸿慈出使美国、德国、奥地利等欧美诸国。考察回国后，戴鸿慈不仅带回各种书籍四百余种，还将考察沿途各国的所见所闻写成《出使九国日记》，同时与端方共同编成《列国政要》和《欧美政治要义》。清政府命戴鸿慈为法部尚书，官阶正一品，这也是近代中国第一位专管司法行政事务的最高长官。这副对联无年款，是他写给梦岩仁兄，内容为“天上星辰有奇字，胸中水镜是人材。”

05.037 戴鸿慈楷书七言联

图2　戴鸿慈楷书七言联

（四）徐致靖家信（图3）。徐致靖（1826—1917），清末维新派著名人物。累迁侍读学士，至内阁学士、礼部侍郎。光绪二十四年光绪皇帝决心实行变法，徐致靖上折推荐了谭嗣同等4人，为推动变法起到了重要作用。后变法失败，徐致靖在北京被捕。八国联军打入北京，慈禧太后西逃，徐致靖从监狱自动回家，后归隐杭州，改名徐仅叟，意思是“六君子”被害，刀下仅存的老朽。直至辞世。征集到徐致靖一封家信，写作年代在1887—1895年间，内容是徐氏答谢友人午楼仁兄之厚赠；叙述一家往来情况；徐氏对家乡教育的感慨，认为当前的教育全无教育的实质，担心儿不知道用功等家信内容。

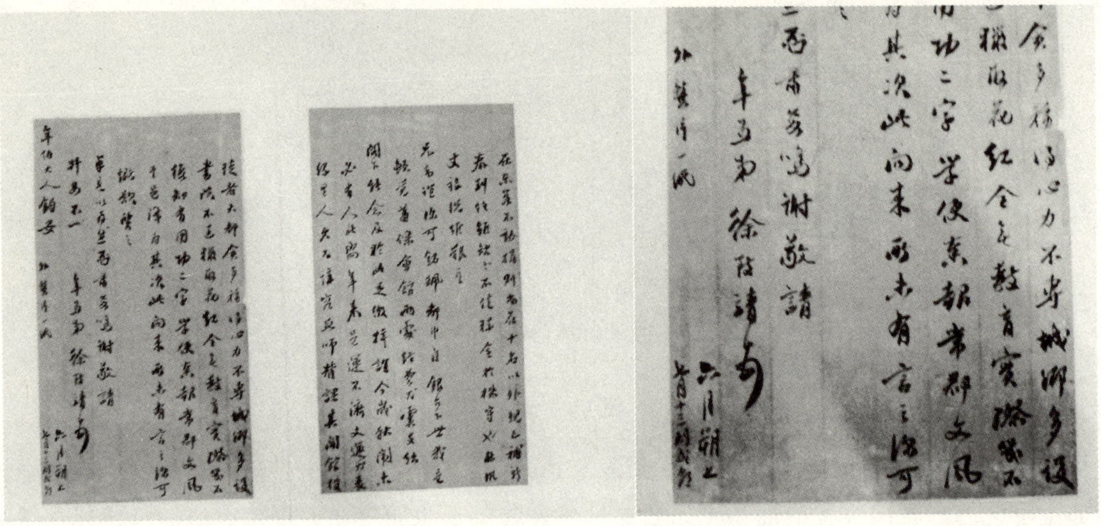

图3　徐致靖一封家信

二、报刊

清代晚期的报纸

在清代晚期，把皇帝圣旨、大臣奏折、清政府公告等关系到国家大事、各种消息抄印多份发送，这就是京城近代报纸的前身——《邸报》。到1870年（同治九年）北京城内有报房已达十余家，《京报》的发行已达万余份。1901年前后，京城内已有白话文报纸十余种，如《京话报》、《京话日报》等；文言文报纸有1905年《中华日报》、《北京日报》等20余种。还有资产阶级革命派同盟会的报纸，如1911年《国风日报》等，当时在北京城里能见到的大大小小的报纸达数十种之多。

我馆征集到清代晚期的报纸6种：官办的《商务报》、张展云主办的《北京女报》（1905年）、汪康年夫妇办的《京报》（1907年）、著名的维新派报纸《知新报》、上海的《时务报》、丁宝臣主编白话文报纸《爱国报》（1911年）、《国风报》28期、《实务报》。

（一）《知新报》：戊戌维新时期，著名的维新派报纸是《知新报》、《时务报》等，《知新报》于清光绪二十三年正月二十一日（1897年2月22日）在澳门创刊，至1901年1月20日停刊，前后共133期。康广仁“主其事”，鼓吹变革，发表维新言论，与上海《时务报》遥相呼应，宣传变法维新、救亡图存。即使在百日维新失败后，其他维新派的报刊被迫终刊，而《知新报》仍继续出版，乃当时中国唯一仍鼓吹维新变法的报刊，极受各阶层读者欢迎。

（二）《京报》：征集到《京报》1907年6月、7月，共2份。报社社址设于五道庙，社长汪康年。1907年3月28日，汪康年在北京出版了他一生中所办的第五种报纸《京报》。为日刊，小页张，体裁文言，以政文为主体，大胆评论，督责政府，与上海《新闻报》呼应，在北京报界有敢言之名声，当年8月被查封。

（三）《北京女报》：《北京女报》（图 4）创刊于 1905 年（光绪三十一年），是北京最早的报纸之一，出报以后每期还要送给慈禧太后御览。是以提倡女学妇德为宗旨，针对北京下层社会的文化启蒙的报纸，版面设置了女界新闻、时事新闻、北京新闻、各省新闻、电报、来函更正、上谕、宫门抄、演说、新笑话、普通博物馆问答等众多的栏目，既有新闻，又有广告，而且每期都附有插图，图文并茂，令人赏心悦目。

图 4 《北京女报》

民国时期的报纸

辛亥革命以后，在中国一方面，内忧外患频仍；另一方面，民主共和思想深入人心。“人民有言论著作刊行之自由”已写入法规之中。北京出现了办报热潮，有袁世凯资助创办的报纸《京津时报》、有进步党人主办的报纸《北京日报》、国民党的机关报《国风日报》、宋教仁主笔的《亚东新报》、还有新闻界著名的报刊《晨报》、《京报》等等，据统计，盛时，北京有大小报馆 500 多家。我们征集到这一时期的报纸有 12 种：《爱国报》（1912 年）、《群强报》（1917 年）、《戏剧报》（1918 年）、《时言报》（1923 年）、《新闻报》（1924 年）、《觉悟》（1924 年）、《晨报》（1923—1925 年）、《瀚海》（1925 年）、《北平晨报》（1935 年）、《北辰画报》（1936 年）、《重庆各报联合版》（1939 年）、《时报》（1937 年）。

日本占领北京时期，在京城发行的报纸达 37 种，报刊的主流舆论被日本汉奸控制，宣传殖民汉奸奴化思想，战后均被查封。同时，边区政府的报纸也在根据地发行。我们征集到这一时期的报纸有 9 种：国民党中央机关报《中央日报》1940 年、《戏剧报》1940 年、《边区政报》1942—1946 年、《抵抗》1937 年 9 月、《时报》1937 年、在延安出版的《解放日报》1944 年、《五四特刊》1945 年。

抗战胜利后，历届政府对北京新闻的发表都是严密地控制的，一般的报社、通讯社只能采用中央社的稿件，歌颂当权者的德政，不能发表批评的意见，否则就会遭到查封、被捕、被杀。北京地区的报纸主要是国民党政府的《华北日报》、《北平日报》。1946 年中共代表团进京，设立新华社北京分社，创办《解放报》，发行量高达五万份。我们征集到这一时期的这类报纸有 11 种：北平《解放》（1946 年）、《北平新民报日刊》、《画刊》（1947 年）、（1949 年）、解放区的《华北日报》（1948 年）、《新民报》、河北《晋察冀日报》（1946—1948 年）、《华北时报》（1948 年）、解放区唐山的《冀东日报》（1949 年）、解放区的《冀南日报》（1949 年）、重庆《新华日报》（1949 年）、抗日战争胜利后于延安创办的《群众日报》（1949 年）、北平《北平解放报》（1949 年）。

（一）《爱国报》（图 5）：是清末到民国初年的一张民办白话文报纸（1906—1914 年），1906 年 11 月 16 日弃医从文，丁宝臣在前门外创办《爱国报》报馆。报纸宣传爱国思想，办报八年，行销北方数省。1913 年袁世凯先后查封 71 家报馆，传讯 49 家，60 多名记者被捕，24 人被杀害。1913 年为农历“癸丑”年，新闻史称“癸丑报灾”。是年 7 月 27 日袁世凯派人查封《爱国报》，丁宝臣被杀害。

图 5 《爱国报》

（二）《申报》（图 6）：上海的老报纸《申报》是旧中国历史最长、影响最大的一份报纸。它从 1872 年 4 月 30 日创刊，至 1949 年 5 月 27 日停刊，前后办了 77 年。《申报》记录了从清末到民国近八十年间政治、军事、经济、文化、社会各方面的情况，具有很高的史料价值，被称为“近现代史的百科全书”。历史上的重大事件如：1874 年日本侵犯台湾事件，1884 年至 1885 年的中法战争，1894 年的中日战争，《申报》均派记者赴战地采访，连续发回战况报道。这些记者是中国新闻史上最早的战事通讯员。1932 年超过十五万份，创造了《申报》的黄金时代。我们征集到 1937 年《申报》。

图 6 1937 年《申报》

（三）《中央日报》（图 7）：这是国民党中央机关报，是国民党的喉舌，国民党的举凡重大政策决定、重要人事安排、政党理念宣扬等，都是透过《中央日报》发布、传递，有长达 79 年的办报历史。1928 年 2 月 1 日在上海创刊，1948 年迁往台北，2006 年停刊。

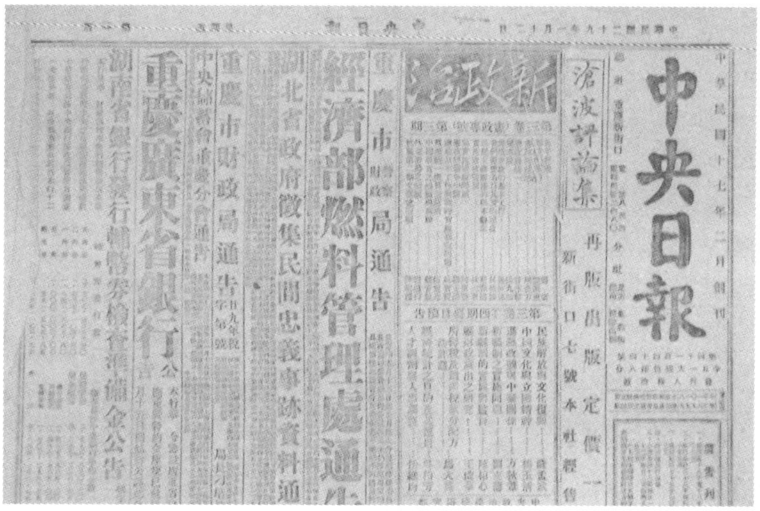
中央日報

經濟部燃料管理處通告

重慶市財政局通告

湖北省政府徵集民間忠義事跡資料通

重慶市財政局通告

重慶廣東省銀行

湖南省銀行發行輔幣券檢查準備金公告

新政治

滄波評論集

再版出版 定價一

图 7　《中央日报》

（四）《晋察冀日报》（图 8）：抗战开始，河北即划分为冀南、冀中、冀东三个抗日根据地，分属晋察冀边区和晋冀鲁豫边区。冀南、冀中和冀东这三个区党委，先后创办了区党委的机关报《冀南日报》、《冀中导报》、《冀东日报》。北方抗日根据地出版时间最长的、影响最大的区域性报纸是由邓拓为社长兼总编辑的《晋察冀日报》，是中国共产党中央晋察冀分局机关报。1937 年在河北阜平县创刊，初名《抗敌报》，1940 年 11 月 7 日改名《晋察冀日报》。抗日战争胜利后搬到张家口市出版。国民党发动内战后，迁回阜平县农村出版，于 1948 年 6 月与晋冀鲁豫《人民日报》合并，于 6 月 14 日终刊，共出版 2854 期。日发行量最高曾达 5 万份。

晋察冀日报

晋察冀邊區工業局 通告

學習晉察冀日報的自我批評

新華社

图 8　《晋察冀日报》

（五）北平《解放》报（图 9）：在北平公开发行的共产党的报纸是 1946 年 2 月创刊的《解放》报，它是当时我党、我军在平津地区及华北、华中国民党统治区唯一公开发行的机关报。从 2 月 22 日创刊，到 5 月 29 日被查封，共出版发行 37 期。其中三日刊 26 期，“四三事件”之后改为隔日刊，出版了 11 期，每期发行量由 1 万份提高到 5 万份。我们征集到的《解放》报有 1946 年 3 月 20 日；4 月 12、14、16、26 日；5 月 1、4、9、11、15、19、21、23、25 日。

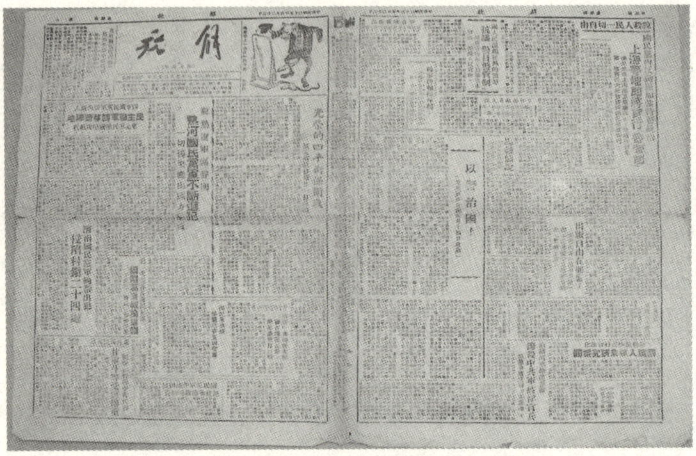

图 9 《解放》报

三、书籍

清朝末年的出版图书

清末民国时期的图书我们征集到 150 余册，按时间分为两个时期，即清朝末年的出版图书和民国时期出版的图书，清末的书征集的不多，有皇室贵族军事学校的出版物《陆军贵胄学堂录》（1908 年）、清代辑录的清人经世文选《皇朝经世文续编》、康有为在戊戌变法前动员光绪皇帝变法维新的代表著作——康有为《日本变政考》、戊戌六君子被杀二十年后的 1917 年，张元济曾辑成《戊戌六君子遗集》及 1896 年严复翻译名著赫胥黎《天演论》。

（一）《天演论》：清朝末年影响最大的一本书，1896 年严复译著《天演论》。《天演论》英文书名直译应为《进化论与伦理学》。作者赫胥黎是英国博物学家，达尔文的朋友。严复采取的是意译，在翻译的过程中对其中 28 篇加了按语。

（二）《陆军贵胄学堂同学录》（图 10）（1908 年）：光绪三十二年（1906 年），北京铁狮子胡同东口路北成立了一所贵族军事学校——陆军贵胄学堂，隶属于陆军部下属的练兵处，管理者为庆亲王及陆军部尚书铁良，以下设有总办、监督等。根据王公子弟作为皇室之藩屏，国家之栋梁，应以武官为其本分之原理，贵胄学堂以对学生专施军书教育为其目的。统计学期，以五年为毕业。专门考收王公世爵暨四品以上宗室、现任二品以上的京外满汉文武大员之子弟，教以普通学术及陆军初级军事学，并入军队观察学习。《陆军贵胄学堂同学录》此书收学员的照片 270 余幅及介绍，管理人员的照片及学员操练的照片数张。

图 10 《陆军贵胄学堂同学录》中的历史照片

民国时期出版的图书

民国时期出版的书籍可分为游记、旅游类图书，如民国版的《马可波罗游记》、《北平旅行指南》（1935 年）、《北平景观》（1937 年）、《本国新游记》（1920 年）、《天桥一揽》（1936 年）等 4、5 种；

教科书如《共和国中学英文法教科书》（1913 年）、《国语文法表解（九品词）》（1935 年）、《抗日国语读本（初级小学第二册）》（1940 年）、《世界语函授学社成立四周年纪念特刊》（1944 年）、《小学音乐手册》（1947 年）（民国）等等；经济类的图书如：《抗战中经济建设之途径》（1940 年）、《工商通讯》（1944 年）、《晋中经济》（1948 年）、《工商银行会议总结综合报告》（1948 年）等等。解放战争时期的图书达百余种，如：《共产国际纲领》（1938 年）、《列宁选集（5）》（1938 年）、《资本论提纲》（恩格斯著）（1939 年）、《中国职工运动简史》（邓中夏遗著）（1944 年）、《红色中国的挑战》（英文）（1945 年）、《日本投降以来中国政局史话》（1947 年）、《1949 年开国年鉴》（1949 年）等等。

我们还征集到永定河水利文献资料有 5 种：1908 年清末天津永定河工研究所章晋墀、王乔年编辑的课本《河工要义》一册，其内容多采用清代治河的经验，并永定河治理的实践总结，汇辑成书。此外，还有 1925 年顺直水利委员会《督办永定河决口堵筑工程事宜处报告》一册、1932 年华北水利委员会报告《潮白河苏庄水闸之养护与管理》一册。1928 年 9 月至 1931 年 12 月《华北水利委员会技术工作报告》一册。最有研究价值的是华北水利委员会 1933 年发表的《永定河治本计划》四册，并附 123 张测绘图（图 11）。以上 5 种是我们所征集到的民国时期出版的 30 余种关于永定河治理报告资料的一部分。从这批资料中我们可以窥视当时民国时期治理永定河的概况。

图 11　《永定河治本计划》封面

四、期刊

据统计，清末全国发行的杂志期刊已达二百余种。在北京清末已经有画报类的期刊，如《启蒙画报》（1902 年）、《北京画报》（1907 年）、《科学画报》（1907 年）；学报杂志类的期刊，如《经济丛刊》（1902 年）、《地学杂志》（1903 年）、《见闻杂志》（1907 年）等等。

我馆征集到民国时期的杂志有 70 余种，最早的为 1914 年清华达德学会发行《智益》，封面的目录显示其内容分为：文篇、学术、小说、传奇、杂俎等几大项，是属于对于民众文化普及类的杂志。科技类的杂志有中国建筑师学会编的《中国建筑》（1934 年）、文化类的杂志有 1915 年的《新青年》、政治新闻类的杂志有《新闻画刊》、《战时联合旬报》；数量较多的一批期刊是解放战争时期的边区资料（1945—1948 年）：如《边府通讯》、《北岳行讯》、《情报参考资料》、《人民论坛》、《经济生活》、《经济旬刊》、《银行月刊》等反映边区政治、经济状况，数量达 45 种之多。这批期刊保存了大量的当年原始信息，是我们研究边区政治、经济的珍贵资料。

（一）《新青年》（图 12）：这是一份很重要的早期革命运动的刊物，在五四运动期间起到重要作用。陈独秀在上海创立，每月一号，每 6 号为一卷。自 1915 年 9 月 15 日创刊号至 1922 年 7 月终刊共出 9 卷 54 号。由 1918 年 1 月第四卷起，《新青年》全部刊登白话文，并开始使用新标点，由陈独秀、钱玄同、高一涵、胡适、李大钊、沈尹默以及鲁迅轮流编辑。《新青年》杂志是新文化运动兴起的一个标志，《新青年》在后期开始宣传马克思主义以及马克思主义哲学。许多高级共产党员（如毛泽东）都受到过《新青年》的影响。鲁迅的《狂人日记》在《新青年》发表，这是中国现代文学史上第一篇白话文短篇小说。

（二）2004年在旧货市场上和网上开始大量出现一批战争时期日本在本国内发行的粉饰侵略战争的杂志，据调查，这批资料流入中国市场大概有两个来源，一是中国人到日本，在日本旧书摊上的寻找，如樊建川先生，一共在日本淘回了一千多本，包括《历史写真》、《支那事变写真》、《日支事变画册》、《北支事变画报》、《国际情报写真》等，他在四川建了一个抗战馆；还有就是从日本进口中国的废纸中发现了这批画报，如卢沟桥抗战馆从浙江永嘉七屿纸业公司收集到2003年发现的战争画报，有《北支事变画报》《支那事变画报》《日支事变画报》和《支那事变写真》。

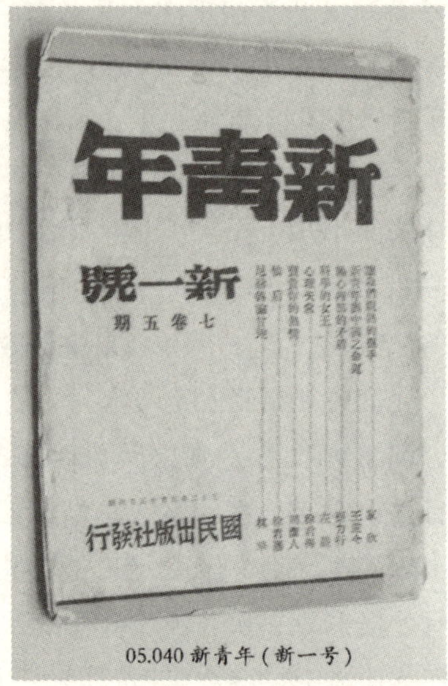

图12 《新青年》

我馆首次征集到的在日本出版的战争画报种类有9种，30余册。收集的重点在1937年、1938年及1945年，即战争的开始与结束，并注重收集有关战争期间北平的资料。有：《昭和十二年支那事变北支战线写真帖（上卷）》（北平入城）（1937年9月）（图13）、《昭和十二、三年支那事变出征纪念写真帖（北支战线篇）》（1937—1938年）、《历史写真》（1945年8月）、《国际写真情报》16本（1937年9月1日—1938年12月1日）、《支那事变时局要件》（1937年9月15日）、《支那事变战绩迹》（1938年9月1日）、《北支事变特辑9月》（1945年8月）、《支那事变画报》（1938年4月）、《北支》杂志合籍及支那事变从军记章等等；尽管画面全是日军记者为炫耀其“战绩”而拍的照片，但这些画报却真实再现了日本发动侵华战争的历史真相。如1937年《北支战线写真帖》里记录了日军进入北京和天津的过程，1937年7月9日日本鬼子占领宛平城，城内空旷无人；卢沟桥下站着手持刺刀的日军哨兵；城里到处都是战壕和沙袋；草丛中的机关枪对准了中国的平民和抵抗日军的国民党官兵；广安门紧闭，不见人影；在八宝山下日本鬼子架起了机枪；进行抗日宣传的根据地潞河中学被炸毁；北平城里的石碑上粘贴着《大日本军北平入城司令布告》，不准百姓随意走动；每一张照片上都有带着刺刀的日本鬼子，飞机、大炮、坦克、成队的鬼子在青纱帐里扫荡，残垣断壁，京城空无一人。其上的文字和图片是日军侵华无可辩驳的罪证，成为日本侵华罪行的自供状。

图13 1937年《北支战线写真帖》

注释：

① 第一次《关于近现代文物征集座谈会》（2004年12月24日）的主旨是与北京收藏家首次互相沟通，互通信息，到会11位收藏家。第二次《关于1840—1912年近现代文物征集座谈会》（2005年1月13日）会议主旨是关于近代文物与收藏家具体沟通，努力确定到每件文物的具体目录，到会5位收藏家。第三次《关于1911—1949年近现代文物征集座谈会》（2005年1月20日）到会3位收藏家。馆领导在会上提出目标：“现在一切有关在北京发生的重大政治历史事件的书信、证券及各种实物，反映北京社会经济发展的工业、商业、文化等实物资料，都在征集的范围之内。地点还要包括今天的河北地区（民国时期的京兆地区）。”

试析首都博物馆征集旧京商业广告类文物的品类与特点

高德智

广告是商品社会的产物，自从有了商品生产和交换现象，商业广告就随之出现。在人类社会漫长的演进过程中，为适应生产力的一次次飞跃，商业广告在媒介手段、内容、形式或艺术表现等方面都在不断地进行着自我丰富与完善。我国是世界上最早拥有商业广告的国家之一。可以断言的是，在我国这个长期以个体农耕经济为主体的社会中，商业广告仍然是推动社会经济前进的重要催化剂。随着近年来我国经济市场化程度的不断加深，含有商业广告元素的历史、民俗类文物及资料正日益得到人们的重视，并引发了相关的收藏热。

首都博物馆作为北京地方志性质的综合性博物馆，常设的《北京通史展》和《老北京民俗展》中都有对商业广告类文物的展览需求。由于认识到补充这部分文物对于完善馆藏和陈列的重要意义，本馆文物征集部门从成立起至今十年来搜集了为数不少的本地区不同时期的商业广告类文物，年代上主要以有清一朝和近现代为主。本文拟通过对这部分文物的分类整理，对首都博物馆近年征集的旧京商业广告类文物的主要形式和特点作一个初步的分析。

首都博物馆历年面向社会征集的商业广告类文物按照广告形式可以主要划分为以下几个类别。

一、声音广告

早在西周时期，我国便出现了声音广告。《诗经》的《周颂·有瞽》一章里已有“萧管备举”的诗句，据汉代郑玄注说：“萧，编小竹管，如今卖饧者吹也。”唐代孔颖达也疏解说：“其时卖饧之人，吹萧以自表也。”[①]可见从西周时，卖糖食的小贩就已经懂得以吹萧管之声招徕生意。自此后，行商利用人声及各种响器制造出的声音对所售卖商品进行宣传就成为广告的一种重要形式。从总体上看，响器大致有3种类型。第一种是以商品本身作为宣传响器。如《燕市货声》中记述的“铜器挑”，“带炉，行敲铜盆”。[②]这是一种比较原始，也是最为简便的一种广告方式。第二种直接采用传统乐器而创制的响器。但比较有特色的还是第三种，以与经营内容相关的工具、容器等器物作为响器。具有很强的行业特色。

在北京，叫卖的声音通称“市声”，或者“吆喝”。各种不同的吆喝需要配上不同的响器，用来增加声音的韵味。有时候，更是完全用响器来代替吆喝。响器发出的不同声响可以起到符号标志性的广告效果，甚至让人们形成条件反射。特别是清代以来，五行八作的响器声更是成为京味儿文化的重要代表。首都博物馆历年征集的响器文物年代上多为清代以降。种类丰富且极具代表性。

如磨剪子、抢菜刀的手艺人使用的响铁（见图一），又叫报君知，一般由五块铁片组成，被一根牛皮绳子串起，通过有节奏的抡动，铁片互相撞击发出“哗啦！哗啦！”的声响。本馆征集的这件响铁应为解放后50年代的产物。由四块铲形生铁片组成，其中一块后端镶有手擎用木柄，白色牛皮绳将四块响铁串联在一起。

再如卖杂货的小贩用的货郎鼓（见图二），又叫惊闺，常见形制是上为铜锣、下为圆形皮鼓的响器，用手柄相串联。锣鼓两侧有耳，用皮条系有弹丸。使用时通过顺逆方向来回转动手柄，弹丸抽击锣鼓表面，形成有节奏的声响。本馆征集货郎鼓年代为民国，由上下两个铜锣连接而成，上层用单层铜片制成，一端打孔，用皮条系有响锤；下层用双层铜片压制后合并而成，中空，两侧各用皮条系有响锤；下端木柄上装饰有数组弦纹。

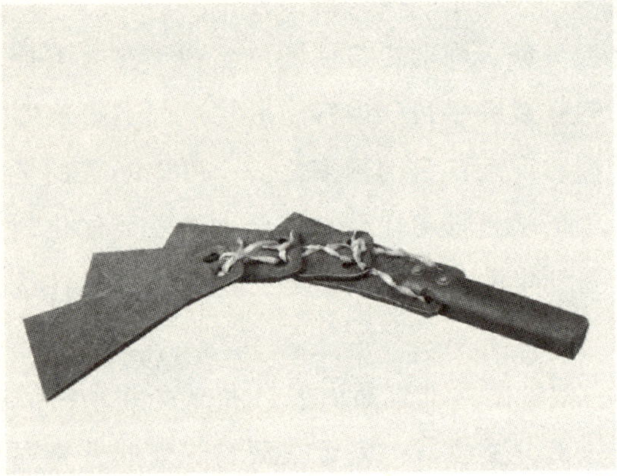

图一

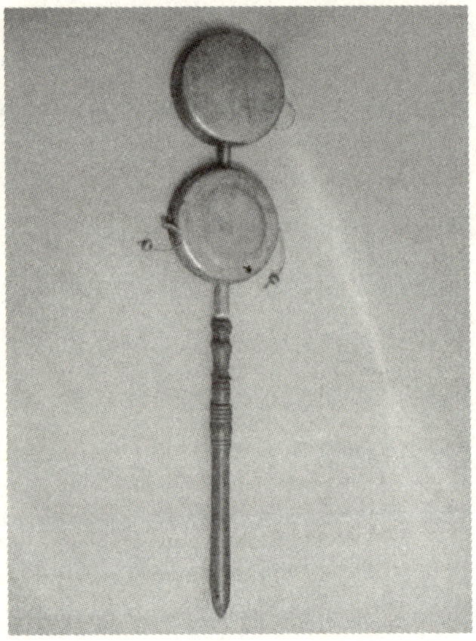

图二

还有郎中游医使用的“虎撑子”，又叫“八卦串铃”（见图三）。是铁片翻卷对扣的镯形铁器，中空，内置钢珠，用的时候把它套在3个指头上，摇之作响。相传，华佗曾用铁环撑住虎口，给老虎做了喉瘤摘除术。那个铁环后来就演变为行医的标志了。首都博物馆征集的两件“虎撑子”均为民国制品，除尺寸略有不同均为标准形制，内侧光滑显见为多年实用器物。

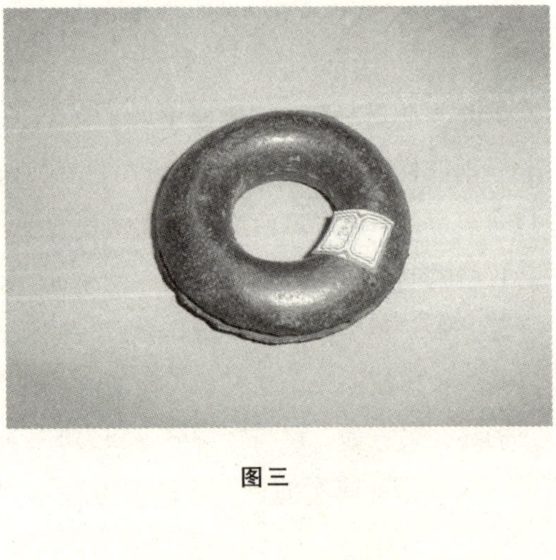

图三

这些五花八门的响器喧嚣映衬下的叫卖声传达出了最原始的感性市场信息。北京有位叫卖大王叫臧鸿，成功地将自己所会的200余种老北京叫卖申请了非物质文化遗产。首都博物馆对此类响器的收集，保护了文物本身，但如何有效地挖掘已经收集到的商业广告类响器文物的内在价值，并将其与叫卖、演奏方式等无形的文化遗产结合起来并系列化应是首都博物馆文物征集部门下一步工作的课题。

二、悬帜广告

随着民间贸易的进一步发展，各种形式的实物广告也纷纷出现。悬帜广告，即我们常说的招幌就是其中最有代表性的品种之一。最早的悬帜广告是战国时期酒家的酒旗。《韩非子·外储说》说到“宋人有酤酒者，升概甚平，遇客甚谨，为酒甚美，悬帜甚高著。”③这种悬挂标志物或直接悬挂所售卖商品形象的宣传方式，使消费者对招幌所对应商户的业务范畴一望即知。招徕作用直观且有效，是广大商家特别是坐商的最主要的宣传手法。直到当代仍在被很多行业沿用，最具代表性的就是理发店前旋转的色带灯和麦当劳硕大的黄色 M 型招幌。

北京作为近八百年来的全国政治经济中心，是全国商业资源的集散地。招幌作为行业特征的标志和广告媒介一向为旧京商家所重视。因此对悬帜广告的征集也是首都博物馆商品广告类文物征集的重点。

首都博物馆于 1908 年购入的一批北京老字号招幌就是近年来这方面征集工作的最重要收获之一。这批文物共 39 件，从类别看主要包括票号、钱庄、当铺、银楼等金融行业，也有少量药铺，酒楼等实业类字号。此批招幌大都用绸缎棉麻制成，形制多为长方或正方形，格式是在红地正中墨书字号名称，上首书字号创立年代（或招幌制作年代），下首书字号地址；少量为木制葫芦型等异体招幌，其上阴刻或阳刻字号名称。

招幌中涉及蔚泰厚、蔚盛长、蔚丰厚、宝丰隆、合盛元、天成亨等字号经查均为票号名称。票号亦称“票庄”、“汇兑庄”，是清代金融业的组成部分，系晋商首创，且多为晋商所经营，故亦称“山西票号”。这批票号为山西平遥、祁县、介休等地晋商开设，属知名企业，多见诸历史著录。涉及店铺地址包括“草厂九条”、“巾帽胡同”、“翟家口”、“崇文门外大街”等地，这些地点大都位于南城商业繁华地点。特别是“珠宝市”、“施家胡同”更是位于大栅栏地区的旧京金融业中心。珠宝市街里的钱市胡同，就是旧京进行银、钱交易的场所，这里每天银钱交易的比价操纵着全城钱业的行情。施家胡同有同元祥、三聚源等十几家银号，被称为“银号街”。这些银号不仅有货币兑换、存放款、汇兑等业务，有的还发行钱票，为当时此地区民族企业的经营与发展提供了有力的经济支持。此外，这批招幌年代跨度大，上起道光五年（1825 年），下至宣统元年（1909 年）。几乎涵括票号从发展兴盛直至衰败的整个历史过程。这些信息可作为分析晋商在北京开设票号分号的大致位置分布和年代起止的实物资料，是研究北京金融发展历史的重要佐证。

其中较有特点的是一件“蔚盛长”票号的招幌。（见图四）这个字号旧址位于平遥县城南大街 13 号，属县级文物保护单位。蔚盛长票号是平遥“蔚”字五联号之一。成立于道光六年，由原设于平遥城内的绸缎庄改组而成，总号设在平遥城内。财东是介休北贾村的侯荫昌和平遥普洞村王培南及几户小股东，经理为汾阳人郭存祀。公元 1900 年（光绪 26 年），慈禧太后携光绪皇帝西行路过平遥时，因提取醇亲王汇来的银两下榻蔚盛长票号。1912 年经理雷士纬求到了书画篆刻大师吴昌硕先生的墨宝“光绪行宫”四字，故又名“光绪皇帝下榻处”或“光绪客栈”，被誉为风水宝地。④首博所征这件蔚盛长招幌应为北京分号所用，招幌上注明店铺成立时间为同治辛未年（1871 年），位于京师巾帽胡同，这条胡同东起崇文门外大街，西至翟家口胡同。据传，以前这里卖帽子的作坊很多，故得名。

图四

在这批绝大多数属于金融行业的招幌之中，“同仁堂”这个如雷贯耳的名字显得特殊而另类（见图五）。作为中医药行业内的泰山北斗，一向为海内外人士所熟知。同仁堂（原名同仁堂药室，同仁堂药铺）是乐显扬创建于清朝康熙八年（1669 年）的一家药店。自 1723 年开始供奉御药，历经八代皇帝 188 年。在 300 多年的风雨历程中，历代同仁堂人始终恪守“炮制虽繁必不敢省人工，品味虽贵必不敢减物力”的古训，将“修合无人见，存心有天知”的自律意识流传至今。首都博物馆征集的这件红底黑字布招幌左题头写有“大清同治八年”字样，结尾注明地址“京师正阳门外路南大栅栏”，应为同治年间同仁堂用于招揽顾客的招幌。

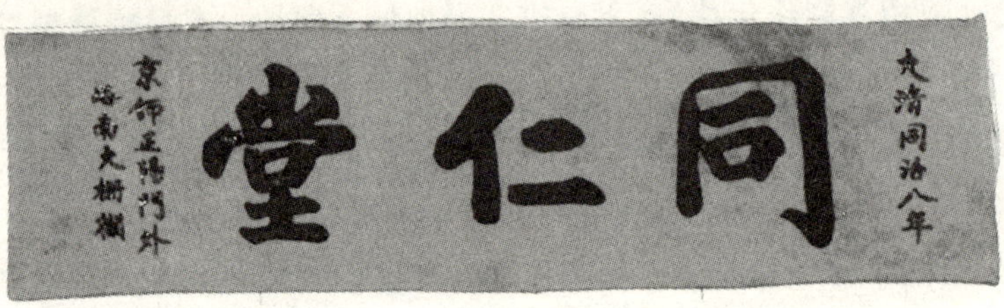

图五

三、印刷品广告

印刷术的发明，使中国的实物广告进入了一个新的阶段。现藏于上海博物馆的“济南刘家功夫针铺”广告铜版制作于北宋时期（960—1127 年），是至今发现的世界最早的印刷广告物，比西方印刷广告早三百多年。铜版四寸见方，上面不但刻有字号名称、广告标志（白兔图案），甚至还有“收买上等钢条，造功夫细针”，“不误宅院使用”，“客转为贩，别有加饶”等突出质量信誉的宣传文字，可见当时的广告水平已经达到相当的高度。随着明清时期中国封建社会的商品经济的高速发展，很多地区的经济成分中包含了资本主义萌芽的元素。传统商业广告形式继续发展之外，印刷品广告由于其成本低廉、发放方式灵活而受到商家欢迎，一经面世就被各行各业广泛采用。

到清末民国初年，印刷品广告涉及行业及形式内容经过不断的拓展日趋多样化。首都博物馆征集的北京地区印刷品广告就主要集中于这个时期。类别上大体可以分为两种：印制印刷品广告的模板和印刷品广告本身。

首都博物馆征集的广告模板数量较为有限，其中较具代表性的是“京都义德堂雕字版”（见图六）。京都义德堂雕字版为木制印版，上面阳刻了京都义德堂自制乌金丸的主治方向、用量及服用方法。内容非常详尽，主要阐明了此种药物对于妇女产前诸种病症均有显著疗效。用此印版印制的印刷品显见应为药店随药附赠的使用说明，可以有效地起到宣传药店和独家药品的广告作用。

首都博物馆征集的印刷品广告种类多样，包括宣传用广告、赠券、商标、包装纸、包装袋等。其中最典型的例子就是一件民国时期盛锡福帽店的帽盒（见图七）。盛锡福是天津的老字号帽店，创办人叫刘锡三，迄今经营已近百年。全盛时期，分号遍及北京、上海、南京、台北、香港等城市，另在20多个国家设有代销处。本件盛锡福帽盒用纸浆打筒，用一根麻绳从四个角穿出，起到连接帽盒与盒盖的作用。帽盒外面印有字号的名称、“三帽”商标和中英文地址，还有“四季帽品”，“精益求精”等典型广告语言。地址为“梨栈大街电话南局二一七号”（即今天津劝业场附近），当时属于法租界，附上英文地址可见帽店商品是面向各国顾客的。文字空隙处画有暖帽、鸭舌帽、礼帽等产品图像。总之，帽盒上的图案文字直观地体现出企业当时所处社会环境和经营范畴，是当时标准的包装广告范例。

图六

图七

此外，首都博物馆还征集到一张同为民国时期的“北京乾泰隆绸缎绒呢商行礼券”（见图八）。此间店铺不名于世，但此件文物却通过规范的格式反映了礼券这种形式的广告品在当时的流行程度。礼券分为两联，上联除店名外，印有金额、日期和标号，均留白待填写。此外还在边缘写有“凭券取货，概不挂失”的字样。下联印有共计五项的详细的“行使规则”，规定了盖章生效，只取货不兑现金，涂改无效等事项。此类礼券一般为大商号印制，用来分发给一些长期客户、大客户或当地有头有面的人物，作为对客户的回报。可见用买赠的促销手段吸引老顾客的商业手法在当时已经盛行，虽属一种有价票证，但其附带的宣传作用昭示了其广告本质，鲜活地反映了旧京商业的发展状况。

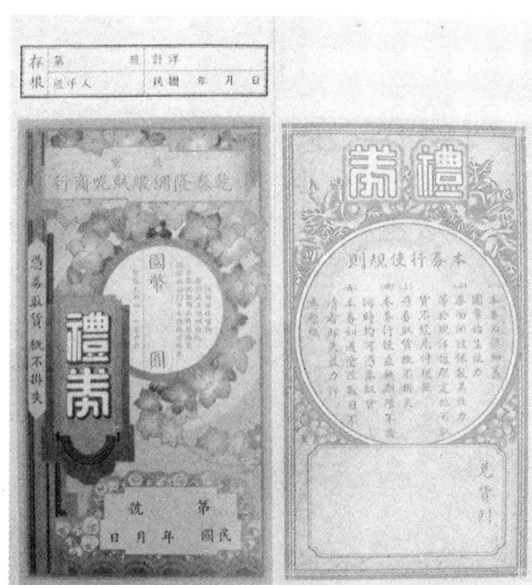

图八

首都博物馆历年征集的北京地区商业广告类文物基本涵盖了旧京商业广告的主要形式。通过归纳整理可以总结出一些规律性的特点。

首先，首都博物馆所征集的商业广告类文物突出体现了北京地域特点。特别是将征集方向集中放在对北京老字号和北京独有行业商业广告文物的征集上。北京“全聚德”、“同仁堂”等22个“老字号”企业入选国家级非物质文化遗产名录。这些顶级老字号企业历史悠久，生命力强，历经时代变迁，始终保持长盛不衰。相关企业由于自身企业文化宣传的需要也保存了一批文物资料，但仍有为数众多的老字号企业位于消失的边缘，其本来就散佚于世的商业广告类文物就愈显珍贵。因此，对这些老字号文物的搜集保护就显得愈发紧迫而重要。除了前文所述“同仁堂招幌”等极具代表性的文物，首都博物馆还征集到了“双合盛啤酒广告”、“庆林春茶庄包装罐”等知名字号的商业广告类文物。为弘扬老北京商业民俗积累了大量实物资料。

其次，首都博物馆所征集的商业广告类文物年代相对比较集中，建立了本馆馆藏优势也指明了征集工作的发展方向。首都博物馆征集到的商业广告类文物在年代上主要是从以清末民初到新中国成立前这个时间段。一方面是和旧京的时间段相契合，适用于我馆《老北京民俗展》展览需要；同时也是因为这一时期是北京地区商品经济活跃的时期，商品广告类文物资源丰富，来源多，精品多，有利于通过规模与系统的征集形成馆藏特色。

最后，首都博物馆所征集的商业广告类文物本身具有重要的史料价值。史料是历史研究中一种必不可少的最基本的要素。史料的种类很多，我们习惯于从书报、文件、档案中获取史料，但很少有人注意到带有广告元素的实物类文物同样是重要的史料，“广告不仅具有商业的意义，亦反映出该社会的具体生活与价值取向”。[⑤]首都博物馆征集的很多广告包装袋上绘有当时的人物造型，从其衣着打扮上就可以看到当时服饰的流行趋势和人们审美观的变化。将首都博物馆征集到的广告史料置于当时社会背景下分析解读，可以为旧京商业史话的研究提供更多的参考。

由于征集文物的数量有限，本文所述规律与特点难免有不准确的地方，希望今后通过对征集文物和其他馆藏文物的进一步研究，不断完善。并希望有更多学者参与探讨研究。

注释：

① 顾建华：《广告艺术的美学剖视》，《商业文化》1994年第7期，第55页。

② 蔡罕：《成语中的“前广告”文化述评》，《探索与争鸣》2006第7期，第48页。

③ 佚名：《古人怎样做广告》，《语文教学与研究》2009年18期，第54页。

④ 百度百科，http：//baike. baidu. com/view/2359706. htm。

⑤ 蔡朝晖：《浅议广告的史料价值》，《新疆社会科学》2006年第2期，第104页。

参考文献：

① 曲彦斌：《中国招幌与招徕市声——传统广告艺术史略》，辽宁人民出版社2000年版。

② 黄鉴晖：《山西票号史（修订本）》，山西经济出版社2002年版。

从首都博物馆馆藏藏品

——看舞女、歌女背后的生活

杨丽丽

一、馆藏藏品介绍

在中国大陆一提到舞女、妓女、歌女这些词，所有的人们都会嗤之以鼻，因为这是一个不光彩的职业，是妇女最下层生活和职业的代表。在旧社会里从业的人员从十几岁到四十几岁不等，大多身材匀称、相貌姿色出众，可是在人们痛恨、唾骂她们的时候，有谁会了解她们背后的生活呢，从事这样一个见不得光的职业其实也并不是她们所想，更多的是生活所迫，面对生活的艰难，家庭的重担，手无缚鸡之力的她们别无选择，只好出卖自己的肉体，任人践踏自己的灵魂，来换取父母、兄妹、孩子的衣食和温饱，从这一点出发，她们并没有错，只是选择职业的方式有点龌龊罢了。妓女代表的阶层是最低等的社会阶层之一，娼妓多被排斥在正常人的概念之外，绝大多数的娼妓都是无法获得应该的人道对待的，对待她们更多的是谩骂与不屑。

首都博物馆关于这方面的藏品有两件套，为近2年新征集、捐赠的藏品。

第一件是歌女、舞女、女招待、音乐师从业人员登记表，全套共计33件，是2005年新入库的藏品，每件藏品长39厘米，宽26.5厘米，登记时间约在1949年至1950年前后，把他们从业的原因及状况大致分为五类，如下表所示：

序号	从业原因	婚否	所占比例	工作场所及职业
1.	生活困难	未婚	39.4	三星舞厅舞女
2.	生活困难	已婚	27.2	三星舞厅舞女
3.	生活困难	丧偶	15.1	三星舞厅舞女
4.	生活困难	离婚	6	三星舞厅舞女
5.	不明	不明	12.1	三星舞厅舞女

第一类，未婚，上面所列原因为生活困难，这类从业的人员，一般都为家中的长女，父母身体不好，兄妹幼小，是家里的生活支柱，靠从事这样的职业来维持家里的日常开销。

第二类，已婚，所列原因为生活困难，这类从业人员有的丈夫是残疾，但是大多数都身体健康，猜测这部分人从事这样职业的原因，应该是丈夫多为不务正业，游手好闲一族，没有办法，维持生计。

第三类，丧偶，这类从业人员是确实的生活困难，一般都带着2个以上的孩子单独生活，平时没有生活来源，又要照顾孩子，迫不得已从事这样的职业，维持温饱的生活。

第四类，离婚，离开丈夫，一般都为独自生活，个别带着孩子，没有经济来源，没有一技之长，所以靠这个职业维持生活。

第五类，原因不明。

这套藏品，显示从业人员服务的场所都为三星舞厅，地址为东长安街3号，名义上从事的职业多为伴舞。在她们所谓的光鲜亮丽的外表，灯红酒绿，醉生梦死的生活背景下，其实从事这样的职业，本身对她们的身体是一种无情的摧残。馆内收藏的第二件藏品为一张妓女职业病的统计表，通长51.8厘米，宽25厘米，上面统计了她们因职业的关系所患疾病多达31种，表中把妓女分为四等，越高等的妓女得的病越少，而越低等的妓女得病的越多。可以想象她们不管是高等的还是低等的都要忍受从事这样的职业给她们身体带来的痛苦与损伤，在夜深人静的时候，她们又在想什么？

二、娼女的起源

在我国长期流行一种说法，即中国的妓女起源于殷商的女巫，并把那个时代称为“巫娼时代”。可是近年来有人认为中国虽然在历史上存在过近似巴比伦、古希腊女祭司的女巫，但在史书与宗教典籍中找不出一条关于殷商女巫卖淫的确凿材料，从而认为中国的妓女起源于奴隶社会中奴隶主家庭所蓄养的家妓（女乐、倡优），并在许多历史事实和不少典籍中把“妓”解释为“女乐”，把“娼”也解释为“女乐”来论证。后世的妓女在古代可能有多种来源，或者可以说，有几种因素对妓女的产生有影响；同时，对妓女的性质也应加以界定。

妓女，一般说来，是以卖淫为业的妇女，而卖淫，则是以肉体换取金钱。如以这个标准来衡量今日的妓女，当然是完全符合的。但如以这个标准来衡量古代的所谓妓女，就不完全符合了。例如“宗教妓女”，女子和多个男子有身体接触，其目的是为了宗教信仰，是为了履行对神的义务，而主要不是为了金钱；再如“家妓”，女子处于被奴役的地位，被迫为某个统治者或某几个统治者（如官宦子弟、官僚的下属等）提供娱乐服务或身体服务，其目的也主要不是为了金钱。以上这些性质都和后世对妓女的理解不同，可以称之为“妓女的雏型”，她们对后世妓女有很大影响。当然，从她们为许多男子提供身体服务来看，称她们为妓女也未尝不可。①

三、娼女的来源

其实，娼女产生的最主要的根源还是社会经济的发展，从私有制社会建立初期的情况来看，大致有以下这些需要和可能：

第一，私有制建立以后，女子沦为男子的附庸和玩物。既然女子成为玩物，歌女、舞女、妓女这类的行业便慢慢产生了。

第二，在私有制社会，随着统治阶级的统治和权力的日益巩固，随着商人的出现，权力和财富日益集中，这使某些人迷恋声色犬马、耽于享乐成为可能。

第三，当时的大小奴隶主在家庭中占有和蓄养大批女奴，这样就使社会上的男女比例失调，出现了鳏夫。同时，城市的出现，商业的发展，人员流动的增加，有不少军人、商人、游士、手工业者远离家庭，外出谋生等。上述情况的出现，使得妓女这种行业成为社会的需要。

第四，城市和商业的发达使有些农村经济破产，有些妇女无以为生，商品交换原则使她们不得不出卖肉体来换取金钱。②

四、清末至民国娼女的工作场所——八大胡同

清末民初的八大胡同有两个概念，从狭义上说，所谓八大胡同，并非某一条胡同的名称，而是由八条胡同组成的。因为中国人爱将同类事物归类然后说个大概数，如天桥八大怪、唐宋八大家、八大祥、燕京八景。其实，“八”字在这里是个虚数，只是表示其多。这八条胡同位于前门外大栅栏附近，因妓馆密集而成一大销金窟。从广义上讲，八大胡同是指从铁树斜街以南，珠市口西大街以北，南新华街以东，煤市街以西这一大片区域内的许多胡同，这些胡同中有过明妓或暗娼，多为一二等妓院。③

据民国十八年（1929 年）调查情况见下表：④

等级	数量	地点	妓女数量
头等妓院（即清吟小班）	45 家	韩家潭、百顺胡同等	328 人
二等妓院（即茶室）	60 家	石头胡同、朱茅胡同等	528 人
三等妓院（即下处）	190 家	河里、四圣庙等	1895 人
四等妓院（即小下处）	34 家	乐培元、黄河沿等	301 人
合计	332 家		3752 人

根据上表可知，三等妓女的从业人员最多，故符合首都博物馆所藏的妓女患病统计表中，三等妓女患病的病例最多的统计。

其实她们选择这样的生活方式也代表了妇女低层的社会地位。新中国成立后，妇女的地位得到了提高，可以受到相同的教育，更可以参政议政，走向领导的行列，和男人干一样的事情，成立了妇联，同时这种妓女、舞女的职业也被明令禁止，保护了妇女的权利。

妓女、舞女这个行业在新中国消失了，只能从电视剧，历史资料上能搜寻到痕迹。

1949 年 11 月 21 日，北京市第二届各界人民代表会议通过了封闭妓院的决议后，全市各界当夜配合行动，封闭了市区和城郊所有 237 家妓院，成立了妇女生产教养院，集中 1290 名妓女并加以教育，对她们的身体进行全面系统的治疗，并使她们有了一技之长，摆脱了“窑姐”的身份，过上了普通老百姓的生活。与她们相关的资料也就进入到了博物馆，只能从这些发黄的纸张中探寻她们的悲惨人生。

注释：

① 高罗佩：《中国古代房内考》，上海人民出版社 1990 年版，第 258～271 页。

② 刘达临：《中国情色文化史》（上下册），人民日报出版社 2004 年版，第 658～715 页。

③ 张金起：《八大胡同里的尘缘旧事》，郑州大学出版社 2005 年版，第 1 页。

④ 王书奴：《中国娼妓史》，团结出版社 2004 年版，第 318 页。

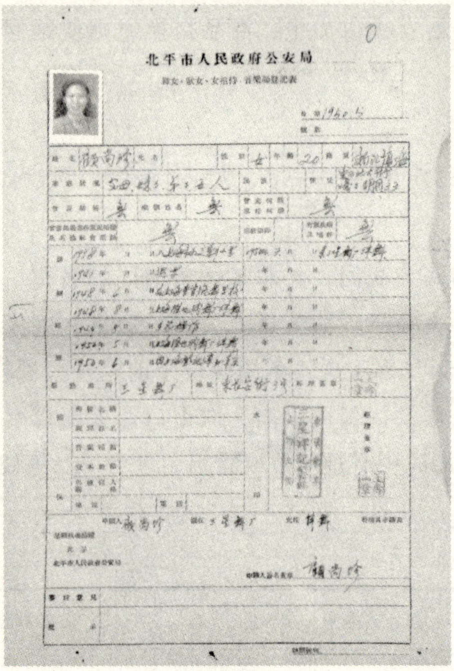
北平市人民政府公安局

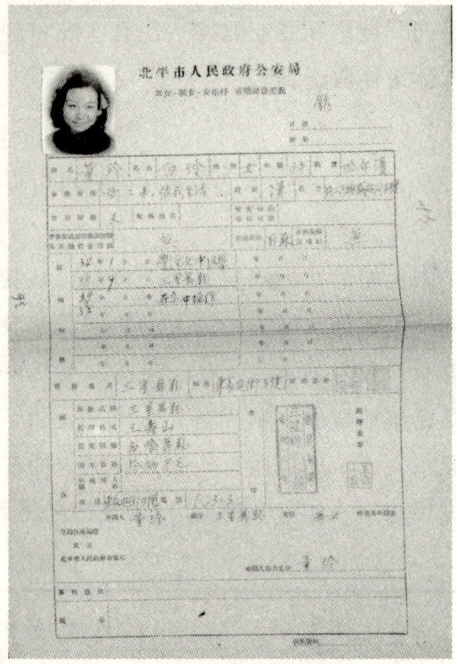
北平市人民政府公安局

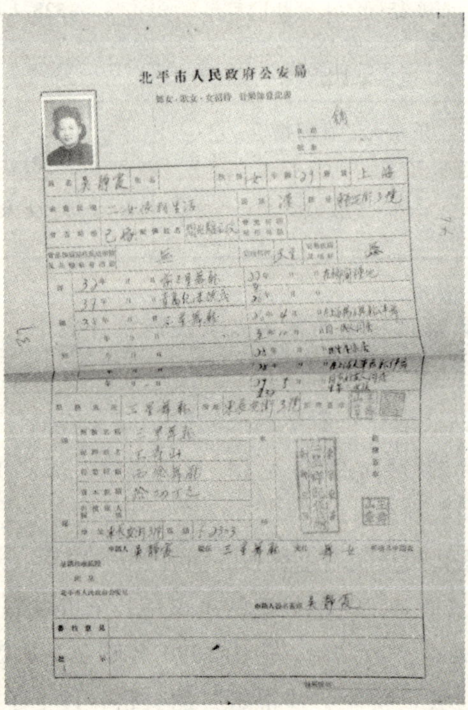
北平市人民政府公安局

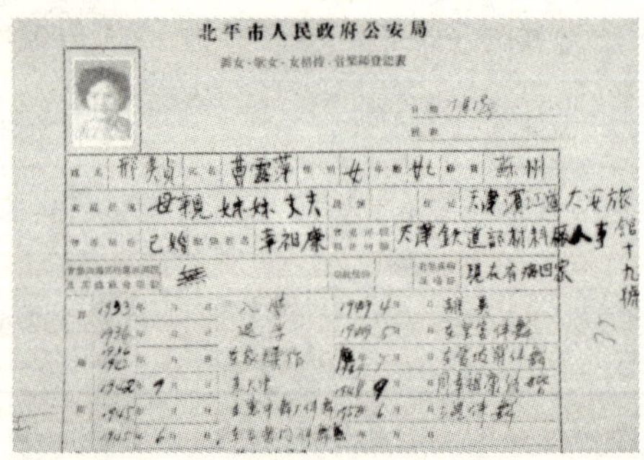
北平市人民政府公安局

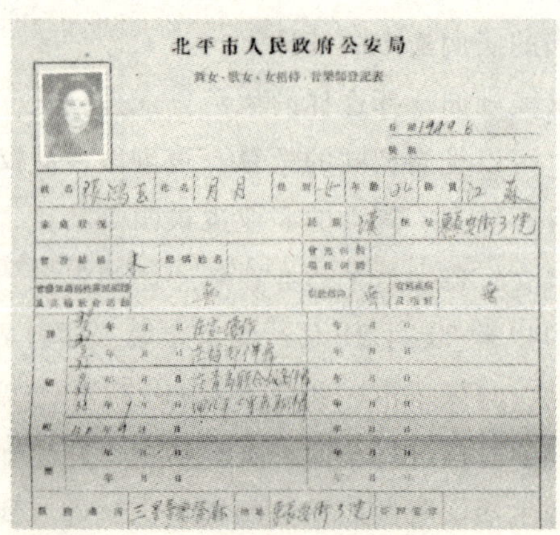
北平市人民政府公安局

北平特別市妓女檢治事務所每月診治病名分類報告表

病		别	等級 一等	二等	三等	四等	合計
梅毒	第一期	硬性下疳					
		無痛性横痃			1		1
	第二期	梅毒疹		1	24	9	34
		扁平疣		1	7	1	9
	第三期	梅毒腫		1	4		5
		梅毒潰瘍			16	2	18
	神經梅毒	脊髓梅毒					
		腦梅毒					
	遺傳梅毒						
	其他	喉梅毒	2	15	49	6	72
		腰骨炎				2	2
下疳	軟性下疳			1	20	12	33
	有痛性横痃				5		5
淋疾	泌尿器	尿道炎	2	7	70	15	94
		膀胱炎					
	外陰部	巴氏腺炎		3	15	5	23
		陰門炎	4	7	55	2	68
		糜爛	1	12	150	43	206
	生殖道	腟炎					
		子宮頸管炎	31	39	349	79	498
		子宮内膜炎	33	50	305	72	460
	附屬器	喇叭管炎			1		1
		卵巢炎					
		骨盤結締織炎			1		1
	合併症	直腸炎	1	4	81	8	94
		結膜炎			2		2
		關節炎			7		7
		心臟内膜炎					
		尖圭疣	4	5	18	3	30
		横痃	2	1	20	5	28
	其他	鼠蹊腺炎		1	1		2
		陰門後楷瘺管			3		3
其他傳染性疾患	結核				10	1	11
	疥瘡			2	18	10	30
	癩病						
	其他	咽喉炎		3	19	2	24
		癬	1		27	5	33
		瞼疱炎			2		2
併發症	梅毒與淋疾						
	淋疾與下疳						
	下疳與梅毒						
總計			82	153	1279	282	1796
受檢者總數			378	438	3311	536	4663

所長竹塑厚　　　　民國十八年 七 月份

从新博物馆学谈“物”的概念

——以多样的新型博物馆为例

陈雨蕉

一、新博物馆学

“新”自然是相对于“旧”这个概念而言，新博物馆学正是对以往博物馆学观念、目标和功能等全方位的自省和更新，特别是对传统博物馆过于注重方法，如博物馆的典藏建档、保存、陈列等功能，而忽略了博物馆目的的检讨和批判。这项新博物馆运动从20世纪70年代开始持续至今，依赖着强有力的新人文主义观念，给传统的博物馆学界带来了温暖人心的人性化关怀之风。正是新博物馆学中所提倡的协调人类与自然环境的生态关系，深入社会为社区和特定的群体服务，社区居民是博物馆的主人，把历史与未来衔接起来，使博物馆能反映社会演变的新博物馆功能理念，使得新博物馆学在近40年的发展历程中变得越来越重要。

博物馆自身是一个综合而复杂的现象，传统的博物馆更强调征集、保存、陈列的技术和功能问题，而往往这样分类明晰、侧重对于久远历史文物的展陈都是一些学术氛围浓厚、被小众或精英欣赏的“高雅”文化，对于普通民众而言太晦涩太遥远。自从博物馆增加了教育功能之后，博物馆的展览丰富了许多却又常陷入一种说教的范式当中，高高在上的态度和冷漠的距离感仍然是横亘在观众和博物馆之间的巨大鸿沟，在这样鸿沟面前博物馆社会教育的功能无疑要大打折扣了。

而一种新型的建立在原址保护基础上的博物馆，是对传统博物馆缺陷的直接批判和修正。这类带有实验性质的博物馆最先建立在法国，并且被命名为“生态博物馆”。它正好针对传统博物馆的缺项而提出其理念，它是“由所在地人民和公共权力机构共同设想、共同修建、共同经营管理的一种工具”①。这里的“工具”更准确地说是指媒介物，是一个让“公众参与社会计划和发展的媒介物”②。这样一来，博物馆的概念、功能和目标都有了前所未有的扩大，生态博物馆概念是新博物馆学之中标志性的理念之一，但经过几十年的发展和实践，生态博物馆的意义已经不再拘泥于这个概念本身，而在于其带给博物馆事业的创新，正如格·戴瓦兰所说生态博物馆“作为为社会服务的必不可少的工具，让全世界的遗产为全世界服务，为置身大自然之中，不断地寻求未来、寻找用以掌握未来的各种文化和物质手段的整个人类服务”。[③]

二、新博物馆学中的“物”

在新博物馆学形成发展之中，有一个关键点需要注意，那就是对“物”的认识。在发展历程中，有一个关键事件不得不提，1971 年法国政府请来博物馆学家在国家公园里建立生态博物馆，这样一个简单而具体的实践活动使得博物馆有了转向的可能性。这样的“原址保护”渐渐增多并开始在博物馆学界获得了重视，传统博物馆中的文物概念受到挑战，由于这种博物馆所藏之“物”的概念转变，使得文物依靠传统征集方式的概念也受到了挑战，随着“原址保护”成为可能，原址的一切成为了新博物馆的主要“藏品”，博物馆中“收藏物并不全来自征集”的方式被逐渐认可。正是这种“物”的概念的全面更新，才让以“原址保护”为根基的新博物馆学理论建立起来。

在谈到新博物馆学“物”概念变迁时，就不能不谈“物质文化”的研究，而这里的物质文化研究也是一种置于博物馆视野下的考察。以前人们从博物馆中获得对于“物”的认识往往是从对物的描述，例如物的形状、质地、尺寸、年代等，这种基于考古学的对“物”的描述，虽然科学、客观，却往往让人觉得生硬而冷漠，不经意间构建出一种主体与客体即人与物的二元对立关系，当然这也是西方早期哲学一贯的思想理论。直到黑格尔的精神现象学提出了主体与客体即人与物非二元关系，并不是独立存在而是构成相互关系。米勒据此提出了物质文化研究的新目标和框架：物有其自成一格而独立自主的逻辑与性质[④]。其实，物质文化的研究也就是指对物质客体的文化表述的研究，不仅仅是物质客体自身，还包括物质背后的人的行为以及人的认知问题。这也是为了通过“物”这一客体来“再现”文化，由此达到了解人以其社会文化的目的。这其实也是博物馆通过各种各样“物品”展陈向人类传达的意义之所在。正如国际博物馆学委员会前主席马丁·施尔所强调的，博物馆的物是一种文化遗产，博物馆收藏它不是强调其实用性，而是强调其意义。[⑤]

长期以来，我们的博物馆尤其重视与“文物”相关的各类技术手段，包括征集、分类、保存、修复等等，诚然文物是支撑一个博物馆的关键，特别是那些有历史、科学和艺术价值的物品才能“有幸”入藏博物馆之中，虽然这里“文物”概念已经远远超越了“古物”的概念，但是不能不反思的是，在对技术手段的强调下，往往造成对意义和目的的忽视。新博物馆学可以说是对“物”的意义和博物馆目的的重新回归。

在新博物馆学的视野下，不仅全人类各个阶段的文化遗产都被置于博物馆“藏物”的大概念之下，甚至是人本身也被囊括在这个“藏品”概念之下，这并不是指将人化为藏品，而是强调作为文化载体的人也将是自身文化的最好表述者。同时，对特定社区或群体需求的关怀，也体现了新博物馆学中最重要的观念——以人为本。由此，博物馆不再局限于一个固定的建筑空间内，它变成一种“思维方式”，一种以全方位、整体性与开放式的观点洞察世界的思维方式。[⑥]

三、多样性的生态博物馆实践对“物”概念的诠释

新博物馆学理论是人类对自身、对人与社会和自然环境之间的关系的反思，同时也是对人作为文化载体的关怀和重视，这种理念在法国的社区博物馆运动中被诠释得最为透彻。1995 年，生态博物馆

的实践终于在中国贵州六枝特区唆嘎乡的深山中"安家落户"，一座旨在保护、展示当地长角苗特有的文化生活的生态博物馆在此建立。

之后，在挪威和中国合作之下贵州各地建立了其他几座生态博物馆，将生态博物馆的理念真正在中国的土地上推广践行开来。其实，早在20世纪80年代贵州郎德上寨就成为了中国第一座露天博物馆，但这里长期以来主要扮演着科研基地和旅游地的双重角色，博物馆的功能并未得到充分发挥。直到生态博物馆理念的推行，才将"以人为本"、"人与物相结合"的保护方式带入其中。不得不说，贵州生态博物馆的建立难以脱离挪威的固有模式，要使其真正的中国化、本土化还是一个长期的过程。但是，这些生态博物馆的成立却给博物馆和文化遗产保护带来了很多观念上的更新和思考，尤其是对"物"这个概念的认识。生态博物馆最强调的就是"原址保护"，就是在文化产生当地保护该地的各种文化特征，其中最重要的就是保护当地文化的载体——人，包括当地人生活的各个方面，从衣、食、住、行到歌舞、语言等等，在一个区域里当地人以及当地人的生活状态、生活方式都是生态博物馆的"藏品"。可以说贵州建立了我国第一代生态博物馆，在国内外力量的合作下使得它们在记忆工程、村民培训和社区化方面有了十分专业的提升，也给我国的博物馆界带来了新鲜的空气。

广西"10+1"的生态博物馆工程可以说是在贵州生态博物馆基础上的中国第二代生态博物馆。在广西民族博物馆的推行下，不仅延续了贵州生态博物馆的传统，挑选了那些仍然生活在自然经济和古老文化中的民族群体，作为生态博物馆建设的基地。而且由于广西民族博物馆的直接参与，还将博物馆的科研、展示方式直接带入当地，同时由于当地博物馆科研人员的介入，使得广西生态博物馆在资料中心的资料收集、展示方面较贵州生态博物馆有了很大的提升。同时，由于博物馆这种有力的介入，也加速了当地人对自身文化的认识和价值的认同。可以说，中国第二代生态博物馆在遗产保护社区化的基础上，正向遗产保护的专业化、博物馆化方向前进，使之可持续发展下去。⑦

可以说以上两地都是以各地特色的民族文化为生态博物馆的主要"藏品"，这也成为全国各地建立生态博物馆的范本。但是，新博物馆学的意义远不止对民族文化全方位的保护、展示上，而且它所蕴涵的"物"的概念也不仅仅只限于此。

民族文化保存完整的地区必是那些远离城市的乡村僻野，那是不是意味着新博物馆学理论只能在这些地区才有生命力呢？事实并不是如此，对人的关怀是新博物馆学最为崇高的宗旨，那对人类文化的保护也应是全面的，在喧嚣的城市中也有很多值得我们去保护的遗产和文化传统。

我国大多数的城市都在经历着从农业城市向现代化城市的转变，特别是像北京这样的国际型大城市更是首当其冲。可是在现代化的大都市中，由于同质化程度很高，似乎已经难以发现保存完好的特殊的民族文化，保护什么、如何保护也正是现代都市文化遗产保护的难题。其实，对于城市博物馆或者社区型的博物馆来说，人们生活变迁的方方面面都是博物馆应该记录、收藏和展示的"物"。如果树立了这样一个新的博物馆"物"的概念，那么对类似北京这样快速发展的现代化城市来说，目前正在迅速消失的工业遗产就应该首先被纳入城市文化遗产保护的视野之中。

首都博物馆就最先尝试将工业遗产保护与生态博物馆的概念相联系，在北京建立了第一座工业遗产型的生态博物馆——京张铁路青龙桥车站展览。

从2007年开始一直到2009年，首都博物馆文物征集部的工业遗址调查小组对京张铁路进行了全面的多方位的考察，这条近代中国人自主设计施工的第一条铁路干线，象征着工业文明走进中国，它的历史变迁从一个侧面折射出中国工业百年发展的历程，这也是留给北京最宝贵、最有价值的一份文化遗产。调查小组沿线共考察了51个点，包括25架铁路桥，11个老火车站，3个老山洞，4个相关老厂，3 架相关公路桥，2 个古址等。最终确定在京张铁路沿线的青龙桥火车站建立一个动态博物馆，主题展厅就是沿用至今的车站候车厅，此外，还改造了车站工作人员的办公室作为展示的一部分，老铁轨、手动道岔等京张铁路的老物件都在此展示。此外，这里还是京张铁路设计者詹天佑先生的墓地，为了纪念这位伟大的工程师人们还在此塑了一尊先生的青铜雕像，而京张铁路最为人熟知的“人字形”铁轨正好在此站门口，不远处的长城和满山的绿树红花都是这段历史最好的见证者。最为难能可贵的是，这里的站长对该站的历史变迁十分熟悉，他即是这座生态博物馆的管理者也是最好的诠释者。

有人说“用诉诸视觉的物述说物体的‘事’是有道理的”⑧。正如在这座以铁路发展变迁为主题的生态博物馆中，一段抽象的历史被这座博物馆所蕴涵的“物”即“藏品”——不仅仅是展厅里的实物和塑像，还有这里周围的一切自然环境、铁路景象以及人们的口述史和生活状态——诠释得淋漓尽致。将工业遗产作为博物馆的藏品，来展现人类发展的一段重要历史，使其成为了跨越时空传递信息的有力物证，也给人们打开了一幅人类文明发展史的历史画卷。

随着新博物馆学理念的深入和实践，“物”的概念还会有更多更新的变化，城市的声音、时尚以及人们的口述史等现代社会发展的元素也都成为首都博物馆的“藏品”，它们都是这座城市历史发展的一步步“脚印”。

四、启示与挑战

不可否认，新博物馆学给传统博物馆学注入了新的力量，开阔了传统博物馆的眼界，特别是对历史传统深厚的中国来说，在重视古代文物、强调传统的文物征集方式以外，带来了创新的可能和发展的趋势。如何在不抛弃传统博物馆强项之外开创新的博物馆发展思路，我认为这正是新博物馆学给我们带来的最重要的启示。

新博物馆学也让博物馆重新审视自身，除了对藏品质与量的重视和研究之外，博物馆真正的使命是什么？无疑，博物馆真正目的仍是要服务于大众，无论是教育、欣赏和研究都要服务于社会的发展和人民的需求，而征集、收藏、保护和传播也都是为达到这个目的的手段。

新博物馆学带来了对博物馆原有“物”概念的更新和扩张，也让博物馆在“物”的研究方面有了更多反思和启示。首先，对于传统博物馆中的很多“物”，一旦脱离了原来的生态文化环境，它的意义多大程度上是完备的？博物馆是一个由学者通过特定的“物”“再造”的文化空间，而通过一系列物质文化的陈列展览再现的某一文化，其真实性也是有所折扣的。这就给我们提出了对于传统博物馆物质研究的新思考，如何达到“人与物相结合”的研究是今后传统博物馆对于物质研究的新趋势。这不仅要求对原有藏品的再思考、再研究，还需要有新的文物征集思路和方式，对于采集式的征集方式应做更多的补充，包括文物的背景、象征意义以及物与人、人与人之间的关系等。另一方面随着单品的文物征集工作的减少，更应该发展整体性、原址性的文物资源调查工作，将“物”置于整体的生态、文化环境中作为考察对象，让一个个具体的物在其产生地阐释文化的意义，从而尽可能地做到文化保护的“原真性”。

其次，对于博物馆自身社会角色的反思。我国博物馆从成立至今，一直以文化保护、传承和教育为已任，但是统观全局，博物馆更多时候是像一个“局外人”，这里是一个冷静、客观的文物陈列场所，也是一位严肃、科学的历史文化“教育者”，但在新时代的发展中，博物馆还应该扮演一位积极的文化遗产保护的身体力行者、倡导者，一位亲切的文化阐释者和传达者。

在吸收新博物馆学的新概念、新方法时，我们也应该看到所面临挑战。一是“泛博物馆”现象日益明显，很多地方在配合经济发展和文化旅游的趋势和需求下，将一切文化遗产都“博物馆化”，博物馆借“物”来传达历史、解释科学的功能，正受到单纯追求观感刺激和身心愉悦为目的的挑战⑨；二是随着“泛博物馆化”现象的凸显，使得更多生活在文化展示中人“被展览”，这也引起很多社会道德和伦理方面的讨论；三是新博物馆学倡导的生态博物馆实践目前仍处于实验性的过程之中，而且由于其原址保护的方式，经济发展与文化保护的矛盾在更显得尤为突出，如何解决这些矛盾还是生态博物馆所面临的最大挑战之一。

无论如何，我认为新博物馆学虽然是相对于旧博物馆学而言，但并不是与旧博物馆学互不相容、完全对立，而更多是一种反思和启示，也为传统博物馆开拓了新的思维方式和发展道路。不论是新博物馆还是旧博物馆，都不能改变博物馆作为征集、保存、研究、展示和传播人类生存及其环境物证的文化机构，作为实现文化多样性的跨时空交流工具的本质⑩。因此，无论是生态博物馆还是传统的博物馆，甚至今后会出现的五花八门的博物馆，都是为过去的人和未来的人，通过人类生存环境的物证实现会面和交流而存在和发展的。

注释：

① 张晋平译：《格·戴瓦兰谈生态博物馆运动》，《2005年贵州生态博物馆国际论坛论文集》，中国博物馆学会编2005年第1版，第13页。

② 张晋平译：《格·戴瓦兰谈生态博物馆运动》，《2005年贵州生态博物馆国际论坛论文集》，中国博物馆学会编2005年第1版，第13页。

③ 张晋平译：《格·戴瓦兰谈生态博物馆运动》，《2005年贵州生态博物馆国际论坛论文集》，中国博物馆学会编2005年第1版，第15页。

④ 庄孔韶：《人类学概论》，中国人民大学出版社2007年第1版，第126页。

⑤ 王宏钧：《中国博物馆学基础》，上海古籍出版社2001年第1版，第7页。

⑥ 甄朔南：《什么是新博物馆学》，2001年第1期，第25—28页。

⑦ 苏东海：《中国生态博物馆的道路》，《2005年贵州生态博物馆国际论坛论文集》，中国博物馆学会编2005年第1版，第7页。

⑧ 庄孔韶：《人类学概论》，中国人民大学出版社2007年第1版，第131页。

⑨ 庄孔韶：《人类学概论》，中国人民大学出版社2007年第1版，第132页。

⑩ 曹兵武：《生态博物馆：谁的生态?》，《2005年贵州生态博物馆国际论坛论文集》，中国博物馆学会编2005年第1版，第261页。

参考文献：

① 杨玲、潘守永：《当代西方博物馆发展态势研究》，学苑出版社2005年版。

② 中国博物馆学会编：《2005年贵州生态博物馆国际论坛论文集》2005年版。

③ 庄孔韶：《人类学概论》，中国人民大学出版社2007年版。

④ 王宏钧：《中国博物馆学基础》，上海古籍出版社2001年版。

⑤ 顾军、苑利：《文化遗产报告》，社会科学文献出版社2005年版。

由国外博物馆数字化发展引发的思考

王　萌

一、前言

在查阅资料时，笔者偶然阅读了国外同行的一些文章，涉及博物馆数字化建设的一些方面。并发现有几个组织被多人提及，加拿大的 CHIN，美国的 MCN，英国的 MDA，很感兴趣，于是查阅的了这几个组织的相关资料及相关国家的博物馆数字化发展状况，深受启发。因资源受限，只能从有限的资料中看到一些国家的博物馆数字化发展历程及现状，偏颇之处还望见谅。

二、国外博物馆数字化的发展

（一）美国

1967 年，美国纽约 15 座博物馆开始探讨如何利用计算机达到藏品数字化管理的理想，并试图研发一套适用全美博物馆藏品管理系统。博物馆计算机网络协会（以下简称 MCN）成立，由纽约大学计算机科学教授杰克海勒（JackHeller）博士与任职于纽约现代艺术博物馆的戴维万斯（David Vance）所创始，成立的宗旨是协助各博物馆将其馆藏品信息计算机化。1968 年，在 IBM 的赞助之下，MCN 举办了有关博物馆自动化的各类研讨会。1969 年左右该组织解散，仅存大都会博物馆（The Metropolitan Museum of Art）与现代美术馆（The Museum of Modern Art，MoMA）两座博物馆继续发展各自的藏品管理系统。戴维万斯开始进行博物馆信息标准化的计划，主要目的是建立一套资料词典，用以规范输入计算机资料的标准用语，确保数据库的栏位用词的一致性。1970 年，史密森学会（Smithsonian Institution）旗下的自然史博物馆（National Museum of Natural History）开始推动名为 SELGEM（SELF Generating Master）的专案计划，并发展出一套专门用来登录、编目自然史标本的典藏系统。由于起初参与系统开发的馆方人员并无计算机信息化的专业背景，仅能设想利用计算机存放藏品登录文件，并没有思考如何以计算机达到藏品数字化管理的目的与功能。1977 年，苹果 Apple II 个人计算机问世，引发全世界的计算机革命，更改变了博物馆自动化的发展。

1984 年，在美国华盛顿统筹诸家博物馆运作业务的史密森尼博物院（Smithsonian Institution）成为第一个使用个人计算机的博物馆组织。1989年，MCN的指导委员会率先提议组成了博物馆信息交换联盟（Computer Interchange of Museum Information，CIMI）。翌年，该联盟召开第一次委员会议，其成员包括：博物馆计算机网络协会、研究图书馆组织（Research Libraries Group，RLG）、加拿大文化遗产信息网络协会（Canadian Heritage Information Network，CHIN）、盖提信息研究院（Getty Information Institute，GII）以及其他图书馆、博物馆及信息单位等团体，其目的是为了发展出一个技术架构，以支持所有文化保存机构作为共享其数字资源的平台。CIMI成立的最大贡献之一即是将都柏林核心集（Dublin Core）推广到博物馆界。都柏林核心集是一种后设资料标准，共有十五个项目，简单易用。

1982—1985年间调查指出：在美国近360家博物馆中，仅8%博物馆使用过计算机，15%考虑向利用计算机达到藏品数字化管理的目标而努力，近80%博物馆对此毫无兴趣，但在1989年类似调查结果却显示：约八成博物馆已有使用电脑的经验，虽未详述是否有透过计算机来辅助藏品管理，但足以显示博物馆从业人员应用计算机心态与观念的转变。

90年代后，计算机在博物馆界的应用稳定发展，MCN也不断跟随计算机科技发展的快速步伐，提供最新的技术信息与服务。美国国会图书馆自1990年开始推动“American Memory计划”，进行图书馆内文献、手稿、照片、录音、影片等典藏品的数字化，并编辑成历史文化传承的主题产品。1996年，美国加州大学伯克利建筑学院和VSMM国际学术机构联合建立了虚拟遗产网络（Virtual Heritage Network，VHN），其在文化遗产数字化领域的贡献得到联合国教科文组织认可，承担了该组织多个重大项目。

MCN已经运行超过40年，会员性质从博物馆界扩大到美术馆、图书馆、档案馆、学校与政府等文化组织与收藏机构的工作人员、学者、专家与厂商。近年来，会员更是遍布世界各地，MCN已经成为寻求运用信息技术促进文化事业发展最重要的非营利性国际组织，也是在博物馆界从事信息技术相关工作者的专业组织。MCN主要的任务为协助会员去探索、应用与传播新的信息技术，并提供最佳使用案例供会员参考。同时举办活动与提供互动方式来促进会员间的经验交流与信息交换，包括：年度会议（AnnualConference）、自动化的分散式邮件系统、特殊兴趣小组（Special InterestGroup，SIG）以及网站（Website）。召开年会是MCN每年一度的盛事，数百位来自北美与全世界的会员齐聚一堂，共同探讨博物馆应用的最新信息技术，以及报告会员们的年度工作情形与分享信息技术运用的经验与心得。年会活动包括技术工作坊、专题研讨会以及相关赞助厂商的信息技术与产品的展示。除了在年会上面对面的讨论方式，会员间平时也可以透过自动化的分散式邮件系统进行知识与经验的传递与分享，任何与信息技术有关的问题在此提出，都会获得会员、厂商或专家提供线索或解决方案，非会员也可以在这个线上讨论园地发表意见与回复，是MCN提供的重要沟通管道。MCN目前旗下设有数字媒体（Digital Media）、信息技术（Information Technology）、智识产权（Intellectual Property）、鉴定标准（Metrics and Evaluation）、标准（Standards）、小型博物馆（Small Museum）、加州地区（California）、西北太平洋地区（Pacific Northwest）与英国及爱尔兰地区（UK Ireland）等特殊兴趣小组以及台湾分会，这些小组不仅于各自的专业领域中提供会员咨询与训练服务，在年会中也组织相关的专题研讨会、技术工作坊或学术圆桌论坛等活动，将各种计算机、网络及数字科技的最新发展趋势与会员交流。

（二）加拿大

1970年，加拿大是最早签署了联合国教科文组织建立关于禁止和防止非法进口、出口和转让文化财产所有权方法的公约。1972年国家博物馆提议在加拿大建立一个公共机构创建文化和科技藏品清单，这个计划简称 NIP，NIP 的任务是建立一个计算机化的加拿大文化和科技藏品的国家清单，该清单将有利于藏品信息共享。此外，NIP 将进行信息管理标准和技术的应用研究和开发，还为博物馆和这些领域的遗产委员提供建议。后来政策延伸，也包括了其他在线资源。NIP 计划形成了人文科学与自然科学藏品以及考古遗址的数据库。1982 年 国家清单项目的结果形成为了加拿大文化遗产信息网（CHIN）。CHIN 的宗旨是帮助文化遗产机构通过使用信息和通信技术为加拿大人带来巨大的好处。起初，博物馆把他们纸制的藏品目录送交 CHIN 电子化。但是，随着技术的进步，参与维持博物馆可以通过拨号访问 CHIN 的主机电脑的国家清单，国家清单成为一种重要的资源。它可被用于的研究，比较编目和展览规划，也有一些小型机构通过 CHIN 的这个系统来管理自己的藏品，CHIN 也提供了通过邮件共享信息这一互联网上通用的做法。CHIN 积极的推出制定文档标准，并在国家各级机构和博物馆间，提出促进博物馆的资料的标准化文档，并促进国际标准的倡议。CHIN 在 80 年代为国家博物馆做技术支持。1987 年，CHIN 增加了保护信息网络（CIN）与其他参考数据库等一系列的资源清单。CHIN 的资源免费向加拿大的文物保护机构提供的拨号访问，并为其他用户提供订阅服务。开始在 80 年代后期，CHIN 开始与加拿大文化遗产团体合作，以评估博物馆信息传播新技术。CHIN 在 90 年代提供了专业资源的网络访问方式。1995 年，桌面技术伴随着互联网到来，在这个可视化的环境下，加拿大的博物馆提供了丰富的公共信息资源的查询方式。随着个人电脑变得更加强大和商业管理软件的广泛使用的，CHIN 开始协助博物馆把其馆藏的数据从 CHIN 的大型机过渡到博物馆内部收集管理系统。在 1998 年春季完成了过渡。1995 年 CHIN 推出了第一个虚拟展览——法国和加拿大的圣诞传统。1996 年，CHIN 建立了文化遗产论坛，加拿大博物馆继续向网站提供藏品的数据及图像，因而提高了专业资源的价值。2000 年，CHIN 推出对象为教师和学生的在线教育项目。CHIN 继续参与在团体内和国际上加拿大博物馆发展、推广和信息标准的实施。CHIN 加入了国际博协（ICOM）的博物馆信息交换联盟（CIMI）和文件专业委员会，使国际社会受益于加拿大博物馆的专业知识，同时产生的重要成果可用于交换和在加拿大的博物馆进行信息管理。同年开始进行博物馆的数据和图像的版权问题网络保护研究。

2001 年，加拿大虚拟博物馆的建立，标志着 CHIN 承诺提供在线访问加拿大文化遗产方式达到顶峰。这个卓越的门户使博物馆可以在加拿大的任何地点（在家、在学校或工作单位）乃至全球展示他们的故事和珍宝。在其运行的第一年，吸引了来自 140 多个国家的近 3 万人次点击。在 2008 年，已经达到 12500000 人次访问。在 2009 年，这个网站提供在线访问加拿大的文物，专业资源，出版物，参考数据库和课程成为专业交流的园地。目前，CHIN 已建立加拿大国内近 400 万件藏品资讯连接。

（三）欧洲

欧洲著名的博物馆，如卢浮宫和大英博物馆等，纷纷挑选精美藏品进行数字化处理和多媒体展示。一些中小博物馆则依靠产业、研究机构和大学支持，如欧盟 European Union 赞助法国信息与自动化研究院进行“Aquarelle 计划”，支持欧洲各国博物馆与相关机构通过网络共享各自的数字典藏，进行文化传承。2002 年，由德国 University of Applied Science of Cologne 负责管理和运营，建立了欧洲文化遗产网络（European Cultural Heritage Network，ECHN），正在推动欧洲文化遗产数字化方面发挥积极作用。

早在 1991 年《英国博物馆文件标准》就已经出版，这是英国约 70 家博物馆集体确定的。《英国博物馆文件标准》不是一个藏品管理软件，只不过是计算机文档。但是这是一份非常重要的文件，它是可以帮助博物馆持续发展的无价工具。在标准制定后，博物馆无论大小，计算机化的或不是计算机化的，都依照这份标准去确认这些信息，同时按照这份标准改造现有的模式以达到标准化。

《英国博物馆文件标准》为文件系统提供了最低标准也为实行数据标准化提供了可行性。它的范围不仅仅局限在目录。它的实用性也不是局限在英国，或是说英语的博物馆。事实上，这份标准包括对博物馆有用的考虑软件编制政策问题的列表，对新系统详细、有用的说明。它还概括了近二十个的藏品管理流程，并有最好的实践手册，制定了博物馆共有的流程之间链接的细节。《英国博物馆文件标准》的第三部分不是一个数据字典，而是定义整理记录特殊系统领域。在《英国博物馆文件标准》中定义的信息单元是可被不同系统不同方式表示的构建单元。《英国博物馆文件标准》的指导方针已经广泛的被英国和国际上的博物馆团体所采用。其标准也已经帮助了软件开发者，开发者已经利用它更好地了解了博物馆复杂数据的需求。《英国博物馆文件标准》由博物馆文件协会 MDA 来进行维护。

（四）日本

日本最著名的数字博物馆计划是由 IBM 东京研究所与日本民族学博物馆合作的“全球数字博物馆 Global Digital Museum 计划”，主要是支持网络环境中数字典藏资料的检索，同时支持互动式的网络浏览、编辑，尤以博物馆教育为重点。

三、思考

我国博物馆界的数字化建设起步于20世纪90年代，当时主要着眼于藏品信息的数字化，实现利用计算机系统对数量庞大的馆藏文物进行规范、高效的管理。十多年以来，国家文物局、各省市文物局都非常重视这一工作，在政策上、资金上都给予了很大支持；各级博物馆也都在积极推进这一工作。可以看到：全国在这方面的工作进展迅速，成果明显。

目前，我国数字博物馆建设还处于起步阶段，主要进行实体博物馆的信息化建设，重点工作在于利用计算机技术收集、整理、保存、加工和展示各类文物信息，在应用软件研发和局部信息基础设施建设方面，取得了一定的成绩，有影响的项目主要有数字故宫、数字敦煌以及上海博物馆、南京博物院、河南博物院、首都博物馆等信息化工程。我国台湾省也建立了许多不同主题的传统文化资料库和“数字博物馆”。

从上述几个国家和地区的发展可以看出，博物馆的数据资源共享已成为一个趋势，服务大众成为博物馆数字化的最终目标，要实现共享必先制定一份数据文件标准，当各博物馆进行数字化建设时，都应先按此标准进行沟通和设计。当有博物馆或厂商要进行软件设计时能有据可查，而不是各自形成一套各自的标准。这个标准不应仅局限于数据本身，应是一套信息化、数字化建设的指导性文件。

这份文件里应含有数据标准和运行需求. 这份数据标准不应是固定不变的，应是可添加项的。当有藏品信息在这份标准里找不到所属项时，可作为新项目添加。如加拿大文化遗产信息网配合藏品管理系统评估所设计的检验清单（criteria checklist），为了配合博物馆需要与藏品特性来设计不同的登录和编目方式有近500多个不同功能的检验。美国博物馆界也很重视数据库里藏品后设资料（Metadata）的标准化。因此，由博物馆所组成的各协会开始重视，并尝试设计专业术语与控制语汇，如1978年，Chenhall 撰写《博物馆编目术语》一书，可谓美国博物馆界为进行藏品编目时的必读经典。该书采用科学分类法，以界、门、纲、目、科、属、种的概念，将所有博物馆藏品分为数个主要类别，如麦克风属于沟通物品类，衣服归属个人物品类，椅子则属家具类，主要类别下再发展出次要类别，并对应不同分类下物品的相关信息。这些层级可由大到小，或由小往大设定，其重要性与功用在于协助博物馆藏品编目时提供标准化的分类原则与类别。

中国有众多博物馆，试想如果各博物馆没有统一的数据标准和依据，各自按自己的想法建立一套自己的软件后，会发生以下情况。博物馆 A，B，C 在互联网网关上跟在线藏品数据库有链接。一个访问者想查找陶药罐的相关信息，在搜索框内输入这个文物的名字搜索，搜索结果为在博物馆 A 和博物馆 B 里有陶瓷坛，但是没有发现博物馆 C 的药瓶。这是因为在数据字典中药瓶和陶药罐没有同义链接，因此在搜索里没有检索出来。反过来，访问者搜索药瓶也同样搜索不到博物馆 A 和博物馆 B，这样就不能实现资源的共享。

信息化系统建设的意义不仅是把纸制的档案转化成电子文档，而是借助电子化的方式来更好地为人类服务。所以，笔者希望国内能尽快建立对博物馆相关的和其他资源在线指导手册。并由一个权威机构网站来维护，这个网站最好由政府支持。加拿大就是加拿大文化遗产信息网 CHIN，美国就是博物馆计算机网络协会 MCN，英国是博物馆文件协会 MDA，在中国会是谁呢？拭目以待。

参考文献：

① 张志光：《博物馆电脑网路协会与台湾分会简介》，《博物馆简讯》2009 年第 48 期，第 13 页，台湾。

② 郑邦彦、曹牧骅整理：《美国博物馆藏品登录与系统建置的回顾与展望——侧记德州理工大学博物馆宛涠研究院演讲》，《博物馆简讯》2009 年第 48 期，第 27 页（台湾）。

③ Lord, Gail Dexter (EDT) / Lord, Barry (EDT)：《Manual of Museum Planning》：Rowman & Littlefield Pub Inc，2005 年 6 月。

④ 网页：http：//www. chin. gc. ca。

⑤ 网页：http：//www. mcn. edu/。

⑥ 网页：http：//tieba. baidu. com/f? kw = % D6% D0% B9% FA% CA% FD% D7% D6% B2% A9% CE% EF% B9% DD。

博物馆与非物质文化遗产保护

——以傣族织锦的现状为例

黄小钰

一、前言

在首都博物馆举办的众多展览中，文化遗产类展览是一个重要的组成部分。文化遗产是一个民族的历史见证，也是一个民族的文化记忆，是人类创造的物质文化和精神文化的总和。其中，以物质形态存在的，被称为物质文化遗产或“有形”文化遗产，而那些以口传心授方式传承的民间传统文化，则被称为非物质文化遗产或“无形”文化遗产。

当今世界，随着现代科学技术的高速发展，交通通讯设备的日新月异，世界上各种文化与人类的流动达到了前所未有的规模和程度，不同地区不同民族之间的文化交流越来越频繁。在全球经济一体化的浪潮下，传统文化在经济建设中遭到了毁灭性破坏，尤其是发展中国家的非物质文化遗产，由于它的无形性，更容易为人们所忽视，非物质文化遗产以越来越快的速度消失。在国际遗产界对遗产保护的呼吁声中，博物馆作为人类文化遗产保护的永久性机构，自然是要积极地响应和参与的，正如苏东海先生所说，“不论在理论的推进中有多大困难，但有一点是清楚的，那就是无形遗产进入博物馆将从本质上扩大与深化博物馆的概念……从而把博物馆推向保护遗产的神圣使命的新阶段”。①

2009年9月，首都博物馆举办了《多彩中华》展览，此展览以首批国家《非物质文化遗产名录》中“民间美术”和“传统手工技艺”所收录的少数民族生产生活非物质文化遗产项目为展览内容，体现各民族的手工技艺文化及其价值，勾画出中华民族特有的造物文化。展览分为三个部分：团结自强——觉醒的中华民族；多元一体——和谐的民族家园；百工之艺——深厚的造物文化。第一批国家级《非物质文化遗产名录》“民间美术”和“传统手工技艺”项目中的少数民族遗产，在展示各具特色的民族造物文化的同时，也体现着中华民族的文化共性。这部分展出的非物质文化遗产有：贵州苗绣，苗族银饰锻制技艺，贵州苗族蜡染，贵州三都水族自治县水族马尾绣，湖南隆回县花瑶挑花，湘西土家族织锦技艺，云南大理白族扎染，青海互助土族自治县土族盘绣，海南昌江黎族自治县原始制陶技艺，云南西双版纳傣族制陶技艺，新疆维吾尔自治区模制法土陶烧制技艺，藏族邦典织造技艺，藏族卡垫织造技艺，海南黎族纺染织绣技艺，加牙藏族织毯技艺，赫哲族鱼皮制作技艺，侗族木构建筑营造技艺，甲米水磨坊制作技艺，黎族树皮布制作技艺，阿昌族户撒刀锻制作技艺，纳西族手工造纸技艺，维吾尔族桑皮纸制作技艺，黎族钻木取火技艺，藏族雕版印刷技艺，满族剪纸，纳西族东巴画等。

2010年6月，在我国第五个文化遗产日上，由文化部民族民间文艺发展中心，首都博物馆主办的《感受遗产——中国非物质文化遗产数字化成果展》开幕，这个展览以数字化展示方式，全面而详尽地展示了列入联合国科教文组织“人类口头和非物质文化遗产代表作和保护名录”项目、公布为我国国家级《非物质文化遗产保护名录》项目的内容，以及从国家到地方对这些非物质文化遗产进行保护的工作成果。文化遗产类展览有利于唤起人们对文化遗产的关注与保护，弘扬、传承民族文化。

在文化遗产类展览中，少数民族织锦作为非物质文化遗产的重要项目而多次在展览中出现。在《多彩中华》展览的第三部分“百工之艺——深厚的造物文化”中就全面介绍了湘西土家族织锦技艺和广西壮族织锦技艺。而傣族织锦技艺因属于第二批国家级《非物质文化遗产名录》而出现在《感受遗产——中国非物质文化遗产数字化成果展》中。

织锦是用染好颜色的彩色经纬线，经提花、织造工艺织出图案的织物。织锦种类有南京云锦、四川蜀锦、苏州宋锦、杭州织锦以及少数民族的黎锦、壮锦、傣锦、瑶锦、侗锦、苗锦、土家锦等。各民族织锦虽然在织绣工艺上有细微差别，但作为非物质文化遗产的保护和传承研究却有共通之处。本文中，笔者选取傣族织锦这一项目深入分析作为民间手工技艺之一的傣族织锦面临的现状和问题，并由此探讨博物馆在保护非物质文化遗产方面的作用和途径，以期对少数民族文化遗产的保护和研究有所帮助。

二、织锦的历史与演变

傣族织锦历史悠久，做工精细，具有很高的艺术价值，是我国非物质文化遗产的重要组成部分，它是一种以丝、毛、棉、麻和金丝线等线为原料，经提花、制造等工艺形式制作成的长条形织锦物，是傣族人民从事宗教活动和美化生活必不可少的物品。

傣族的纺织历史悠久。傣族的先民——越人就有纺织的传统，而傣族纺织有据可考的历史可追溯到西汉时期，1953年晋宁石寨山出土的西汉时期的“纺织贮贝器”上，有一女奴隶主正在监视着六个织奴，其中三个织女正在做织布状，这些人物据考证“应是唐代之金齿、黑齿等部落之祖先，亦即傣族之先民”。②

唐宋时期，傣族织锦基本形成了一定的规模。唐代是中华民族的鼎盛时期，也是西南纺织业大发展的重要时期，唐朝与东南亚、西亚、南亚、中东地区之间的贸易往来频繁，从而推动了傣锦大规模的生产，以至于天宝年间傣族妇女多“衣纹锦衣”。

宋元时期，被称为“金齿百夷”的傣族长于种桑养蚕，并以丝织锦，傣锦在当时人们的生活中占据着重要的地位。此外，由于傣锦质地考究，色泽鲜艳、光润，最显豪华富贵，明朝时期，地方官员把傣锦作为上贡朝廷的礼品，被王公贵族视为珍品，可见当时傣族的纺织技术已经发展到了相当高的程度。

发展至近现代，过去只为上层阶级服务，为达官贵人进贡的礼品傣锦遍布于云南傣族的村村寨寨，傣族妇女几乎人人都是织锦的能手。

三、织锦的工艺流程

傣族织锦以一家一户为单位，竹楼底下或者屋里的一角架起织布机，多数是在农业生产之余进行纺织，农闲、雨季不出工时和平时的晚上是最好的织锦时间。

（一）原料准备

织锦的原料来源于棉花。傣族居住的地区气候炎热，雨量和阳光充足，很适宜棉花的生长。棉花的种植及加工是每一个家庭仅次于粮食的重要生产项目。每年的农历十月份，棉花接桃，成熟后绽出花絮，便可以采摘。棉花采摘回来之后，晒干、贮藏。待到秋收结束，为棉花去籽。

棉花去籽以后成为皮棉，结构比较紧密，还含有杂质，这样对纺织不利。所以还要施行弹花工序，弹棉架是木弧竹旋弓，用脚踩住木弧，一手扶弧，一手持弹棉槌弹动竹弦，借反弹之力不停弹动。

弹花结束后，为使纺出的线细而均匀，还要按传统卷筵。卷筵过的棉花，是一个中空的圆筒状棉筒，蓬松而柔软。

（二）纺纱上架

卷筵之后是纺纱。在傣族地区，纺纱大多使用手摇单锭纺车。左右六块竹片（木片）以木轴相联搭成辐射状轮子，中间安有曲柄，木轴一端固定在支架上，左手摇动曲柄带动纱锭，纱锭在绳轮传动带带动下转动，棉纱旋转为纱，从右手手中抽出。

纺好的棉纱用米汤浆过，晒干，增强了耐磨性后即可导线上机。在竹楼下层利用屋柱做桩，进行缠绕，将经纬纱分为奇偶数组。最后剪断整经，将一端的纱头依次穿综入筘。

（三）入梭织造

傣族的织机是一个木结构的立方体，一般长约2米，宽1米，高1.6米，一端有卷布轴，经纱经机架环至顶，四根木柱搭成的机架用以固定经线，上方有一横木供垂挂综、筘、蹑。纱线分成经线和纬线，经线固定在机前梁上，如果通过前综各综眼穿出的经线为单数，则双数经线就从后综穿出，形成上下两面，组合好的经线穿过管齿后就固定在了卷布轴上，同时因前综高于后综，线面也随之呈倾斜状，利于织者观察纱线板。前综的下方各连接有一根踏杆，织布时，织者作坐于卷布轴后的横板上，左脚踏左边的踏杆，前页综升起，奇数组纱上浮，偶数组纱下沉，经纱产生开口，左手持梭穿引而过，右手接梭，将梭置于旁边，双手持定幅筘压纬，推筘于前，右脚踏右边的踏杆，后页综升起，奇数组纱下沉，偶数组纱上浮，右手持梭穿引而过，左手接梭，放下，双手持筘压纬，推筘于前。这样，便完成了第一次的织造过程，如此反复，直到将花本上的全部横绳都移动完毕，才可织成一段完整的图案。

四、主要纹饰

纹饰，作为民族文化的一种标识，是以某一物体为原型，经过想象，加工制作而成的一种具有抽象化和意象化的图纹形式。傣锦作为傣族人民的民间工艺创作，是傣族人民智慧的结晶，对其图案花纹的绘制和组织构成是十分讲究的。常见的主要纹饰有如下几种：

（一）动物纹

动物纹主要是取某一动物整体或局部的形象，通过描摹或变形塑造出形态各异、形象逼真的艺术造型。这些纹样有孔雀纹、大象纹、马纹、菩提双鸟纹等一些飞禽走兽的形象。

在傣族的神话传说中，是一只孔雀衔着橄榄枝领着傣族的先民来到了西双版纳，繁衍生息，安居乐业。孔雀也因而被傣族视为美丽、神圣、吉祥和善良的象征，因此，在傣族织锦中以表现有象征吉祥如意的吉祥鸟是众多傣族人民的共同心愿和审美标准。

一般来说，人类的祖先大都以动物作为民族图腾，傣族先民也是如此。傣族地区自古就盛产象，傣族先民生活在盛产象的环境中，自然而然地对象产生了崇拜之情。佛教传入傣族地区后，佛教里崇象的意识，象是佛的化身之说又进一步影响了傣族人，象在不自觉中充当了傣族人民的守护神，被视为神圣、庄严、勤劳、勇敢、朴实、力量的象征。

代表佛祖的菩提树和双鸟纹，也是佛幡织锦的常见的纹样之一。菩提双鸟纹蕴含吉祥如意之意。代表佛祖的菩提树和双鸟在人间护佑生灵，是傣族信奉南传上座部佛教在织锦中的直观反映。

马纹有马驮花、跑马、跪马、牵马等纹样。以马驮花表现人对佛的虔诚。跑马、跪马、牵马也主要是表现人们对佛祖的恭敬。

（二）植物纹

植物纹取傣族地区常见的植物的根茎、花草、树木等为材料进行加工想象，反映了人们对大自然的崇拜和关注。常见的有蕨菜芽纹、红毛树花纹、树叶纹、南瓜藤纹、芭蕉花纹、木棉花纹等。

（三）房屋建筑纹

房屋建筑纹，主要是指以傣族佛寺屋顶及其装饰物或佛塔建筑为题材织成的屋顶剪影式图案造型。傣族的佛教信仰体现在日常生活的方方面面，每一个傣族村寨都有自己的佛寺。佛寺、佛塔是傣族人民举行宗教活动的场所，是佛教的象征和标志，有佛塔图案的佛幡织锦不仅具有崇佛的象征意义，表达了人们对佛祖的虔诚，而且还含有佛祖庇佑的意义。

（四）文字纹

文字纹是以吉语地名、文字为主的图案造型。如万字纹、十字纹、喜字纹、寿字纹、傣文（西双版纳傣文、德宏傣文）的祈福经语以及西双版纳和德宏的吉语地名。有宗教信仰的特殊含义和吉祥如意的象征。

（五）几何纹

几何纹主要是指具有立体效果的以棋格纹为框架的四方连续图案，其纹样主要以菱形纹和八角纹为主。这种纹样在生活中是最常见的广泛使用的纹样。其特点是以大菱形几何纹样连续套合多个小的菱形图案并衍化相组，或以八角形纹连续相组。由于这种纹饰只用两色的棉线即可，并且制造起来比较规律，省去了织其他图案变化不定，频繁换各色线的麻烦。

五、主要用途

傣锦的主要用途可分为两类：一类是佛寺用品；另一类是日常生活用品。

（一）佛寺用品

佛寺里用的织锦又叫“佛幡”。傣族全民信仰南传上座部小乘佛教，赕佛既是傣族群众宗教生活的主要内容，也是必须履行的一项宗教义务。“赕”意为敬佛或对佛有所贡献的意思，赕佛是指虔诚的信徒每年都以不同的方式向佛祖、佛寺捐赠钱物、贡品，以积个人善行的一种祭祀活动。

佛幡织锦便是用来祭祀佛祖的，赕佛结束后将佛幡悬挂在佛寺大殿的左右两侧。佛幡织锦一般是取红、黑、白棉线混织的或具有佛教文化内涵和宗教色彩的图案的织锦，下端缀有布条、须穗、小圆镜。

佛幡作为傣族人民祭祀赕佛的宗教用品，不仅有着美化和装饰佛寺的实用功能和审美价值，更为重要的是佛幡还被傣族人民视为死后“灵魂通向天堂佛国的阶梯”即“赕佛升天”的思想理念。但是由于傣锦的织造工艺复杂，耗时耗力，会织的人越来越少，织锦佛幡正逐渐为彩纸质地的佛幡所代替。

（二）日常生活用品

这一类的织锦主要是指用于傣族挎包，家用床垫、床单、枕顶，傣族妇女的裙边等起装饰作用的织锦。

傣族织锦包的包面，均采用传统的织锦布料经剪样、对接、上线、拼缝等工序后加工而成。包面纹样常以斜纹、菱形纹等几何纹样构图，色彩多为黄、翠绿、橙红等色。有的也采用吉语文字纹。

织锦床垫是在用作床垫的褥子中间拼接上一块长条形的织锦。纹样以红黑两色混织的菱形几何纹为主。傣族人的习惯是晚上在地板上铺上床垫睡觉，白天再将床垫卷起来收好。在床垫的一面镶上了织锦后可以帮助人们分清床垫的哪一面是用来铺在地板上的，同时也起到了装饰的作用。

傣族的床单是在用作床单的布的下端拼缝上一块织锦。纹样以活泼艳丽的动物纹、植物纹等为构图，下端镶上须穗。在美观的同时也起到了帮助人们分清床单的哪一端是头的位置，哪一端是脚的位置。傣族人对床垫正反、床单头脚位置的严格区分也体现了傣族是一个很讲究清洁卫生的民族。

六、织锦的现状及问题

傣族织锦是一种文化的载体，是傣族人民智慧的结晶，它不仅具有实用、装饰的功能，还蕴涵着各种象征的意义。傣锦虽然历经了几千年的繁荣与辉煌，但传承至今却鲜见它的踪迹了。近年来，随着市场经济和工业化、城市化的飞速发展，傣族人民的思想观念、生产生活方式也发生着巨大的变化。尚存不多的织锦人家的傣锦也与传统的傣锦有了或多或少的变化。

一是所用原料的变化。在过去，傣族的棉花种植业兴盛，种植棉花是仅次于种植粮食的重要项目，原材料供应充裕，所以传统的织锦所用的棉纱都是经过种棉、弹棉、纺线、把线染成各种颜色等一系列的步骤制成的。但是现在，种植棉花的人家已经很少了，种植橡胶和热带水果才是对傣族人而言更具吸引力的种植业。人们已经较少坚持这些复杂的工序了，一般人家都是直接去集市上买回各色的棉线（一般都不是纯棉的）、毛线。这种线织出的织锦，疏松轻飘，吸水性差，完全没有了传统棉线织锦的平稳厚实和经久耐用。

二是图案的变化。傣族织锦深刻反映出了傣族人民的思想观念、价值取向、审美意识和对生活的追求。因而傣锦的纹饰多种多样，富于变化。而现在会织锦的人家已经抛弃了复杂多样的纹饰，她们只会用红黑或红白的两色线织简单的几何形纹。

三是市场和用途的变化。在过去，傣族织锦主要是自己家里用，赕佛或者居家用于床单，衣饰等。在这个基础上如果有多余的再拿到集市上去卖。而现在，傣族人家的织锦或者是为了迎合游客的需要或者是有人来订货，很少是自己家里用。随之而来，傣锦满足人们生活需要的实用功能转变为以美化、装饰的功能为主了。

如今的傣族村寨中，掌握了织锦技艺的傣族妇女微乎其微，年轻人对此十分淡漠，佛寺用上了彩纸糊的佛幡，家里换成了现代品牌的床上用品，傣族的传统织锦正受到了现代文化的强烈冲击和挑战。归纳起来，傣族织锦的这些变化有如下几点值得我们去思考：

第一，傣族人思想观念、价值取向的改变。以影视、报刊、网络为主的现代化传媒将现代生活的价值观和西方的价值观和审美观迅速影响到了民族地区的人民，使得民族地区的人们在模仿和追逐现代生活、西方文化的同时，逐渐丢弃了本民族的传统文化。在过去，傣族人认为，会纺织是傣族姑娘的基本美德，是傣族姑娘勤劳能干的标志，不会纺织就不会被男性所喜悦。而现在，是否会纺织早已不是评判姑娘是否勤劳能干的标准。在过去，傣族人民的生活是离不开傣锦的，傣锦是婚丧嫁娶必不可少的物品。而现在这种风尚和习俗随着时间的流逝渐渐地淡化，使用现代工艺制品成为年轻一代的追求。

第二，社会经济基础的改变。随着现代生产方式、生活方式、科学技术的普及，利用现代工艺和机器大工业生产的现代工业制品迅速地进入到人们的日常生活当中。毫无疑问，傣族织锦是自然经济的产物，是在封闭的环境中成长起来的。在自然经济条件下，物质极为匮乏，贸易受到限制，织锦是生活的必要手段，是人们的自觉的行为。改革开放后，传统织锦技艺失去了其赖以生存的自给自足的农业经济发展的土壤。人们的物质生活极大丰富，旅游业飞速发展，打工潮兴起，年轻的姑娘们不是外出学习，就是打工赚钱，夜夜只闻机杼声的时代已然远去。

第三，改革开放后，市场经济逐渐发展，商品价值规律发生作用，人们的价值观念发生变化。傣族人都认为织锦是一项既费时费力又回报不高的劳动。织一块布从采棉花到纺线再到制造是一个漫长而复杂的过程，人工成本高，拿到集市上也只能卖十块钱，还没有人买，极不划算。客观地说，作为一种民俗产品，傣族织锦的实用性还是有一定局限的，比如现代工艺的印花被单、席梦思床垫、各式的箱包，易于生产，价格实惠，为做工复杂的傣族织锦无法比拟。所以现代工艺形式多样的日常生活用品，服饰、装饰品，以其廉价、美观和实用迅速取代了传统的织锦。

傣族织锦技艺，简单地说，就是人们不再需要它们了。一种技术因为有用，才能留得住，才能流传下来，没有需求也就失去了其存在的意义。马林诺夫斯基的功能结构论中认为，对文化必须先有功能的分析才能探讨进化和传播，在功能未能解释及各要素之间的关系未明了时，文化的形式也无法明了。所以认为进化和传播的结论是没有价值的。③

随着全球化和现代化的发展，逐渐形成强势文化对弱势文化的侵蚀，当经济迅猛发展到每个地域后，带来的是物质消费方式和生存观念、生活方式的改变，导致了各个民族的传统文化在急剧消亡和蜕变。不难看出，以傣族织锦为代表的非物质文化遗产都面临着这样的现状和问题。

七、博物馆与非物质文化遗产

傣族织锦技艺是有形文化的表征，也是无形文化的载体。少数民族民间手工技艺是中华民族文化的有机组成部分，也是人类“口头与非物质文化遗产”的重要艺术种类。它对于弘扬和传承民族文化，增强民族自信心和自豪感，保持民族文化的可持续发展和活力具有重要意义。面对经济全球化可能带来的文化一体化格局，文化多样性的保护与传承显然具有极其重要的政治和经济意义。在以傣族织锦技艺为代表的非物质文化遗产不断衰落和蜕变的情况下，现代文明发展与非物质文化保护之间的矛盾需要由博物馆来解决。

保护文化遗产是博物馆的职责和使命。由国际博物馆协会对博物馆的定义可以看出，博物馆对人类的文化遗产肩负着保护和传承的使命，博物馆要保护、研究、传播并展示人类的文化遗产来实现为社会和社会发展服务的宗旨。非物质文化遗产是人类文化遗产中不可缺少的一部分，并且由于非物质文化遗产的无形性使其更容易被忽视，保护起来也更困难。因此，博物馆更应该关注非物质文化遗产的保护。

博物馆具有保护非物质文化遗产的优势。《保护非物质文化遗产公约》中对非物质文化遗产的保护措施分为三个层次，一是建档登记；二是保护展示；三是弘扬传承。而对于这三个层次的工作，博物馆在对文物藏品的保护和研究中都积累了丰富的经验，并且具备了一套完备的保护设备和专业的工作人员，这是任何其他保护机构都无法比拟的。长期以来，博物馆在文物收藏保管、摄影摄像、陈列展示、多媒体制作、宣传教育等方面都形成了系统规范的工作程序和标准，这对于非物质文化遗产的保护和抢救工作无疑是一个优势。

博物馆可以将非物质文化遗产进行物化保存，如采用录音、录像等现代化技术手段，进行音频、视频采集，运用数字化技术进行处理，制作成电子档案保存起来。此外，博物馆可以通过举办展览对非物质文化遗产进行展示，唤起社会对非物质文化遗产的关注和重视，激发观众保护非物质文化遗产的自觉性和主动性。

建设生态博物馆。生态博物馆是一种新的博物馆形式，它是博物馆试图对包括无形文化遗产在内的所有文化、自然遗产整体保护的一种尝试。虽然传统博物馆相比其他文化机构在保护非物质文化遗产方面具有一定的优势，但是也不能否认传统博物馆对于保护非物质文化遗产这样的活态文化也具有一定的局限性。保护非物质文化遗产的内容相对容易，而更重要的是对作为非物质文化遗产载体的传承人的保护，这时传统博物馆的能力就较为有限了。

生态博物馆在保护活态文化方面却独辟蹊径。它是一个社区的概念，社区就是博物馆的整体，社区内的自然景观、文化遗产、建筑、风俗等所有有形的和无形的文化因素，都被原状的动态的保护在原生环境之中。比如我们可以在傣族村寨建立一个傣族生态博物馆，这对于傣族的织锦技艺也是一种活态的保护。

无论从国际大背景还是从博物馆机构本身而言，博物馆对于非物质文化遗产的保护都是义不容辞的，是当代博物馆主动寻求发展方向的体现，是博物馆与社会发展相结合的必然趋势。

注释：

① 苏东海：《当代博物馆发展中的几个问题》，《全球化下的博物馆》文物出版社 2002 年版，第 24 页。

② 汪宁生：《晋宁石寨山青铜器图案所见古代民族考》，《考古学报》1979 年第 4 期，第 56 页。

③ 马林诺夫斯基：《文化论》，费孝通等译，中国民间文艺出版社 1987 年版，第 11 ~ 14 页。

参考文献：

① 江应樑：《傣族史》，四川民族出版社 1983 年版。

② 宋蜀华、陈克进主编：《中国民族概论》，中央民族大学出版社 2003 年版。

③ 杨圣敏：《中国民族志》，中央民族大学出版社 2004 年版。

④ 罗钰、钟秋：《现代云南少数民族的纺织技术》，云南教育出版社 2000 年版。

⑤ 施惟达、段炳昌等：《云南民族文化概说》，云南大学出版社 2004 年版。

⑥ 赵世林、伍琼华：《傣族文化志》，云南民族出版社 1997 年版。

⑦ 刀承华、蔡荣男：《傣族文化史》，云南民族出版社 2005 年版。

⑧ 云南民族学会傣学研究委员会编：《傣族文化研究论文集》，云南民族出版社 2005 年版。

⑨ 张公瑾：《傣族文化》，吉林教育出版社 1986 年版。

⑩ 杨雪果：《云南少数民族织锦简述》，《民族艺术研究》1999 年第 5 期。

⑪ 黄修忠：《中国民族织锦的传承与发展》，《四川丝绸》2006 年第 1 期。

⑫ 吕建昌：《博物馆与当代社会若干问题的研究》，上海辞书出版社 2005 年版。

图 1 “多彩中华”展广西壮族彩花壮锦被面

图 2 “多彩中华”展土家族织锦

图3 “多彩中华”展黎族女子织锦筒裙

图4 织锦机器

图5 孔雀纹傣锦

图6 大象纹、人物纹傣锦

图7 几何纹傣锦

图8 塔形纹傣锦

浅谈如何做一名合格的文物摄影师

梁 刚

文物摄影是以文物为拍摄对象，通过摄影的纪实特点，再现历史文物的艺术和科学价值。

文物摄影属静物摄影范畴，但又与静物摄影不尽相同。文物摄影的艺术性以及它的角度选择、光线运用、背景配置，都要受文物考古科学性的相对制约，要求文物造型、色彩、质地的逼真性。

文物摄影无一定模式，摄影者可依自身的文化、艺术修养，对文物的理解程度，可以运用不同的摄影手段、方式方法去创新。根据个人的设备条件，因地制宜地把时代不同的文物拍得生动活泼，并给人们以历史文化的启迪和视觉的艺术享受。

文物摄影区别于其他摄影难度大的就是文物安全问题。因为文物大都是千百年遗留下来的易碎、易破的朽物，需要摄影者在工作时格外小心。

文物摄影要求摄影者应具备一定的素质。

一、历史与摄影的关系

文物摄影师要了解历史，了解历史进程中的重要事件。

原始社会：要从生产力的发展来理解社会进步的动力，从而认识我国原始社会的发生发展和解体的规律。对于新石器的出现和农业的出现要深刻领会，因为它是后来文明产生的基础。学习中要掌握氏族制这一关键问题，通过具体资料，了解氏族制的发生及其特点，从而了解原始社会的基本情况。

奴隶社会：产生了阶级，有了奴隶主和奴隶两个对立阶级，奴隶主最大限度的剥削奴隶，奴隶们没有一点权利和自由，并且可以拿到贸易市场去卖，人类由原始社会进入第二个历史阶段的奴隶社会，是社会发展史上一个巨大的转变，也是人类历史发展的必然规律，它对于人类社会起着积极的促进作用。奴隶社会是中国历史上出现的第一个有阶级的社会，奴隶社会的艺术，也正反映了这种阶级关系。即处于奴隶地位的工奴们，按照奴隶主的意图而艰苦地创造着各种产品。在艺术品制作方面，从庞大的国家重器大铜鼎到精致细小的玉石雕刻，无不是在这种阶级关系下出现的。在我国古代文化艺术史上放射出灿烂光彩的青铜器艺术，在中国古代雕塑史上占有重要的一席之地。

封建社会，政治上：君主专制中央集权；经济上：地主土地所有制为主的自给自足小农经济；思想上：孔孟儒家思想。人类今天所拥有的很多哲学、科学、文学、艺术等方面的知识，都可以追溯到这些古老文明的贡献。历法、文字、制陶、圆周率、勾股定理、甲骨文、青铜器、记录了世界上最早的日食和月食、夏历。另外，中国是世界上最早栽培水稻和粟的国家之一。还有，中国的丝绸茶叶陶瓷也很著名，中国古代的“丝绸之路”远近闻名。

二、文物与摄影的关系

文物图片主要有两大功能：一是供人们欣赏；二是供专家们研究。既然要有欣赏功能，那么就要求将文物拍得美一些，展现出文物的最佳角度和优美造型，充分运用艺术手段塑造它。研究功能：要求将文物拍得真实、清晰。真实，就是还原文物的全貌，严禁夸张、变形；清晰，就是所拍文物的上下左右各个部位均要以最佳清晰点展现出来。

文物按质地划分：

石器（包括石碑、石塔、石雕）、陶瓷器：“陶瓷”是一种通称，“陶”和“瓷”在质地上、物理性能上有很大区别。中国是最早制造陶器的国家之一，是最早发明瓷器的国家。陶器的出现大约在距今10 000年左右，中国进入新石器时代，开始了定居生活，盛水、蓄物等日常生活的需要，促使了陶器的发明。中国陶器的分布比较广泛，主要集中在黄河流域和长江流域。其中仰韶文化是新石器时期比较有代表性的文化类型，以彩陶为特点，也称“彩陶文化”，它派生出半坡和庙底沟两个类型，装饰图案有很高的艺术价值。马家窑文化是新石器晚期的文化类型，比仰韶文化略晚，距今约5000年。黑陶是继彩陶之后的又一伟大创造发明，距今约4000年的龙山文化时期，出现了工艺独特的蛋壳陶。近些年来，山东、河北一带多有仿制，有较高的收藏价值。秦汉时期的陶俑，是我国古代人物雕塑的高峰，使制陶技术和艺术达到了很高的境地。此外，唐代的三彩器、明清两代的紫砂器等，都是中国陶器文物的重要内容，很值得深入研究和收藏。陶瓷的发展史是中华文明史的一个重要的组成部分，中国作为四大文明古国之一，为人类社会的进步和发展做出了卓越的贡献，其中陶瓷的发明和发展更具有独特的意义，中国历史上各朝各代不同艺术风格和不同技术特点。英文中的“china”既有中国的意思，又有陶瓷的意思，清楚地表明了中国就是“陶瓷的故乡”。

铜器：青铜器物是铜锡合金，有较强的硬度，不像瓦当砖瓦、甲骨陶瓷及书画碑帖等易于破碎，而是便于长期收藏。再则青铜器皿形态各异古朴典雅，线条畅达，这也是其他古玩所无法企及的。中国青铜器数量大，种类繁多。究竟中国有多少件青铜器物，这是谁也无法统计的数字。有人统计过，仅以有铭文的青铜器物而论，从汉代到今天，出土就达一万件以上。若加上无铭文的铜器，其数量之多就可想而知了。正因为数量大，中国青铜器的品种也极其丰富，不仅有酒器、水器、食器、兵器、礼器，还有车马器、农具、工具及各类生活用具等一应器物。众多的青铜器皿，造型生动、多彩多姿，令人目不暇接。数量大、品种繁的中国青铜器无疑增加了鉴定的难度，这是中国青铜器的特点之一。中国青铜器分布地区广，且质量上乘。中国青铜器出土较为集中的地区是中原，但它的分布范围远远超出中原地区，东北、西北、巴蜀、岭南甚至西藏及东海渔岛上都发现有青铜器。这些青铜器造型生动、精美，风格各异，呈现出各自不同的艺术风格。中国商周时代的青铜器，制作精湛、形状瑰异、花纹随意、富丽典雅，其精品不胜枚举，如司母戊方鼎、虎食人卣、双羊尊、大克鼎、毛公鼎、莲鹤方壶、双雄宝剑、勾践剑、长信宫灯、嵌绿松石卧鹿、铜车马一流，铸造精致，具有撼人心魄的艺术感染力，当然深受国内外藏家钟爱。其他各类青铜器物，铸造者根据不同的硬度要求，准确把铜锡比例，使器皿质量优良，这是国外青铜器铸品望尘莫及的。器物铭文可以说是中国青铜器最大的特点。世界各地古青铜器绝大多数没有铭文，只有印度出土的少量青铜器或铸有很短的铭文。中国古铜器有铭文者仅出土的就达一万余件，且名文长篇巨制不少，如毛公鼎铭文长达497字。这些铭文字体，或粗犷放达，或苍劲有力，具有很高的书法欣赏价值。这些铭文也是鉴定中最难把握的一环。以容器为主的中国青铜器也在世界青铜文化中独树一帜。就世界范围而言，从印度河流域到巴尔干半岛，从米诺斯文明到迈锡尼文明，其青铜器的代表作大多为武器，如戈、矛、刀、箭、剑、戟等，而中国却以铸造难度较大、纹饰复杂的容器为主。这些容器，尤其鼎，是为国家重器。其寓意深奥、内涵丰富，与政治纠缠在一起的神秘性始终是鉴定家及藏家们感兴趣的问题。我国夏商周时代是青铜文化的光辉时期。夏、商、周三代的青铜器物，是我国古代文化的瑰宝。这些青铜器物制作精巧，造型优美，种类繁多，风格独特，是我国古代金属艺术的珍品，也是研究古代社会的珍贵文物。

铁器：使用铁是人类发展史上的一块里程碑。人类发明了冶铁术并制造出铁生产工具，从而把人类从奴隶制社会的茅屋里，推向到瓦宇、砖壁和玉阶的封建社会殿堂中，进而又推向高科技时代。我国铁器的出现虽然晚于埃及等文明古国，但是，我国的封建社会却比欧洲早出现1000多年，其主要原因之一，就是以铁工具组成的生产力得到了高度的发展。我国早在商代晚期，就利用陨铁锻制铁器，到春秋中晚期发明了生铁冶炼术制造铁器和生铁铸造技术。战国早期创造了生铁退火脱碳的柔化处理技术，将脆性铁改变成为韧性的各种脱碳铁器。这一新型铁器，又早于欧洲2300年以上。汉代创造的炒钢技术和生产出的炒钢工具，以及可铸铁的工具广为应用，大大发展了锻造技术，导致了众多锻造铁器的出现，生产了经多次锻打的几十锻铁器、百炼钢铁器、贴钢铁器和夹钢铁器。魏晋南北朝时又有灌钢铁器的问世。多种技术和多品种铁器的应用，使唐宋以后的铁器更趋于多样化。

木器：“木珍共欣赏，意蕴相与析”，从这些光怪陆离、个性张扬的木器中，可以考证出中国古典文化的些许精华，捕捉到李泽厚先生所赞叹的中国古典审美的“韵外之致”在古典木器中的灵光显现，进而窥见一个与柏杨先生从较为人世、偏于功利的视角所描摹的“丑陋的中国人”迥然不同的风情万种、想象丰富和品味高尚的“文化的中国人”的绰约影姿。

泥塑：我国泥塑艺术可上溯到距今4000至10000年前的新石器时期。史前文化地下考古就有多处发现。浙江河姆渡文化遗址出土的陶猪、陶羊时间约为6000至7000年前左右；河南新郑裴李岗文化遗址出土的古陶井及泥猪、泥羊头时间约为7000年前。可以确认是人类早期手工捏制的艺术品。自新石器时代之后，中国泥塑艺术一直没有间断，发展到汉代已成为重要的艺术品种。考古工作者从两汉墓葬中发掘了大量汉代红陶猪的文物，其中有为数众多的陶俑、陶兽、陶马车、陶船等等。其中有手捏的，也有模制的。汉代先民认为亡灵如人生在世，同样有物质生活的需求。因此丧葬习俗中需要大量的陪葬品，这在客观上为泥塑的发展和演变起了推动作用。两汉以后，随着道教的兴起和佛教的传入，以及多神化的奉祀活动，社会上的道观、佛寺、庙堂兴起，直接促进了泥塑偶像的需求和泥塑艺术的发展。到了唐代，泥塑艺术达到了顶峰。被誉为雕塑圣手的杨惠之就是唐代杰出的代表。他与吴道子同师张僧繇，道子学成，惠之不甘落后，毅然焚毁笔砚，奋发专攻塑，终成名家。为当世人称赞：“道子画，惠之塑，夺得僧繇神笔路”。泥塑艺术发展到宋代，不但宗教题材的大型佛像继续繁荣，小型泥塑玩具也发展起来。有许多人专门从事泥人制作，作为品泥塑菩萨头像商出售。北宋时东京著名的泥玩具“磨喝乐”在七月七日前后出售，不仅平民百姓买回去“乞巧”，达官贵人也要在七夕期间买回去供奉玩耍。元代之后，历经明、清、民国，泥塑艺术品在社会上仍然流传不衰，尤其是小型泥塑，既可观赏陈设，又可让儿童玩耍。几乎全国各地都有生产，其中著名的产地有无锡惠山、天津“泥人张”、陕西凤翔、河北白沟、山东高密、河南浚县、淮阳以及北京。

丝织品：我国是世界上最早饲养家蚕和缫丝织绸的国家，丝绸约有五千年可考的历史。中华民族的祖先不但发明了丝绸，而且昌明丝绸、利用丝绸，使其在服饰上、经济上、艺术上及文化上均散发出灿烂光艺，进而使丝绸衣披天下。被称为三大名锦的古代四川蜀锦、苏州宋锦、南京云锦是丝织品中的优秀代表，至今在世界上仍享有很高声誉。因此，丝绸在某种意义上说，代表了中国悠久灿烂的文化。

书画：中国的绘画艺术，是中华民族传统艺术中起源最早的艺术形式之一。从现在所能见到的资料看，早在新石器时代就已经有表现力很强的绘画问世了。比如在西安半坡村出土的彩陶上，就绘有互相追逐的鱼、奔跑跳跃的鹿，不仅形象生动，而且有一定的艺术意境。这说明我们中华民族的先人，远在原始社会就已具有相当高的审美意趣和高超的艺术创作才能。

三、根据文物的不同特点确定拍摄计划

文物的质地不同，形状不同，拍摄时使用的器材不同，拍摄方式方法也各不相同，运用的光线也不一样。

（一）为了突出器物的形态，表现物体的质感，展现它们凹凸不平的图纹，需用硬光线为宜。为了表现石造像碑的浮雕图案、木雕、泥塑、铜饰刻划的立体效果应使用较硬的侧光。

（二）陶器、瓷器除表现物体形状外，主要展现器物上的图案花纹和细腻质地，最好使用柔光箱和反光伞的光线为佳。瓷器在布光时会出现耀眼的光斑，可用无光喷剂或肥皂、泥子消除；

（三）平面的文物最好采用俯拍，例如字画、简牍、金银饰片、玉器、丝织品等，这些文物主要表现文物上的文字和图案，宜用均匀的平光拍照。为了使古字画、简牍之类文物不出现透视效果而造成画面的倾斜变形，最好用翻拍架拍摄为好。在文物的器物摄影中，反光板是不可缺少的，它既能起到辅助光的作用，且还消除了不必要的影子。例如，拍瓷器或光滑质地的器物，反光板的作用非常大，它既能使瓷器不出现光斑，且使底座部位又能得到合适的光亮度，使用辅助灯光是达不到这种效果的。

四、娴熟的摄影技巧和熟练使用专业摄影器材

为了保证文物图片的印刷和放大质量，对数码摄影特性的了解会帮助摄影师更好地完成所从事的工作，选用大型专业数码相机，获得高清晰度、器型准确的文物器物影像，确保文物影像的质量。

保证文物器型的原状，摄影中使用的镜头一定要有中焦镜头和长焦镜头；考虑到有些文物体积太小，最好备有一只微距镜头。除拍摄考古发掘现场外，广角和超广角镜头一般不适用；照明用的灯具最好使用电子闪光灯，数量应在 4 只灯以上，即主灯、辅灯、顶灯和背景灯。强光灯属于热光源，长时间照明对文物有损害，且色温不好掌握；文物摄影所使用的衬景越素雅越好，原来拍文物所用的各种色布正逐步被淘汰，黑白灰色的渐变纸和单色背景纸受到欢迎；拍摄台可用木料自行加工，它的高度以 50 至 90 公分为宜，长宽应视文物的大小和背景纸大小而定；文物摄影大都在室内进行，应有一个不少于 20 平方米的房子作为影棚，且四周墙壁应为深暗色无反光。另外测光表也是文物摄影的重要设备，不可缺少。因文物的质地、形状不同，最好还要准备一些附属物品，如玻璃、磁铁、泥子等，这

样工作起来才得心应手。

在一般的摄影中，影子可以强化主体的艺术效果，起到美化和均衡画面的作用；但在文物摄影中，除特殊要求外，一般应避免影子的出现。为了消除浓重的影子，摄影者大都在灯具前蒙上一层或几层硫酸纸。当然电子闪光灯加上柔光罩和柔光伞效果也不错；使用反光板也是消除影子的方法。有时在衬景上的适当位置由主光源产生的较柔和淡影子也是可以的。如果没有影室，在室外利用自然光也可以拍文物，但一定要避开阳光，在阴影处拍摄。文物是不能在强烈的日光下拍摄的，一是日光对文物不利，特别是一些古字画和丝织品怕曝晒；二是强烈日光会出现十分难看的影子。

寻觅最佳观赏面。这是文物摄影角度选择的最终目的。这个观赏面的选择，既要让考古工作者据以考证断代，又能使一般读者得到意趣与欣赏。经验表明，古代工匠在塑造一件作品时，就已为人们精心安排了一个最佳观赏面。我们在选择角度时，就要仔细琢磨和推敲这些古代工匠的用心所在，找出它的最佳角度，三足不能拍成两足，有攀不能拍成无果，双柱不能拍成单柱，而相机的高低分寸则以前后口沿分开为宜。

当遇到一件造型复杂的器物时，除了尽力找出一个能概括器形特征的最佳观赏面外，还要尽力表现它的造型美。文物中有大量诸如罐、匹、鼎、杯、尊等有口的器物，口是这类器物的重要外形特征。拍摄时，要选择适当的角度，准确地将口形表现出来。角度的高低，一般以看清口形的前后沿为宜。

文物摄影常常是孤立的一件文物，使人感到单调和呆板。它不像其他摄影，可以借助前景的渲染和陪体的呼应。因此拍摄单独的文物需要细微地审视器物造型的动静、疏密、轻重关系，利用角度变换、谨慎经营画面上下左右的空白位置。例如泥塑《渔归》，渔妇一手执竿，一手搂孩子，不难判断，执竿一边相对“疏”而“轻”，孩子一边相对“密”而“重”。在构思画面时，就应给孩子一边较大的空白。至于成套文物的摄影，不仅要考虑文物相互之间的动静，疏密关系，而且要找出一个反映文物组合整体的最佳观赏面。

背景的配置：文物摄影的背景配置，应简洁平整，色调素雅，以有利于突出文物古朴、凝重、典雅的性格。文物黑白摄影的背景一般采用黑、灰、白三种颜色。背景配置时应做到不靠色，以免器物与背景含混不分。对比适当，防止器物与背景反差过大，造成剪贴效果。文物彩色摄影的背景配置，不仅有色度明暗的选择，还有不同色相（指物象的颜色，如红、黄、蓝、绿……）和不同色性（指色彩的冷、中、暖）的取舍。它比黑白文物摄影的背景配置复杂，但可以从色性的冷暖对比与和谐入手，因为自然色彩尽管万紫千红，以色性区别，无不分为冷色与暖色两大类（当然还有介于冷暖之间的中间色性）。从对比看，暖色调文物，宜用冷色调背景；反之亦然。从和谐角度看，也可选用相近色调作为背景。但是，不论是对比还是和谐，都要注意结合灯光的运用。前者，要防止器物与背景色调的对比过于强烈，光宜柔和；后者，要避免器物与背景色调混含不分，光宜侧逆。背景配置还要善于利用粗细和明暗对比手法。粗细对比，主要用以表现器物的质地。细腻的瓷器，因用经纬纹路粗糙的背景，会使瓷器质感格外细洁；纹饰粗算的青铜器，配用平整细洁的背景，能使青铜器显得庄严、豪放。明暗对比，包括器物与背景以及背景本身的明暗对比，后者打破以往背景从上到下明暗不变的单一感，采用遮挡背景受光面，决明转暗的变化，使文物摄影作品的色调与影调在和谐中有对比，统一中有变化。

文物彩色摄影的背景运用，还要注意避免背景色光反射到器物表面，以免造成器物色彩失真。

用光：拍摄文物主要依靠室内灯光，因此应备有一至四五支摄影灯。光线的投射方向对表现文物是很重要的。一般来说，顺光平而无明暗，多作总体照明和辅助光用；侧光长于描绘器物各侧面的明暗反差，凹凸饰件，并可隔离器物与背景，增强画面的纵深感；逆光用于勾勒器物的轮廓线，有突出立体感的特殊作用；顶光作用于器物顶部和腰部造型复杂的器物；底光，具有渲染人物、动物类器型威严、凶猛和恐怖的感情色彩。光的强弱，应依不同文物的性格而异，光的主次也只能伴随器物的造型各部位的主次关系而分别安排。不分强弱主次一概采用大亮光是没有艺术表现力的。光斑的处理：在文物摄影中，瓷器、漆器、玉器、金银器等类文物由于表面光洁度高，受光后会产生强烈的反光，即光斑。光斑多出现于器物的边、角、沿及光滑部位，而且随灯光的投射方向不同而变化。实践表明，光斑如果运用得当，有助于表现器物的光泽质感。运用不当，则会破坏器物的色与质。为消除或减弱光斑，通常使用偏光镜，反光伞；或者使用光斑防止剂喷射，或者用无碱软皂涂抹等方法。在多灯照明下拍摄文物，应避免交错重叠的投影，与此同时设计一个好的投影，这样既可使画面简洁、美观，又可起到均衡画面和增强其空间感的作用。消除和减弱杂乱投影的方法：1，在灯前加用透明硫酸纸或纱网，以柔化投影；2，利用反光伞，把直射光反射为柔和的散射光；3，用玻璃瓦透明塑料板作摄影台，可彻底消除投影。这种无影摄影台，最适于拍摄体积小或透明体文物。光可以从透明令下照射文物，使玉器晶莹剔透、丝织品经纬分明。如果拍摄船舶、鸭鹅水鸟等造型的文物，还可以获得水下倒影的艺术效果，增添生动活泼的情趣。

总之，文物摄影师应具备对历史的了解、对文物的认识，以及娴熟的摄影技巧和对专业摄影器材的使用，会对文物摄影师所创作的作品有很好的帮助，为博物馆的信息数字化数据库增加更多高质量的文物影像，为提升博物馆的展览、出版、科研所需要的文物信息影像做出应有的贡献。

参考文献：

① 段文杰等：《中国美术全集》，人民美术出版社 2006 年版。

② （英）丹尼尔．列扎诺，张一宁译：《完全摄影手册》，吉林美术出版社 2006 年版。

③《图说北京史》编委会：《图说北京史》，北京燕山出版社 1999 年版。

④ 刘宽新：《数码影像专业教程》，人民邮电出版社 2008 年版。

⑤（美国）美国纽约摄影学院：《美国纽约摄影学院摄影教材》，中国摄影出版社 2003 年版。

摄影拓展博物馆公众服务的空间

——从“我看博物馆”公益摄影大展活动谈起

孙芮英

自1839年达盖尔发明摄影术以来，经过了170年。现在，摄影已经无处不在。影像既是家庭小型聚会的记录，也是重大历史变革的见证。它能使人们看到世界的方方面面，人们的视觉被延伸了。人们通过照片认识世界，哪怕仅仅是表象①。

时光飞转到21世纪，数字摄影技术逐步普及，近年来随着社会经济的发展，人们生活水平逐步提高，使得人们的注意力从衣食住行扩展到自身素质的完善、个人能力的充分发挥和为社会做贡献，这种愿望使人们注意到自身多种能力的培养，激发出不断学习、不断提高的要求，博物馆观众正是由这样一些公众构成。观众的素质发生了变化，他们对博物馆的期望和要求也相应发生了变化。有鉴于此，博物馆更多地组织帮助观众实现自我完善、自我发展的教育工作，开展满足观众“终身”教育要求的工作②。

一、摄影连接博物馆与公众

自2007年起，北京市文物局和北京日报报业集团，联合四家国家级专业摄影媒体，主办“我看博物馆”公益摄影大展活动。活动以建设“人文北京”，宣传弘扬中国优秀的传统文化，提高公民素质为目的，倡导让广大公众走进博物馆，关注博物馆，借助博物馆这个平台，学习、感受人类共同的文化遗产，充分发挥博物馆传播知识的作用。同时，活动也为博物馆开展多种多样公众活动进行了新尝试，积累了新经验。

“我看博物馆”公益摄影大展由首都博物馆承办。每年举办一届，并将该活动纳入每年北京市文物局“5·18国际博物馆日”系列活动。“我看博物馆”公益摄影大展活动强调群众的参与性与活动的公益性，注重公众与博物馆之间的交流互动。公益摄影大展以“我看博物馆”为主题，凡是表现北京地区正式开放的博物馆的摄影作品均可投稿参评：拍摄题材包括博物馆建筑、博物馆展览、博物馆人物等。

摄影拉近了博物馆与观众的距离，摄影提供了观察博物馆的新方式、新视角；让摄影记录博物馆，并通过摄影传播知识，进一步提高博物馆的利用率。同时，活动的组织者应该加强引导，让更多的大众关注博物馆，关注传统文化，关注文化遗产。该活动自2007年以来，已经连续举办四届，每一届都有一些新的收获和体会。总结下来有以下几个特点。

（一）群众参与的广泛性

为公平起见，活动采用分组方式，分为老年组、成年组、少年组、手机组、文博专业组。这样的分组有利于比赛的公平和公正，同时扩大了参与者的范围。一方面，参与者年龄跨度大，第一届获奖者年龄最长的已是88岁高龄，最小获奖者仅6岁；随着活动日渐成熟，常常会发现夫妻共同参与、祖孙三代一起投稿的情况。另一方面，手机组的设立，使活动降低了参与者的摄影设备档次，降低了参与的条件，可以让更多的博物馆观众参与其中。

另外，参与者不受地域范围限制。四年来，远至新疆，南至深圳，都有热情的博物馆观众参与其中。哪怕仅仅是来北京短暂的游玩，也可以在尽情享受博物馆之余参与摄影活动。投稿者不分年龄、职业、地区、设备……机会均等，真正实现全民同参与。实现了在数字相机普及、读图时代到来的大背景下，让公众通过摄影活动认识博物馆，了解中华文明历史知识的初衷。

（二）活动的品牌性

与其他博物馆活动不同，“我看博物馆”非常注重品牌性。专门对活动的品牌进行系统规划，并对活动的形象进行系统设计，设计制作《我看博物馆公益摄影大赛形象识别手册》，包括视觉形象、理念形象等，让更多热爱文博的人关心文化的人去关注、识别、认同并参与到这项有意义的活动当中来。

同时，设计前卫、现代、国际化的“我看博物馆”的专用卡通代言造型，有助于摄影比赛品牌的识别和推广。既可以用于活动本身的推广和宣传，未来也可作为知识产权授权给赞助企业使用。

值得一提的是《我看博物馆公益摄影大赛形象识别手册》内容非常全面，包括：①视觉基础设计，涵盖核心规划、字体系统、组合系统；②图形延展设计即标准作图系统；③色彩计划包括标准色系、辅助色系等等；④活动卡通吉祥物造型设计。该设计结合总体理念定位设计，符合当代少年儿童欣赏水准、并适合未来相关产品开发的卡通吉祥物造型。

图1 “我看博物馆”活动LOGO

这样的形象标志在活动中发挥了重要作用。作为重要的引导标识，让观众在一进入博物馆大门时，就可以看到活动的海报或指示牌上醒目的卡通形象和规范的标准字，并根据提示到指定区域参加活动。作为活动标志的贴纸，贴在每个参与者的胸前，既醒目又容易辨识，让工作人员和参与者都非常容易区分，哪些是参加活动的观众，哪些不是。活动组织中可以将LOGO穿插在每个工作环节，让整个服务工作更加规范。以形象的视觉形式宣传活动，以自己特有的视觉符号系统吸引公众的注意力并产生记忆，可以使观众对活动产生忠诚度。

（三）拍摄题材广泛

虽然该活动是北京市文物局主办，但活动范围不仅限于市文物局下属的博物馆单位，在京的150多家登记在册的博物馆题材均可成为拍摄对象。这其中包含大型国立综合性博物馆，也包括小型私人博物馆；既涵盖文化历史类博物馆，又包括自然科学、艺术类博物馆；既有古建、遗址类博物馆，也有名人故居陈列馆。

另一方面，拍摄的内容可以是博物馆的建筑，包括博物馆建筑的外景、内景等；也可以是博物馆中的展览和陈列，以及展览陈列中的展品等；还可以是博物馆中的人物，包括博物馆观众、博物馆工作人员、博物馆各类活动中的人物等。

通过这几年的来稿，我们可以看到，人们不仅仅对博物馆建筑外形、展览十分关注，对博物馆里反应的各种社会现象、博物馆的公众服务质量、博物馆的社会教育现状同样予以广泛的关注。作品中不仅有赞扬博物馆工作人员优质服务的，也有讽刺博物馆内个别观众不文明现象的。

（四）“与摄影名家面对面”活动

我们组织这样的活动，摄影并不是最终的目的，最终的目的是吸引观众走进博物馆，享用博物馆。于是我们选择巧妙的方式，将摄影与博物馆连接起来。

图2　“与摄影名家面对面”活动现场

“与摄影名家面对面”活动，邀请摄影名家带领摄影爱好者走进博物馆进行辅导拍摄，同时还举办讲座，整体活动对广大影友免费开放。所以，“与摄影名家面对面”活动，深受广大群众喜爱。活动组委会先后在古代建筑博物馆、石刻艺术博物馆、首都博物馆、孔庙国子监、团城演武厅、皇城艺术博物馆、北京艺术博物馆、大钟寺古钟博物馆等博物馆组织“与摄影名家面对面”活动，累计参加者近千人次。参加者对此项活动反映非常好，认为不仅能参观博物馆，了解历史文化知识，还能与摄影专家面对面交流，增长摄影知识，机会非常难得。

参与者非常享受这一过程，参与过摄影大展活动的观众纷纷表示，通过活动陶冶了情操，提高了影技，结交了朋友，锻炼了身体，可以说是精神文明和物质文明双丰收。在爸爸的指导和支持下连续参加过3届大展的西城裕中小学的学生李瀚辰说，在博物馆他学到了不少人文和历史知识；通过摄影这个媒介，学到了许许多多从书本上很难得到的知识和技能；他感谢大展给小学生提供了展现自我的机会。曾获老年组一等奖的获奖者，64岁的陈宝文老人，还写来了获奖感言“我已是老年人，只是想发挥余热。跟更多的老百姓一起走进博物馆，拍摄博物馆，让我们的博物馆明天更美好”！

此外，2008年我们还特别组织了摄影名家拍博物馆活动，八位著名摄影家拍摄博物馆的精彩作品，不仅在首都博物馆进行了展出，这些摄影名家将他们的作品还无偿捐赠给了首都博物馆永久收藏。首博作为大型综合性博物馆，这是首次收藏当代摄影名家的摄影艺术品。

（五）活动宣传

好的活动，需要好的宣传。

“我看博物馆”公益摄影大展活动，连续4年在首都博物馆网站开设专栏，登载参赛要求，发布活动消息，公布获奖作品等等。该栏目不仅在征稿期间开放，而且已成为一个长期的固定栏目，保留在博物馆网站中。不仅丰富了网站内容，也方便访问者、参加者查阅历届信息，参与活动。

“我看博物馆”公益摄影大展，作为一项大型社会公众活动，仅靠首博自己的媒体是远远不够的，更多的是依靠大众媒体。活动信息的发布，除了在作为活动主办方的京报集团《北京晚报》、《中国摄影》、《摄影世界》、《大众摄影》、《中国摄影报》外，我们还特别在专业摄影网络媒体，如蜂鸟网、佳友在线等网站发布活动消息，吸引更多的人士参与活动。随着互联网的急速普及，网络媒体的宣传力度不容忽视。

同时，活动的宣传材料也是多种多样的。除了在博物馆里免费发放的宣传彩页，还有可以张贴在社区和学校的海报；不仅有实用的年历卡，还有好玩的卡通贴纸和胸牌。这其中尽显《形象识别手册》的重要性，整个宣传活动，无论是在网上，还是在博物馆，或是活动现场，一切宣传品的设计形象都是统一的，规范的，让人非常容易识别。

图3 “我看博物馆”活动海报

（六）关注和引导

活动组织了4届，我们与观众交流了4年。通过交流，希望参加者能对博物馆有更深层次的认识。观众在思考，在逐渐提高自己，他们已经不满足于拍摄表面化的问题，他们的作品已不仅是好看的风景，更多的体现出观众作为拍摄者的一种深入思考。

通过引导，参与者对博物馆及文化遗产的理解也更加全面和深入。从而培养了一批具有专业素养的博物馆爱好者。从征稿作品内容看，参赛者对拍摄内容的理解已日渐深入，部分作品反映出的强烈的人文关怀和对多种类型文化遗产的关注。例如2010年的作品《视障人士与卢浮宫艺术“零距离”》，对视障人士用手去触摸展品，与展品进行特殊交流的瞬间抓拍得非常到位。又如作品《京城老水厂》，用新视角记录了被大部分人忽视的、历史价值却很高的小型遗址类博物馆。此类作品的出现，说明文博事业关注者的目光已不再局限于大型博物馆，更多地投向了广阔的文化遗产领域，特别是那些一直为人们所忽略的项目。

公众对文化遗产保护事业的认知度、使命感正在不断加深。由最初的参观展览，延伸到对中华文化遗产保护问题和中华文明传承问题的思考。这种对文化遗产的关注从“被动接受”到“主动参与”的转变，印证了“我看博物馆”公益摄影大展活动所具有的深远的社会意义。

二、摄影拓展博物馆公众服务空间的基础

摄影可以深刻地表达对社会的认识，它是人类社会重要的文化成果，它同文学、音乐作品一样，对人类社会发展具有重要作用。摄影影像不仅呈现了具有精神层面意义的形象，还具有美学价值和文献价值。我们选择摄影，这样一种方式作为切入点，是非常恰当和必要的。

（一）博物馆作为为社会和社会发展服务的公益性常设机构，决定了博物馆观众服务活动的公益性。同时这也是博物馆的使命所决定的。

当代博物馆的主要任务是要将积淀在博物馆中的人类知识成果转化为促进社会和谐发展的智力资源，博物馆教育工作者要将传统的实物教学与当代全新的信息技术结合起来，开拓博物馆教育的新局面。[③]随着社会经济发生变化，博物馆面向公众的活动形式也发生了变化。

在河南博物院，观众不仅可以观赏文物，还可以亲耳聆听那仿佛来自远古的声音，亲身感受王孙诰编钟的宏大，虎座凤鼓的气势，舞阳骨笛的古老，漆绘绵瑟的华美……这是成立于2000年的，河南博物院华夏古乐艺术团的表演。这不仅仅是对展览的延伸，也是河南博物院保护与弘扬非物质文化遗产的一项重要举措。无独有偶，在扬州中国雕版印刷博物馆，观众不仅可以观看展现雕版印刷工艺水平的文物，还能亲手参与雕版印刷的全过程。博物馆将这一古老工艺完整地搬到了现场，为传播、弘扬这一中国传统印刷艺术瑰宝做了很好的尝试。

这些项目的开展，一方面是对展览的全新解读，让观众更直观和生动地了解文化历史知识；另一方面是博物馆服务的延伸，也提升了博物馆公众服务的能力。例如，中华世纪坛世界艺术馆，将西方经典雕塑的复制品请进展厅，举办盲人朋友可以“观看”的《触·觉——从卢浮宫到世纪坛》展览，让他们能在触摸中感受世界艺术之美。

（二）社会生活水平发展到了一个新阶段。据中国电子商会消费电子产品调查办公室发布的“2008上半年国内数码相机消费及需求状况”显示，北京市消费者家庭数码相机普及率已经达到68%，为全国最高。[④]这使得我们组织这样一个，以征集数码摄影作品为主的摄影比赛活动成为可能。在物质水平提高的同时，公民的文化素养也在不断提升。越来越多的年轻观众愿意主动走进博物馆，大家在观赏文物的同时，知道去珍惜和保护文物。也逐渐理解在博物馆里拍摄文物不应该使用闪光灯等等。这些因素都成为，举办“我看博物馆”公益摄影大展活动的群众基础。

（三）博物馆自身的变化也是活动组织的重要基础。

进入新世纪以来，各级政府对博物馆的关注度逐渐加大，对博物馆的投入也在逐年增多，博物馆行业出现了空前的建设高潮。博物馆数量增加的同时，博物馆的展览水平和服务质量也在提升。2008年1月23日，中宣部、财政部、文化部、国家文物局联合下发《关于全国博物馆、纪念馆免费开放的通知》。根据该通知，全国各级文化文物部门归口管理的公共博物馆、纪念馆，全国爱国主义教育示范基地将全部实行免费开放。同年3月北京市第一批33家博物馆实行免费开放。这一惠民工程的实施，降低了公众走进博物馆的门槛，迫使博物馆重新思考社会地位、性质、目的和体制，认真规划博物馆队伍建设、服务方式和运营管理，促使博物馆意识到知识分享的理念，创新多样化的公众教育服务。

三、收获和启发

当代公众的学习目的是强化个人发展能力，以适应快速变化的外部世界。博物馆要根据观众的学习需要设计教育活动的内容和方法，才能增加教育活动的吸引力。在知识学习方面，博物馆不仅要向学习者展示最新的学术研究成果，更要使观众了解这些知识对社会发展的积极作用；在发展能力方面，博物馆通过教育活动，增强学习者的探索能力、交流能力和审美能力；在伦理道德方面，博物馆要通过环境营造、榜样引导和制度约束等手段，通过养成良好的博物馆参观习惯，提升观众的社会功德意识和自觉遵循适宜的社会行为规范。⑤

（一）博物馆应该更好地实现知识传播。博物馆除了要对自然、文化遗产加以收藏、保护和研究，更要将这些知识财富传承和延续下去，是其承担的重要社会责任和义务。“我看博物馆”公益摄影大展是各种尝试中的一种，虽然不是常规展览，却是很有效地帮助观众学习知识、了解博物馆、加强人们对文化遗产的理解和认识的一种活动。从具象传播学的角度出发，视觉非语言符号更接近人类认知自然之像真实的原始本能，更利于在大众间传播，从而提高传播者之间相互沟通、交流的效率，增强传播效果。赫尔马斯·根舍姆在1962年就写道：“摄影是世界各地都能够理解的唯一‘语言’，它在所有民族和文化之间架起桥梁，维系着人类大家庭。它超越于政治影响——在人们享有自由的地方——真实地反映生活的事件，使得我们分享别人的希冀和期望，阐明政治和社会环境，成为人类的人道和非人道的见证……。”⑥

因此博物馆对于已有的研究成果，要尽可能地利用摄影等多种手段，在最大范围进行宣传、推广，并实现其社会教育的最终使命。

（二）从国内外博物馆发展现状及趋势能看到，越来越多的博物馆重视展览的质量以及相关的教育活动，并开展更多的易于观众理解的参与式活动，打破博物馆沉闷气氛的活动，尝试各种新方法。博物馆的服务观念发生了明显改变，从耳提面命到平等交流，这反映出博物馆越来越重视信息的反馈，重视信息传播的成效。摄影恰恰是观众角色转变的活动，是信息的反馈。摄影作品的提交是观众自由探索后的发现，是观众体验后的成果。这不再是一种灌输，而是一种新的自我价值实现的过程。观众更愿意，也更容易接受这种方式。博物馆在面向社会公众进行知识传播时，不能脱离实际，不能曲高和寡。要摒弃知识贵族、知识垄断的观念，组织贴近实际、贴近生活、贴近群众的活动。

（三）该活动之所以能取得成功，跟活动组织及方案设计有很大关系。首先，在于摄影本身的趣味性和自主探索性，我们将这个特点巧妙地与博物馆相结合。开展群众能广泛参与的互动活动。其次，北京市文物局等各级单位对于该活动的大力支持，反映出主管单位充分认识到该活动能够改变博物馆形象，对知识传播方式方法是一种完善和有益的尝试。此外，活动方案设计巧妙、组织实施工作细致，服务观众热情周到。活动组织打破了原有的博物馆活动方式，借鉴了商业活动模式，是一种全新的探索。

注释：

① 首都博物馆编：《摄影的诞生——一项法国的发明》，（非正式出版物），2007 年版，第 1 页。

② 宋向光：《物与识：当代中国博物馆理论与实践辨析》，社会科学出版社 2009 年版，第 129 页。

③ 宋向光：《物与识：当代中国博物馆理论与实践辨析》，社会科学出版社，2009 版，第 117 页。

④ 杨汛：北京日报，发布时间：2008. 10. 27http：//news. ccidnet. com/art/1032/20081027/1599493_ 1. html。

⑤ 宋向光：《物与识：当代中国博物馆理论与实践辨析》，社会科学出版社 2009 版，第 241 页。

⑥ 张东：《具象传播在网络跨文化传播中的方法论意义》，《当代传播》2010 年第 2 期，第 30 页。

参考文献：

① 李凌恒：《数字时代的摄影》，《电影评介》，MovieReview，2010 年第 4 期。

② 宋向光：《物与识：当代中国博物馆理论与实践辨析》，社会科学出版社 2009 版。

③ 吕建昌：《博物馆与当代社会若干问题的研究》，上海辞书出版社 2005 年版。

④ 罗杰·迈尔斯劳拉·扎瓦拉著：《面向未来的博物馆——欧洲的新视野》，北京燕山出版社 2007 年版。

从口袋本的策划编辑谈博物馆宣传品的创新

杜　莹

博物馆的宣传品是博物馆的名片，是宣传博物馆的窗口，是向公众传达博物馆风格的实用信息产品。博物馆的宣传品种类较多，本文旨在梳理、分析博物馆宣传品形式、特征、近年来出现的变化，并且以策划制作首都博物馆口袋本的实例，试图探索出博物馆宣传品的编辑创新方式。

英国博物馆协会职业道德委员会召集人特瑞斯特芮姆·拜斯特曼主张博物馆的新定义应反映博物馆的社会参与性，强调博物馆是为社会服务的。①这也要求我们在研究博物馆和具体的博物馆工作时不能忽视社会需求，认真研究和满足博物馆观众的需求。本文所探讨的各项工作，均是立足于此理念的。

一、博物馆宣传品的基本原素和出现的新变化

博物馆的宣传品如宣传单页、宣传折页是目前最普遍的宣传品形式，其中以单张四色印刷的宣传单页最为常见，尺寸一般是 10×28cm。目前国内外博物馆的宣传品基本都采用这种形式。

宣传折页也是比较普遍的宣传品形式。大致可分为两折、三折、四折（见图 1、图 2）。由于容量有限，一般图片较多，文字较少，体现简洁和实用的特征。宣传品设计一般强调整体性和连续性，需要整体呈现一种风格，并且博物馆所有的宣传品都应延续这样的风格。

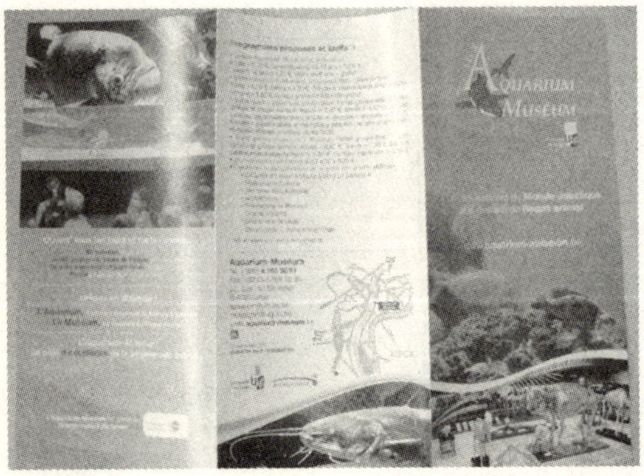

图一

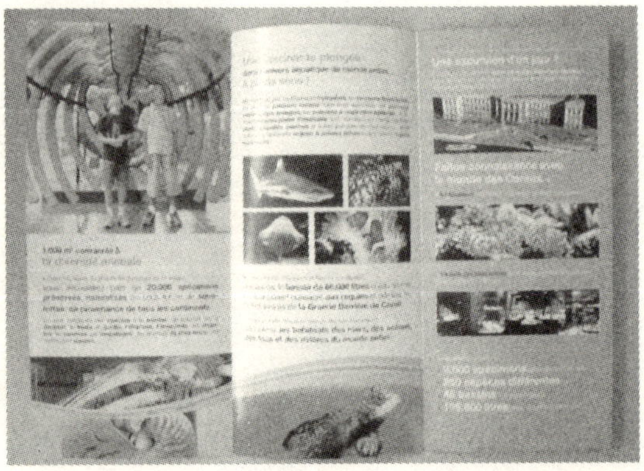

图二

国内外博物馆的宣传单页有大致相似的基本信息，包含展览基本信息，如展览中英文名称、展览时间、展览地点、主办单位、博物馆 LOGO、开放时间（包含闭馆时间）、博物馆地址、邮政编码、电话、乘车路线、网站等。

很多商业机构如商场、饭店、酒店也发放宣传单页，商业机构和非商业机构的宣传单页有很多相似之处，也有一些不同之处，笔者认为，在尺寸、基本信息和元素等方面有相似之处；不同之处在于商业机构的宣传品色彩更为炫目，表现手段更为时尚，刺激消费的意愿较为明显。也有些高档的商业消费机构的宣传品也体现出很高雅、简洁的特征，不同的风格定位主要为迎合目标受众的喜好。

近来，博物馆的宣传单页也有了一些变化，笔者认为变化的原因是观众对博物馆传递的知识、信息要求增大，不满足于博物馆单页的简单信息，要求有深入的、稍微详尽的信息。因此分析研究国内外博物馆宣传品，有以下几方面的变化。

一是尺寸逐步多样化，卢浮宫的导览图尺寸是 32×18cm 的四折页（见图3、图4）。二是内容方面的变化，宣传品内容更为翔实，突出实用功能，是博物馆社会教育功能的延伸。（见图5、图6、图7）

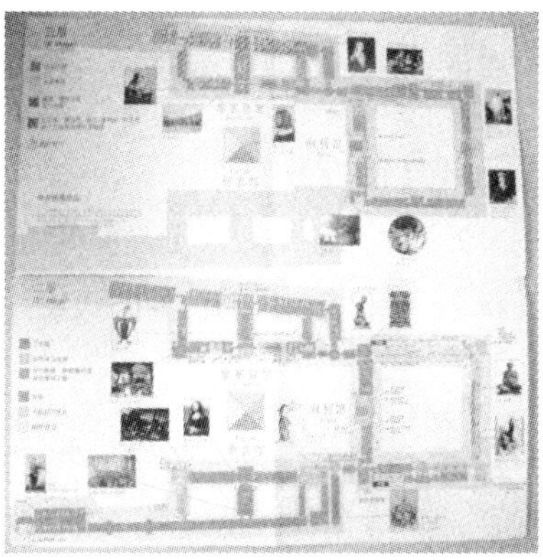

图三

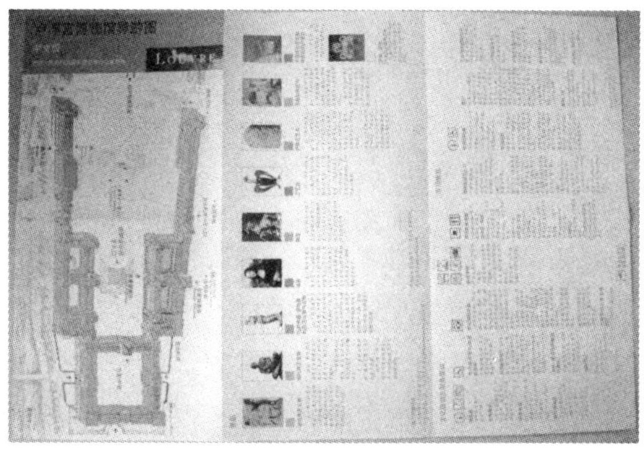

图四

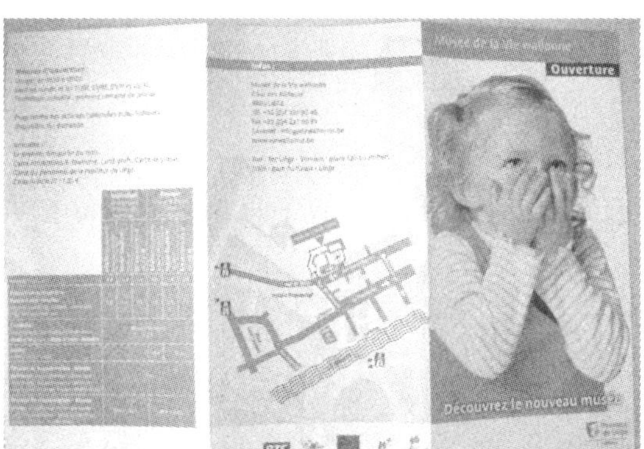

图五

图六

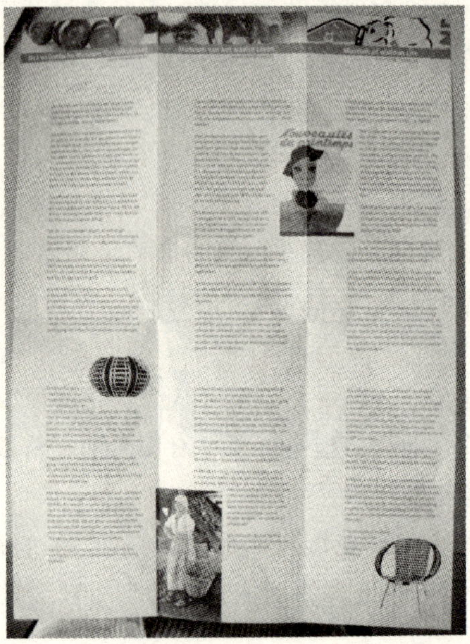

图七

二、“口袋本”编辑策划过程的创新

随着观众需求的逐步提高和变化，客观上要求宣传品工作有所创新，首博出版组在多年来工作经验积累和不断完善改进的实践中，逐步具备了创新的基础和能力。

创新的一个基本点就在于策划，切实可行、又让人耳目一新的策划。策划是一门科学，也是一门艺术。策划，通常指事前的运筹、谋划，是人们创造性的思维活动。策划在博物馆工作中是很重要的，策划过程包括确定主题与目标、明确定位、内容设计、形式设计、选择方案，而策划中务必注意的问题包括整体规划、客观现实、注重创新、切实可行、讲求实效、社会意识。[②]

很多人认为策划就是好点子。笔者认为，好的策划方案不仅是好点子，而且一定是在主客观条件下可以实施完成的，也就是上文提到的“客观现实”。

(一) 创新的缘起：宣传品需要满足观众深入了解展览的精神需求

“口袋本”最初是流行于青少年中间的阅读方式，后为出版社采用，出版了科普、漫画等青少年喜欢的图书形式。

“口袋本”，大抵是指一种64开本或小36开的袖珍类出版物。其大意是指能方便地装到口袋里的书。“口袋书”的兴起，最早可以追溯到1935年7月于伦敦出版的“企鹅丛书”。这套丛书3年间销售2 500多万册，获得巨大成功。“口袋书”从此流行于世并引发了一场“纸皮书革命”，对欧美国家的出版业产生了深远的影响。这种口袋书常采用新闻纸、再生纸印刷，定价较低。而且，它的便于携带的开本形式，可以供人们在上下班的公车上、地铁里随手翻阅。所以，这种图书形式在西方和日本很快流行开来。在许多西方国家，“口袋书”的产生往往是这样的：一本书先做精装本，卖得好，就再出平装书，最后才出“口袋书”。

首博此次的宣传品“口袋本”是第一次，是一次创新。“口袋本”的编辑策划是在出版组以往对宣传品内容和形式逐步探索创新的基础上进行的。我馆自开馆以来，一直努力探索更好地体现博物馆特征的宣传品形式，下文提到的两种宣传品形式，为口袋本小册子提供了比较好的创意基础。换言之，这次的创新是建立在出版组多年积累基础上的。

“口袋本”的创意基础是《卢浮宫珍品小提示》（见图8）和《首博活页》。以上两种宣传品分别是在我馆举办的临时展览《卢浮宫珍藏展——古典希腊艺术》和《中国记忆——五千年文明瑰宝展》时出版组策划编辑制作的，并且在发放过程中，受到观众的广泛好评。

图八

分析这两种宣传品受欢迎的原因，笔者认为，他们起到了展览良好补充的作用，满足了观众的需求，针对观众需要对博物馆有深入一点了解的要求，满足孩子对一些深奥的知识进一步解读的需求。此外，以往在大型临展中，首博编辑出版的展览普及本图书的热销经验，如《世界文明珍宝——大英博物馆之250年藏品》、《卢浮宫珍藏展——古典希腊艺术》，也说明观众对基本的展览信息有进一步解读和留作纪念的需求。

出版组多年工作中总结出，当展览影响力增大，观众被吸引的时候，观众会有深入了解展览和留住展览的精神需求。而简单信息的宣传单页无法满足观众的这种需求。对于有专业深度的展览，很多家长也难以系统生动地为孩子讲解，此时，观众对普及的、针对孩子的宣传品的需求就产生了。

“口袋本”的策划就是针对观众的这种需求进行的。笔者一直考虑在《卢浮宫珍品小提示》的内容基础上如何进一步完善，借鉴《首博活页》通俗简单的讲述方式，考虑到讲故事的解读方式应该是一种不错的选择。

（二）内容的创新和突破

首先，这次配合《千古探秘——考古与发现》展览做的面向儿童的宣传品，其定位是满足专业展览画册和宣传单页之间的读者需求。通俗点说，要比专业展览画册简洁，要比宣传单页深入。

策划过程中，我们借鉴了以往的奥运特展期间作的展览通俗解读的《首博活页》，力图做一个儿童版“活页”，开本则是小人书大小开本的，要比《卢浮宫珍品小提示》的开本略大些。

此次策划的成功，体现出了团队的力量。时值每年一度香港的实习生来我馆实习，其中一个非常踏实的学生跟随我实习，我们一起搜索博物馆的宣传品形式和内容，包含国内外网站的内容。初步确定在以下几个方面找到突破点，展览主题，关于考古的概念，考古的过程，考古的意义等。我们定期进行讨论，交流我们寻找资料过程中的收获和想法。

这个过程，让我们初步了解了国内外博物馆对考古知识的诠释方式，我们搜索了国外的很多网站，也搜索国内的，包括港台的网站。信息解读的方式是这个阶段最关注的。

笔者所在的资料信息研究中心各个小组之间的信息共享和交流也为策划编辑“口袋本”提供了很多帮助。信息中心所构建的多媒体、平面媒体的整体策划方式，使我们之间的信息得到最大程度的共享、形成良好的互动。多媒体组制作考古片子需要采访国内非常权威专家学者，这帮助我们在短时间内了解国内专家对考古的权威而通俗的解读，这对策划人员自身的学习理解大有帮助。

“孩子们带着工具去考古”，一个点子好像流星划过我的脑海，一闪而过。仿佛成年人回忆起童年时带着自己精心准备的东西去郊游一般兴奋。而这一次，我们可以以成年人的口吻带着孩子去经历一次考古的过程。在这个过程中让孩子知道我们想要传递给孩子的最科学的、最简洁的考古过程和科学考古的理念。

根据这个点子，深入分析这个想法，初步确定出章节标题分别为考古是什么、带上工具去考古、发掘开始了、发掘后的整理和研究四个部分。这个策划舍弃了完整的考古步骤中很多细小的步骤，选取了关键的几个部分和知识点。

带着孩子考古，涉及人物时，大家研究决定采用首博之前设计的宝典爷爷、虎子、妞妞三个卡通形象，这样也就确定了宝典爷爷带着两个孩子去考古的形式，为了让孩子好理解，知识通过宝典爷爷和孩子的对话来呈现。

男孩和女孩，既可以从两个不同性格孩子的角度表达他们的疑问，另外也方便构建他们一起考古时丰满的状态。整个策划内容仿佛构建剧本，我们首先构建了一个场景，为了增加吸引力和趣味性，让孩子们分别提出考古要带什么工具，之后提出正确的应该带的工具。

此外我们确定介绍三个较为重要的知识点：考古工具及工具的作用、地层学、考古类型学。全书贯穿的知识点有：如何确定考古发掘的位置、考古发掘的操作规程、对发掘品的编号记录、信息储存、文物碎片的修复、考古绘图和照相、科技考古、考古意义，这些知识点以考古的顺序来确定线索。

整体结构确定之后，笔者开始撰稿。稿件完成之后，和实习生沟通，他们提出了一些修改意见，听取后做了修改。之后稿件请教了领导、考古专家审读，将表达不太准确的东西进行了修正，从而保证了“口袋本”小书的科学性、严谨性。

（三）形式的创新和突破

接下来就是呈现方式。策划初期，就确定了图文并茂、四色印刷的基本形式。考虑到孩子喜欢的是卡通形式，因此决定找人来画插画。按照我们的要求，插图作者一共创作了12幅插图。这也是12个比较重要的动态化的知识点，知识点分别是小虎手握手铲和妞妞拉着手，准备一起去考古；用一本书展示出考古现场外壳，妞妞和小虎仿佛在探方里边，正在考古发掘，宝典爷爷站在一旁；小虎脑海中考古应该带的东西、妞妞脑海中考古应该带的东西；考古发掘必备的工具；探方、模拟发掘现场；地层堆积的比喻、地层打破关系示意图、发掘规程的图；考古记录；小虎、妞妞想象长大后科技考古的场景。

这几幅插图均是根据我们的文字策划案，作者在与我们反复的沟通中进行创作、修改的。作者创作完成后，经过专家审读，我们和插图作者反复沟通，发给他很多相关资料，让他修改，将不够严谨的地方进行修改。

在“口袋本”的整体排版设计中，美术编辑把握和强化了“口袋本”与展览、展览画册风格的统一性原则，采用红黄蓝三色的底色设计，同时力图展现儿童读本的趣味性。美编的设计，简洁明快。采用儿童书通用的楷体，印刷时四周做成圆角，避免划到孩子的手，让孩子阅读起来贴心舒适。开本用12×12cm的正方形，突破《卢浮宫珍品小提示》9.5×9.5cm文字较少的局限。

“口袋本”除了用卡通图片进行知识解读，还用了一些写实的图片，如青花凤首扁壶碎片和修复后的照片、真实的考古线图、陶簋的演变示意图等。这些图片的选择使用，既表现出我们严谨的治学态度，也让我们所讲述的比较深奥的知识具有可读性并容易被理解。

（四）推广和反馈

《我们一起去考古》（见图9，图10）“口袋本”推出之后，其他的展览如《城市记忆》、《多彩中华》，首博出版组也推出了相应的“口袋本”，得到了比较好的反馈。《我们一起去考古》“口袋本”印刷发放数量为40 000册，为免费发放。

图九

图十

在首博和北京音乐厅互相交换宣传品过程中，现场工作人员观察到，相对于一般的宣传单页，观众对于这种稍微有点知识性和趣味性的宣传品显示出非常大的兴趣。

我们陆续收到了一些来自专家学者和普通观众的反馈意见。

概言之，观众认为“口袋本”的优点是，宣传品直观形象，生动有趣，图文并茂的方式引发了孩子兴趣，而兴趣是最好的科学前导；知识性强，逻辑性强，按考古顺序三部曲对科学术语进行深入浅出地说明；渗透科学方法，通过探索了解了考古科学方法和过程，过程往往是最重要的；留有展开余地，有兴趣的同学可以对“田野调查”、“孢粉研究”做进一步的了解和探索；潜移默化，高屋建瓴，结束语“了解历史……科学观念和方法”潜在地告诉孩子科学的态度。

此外，我馆该展览的总设计师肯定了我们的工作，他认为这是非常好的一种展览延伸的形式，和展览形成了良好的互动。

三、博物馆宣传品编辑策划创新对编辑素质的要求

“口袋本”宣传品得到了比较广泛的认可，但是有很多不足和需要改进之处。我们对孩子的阅读特点和阅读需求的了解不够深入，工作时根据存在于我们自身的经验，对孩子的真实需求缺乏提前地调研和深入地分析。改进的方向是今后应和社教部深入合作，建立相关的儿童状况的课题调查分析及有步骤、逐步深入地了解孩子需求的常规机制，从深层次上了解儿童的阅读需求。

此外，展览举办期间以及后期和开放部沟通不够，今后可以在展览中建立广泛收集观众反馈意见的机制，通过发放收集问卷调查等方式进行。可以在感性体验观众需求和反馈的基础上，深入分析观众的理性、深层次的需求。

博物馆图书、宣传品编辑在策划时要提倡和鼓励内容的原创性、文本体裁、版式、装帧设计的独创性，宣传品只有做到内容和形式创新的完美统一，才能以高质量取胜，在读者心目中树立起自己的品牌，品牌是知识经济时代的无形资产，具有强大的号召力，编辑要以经营品牌的意识完成宣传品的策划编辑工作。

编辑要承担起开发、优化选题和原型作品的职责，使策划编辑的产品在内容、形式、体例、装帧设计等方面具有独创性，使原型作品在文化价值、知识价值上得到进一步的提升，这不仅需要编辑强烈的主观意愿，还需要客观上具备很高的素质，并且不断提升自己的内功。简单总结如下。

编辑要有历史、文化、人文知识的底蕴。比较全面深入的专业知识是做好博物馆编辑创新工作的前提条件。博物馆编辑想要创新，还需要具备快速摄取信息的能力、对知识学进去又能跳出来的能力、对信息的高度整合能力。

博物馆是文化艺术单位，博物馆编辑要有比较高的艺术欣赏能力，这也是创新工作的前提，庸俗的、没有艺术欣赏力的编辑，做出的东西也是平庸的、僵化的，无法被观众接受和欣赏。

编辑工作又是实践性较强的学科，要求编辑不仅有一定的学术能力，还要有切实的执行能力、体系化构建能力、良好的沟通能力。不管多么好的策划案，如果别人不能够理解和配合，都不可能完成。即使是非常好的想法，也需要和很多人配合才能完成。要听取专家的意见与专家、插图作者、美术编辑、文字撰写者，进行沟通，还要了解观众需求，理解博物馆传播规律，深入把握社会脉动并且让团队的人理解并在每一个细节工作中去渗透这种理念，只有这样，所做出的创新作品才是和观众贴心的、为读者服务的，而不是孤芳自赏的、远离观众的。

团队的良好协作是编辑策划创新的重要条件，部门内部及部门之间的协作是做好博物馆宣传品创新工作的一个重要因素。此外，还需要树立全程策划观念。策划选题、组稿、编辑加工、版式装帧设计、印刷、发行等诸多环节，都需要将策划思想贯穿于始终。

博物馆编辑还要保持对外部信息的敏感和对时代动态的关注能力，不能满足于停留在历史知识、编辑技能的积累上，要关注观众日益增长的文化需求，要跟上时代的步伐，了解时代的脉动，创造出观众满意的文化产品，帮助观众更好地享用博物馆。编辑工作同时需要有引导性，引导观众的欣赏品味、文化水准。

博物馆宣传品创新工作在当今时代更加重要，这既是社会发展的必需，也是我们博物馆人的重任。首博出版组及个人与应具备的创新要求仍有很大的距离，还需要我们从各个方面磨练自己的能力，提高各项素质，只有不断地提高，我们才能创造出优秀的作品，从而为普及博物馆文化传播做出自己的一点贡献。

注释：

① 王宏钧主编：《中国博物馆学基础》，上海古籍出版社 2001 年版，第 41 页。

② 北京博物馆学会：《博物馆社会教育》，北京燕山出版社 2006 年版，第 56—60 页。

资料室 ABC 书库藏书分类探讨

王晓侠

首都博物馆是北京地区大型综合性博物馆。基于地域特点，首博资料室藏书以反映北京人文地理、历史沿革、政治经济、宗教文化等为主要内容；资料室的核心定位就是为博物馆的陈列展览、文物保管研究、考古和学术研究提供服务。不过由于客观条件的限制，资料室的书库并没有设计成统一布局，而典藏地则分布在三个地方，其中一个书库（C 库）设在良乡库房。鉴于目前的实际情况，就有必要对三个书库的藏书进行归类整合，以便更好地履行资料室的服务职责。本文试图通过对馆展览、保管、业务研究等图书资料的需求调研，对图书借阅资料的数据分析及笔者参加业务工作数年的经历和体会，对首博书库分类阐述个人一点意见，仅供参考。

一、A、B、C 三个书库的藏书分库原因及思路

（一）资料室书库现状及藏书分库原因

书库现状及藏书分布状况：原有书库阅览室 100 平方米，流通书库约 80 平方米。馆藏图书现有数量约 4 万册套，期刊约 90 种，报纸 20 余种。有大约数百箱书在楼道里放着、新书（2008 年以后购进的书约 3000 册套）也进箱封存了，另外有 100 箱线装书、约 70 箱民国时期平装书存放在保管部库房里；最后原西红门库房一直存放历年装订过的报纸及《乾隆大藏经》（共 485 函）。

基于上述状况，我们以资料室主书库做 A 库，新建的馆地下二层 100 平方米做 B 库，良乡库房分给资料室的库房做 C 库，是因为目前使用的图书远程检索系统与卡片式检索方式截然不同，如果把新书或常用书放入 C 库，读者要借书，请示、约司机，加上去良乡库房来回的路程，远距离调一本书至少需要 2 天时间，这样不利于读者借阅，因为读者在图书远程检索系统对于藏书的库位一览无余，而 C 库由于受典藏地较远的限制，通常要几天以上时间方能借到所需图书，势必会影响馆里临时的紧迫工作，不能做到快捷服务。所以当客观条件暂时不能改变的情况下，迫切需要我们想方设法的使馆藏图书得到最大化的使用。

（二）A、B、C 三个书库的藏书思路

原因实际上就是因为博物馆的馆舍紧张，没有足够的空间容纳藏书。现实的情况却是大量的图书

必须要安置到一处场所，于是必须采取分库藏书。既然如此，按照服务第一的原则，就要合理的搭配三个书库的藏书。博物馆资料室的书库图书分布，主要遵循以下思路。

1. 图书远程检索系统与卡片式检索截然不同。如果图书（特别是新购图书）放入B库或C库，不利于读者借阅。因为要提取C库图书通常要几天以上时间。即使是存放于B库也需要专人去提取，也谈不上快捷！说得直白，就是C库只收藏无人问津或者极少问津的图书。

2. 把使用率相对低的图书（包括重本图书或画册及工具书等）、库本书（即样书原则不外借）及过刊放在B库。

3. 每1~2年进行一次剔书。

4. 最为常用的书就在资料室的A库中。

一般来说，常用图书放在A库。所谓的常用图书，是指馆内人员日常工作及学术研究中借阅频率非常高的书籍，这可以从近几年的借阅情况分析得出。如图1-1、如图1-2所示。

图1-1　文献借阅统计表（2007-9-1至2010-4-30）

日日期/时间\人次\类别	B	C	D	F	G	H	I	J	K	N	O	P	Q	R	T	U	X	Z	其它	合计
2007年（9-12月）	7			1	8			35	167						1			12		231
2008年（1-12月）	22	10		4	33	4	1	144	653		1				21			101	2	996
2009年（1-12月）	21	1	11	36	64	7	13	136	757	1	5		1		92		1	89		1235
2010年（1-4月）	11		5	10	29	1	10	51	248	2	1	1		1	32	1	3	20		426
统计	61	11	16	51	134	12	24	366	1825	3	7	1	1	1	146	1	4	222	2	2888
备注：A、E、S、V类为零借阅（共22大类）																				

图1-2　文献借阅名次统计

类　别	类　目	2007.9-2010.4借阅量	名　次
K	历史、地理	1825（套册）	1
J	艺术	366（套册）	2
Z	综合性图书	222（套册）	3
T	工业技术	146（套册）	4
G	文化、科学、教育、体育	134（套册）	5
B	哲学、宗教	61（套册）	6
F	经济	51（套册）	7
I	文学	24（套册）	8
D	政治、法律	16（套册）	9
H	语言、文字语言、文字	12（套册）	10
C	社会科学总论	11（套册）	11
O	数理科学和化学	7（套册）	12

续表

类　别	类　目	2007.9－2010.4 借阅量	名　次
X	环境科学、安全科学	4（套册）	13
N	自然科学总论	3（套册）	14
P	天文学、地球科学	1（套册）	15
Q	生物科学	1（套册）	15
R	医药、卫生	1（套册）	15
U	交通运输	1（套册）	15

从以上两图就可以得出近年常用图书的使用情况，于是 A、E、S、V（马克思主义、列宁主义、毛泽东思想、邓小平理论，军事，农业科学，航空、航天）类之外的图书便自然而然地进入 A 库，需要说明的是 P、Q、R、U 类虽然最近几年近乎零借阅，但是随着社会向着多元化方向发展速度的增进，我们馆新进的研究生、博士生的学科涉及领域更加宽泛，这类图书的使用率预计会猛增，因此笔者认为也应该放入 A 库；而像 A、E、S、V 四类零借阅图书则较适宜放入 C 库。

二、A、B、C 书库分类方法及藏书类型

（一）A 库分类方法及图书种类

把使用频率最高的常用图书放到 A 库，其类型涵盖了有关北京学术研究的方方面面，如北京类书：文物图册、考古、历史、政治、经济、民俗、文化、科技、文史资料、军事、文艺，大型丛书《北京考古集成》等，凡书名标有《北京》两字的书大部分入 A 库，但古籍有的并未标名北京二字，分类时要核实判别；普及图书，有影响且馆内同志经常查阅的书籍。如《中国考古集成》（北方）、《丛书集成》第一编、《美术全集》及《分卷》、博物馆学、民族学、论文集、地图、历史地理学等，《明实录》、《清实录》、《二十四史》、《全元文》、《明清会典》、《碑传全集》等；通史类书：如《北京通史》、《中国通史》、《中国文化通史》、《中国民俗通史》、《中国艺术通史》等；文物类书：如字画、瓷器、金银器、玉器、牙雕木刻、石刻等类书研究类型的书籍、或是反映最新研究成果的图书；画册类书：北京、天津、河北、山西、内蒙古、东北（三省）要放在大阅览室中。凡大型画册，尤其是《故宫博物院藏文物珍品大系》（60 册）、中国历史博物馆出版的馆藏文物画册；同时艺术，科技，工艺技术，展览设计、建筑多卷本也要考虑；电子图书：电子版图书、画册、杂志、报纸等；工具书（一套），此类书一概放入大阅览室中。杂志类：《文物》、《考古》、《考古学报》、《文物天地》、《考古与文物》、《故宫博物院院刊》等，以及北京类杂志，如《北京文博》、《北京档案史料》、《北京社会科学》等；另外近几年购买的新书原则上也应该放入 A 库，主要考虑新书的时效、前瞻性及研究人员的利用率。

1. 志类

《北京市志稿》全套书共 15 册，400 余万字，分别记载了清末至民国 27 年北京前事志（大事记）、建置志、民政志、度支志（财政）、货殖志（工商）、文教志、礼俗志、宗教志、名迹志、金石志、艺文志（著述）、人物志、职官志、选举方面的大量史料，是民国时期官修的一部较为全面的北京地方

史志。

《顺天府志》为缪荃孙于清光绪丙戌（1886）年自《永乐大典》四千六百五十卷顺天府七至十四抄出。《永乐大典》内《顺天府志》共二十卷，时仅存八卷，后均逸佚，虽系残本，却为北京现存最早的北京地方志，保存了不少难得的珍贵史料。

《中国地方志集成·北京府县志辑》为《中国地方志集成》之一，全书共七册。包括：第一册，光绪顺天府志（一）；第二册，光绪顺天府志（二）；第三册，光绪顺天府志（三）；第四册，康熙昌平州志、光绪昌平州志、光绪昌平外志；第五册，康熙宛平县志、康熙延庆州志、光绪延庆州志、康熙怀柔县新志；第六册，民国密云县志、民国顺义县志、康熙通州志、民国通县志；第七册，民国平谷县志、康熙大兴县志、乾隆房山县志、民国房山县志。共收录北京府县志十七种，其中六种为康熙年间的方志，流传甚少。是研究北京市的历史、文化、地理、人文的宝贵资料。

2. 古籍类

《全元文》李修生主编，共1880卷、61册，收集了元代用汉文撰写的文章，包括了除诗、词、曲、谣谚、小说以外的一切散文、骈文、辞赋等。

《明会典》，主要是根据明代官修《诸司职掌》、《皇明祖训》、《大诰》、《大明令》、《大明集礼》、《洪武礼制》、《礼仪定式》、《稽古定制》，《孝慈录》、《教民榜文》、《大明律》、《军法定律》、《宪纲》等书和百司之籍册编成，记载典章制度颇为完备，凡明史所未载者，会典均有交代，为后世研究明代典章制度的重要文献。

《春明梦余录》记载明代北京的情况，体例似政书，又似方志，分《建置》、《形胜》、《城池》、《畿甸》、《城坊》、《宫阙》、《坛庙》、《官署》、《名迹》、《寺庙》、《石刻》、《岩麓》、《川渠》、《陵园》等十四门，其中《官署》四十卷，篇幅最多。是研究明朝章典源流沿革的好材料。

《明实录》（全书共十三部，二千九百零九卷）、《清实录》全称《大清历朝实录》（四千四百八十四卷），是明、清两代历朝的官修编年体史料汇编。是研究明、清两代历史的重要文献。

《日下旧闻考》（全书共四册160卷）是乾隆三十九年，乾隆帝弘历叫窦光鼐、朱筠等根据《日下旧闻》加以增补、考证而成的，于敏中（等）编，为研究北京掌故史实的重要参考书。

3. 考古类

《中国考古集成·综述卷》（上、下）孙进己主编，上卷20册，下卷40册，全书共60卷、分东北卷、华北卷（1、2）、西北卷（1、2）、西南卷、华南卷（1、2）、华东卷（1、2），共298册。全面反映了中国考古学从产生至今的发展全过程。首博目前收藏238册，其中，华北卷、东北卷与北京有直接关联的放入A库，余者放入B库。

《北京考古集成》全书15卷，集北京地区考古研究整理之大成，全面反映了建国50年来北京地区考古工作的成绩，比较全面地将这几十年北京考古文物资料、论著收入书内。该书内容从时间上上至石器时代，下到清代，时间跨度大；该书内容涉猎繁杂丰富，既有人们熟知的北京周口店古猿人遗址、琉璃河燕国墓地、北京大葆台汉墓，又有人们感兴趣京都胜迹等。

《北京考古四十年》：综述了建国以来北京市考古调查、发掘和研究的主要收获。全书分四编、十五章，上起旧石器时代、下迄于清代。

4. 历史类

《北京通史》是一部系统叙述北京历史的多卷本学专著。本书依北京的历史沿革和发展特点，分编十卷；一、远古至魏晋北朝卷；二、隋唐五代卷；三、辽代卷；四、金代卷；五、元代卷；六、明代卷；七、清代（1644－1840年）卷上；八、清代（1840－1911年）卷下；九、民国卷；十、当代卷。

《中国通史》，范文澜版，全书共十册，其中前四册为范文澜著，后六册为蔡美彪补充定稿。该书是自1949年以来比较完整、系统的一套中国通史。它通过记叙各个历史时期的历史事实与历史人物，阐明中国社会发展的基本规律。全书观点鲜明、体例严谨、内容丰宫、文笔流杨，是受到社会各界普遍欢迎的优秀通史著作之一。最近出版的白寿彝版，共12卷22册，是目前数量最大、研究最新的通史著作。

《中国民俗通史》（2001年），包括原始社会、夏商、两周、秦汉、魏晋南北朝、隋唐五代、辽金西夏、宋、元、清总共十卷。

5. 图册类

《北京文物精粹大系》共17卷。陶瓷卷（上、下）：上卷内容为元以前陶瓷器；下卷除一件元人工琉璃三彩龙凤纹熏炉外，均为元、明、清三朝瓷器。两卷共收录陶器99件，瓷器364件。石刻卷：依北京石刻的特点及价值分以下六大类别：即摩崖、刻石、碑碣、墓志、刻经、法帖；本卷收录时间上起东汉，下迄民国，共收录石刻257种，369幅拓片及照片。佛造像卷（上、下）：上卷收中国历代佛教金铜造像作品，共收入鲖佛造像178年套；下卷收入中国明清时代卷轴式佛教造像绘画作品共165件，其中明清水陆画121件、清代唐卡44件。金银器卷：自商代至明清各个时期的金银器精品182件。石雕卷：新石器时期、汉、北朝、隋、唐、辽、金、元、明、清、民国时期的石雕精品150余件。书法卷：本卷共收入西晋至清代书法墨迹精品150件。玉器卷：本卷包括新石器时期至春秋战国，汉代至唐代，宋、金、元时期，明代，清代北京地区玉器共309件。绘画卷：本卷分为唐至元、明、清三部分，共收入唐代至清代绘画精品178件。织绣卷：汉、元、明、清各时期的织绣精品（均包括服装）150余件。家具卷：包括辽金、明、清各个时期的家具122件（套）。青铜器卷：本书收录了出土文物151件，拣选文物52件，传世文物30件。古钟卷：分为古钟、编钟与铃、外埠藏品三个部分，共选录西周、汉、唐、宋、元、明、清、民国时期的精品130余件。古籍善本卷：全书包括善本和碑帖两部分，其中古籍善本部分一级文物43件（套）、其余为二、三级文物藏品，碑帖部分一级文物15件（套），其余为二、三级文物藏品。以精美的照片展示了150件（套）善本和81件（套）碑帖。工艺品卷（上、下）：本书收录了北京地区50年间考古发现与博物馆、北京市文物公司收藏的历史文房用具214件，依门类和品种分纸、笔、文具、墨、墨床、砚、砚盒、印、印盒等。

《故宫博物院藏文物珍品大系》（60册）收录了故宫博物院所藏最具典型和代表性的文物约一万二千件，包括青铜、玉器、陶瓷、碑刻造像、法书名画、印玺、漆器、珐琅、丝织刺绣、竹木牙骨雕刻、金银器皿、文房珍玩、钟表、珠翠首饰、家具以及其他历史文物等。

《中国美术全集》（台湾版），全书共60卷，分绘画（21卷）、雕塑（13卷）、工艺美术（12卷）、建筑艺术（6卷）、书法篆刻（7卷）五大编和总目（1卷），起止时间，原始社会到清代。是一部最权威、最全面、最经典的中华艺术综合性大典。

《图说北京史》本书所述内容上起50万年前的北京人，下至清代京城，共收录各类图片1200余幅，文字约20万字。

6. 教育类

《中国教育通史》共六卷，主要论述的是我国从远古时期至建国后三十五年教育的产生、演变、发展的全过程。

7. 经济类

《中国经济通史》周自强等主编，本书分先秦、秦汉、魏晋南北朝、隋唐、宋、辽夏金、元、明、清九个分卷共十六册，是一部较新较全的中国经济通史。

《北京经济史料》介绍了北京主要的商业区、商业行业、贸易形式、商业资本、商业组织形式、商业组织形式、日伪时期北京商业的衰败、北京商业的衰落、对外贸易等，是一本关于北京近代商业方面的史料集萃。

8. 宗教类

《中国佛教史》（元代）一书是任宜敏先生继《京畿莲邦》之后的又一开创性著作。对藏传佛教各派的历史源流、法脉传承、行持特点，乃至整个藏传佛教的内在特征，作了系统深入地阐释。

《中国佛教百科全书》凡十一卷，较全面系统地再现了中国佛教及中国佛教文化的总体面貌及其历史发展。

9. 档案资料类

《清代官员履历档案全编》、《咸丰同治两朝上谕档》、《清代雍和宫档案史料》、《嘉庆道光两朝上谕档》、《光绪宣统两朝上谕档》等，以上档案资料基本上按年月编排、原档影印。内容涉及嘉庆道光、咸丰同治、光绪宣统等朝代的内政、外交、经济、文化、军事、战争、边疆、民族、宗教等方面。

10. 新购图书：基本是2008年以后采购的图书。如《清宫恭王府档案总汇——奕訢秘档》、《国立故宫博物馆缂丝刺绣》、《清宫瓷器档案全集》（全五十二卷）、《中国出土瓷器全集》（1—16）、《中国文物大辞典》、《北京美术史》等。

11. 阅览室图书：工具书、常用过刊（已装订）、现刊、光盘。主要是指一般不外借、只能在阅览室里查阅。包括《简明不列颠百科全书》、《中国大百科全书》、《辞海》、《文物》、《考古学报》等。

（二）B库分类方法及图书种类

1. 把使用率相对低的图书放入B库，包括重本图书或画册及工具书等。如科技类书：计算机，化学高分子、网络、检测、工程技术、建筑、展览设计、摄影类书籍；北京以外全国及各省市图书，文物、历史、考古、文学《全唐诗》、《全宋文》文字学、语言学等；大型丛书：如《四库全书》、《丛书集成》（第二）和（第三）编，碑刻丛书，《全国文史资料》等；凡档案、史料类书籍（大型）；政财类书：财经、人力资源、办公档案、法规、行政学、管理学、商务学等应用类书；外语、图书馆类图书。采用方法，每2年进行一次剔书。

《四库全书》（电子版在A库阅览室）丛书，中国古代最大的一部官修书之一，也是中国古代最大的一部丛书，分经、史、子、集四部，故名四库。首博收藏文津阁藏本，全1500册，（清）永瑢、纪昀等编纂，该书共收录古籍三千五百零三（3503）种、七万九千三百三十七（79337）卷、装订成三万六千余册。

《近代中国史料丛刊》由台湾文海出版社印共3500册（馆藏3300余册），1966年（民国五十五年）10月至1987年（民国七十六年）7月共编成正编一百辑，续编一百辑，其后由文海出版社编辑部继续印行至三编96辑。

2. 库本书。留存一套库本书是资料室藏书工作发展的一个不可遗漏的项目。库本书库的产生是缘于图书文献资料建设系统性、完整性的需要。图书馆将新入馆的每种文献抽出一本作为库本单独保存，一般不对外开放，只供少数特殊需要者使用，如《四库全书》等。这在保护馆藏图书资料方面应该属于积极的举措，也对保存文化遗产方面起到了推动作用。

3. 过刊，指已装订的北京类期刊（2010 年以前的）。

（三）C 库分类方法及图书种类

1. 常用的图书放到较远的 C 库，如重本书；文艺理论（批评）、经学、《乾隆版大藏经》。《乾隆版大藏经》固然是很重要的一套研究宗教的汉文大藏经，但是鉴于我馆研究佛教的研究人员比较少、相对借阅量就小，而册数多占地大的特点，因此把《乾隆版大藏经》放在 C 库是较适宜的。

《乾隆版大藏经》为清代官刻汉文大藏经，亦称《清藏》，又因经页边栏饰以龙纹名《龙藏》。它始刻于清雍正十一年（1733），完成于乾隆三年（1738），是我国历代官刻大藏经极为重要的一部。全藏共收录经、律、论、杂著等 1669 部，7168 卷，共用经版 79036 块。该藏是在明朝《永乐北藏》基础上编较而成的，全藏分正续两部分，正藏 485 函，内容完全和《永乐北藏》相同；续藏 239 函，内容较《永乐北藏》有所增减。

2. 过时的图书、杂志、报纸、小说、外语教材；政治经济学、高深的社会主义、共产主义、科技等著作。

3. 剔旧的图书，包括 A 库、B 库剔除的书。

结语

以上把首都博物馆资料室的 A、B、C 库的图书典藏地情况及各库藏书类型的分类探讨情况作了介绍和总结，其目的就是为了更好地为馆里广大同志服务，在现有的条件下实现服务的最大化。当然如果有一天，首都博物馆的客观情况发生转变，还是希望所有的图书都放在一个库房，这样就避免人为分析中出现的漏洞了。

参考文献：

① 中国图书馆分类法编辑委员会编：《中国图书馆分类法》（第四版），北京图书馆出版社 1999 年出版。

② 吴慰慈、董焱编著：《图书馆学概论》，国家图书馆出版社 2008 年出版。

③ 武颖方、刘仙海：《大学图书馆库本书库的开架借阅与管理》，山西财经大学学报（高等教育版）》2000 年 4 期。http：//emuch. net/journal/article. php？ id = CJFDTotal - SCGD200004029。

④ 苏天钧著：《北京考古集成》，北京出版社 2000 出版。

⑤ 李修生主编：《全元文》，江苏古籍出版社 1998 出版。

⑥ 曹子西著：《北京通史》，中国书店出版社 1994 出版。

中国传统节日背景下博物馆与学校的联姻

郭 爽

在博物馆的社会教育工作中，一直以来学校是忠实的合作者。“因此作为博物馆的社教工作者，我们一直在思考着如何将博物馆的文化资源与学校的教育资源更紧密、更深入地结合起来，而不仅仅限于带领学生参观、组织冬、夏令营等临时性的活动。”①

近年来，国家对于节假日进行了调整，把清明节、端午节和中秋节这三个传统节日纳入了国家法定节假日的范畴。这对于民俗类非物质文化遗产的保护无疑是一种很有效的方式，同时对于保护和弘扬中华民族传统文化起到了良好的作用。而这一举动对于博物馆来说，不仅仅是全年假期数量的改变，也不能简单的理解为观众数量的倍增而已；“对于博物馆社教工作者而言，这些节日更是承载了中华民族传统文化的血脉和历史沉淀，我们不仅要宣传传统文化，还要利用传统节日特有的民俗活动，以文教化，对学校中的学生进行热爱民族文化，增强民族自豪感的教育，使他们从民族传统中汲取精神力量。”②

“北京古代建筑博物馆坐落在北京先农坛内，是明清两代皇帝祭祀先农和举行亲耕耤田典礼的地方，建于明永乐十八年（1420年），是目前北京地区保存完好的皇家祭祀体系之一。这里建筑雄伟，处处体现着皇家坛庙的庄严；这里环境幽雅，与喧嚣的闹市形成鲜明的对比。”③馆内蕴含了浓浓的先农文化，为弘扬传统文化，我馆与相邻的北京育才学校共同开展了以传统节日为主题的系列活动。

一、清明节主题活动

清明节是我国传统的民族节日，也是最重要的祭祀节日，是祭祖和扫墓的日子。扫墓是祭祀死者的一种活动，汉族和一些少数民族大多都是在清明节来进行扫墓活动的。按照旧的习俗，扫墓时，人们要携带酒食果品、纸钱等物品到墓地，将食物供祭在亲人墓前，再将纸钱焚化，为坟墓培上新土，折几枝嫩绿的新枝插在坟上，然后叩头行礼祭拜，最后吃掉酒食回家。唐代诗人杜牧的诗《清明》：“清明时节雨纷纷，路上行人欲断魂。借问酒家何处有？牧童遥指杏花村。”写出了清明节的特殊气氛。民间在清明节有祭祀的风俗，在皇家的祭祀活动中也是有的。我国祭祀先农的传统可追溯到周朝，明清两代祭农已成为了国家重要的祭祀典礼。每年仲春亥日，皇帝都要祭祀先农神并在传说中的“一亩三分地”上亲自耕种，以示对农业的高度重视。但是随着时代的变革，传统祭农文化在人们的生活中已渐行渐远。为还原明清时期皇帝祭祀先农的场景并弘扬传统文化，清明之际，一场由北京市文物局和宣武区委主办，天桥街道、北京古代建筑博物馆和宣武团区委承办的大型祭农仪式在我馆举行。育才学校的400名小学生在民俗专家的带领下亲历了这一活动。活动分为介绍清明、介绍先农、击鼓鸣金、向先农牌位行礼敬献鲜花和五谷、朗诵祭文、放风筝、最后放飞鸽子等部分。到今年祭祀先农的活动已经是第四届了，我馆和育才学校的合作越来越成熟，效果也越来越好。在苍松翠柏和雕梁画栋的掩映下，学生们站立于先农坛神坛前，敬献稻谷、鲜花和果品，齐诵祭文、向神农氏牌位行礼，听我馆讲解员介绍炎帝神农氏、农耕文化、清明节日文化仿佛已经成为每年清明节的惯例。

在筹划这个活动的过程中，我馆为了尽可能的还原明清祭祀先农的原貌，并摒弃封建迷信，弘扬传统文化，在活动的各个部分都下了工夫。例如，根据我馆内复制的《清雍正皇帝亲祭图》（如图1）还原先农坛台上的陈列摆设，以及除了敬献鲜花外还要敬献五谷（如图2），通过敬献五谷使得孩子们认知五谷。同时对于祭祀用品的还原也花费了一番心思，真实还原了祭祀场景中的用品和细节。“中华民族五千余载，神农炎帝是我始祖……我等子孙祭告祖先，重农固本薪火相传……”最后在同学们的齐声朗诵祭文中结束了祭祀活动。

（图1）

从2007年的“祭先农、识五谷、迎春分”、2008年的“祭先农、识五谷、耕种在天桥”、2009年的“祭先农、植五谷、放飞祝福在宣武”到今年的“祭先农、植五谷、播撒文明在北京”，历经四年打练，这项活动日趋成熟，成为北京市清明节期间的经典文化品牌活动。首次参加活动的同学说“这里庄严肃穆，让我感受到了我国自古以来尊农、重农的厚重历史感。”

博物馆与学校联手进行这一尝试，以互动的形式调动学生主动获取传统文化知识的积极性，培养他们对中国传统文化的认同感，虽然这是一个漫长的探索过程，但它是充分发挥博物馆社会教育职能的有益尝试。

（图2）

二、端午节主题活动

端午节是中华民族的传统节日，每年农历五月初五对于我们来说都是不陌生的。端午节又称为端阳节，始于中国的春秋战国时期，至今已有两千多年的历史。时至今日，端午节在我国人民心中仍旧是一个十分盛行的隆重节日。国家也是非常重视非物质文化遗产的保护的，2006年5月20日，该民俗经国务院批准列入第一批国家级非物质文化遗产名录。今年的端午节也时值6月12日非物质文化遗产日前后，我馆利用这一传统节日聚焦农耕文化，聚焦非物质文化遗产，把育才学校的学生从学校里请到先农坛来宣传和展示我国悠久的农业文明。同时我馆利用馆内现有资源，开发出一块儿农耕科普园地供同学们实践。在先农坛里学习古老的农耕文化，并且能够在传统节日的大背景下把理论和实际联系起来共同参与活动，体会其中的快乐，是一件非常好的事情。

（图3）

在此次活动开展之前，育才学校的老师就已经把生物课程搬到了比邻的先农坛内，但也仅限于理论的教授，学生在先农坛内学习是要比坐在课堂里被动的接受要生动的多，并能够得到一些关于先农坛的知识，但这些早已经纳入他们的校本课程。而举办此次活动与增加后的校本课程不同的是，我馆社教工作人员首先制作了介绍农耕文化的临时展板，展示在农耕科普园的内墙上（如图3）。

由我馆工作人员首先带领孩子们一同了解中国古代的传统农耕文化，并且在进行农耕实践之前为他们仔细讲解古代农耕的过程、步骤还有一些农耕知识。这种实践前工作人员的详细讲解，再配上生动的图片和简洁的文字，学生们便饶有兴趣地拿出本子和笔甚至相机，一一记录下来，做到了把理论落实到笔头（如图4）。

农耕活动开始之后，由农艺专家带领学生从认识农具开始，到介绍种子，最后由农艺师示范不同种植方法，分别在四块地上种植了韭菜、白萝卜、胡萝卜和香菜。最后留下一块儿地由育才学校的学生自己种植黄豆。工作人员把学生进行有效分组，并分发安全适用的农具，学生们热情高涨地种植起来（如图5），实践过程中学生能够有效地将刚才的理论运用到实际中，并对农作物的成长过程产生出极大的关注度。农耕科普园经过学生的辛勤耕种，已经初具规模，在耕种后学生们定期来到先农坛农耕科普园地观察农作物的生长情况，并认真做记录，选派专门的小组长来负责专项任务，例如定期记录，保护。这样能够充分调动起学生学习的积极性，同时能够充分的体现出学校教育与博物馆教育联姻的优势所在。

（图4）

（图5）

在当天活动结束后，学校通过学生的参与，组织同学进行总结，并交流彼此的感受，锻炼学生自我学习和团结协作的能力，增加团队意识；而我馆也通过当天的活动传播农耕文化和农业知识，举办临时展览，把此次活动的主题升华开来。活动的举办不仅仅能够带给我们活动自身所传递一些东西，而是通过这次活动达到真正意义上的馆校联姻。宣武区教委调研员对于把传统节日背景下的农耕科普园活动办成宣武区乃至北京市青少年活动的品牌节目，由此可见此次活动的意义非凡。笔者认为，如果每年都能够把农耕科普园利用起来的话，青少年的传统文化教育以及素质教育的培养相对于应试教育来说将是一个长足的进步。

三、中秋节主题活动

农历八月十五是我国的传统节日——中秋节。中秋节与春节、清明节、端午节被称为中国汉族的四大传统节日。“中秋”一词，最早见于《周礼》。据史籍记载，古代帝王祭月的节期为农历八月十五，时日恰逢三秋之半，故名“中秋节”。中秋祭月，在我国是一种十分古老的习俗。据史书记载，早在周朝，古代帝王就有春分祭日、夏至祭地、秋分祭月、冬至祭天的习俗。其祭祀的场所称为日坛、地坛、月坛、天坛。分设在东南西北四个方向。北京的月坛就是明清皇帝祭月的地方，这种风俗不仅为宫廷及上层贵族所奉行，随着社会的发展，也逐渐影响到民间。

北京先农坛是以国家名义对华夏农耕文化信仰进行祭祀活动的最高典礼仪式场所。从公元 1420 年起，明清两代的所有皇帝每年春季都要在先农坛举行耕田典礼，祭祀先农诸神，祈祷春播秋收丰衣足食，社稷永固国泰民安。中秋节的祭月传统与先农坛祭祀先农是有着千丝万缕的联系的，同时与先农坛相对的天坛也是皇家的祭祀场所，这些相通的祭祀文化促使我馆推出了相关主题的临时展览《北京坛庙文化展》。展览从北京坛庙的起源、坛庙历史、坛庙建筑特点等方面介绍坛庙文化知识，并组织了天坛、地坛、日坛、月坛、先农坛、社稷坛、先蚕坛、太庙、孔庙、历代帝王庙等多家单位资料，丰富地展示了北京地区坛庙文化的风采。“毗邻的育才学校小学部与我馆联合开展了《挖掘身边课程资源，开发育才校本课程——走进先农坛》的活动。因此《北京坛庙文化展》在一定程度上丰富了育才学校学生的原本的校本课程内容，老师可根据教学需要将这些老北京的坛庙文化贯穿于各科任教师的教学活动中，让学生在课堂教学的同时得到更多课本中不能详尽的内容，发挥学生的主人翁精神，培养他们对中国传统文化的认同感。”④

同学们在了解了北京九坛八庙的文化和知识后，借助中秋节仲秋之际，通过老师的引导，了解当时收获的秋季，亲耕田收获之后，将谷物存放在神仓院，供北京九坛八庙祭祀使用，描述出九坛八庙之间的联系以及先农坛与其他各个坛庙之间的关系。这种引导式的教学方式能够增强学生自主学习的能力，并通过传统节日的文化背景来扩大知识范畴和加深对于先农坛的认识。

中国传统节日以农历为标准日期，包括了春节、元宵节、清明节、端午节、中秋节、重阳节、腊八节等。每一个节日均来源于中国的传统文化习俗，体现了浓郁的传统气息与中国文化元素。在长期的社会发展中，这些节日已经融入到中国传统文化之中，成为传统文化的重要组成部分。中国传统节日也最能代表和体现传统文化的特征，可以说，传统节日就是中国传统文化的表征与符号。传统节日作为特定的中国印象应该烙在每一个华夏儿女的心中，成为中华民族的共同文化记忆与民族团结与凝聚民族精神的纽带。因此通过上述在我馆实现的三个传统节日馆校联姻的实例，通过博物馆和学校共同挖掘三个中国传统节日的内涵，举办有特色、有意义的活动，使得传统节日为今天学校教育的需要注入历史的因子，顺利形成对接，同时在传承传统文化中也为传统的节日注入了新的活力。博物馆与学校的联姻二者之间应是双赢的关系，但现在的博物馆资源不能很好的与学校教育资源充分的结合，问题就存在于没有找到二者的契合点。中国传统节日中蕴含着中华五千年文明的悠久历史，如果能够把传统文化元素融入到学校的教育资源中，那么学校与博物馆就达到了双赢。博物馆的文化资源也运用到了学校教育中，这种特殊背景下的馆校联姻是通过广大学生的实地考察和亲自参与，让他们去感受和体验悠悠中华文明的历史，并逐步培养他们对传统文化的感情，加深对华夏文明的理解，增强非物质文化遗产的保护意识和社会责任感，同时让孩子们在参加带有传统元素的活动中得到传统的教育，以提高他们的传统文化素养。因此，在今后的传统节日大背景下的馆校联姻是需要创新和探索的。今后博物馆可以利用传统节日元素结合学校教育资源培养学生的民族精神，增加他们对于传统节日的认同感。例如腊八节背景下，可以把劳技、科学等课程搬到古建馆，在了解腊八节的文化背景和先农文化后，对腊八粥所使用的八种粮食和果品加以区分；清明节背景下可以把美术课搬到古建馆，让孩子们了解祭祀先农的过程后，用手中的画笔绘制出他们心中的祭祀场景。这些都将是博物馆利用传统节日进行馆校联姻的实践。

总之，博物馆与学校联手在传统文化的大背景下进行这一尝试，“以互动的形式调动学生主动获取知识的积极性，以博物馆的文化资源作为学校教学素材，在帮助完成教学任务的同时，让学生在参与、体验中继承传统文化，培养高尚情操和增强审美能力。”⑤并且发挥孩子们的主人翁精神，培养他们对中国传统文化的认同感，虽然这是一个漫长的探索过程，但它是充分发挥博物馆社会教育职能的有益尝试。我们在实践过程中，注重了博物馆与学校教育内容上的充分结合，以保证教育的针对性与时效性。我馆作为以古代建筑和农耕文化为主题的博物馆，首先应该发挥自身优势，把本馆主题与传统节日文化融合在一起结合到学校教育中去，学校也可以主动挖掘博物馆的资源；其次，以我馆为例，在传统节日开展活动，只要坚持下去，形成特色，打造成品牌活动，就可以成为新民俗，在节日期间成为人们不可或缺的活动项目。纵观传统节日大背景下馆校联姻的发展前景，博物馆既可以发挥其文化教育职能，又可以从中获取了更为广阔的社教工作的发展空间，前景一片光明。

注释：

① 北京文博网络版［2006-4-4］http：//www.bjww.gov.cn/2006/4－4/172340.html。

② 北京文博网络版［2008-8-4］http：//www.bjww.gov.cn/2008/8－4/161047.html。

③ 北京文博网络版［2006-4-4］http：//www.bjww.gov.cn/2006/4－4/172340.html。

④ 张敏：《从张謇“设苑为教育”谈博物馆与学校教育的联姻》见《新世纪博物馆的实践与思考——北京博物馆学会第五届学术会议论文集》，北京燕山出版社2008年版，第444页。

⑤ 北京文博网络版［2006-4-4］http：//www.bjww.gov.cn/2006/4－4/172340.html。

华风古韵

欧罗巴利亚—中国艺术节暨中国文人生活展

葛建军

2009 年“欧罗巴利亚—中国艺术节”，10 月 21 日在比利时首都布鲁塞尔开幕。此次“欧罗巴利亚—中国艺术节”，围绕“和谐、多彩、现代”的主题思想，融艺术的广泛性与多样性为一体，力求从广阔的视角，文化的方式，挑选最能体现中国民族特色和当代文化创作成就的项目，向比利时和欧洲广大民众全面展示中国的优秀文化遗产和现代文明成果，塑造中国求和平、谋发展、倡导和谐世界的良好形象，推进中比、中欧文化关系深入发展。

一、欧罗巴利亚艺术节的由来

欧罗巴就是指“欧洲”，意思是“日落的地方”或“西方的土地”。“欧罗巴利亚”意为欧洲文化繁荣的节日。欧罗巴利亚艺术节创办于 1969 年，当时在比利时布鲁塞尔美术宫的倡议下成立了欧罗巴利亚国际协会。比利时中央和地方各级政府以及欧共体委员会对此十分重视并给予大力支持。艺术节主要在首都布鲁塞尔举办，是比利时最大的综合性国际文化活动。每届艺术节都邀请一个国家作为主宾国，期间全面展示该国的文化遗产和现代艺术，以促进各成员国及人民之间的相互了解和友谊。每届艺术节为期四个多月。自欧罗巴利亚艺术节创办以来，都是在比利时联邦艺术中心—布鲁塞尔美术宫举办的展览，受邀国国家元首和比利时国王共同出席展览开幕式，为艺术节拉开帷幕。

2009 年 10 月 8 日美术宫大厅内大红的灯笼、青青的翠竹，用中国隶书书写的“中国文化”和“欧罗巴利亚·中国”红色条幅，比利时国王阿尔贝二世夫妇与到访的中国国家副主席习近平参加了由文化部、国家文物局和比利时欧罗巴利亚国际协会共同主办，中国文物交流中心承办的《中国古代帝王珍宝展》的开幕式，宣布了第四十届欧罗巴利亚艺术节开幕。2009 年艺术节我国作为受邀国，源于 2005 年 6 月比利时国王阿尔贝二世访华时，在与胡锦涛主席会谈时提出邀请中国作为“主题国”，胡主席肯定并表示同意，由此确定中国为 2009 年欧罗巴利亚艺术节主宾国，举办“欧罗巴利亚中国艺术节”。此次艺术节不仅是欧洲 2009 年至 2010 年最重要的大型国际文化艺术活动之一，也是中比两国友好关系发展的一件盛事。因为 2009 年是欧罗巴艺术节创立 40 周年，同时，又适逢中国建国 60 周年大庆，此时举办欧罗巴—中国艺术节具有特殊意义。该艺术节为我们提供了一个展示中国发展变化的极佳机会，经过精心策划，为着力体现“大文化”概念，中国对外文化集团公司挑选一批最能体现中国民族特色和当代文化创作成就的项目，展示一个前进中的充满活力的中国形象。艺术节上以“永恒的中国、现代的中国、多彩的中国、中国与世界”4个主题逐步展开，涉及表演艺术（音乐、舞蹈、戏剧等）、展览（文物展和各类艺术展）、电影、文学等各类艺术达三百多个项目，围绕这四个主要板块，还举办讲座、研讨会、论坛等互动活动。全国共有19个省、市、自治区和58家博物馆、图书馆、考古机构、公共和民间文化团体以及1000余名艺术家参与艺术节活动。欧罗巴利亚国际协会，在介绍持续4个月的中国艺术节时，将中国文化浓缩为充满东方梦幻色彩的7个字：天，地，人，和，气，道，文。

二、欧罗巴利亚艺术节的展览概况

2009年欧罗巴利亚艺术节期间，中国有近50个展览，展示中国的文化精髓，笔者按古老的中国；当代的中国；多彩的中国；中国与世界四个展览板块介绍较有影响的9项展览，希望能给我馆的展览策划提供一点启示。

（一）古老的中国：在比利时联邦艺术中心—布鲁塞尔美术宫的《中国帝王珍宝展》，汇集了中国7个省（市）20多家文博单位的160余件（组）展品，上起新石器时代，下迄明清，由宗教祭祀、贵族礼乐、盛世帝国、宫廷生活四部分组成。

布鲁塞尔皇家艺术与历史博物馆，展出的《丝绸之路展》，从国家博物馆、新疆、甘肃、宁夏、陕西、内蒙古、青海六省区选取150件（组）出土文物为主，旨在介绍古代丝绸之路上中西方的文化、技术、军事和艺术领域的交流，充分展示丝绸之路灿烂、辉煌的历史。

比利时皇家艺术与历史博物馆，《金梭银杼舞虹霓——南京云锦特别展》，通过图片和实物相结合的方式，分“海桑田丝不断”、“是织女现凡尘”和“容蝶裳情未了”三个部分，展示中华民族最珍贵的文化遗产之一—南京云锦艺术悠久的历史、精美的工艺和灿烂的前景。

（二）当代的中国：布鲁塞尔CIVA国际建筑与都市中心，《心造—中国当代建筑前沿展》，以“心造”为概念主题。有现场建筑、数字建筑、影像建筑、装置艺术和声音艺术5个部分，通过画面、概念图、模型和声像、装置和声音艺术作品浓缩展示了中国当代建筑的现状。

布鲁塞尔老议会厅的《活的中国园林——中国园林展》，为欧洲公众带来一次了解中国园林文化的难得机遇。

（三）多彩的中国：比利时皇家美术馆，《再序兰亭——中国书法大展》，通过120余件中国书法、绘画和当代艺术精品，首次向西方全面展示中国书法的历史发展和伟大创造。

（四）中国与世界：根特美术馆《艺术·革命—中国二十世纪上半叶的书籍和木刻》，有鲁迅收藏的西方现代版画以及中国木刻运动初期的作品，大量珍贵的书籍装帧。鲁迅在20世纪二三十年代开始倡导新兴木刻运动，把重要的西方版画家介绍给中国，由此构成了中国艺术与西方现代艺术的联系。

在布鲁塞尔市政厅，展出的吴作人展。该展览从吴作人母校（比利时皇家美术学院）的怀念为出发点，从欧洲的眼光看待一个来自东方的学生在学到西方的艺术之后回到了自己的文化中，是如何将西方艺术与本土文化相结合、衍化、扩展，并结成奇异丰硕的果实。

布鲁塞尔皇家美术宫《事物状态—中比当代艺术交流展》，由中国26位，比利时24位艺术家的

120 件作品参展，是一次大型和全面的关于中国和比利时当代艺术的交流活动，更是一次具有学术先锋性的当代艺术展览。

三、墨客斋之梦 中国古代文人生活展

（图 1　展厅大门及展标）

首都博物馆参展的《中国古代文人生活展》，是 2009 年欧罗巴利亚中国艺术节重要展览之一，地点是比利时 ING 银行博物馆，时间是 2009 年 10 月 22 日至 2010 年 2 月 14 日。

中国古代文人生活展展标是我馆书法家徐伟题写的，展览宣传张贴画，请柬封面是我馆藏清乾隆青玉山水人物圆插屏。

在中国五千年文明史的形成与发展过程中，涌现出了众多的、杰出的中国古代文化代表人物，从而形成了中国古代特有的，颇为壮观的“文人现象”。这些中国古代社会的“文化精英”，拥有着怎样的精神世界？有着何样的物质生活喜好？又给后人留下了什么样的文化遗产？我们策划的《中国古代文人生活展》，由三部分组成，第一部分：文房四宝—文人精神上的良伴。在翰墨飘香的中国传统文化中，文房四宝—纸、墨、笔、砚是中国独具特色的文书工具。因为只有它们，才能够淋漓尽致地表达中国古代书画艺术的神韵、文人士大夫的精神情趣，甚至反映民族文化的内在精神。在文人雅士的生活中，纸墨笔砚是他们书斋生涯的亲密伴侣。本部分主要展示中国的笔墨纸砚。第二部分：文玩陈设—文人生活里的雅致小品。中国的文房之道，源远流长，除了文房四宝之外，更有由其衍生出来的各种文房器玩。为了营造一个窗明几净、赏心悦目的书斋环境，这些器玩被设计得“精巧雅致”，其材质、工艺往往体现了文人学士的情趣品味，成为文人学士乃至帝王官宦书斋案头上不可或缺的器用。这部分

（图 2　比利时 ING 银行博物馆）

要展示的就是这些书房中的珍玩。第三部分：书斋—文人的精神家园。在中国古代，文人无不重视书房的设置，尽管各自经济状况迥异，但皆讲究书房的高雅别致，营造一种浓郁的文化氛围。在这样一个方寸之地，可读书、可吟诗、可作画、可弹琴、可对弈……文人雅士在此洗涤被尘世纷扰的心灵，来追求思想上的一种净化，达到精神的返璞归真。这部分设计的是复原一个文人书房。

到比利时我们布展时才知道比利时方对该展的内容也有一个策划案，比利时方的策展人是比利时布鲁塞尔自由大学—布鲁塞尔高等翻译学院陆方怡教授，她的策划很有独到之处，首先是展览题目，我馆展览题目为中国古代文人生活展，在比利时宣传的是墨客斋之梦—中国古代文人生活展。他们对这个展览题目的理解是“中国历代通过科举考试来选取官员的特殊制度，延续了一千五百多年之久，考试内容远涉孔子，广泛深阔。应试者以其学识，文笔，书法优劣为录取准则。在这种历史背景之下，就产生了比官员文化即宽即窄的文人文化。其宽泛，在于这种制度造就了一大批书生；其狭窄，在于文人之为文人，除了应付科举必须的学识之外，还须琴棋书画，无所不通；而这条艺文之路，往往暗示着文人必须走出儒学的范畴，或精于佛道，或独开一派。”其次，在展览内容上，设计成录用文人的两个不同的方面以展示其文化精华。一方面以展示文人书房为主，阐述其治学，师承，奉祖等细节。展品有文房四宝，藏书，铜器，玉器，瓷器等书斋用品。一方面以书画为主，重点在于文人脱离出官员之外，而作为艺术家，文学家，诗人的骨韵。其创作灵感通常来自于亘古不变的理想追求而非对现实的平庸折射。分为三节，称之为“三梦”，即“艺术之梦”，“爱情之梦”，“自由之梦”。对所要表现的三个梦，在我们的咨询请教下，对方又作了进一步的诠释，“竹林清梦—艺术之音梦”，来源于竹林七贤的启发，公元初，文人的价值观早已确立，既保持相对于政权的个体独立和君子之间相濡以沫的艺术情谊；“梅影幽梦—理想爱情的梦”；来源于牡丹亭文人之间爱情梦的启发，16，17 世纪志同道合的“才子佳人”们敢于追求爱情而演出了一场场流芳百世的爱情故事。这些主题在当时的舞台艺术以及装饰艺术中皆有体现；“超脱世俗的梦—自由之梦”，来源于庄周蝴蝶梦与自然融合的启发，展示中国文人深远的天人合一思想。这种思想不仅在文人私家园林中得以体现，亦是文人为寻找自我而向往于山水的终极理想。这三个梦分别在三个象征性的空间中展示。展览面积共 800 平方米，分为楼上楼下两个展厅，进入展厅，映入眼帘的是一幅巨型中国古代文人像。展览通过中国古代文人的笔墨纸砚、书法绘画作品以及他们的各种文房器玩和书斋向参观者介绍了中国古代文人的日常生活并带领观众跨越中国 5000 年文化的长河，讲述中华文明延绵不断的历史。另外，他们对于展览形式的设计理念是让参观者沿着空间和精神两大主线一步一步深入到与古代文人亲密无间的自由时空当中。每一步都有一种寓意深厚的植物与之相应：如竹象征着正直；梅象征着清幽；荷象征着纯净。

（图 3 布展后的展厅）

这次展览我馆参展了包括青铜器、瓷器、玉器、金器、书法、绘画、牙雕、文房四宝等种类在内的106组件文物，其中良渚文化（约公元前3300—前2250）时期的玉琮被借调到《中国帝王珍宝展》。展览以我馆文物为主，还有北京艺术博物馆、巴黎法国国立亚洲艺术—吉美博物馆、法国国家图书馆、美国史密森国家博物馆萨克勒美术馆、纽约布鲁克林博物馆、斯德哥尔摩亚洲艺术博物馆、瑞士苏黎世利特堡博物馆、布鲁塞尔皇家历史美术博物馆、比利时马利蒙皇家博物馆等馆，也都为此次展览提供了精美的展品。如法国国家图书馆参展的一组关于文人生活的图书，图文并茂很珍贵。

我馆参展的一组砚台展品，是中国文人书房中的典型之作，笔、墨、纸、砚，是中国传统文化的象征，也是世界文化科学史上的璀璨明珠，作为历代墨客文人的高雅之物必备于斋舍书房中。砚为“文房四宝”之首，集书法、绘画、雕刻诸艺术为一体，它浓缩了中国各个朝代文化、经济乃至审美意识的各种信息。加之其质地坚固，传百世而不朽，是历代文人作为珍玩藏品的首选。此次展品中的清代初期端石“瀛洲图”砚，石质滋润，砚膛与砚池相连，前深后浅。砚内壁书“七客寮藏研”铭文，七客寮为元代杨铁崖斋名。砚外壁环刻“瀛洲图”，画面布局严谨，疏朗有序，线条细腻、流畅，收放自如。图中人物或立或坐、或卧或倚、或独酌、或沉思、或展卷、或弈棋、或吟诵……衬以峰峦叠嶂，流云飞鸟，泉溪瀑布，松涛竹林，山石花草，尽现文人闲情雅趣。

唐朝歙石凤池砚，所用为唐砚的基本形式—箕形砚，即一端圆（或方），一端平而阔，形如一簸箕，故而得名。又因其像“凤”字，又名凤字砚。该形制在唐朝很流行，这与唐朝的写字习惯有关，人们席地而坐，凭借矮几读书写字。这种形制砚没有砚膛与墨池的区分，膛池相连，前深后浅，可多聚墨，也便于掭笔。此砚为标准的凤字砚，形制规整，砚池与砚膛相连，后浅前深。砚背上部呈半圆凸起着地，形似一簸箕，砚底有两足。歙砚又称龙尾砚，色多为青灰或绿灰，给人以庄重沉着之感，其质地致密，纹斑绮丽，温润如油，有“雪浪金星”之称，很有特色。该砚选用上等水波罗纹歙石，石纹看上去像波动的水面以一起一伏，实际用手抚摸平滑润泽。歙石是板岩结构，不易雕饰，造型典雅大方，古朴简洁。形状硕大，石纹理又非常美丽，雕刻之浑朴的唐朝歙石凤池砚罕见。

展品清代康熙洮河石雕蟾随形砚，造型古朴，椭圆边框内雕夔纹，椭圆形砚膛与砚池相连，上深下浅，砚背一只三足金蟾卧于草丛之中，上方为金蟾吐出的云雾，砚身的四周刻有浮雕的游龙戏水纹饰，代表了中国洮河石制砚的水平。洮河砚石材产于甘肃古洮州，因洮河石在临洮大河深水之底，得到不易，堪称无价之宝。中国唐宋时期洮河砚以石质细密，莹洁如玉，纹理如丝而出名，成为进奉朝廷的贡品。并跻身四大名砚之列，素为历朝文人书家的赞赏和喜爱，视为珍品。

在中国的“四大名砚”中，唯独澄泥砚不是石料制作的，产于山西绛州，以汾河水中常年所贮沉泥，风干，再烧炼而成。由于泥料可塑性大，因而它具有独特的雕塑风格，讲究精雕细刻，图案和造型古朴大方，质地坚细耐磨，研磨无声，发墨极细、不损毫、不耗墨，被誉为坚实如玉、扣之金声、刀之不人。澄泥砚既稀少，上品更为难求，展品清朝澄泥石函砚，质地细腻润泽，随形，浑厚古朴，不雕不饰，古朴天然。砚底篆“石函”二字。砚侧左右分刻“秋盦珍藏”、“小蓬莱所得金石文字”、“阮元为小松九兄题”等铭文。“秋盦”系乾隆年间大书法家、金石家黄易。黄易（1744—1802）字大易，号小松，又号秋盦。浙江仁和人。官济宁同知。著《小蓬莱阁诗钞》。阮元（1764—1849）字伯元，号芸台。江苏仪征人。工诗文，精鉴赏，善书法。官至礼仁阁大学士。砚匣红木整挖，砚函平卧其中，周边刻有历代文人墨客的观款。砚盖为黄易所画小蓬莱阁图，景致简明，意境清寂。上题七言小诗一首。堪称澄泥砚中的上品。

在中国古代文房书斋中，除笔、墨、纸、砚这四种主要文具外，文房用具还包括多种多样的辅助文具，这些文具对于写字作画都至关重要。比如：写字作画时，毛笔如何搁置、如何清洗、用水如何存储、如何滴注、颜料如何调和、如何分隔、纸张如何镇压等等，这些都需要有功能合适的各种器具。这类文房用具功能多样，质地不一，形式各异，又称之为书房文玩，所以书房文玩特指具有赏玩价值的文具与书房装饰品。它既是书房不可缺少的实用文具，也是文人闲来赏玩之物，观赏价值极高，受到历代文人的喜爱。比如臂搁，为书写时枕臂之具，可防墨污。中国古代书写顺序是自右而左，已写的字，尚未干透，容易被右手腕沾染，是文人写字或绘画时置于右臂肘腕之下所用。虽然是文房实用性较强的用具，但装饰性和工艺性丝毫不逊于其他用具，一般都做成扁片长条状，两侧底边稍向下卷，面上常刻有各种图案或诗词名句。展品紫檀木琴式臂搁，使用珍贵的紫檀木制成琴式，既实用，又可观赏。这些文人文具融汇了实用价值与艺术价值，体现着中国文人的地位、品味与修养，工艺奇巧、华贵大方的文具、摆设将文人墨客们的雅好情趣尽显无遗。千姿百态的书房文玩和文房四宝一起，相互辉映，组成了一个绮丽多姿、清新雅致，有浓厚特色的文具世界，体现出中华风俗，古典韵律。

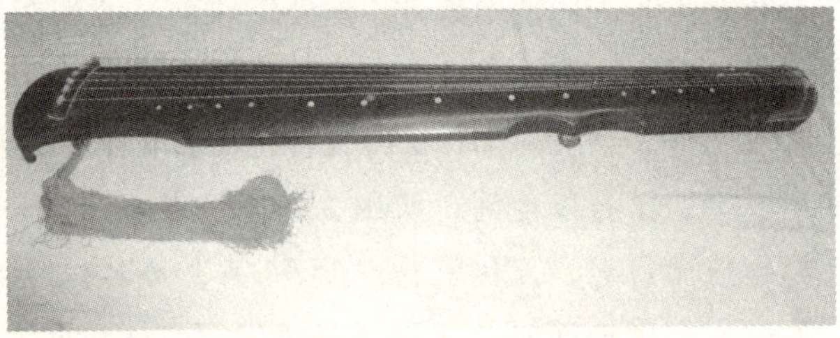

（图4　明代古琴）

为营造文人生活的氛围，我们挑选了一组与文人生活密切相关的文物，如视为高雅代表的古琴，又称七弦琴，是中国最古老的乐器之一，也是中国最早的弹拨乐器。历来为文人雅士重视，被尊为“圣人之器”，为“琴棋书画”四艺之首。如：展品中的明代（1368—1644）古琴。

明代金錾刻太白人物八角杯，金杯以范铸、焊接、錾刻等工艺技法制作，杯心雕塑中国唐代著名诗人李白醉卧的神态。杯外壁依次錾刻八位神仙。北宋时期（960—1127）定窑白釉童子诵经壶，以童子双手捧着翻卷的经卷为壶流，经卷中心孔作壶嘴，壶柄在身后，人体中空为壶腹，头部设孔以注水。

（图5　明代金錾刻太白人物八角杯）

（图6　黄花梨插屏）

构思巧妙，充分体现出制瓷匠师的高超技艺。清代（1644—1911）黄花梨插屏，插屏边座透雕龙纹、卷草纹，木质珍稀，造型端庄简洁，制作考究、集镶嵌、雕刻工艺于一身，是极具装饰功能的案头陈设艺术品。选用天然石材作插屏芯，反映了古人追求自然天成，返璞归真的审美情趣。清代竹根雕仙人舟，利用竹根的天然形状，运用圆雕、透雕技法，将在一叶仙舟之上的三十一位老者刻画得神态各异，生动自然，描绘出一幅清闲散谈、仙风道骨的群仙图。清代紫砂竹式壶，壶流、把如带节的竹段，其下堆塑竹枝、竹叶伸及壶身，自然成形，宛若生成。盖面堆塑屈曲竹枝作钮，钮下贴塑竹叶纹饰，造型简练，美观实用。

（图7　竹根雕仙人舟）

该展展览内容丰富多彩，文物精美，但他们的陈列方式较为简洁，有的没有展托，展台；所有展柜都有些小，文物很拥挤，重点文物不突出，平铺直叙，没有错落感。有些陈列手段在听取了我们布展人员的建议后，进行了改进，效果明显。比利时配合此展览，录制了两个短片，《山水情》反映文人与山水间的融合；另一个反映的是文人与山水画以及书法间关系。在展厅中开辟了两处放映区域，滚动播放。编辑出版了一本含有数篇专业文章的英、法、荷文的图录。穿插展览的还有观众互动项目以及儿童游艺场所等。展览门票分为几等，普通观众6欧元；老人，学生4欧元；13岁以下儿童免费；成人团体4欧元，学生团体2欧元；残疾人3欧元；语音导览2欧元；专家导游讲解55~65欧元；图录售价35欧元。为使观众更好地了解和欣赏展品，主办方专门提前培训了15名高水平的法、荷语专家导游。展览开幕的当天，组委会官员及中国驻比利时大使等500名嘉宾参加了10月20日的开幕仪式。来宾分成20个小组分批进入场馆，由导游依次进行讲解。

（图8　导游正在讲解）

中国驻比利时大使以及文化参赞出席了开幕式，张援远大使对北京市文物局和首都博物馆等对中比文化交流做出的贡献表示感谢，在参观展览后给予了高度的评价。

此外，比利时方策展人陆方怡教授还在比利时布鲁塞尔ING银行文化空间做了主题为“古代文人的三个梦想”的讲座。该展览得到了欧罗巴利亚节各方的好评，每天来参观的观众很多，总计参观观众为4.5万人次，是2009年欧罗巴利亚艺术节最受欢迎的展览之一。据比方主办单位介绍，由于展览准备充分和宣传工作到位，在中国艺术节展览开幕后由布鲁塞尔主流媒体参加的对欧罗巴中国艺术节所有展览的综合评定中，首博的《中国古代文人生活展》获得第一名。在艺术节四个展览板块中，古老中国的展览上，观众数量明显高于当代文化项目。一位84岁的比利时老太太伊沃娜说，艺术节开幕一个月，她自己看了关于古代中国部分的几乎每一个展览，从帝王珍宝展、书法大展到古代文人生活展，她认为“当代中国从报纸上可以了解，和比利时差不多。可是古代中国和我们太不一样了，它让我着迷。整体上比利时人对中国了解太少，许多欧洲人对中国，尤其是对当代中国了解还很少。通过这次艺术节，人们不仅可以了解中国古代的灿烂文化，更重要的是还可以看到中国当代的艺术成就，为许多欧洲人打开了一扇了解中国文化的窗户。

（图9 中国驻比利时大使正在参观展览）

（图10 正在参观展览的观众）

“欧罗巴利亚艺术节”的这种文化活动形式，尤其是比利时策展人从展览内容设计，展览形式设想，到相关的学术讲座，系统的策展方式，以及策展时角度的把握，如何更适应西方人参观和理解展览的思维模式，还是很值得我国策展时借鉴和吸收的。

《城市记忆——百姓之家》的创意与策展

徐　伟　穆红丽

一个城市的记忆经过岁月的冲刷和洗礼，留下的碎片或以物质，或以非物质的形态被流传和铭记，人们不禁要问，他们状况如何，又将去向何方？如果您走进博物馆，一定会找到答案。作为记录这座城市记忆的博物馆，我们不仅仅是一个收藏者，更是一个修复者，将那些城市的记忆碎片用博物馆的语言陈列、文字和图像声音进行粘合还原，让观众通过陈列展览来真正了解这个城市不同寻常的发展历程。

一、首都，我的博物馆

“一座城市就是一座博物馆”，首都博物馆是属于北京的博物馆，同时北京这座城市也是一座博物馆，因此，我们的坐标是“首都，我的博物馆”。生活在城市中的每一个人都通过自己的视角留存着对这座城市的记忆，自发的兴趣爱好推动了大众收藏的发展，百姓博物馆以一种更为亲民的方式成为博物馆的新生事物。但严谨的博物馆学科体系以及自身所承担的社会责任，要求我们在正确选题的前提下，引导观众参与到记录和收集城市记忆的活动中来，提供百姓走进博物馆殿堂展示自己的机会，从而激发他们真正珍惜自己身边不断消失的城市记忆，保护承载这些城市记忆的物质载体的意识。

在首都博物馆，“古都北京”（包括“历史文化篇”和“城建篇”），反映了自原始人类开始在这片土地上繁衍生息直到成为统一的多民族国家都城的辉煌历史；“京城旧事——老北京民俗展”展示了清末老北京帝王都城之下的平民生活与民俗风情，这些真实再现北京的基本陈列早已被人们看作是首都博物馆的品牌。铭记灿烂悠久的古都历史是理所当然，但作为北京——这座城市的博物馆，经历现代文明的冲击后，保留近半个世纪的城市变迁和高速发展都市中的文脉传承，则显得更为迫切，毕竟他们流失和遗忘的速度太快。或许博物馆该从“地平线”下走出来，从王朝兴废的叙说中走出来，开始与今人对话。因为首都博物馆的主人是北京市民，讲述他们的真实生活才能最真实地反应城市发展的轨迹。

二、《城市记忆》选题之下的博物馆展览

具有鲜明特点的城市记忆消失的后果就是城市面貌的趋同。正如国家文物局单霁翔在著作中提到的："在建设和发展中，一些城市面貌正在急速趋同。由于城市规划建设中抄袭、模仿、复制现象十分普遍，面貌雷同的城市街区越来越多，人们感到自己居住的城市越来越陌生，其他的城市越来越熟悉，导致'南方北方一样，大城小城一样，城里城外一个样'的特色危机。各地具有民族风格和地域特色的城市面貌正在消失，代之而来的是几乎千篇一律的高楼大厦，'千城一面'现象日趋严重。"①为了不让这样的事发生，社会中每一个成员、团体都应该行动起来。博物馆作为珍藏文化遗迹的重要场所，更有不可推卸的责任。以当代城市发展的翻天变化为纬，以当代市民生活的点滴为经，将散落的片断记忆收集起来，按照一定逻辑和主题，以博物馆的语言——展览的形式展示出来，会是我们为这个城市所能尽到的一点微薄之力。

作为首都博物馆的展览陈列，当代城市记忆的选题是较新的选择，从哪个角度入手编制展览脚本，是颇费思考的问题。首都北京六十年以来的变迁千头万绪，足以让人眼花缭乱。在对京城变迁、工业遗址、名人故居、店铺作坊、文学戏曲、百姓生活等诸多方面，进行可行性分析研究之后，最终选择了与百姓生活息息相关的"百姓之家"作为此项展览的命题，让市民在博物馆中感受首都城市的变化。而这也正好切合了我们的坐标——"首都，我的博物馆"。

三、"城市记忆——百姓之家"的策展

分布于城市各个角落，关乎城市发展的实物，文字线索、视听资料等是"城市记忆——百姓之家"办展所需的素材。启动展览的初期，我们做了一定的社会调查，发现有许多单位、组织、团体、社区、个人、媒体都关注着老物件的收藏，都在从不同的角度，用不同的形式，或举办展览，或推出节目来讲述城市近六十年来的变化轨迹。在经过思考和总结后，策展团队决定敞开博物馆的大门，借助媒体的强大宣传力，向社会中的北京市民发出邀请，征集老物件的信息。先后收到三千多件老物件的线索，大到家具车辆、小到生活用品，包括服装、餐具、煤炉、桌椅、照片、手稿、录音、日记等都在备选之列。经过了一定积累，在对个人和组织的收藏情况进行整理后，即对这些老物件进行重新组合排列，以博物馆专业的视角，按照适合观众接受的博物馆展览语言，借助博物馆内先进的展陈环境和设备，设计了以下展览框架：

"城市记忆——百姓之家"展，共有三个部分。

第一部分："家的叙说"，包括三个家：六七十年代的家，八九十年代的家和现在的家。将老物件按照家庭的的陈设要求进行组合排列，恢复六十年来三个不同阶段普通家庭的生活场景，以表现社会的发展，人们生活质量的不断提高。

第二部分："岁月留痕"，与三个家对应的老物件组群陈列。随着时间的推移，人们生活中的物品也在发生着更新换代，如日常用品的变化，电视、手机的出现等，同时每个时代因为一些特殊的事件可能出现一些特殊的物件，如抗美援朝的军人证、文革时代的红袖章都是那个时代的特征。因此这一部分选取了这些时代特征鲜明的老物件进行展示。

第三部分："胡同情影"，由老门楼、京城中轴线、奥运新建筑组成。选取集中体现北京城市变化的中轴线及一些重点城市坐标建筑作为展示内容，以胡同的表现手法，让人们走在其中仿佛穿梭于时光隧道之中。

展览共展出老物件八百余件，图片二百余幅，展厅面积六百多平方米。于2009年8月中旬开展，10月末结束。展览全程未设专职讲解员。不同以往的展览，此次的讲解员是那些老物件的收藏人。他们经历了这些老物件所经历的故事，由他们来讲解，更加入情入境，生动鲜活，使这次展览真正成为一个来源于百姓，还原于百姓，百姓讲百姓的展览。

策展人领衔承担了展览创意、可行性研究、资源调查、展品遴选、文字统筹、形式设计、制作管理诸项工作，在本次展览中使用策展人完成展览全过程。

四、非常规的展品，反恒常的形式设计

"城市记忆——百姓之家"展的老物件，大多是近几十年人们生活、工作中的日常用品，远没有古代青铜器、瓷器、玉器深沉的历史感和神秘的艺术感。但在这些沉静的物质背后，人们依然能感到"活"的气息，透过拙朴的造型和单调的色彩，就能回到那个并不久远的过去。而链接今天与昨天的纽带就是那些还存留在脑中的百姓故事。(图1)

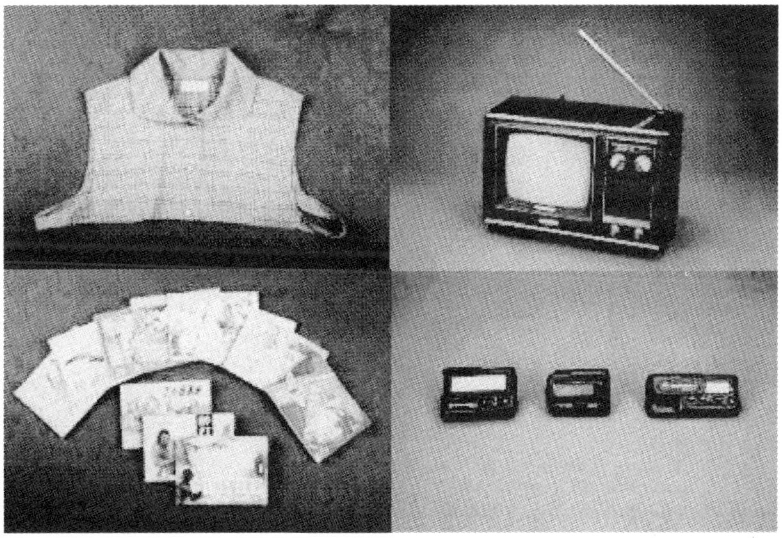

图1 (从左至右)：假领子20世纪60~70年代；电视机20世纪80~90年代；小人书20世纪70~80年代；传呼机20世纪90年代

展览设计之初，就设定用若干个模块表现展览内容和形式，将松散无序的展品进行非线性的组合，运用造型语言替代文字的表述，从而解开具象表述对观众想象力的束缚，让感官随着视觉的移动在脑中自由发挥想象和联系。六个模块（图2），一条轴线，散点透视，无阻隔展柜，黑色外墙合围。城的气场，家的氛围，纯艺术形式。

六个模块包括三个家和三组装置。

家的概念，非写实的家，而是按符号意义拼装的家，是相应时代的老物件组合。"现在的家"，借用后现代理念，为表现改革开放三十年而设计。

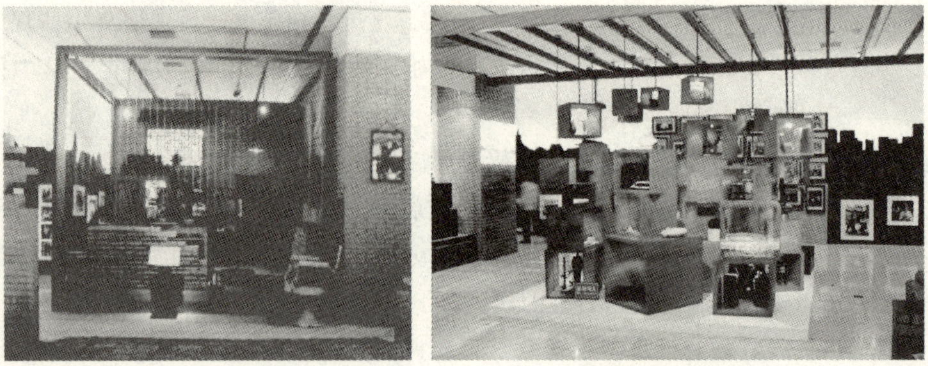

图 2　（从左至右）：八九十年代的家；艺术的陈列形式 A；

A 家：一个杂配了跨越 19，20 世纪的家，融客厅、餐厅、卧室、厨房为一体。一台老式收音机，一幅四室同堂的全家福照片，一台有着“文革”印记的电唱机播放着“大海航行靠舵手”的歌曲。（图 3）

B 家：八九十年代电冰箱、洗衣机、空调这些标志性物件走进了寻常百姓的家庭，沙发、茶几、写字台更是人们最常见的家居必备，“隐形”人拉着手风琴，大地牌风衣自然地搭在折叠沙发上，台灯、笔记本则体现了房子主人对知识的追求。（图 4）

图 3

图 4

C 家：现在的家最明显的特点是一千个家一千个模样，后现代概念的家具和陈设，是今天人们日日有新意的生活概念，改革开放三十年北京人的生活不仅质量提高，求新求异、追求个性亦是时代特征。（图 5）

三组艺术装置是三个家相互之间的递进。

A 组：六七十年代的人们都生活在红色的框框之中，不仅仅是政治的框框，大家吃一样的饭，穿一样的衣，四四方方的红色展箱，构成组群陈列，正好体现了那个时代条框的生活方式和思维模式。（图 6）

图 5

图 6

B 组：改革开放以后，社会逐渐多元化，红色不再是唯一的，春风的绿色，海洋的蓝色融入了人们鲜活的生活中。中国以多彩的形象面向世界，多边型的展箱，自由的组合陈列预示着一种变化和突破。(图 7)

C 组：和谐社会与圆和、圆融、圆满有相同的涵义，用圆来形容人的和谐，事业的成功，家庭的美满，是中国人的习惯。这一模块无数的小圆组成大圆，在圆中装着今天最时髦的生活、学习、娱乐用品，而他们承载着人们如今便捷的幸福生活。(图 8)

图 7

图 8

北京城的中轴线是帝都皇城的标志，也是共和国首都发展建设的佐证，建筑学家把它称为“世界罕见的建筑艺术轴线”。展览中选择了 1983 年飞机航拍的照片，南起永定门，北止钟鼓楼，全长 7.8 公里。在 2009 年北京奥运建设中，中轴线北进十余公里，与奥林匹克公园相接，体现了现代与传统的对接和融合。

图 9　展览中轴线全景

展厅入口虚拟北京百姓家的门楼，地面中轴线光带延伸至鸟巢、水立方。中轴线两侧有“夏家胡同”、“椿树大院”，六七十年代的邮箱、理发椅、自行车和电影放映机，灰砖与红砖递进，直至玻璃墙，中轴线两侧几十年发生的变化“尽收其中”。(图 9)

北京城的天际线是非常美丽的城市记忆，三四十年前的傍晚，在城里的任何一个位置向西望去，高低错落的瓦房，偶有几座不高的楼房，凸显的景山和白塔尤其高大。以此为线索，展厅内用黑色的展墙勾勒出“新旧相交”的天际线。除古建、瓦房、高楼之外、北京的新十大建筑也被囊括其中。将记忆中的北京和现在的北京串联起来，预示着记忆不仅仅是回忆，更是对未来的一种激励。(图 10)

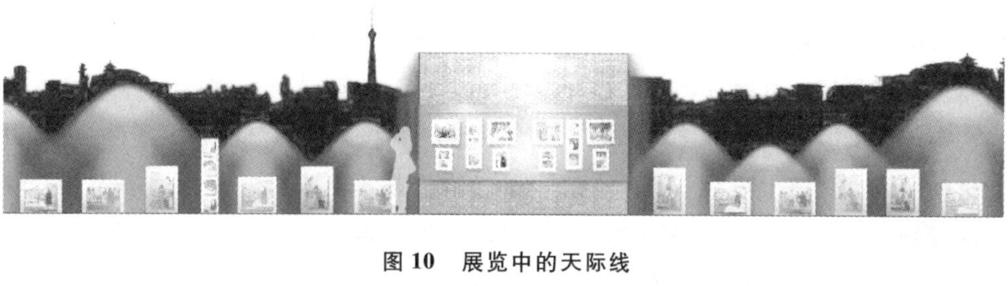

图 10　展览中的天际线

形式设计的一条轴线、六个模块将大纲中的一条主线、三个部门完整的进行了诠释。记忆本身就是碎片，所以我们并没有主观地限定我们所要反映主题的具体内容，而是让观众沿着这些记忆的碎片自由组合，在回忆中搜索与这些物品相关的，有关于自己的记忆。真正让观众融入到这个展览，营造一个能够自由开放、抒发已怀的情景给观众。

老物件有自己特有的活的气息，因此，此次展览我们对展品没有用以往的展柜和玻璃进行遮挡。那样会阻隔人与物的交流，与过去生活的交流。观众在“家”的外面给别人讲自己的家，在一个或一组老物件或一幅老照片前给别人讲自己的故事，这是“百姓之家”展所希望实现的效果。

借助后现代艺术的理念，试用装置艺术陈列老物件，是一种尝试。在博物馆展览陈列中，展品的特质决定陈列形式的选择，文物摆放进陈列柜，配以美妙的灯光和精致的托台支架，凸显文物的珍贵，这是博物馆陈列的常规。老物件的特质决定了它们不必被束之高阁，摆进展柜内。装置内看似随意的摆放，或三五成群，或独立成型，或有序拼凑，蕴含着一定的深意。每一个观众如果细心回忆就会明白它们之前的联系。而这种无序而有章堆积，构成了三组装置陈列和四组非陈列柜陈列，是既有意味又具创意的博物馆展陈形式。（图 11：三组装置与环境、四组陈列与场景）

图 11

五、小结

“城市记忆——百姓之家”展从创意到实现经历了近一年的时间，得到了不同于以往办展的经验和教训，总结出以下三点启示。

（一）博物馆应努力开发城市记忆资源

博物馆在拥有整个人类财富的同时，也兼具着保护和传承这些珍贵藏品的重任。但隶属于“城市记忆”这个命题下的有形遗产却未被重视起来。因为与那些通常被人们所理解，能够进入博物馆视野的藏品相比，可能一文不值，但应该看到她们同样见证着历史变化与社会变革。当然，首都博物馆在这一方面也做了一些工作，曾征集过大到出租汽车、小到生活物品的老物件，但在投入的力度上远远比不上古代文物的收藏，缺少征集计划，缺少专人负责收藏和研究。与社会上一些自发的群众和组织，特别是像北京朝阳区文化馆十几年不遗余力地收藏老物件相比，我们的工作远远不够，缺乏持之以恒的坚持。也许博物馆人应该从这些先行者的身上汲取一些经验，放开自己的视野，到家庭、社区、单位、工厂、甚至废品收购站去找寻那些老物件，否则，房子被拆了，胡同消失了，老物件扔掉了，记忆也就模糊了。博物馆虽然不能完全将这些老物件全部搬进博物馆的库房，但是利用我们自身的优势，发现、整合这些社会资源，做好记录和登记，并利用这些资源办好“城市记忆”系列展览，将会收到很好的社会效益和影响。真正确立首都博物馆在北京市民心目中的地位。

（二）博物馆展览的城市记忆选题应继续下去

“城市记忆”涉及社会的方方面面，只要是对未来发展有意义的课题都可以囊括其中，展览的展示可能是关于建筑、环境保护、手工技艺等等，博物馆在倡导保护这些遗产的同时，更应该引导观众来重新认识和解读这些在城市发展中出现的“新旧事物”。因此筹办“城市记忆”系列展览是非常有意义的。试想博物馆一年中推出的展览，如果有百分之五是城市记忆展，十年以后就会积累了一笔相当可观的当代文化财富。“工业遗址”、“留住手艺”、“胡同店铺”、“百姓娱乐”，这些都是可以找到几十年记忆的选题。实践证明，“百姓之家”吸引了众多观众的关注。他们身临其境，用自己的经历来阐述展览中的老物件，而这更能促进观众与展览的互动。从成千上万观众的良好留言中我们看到市民对于“百姓之家”的喜爱。因此，作为一个博物馆人，举办观众喜欢的、主动参与的好展览，应该成为一种共识。

（三）博物馆可以引进策展人机制

17 世纪，外国的私人博物馆出现了一种专门从事组织和策划艺术展或陈列的人员，由其领衔确立主题、遴选展品、设计展览效果、完成展览制作。随着向公众开放力度的不断加大，18 世纪后，欧美的国家博物馆渐渐将这类专门负责相关领域临时展览的专业人员固定化，这就是我们后来看到的策展人。20 世纪 80 年代，中国的现代艺术领域，也引进了策展人的工作模式。但举办的展览也仅限于艺术博物馆和美术馆、艺术机构等。而中国主要以历史类博物馆为主，原有的观念意识和工作模式本身与纯艺术类机构有着一定的区别，再加上国内博物馆在展览内容设计和形式设计有着明确的分工，并需要耗费较多的人力、物力来协调部门之间的关系，因此，策展人机制并没有很好的被推广和实践。但应该看到，随着博物馆免费开放带给博物馆自身的挑战和机遇，举办观众喜爱的临时展览已经成为了博物馆吸引观众的主要途径，“城市记忆——百姓之家”展的成功举办，在很大程度上，离不开策展人的介入和运行，因此，博物馆领域引入策展人机制会对临时展览的发展起到积极的影响。

此次“城市记忆——百姓之家”展的模式大体遵照了策展人的工作模式：从创意选题到可行性分析，再到项目的具体实施中的展品遴选、内容与形式设计、制作管理等等环节基本上有一个策展人或者说一个策展团队共同完成，这就在最大限度上保证了创作意图与最终艺术效果在相对独立的状态下完成，并从展出效果来看，达到了很好的统一。

策展人对于中国博物馆界来说还不够成熟，也没有被充分发展，但其积极有效的工作模式和效率，无疑会给博物馆带来新的活力和发展。如果能够形成一套有策展人操控的博物馆陈列展览运行机制，博物馆将以良好的运行姿态，促进博物馆的社会功能的发挥。

“城市记忆——百姓之家”展是在馆领导所给予的宽松的空间下完成的，是在馆内许许多多的同志协助下完成的，是在北京的老物件收藏者支持下完成的，如果有所收获，这果实是属于所有参与者的。

注释：

① 单霁翔：《从“城市功能”走向“文化城市”》，天津大学出版社 2008 年版，第 6 页。

不仅为了怀想

——从审美现状看“手工劳动”的价值

张 杰

吕品田先生在《手工劳动的当代诉求》一文中提到：“重新‘动手’，不为抒发文人怀旧情绪，非以知识眼光清仓盘库，更不是进化论者所讥以为的开倒车，而是努力进取，力求‘有功’——以身体力行的审美方式，把握生存的人性，创造艺术化生活。”①这段话让我看到今天重提“手工劳动”的意义所在，让我审视这双敲打着键盘的手，审视周边人们的一双双手，让我反思当下人们对美的追求的价值取向。

每逢“十一”国庆节，由鲜花、绿植、钢铁骨架和其他材料构建的造型景观已经成为天安门广场必定上演的传统节目，也成了各地广场甚至临街单位必有的节日盛装。似乎，人们对此已经司空见惯；似乎，没有花坛和景观就少了节日气氛，少了许多拍照留念的背景。有网友收集了媒体上历年刊登的天安门广场国庆节花坛景观照片，发在网上供大家讨论，论坛上长篇累牍的都是赞美之词。有人说看到了国家的日益兴盛，有人感叹其美，而如何美却无人提起。这些鲜花布景往往被设计成各地名胜的微缩景观，往年的江南水乡、万里长城、布达拉宫、三峡大坝都是各地游客摄影留念的背景，哪怕是来自长城脚下、雪域高原或是长江沿岸的游客，都争相与这些临时焊接、绿化的微缩景观合影。与其他年份不同的是，2006年天安门广场的微缩景观大大超出了“十一”黄金周的时间，笔者于2006年10月22日到天安门时，园林工人正在用吊车吊起枯萎的花木，更换更耐寒的品种。尽管现场作业的起重吊臂阻碍了景观，但是游客们的热情丝毫不减，虽然当时已经没有像黄金周时那样大的游客量，与这些微缩景观合影的游客依旧络绎不绝。

而同样是天安门广场，毛主席纪念堂门前的大型群雕倍受冷落；同样是车水马龙的长安街旁，矗立于北京复兴门立交桥西北角上，出自潘鹤、程允贤等艺术大家之手的汉白玉雕像《和平少女》几乎无人侧目，而它的原作曾在1985年作为国礼赠送给日本，安放在长崎和平公园的历史也逐渐被人淡忘。这些由艺术家和工人们用手雕凿、打磨出来的永久性作品，在当今百姓的审美观念里不及广场上那些临时的花卉造型和微缩景观。

类似现象在各地的街头、公园屡见不鲜，除了各式各样的花坛造型，还不乏既没有形式美感，又没有思想内涵的所谓“雕塑小品”。它们的存在与环境格格不入，甚至自身的比例都不协调，然而很多人还是乐意与之合影留念。

图1　2006年10月22日，尽管微缩景观正在施工作业，游客们仍然兴致不减，争相在此拍照留念。张杰/摄

图2　同日，与天安门广场北侧的微缩景观相比，毛主席纪念堂门前的群雕倍受冷落，很少有人注意到这些大型雕塑的存在。张杰/摄

这是当下真实的审美现状。我不想在此讨论公共艺术和环境的关系，也无意抹杀园林工人的劳动，搭建微缩景观，布置花坛除了借助起重机械外也需要大量的手工劳动，只是这种手工劳动之中缺少了作为公共艺术应该遵循的基本法则，缺少了传统意义上“手艺”的美学特征和内涵。把广场布景与大师的雕塑做以对比的目的在于让读者真切地体会到审美教育的必要性。大众喜爱微缩景观而忽视真正城市雕塑的现象背后，反映出的也正是大众对传统文化的疏远，对手工生产方式包含的美学的陌生。由于与美术作品或传统文化缺乏心理上的认同，导致大众在审美实践中产生“盲从心理”，他们对广场布景的喜爱恐怕不在于喜欢它们的造型或色彩，而是出于猎奇或好奇的心理。

图3　作者：潘鹤、王克庆、郭其祥、程允贤等
和平少女像
汉白玉
高约4米（含底座）
北京市西城区复兴门桥西北角
1986年复制
张杰/摄

当下审美现状的另一方面是决策层的审美观。就天安门的花坛微缩景观而言，广场作为城市公众交往的空间，它的布置应当体现社会的民主性。反映在实际操作上，景观的布置应当有一个视觉中心，保证视线在广场上的通透，不影响广场原有的景观面貌。而现实的布置却没有体现景观为美化广场而存在的原则，各种微缩景观“大出风头”，广场上原有的雕塑甚至人民英雄纪念碑都少有人侧目。可见，出现如此景观是我们的决策者的审美出了问题，决策者们想到的是如何配合时事宣传政绩，而绝少拿它们当作公共艺术看待，同时和百姓一样用“猎奇”的心理来追求创新。

北京天安门广场如此，各地城市广场如此，可见，重视审美现状，培养大众的审美观念是刻不容缓的大事。广场作为城市的中心，它的美化反映着市民精神生活的一个侧面，反映着人们审美修养的高低。

因此，“重提手工劳动”不仅是为了怀想已经远去的时代，不仅是重提手工劳动时代的造物之美，更重要的是把手工劳动中包含的我们民族数千年的文化积淀介绍给大众，构建大众的审美倾向。这就是当下“手工劳动”的价值体现之一。通过手工劳动的过程让人们认识身边的事物，认识人类自己与自然界的关系，潜移默化地认识到什么是“造物之美”。而这些正是被机器大工业的经济表象淹没的人文精神。

手工劳动让人们认识人与自然的关系，在手工生产活动中追求人与自然的和谐与平衡之美。法国著名思想家卢梭在其作品《爱弥儿》中提到：在人类所有一切可以谋生的职业中，最能使人接近自然状态的职业是手工劳动。我们的祖先通过手的劳作触摸和认识被改造世界的对象，并认识到自然环境的一般规律，早在先秦时代，人们就注意到人的改造世界的活动需要合乎自然规律。《周礼·冬官·考工记》[②]记载：

> 天有时，地有气，材有美，工有巧。合此四者，然后可以为良。材美工巧，然而不良，则不时，不得地气也。[③]

文中强调制作优质产品必须遵循“天时、地气、材美、工巧”的四原则，这可以说是中国古代技术传统中的一个深刻的造物原则或价值标准。[④]《考工记》记述画缋之事一章写道：

> 画缋之事。杂五色。东方谓之青，南方谓之赤，西方谓之白，北方谓之黑，天谓之玄，地谓之黄。青与白相次也，赤与黑相次也，玄与黄相次也。青与赤谓之文，赤与白谓之章，白与黑谓之黼，青与黑谓之黻，五采备谓之绣。土以黄，其象方，天时变，火以圜，山以章，水以龙，鸟兽蛇。杂四时五色之位以章之，谓之巧。凡画缋之事，后素功。[⑤]

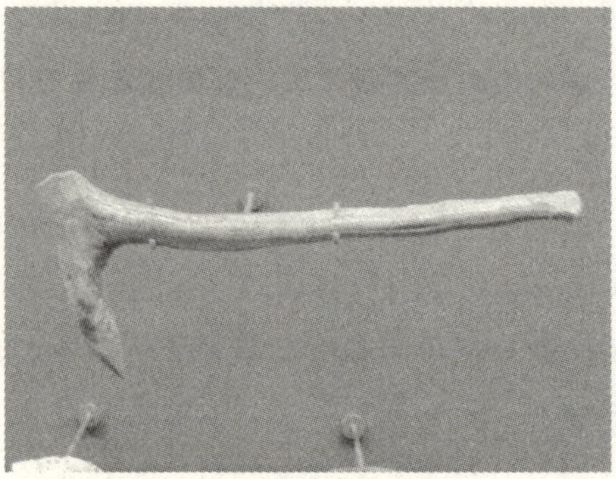

图4 鹿角镢

商晚期至西周中期

角质

长约40厘米

北京市房山区镇江营遗址出土，首都博物馆藏

这件鹿角制成的工具体现了人们对材料的驾驭能力，对自然物的认识程度，以及人们在使用工具时如何让自然物适合手工工作的特点，让劳动更便捷。

张杰/摄

我们在这段论述绘画与刺绣设色的短短一百余字中可以看到，颜色与方位、与五行（其中缺少“金”，疑有遗漏）、与四季等自然事物、元素均有着紧密的联系。

我国传统手工艺的制作讲求天人合一，物我合一。传统手工劳动的生产方式建立在自给自足的自然经济基础上，就一般的民用器物制造来说，生产多数是为了满足自身生活的需要。在商品经济不发达的时代，在大机械工业时代之前，手工生产的取材与制作是基本相协调的，使用与消耗，人和自然基本上处于和谐的生态环境之中。不“涸泽而渔”的意识就是对这个和谐生态最好的佐证。在这个生态环境中，手工劳动与自然的关系形成了我国古代哲学思想。

手工劳动让人们认识人和社会的关系，在手工生产活动中审视自我，形成了我国传统文化的哲学体系和美学思想。如上文所述，手工劳动的生产方式形成了人与自然和谐发展的生态环境，在这个环境中形成了各成体系的古代哲学思想，并由此派生了传统工艺美学思想体系。这些思想被一代代文人继承和发展，最终成为中华民族深厚的文化积淀。

儒家讲“仁”，因“克己复礼为仁”而提倡一整套“礼”制，包含了人们日常生活中日用品的规矩礼制。⑥各封建王朝视儒家思想为正统，也发展了日常用品中的规矩礼制。

《唐大诏令集》卷108《禁约上·禁奢侈服用敕》记载了唐玄宗开元二年（714年）颁布的有关服饰制度：

> 准式，三品以上，饰以玉；四品以上，饰以金；五品以上，饰以银。宜于腰带及马衔、镫、

酒杯、勺依式，自外悉铸为铤。妇人衣服，各随夫、子，其已有锦绣衣服，听染为皂，成段者，官为市取。天下更不得采取珠玉、刻镂器玩，造作锦绣珠绳，织成帖、縚、二色绮、绫罗作龙凤、禽兽等异文字竖栏锦文者。⑦

这段文字虽旨在用规范各等级人员日用服饰材料来禁止奢侈装饰之风，但同时也规定了社会的严格等级制度，可见儒家礼制深入社会的程度，不仅规定了社会中人与人的差别，而且影响到手工艺生产的领域。从这一角度可以看出工艺生产在古代社会是关系国计民生的重要产业，它关乎着整个社会资源的分配。

同样基于“礼”的概念，儒家强调事物的本质，同时也注重美的外在表现与本质的和谐，孔子提出的“文质彬彬”，就是追求本质与外表的统一。反映在工艺制作上，表现为追求工艺造物的功能与美观的统一。美观与实用成为历代评价工艺作品的主要标准。

在儒家以外，其他思想流派也通过对手工艺制作的反思，阐述了自己的哲学思想。先秦思想家墨子本人就是一位通过手工劳动来反思思想的工艺家，《韩非子·外储说左上》记载：

墨子为木鸢，三年而成，蜚一日而败，弟子曰：“先生之巧，至能使木鸢飞！”墨子曰：“不如为车輗⑧之巧也，用咫尺之木，不费一朝之事，而引三十石之任，致远力多，久于岁数，今我为鸢三年成，蜚一日而败。”惠子闻之曰：“墨子大巧，巧为輗，拙为鸢！”⑨

这段话反映了墨子的工艺美学强调物的实用性，以少的资源消耗求得更大功用，工艺制作要对人有“利”，而值得重视的是这一思想来源于墨子本人的动手工作。

道家讲求“技近乎道”的工艺观，同墨子一样，庄子也是手工艺人出身的思想家。杭间先生在《中国工艺美学思想史》中提到，庄子是“漆园吏”，他针对技术对人的“异化”，人造物与人之间的对抗关系，提出了“技近乎道”的审美理想。《庖丁解牛》的故事妇孺皆知，这位技术精湛的“庖丁”正是将技术和牛骨骼生长的规律完美结合的典范，技术的施展控制在遵循客观存在的前提之下。

各流派对手工艺的认识在其之后的时代被继承和发展，至明代，在“经世致用”的思想成为社会审美的思潮之时，“实学”成为社会认同。而实学传统又为清末的“洋务运动”提供了理论依据，⑩自明以后，服务日常生活的手工艺生产更为明确地朝实用的方向发展。明式家具的简洁造型、结构准确、功能突出就体现了讲究务实、注重实用的审美标准。

中国传统哲学和工艺美学从手工劳动的实践中诞生，各种审美观念成为根深蒂固的审美标准深入人心，这其中既有儒家“入世”思想讲的“有所为”的实用性；又有道家“无为而治”的“浑然天成”之美。这些审美标准在我们这个时代仍然被人们自觉或不自觉地应用着，中国传统审美观念不仅在事物的造型上，更在它们的功能和蕴藏其中的文化上。中国人心中之美是形美与功用之美的统一，是对人与社会之“善”，是功能实用之“真”，中国人对“真、善、美”的追求是手工劳动的生产过程和使用过程中潜移默化积淀在民族心里的标准，不仅是单纯的审美活动中的尺度，还是评价社会、行为的准则。

即便是“师夷长技”的洋务派依然提出了“中学为体，西学为用”的口号，用中国传统的评价体制，利用西方的科学技术，改造传统手工业生产方式及其产品。

手工劳动让人们认识自我的精神存在，在手工劳动中传递精神世界的信息。2006年10月，民族文化宫博物馆、西藏自治区博物馆和首都博物馆共同举办了《中华瑰宝·西藏文化展》。在布展之时，几位黄教僧人举行了自古传承而来的神秘宗教仪式——绘制坛城，现场创作这件特殊展品。僧人们用手将红、黄、蓝、绿、白等诸色细沙细致地铺在方盘之上。当一件近一米见方的美丽的曼陀罗在僧人们的手下逐渐呈现时，人们惊叹于其色彩的和谐与图案的精细。与一般图书中能看到的坛城图案不同的是，这件展品更多了一些难以名状的“禅味”。而展览结束后，这件精工细作的展品，依然在僧人们的仪式下还原成一盘散碎的彩沙，撒去水中，完成佛教中的一个“轮回”。手工制作之时精益求精，而手工依旧将它还原而去，没有遗憾和留念，而在手工劳作之中，僧人们完成了精神上的轮回，也把宗教神圣的精神传给看到这个坛城的每一个观众，而其间手与手、手与心的传递中没有僧人们任何语言上的解说。

在宗教之外，手工劳动的产品以民间美术的形式依然传递着人的精神存在，它们是人们精神的物质载体。在手工劳动的时代，人们以手工劳动的生产方式维持生计，为自己和家人生产生活用品，在今天的乡镇和边远村寨仍然或多或少地保留着这种生产方式。母亲为儿女缝制的粗布衣裳虽然不及时装艳丽，但针针线线包含着母爱的温暖。“慈母手中线，游子身上衣”，一句耳熟能详的诗能引起众人心中的共鸣，这就是精神存在传递的最好写照。同样，姑娘将亲手缝制的香包送给心上人，寄托着美好的爱情。《红楼梦》中有一段贾宝玉被泼皮无赖们抢走饰物的故事也反映了手工造物中精神情感的寄托，林黛玉问：“难道你把我送给你的香包也给人了吗?”宝玉笑而不答，黛玉以为宝玉真的丢了香包，气愤之下将正在做的香包剪掉。

图5 2006年10月，在首都博物馆举办的《中华瑰宝·西藏文化展》上展出的僧人用彩色细沙手工制成的佛教坛城。张杰/摄

在民俗文化中，手工产品更是用各种纹样、符号传达着人们精神世界的信息。中国传统民俗文化以驱邪避祸、迎福纳祥为核心，建筑装饰、生活用品上几乎无处不见人们将许多现实愿望转化的符号，可以说“凡图必有意，有意必吉祥”，反映了人们对幸福生活的追求和对生活积极向上的乐观态度。

手工产品的这些符号表现了人们对自我精神存在的认识，希望通过移情于手工劳动的创造对自我意识予以满足，同时，在人与人之间传递着信仰、亲情、友情和爱情。

随着自给自足的自然经济的瓦解，科技的发展和大机器工业的兴起乃至信息时代的到来，手工劳动的生产方式渐渐远离了我们的生活。我居住的北京崇文门外花市大街本来是绢花作坊的集中之地，而今已成为城南新的商贸圈，穿梭于斯的红男绿女很少有人知道这条街名字的来历，但今天重提手工劳动依然没有过时，依然没有失去响应者。今天的都市白领住进现代化的公寓甚至别墅，却对来自瑞典的宜家家居情有独钟，那些保持原木色彩的家具，人工吹制的玻璃花瓶，未经修边的地毯，乃至植物纤维编制的储物筐都成了年轻知识群体的家居时尚，这不正是他们的审美心理中对手工劳动的诉求吗?

首都博物馆新馆，这座长安街上新崛起的文化建筑，用青铜、磨砖对缝的蒙古灰砖材，以及具有北京代表性的榆木等素来材构建馆舍，这不正是现代建筑文化对手工劳动的诉求吗?

博物馆中，让孩子动手学习陶艺、绘制脸谱、印制年画的互动项目越来越受观众的欢迎；中小学校陆续开设了传统工艺的课程，学生们有更多机会了解传统文化，这不正是社会对手工劳动的诉求吗?

当下的大众并不缺少审美需求，造成文章开头那样的审美现状正是由于缺乏审美观念的引导，缺乏对传统文化包括传统手工艺文化的再认识。因此，重提手工劳动，从当下现状出发重新审视手工劳动的价值，其意义是深远的。大而言之，2008年北京奥运会和2010年上海世博会再次将中国的文化外交推向高潮，向世界广泛展示中国文化的项目已经成为全社会的大事；小而言之，为自身修养的提高，为教育下一代了解祖国文化，充实自身文化生活，人人应当动手创造。如前文所述，手工劳动曾经造就了墨子、庄子这样的思想家；今天拥有更多信息资源的我们则更应该从动手中得到更多的启发，也许不仅限于怀想，不仅限于审美实践，也许我们的创造会让人逐步走向“诗意的生活”。

图 6　首都博物馆《京城旧事——老北京民俗展》展厅一角。

在陈列手工刺绣文物的展柜前方，设计师利用剪纸将喜字造型投射在地面上。使传统工艺与现代展览环境较好结合起来。

内容设计：首都博物馆陈列部

陈列设计：苏州金螳螂建筑装饰有限公司

张杰/摄

图 7　首都博物馆《京城旧事——老北京民俗展》展厅一角。

这里是民俗展的儿童教育互动区。上方吊饰手工制作的“曹氏风筝”，墙上陈列有传统民间手工艺品。儿童可以在此动手体验传统玩具的玩法，借助传统的、需要动手的、需要与人配合的玩具，了解人与人之间怎样相处。

内容设计：首都博物馆陈列部

陈列设计：苏州金螳螂建筑装饰有限公司

张杰/摄

注释：

① 吕品田：《手工劳动的当代诉求》，《美术观察》，2004 年第 2 期，第 7 页。

② 作者注：《周礼·冬官·考工记》是我国现存最早的记述手工业的文献。成书时代说法不一，书中记载了大量先秦时期的工艺美术资料。

③ 戴吾三编著：《考工记图说》，山东画报出版社 2003 年版，第 20 页。

④ 同上。

⑤ 参见戴吾三编著：《考工记图说》，第 55 ~ 56 页。

⑥ 参见杭间：《中国工艺美学思想史》，北岳文艺出版社 1994 年版，第 32 ~ 37 页。

⑦ 转引自尚刚：《唐代工艺美术史》，浙江文艺出版社 1998 年版，第 301 页。

⑧ 軏，大车辕端与衡相接处的关键。

⑨ 转引自杭间：《中国工艺美学思想史》，第 19 页。

⑩ 参见杭间：《中国工艺美学思想史》，第 156 页。

首都博物馆外援性展览的探索

齐　玫

首都博物馆自2005年新馆建成后，独特、新颖、艺术的建筑造型，整体浓厚的文化氛围，设计专业的陈列展览，吸引了大批观众，为首博赢得了较多的赞誉，在社会上产生了比较广泛的影响，知名度极大地提升。

随着社会各行各业的迅速发展，对行业精神的凝聚及提升，迫切需要从文化的层次，专业陈列展览的角度，即博物馆文化的展示空间，弘扬各行业文化的内涵和精神，使行业品牌上升到文化的高度，成为其进一步跨越性发展的动力。首都博物馆凭借自身专业的实力，并抓住机遇，成为这些行业传播文化、提升品牌的首选，承担起博物馆服务社会的重要责任。

首都博物馆将这些服务社会的陈列展览工作，统称为外援性展览工作，从开始的由相关部门统一协调完成，到转由文化产业部独立承担完成，外援性展览工作已经成为首都博物馆一项重要的工作。从目前大部分博物馆开展的业务工作审视，首都博物馆外援性展览工作的日常化、规范化，应该是走在了前列。

一、外援性展览的性质和责任及义务

任何工作的开展，首先定位要清晰、准确，它是保证工作顺利开展的重要依据。首都博物馆外援性展览工作，从地域上划分是为博物馆外的单位策划、运作、实施陈列展览；从专业上划分是为非博物馆行业的单位进行陈列展览专业的设计。总之，它与首博内部的陈列展览无关。

正是为外单位承担陈列展览工作，因此，展览运作的主配角就产生了换位，以往做首博内部的陈列展览，我们是甲方，而现在做外援性展览首博就成为乙方，我们是为甲方服务，因此要从博物馆专业的角度积极配合甲方完成陈列展览工作，一定要尊重甲方提出的要求，并认真履行。其中尤为重要的是我们要从专业的角度，为甲方筹备陈列展览，把好展览专业这一关，为甲方实现博物馆陈列展览意义的展示成果，保证甲方陈列展览的专业水平。

从外援性展览的现实意义上分析，它是为整体社会文化的提升，文化品牌的宣传，作出博物馆自身的特殊贡献。实现文化品牌以展览专业的水平展示给大众的重要转换。首都博物馆为了社会文化的广泛传播，具有不可推卸的社会责任和义务，以博物馆展览专业的角度诠释文化内涵，让社会更广泛的阶层对文化品牌由了解到认知，甚至到喜爱，这一工作既可以提升城市大众的文化水平，同时也将逐步形成城市文化的良好氛围，特别是在北京市努力打造世界城市的进程中，作出博物馆应尽的奉献。

二、外援性展览的主要工作内容

外援性展览工作的中心就是为甲方提供博物馆陈列展览专业的咨询、指导，而大部分需要亲历亲为。工作内容的运作方式则要依据甲方的实际情况及需求而定。

外援性展览在初期由首博各部门统一运作时，工作内容主要包括：策划展览、确定展览主题、确定观众定位、撰写展览大纲、提出形式设计建议、完成形式设计、整理和落实及确定上展展品、鉴定上展文物、征集上展展品、修复上展展品、复制上展展品、清洁上展展品、展览制作、展览布展等。

当整体外援性展览由文化产业部独立承担后，由于部门自身人员的局限，因此，主要工作内容包括：策划展览、确定展览主题、确定观众定位、撰写展览大纲、提出形式设计建议、整理和落实及确定上展展品、鉴定上展文物、征集上展展品等。

涉及展览设计、制作及布展的环节，则基本由甲方认定展览设计公司完成，在这里文化产业部主要起到对展览实施的监督、把关作用，使展览最终实现展览主题及内容的准确再现。

三、不同类型的外援性展览

由于甲方不同的资质、资力、人力、物力等客观条件，造成了甲、乙双方具体合作陈列展览时的不同方式，影响到乙方投入的精力及运作的难度不同，有些客观因素会直接影响到最终陈列展览的效果。

（一）从运作方式划分主要有三种类型，全委托型、部分委托型、指导咨询型。

1. 全委托型

此类外援性展览由于甲方基本与博物馆展览文化系统脱节，自身性质比较特殊，无法承担展览相关的辅助工作，因此，全权委托乙方承担展览的整体运作，包括展览最初的策划，直至展览制作完成。事无巨细，只要是与展览有关的一切工作，均由乙方负责完成。

如2009年初首博承担完成的《北京白云观历史文化展》，由于白云观作为宗教场所，观内人员主要为道教信徒，对于展览的运作无法参与，因此，白云观将展览全部委托由首都博物馆运作。

展览包括前言及三大部分，第一部分“道教文化”，包含“道教理论”、“道教神仙”、“道教法事”三个单元；第二部分“全真道‘第一丛林’——北京白云观”，包含“历史沿革”、“建筑艺术”、“道士生活”、“白云观庙会”四个单元；第三部分“道教文化的传承”。

展品类型涉及文物、照片、图表、拓片、复制品、模型、影视片等，总计展品约150组件，其中重要的展品如汉白玉老子像（晚清），张陵像图轴（明），绢本《金液还丹图》手卷（明），《道德真经集义之十二》（明正统）、《道德真经集义之十五》（明正统），《龙门心法》上下卷（清同治十年），《白云观四六金书》卷一之三、《白云观四六金书》卷四之六、《白云观四六金书》卷二之十二、《白云观四六金书》卷七之十（民国），元始天尊像图轴（清），灵宝天尊像图轴（清），道德天尊像图轴（清），张大帝与诸神图轴（清），铜玄武炉（宋），古琴（明），“龙门传戒谱”手卷（民国），长春真人道行像（清），雪山应聘图（元），白云观重修记拓片（明正统九年），白云观颁藏经碑拓片（明正统）等。

该展是首次在白云观将道教的理论与文化，以及白云观的历史与文化，进行了言简意赅地综合展示，开辟了白云观展示北京道教文化的先河，也为首都博物馆今后与白云观的进一步有关道教文化的研究、宣传、展览合作，奠定了坚实的基础。

附照片：白云观历史文化展照片

图 1

图 2

2. 部分委托型

这部分外援性展览，由于甲方对自身行业的历史和文化，有自己的研究及工作团队，只是无法将这些内容以陈列展览专业的方式进行展示。因此，需要乙方给予博物馆陈列展览专业的指导和参与，将甲方需要表现的内容，以展览的专业角度，展览的语言，形成博物馆专业水平的展览模式，这一类型的外援性展览，乙方的主要工作包括展览大纲的创作、展品的选择和征集及鉴定、展览形式的设计及制作等，最终协助甲方完成陈列展览。

如 2008 年 8 月 13 日在烟袋斜街广福观正式开幕的《京华胜地——什刹海历史文化展》，是首都博物馆与西城什刹海社区合作举办的展览。在西城区什刹海研究会对什刹海历史文化研究的基础上，乙方完成了展览大纲的撰写，以及展览的设计及制作。

展览共包括六大部分，第一部分“历史沿革”，分“金代以前的什刹海”、“金代”、“元代”、“明代”、“清代”、“民国”六个单元；第二部分“建筑文化”，分“标志性建筑”、“寺庙建筑”、“桥梁建筑”、“王公府邸”、“名园建筑”、“名人故居”、“街巷民居”七个单元；第三部分“民俗文化”，分“民俗活动”、“民间手工艺”、“老北京的记忆”三个单元；第四部分“商业文化”，分“商业街”、“市场”、“老字号”三个单元；第五部分“人文风光”，分“什刹海地区的著名风景”、“介绍什刹海的重要书籍”两个单元；第六部分“传承文明”，分“综合治理”、“旅游文化”、“和谐文化”三个单元。

展品类型涉及文物、图表、照片、浮雕、模型、沙盘、场景、视屏等，总计展品约 140 组件。

附照片：京华胜地——什刹海历史文化展照片

图 3

图 4

图 5

图 6

3. 指导咨询型

这类外援性展览的工作占了很大比例，许多单位经常会因为一些有关博物馆、展览、文物等问题，到我部进行咨询。很少一部分是签订了合作协议，大部分是纯粹的博物馆为社会服务的内容。小到一个电话，一封信，我们都要给予热情的答复，许多来访客人我们要与之座谈，之后陪同其到博物馆内参观，使他们进一步深入了解博物馆陈列展览的具体情况，现场学习。

（二）从甲方身份划分主要有社区、寺庙、企业或公司、事业或机关等单位。

我们通过与不同性质单位的合作，眼界更加宽广，不仅开拓了博物馆展览的天地，传播了文化，还丰富了自身的知识领域，为今后的工作奠定了更加坚实的理论及实践基础。

（三）从有无陈列展览基础划分，主要有旧陈列展览改造及创作推出陈列展览两种类型。

1. 旧陈列展览改造型

此类陈列展览在外援性展览中占少数。例如 2009 年底—2010 年 5 月承接的北京银行行史展工作。此次合作特别发现了北京最早的地方银行——北平市银行的重要信息及有关文字资料，并实地进行了考察，找到了原址及老照片等珍贵资料，为北京银行行史展历史的溯源填补了重要的缺环。

展览大纲共分六大部分，第一部分“穿越时空追根溯源”；第二部分“走出泥沼屹立潮头”；第三部分“服务地方创新品牌”；第四部分“百年大业人才强行”；第五部分“饮水思源报恩于心”；第六部分“满怀信心走向未来”。

展品类型涉及照片、图表、文物、模型、场景、视屏、电脑触摸屏等，总计展品约 200 多组件。

附照片：北京银行行史展照片

图 7

图 8

图 9

图 10

2. 创作推出陈列展览型

此类合作项目占外援性展览的大部分。正是因为甲方没有举办陈列展览的经验及能力，所以，希望乙方提供相关帮助，如《北京白云观历史文化展》《京华胜地——什刹海历史文化展》北京交通警察文化展示馆展览等。

（四）从陈列展览规模划分，主要有创办行业博物馆或展示馆及运作单个展览的区分。

1. 创办行业博物馆或展示馆

随着社会的飞速发展，各行业蓬勃兴起，事业发达，涌现出许多具有实力且希望创建展示自身品牌文化的博物馆或展示馆。有些规模很大，如一座几层高的大楼，展示空间可达近万米。首都博物馆近年来不仅承接外援性的单个展览，还涉及一些合作创办行业博物馆或展示馆的艰巨而光荣的工作。

如 2009 年起至今与北京市交管局合作筹备的北京交通警察文化展示馆工作，该展示馆涉及北京交管局综合楼一层、二层、三层，展览面积约 2000 平方米。

展览大纲共分六个单元，第一单元“溯源篇——古道新生历史传承”；第二单元“发展篇——心承经纬礼铸平安”，分“城市命脉　交通发展”、“沐浴阳光　领导关怀”、“交通管理　与时俱进”；第三单元“和谐篇——警民交融谱写华章”；第四单元“风采篇——寒来暑往流水弦歌”；第五单元“辉煌篇——实现梦想铸就忠诚”；

第六单元“未来篇——世界城市美好愿景”。

展品类型涉及照片、文物、图表、复制品、模型、电脑触摸屏、视屏等。展品总计近600组件。

其中展览第一单元“溯源篇”，首博进行了开创性的工作，捋清了北京道路、交通、相关管理及制度的历史发展脉络，深入揭示了北京交通历史发展的文化内涵。

2. 单个展览运作

这是外援性展览的主要工作类型。甲方展览有大有小，大到几千平方米的展厅，小到几百米的展厅。

（五）从陈列展览的类型划分，主要有基本陈列及专题展览两种类型。

1. 基本陈列型

外源性展览基本陈列类型占有相当大的比重，因为作为某一行业的展览，大部分希望展示该行业的发展历史及取得的辉煌成就，这部分内容在展示手法上，大部分采用以时间为轴，纵向展开的陈列方式，属于博物馆基本陈列的范畴。

此类陈列如北京银行行史展、北京交通警察文化展示馆陈列等。

2. 专题展览型

此类展览在外援性展览中所占比例不大。

自2006年至今，首都博物馆主要完成了大大小小的外援性展览约十余个，见下表：

首都博物馆主要外援性陈列展览一览表（2006—2010年）

序号	展览名称	合作单位	展览地点	时间	展品数量	展厅面积	完成情况
1	筹建鄂尔多斯市博物馆	鄂尔多斯市博物馆		2006年至今			实施中
2	筹建平谷区博物馆	平谷区文委		2007年至今	约1200组件	约3000m^2	实施中
3	《延庆历史文化陈列》	延庆县文委		2008年		约600m^2	完成
4	《平泉历史文物陈列》	平泉县文化旅游局		2008年		约2000m^2	完成
5	《北京白云观历史文化展》	白云观	白云观	2008年底—2009年初	约150组件	约200m^2	完成
6	《京华胜地——什刹海历史文化展》	西城什刹海社区	西城区烟袋斜街广福观	2008年	约140组件		完成
7	北京银行行史展	北京银行	北京银行大厦22层	2009年底—2010年5月	约200多组件	约412m^2	完成
8	北京交通警察文化展示馆展览	北京市交管局	北京交管局综合楼一、二、三层	2009年起至今	近600组件	约2000m^2	预计2010年10月完成
9	欧琳国际厨房文化艺术馆展览	宁波欧琳集团	欧琳国际厨房文化艺术馆二层	2009年底至今		约5000m^2	实施中
10	北京茶文化经营交流中心展览	北京茶叶总公司	北京茶文化经营交流中心二层	2010年5月至今			实施中

四、外援性展览的运作程序

几年来外援性展览的实际运作，不断总结、摸索出一些规律，结合博物馆专业陈列展览实施规范，笔者认为外援性展览的基本运作内容主要包括：

（一）甲乙双方针对有关陈列展览工作进行充分地沟通。

（二）甲方需具备基本的陈列展览筹备条件，如适宜的展览场地（包括展厅面积、高度等）、配合展览的工作团队（人员要具有基本的文字撰写、展览资料收集和整理等能力）、提供比较全面的展览资料和素材、确定展览主题、确定展览观众定位、具备基本展品等。

（三）乙方针对甲方展览的需求，明确自身可以承担的责任，因此确定与甲方合作的内容。

（四）甲乙双方签订合作协议，明确双方在合作中的责任。

（五）合作协议中主要需明确甲乙双方各自的工作内容，乙方为甲方有偿服务的具体项目，甲方需支付给乙方的具体钱款数额及付款方式等。

（六）合作协议请首博律师把关确定。

（七）合作协议主要内容包括：项目概况、承包范围、甲方权利和义务、乙方的权利义务、双方协作、工作阶段、验收与保修、支付与结算、特别约定、知识产权、违约责任与合同的解除、不可抗力、争议的解决、合同效力及附件。

（八）乙方根据合作协议进行相关工作，做到认真、负责、专业、保质、保量、按时完成。

（九）合作过程中的重要环节，要以文本形式记录在案。如展览大纲及展览形式设计方案讨论会、有关展览建议、展品落实情况等。双方经协商确定的有关展览事项要留有签字文件，如展览大纲修改意见、领导对展览的意见、专家对展览的意见、某项工作或整体工作完成后确认等。

（十）合作过程中甲乙双方要随时沟通、交流。特别是乙方要将博物馆展览理念耐心地与甲方沟通，使甲方能够理解展览运作的规范性、科学性、合理性、专业性，使展览实施更加顺利，达到最佳结果。

（十一）对于合同外临时产生的问题，如甲方需要乙方增加工作内容，或甲方变更工作内容等，一定要重新签订相关补充协议，保证甲乙双方的利益得到合理的保证，使甲乙双方的合作最终圆满完成。

（十二）具体陈列展览可合作内容一般主要操作程序如下：

1. 确定展览主题或指导思想；
2. 确定展览观众定位；
3. 搜集展览文字、照片、图表、文物、影像等资料；
4. 完成展览大纲；
5. 搜集、征集、整理、落实所有展品；
6. 完成展览形式设计；
7. 展览制作；
8. 展览布展；
9. 展览开幕。

以上内容包括了展览筹备的比较全面的工作，具体甲乙双方合作内容，还要根据实际情况确定，每项合作涉及的工作内容会有所不同。

五、外援性展览的影响

首都博物馆外援性展览的开展，主要是适应了社会发展对文化的迫切需求。博物馆从为社会服务的角度出发，开辟新的、更加广泛的业务领域，走出博物馆，融入大千世界，既做文化的领军者，更要为文化的传播作出突出的贡献。既将博物馆理念、博物馆文化融入社会，被社会所认同、欣赏；同时从社会中汲取养分，进一步提升博物馆的价值及水平，最终使博物馆成为人们生活中不可缺少的文化娱乐内容。

在外援性展览中，博物馆通过自我优势和特色的充分发挥，用博物馆专业的特长，可以极大地发掘、开拓企业等团体的历史渊源、文化内涵及精神，突出重点，彰显其鲜明的文化底蕴及特色。博物馆在外援性展览中不仅仅只是一个展览的实现，重要的是展览中所揭示的主题、思想、文化内涵，它是通过博物馆专业人士的深入调查、搜集、研究，总结、发现、分析、梳理出的历史文化要素，以展览的专业方式，勾勒出企业等发展的脉络及精髓。

通过展览可以将企业等自身的优势及品牌让社会充分地了解，架起与社会交流的平台，弘扬其文化，积淀其成果，促进其进一步发展。

首博外援性展览举办至今，确实取得了社会及经济效益的双丰收。首先，通过这些外援性展览，首博展览专业的影响更加广泛、深入，进一步扩大了首博的知名度，带来了更多、更大的展览项目；同时，拓展了各领域文化品牌的传播，提高及升华了行业品牌的文化价值。特别是开辟了博物馆融入社会，为社会服务的更加广泛的活动空间，博物馆施展才能的平台进一步延伸。更多的人们认识到博物馆文化的魅力，并感受到展览带来的精神上的愉悦和享受，博物馆展览的天地乐园逐渐成为大众休闲的主要内容，为社会广泛接受。

社会效益是首博外援性展览的主要目的，随之产生的经济效益更好地成为推动进一步发展的动力和基础，两者相辅相成。

六、外援性展览的收获

这些年外援性展览工作的开展，为首博展览运作打开了一扇通向社会的大门，从中有所收获。一方面在实践中积累经验，感悟新知，同时，也发现不足。

在外援性展览中发现，大部分甲方对博物馆展览专业不太了解，因此，需要乙方针对有关展览问题与甲方进行充分地沟通，使其领悟展览的特点及优势，什么是适宜展览表现的内容，展览内容的取舍，展览的重点，展览语言的特点等。当甲方充分理解了展览的基本架构后，才会使甲乙双方的沟通，以及展览的运作顺畅、有效。也会使展览最终达到既符合展览专业水平，又与甲方期望值接近的良好效果。

另外，在工作中应该注意的是，乙方应严格遵循甲乙双方签订的合作协议，进行一丝不苟的工作，既要认真、细致、耐心、热情、周到地为甲方服务，同时还要坚持专业原则，发挥自身的专业优势，使展览最终达到博物馆专业水平。

在与甲方合作的过程中，我们深深感到，其他行业文化需要社会认知、理解的渴求，许多社会问题的产生，不仅仅是人员素质的问题，很大程度上缺乏沟通和交流，在没有认识的前提下，容易产生误解。社会的进步与文明，确实需要人们之间和谐的交流与共融。许多行业由于与人们的日常生活密切相关，其行业文化非常需要大众的理解，而博物馆展览的形式，恰好架起了这座沟通的桥梁，以展览的语言，蕴含丰富文化信息的氛围，带给双方理解的和谐。博物馆展览成为推动社会文明的重要使者。

在收获外援性展览成功的喜悦中，我们还存在不足。特别感到对其他行业文化了解的缺失，往往会影响到展览内容的深度、广度，及展品的丰富程度。因为，在有限的时间内，无法比较全面地、深入地认识其他行业文化的内涵，需要不断积累及充实，眼界放宽。在博物馆走出去为社会服务的同时，自身还需要不断的学习，在社会实践中找差距，在学习中不断充实及提高。

七、外援性展览发展的前景

首都博物馆外援性展览工作应该是走在了业内的前面，不断的开拓与进取，使首博外援性展览的业务范围及影响日益扩大。随着外援性展览业务的不断攀升，甲方需乙方完成的工作内容及要求也日益提高，涉及的范围更加广泛，工作量日益加大、加重，因此，需要乙方不断完善自我，提高自身的专业水平和能力，才能跟上外援性展览飞速发展的需要。

其中，最重要的是人才的储备。面对日益增多的外援性展览工作，特别是展览内容设计和展览大纲的撰写，目前文化产业部人员缺乏专业力量，这种局面应付一个或少量展览还可以维持，因此迫切需要人才的补充，使整个外援性展览工作，能够走上正常团队运作的状况中来，摆脱人才短缺的尴尬局面，使外援性展览工作，有真正的发展空间及动力。

另外，在实施外援性展览的过程中，应该逐步建立起一套规范的运作程序，从而保证整个工作科学、有序、顺利进行，避免不必要的麻烦及风险。制度化是保证一个企业、团队在工作中有条不紊、高效率、规范性、规避风险的最有效的措施，也是现代企业管理的基本理念。

《卢浮宫珍品展》等展览的欧洲面具探究

张贵余

在首都博物馆举办的数个欧洲展览中，比如《世界文明珍宝—大英博物馆之250年藏品》《卢浮宫珍藏展——古典希腊艺术》及《公平的竞争—古希腊竞技精神》等，都或多或少地出现了欧洲的面具。观众在尽情欣赏琳琅满目的欧洲古文明展品时，对神秘的欧洲面具产生了浓厚的兴趣：欧洲最早的面具出现在何时？面具在欧洲宗教、文化和生活中有着什么样的作用？欧洲面具走过了一条怎样的发展道路？

一、展览中的欧洲面具

欧洲面具的历史可以追溯到数个世纪前，欧洲人的祖先在有书写的历史记录之前就知道了伪装的力量，这是一种与宗教仪式有关的传统。面具各种各样，但总能在最伟大的三个历史文化时期找到它们的影子，那就是埃及文明、希腊文明和罗马文明。

古代的一些欧洲人相信，通过佩戴特别的面具伪装自己，就会将自己变成另外的人或神，或者与祖先的灵魂相通，或者与超自然神灵相通。他们祖先的灵魂会透过面具把他们带入另一个世界，那就是精神世界，可以让生者与死者联系，死去的祖先灵魂就会回来给子孙后代提出建议，或者帮助部族，或者安抚其他的灵魂不要伤害生者。

可以说，面具融入了欧洲的宗教、文化和日常生活，所以在首都博物馆举办的表现欧洲古代文明的展览中，面具是一个绕不开的主题。2007年8月11日~11月9日首都博物馆举办的《卢浮宫珍藏展——古典希腊艺术》上，古希腊的面具就是一个重要的主题，因为面具与希腊宗教文化有着水乳交融的关系。

戏剧演出是重大宗教活动的一部分，古希腊戏剧起源于祭祀酒神狄奥尼索斯的节日，繁盛于公元前6世纪~公元前4世纪之间。公元前4世纪亚里士多德在其《诗学》的一篇专论中指出，戏剧的源头是狂热的抒情诗（酒神赞美歌），这是一种载歌载舞向神灵表达敬意的诗歌，多在庆祝酒神狄奥尼索斯的节日中吟唱。演员通过背景和面具来表现剧情，尤其是面具，那是不可或缺的重要道具。可是由于时代久远，戏剧所用的服饰、面具等道具很少流传下来，基本上只能借助间接的方式掌握一些资料。通过一些器皿上的描绘图案、雕像，以及一些陶制小塑像，我们能够在一定程度上了解希腊戏剧使用的面具。在《卢浮宫珍藏展——古典希腊艺术》展上有4个面具令人关注，它们是酒神狄奥尼索斯的面具（如图1所示）、老人面具（如图2所示）、妇女面具（如图3所示）和村夫面具（如图4所示）[①]。年代最久远的是酒神狄奥尼索斯的面具，约公元前450年~公元前400年，离现代最近的那个妇女面具也是公元前1世纪的物品。

图1

图2

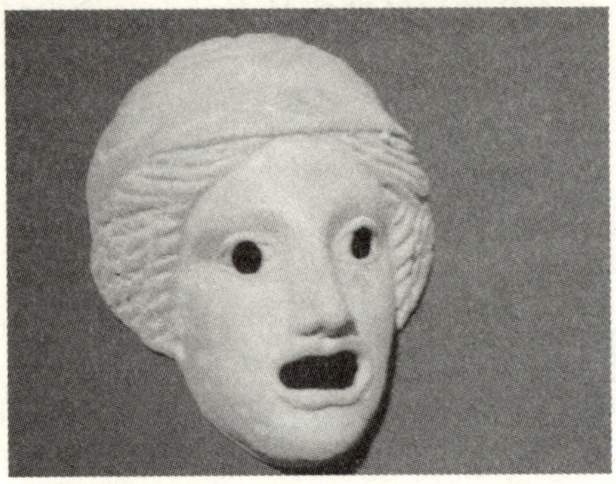

图3

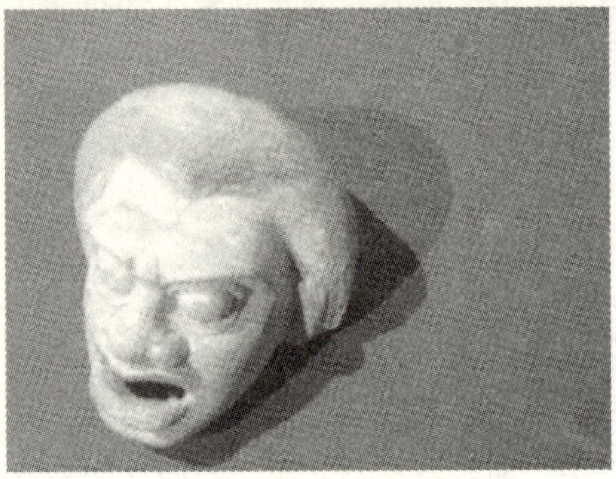

图4

在首都博物馆举办的另一个有关希腊文明的展览上也出现了面具，那就是2008年7月31日~10月14日举办的《公平的竞争—古希腊竞技精神》展览，在戏剧竞赛这一单元，除了展出了许多雕像、陶器、绘画外，也展出了数个古希腊戏剧中使用的面具。这三个面具都是大理石雕像，但模仿的却是古希腊戏剧中普遍使用的面具，由于描述系统而细致，对研究悲剧和喜剧中使用的面具非常具有参考价值。这三个面具分别是悲剧中的妇女面具（如图5所示）、悲剧中的老年男子面具（如图6所示）和喜剧中的老年男子面具（如图7所示）[②]。

希腊的面具并不仅仅用于典礼或者戏剧中，武士参加战斗时也使用面具，一方面是保护自己，再就是给敌人以压力。后来，面具就变成了头盔。2006年3月18日~6月5日在首都博物馆举办的大型展览《世界文明珍宝——大英博物馆之250年藏品》上，展出了一个古希腊的头盔“科林斯式头盔”（如图8所示）[③]，从中也可以看到面具的影子。

举凡提及欧洲古文明，也都会提及面具。首都博物馆举办的来自欧洲的几次大型展览中，都有面具展示。观众对此也都非常感兴趣，希望能够了解得更多。那么，面具在欧洲文化中具有什么样的分量？又是如何发展起来的？

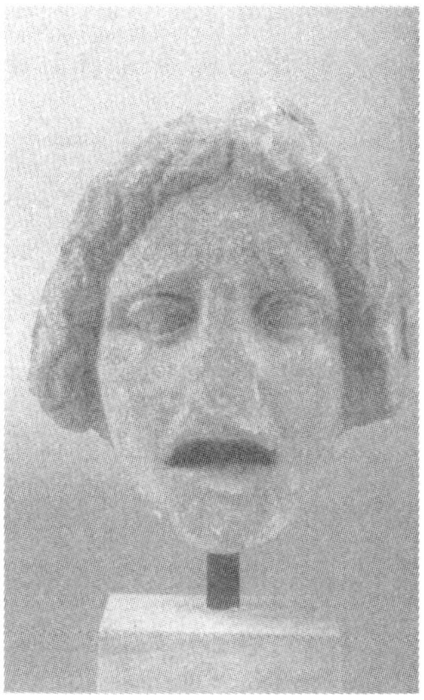

图 5

图 6

图 7

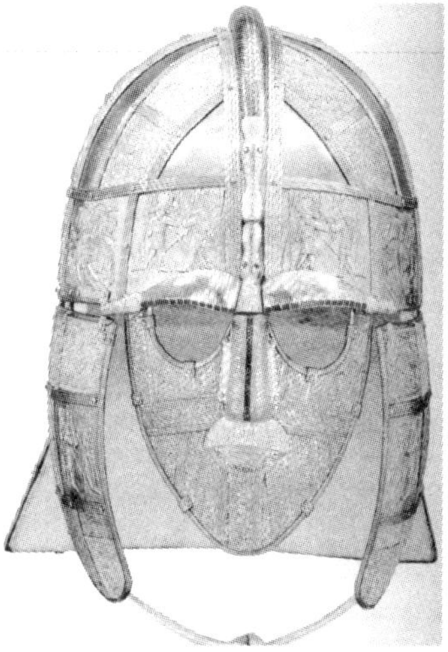

图 8

二、面具与宗教典礼

至少在旧石器时代，人们就开始使用面具了。如果追寻最早的欧洲面具就需要去参观法国，在法国的三兄弟洞窟（cave of Les Trois Freres），那里有一些洞穴，旧石器时代的人就居住在那里，洞穴中有壁画，画中的人物戴着面具跳舞，表现了打猎的场面。据科学家考证，这些画至少有25000年的历史了。画面中心的图形显示一个像萨满教巫师一样的人物戴着一个面具，面具的形状是雄鹿的脑袋还有鹿角，站在驯鹿、欧洲野牛、马和野山羊中间。绘画上的人物之所以戴着动物面具，有一些是猎人，一是希望面具给自己带来勇气；二是希望让自己进入自己想猎杀的动物精神中，这样就更容易猎杀到动物。直到今天，在非洲和阿拉斯加的一些狩猎部族中仍有这种传统。

三兄弟洞穴壁画中的面具是已知的欧洲最早的面具，今天的化妆舞会也与那个时代相联系，只不过现在人们用兽角、毛皮、羽毛制作面具，有的面具也有动物形状，显然旧石器时代的影响一直延续到现在。现在的面具多用来娱乐或者作为装饰，但最早的面具却是与典礼有关，尤其是最早的欧洲面具更是与宗教典礼有关，当受到干旱、水灾及其他灾难的袭击时，人们就会戴上面具，他们相信，那些给他们带来灾难的魔鬼们看到这么丑陋的面具后就会吓跑，从而也会把灾难一同带走。

在农业仪式上，面具表现的是雨神或者丰产神，人们戴着这样的面具举行仪式，请求这些神给他们带来风调雨顺的好年景。同样，在一个部落打到了足够多的动物后，人们也会戴着动物图案的面具举行庆祝仪式。后来，由于基督教的兴起，这种仪式渐渐废止。但是，在欧洲一些非常偏僻的地区，比如瑞士和奥地利的山村，由于远离世界，那里仍保留着古老的传统，丰产面具至今仍在使用。

在医药仪式上，人们戴上面具是为了让人们免遭疾病的侵袭，比如麻疹及霍乱流行时，古人会举行仪式，戴上面具，乞求面具神给他们消除疾病，因为面具巨大的力量能够抵挡已知或未知的力量。古老的欧洲进行审判时，是由戴着面具的法官宣布判决的，刽子手在执行死刑时也会戴上面具。古代的希腊和罗马在进行战争时，战士也都会戴上奇形怪状的面具，一来给自己壮胆，二来是威胁敌人，最主要的可能是防止死者的灵魂发现他们的真面目从而给他们带来危险。

在举行葬礼时，舞者会戴上面具，把死者的灵魂赶到神灵的世界，从而不会对生者带来危害。当然，举行对死者的纪念活动时也要戴面具，面具会被制作成死者或者祖先的样子。古代的欧洲，人们还会在死者的脸上戴上面具，一方面是保护死者不受邪恶神灵的伤害；另一方面是指引死者的灵魂尽快进入到它的安息地。在古罗马，人们用蜡在死者的脸上拓下模型，然后再雕刻肖像，这种雕像与死者非常相似，用以表达对死者的纪念和尊重。中世纪的欧洲，死者的面具本身就作为纪念物被家人保存，直到进入20世纪，人们还会制作一些名人死后的面具。

其实，面具与宗教典礼的密切关系并不仅发生在欧洲，在亚洲、美洲和非洲等世界各地，古老的人类都把面具用于各种宗教典礼活动，比如南美的玛雅面具、非洲的黑人面具、埃及金字塔里法老王的面具、中国的傩戏面具等，无不深刻地反映了一个时代的宗教文化。即使今天，中国的傩戏仍鲜活地存在于南方地区的汉族和20多个少数民族中，主要集中在长江以南的贵州、广西、湖南、湖北、江西等省。傩戏于2006年1月被列入中国口头与无形遗产名录，受到国家的保护。而四川三星堆及金沙遗址出土的金面具和铜面具虽然因其神秘性而在学术界引起广泛争议，但这些面具的确是与宗教典礼有关。

图 9

首都博物馆的“北京文物精品展”有一个鎏金银面具，这种面具俗称“盖脸”，是辽代契丹贵族的葬具，意在保护死者的面容。据记载，契丹贵族有“用金银做面具、铜丝络其手足”的葬俗。面具有金、银之分，用以区别死者的身份、年龄和性别。在辽代的墓葬中大量使用这样的面具（如图9所示）④。

三、面具与欧洲戏剧

欧洲的戏剧发源于古代希腊，那时的戏剧是宗教、半宗教性质的，根植于面具典礼仪式中。希腊戏剧并不被视为一种娱乐，而是属于古代雅典宗教和公民生活的组成部分。希腊戏剧中演员佩戴的面具非常大，具有传统的容貌，但表情却极为夸张。戏剧面具分两类：一类是悲剧面具；一类是喜剧面具。不过，这两类面具都有许多变种。在罗马，面具用于喜剧和哑剧。在中世纪的欧洲，人们进行神话剧表演时，面具被用来描绘龙、妖怪、寓言中的人物，比喻《七宗罪》，当然，最不可避免的就是魔鬼了，而演员表演的上帝经常戴一个金面具。在文艺复兴时期，即兴喜剧中使用的半截面具仅仅遮盖住眼睛和鼻子，这显然是现代半截面具的祖先，现代半截面具仅仅遮盖上眼睛。文艺复兴时期的宫廷娱乐也用面具，比如假面舞会和芭蕾舞等，到直18世纪，芭蕾舞演员在演出时仍戴面具。

最早将面具用于戏剧的是古希腊人，早在公元前6世纪，希腊人就在宗教剧中佩戴面具了。悲剧用的面具往往带痛苦或哀悼的表情，喜剧用的面具则通常展露笑容，面具种类丰富多彩。公元2世纪，罗马学者包鲁克斯在著作中谈到希腊悲剧使用将近30种面具，新喜剧中使用40多种面具。面具有着多重作用，可以说，没有面具，就不可能有希腊的宗教剧。第一，面具是为剧中的角色服务的，不同的角色有不同的面具，面具刻画的形象栩栩如生，让人过目难忘。第二，古希腊的宗教剧演员并不多，最初是独角戏，后来是两个演员表演，最后达到了三个演员。演员虽不多，但表演的角色却非常庞杂，所以演员通过换面具来更换角色，这样，一个演员通过变换面具和服装就可以表演几个角色。第三，那时的剧场很大，相当于现在的体育场那么大，观众人数有时多达三千，剧场一般建在露天的山坡上，但那时并没有望远镜，所以后面的观众不容易分辨演员的面孔，而戴上面具后，观众就很容易准确地区分角色了。面具能够说明人物的性别、年龄、身份和主要精神状态，而且加以概括性处理，在表情上适当地夸张和强化，使观众可以一目了然。况且，古希腊的宗教剧中并没有女演员，所有的角色都由男子扮演，面具可以掩盖男性的面孔，更好地表现女性的形象。在希腊语中，男演员一词是“hypocrite”，而这个词的真正含意是“伪君子”，就是来源于这样一个事实，那就是男演员佩戴面具，是“双面人”，甚至是“多面人”。第四，希腊剧场容量大，观众多，面具的嘴部形似小喇叭，有助于演员发音清晰、声音传远。后来，面具那大大的嘴巴中藏有一个铜质扩音器，这个扩音器会把演员的声音送到最后一排的观众的耳朵里。

罗马人借鉴希腊人的剧院理念，包括对面具的使用，创造了自己的戏剧，但正如一切借用的东西一样，总会有所改变。罗马人在戏剧中加入了新的元素，使用效果更加突出，比如野生动物间的打斗等，甚至还在罗马圆形大剧场里增加水景，表演海战等。随着罗马帝国的灭亡，这一切也最终消失。

在16世纪的意大利，一种被称为“即兴艺术喜剧”（Commedia dell’Arte）的新剧种出现，演员也佩戴面具，但是面具是半截的，观众可以看到演员表情的变化。顾名思义，这种剧没有剧本，只有一个粗略的情节，演员即兴表演，演员对角色的把握随剧情的变化而随时改变，全凭自己的功力。

一开始的面具非常笨重，演员一场戏下来会筋疲力尽，这也影响演员的演出效果，因为劳累过度的演员需要中间休息。后来面具制造者制作较为轻便的面具，演员佩戴后不感到沉重，即使演出一个长剧目也会得心应手。这样轻便的面具多由布、皮毛、羽毛等制作，这些材料容易腐烂，所以保留到现在的古希腊戏剧面具少之又少。但是，我们仍可从一些古老的艺术作品中知道那时的面具是什么样子，比如有一些描绘演员佩戴面具的绘画和雕刻。令人遗憾的是，希腊面具戏剧早已失传，不过，传统的面具戏剧在日本仍在上演，那就是日本的能剧（Noh drama）。

四、面具与万圣节

希腊宗教剧的失传并没有让面具与宗教失去联系，至少面具是万圣节上最重要的道具。万圣节起源于古代不列颠和爱尔兰的凯尔特人在10月31日举行的庆祝桑巴因节，该日也是凯尔特和盎格鲁撒克逊人的除夕，又是古代烟火节日之一，届时在山顶燃篝火驱除鬼怪。后来，万圣节前夕逐渐成为世俗节日。

凯尔特人相信，万圣节到来时，空间和时间所有的规律都停止了，让神灵世界与世俗世界混和。传说在那一天，前一年死去的游魂会回来寻找活人安放自己，这是它们唯一安息的希望，所以人们想尽一切办法赶走这些鬼魂，不让它们进入到自己的身体里。10月31日那天晚上，家家户户要熄灭家里的灯火，让家里变得冰冷，这样鬼魂就不会去了。另外，人们戴上面具，装扮成各种吓人的样子，有的就打扮成一具骷髅，当然最有效的办法就是戴上面具，面具做得越恐怖越好，这样鬼魂就会被吓跑。大家还要吵吵闹闹地在街头游行，驱赶鬼魂，不让其进入活人的身体。

如今，万圣节更多地成了人们的狂欢节，大人狂欢，孩子则用各种小计谋或者恶作剧来索取礼物。比如掀翻棚屋和房侧小屋、打碎窗户、毁坏物件等，后来，这个节日主要由儿童庆祝，他们化妆串门，一边唱着“不招待，就使坏，快给我一些好吃的”，一边索要糖果点心等物品。万圣节后来成为一种慈善活动。比如在1950年，美国费城郊区的学校给学生们分发小盒子，让他们在万圣节之夜到邻居家进行“不招待就使坏”游戏时不要吃的，而是要一些零钱，捐给联合国儿童基金会。1952年，这项活动扩展到全美国。再后来，世界其他一些国家也举行这种活动。据估计，自从这个活动开展以来，仅美国的儿童在万圣节就为联合国儿童基金会募捐了1.19亿美元。2006年，联合国儿童基金会考虑到安全和管理因素，停止了万圣节募捐的活动。

可是万圣节的面具也成为一些坏人作案的道具，平时如果谁戴着面具出现，会引起别人的警惕，而在万圣节到来时，由于大家都戴着面具狂欢，这就给不法分子带来机会。西方媒体时有报道，有人在万圣节期间戴着面具抢劫商店和银行、开枪杀人、强奸妇女等，所以有人呼吁禁止在万圣节戴面具，但更多的人反对这种禁令，他们认为，万圣节的面具没有错，错的还是人，就跟枪支没有错而是持枪者乱杀无辜才有错一样，面具不应该替歹徒背恶名。

五、面具与化妆舞会

面具与化妆舞会是形影的关系，可以说，没有面具，就不会有化妆舞会。在化妆舞会上，放眼望去，人们戴着各种各样的面具，姹紫嫣红形态各异，就像万花筒一样美丽，不同的设计表现出佩戴者不同的品位，也表现出各自的情绪。面具掩盖住佩戴者自己的面孔，也掩藏住自己的个性，甚至用它影响你的行动，也会改变别人对你的反应。这双重影响正是面具基本的特性，所以吸引着人们佩戴它们，从远古时代到现在，面具时时处处存在于人类的生活中。即使在今天，西班牙、法国、意大利和其他欧洲国家的人仍举办需要戴面具的狂欢节。

据说，化妆舞会最早起源于英国。在英国有着传统的动物化妆舞会，以各种形状的小马为焦点。威尔士的地端峡、肯特郡的萨尼特及萨默塞特郡的迈恩黑德等地经常举办这样的化妆舞会，其中的一些节日与莫里斯舞有关。莫里斯舞是英格兰乡下的一种民间舞蹈，最初是由一些男子来表演，后来与春天的播种习俗联系起来。表演者身穿色彩明亮的服装，手持手帕或木棍，腿上还缀满铃铛，经常是表现民间的传说和故事。有些莫里斯舞演变成戴面具的化妆表演，最吸引人的是有个戴动物面具的愚人用各种各样的小诡计来娱乐观众。自15世纪，莫里斯舞在英格兰就非常普遍了，乡村的狂欢和流行娱乐表演就是以莫里斯舞为主角，而亨利八世发明的宫廷化妆舞会也是模仿乡间的这种舞蹈。

在匈牙利、罗马尼亚、保加利亚和波兰等欧洲国家也都有各自的化妆舞会，面具丰富多彩。在匈牙利的费耳尔，在举行狂欢时，游行队伍会戴着可怕的面具吹着喇叭沿街行进，男性的面具是用布做的，上面有凌乱的胡须，毡帽下是长长的眉毛，还有丝带。而女性的面具则是用木头雕刻的。在波兰，图伦节是村民举行的冬季节日。图伦是神话中的一种动物，狂欢的人们会戴着图伦图案的面具载歌载舞，人们从一家走到另一家，高唱颂歌，主人会送给他们一些点心饮料。图伦狂欢者身披绵羊毛，装饰着山羊的角、牛的耳朵、马的尾巴，通常两个人装扮一个图伦。当然，在图伦狂欢节上，面具的形状也有熊、山羊、狼等动物。以动物为面具的还有保加利亚的农业节，在四旬斋前的第一个星期天举行，由一大群男子装扮成家养动物和野生动物，到街上欢呼跳跃，吓退魔鬼，辞去旧年。

六、面具与威尼斯狂欢节

说到化妆舞会，不能不提到意大利水城威尼斯，直到今天，那里仍每年举行面具狂欢节，那是规模最大、气氛最热烈的化妆舞会。据说，威尼斯人之所以喜爱面具与他们多年来冒险生涯和不断闯入神秘土地的经历有关，他们的血液里积淀了渴望冒险、喜欢神秘的因素，而千奇百怪的面具，在某种程度上满足了这种渴求：冒险与神秘。不过，最有可能的原因还是在于威尼斯的实际情况。对于威尼斯人来说，狭窄的街道、局促的院子和拥挤的广场不能保护他们的隐私，人们需要属于自己的生活方式和隐秘空间，逃避无所不在的别人的眼睛，而面具正好满足了他们的这种心理需求，因而面具也是威尼斯人最好的朋友。面具让每一个人尽情地表现自己的本性，但又隐藏自己的真实身份，不必担心会受到批判或被告发，最压抑的冲动终于找到了发泄口。

威尼斯的狂欢节有着非常悠久的历史，据历史学家考评，威尼斯的狂欢节始于 1162 年。当时的威尼斯公国打了胜仗，在大斋日前，在圣马可广场杀了一头牛和 12 头猪进行庆祝，人们载歌载舞，彻夜狂欢，但当时有没有戴面具却没有记录。现在已知最早的记录是 1268 年 5 月 2 日，因为有一份书面档案就记录着威尼斯狂欢节，那是一份官方文件，上面明确写着禁止人们佩戴面具。18 世纪，威尼斯的面具狂欢节达到了它的鼎盛期，社会各阶层的人都喜欢戴着面具一起狂欢，无论你是老成持重的长者还是青涩无知的少年、无论你是胆大妄为的狂徒还是胆小怕事的懦夫、无论你是拥有亿万财产的富豪还是一日三餐无着无落的穷人、无论你是血统高贵的贵族还是家世低下的草根平民、无论你是高贵美丽的公主还是相貌平平的丑小鸭，所有的人都可以聚集在一起狂欢，在面具下，人人平等，社会差异暂时消除，有的只是随心所欲的快乐。但是面具下的狂欢节不可避免地藏污纳垢，那里会成为男女偷情的场所，客观上败坏了社会风气，因而受到了一些卫道士的批判。一些妓女也会戴着面具参加狂欢，往往会进行一些最荒唐的性游戏，因为大家都相信，面具会让他们很安全。而贵族也可以放下平常辛辛苦苦端着的架子，尽情放纵，参与一些在当时看来是不道德甚至违法的活动，不过他们会小心翼翼地遮盖好自己，不泄露身份。伪装起来的赌徒也参加狂欢，彼此认不出来，可以放心地进行金钱和财产的交易。小偷戴着面具来了，暴徒戴着面具来了，流氓也戴着面具来了，甚至男人装扮成女人到女修道院里干坏事。所有这一切，都使得原本以欢乐为主题的狂欢节变了味，也难怪执政当局会下令不许戴面具。颁布禁令的理由是，不仅阻止暴力、淫乱、非法拥有武器等行为，还可以节省宝贵的纺织品。

说起来，威尼斯的面具狂欢节的命运也是多灾多难。由于这个面具狂欢节具有破坏性和危险性，破坏了社会秩序，所以几个世纪来，执政当局制定了许多法律试图限制这种活动，而且禁止佩戴面具。除了 1268 年那项最早的禁止面具狂欢节的法令外，1339 年 2 月 22 日、1458 年 1 月 24 日、1603 年 2 月 3 日、1608 年、1699 年、1703 年、1718 年、1776 年等也颁布过类似的法律。1797 年，拿破仑签署了《干波佛米奥条约》（Treaty of Campo Formio），威尼斯成为奥地利统治的伦巴底—威尼西亚王国的一部分，威尼斯日渐衰落，而狂欢节也随着几乎中断了两个世纪。20 世纪 30 年代，法西斯政府又宣布狂欢节为非法活动，这一禁止又是几十年过去。直到 20 世纪 70 年代末，第一家现代面具商店营业，威尼斯狂欢节才慢慢开始复兴。可是，只要狂欢节禁止不了，面具就禁止不了，因为面具正是威尼斯狂欢节的一个重要特色。事实上，意大利人对面具情有独钟，这也是法律无法禁止的原因。

从旧石器时代的洞穴壁画上的人物佩戴的面具，到现在狂欢节上作为道具使用的面具，欧洲的面具很古老，但也仍然充满着健康的活力。作为一种文化符号，面具也必将长久地存在下去。

注释：

① 这四幅图片摄于在首都博物馆举办的《卢浮宫珍藏展——古典希腊艺术》展，酒神的威严、老人的慈祥、妇女的端庄以及村夫表现出来的惊讶表情无不栩栩如生。

② 这三幅图片来自《公平的竞争—古希腊竞技精神》展览。图 5 表现的是悲剧中的女性面具，图 6 是一个悲剧中的老年男性面具，图 7 是喜剧中的老年男子面具。

③ 图片来自首都博物馆举办的《世界文明珍宝——大英博物馆之 250 年藏品》展览。

④ 这个鎏金面具是辽代（公元 907—1125）年的葬具，北京房山区周口店龙口村出土，首都博物馆藏。

参考文献：

① 阎宗临著：《欧洲文化史论》，广西师范大学出版社 2007 年版。

② ［英］ H. D. F. 基托 著，徐卫翔 黄韬 译：《希腊人》，上海世纪出版集团 上海人民出版社 2006 年版。

③ ［英］ F. I. 芬利 主编，张强 唐均 赵沛林 宋继杰 瞿波 译：《希腊的遗产》，上海人民出版社 2004 年版。

④ 首都博物馆 卢浮宫博物馆 编：《卢浮宫珍藏展—古典希腊艺术》，文物出版社 2007 年版。

⑤ 大英博物馆 首都博物馆 编：《世界文明珍宝—大英博物馆之 250 年藏品》，文物出版社 2006 年版。

⑥ 尼古拉斯 · 卡策斯 主编：《公平的竞争—古希腊竞技精神》，（希腊雅典）卡鹏出版社 2008 年版。

⑦ http：//en. wikipedia. org/wiki/Mask。

从利玛窦的东方之行看意大利文艺复兴

张　靓

2010 年是利玛窦逝世 400 周年，同时也是中国、意大利两国建交 40 周年。由利玛窦的故乡——意大利，和利玛窦的归宿——中国，两国政府联合举办的《利玛窦——明末中西科学技术文化交融的使者》展于 2010 年 2 月 6 日在首都博物馆开幕。（如图 1 所示）

图 1

一、利玛窦及其东方之行

利玛窦原名 Matteo Ricci，中文直译为玛提欧·里奇，利玛窦是他的中文名字。1552 年 10 月 6 日，利玛窦在意大利的马尔凯出生，当时正值意大利文艺复兴的鼎盛时期。

利玛窦十六岁时到罗马求学，在那里接受了良好的教育。1578 年，他从里斯本出发乘船前往印度。一路绕过好望角，途径莫桑比克，经过六个月的航行，到达了印度的果阿。他在印度认识到应该允许当地人也学习哲学、教理和神学等欧洲文化，他认为如果"阻拦他们与他人为伍担任职务——通过学问而出人头地——我担忧他们会憎恨我们"。他的这种见解在他的一生中始终如一，这也是他进入中国后所持的态度。罗光写的《利玛窦传》中说这是"他能赢得我国士大夫的尊敬亦以此精神故。"① （如图 2 所示）

1582 年，利玛窦应召前往中国，8 月 7 日到达澳门并在此开始学习汉语，利玛窦对完全与拼音文字不同的汉字感到很兴奋，觉得非常不可思议。仅用了一年多时间便能够认识汉字。1583 年利玛窦获准入居广东肇庆。他从西方带来了许多用品，比如圣母像、地图、星盘和三棱镜等，其中还有欧几里德《几何原本》。带来的各种西方新事物，吸引了众多好奇的中国人，特别是他带来的地图，令中国人眼界大开。进入了中国的利玛窦对中国文明非常称赞："中国的伟大乃是举世无双的"、"中国不仅是一个王国，中国其实就是一个世界。"他感叹"柏拉图在《共和国》中作为理论叙述的理想，在中国已经被付诸实践。"而且他还发现中国人非常博学，"医学、自然科学、数学、天文学都十分精通。"但是他也发现"在中国人之间科学不大成为研究对象。"在肇庆期间，利玛窦的主要精力都在学习汉语和中国的礼节习俗，以博得中国人尤其是官员们的信任。1589 年夏天，利玛窦移居韶州。1595 年，借口为一位北上任职官员之子治病，而获得了去南京的机会。但是到了南京以后，利玛窦陪同的官员对他逐渐失去了兴趣，他只好自己设法留在南京。然而这一次失败了，只能折返南昌，并获得批准在此居住。在南昌，利玛窦知遇了江西巡抚陆万垓，向他展示三棱镜、西国记数法和钟，并讲解西方书籍的内容，他还向当地学人讲解数学问题与日晷计时问题。1596 年 9 月 22 日，利玛窦在这里成功地预测了一次日食，使他很快成为了一个有名的人物。王室成员、各级官员都对地球仪、玻璃器皿、西式装订的书籍等礼物极感兴趣，他便在自己的住宅再一次举行"科普"展览，表演先进的记忆方法，出版《交友论》，并开始撰写《天主实义》，选择适合中国人伦理观的西方伟人语录加以刊行。利玛窦的记忆力非常好，以至于许多中国人都想学习，他也因此用汉语写了一本《西国记法》的书来介绍他的记忆方法。1598 年 6 月 25 日，利玛窦联系了北上任南京礼部尚书的王忠铭带他一起去南京。7 月初他们一行到达南京，9 月 7 日利玛窦抵达北京。但当时正值日本侵犯朝鲜，利玛窦作为外国人无法在北京久留，而且又遇到了财政上的困难，仅住了一个多月便只好返回。1600 年 5 月 18 日，利玛窦带着准备好献给皇帝的礼物再度赴京，并于 1601 年 1 月 24 日抵达北京。同年，明神宗下诏允许利玛窦长居北京。1610 年 5 月 11 日，利玛窦病逝于北京，赐葬于平则门外的二里沟。利玛窦一生活了 58 岁，大半生从事中西文化交流，把西方的文化艺术、自然科学和技术介绍到中国来，值得纪念。

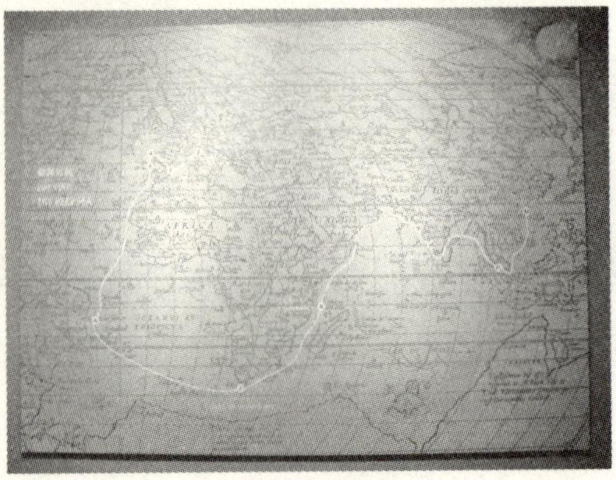

图 2

长期以来，许多东方人将利玛窦视为促进东西方交流的科学家，这种评价主要是因为他向东亚地区传播了西方的几何学、地理学知识，以及人文主义思想。《利玛窦传》一书的日本作者平川佑弘称利玛窦是"人类历史上第一位集欧洲文艺复兴时期的诸种学艺，和中国四书五经等古典学问于一身的巨人。"他还将利玛窦看作是"地球上出现的第一位'世界公民'（homo universale）"。[②]就跨文化研究的角度来看，不论中外学界关于利玛窦的价值判断有多大的分歧，大都得承认：是他使中国人开始接触文艺复兴后的欧洲文化。

二、文艺复兴

文艺复兴（14—16 世纪）始于十三世纪末期的意大利，粗略指涉欧洲从中世纪到近代之间所经历的这四百多年时间。文艺复兴一词意指重生或复活，它是一个朦胧的概念，没有清楚的开始或结束日期，但通常可以涵括欧洲由野蛮的黑暗时代演进到一个在各个领域都有新发展的时代，而这些领域的成就均超越了伟大的古文明。

文艺复兴意为“重生”，借指各艺术门类的重大发展。这一运动在 16 世纪初日益增强，到达文艺复兴鼎盛时期。文艺复兴以对古典世界的兴趣为中心，这一创造力的大爆发发生在意大利并非偶然，因为古罗马建筑遗迹始终是过往辉煌的最佳纪念品。很多人坚信那个黄金时期可以被复制。对于各类古典艺术兴趣的复兴，由于 14 世纪古代文献的再发现而加强。

文艺复兴期间，绘画家、雕塑家和建筑家都回归并复兴了古典时代的教导，在过往荣耀的启发和重大新兴技法的配合下，艺术家们终于登上了创造力的巅峰。

三、绘画

在利玛窦看来，中国人是“绘画的亲密朋友”，只是“还不懂得用油彩画画，也不懂得画出物体的阴影”。因此他不遗余力地介绍西方绘画，并将油画和西方透视技法引进中国。

（一）拉斐尔及其作品

拉斐尔·桑西（Raphael Cenci）（1483—1520 年）意大利杰出画家，和达芬奇、米开朗基罗并称文艺复兴三杰，也是三杰中最为年轻的一位。1483 年 4 月 6 日出生于乌尔比诺，1520 年 4 月 6 日卒于罗马。拉斐尔是画家之子，他的父亲是御用画师，也是小拉斐尔的启蒙老师。之后拉斐尔又师从画家佩鲁吉诺，17 岁出师，很快便广受好评。他的作品博采众家之长，形成了自己独特的风格，代表了当时人们最崇尚的审美趣味，成为后世古典主义者不可企及的典范。其代表作有油画《西斯庭圣母像》、壁画《雅典学派》等。

此次在首博展览的最为重要的一件展品便是收藏于佩鲁贾翁布里亚国立美术馆（Galleria Nazionale dell' Umbria）的拉斐尔木板蛋彩油画作品《永恒与天使》（L' Eterno e Angeli）（如图 3 所示）。一群小天使簇拥着身着红袍的上帝，他目光向下，正为世人赐福。《永恒与天使》是拉斐尔创作的《基督被解下十字架》的祭坛屏风上端的装饰板。

图 3

（二）提香及其作品

提香（Tizian）（1477—1576 年），全名提香·韦切利奥（Tiziano Vecellio），意大利文艺复兴鼎盛时期威尼斯画派的杰出代表画家，生于意大利威尼斯北部的小镇卡多莱。是画坛上著名的色彩大师。

1533 年，他被西班牙国王兼德意志神圣罗马帝国皇帝查理五世召去作画，并被封为“皇帝画像师”，绘制了《西班牙拯救了宗教》和《菲力二世把初生的太子唐·斐迪南献给胜利之神》等作品。提香是 16 世纪意大利最伟大的肖像画家，他所描绘的肖像，没有莱奥纳多的蒙娜丽莎那种令人捉摸不定的神秘感，他画中的人物来自我们的世界，我们可轻易地理解其个性。

中年画风细致，稳健有力，色彩明亮；晚年则笔势豪放，色调单纯而富于变化。在油画技法和绘画风格上对欧洲油画的后期发展，有较大影响。委拉斯贵支，德拉克洛瓦等人深受其影响。此次首博展览选取了提香的两幅画作，分别是收藏于那不勒斯卡波迪蒙特国立博物馆（Museo Nazionale di Capodimonte）的油画《菲利普二世像》(Ritratto di Filippo Ⅱ)，以及藏于罗马斯巴达美术馆（Galleria Spada）的《乐师肖像》(Ritratto di musico)。

菲利普二世（又译为腓力二世）(Felipe Ⅱ，西班牙语实际读音为：费利佩；1527年5月21日—1598年9月13日）哈布斯堡王朝的西班牙国王（1556年—1598年在位）和葡萄牙国王（称腓力一世，1581年起）。他的执政时期是西班牙历史上最强盛的时代。在腓力二世治下，西班牙的国力达到颠峰，历史学家常以这段时间为哈布斯堡王朝之称霸欧洲。腓力二世曾雄心勃勃，试图维持一个天主教大帝国，但最终未能成功。

提香肖像画的特点是善于捕捉精神实质，给予入木三分的描绘。让他作像的非富即贵，即使是皇帝、教皇，也不能使他改变深入内心的观察或做出任何阿谀奉承的表示。自由、厚重笔触的表现力，在提香晚年的作品中发展到了极致。画面人物形象和物体显现于完全由光和色彩组成的暗淡世界中，画面尽管布满重重的厚涂色彩，其闪光的表面已然失去物质固体的一切迹象，似乎变成从画面内部发出的半透明的东西。这些油画的表现手法，对西方后世艺术的发展产生了决定性的影响，就此而论，达芬奇、米开朗基罗和拉斐尔也只能望其项背了。

四、建筑

利玛窦的建筑熏陶主要是在罗马接受的。在华期间，他不断要求教会给他寄来欧洲、尤其是罗马古建的版画。本次展览的意大利建筑部分包括古罗马标志性建筑的模型和版画。如罗马古罗马文明博物馆（Museo della Civilta Romana）的安科纳图拉真凯旋门（Arco di Traiano)、万神殿（Pantheon）（如图4所示）、斗兽场（Colosseo）等模型。罗马博物馆版画馆（Museo di Roma Gabinetto Comunale delle Stampe）收藏的斗兽场内、外景及剖面图版画，万神殿及内部版画。

图4

罗马的地标——斗兽场，这座圆形的竞技场是罗马时代最伟大的建筑之一。整座斗兽场是罗马建筑的优秀代表，绝对是设计科学的集会建筑。斗兽场有80个拱形的入口，87000人可以在10分钟内坐定和疏散。内部走廊和阶梯宽敞的设计即便在今天也是先进的。当时罗马刚刚将希腊纳入版图，罗马人在建造斗兽场时显然深受希腊剧场的影响，不过罗马人创造性地利用一层层的拱门在平地上建成了和希腊式坡地建筑物相当的混凝土建筑，并在上面安置观众席，这一突破使得罗马人即使在平坦的沙滩上也可以建造剧场。罗马人的创造还表现在，和建造在山坡上只有内部装饰的希腊剧场不一样，斗兽场有仔细装饰过的外表：80个拱门内有雕像，连拱廊上也有希腊样式的饰面，最有意思的是外墙的每一层都有风格不同的希腊立柱。这些立柱并不起支撑作用，却在视觉上对巨大的斗兽场起到缩小效果，让人在这个庞然大物面前不觉渺小。遗憾的是在文艺复兴时期，不少外墙石头被拆走拿去建造桥梁和教堂。

而公元前2世纪初建造的万神殿曾被米开朗基罗慨叹为“天使之创”，如今是罗马时代独创的建筑中保存最好的一座。虽然是为了讨好所有的神而建，但万神殿却创新了罗马神殿建筑。和当时多数罗马神庙显示的罗马传统加希腊柱廊和山墙的折中形式不同，该建筑显示了这个时期罗马在建筑拱门、拱顶和穹顶方面的成就，混凝土材料的使用也显示了罗马人使用混凝土的经验和技能。穹顶的高度和底部直径相等，都是43.3米，以至于半球状的穹顶安稳地放置在圆柱形墙壁之上，形成像圆球一样的空间。光线从穹顶中央一个直径8.92米的圆洞射人，并把一个可以运动的光的圆盘投射到墙壁。用混凝土在穹顶上做出的格子平顶为这座建筑增添了美感，在弯曲和凹处显示了光影作用的透视原理，是建筑史上让人惊叹之作！

文艺复兴建筑是欧洲建筑历史上继哥特式建筑风格之后出现的又一种建筑风格。14世纪起源于意大利的佛罗伦萨，后传播到欧洲其他地区，形成了带有各自特点的各国文艺复兴建筑。因此，意大利文艺复兴建筑在文艺复兴建筑中占有最重要的位置。

意大利文艺复兴时期的建筑在整体上采用了古代的形式，它最先选取的是科林斯式，但在细节上做出了一些修改。随后，多利克式和爱奥尼式也都被陆续采用。古罗马人将各种建筑形式重叠使用的办法和突出大门的风格尤其得到意大利建筑家的钟爱。不过，古代希腊罗马式的巨大立柱有时被一些小的支柱所取代，在支柱顶端则有浮雕板和浮雕带作为装饰。在15世纪，意大利艺术家往往在建筑物的表面故意造成古朴粗糙的感觉，而到16世纪时，更在四个墙角上以巨石叠砌，以使它显得格外浑厚坚实。

但意大利文艺复兴时代的建筑师绝不是食古不化的人，虽然有人（如帕拉第奥和维尼奥拉）在著作中为古典柱式制定出严格的规范，不过当时的建筑师，包括帕拉第奥和维尼奥拉本人在内并没有受规范的束缚。

他们一方面采用古典柱式，一方面又灵活变通，大胆创新，甚至将各个地区的建筑风格同古典柱式融合在一起。他们还将文艺复兴时期许多科学技术上的成果，如力学上的成就、绘画中的透视原理、新的施工机具等，运用到建筑创作的实践中去。

文艺复兴建筑在理论上以文艺复兴思潮为基础，在造型上排斥象征神权至上的哥特建筑风格，提倡复兴古罗马时期的建筑形式，特别是古典柱式比例，半圆形拱券，以穹顶为中心的建筑形体等。例如，意大利佛罗伦萨美第奇府邸。

文艺复兴建筑最明显的特征是扬弃了中世纪时期的哥特式建筑风格，而在宗教和世俗建筑上重新采用古希腊罗马时期的柱式构图要素。文艺复兴时期的建筑师和艺术家们认为，哥特式建筑是基督教神权统治的象征，而古代希腊和罗马的建筑是非基督教的。他们认为这种古典建筑，特别是古典柱式构图体现着和谐与理性，并同人体美有相通之处，这些正符合文艺复兴运动中倡导的人文主义观念。

五、文学

利玛窦在印度的耶稣会学校中教授了几年人文科学，展览中的图书馆部分展示了构成利玛窦人文哲学教育的主要文献，均为16世纪善本。

费尔莫市罗莫洛・斯佩兹奥利宫市立图书馆（Biblioteca Civica Romolo Spezioli）收藏的但丁《神曲》（Dante con capsa），彼特拉克（Petrarca）《通俗故事》（Impresso in Veneja nelle case）就是其中的代表性作品。

（一）但丁及其作品

但丁（Dante）（1265—1321 年）文艺复兴的先驱，文艺复兴运动起源于意大利北部，一般认为第一个代表人物是但丁。他出身于佛罗伦萨一个没落的小贵族家庭。主要作品有抒情诗集《新生》和长诗《神曲》。但丁积极参加政治活动，1302 年被政敌放逐，至死没有返回故乡。放逐初期，曾写过三部著作：《飨宴》《论俗语》和《帝制论》。《神曲》的写作始于作者放逐初年（约 1307 年）。政治上的挫折和个人的不幸遭遇，加之在此间意大利和整个欧洲处于纷争混乱的状态，使作者对祖国和人类的命运怀有深切的忧虑。为了唤醒人心，给意大利人民指出复兴的道路，但丁着手开始写作《神曲》，经过十几年的努力，在他逝世前不久才完成。《神曲》原名《喜剧》，因在中世纪的诗学中，一切具有光明和欢乐结尾的作品均称为喜剧。后人因推崇此作的艺术成就，加称为《神圣的喜剧》，中译本为《神曲》。

《神曲》采用了梦幻的形式，叙述了诗人在地狱、炼狱和天堂的三种不同幻想境界的旅行。展现了中世纪的社会生活和思想意识，揭露了社会的黑暗，抨击了教会的腐败，贵族的专横，官吏的残暴，僧侣的虚伪。同时，作品也表现了新与旧的斗争，显示了文艺复兴时代反封建、反教会的人文主义思想的萌芽，流露出宗教醒世观念和与此观念相联系的禁欲主义、神秘主义的情绪，以及繁琐哲学、神学的议论和深奥的寓意等。

（二）彼特拉克及其作品

彼特拉克（Petrarch）（1304—1347 年）是意大利诗人。1304 年 7 月 20 日生于阿雷佐城，1374 年 7 月 19 日卒于阿尔夸。代表作有《歌集》。父亲是佛罗伦萨的望族、律师。他自幼随父亲流亡法国，后攻读法学。父亲逝世后专心从事文学活动，并周游欧洲各国。他还当过神甫，有机会出入教会、宫廷，观察生活，追求知识，提出以“人的思想”代替“神的思想”，被称为“人文主义之父”。

彼特拉克是用文艺复兴时期人文主义观点研究古典文化的最早代表。他用拉丁语写了许多诗歌、散文。这些作品歌颂人的高贵和智慧，并向中世纪宣扬的神权说和禁欲主义提出了挑战。他还用拉丁文写过一部历史著作《名人列传》。

六、科技

利玛窦拥有一个真正的文艺复兴人文学者的广泛兴趣，他渴望了解所有科学，他本人是数学、几何和天文学家。除了在地图和数学方面的杰出贡献之外，利玛窦制造的日晷、地球仪、天球仪、望远镜等仪器，也是中国工艺学近代化的开端。在展览中的科技部分包括大量数学、天文、地理等各个学科的书籍、仪器和模型。

诸如：克拉维乌斯（Clavius Christophorus）的《实用算术概论》、《欧几里德原本》、《萨克罗博斯克 < 天球论 > 注释》、《论星盘》。中国数学最发达的是代数，代数是线性思维的体现，但代数容易让人拘泥于这种思维方式，忽略空间问题。利玛窦带来并翻译的《欧几里德原本》，对于中国数学不仅是系统上的创造，而且对中国人的逻辑思维也是一次冲击，促使中国人开始重视时空的连续性。[③]利玛窦入华之时，万历朝的历法误差已经很大。利玛窦因为接受了很好的教育，他传播科学文化知识的时候，不仅可以动口，还可以动手。他自己制造观天测时的仪器，把西方的历法天文学介绍到中国。正如利玛窦在其书信集里所提到的那样“我还带来了其他仪器，星盘、天体仪、地球仪（如图5所示）、地图等，就不再赘说了。”

图5

七、结束语

生活在16世纪50年代的意大利人文主义者把自己所生活的时代称为“文艺复兴”时代。他们认为，他们复兴了古典时代的艺术，把欧洲文化推向第二个高峰（第一个是古典时代），这就是文艺复兴的内涵。

意大利位于文艺复兴中心的一个原因可能是由于意大利艺术家与哥特风格的联系不如他们的法国、德意志或英国同行那样密切，创新常常发生在先前占主导的传统渗透较少的地区。

总的说来，文艺复兴时代的艺术精神有这样几个方面：

第一，就是文艺复兴的人文主义精神。人文主义是欧洲文艺复兴时期新兴资产阶级反封建的社会思潮，是资产阶级人道主义的最初形式。它肯定人性和人的价值，要求享受人世的欢乐，要求人的个性释放和自由平等，推崇人的感性经验和理性思维。人文主义是一种哲学理论和一种世界观。人文主义以人，尤其是个人的兴趣、价值观和尊严作为出发点。对人文主义来说，宽容、无暴力和思想自由是人与人之间相处最重要的原则。文艺复兴时代的人文主义精神主要表现在世俗性上。世俗性是针对宗教的禁欲主义来说的，那些中世纪教义的桎梏违反了自然和人性，文艺复兴时代的艺术就是要宣传与自然的融合、人性的解放。

第二，文艺复兴时代的艺术表现出强烈的写实性。这个时代的画家都强调观察自然和社会。他们在处理那些宗教题材作品的时候，不再为他们蒙上神秘的面纱，而是把它生活化。在这个时代，许多画家开始描绘自然生活，甚至描写农村题材，把大自然搬进自己的画里。

第三，文艺复兴时代的艺术发展和当时的科学发展紧密联系，进行艺术创作时，借鉴自然科学的成果。在意大利，15世纪、16世纪无疑是艺术创新的时代，是新的艺术类型、风格和技法涌现的时代。他们从科学的角度探讨绘画雕塑的技巧，艺术解剖学、透视法、明暗法、色调搭配等，都在这个时代有了成熟的发展。除了技巧上的革新外，他们还重视绘画材料的革新，油画就在这个时代诞生，铜版画和木版画也在这个时代出现，许多画家都试验新的绘画材料，虽然所选的不同，但是，都与科学紧密结合，也体现了这个时代绘画发展的一个重要特点。

同时，艺术风格的变化反映人类观看方式的改变，而由艺术所引起的观看方式的变化直接影响着我们对世界的理解与改造。就此而言，艺术不仅仅是我们生活的点缀，而是我们探究世界的重要途径。

文艺复兴告诉我们，艺术家在透视学、人体解剖学和其他方面的研究成果为现代科学的发现奠定了基础。同样，他们的创造也为现代思想的产生作出了重要的贡献。现代性的核心观念是自由、进步、个性和创造性，即使不是直接发源于艺术，也是通过艺术而被赋予了生动的形式。

总之，文艺复兴时代的艺术是欧洲艺术的第二个辉煌时期，对欧洲后来的艺术发展影响很大。

其实利玛窦并非是第一位到达东方的西方人，早在1275年，中世纪大旅行家马可波罗便到达了当时的元上都，并在元朝宫廷供职十七年之久。1295年返回故乡威尼斯后，他的一位朋友鲁斯蒂谦诺劝他将1271—1295年周游世界的所见所闻记录下来，流传后世。于是，由马可波罗口述，鲁斯蒂谦诺笔录，于1298年写成了《马可波罗游记》。④《马可波罗游记》描写了中国，但不少欧洲人仍然不信，经过利玛窦的介绍，欧洲人才开始如实地了解中国，知道中国有古老的文明。因此，利玛窦固然不是第一个进入中国的西方人，但他是第一个在中国取得比较成功的西方人。正如利玛窦自己所言："中国有史以来，从未有过外国人能像我们这样在中国生活。"

文艺复兴人创造了他们的世界，就如我们现在也在重构他们的传统。不断地重新解释传统是文化发展的必经之路，也是我们理解自己文化传统的必要途径。

注释：

① 罗光：《利玛窦传》，学生书局1983年版，第41页。

② ［日］平川佑弘：《利玛窦传》，光明日报出版社1999年版，中文版序言。

③ 文汇报：朱维铮教授在上海博物馆的讲演："世界公民"利玛窦。

④ 余士雄：《中世纪大旅行家马可波罗》，中国旅游出版社1988年版，第14页。

参考文献：

① David G. Wilkins：《The Collins Big Book Of Art》，Collins Design2005。

② ［英］彼得·伯克：《意大利文艺复兴时期的文化与社会》，东方出版社2007年版。

③ 徐庆平：《意大利文艺复兴美术》，中国人民大学出版社2010年版。

④ 曹意强：《时代的肖像——意大利文艺复兴艺术巡礼》，文物出版社2006年版。

⑤ 王小岩：《世界美术.com》，安徽文艺出版社2009年版。

⑥ 邓圩：《玩全欧洲走读本》，广东旅游出版社2008年版。

陈列内容逻辑生成的形式设计

——解析“早期中国——中国文明的起源”展的设计思路

钟 梅

“早期中国——中国文明的起源”展是2009年，由国家文物局牵头，集合了国内三十多个博物馆及考古研究所一起主办的一个重要特展。此展览旨在通过展示“中华文明探源工程”的考古研究成果，展现公元前3500年至公元前1400年中华文明起源与发展的历程，以及早期中国国家从萌芽到初创的发展脉络，进而向观众揭示中国的早期国家形成的历程及早期文明对中华传统文化的深远影响，以弘扬中华民族悠久灿烂、兼容并包的文化传统。展览的内容既是我国学者孜孜求索的有力见证，也是对“中华文明探源工程”阶段性成果的系统总结。拟以这样一个承载了深刻文化意义的展览，向新中国60周年华诞献礼①。

从以上展览的定位，可知这次展示的内容“中华文明的起源”主要是展示建国以来的考古研究成果。如何使具有普通知识面的观众能看得懂、有兴趣去探寻这些遥远、生涩的考古、历史知识，从而尽量扩大展览的受众群是“早期中国展”在内容与形式策划之中需重点要考虑的问题。为办好这个展览，内容与形式设计人员经过3个多月的讨论和整合，逐渐对展览主题与内容的脉络有了愈来愈清晰的概念，经过设计人员的反复协商、修改，最终将内容编排和形式设计很好的统一了起来。

一、展览内容架构的设计

所有展览设计都基于大纲的结构，因此对大纲内容的设计是展览设计的基础。展览内容设计的时间截取在BC3500－BC1400年左右的时间段，从考古研究的成果来看，正是中国大地上从多聚落、多城邦并立向中原突起、国家形成的过渡时期。为阐述展览主题，展览共设定展出212组件有代表的器物，以考古出土陶器、玉器、青铜礼器、兵器以及建筑构件为主，同时为了充分诠释展览的主题内容，还辅有大量的考古发掘研究报告文字、图片以及纪录片等，以期通过对考古展品及内容的系统梳理将一个久远、陌生、以至于有些神秘的历史时期解读给观众。展览大纲以时间线的发展将这个形成历程设了三个主要的内容单元。

第一单元：“家园”，即史前聚落时期，以农业的发展为主线索，介绍考古发现的南北典型聚落形态，分别从史前生产工具、生活陶器、纺织、畜牧、定居农业、聚落形态等多方面揭示史前“农业聚落”的发展进程与社会结构。

第二单元：“邦国之路”，即城邦并起时期；展示公元前3500年文明进程进入了加速期，社会进入了邦国时代，并逐渐形成了“多元并进、中原领先”的发展格局。通过展示北方地区、中原地区、海岱地区、江汉地区、江浙地区等五个典型地区邦国城址的考古发现，揭示生产力的发展、社会分工复杂化、文字的产生、交流冲突与战争等因素对文明进程的推进作用，从文化交流的角度概括文明进程“多元一体”的历史走向，寓意中原地区的领先是以吸收周边文化的精华为基础的，从而铺垫出第三单元的内容。

第三单元：“王国崛起”，即中原王朝的突起时期；揭示经过邦国时代的文明碰撞与融合，邦国之间的竞赛逐渐走到了终点。中原邦国屹立而起，开创了王朝时代，成为跨越广袤地域的文化核心、国家政权的基石。高度发达的二里头文化与商王朝的确立，标志早期国家逐步形成，“中国”初具雏形，此单元包括王都、“国之大事，在祀与戎”、交流与传播三方面内容。

在展览的主要内容结束时，设计“尾声”，作为展览的内容总结，并留给观众思考性的延展，以“探源工程”的专题片作为展览的内容总结，也揭示这个展览的理论基础源头，并设计世界范围内地区文明的进程对照，以拓展内容的宽度，引发观众的对比和思索。

从以上概述，可看出整个展览文本脉络组织清晰，主题明确，各单元内容衔接发展逻辑严密。当形式设计在初步策划中逐步对大纲文本结构与内容梳理日益清晰时，也即是对内容架构逻辑的一个解析过程，并在过程中逐步有了成型的形式概念设计。

二、形式设计对展览架构及内容的解析

如果说，博物馆、展馆和展览都是文本。作为文本，它们是根据各种各样的逻辑被构建起来的。[②]归根结底这个文本的内容还是得通过形式的设计在展示空间中以视觉的形态呈现于观众，因此形式设计者需要深入了解、领悟展览文本的内容，设计尽力做到与内容逻辑的一致性，甚至可以通过设计使展览逻辑在视觉上变得更直观、明确、易懂并生动。

针对“早期中国”展是个考古、历史、科学、知识性很强的展览，形式设计者在展览内容设计过程中，就一直参与对内容设计的讨论中，通过一次次与大纲编撰人的讨论，旁听一次次专家意见会，逐渐对展览的内容进行消化与系统分析，同时也参与对内容的梳理，向大纲设计者提出调整架构、内容形式构思的建议，以期达成形式与内容的一致理解。最终形式设计通过对内容大纲的深入分析与细致梳理，力求从展览构架与内容的逻辑来组织、塑造空间环境，通过空间布局的安排来寓意内容的逻辑，将文本转换为空间的视觉效果，在视觉上直观传达出各部分内容的层次与关联，帮助观众由繁从简的理解生涩的考古内容。具体主要从以下几方面来分析与设计，通过对内容、空间、时间、技术的综合把控，将内容与形式统一起来，向观众呈现了很好的视觉设计效果。

（一）空间设定与展览内容构架逻辑的一致

形式设计拟将整个展览设定为一趟探索史前历史的时空之旅，展示空间由内容逻辑，即五个大空间区域：序厅，三个内容单元：家园、邦国之路、王国崛起、尾声，空间的序列在内容上也是有个开

始—发展—高潮—收尾的完整叙述过程。其中序厅作为展览的开始与前序，有点题与铺垫作用；三个内容单元为展览的主要内容，即展览的发展与高潮部分，此三部分内容是个发展、递进的过程。尾声意在呼应序厅的设问，设定展览的开放性结局，发人思索，让人余味。同时在每个单元内容的形态空间设计中，也意在把握不同的主旨内容，对空间环境与形态有不同的预设和把握：序厅意在渲染出时空的转换，将时空推回遥远的史前时代或立足于更广阔的未知宇宙，因此将基调定位神秘；而家园聚落定位于“农业为立足之本”，突出自然风光与村寨风貌；而万邦并起时代则突出不同地域文明“多元并立”，突出早期的城邦文明；王国崛起突出“中央一统”的集中权力的建立；尾声设计突出与序厅的呼应，给展览画上了圆满的句号。对几个单元空间及环境的设计与内容的呼应做了深入分析（如图1所示）。

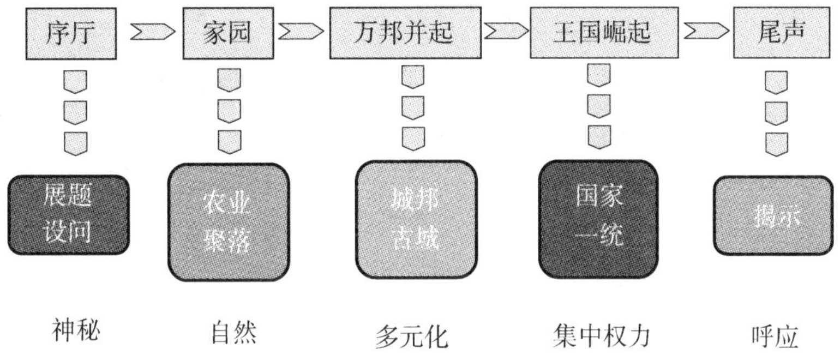

图1　展览逻辑分析图　资料来源：自绘

（二）空间组织与参观流线设定及内容逻辑的一致

设计首先在空间布局与组织上及展览内容逻辑相呼应，力求参观空间序列清晰表达展示内容的脉络，如下图2所示。观众首先进入序厅，了解展览概况，感受展览氛围，通过线性的“时间走廊”的过渡，也迅速的将时间镜头从人类文明活动的发现拉前，并定格到了史前聚落的时间段，从而自然将内容引入第一单元：家园。此单元文物少，整个展区以典型史前聚落的自然风貌意境为视觉统领来整合内容，内容中以北方的姜寨聚落和南方的河姆渡聚落作为代表，并通过农作物、驯养动物、纺织、生产工具、建筑筑造方式等内容，将代表了中华文明起源的两江流域：黄河与长江文明做了简明、系统的概括性叙述；进入第二单元：邦国之路。将五个地域文明作为五个单元空间，组成五个组团式开放空间，观众可以按顺序参观，也可以自由的以兴趣选择。空间设计以长江为界：北部设定为长江以北的三个区域文明，南部设定为长江以南的两个代表地区文明，几个单元区域既在地面的装饰上有清晰的界定，同时视觉上又是连通的，以使观众在展区某个视点观展中，视野企及，也可以横向的比较不同区域文明的不同特色。这个区域设计定位于视野开放、衔接流畅，将大纲文本中看似单一以时间来组织脉络的观展线，经过巧妙的空间组织，在此单元空间形成放射状、并列的复合型参观线，内容序列性、对比性的增强，丰富了整个展区的视觉感受，增加了观展的趣味。同时在此单元的最后几个并列小节：社会分工、金属冶炼的发展、战争、文字起源、文化交流等内容，又合成一条观展线，揭示此部分内容是众邦国的共性，也暗示了邦国发展的最终走向归为一统的内在动力。从而自然的将观众引到了第三单元：王国崛起的空间部分，强调中央一统的寓意，空间组织上也追求整体性，。而整个展厅空间设计开放，起落有致，意在使观众在观展过程中既沉浸其中又对历史有前瞻感（空间布局与组织如图 2 所示）。

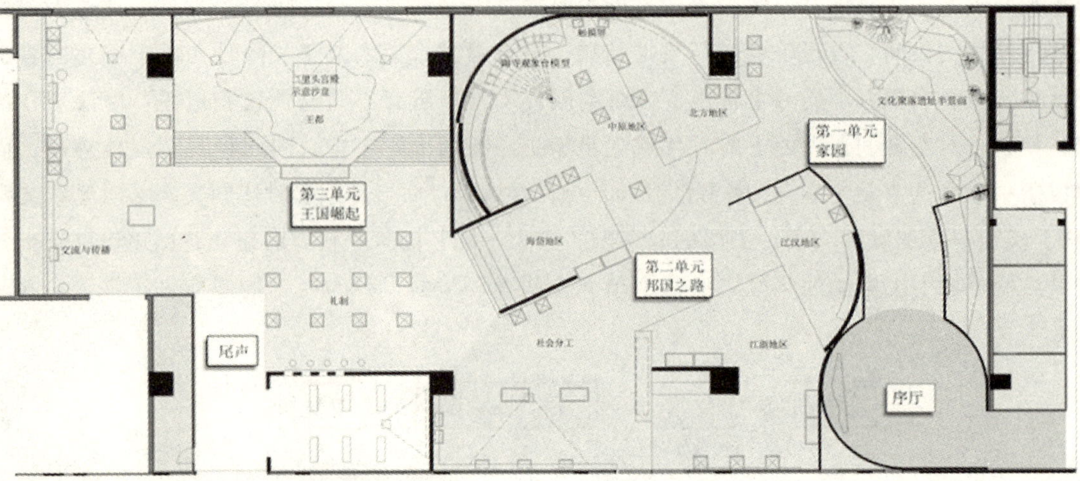

图 2　空间组织与布局图　资料来源：北京天图设计工程有限公司绘制

（三）空间形态、环境设计与内容逻辑的一致

通过对各个空间内容寓意的预设，空间形态与环境设计也力求贴合这样的视觉意境：序厅意在揭示展览的核心思想，将观众由明亮的大堂转换至展厅，也有个心理转换过程的暗示，序厅创造一种宇宙浩瀚悠远神秘的空间氛围，带领观众进入角色。整个序厅为圆形的空间形态，幽蓝的色彩基调，顶部流动的亮光带与银河系星空图谱，空间显得高远、深邃，仿佛孕育某种生命玄机。迎面而来的展标点题犹如悬立半空，内容设定的楚辞天问问句用 LED 发光带镶嵌在蓝色壁面上，引导着观众的行进，引发观者带着思考去观展（如图 3 所示）。为了将提示所设定的时间区间，特意在序厅与家园部分设计了“时间走廊”，作为一个过渡空间，将两部分巧妙的衔接起来，立式发光柱上的历史图景和地面一一对应的自发光时间带，将时光迅速推进并将历史时间定格到公元前 3500 年。而“时间走廊”有意识压低的长形弧线空间，作为过渡也为第一单元空间开阔的变化埋下伏笔，空间的起伏带动观展的情绪变化。

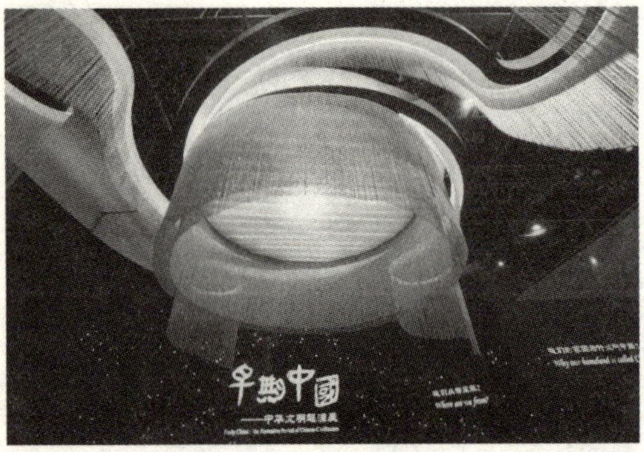

图 3　序厅展区

图 4　家园单元展区

第一单元“家园”，紧扣史前农业生活、紧扣主要内容，通过创造的大型史前聚落的场景，作为视觉的焦点与统领，空间环境突出自然风光的意境，远景田园风景画高远开阔，近景场景建筑模型、插稻、河水、大树，生动逼真。同时设计曲线蜿蜒的文物及信息带来限定、围合场景区域空间，将史前

农业、生产、纺织、畜牧、社会结构等各内容节点的文物、图片、文字等内容与大型景观相呼应的集约展出。从而将细琐的展示内容有组织地编织在展线中，以使展示内容的逻辑在视觉上层次分明，条理清晰（如图 4 所示）。

第二单元的主要内容是城邦并起，将北方地区、中原地区、海岱地区、江汉地区、江浙地区等五个典型地区邦国聚落文化作五个组团式的群组分布、每个地区文明都包含了：地理位置、城邦规模、建制、社会结构、生产生活、艺术与技术成就等几部分内容；视觉设计中注意挖掘各地域文化、城邦遗址的共性与异性，突出“多元中统一、统一中多元”的核心主旨，视觉造型上既追求序列感又强调个性差异，同时在色彩与质感大基调也强调统一中又富有变化，以突出不同文明的特质，选取典型的文化特征点作为视觉的焦点，如北方地区的红山文化砌石土层、中原地区的山西观象台、江浙地区的玉质与图案、江汉地区的石家河遗址等以不同的视觉形态出现，充满趣味（如图 5、图 6、图 7、图 8 所示）。

图 5　城邦并起单元：北方与中原地区展区

图 6　城邦并起单元：江汉地区展区

图 7　城邦并起单元：江浙地区展区

图 8　城邦并起单元：海岱地区展区

第三单元的主要内容是王国崛起，空间也相应突出了二里头文化作为当时的文明核心地位，高大开阔，气势恢宏，进入此单元空间，首先是一组矩阵式的陈列，以精品文物突出展示二里头文化作为“夏”的政治中心，建立在祭祀礼仪和战争的立国之本的理念上的“国家实力”。与精品文物阵列相对应的是大型二里头宫城遗址的复原创作，作为此空间视觉上的收镇。步入坡道，观众踩踏上升起、开阔的发光玻璃地面是中原文明中心腹地的地图图案，与背景上以河洛地理为背景的大型景象相连，中心处宫城模型从地面升起，空中垂挂的三块并行的大型投影幕，丰富着都城建设的内容也渲染出空间的气势。空间西侧环绕以一号宫殿建筑屋檐的意向装饰作为视觉围合，用早期建筑的梁柱构架与围廊的装饰形式增加空间趣味，将礼制、交流等展示内容结合其中（如图 9 所示）。

尾声作为整个展览的收尾将观众情绪引入一个平复，视觉上意在与序厅的提问有所呼应和解答，空中悬挂的装置与序厅的形式一致，但色彩作为心理的暗示，由神秘的蓝紫色转换为温暖的橙黄色，“探源工程”影像空间墙上绘有原野考古的意向笔触，座凳做成“碳方”的形态，增加情境趣味。

展览空间环境设计通过对内容的充分解读，对空间层次、三向围度的复合考虑，使整个展览空间氛围立体起来，环境空间与展览的内容起落相贴合，带领观众观展的情绪起落。

图 9　王国崛起：王都建设展区

（四）展示呈现手段设计与内容的一致

主题性展览设计中，展览故事的主题设计内容丰满，脉络复杂。要深入的阐述主题，如果只依靠出土文物的陈列，会存在两方面的困难：一是文物既可以是视觉焦点，也更应该是作为诠释主题的佐证而存在，有些文物也许并不精美，但却可能有很重要的历史意义，观众如果只欣赏文物的精美，不理解文物背后更深层的早期社会学解析，势必与策展的意图相形甚远，基于这点，展览大纲编写中，准备了大量文本的考古研究成果：线图、复原图、遗址、墓葬照片、专题、记录片等来辅助文物展示；二是有些内容节点很重要，却少有文物来支撑，如城邦的建设、墓葬的等级、型制等。现代的博物馆在展示上就不完全依赖收藏品的品质。现代的展示观念是以引起观众兴致的装置来代替物品[③]说明主题。展览也需要运用行之有效的展示手段来补充设计，而设计展示同样需要从资料中选取转换为适当的展示装置来丰富视觉效果。因此设计中突出的难点是如何处理这些平面纸质资料内容，观展不是看书，考古研究资料如果只是简单的以平面纸质图板的形式展出，观众肯定会容易疲劳，难以消化，也使整个展览成为教科书式的失去趣味。

展示的任务是将代表历史和文化片段的标本文物重新脉络化，诠释其历史文化意义，达到与观众沟通的目的。诠释的本意并非“真实”的复制，即使是展示中采用模拟真实的手法，也是意图唤起观众的共鸣，提供诠释和沟通更好的情境而已。[④]如何运用各种展示技术让整个展览内容丰富又生动起来，成为设计需要仔细思索的难题，内容、空间与切实可行的展示技术三者有效结合是解决难题的关键：要求所用技术很贴合展览的内容，准确无谬误的传达展览内容，同时又可以在展厅空间场所中有很好的视觉效果。整个展览设计中充分考虑调动观众的兴致，力求在各部分内容单元都有观展的聚焦点与趣味点。在第一个单元展区中，聚落的干栏式建筑用场景模型的形式直观解读，配合自然风光的远景画面和史前聚落生活方式记录片，结合出土文物的见证，真实、生动、立体地带观众走进远古祖先的聚落生活。在第二个单元展区中，文物比较丰富，为解读更深层的信息，也依据史料创作了山西古观象台遗址的意向展示与多媒体的解读、增加演示片如城墙夯筑技术的解读、战争的场景、等手段丰富展览的可观赏性。第三单元在王都这部分内容上文物单薄，但内容却是重中之重，形式结合资料，对展览做了很好的解读：建立在大量考古发掘的资料基础上对二里头宫城遗址的复原，直观的显示了宫城的规制与气势，三个记录片对宫城的建造、规划、社会结构等相呼应，坡道、玻璃平台地图、沙盘模型结合互动的脚踏信息点，增加知识与趣味。

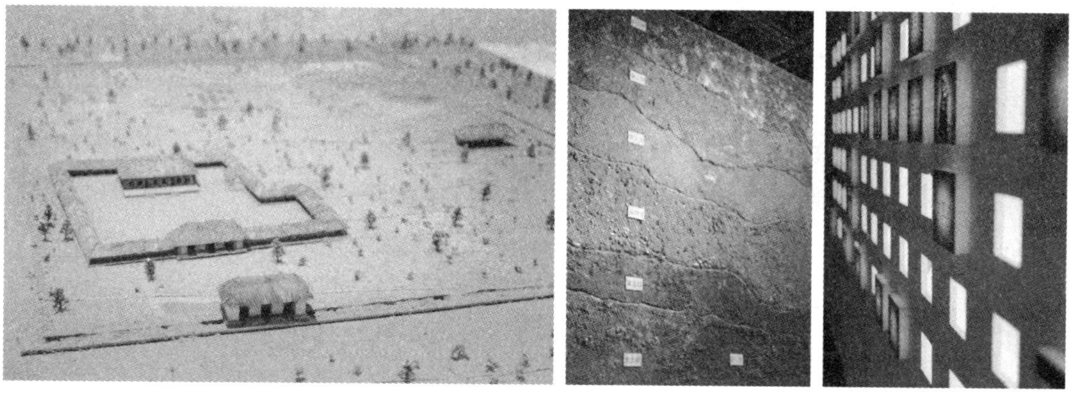

图 10　展示项目设计：都城模型、考古夯土层、中外文明对照带

（五）文物组群布展方式与内容逻辑的一致

此次展览的文物量大，类型与材质又多样，同时除展出文物外又必须增加许多展示设施，而展厅空间并不大，同时因为展览并不是单一的精品欣赏，文物在表达精美外更是要为主题佐证，所以设计需改变简单、单一的文物陈列，而采用群组式、集群式的展示方式。这要求设计者将每一件文物的功能、特性及文物间的关系，文物与图、文的关系都要了解清楚。同时在集群设计中，既要顾及文物间的使用功能关系又要顾及到文物的形体关系，使每个集群内的位置既贴合内容的设计又有视觉设计的美感，既有统一规律的序列感又有高低错落的韵律感。

设计结合每一单元的内容特点，采用了不同的文物组合陈列方式：第一单元文物量少，以创作场景突出主题，文物结合在信息带中作充分的佐证；而第二单元部分的文物是重点展示同时数量大，类型比较统一，基本是玉器和陶器为主，突出每一地域的特色文物，大面积展柜内文物集合并结合辅助图片及文字，系统化、脉络化、直观的将各个文化群的生产、生活、社会结构的复杂化这些内容揭示出来，并注重通过良好的光照与展架背景来突出文物；而第三单元的文物却以序列展示为主，结合局部的小组合陈列，以突出重点文物与空间气势。这样做到每一部分的每一件文物都是与内容的目的及逻辑都是一致的。

三、对设计结果的体验

博物馆在许多方面都与当代其他媒介极其相似。它们接受并且表达；它们讲故事也发起讨论；它们的目的在于愉悦也在于教育；它们有意无意地、实在或不实在地确立了一个议程；它们将其他的不熟悉和难于接近的转化成了熟悉的和可接近的。在建构博物馆的文本、展示和技术的同时，它们提供了对一个意识形态发生了转变的世界的陈述。⑤将博物馆当作一种媒介进行研究，必然涉及展示中的各种交流，即构思、创作、实施和接受等。这样的趋势使越来越多的展览不单是简单的文物陈列而倾向于复杂的叙述模式。

复杂的叙述模式系统集合不同类别的文物与资料，并使他们之间的关系变得紧密，展览设计的首要目的在于解释性区域的策划。她不是简单的罗列，而是一种由多种元素的同步协作，随着语言表达与视觉表达修辞技能之间的对话逐步展开的辩证过程。⑥这就要求设计者深入研究展览的大纲与展览主题背景的相关知识，理清展览的脉络与文物间的群组关系，通过集群式展示解读内容的同时也注重突出精品。通过深入消化内容，在理解大纲思想核心和内容设计基础上做深入的设计探讨，并结合空间环境塑造的需要，转化深奥的考古资料，力求用现代的展示理念与展示手法来精彩的呈现展览，以直观易懂的设计形式来展示，以丰富展厅空间的视觉感受。

形式设计参与到展览内容叙述的逻辑设计中，通过对展览内容文本、展厅物质空间和展示工程技术三位一体的了解，设计参与到展示内容的表达。理解主题内涵、从展示架构出发、结合展示内容与建筑空间条件，规划空间、组织空间、塑造空间和环境，才能创造出富有感染力的展览。

注释：

① 首都博物馆业务研究部：《早期中国——中国文明起源》展大纲文本。

② [英] 罗杰·迈尔斯 Roger、劳拉·扎瓦拉 Lauro Zavala 著，潘守永、雷虹霁译：《面向未来的博物馆——欧洲的新视野》，北京燕山出版社 2007 年版，第 187 页。

③ 汉宝德：《展示规划理论与实务》，台北田园城市文化 2000 年版，第 9 页。

④ 吕理政：《博物馆展示的传统与展望》，台北南天书局 1999 年版，第 66 页。

⑤ [英] 罗杰·迈尔斯 Roger、劳拉·扎瓦拉 Lauro Zavala 著，潘守永、雷虹霁译：《面向未来的博物馆——欧洲的新视野》，北京燕山出版社 2007 年版，第 182 页。

⑥ [德] 博特龙、史沃兹、费雷著，章梅译：《展览设计实用手册》，中国建筑工业出版社 2007 年版，第 006 页。

关于临时展览策划工作的几点思考

魏宇澄

引子

参加博物馆工作伊始，我的工作便与博物馆的展览结缘，当时被分到首都博物馆的陈列研究部民俗组，首先从事首都博物馆新馆《京城旧事——老北京民俗展》的筹展工作。从展览大纲的论证，到形式设计的几经更改；从上展文物的遴选、征集、复制到展览多媒体脚本的撰写，都一一亲历。

然而在2005年9月文物上展前夕，我服从单位安排，调入同属于陈列研究部的精品组，参与到新馆的《古代陶瓷艺术精品展》、《古代佛造像艺术精品展》、《古代绘画艺术精品展》、《古代书法艺术精品展》、《燕地青铜艺术精品展》、《古代玉器艺术精品展》、《书房珍玩艺术精品展》这七个专题陈列的工作当中。

如果说在民俗组经历的是专题陈列的前期筹备，那么在精品组，我参与了全部七个精品专题陈列的布展实施工作。从见证新首博第一件文物——北魏太和造像的上展，到最后的《古代玉器艺术精品展》布展完毕，清扫封柜。

2005年12月16日，首都博物馆新馆正式试运行，对外开放。

随着新首博的开放，还包括《古都北京・历史文化篇》和《古都北京・城建篇》在内的11个固定陈列，面临的工作就是日常的整改，然而国内外大大小小的临时展览接踵而来，工作重心转向了临时展览，我主要参与了《北京声音》和《美洲豹——墨西哥古文明展》。特别是在我2006年7月调入首博的策划部以后，全部工作都投入到新首博的临时展览当中。几年来在策划部从事临时展览的工作经历，让我对博物馆的临时展览从感性的认识转而多了几分理性的思考；让我从在陈列部时仅仅停留在从内容上把握展览到可以从资金、藏品、人才、场地、管理等多个角度更为实际和综合地考量一个展览；让我从在首博经验丰富的老同志的工作带动下，走向协助—学习—掌握的工作成长过程。

在此，谨以此篇论文，说说我从事首都博物馆策划部临时展览工作的一些思考与认识。

一、临时展览策划，不仅是策划书的推出，更是具体实施

翻开《现代汉语词典》，“策划”一词的解释是“筹划”、“谋划”。“策划”是个中性词，它随着

改革开放的脚步，出现在中国的经济、文化等各个领域。

就博物馆这个行业来说，通常人们对策划的认识，仅仅停留在推出一个展览主题，写出一本展览策划书。

然而，这只能是观念中的策划，这种理解存在着片面性和简单化。而实际的策划，特别是通过在首博策划部的工作实践，我体会到，博物馆的展览策划，不仅是一本展览策划书的形成，更是在总体策划思路指导下从事的组织协调与具体实施工作。

首先是一本策划书。策划书，是临时展览，特别是博物馆推出自主创新临时展览的先行。它需要策划人对国家及博物馆所在地区的大环境；博物馆自身性质与定位；专业的历史、文化、艺术知识；以及展览具体操作实践经验都要有一定的认识与积累。策划书主要包括环境背景分析，执行方案分析，以及最后的资金使用分析等。

然而，就是写出了策划书，也只能是一个展览的粗线条框架。只是一本策划书，单单纸上谈兵，是不具可操作性的策划。博物馆很多临时展览甚至是没有策划书的，比如就目前首博的临时展览来说，一些配合政府行为的展览，展览主题就是与时俱进，贴合时事，完成政府宣传的任务；又比如一些国际著名的博物馆，他们通过使馆及文化部等机构将展览引进到博物馆，其展览主题已经经过了对方的长期准备，相当成熟；也有一些机构的小型展览，因为展期短、规模小，也不做策划方案等等。

同时，即便一些展览在前期制定了出色的策划书，但在面对实际问题时，无法解决，也会造成展览的失败。比如首博与宝岛台湾两仪文化公司计划于2010年举办的《华绣》展，这是一个以表现台湾绣画大师的传世精品与艺术人生为内容的展览，两岸办展同仁都为此做了长期的筹备，并撰写了图文并茂、激动人心的策划书。展览的日期、场地、展品目录、捐赠作品等事项都已经敲定。但是就是在实施的具体问题上，包括展览的运输、保险、设计、制作、图录等工作及发生的费用由哪一方来承担上，经过反复谈判，始终不能达成一致，最终造成展览失败。

因此，在临时展览的策划工作中，具体实施就显得尤为重要。无论有没有策划书，在展览的具体实施过程中都会遇到各种各样的十分具体、十分细节的问题。如果说展览策划书的制定是和文字打交道的话，那么临时展览的具体实施就是和人打交道，要随时与办展方、与馆领导、与相关各部门的负责人及参与者进行及时的协商、沟通与协调。这要求临展策划人不仅仅具备文字能力和专业知识，更要有很强的执行能力和组织协调能力。临时展览的圆满完成，最终还是要依靠具体实施。

二、临时展览前期筹备，细节决定成败

中国古代先秦思想家荀子曾在《劝学》一文中这样写道：“不积跬步，无以至千里；不积小流，无以成江海。”从事过临时展览前期筹备工作的人，对此句话的理解尤为深刻。的确，临时展览的前期筹备工作，就是一点一滴，点点滴滴，解决每一个环节的问题，落实完成每一步工作，最终推动展览如期顺利开展，可谓细节决定成败。

目前，首博的临时展览前期筹备工作，主要包括展览前期谈判；准备材料向上级机关报批各种手续；制定与签署展览合同；与馆外相关专业展览服务商进行接洽；协调本馆各相关部门工作等。短短几句话，蕴涵的工作却细致繁杂，其中也包含了巨大的工作量和需要承受的工作压力。

以2010年筹备的香港珠宝展为例，香港珠宝展，全称《心语神工——雕刻珠宝艺术展》，是首博

与香港世英腾韵国际有限公司合作在首博于2010年4月至6月展出的展览，展品以珠宝为主，表现人的心灵与宝石的对话，展示设计师将精神与意念赋予石料，精心设计的雕刻与珠宝艺术精品。

展览首先在谈判中，需要明确双方在此次展览中的角色——是主办、承办、协办还是赞助、支持单位。然后初步确定展览的基本情况，包括展览时间（含展览开幕时间、闭幕时间、布撤展时间）、展览场地、展品数量、展览主要内容等。第三，就是双方要就展览中各自承担的责任、履行的义务（包括展览场地提供、展览运输、包装、保险、展览设计、制作、图录出版、开幕式等内容的工作及发生的费用由哪一方承担等）进行谈判。

接下来就是准备材料，向北京市文物局与国家文物局报批各种手续，其中包括提交举办展览的请示；办展单位的推荐函；展品目录（包括展品名称、编号、数量、尺寸、重量、质地、完残程度、估价等信息，如果是文物展品，还包括年代、级别、收藏单位等）；办展双方的协议草案；开幕式方案及安保预案这几项材料。

但是在办展过程中，对上述材料的准备并不是能一次到位。比如展品目录，有些办展单位不能一次提供完全展品目录需要的信息。而就此次《心语神工》香港珠宝展而言，世英腾韵公司对展出的197件展品信息修改了多次。在整个材料已经报到北京市文物局和国家文物局后，仍有十余件展品需要修改和替换，这不仅仅是增加工作量和进行返工的问题，还会影响到整个展览报批手续的工作进程，而这一环节的拖沓，又会导致批文下发时间过晚而耽误展品的运输、报关，进而影响到后面展览的布展，甚至是影响已经确定的展览开展时间。

展览的协议也不是一蹴而就的，起草之后，需要经双方律师反复修改。有时会细致到，就某一个条款，甚至是某一个词语，双方会各执己见。此次香港珠宝展中，乙方（香港世英腾韵有限公司）在协议中对甲方（首都博物馆）的责任中增加了一条："如因甲方或甲方人员蓄意破坏或疏忽而导致展览作品有任何损失、损毁，甲方必须负责赔偿乙方。"经过我方律师修改，协议中，将"或疏忽"去掉，并将"必须"修改为"应"。将修改后的协议书再次返给乙方，并经过双方协商后，最终乙方接受了我方律师的修改意见。可以说最终协议的签订，也是双方基于真诚合作的意愿，在坚持原则的前提下，相互妥协，才能达成共识。而在协议的签署中，用什么样的笔签署这种细节常识，都是要留意的。香港珠宝展中，对方用了圆珠笔签署，并加盖了公章。但圆珠笔签字在法律上是无效的，在存档中字迹也会因日久天长而褪去。因此，我方坚持要求对方重新签署一份用黑色或蓝黑色钢笔签署的协议，而将用圆珠笔签署的协议作废。

待整个上级机关批复展览后，就是与办展方、各相关部门以及展览服务商就展览的具体操作进行组织协调开展工作了。这其中可能包括，展品如何运到博物馆；海关何时到库房查验展品，查验多少箱；双方确认展板设计视觉效果；户外广告设计效果确认；展柜电检；发布会记者签到；开幕式嘉宾数量、在何地等候、是否佩戴胸花、请柬印制多少份；展览中是否允许拍照；以及有关布展的大量非常细节的工作。每个展览在大的工作框架上十分相似，但每一个展览在具体细节和出现的问题上又因展览而异。这就需要依靠我方筹展人员丰富的办展经验、责任心、细心、耐心以及处理突发事件和紧急事件的应变能力。

三、临时展览是短期行为，但需要长期规划

在国家文物局主持的文物博物馆系列教材《中国博物馆学基础》一书中，是这样对陈列与临时展览进行定义的："博物馆有长期展出、比较稳定的陈列，也有短期展出、经常更换的陈列。在我国博物馆界，一般习惯上将前者叫做陈列，将后者叫做展览，或称临时展览。"① 书中还说："临时展览一般小

型多样，经常更换，展品的选择较为自由，可以较多的利用模型、复制品和照片等，有时甚至可以照片或美术作品为主，陈列内容结构和艺术形式也比较灵活。”②

然而就今天博物馆的临时展览而言，它已不仅仅局限在“小型多样”，很多展览，无论在藏品、人力、场地、资金等资源的投入上，还是在展览期间观众人数和博物馆取得的社会效益与经济效益上，可以说都是规模宏大，影响深远的。这些临时展览往往在前期筹备过程中，经过了精心的策划与酝酿；在具体实施过程中，也受到来自各方领导及上级部门的重视与支持。这其中既包括本馆自主创新的临时展览；与国内各省市博物馆合作的临时展览；与国际上知名博物馆合作引进的临时展览等。当然，从时限的角度而言，这些展览只能是临时展览，因为一般情况下，最长的展期为两三个月，短的可仅仅一周。可以说，临时展览仍然是博物馆的一种短期行为。

但是，临时展览作为博物馆的短期行为，其重要的意义又是不言而喻的。它可以满足不同层次的观众多元化、多样性的文化需求；可以促进馆际之间的互助合作与交流；可以培养和锻炼人才队伍；可以提升博物馆的价值与影响力，可以打造博物馆特色与品牌等等。因此，看待博物馆的临时展览，必须要具有长远的发展眼光。对临时展览这种短期行为，要进行长期规划。

临展长期规划必须纳入到博物馆总体发展战略之中，是总体发展战略的重要组成部分，是博物馆临展工作的阶段性远景目标与方向，对博物馆围绕临展开展各项工作具有重要指导意义。

就2010年起草的《首都博物馆2011年——2015年临展工作五年规划》，首先是对上一个五年工作的概述，诚实总结过去五年临展工作的得与失，基于以往的办展经验，吸取教训，从而制定未来的规划。

第二，是提出五年规划的总体思路，这其中需要首先强调博物馆自身定位，因为整个规划的制定要紧密结合本馆定位与性质。再次，是对总体办展思路的阐释。

第三，是未来五年临展工作需要实现的主要工作指标，包括上述几大类型展览，以及博物馆建立自主展览项目库，需要完成达到的项目数量。

第四，是对临时展览环境与条件，工作组织与管理等实际问题提出要求。

最后，是未来五年临展工作要实现的总体目标，这里可以包括展览水平的提升；博物馆品牌的树立；社会效益与经济效益的实现；人才队伍的培养与锻炼，以及交流与合作的巩固与扩大等。

应该注意的是，长期规划的制定要做到科学合理，切实可行，确保有条不紊地加以贯彻落实。无法实现的规划，只能是“空想”。同时，还应强调，长期规划也应根据实际情况，特别是在未来面对不可预期的情况时，要能做出调整。

当然，临展工作长期规划的实现，还是要靠每一个短期行为的临时展览，一步一个脚印，脚踏实地。

结语

临时展览是博物馆的活力所在，临展工作是博物馆业务工作的重要内容。做好临展的策划工作，还需要在提高工作理论水平的基础上，注重对实践能力的提高，特别是从每一个展览的办展工作中总结积累经验。

注释：

① 王宏钧：《中国博物馆学基础》，上海古籍出版社2005年版，第246页。

② 王宏钧：《中国博物馆学基础》，上海古籍出版社2005年版，第247页。

聆听《千古探秘——考古与发现》展文物背后的故事

陈 静

《千古探秘——考古与发现》展是手铲下的文明之旅，是一条通向文明的"时空隧道"，它用8000年前的玉玦、7000年前的乐器、6000年前的裸体女神像、4500年前的彩绘龙纹陶盘、二里头的铜爵、殷墟的甲骨、周代的盟书、有口皆碑的秦砖汉瓦、千年的美酒以及"哀帝"玉册等古物，来见证我们民族、国家辉煌的古代文明。历史是辉煌的、过去是骄傲的，首都博物馆集全国考古和文物博物馆之力打造的这场文物盛宴，为全国观众欢度新中国成立60年周年大庆提供一次难得的文化享受。

一、史前文化 原始的美

（一）古玉的发现 玉器源头

玉器、玉文化是中国古代文明的重要特色，玉器、玉文化的起源是一个多年来的未解之谜。20世纪90年代考古工作者在内蒙古赤峰市兴隆洼原始聚落遗址，发现了迄今国内最早的玉器——玉玦（图1），兴隆洼文化玉器主要出土于遗址中的"居室墓"内，除玉玦外，发现的还有玉锛、玉斧、匕形器等。玉玦多成对出土于墓葬的墓主人左右耳部位，应当为耳饰。玉玦是目前发现中国古代最早的玉器之一，在世界各地分布广泛，从东北亚到新几内亚，从东亚到非洲都有发现，一般认为玉玦起源于中国东北地区，在古代文物研究中具有特殊意义。玉锛多出土于遗址之内，墓葬之中未见出土。锛原为生产工具，也可作为武器，大型玉锛多作为礼器。兴隆洼文化的玉斧具有"神器"功能。兴隆洼文化玉器是目前所知中国古代

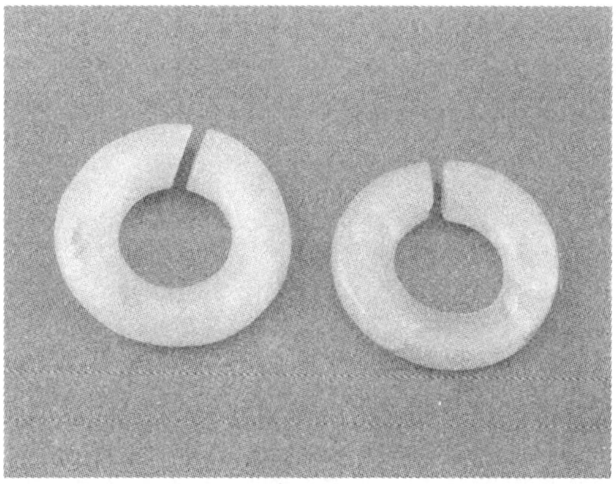

图1 兴隆洼玉玦

新石器时代（距今约1万年—公元前21世纪）

左：直径2.9厘米、孔径1.4厘米

右：直径2.8厘米、孔径1.3厘米

内蒙古自治区敖汉旗兴隆洼原始聚落遗址出土

中国社会科学院考古研究所藏

最早的玉器，这将中国玉器的使用年代上溯至公元前6000年左右。由此认为它是内蒙古东南部与辽西地区新石器时代晚期赵宝沟文化、铜石并用时代红山文化和小河沿文化、青铜时代夏家店下层文化玉器的源头。

（二）乐器的萌芽　礼乐先声

礼乐文明是中国古代文明的重要组成部分。目前，考古发现的早期乐器有贾湖遗址出土的骨笛，山东管县出土的新石器时代陶角，山西陶寺遗址出土的木鼓等。埙、铃等是乐器家庭的主要成员，早在新石器时代中期已经出现。临潼姜寨遗址出土这件一孔陶埙（图2），已有7000多年历史，是我国特有的闭口吹奏乐器，在世界原始艺术史中占有重要的地位。埙作为吹奏乐器与先民的劳动生产活动有关，最初可能是先民们模仿鸟兽叫声而制作，用以诱捕猎物。随着社会进步而演化为单纯的乐器，并逐渐增加音孔，发展成可以吹奏曲调的旋律乐器。这件器物形略如橄榄，上面只有一个吹孔，用细泥捏塑而成，是埙的原始形态之一，简单古朴，声音悦耳，是研究中国古代乐器的实物珍品。

图2　一孔陶埙

新石器时代（距今约1万年—公元前21世纪）

长7.0厘米、宽3.5厘米、孔径1.3厘米

陕西省临潼姜寨遗址出土

陕西省西安半坡博物馆藏

图3　彩绘龙纹陶盘

新石器时代（距今约1万年—公元前21世纪）

直径35厘米

山西省襄汾县陶寺出土

中国社会科学院考古研究所藏

（三）"龙"之图腾　华夏文脉

"龙"是中国文化中的特殊"符号"，它几千年来伴随着我们国家、民族的历史发展，因此"龙"成为华夏的"文脉"。作为物质文化的"龙"，很早就已出现，比如河南濮阳、辽西内蒙古东南部地区等新石器时代遗址中均出土了与龙有关的文物，山西襄汾陶寺遗址出土的彩绘龙纹陶盘形体是更为"成熟"的龙之图像（图3）。仔细观看这条在地下"熟睡"了4000多年的蟠龙，周身遍饰的红鳞纹，犹如跳跃滚动的火苗，使蛰伏的龙充满了内力和朝气；圆睁的小眼，机敏有神，口中衔着的那支吉祥草，似在蛰伏中蕴蓄着力量，虽静胜动，所谓龙蟠虎踞之妙即在于此，可能这就是古代先民最初所要表达的一种原始氏族崇拜。盘中画面色彩耀目，线条流畅，造型生动有力，错落的鳞纹和盘曲的龙身，使画面充满了古朴的装饰趣味，代表了这类题材原始绘画作品的最高水平。陶盘是黄河中游龙山文化陶寺类型的陶质礼器。学术界认为朱绘龙可能是氏族部落的标志，可能这就是古代先民最初所要表达的一种原始氏族崇拜。

（四）新石器时代文明之光　红山文化的祭祀中心

红山文化的代表作裸体女神像（图4），出土于辽宁凌源牛河梁第五地点一号冢1号墓，据统计在红山文化的大型建筑群址中共出土有20余件的陶塑人像，包括两件小型裸体孕妇像，此为其中一件。女像的头部、右臂及膝下已残缺，体形肥硕，表面磨光，着红彩，说明原为全身像。东山嘴红山文化大型建筑群址出土的陶塑女神像，表现的是先民对原始生育的崇拜。这与当地自然灾害、瘟疫、战争等因素有关，反映出当时原始社会氏族部落的死亡率较高，为使氏族部落延续和壮大，氏族部落渴望新生命诞生的需求。

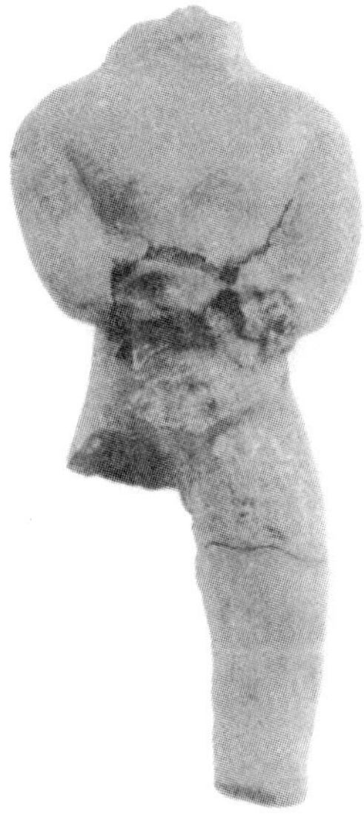

图4　裸体女神像

新石器时代（距今约1万年—公元前21世纪）

残高9.53厘米、肩宽4.22厘米、厚2.11厘米

辽宁省朝阳市牛河梁遗址出土

辽宁省文物考古研究所藏

二、享誉世界的青铜文明　先秦三代夏商周

（一）华夏第一都　文明形成与国家出现

图5　铜爵

夏代（公元前21世纪——公元前17世纪）

二里头文化四期

高20.4厘米

河南省偃师县二里头遗址出土

中国社会科学院考古研究所藏

青铜器是青铜时代的最主要的物质载体，青铜器中又以青铜礼器最为重要，它是中国古代文明形成的重要构成要素，我国最早的都城二里头遗址考古发现了中国最早的青铜礼器群。展览中的铜爵（图5）、铜盉就是其青铜礼器群的一部分。铜爵是源于陶爵，是商周时代青铜礼器中最常见、最基本的酒礼器，也是当时“明贵贱、辨等列”的标示物。既用来饮酒，又用来温酒。其衰落于西周时代晚期。铜盉源于陶盉，主要发现于中原地区，是贵族专用的礼器。铜盉用于斟灌、温热，铜盉与铜爵配套使用并出现在高等级墓葬中，是夏文化中最具代表性器物之一。二里头遗址不但发现了大量的铜礼器群，还发现了生产这些青铜礼器的铸铜作坊遗址，二里头遗址进入青铜时代已是毫无疑问的了。

（二）中国古代文化交融的一朵奇葩——内蒙古敖汉旗大甸子 北方早期青铜文明的画卷

夏商周时代周边地区文化异彩纷呈，四川三星堆的祭祀坑、江西新干大洋洲的商代大墓、内蒙古地区夏家店下层墓地等考古发现，向人们昭示了这种多元文化，从这些周边地区考古学文化中，我们也清楚看到了它们与“中原文化”共同构成的“多元一体”的华夏文明。展览中选取的夏家店下层文化遗物，拉开了北方地区早期青铜文明的画卷，向观众展示周边地区多元一体的考古学文化。

环形雕花玉臂饰，为带状椭圆环，环面雕刻花纹，纹饰有置边缘，中有主纹与地纹之区分，主纹由S形与C形图案组成。环体局部有镂空。此种臂饰均发现戴在墓葬的墓主人臂部骨骼之上，故称其为“臂饰”，为夏家店下层文化典型的装饰风格，体现了当地一种审美观念（图6）。

彩绘陶罐，为二方连续图案，图案大同小异，多为由折线与勾连组成，构图巧妙，用笔熟练，纹饰精致，彩绘艳丽。云蕾纹图案均匀美观，是夏家店常见的纹饰，充分显示出与商代青铜器图案花纹的密切联系。其彩绘纹饰保存较完好且精美，并与夏商周青铜器上纹饰类似，为研究北方草原地区和中原地区夏商周文化关系提供了重要实物资料（图7）。

图6 环形雕花玉臂饰

夏代（公元前21世纪——公元前17世纪）
夏家店下层文化
直径7.3厘米
内蒙古自治区敖汉旗大甸子遗址出土
中国社会科学院考古研究所藏

图7 彩绘陶罐

夏代（公元前21世纪——公元前17世纪）
夏家店下层文化
高12.3厘米
内蒙古自治区敖汉旗大甸子遗址出土
中国社会科学院考古研究所藏

陶鬶的唇沿至腰间为主要装饰面，多以附加堆纹及篦点压纹组成的各式纹带。夏家店下层文化是北方地区一种晚于红山文化的青铜时代文化。此鬶造型古朴，为夏家店下层文化常见的器形。陶鬲由上中下三段接合而成，上段是侈唇敞口，中段为直筒状腹腔，下段由三个筒状空足组合而成。陶鬲是夏家店下层文化中最具文化特征的典型器物，因其无肩、无鼓腹，故称其为“长筒鬲”。鬶和鬲是“中原文化”中最具特色的文物。

（三）中国古老的文字 一盏点亮中华文明的明灯

文字、金属器、城市和礼制被人们认为是中国古代文明形成的四要素，文字在中国可能很早很早就已经出现，比如史前时代考古发现的各种各样刻画符号：半坡遗址、临潼姜寨、大溪文化、蚌埠双墩遗址、大汶口文化、良渚文化的刻画符号以及山东丁公陶文等，但是真正为世人所公认、属于中国古代“成熟”的文字，目前来看应该是殷墟出土的甲骨文。展览中殷墟小屯南地和花园庄东地出土的刻辞卜骨（图8），为经过占卜刻字记事的兽骨。商代王室常用甲骨占卜吉凶，卜毕将所问之事或所得结果刻在其上。甲骨刻辞主要反映的是殷代社会政治、经济、军事、思想文化状况等方面的内容。甲骨文不仅是一个文明的符号、文化的标志，而且它印证了包括《史记》在内的一系列文献的真实，把有记载的中华文明史向前推进了近5个世纪。在世界四大古文字体系中，唯有以殷墟甲骨文为代表的中国古汉字体系，历经数千年的演变而承续至今。3000多年以来，甲骨文虽然经过了金文、篆书、隶书、楷书等不同书写形式的变化，但是以形、音、义为特征的文字和基本语法保留至今，成为今天世界上五分之一人口仍在使用的方块字，对中国人的思维方式、审美观产生了重要的影响，在世界文明史上独领风骚。

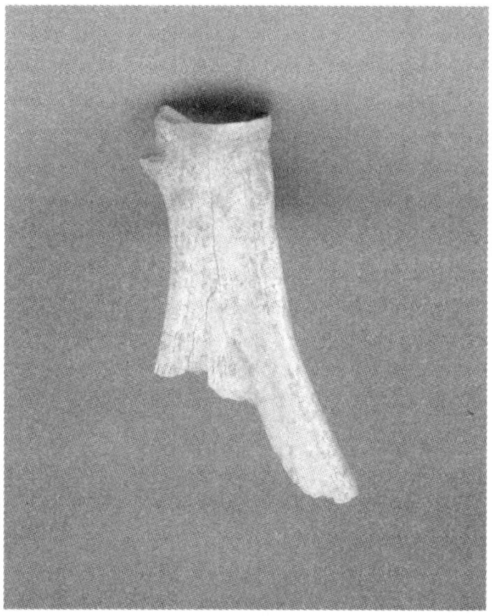

图8 刻辞卜骨

商代（公元前17世纪——公元前11世纪）

长27.5厘米

河南省安阳市殷墟小屯南地出土

中国社会科学院考古研究所藏

（四）开辟中国帝王陵寝制度之先河——河南安阳殷墟商代晚期王室墓

安阳殷墟王陵遗址是殷商王朝的陵地与祭祀场所，是我国目前已知最早、最完整的王陵墓葬群。以殷为都城的商代晚期，疆域广阔，政治、经济、军事、科技、文化空前发达，开创了中国历史的新纪元，是中国古代文明的典范之一。殷墟以独具风格、规模巨大、规划严饬的宫殿建筑和商王陵墓体现出恢弘的都城气派而卓绝一时；以青铜冶铸、玉器制作、制车、制骨、陶器、原始瓷器烧造等高度发达的手工业而享誉世界；殷墟妇好墓虽然墓室不大，但保存完好，随葬品极为丰富，共出土不同质料的随葬品1928件，有青铜器、玉器，宝石器、象牙器、骨器、蚌器等，此次展览选取的5件精品文物，最能体现殷墟的青铜器和玉器文化的铸造技术与工艺水平。

妇好大铜钺，铸造精良，钺身上刻有人面或兽面纹饰，形象狰狞而华美，给人一种威慑力。是作为仪仗之用，有军权的象征。历史上记载妇好是商王武丁最为宠幸的一位王后，也是中国古代的女将军。大铜钺印证了妇好曾率兵征伐夷、羌、土等方国，战功卓著的史实。

铜头玉体虎，虎头为铜质，张口露齿，细弯眉，金眼珠（似金叶镶贴），一耳上竖，一耳残缺，两前肢略向屈。头、肢遍镶绿松石片。头末端镶淡青色玉柱，中有一圆孔，内有朽木。铸造极为精细，可能是嵌插在漆木上的装饰品，为贵族举行典礼时所用。这件精致的艺术品反映出武丁时期的青铜铸造技术与精湛的琢玉工艺（图9）。

白玉簋为商代仿铜礼器，用白色大理石雕琢而成，与其同时出土的还有一件青绿色玉簋。殷墟发现的玉簋在考古发掘中属前所未见。簋为食器，流行于商周时代。玉燕属于玩赏器或装饰品类玉器，动物类玉器中，禽鸟类数量很多。早商以鸟为图腾，《诗·商颂·玄鸟》：“天命玄鸟，降而生商。”殷墟出土的部分卜辞也反映了商族以燕（即鸟）为图腾的史实。玉鱼，冰青色，玉质细腻，半透明。以鱼为题材，在古代十分流行，人们多以“鱼”为绘画、造型等题材内容，鱼在人们心目中是美好富裕象征。玉鱼为佩饰，流行夏商周三代（图10）。玉羊头为白色，圆雕，反映出商代琢玉工艺，曲线转角圆润，线条生动，浮雕纹饰，造型别致新颖。在古代取羊之谐音“祥”，“祥”即“吉祥”。羊又是重要家畜，先民以羊或羊头为题材制作的玉羊头，象征吉祥与财富。

图9　铜头玉体虎

商代（公元前17世纪——公元前11世纪）

长9.5厘米、高4.7厘米、孔径0.9厘米

河南省安阳市殷墟妇好墓出土

中国社会科学院考古研究所藏

图10　玉鱼

商代（公元前17世纪——公元前11世纪）

长11　厘米

河南省安阳市小屯村出土

中国社会科学院考古研究所藏

（五）周礼的折射——玉器、青铜文明的进展

商周时代是早期文明的进一步发展时代，玉器、青铜器作为中华文明的主要物化载体，其这一时期的发展，主要表现为种类的丰富、使用的广泛。

1. 周都今何在　沣水两岸寻——陕西丰镐西周都城遗址与墓地

丰、镐是西周早期的两个都城。丰京是周文王营建的，在今陕西长安沣河以西；镐京是周武王营建的，在沣河以东的昆明池北岸。丰镐遗址与墓地是西周时期都城和墓地遗址，总面积超过10平方公里。丰镐是西周政治、经济、文化的中心，经考古工作者考古发现，其城市布局已初步具备了一定的规划思想，规整而有序。在丰镐遗址还发现了400多座墓葬及陪葬的车马坑、马坑和牛坑。遗址中还发现有多处埋藏青铜礼器的窖藏，出土青铜器近百件。这些青铜器造型精美，其上的铭文记载了西周王朝及方国的一些重要史实，具有极高价值，为全面认识西周时期的社会文化面貌提供了重要的实物资料。

张家坡墓地出土的怪兽青铜牺尊为青铜礼器。器身为一站立怪兽，器背置盖，盖纽为一立鸟。器盖平面为圆角长方形，顶部隆起如龟背状，鸟状把纽位于顶盖中部。怪兽形器之项背附着一虎，胸及臀部各附一龙。虎作凶猛状，龙好似蓄势待跃的蛟龙；其造型栩栩如生，所谓龙蟠虎踞之妙即在于此。在其盖内底及器体腹内底各有铭文2行6字『#中作　宝尊彝』。玉戈，戈为兵器，作勾、刺用。戈全身饰水波弦纹，通体磨制光滑，给人以锋利之感。玉戈为礼器中的仪仗器，始见于二里头文化，其后流行于商、周两代，由于玉石本身质地坚脆，无法将玉戈用于实战搏击，且大量出土的玉戈无使用痕迹，可知商周时期的玉戈应是一种仪仗器。

2. 虢国墓地少闲土　等级森严葬贵族——河南三门峡虢国墓地

虢国墓地是我国迄今为止发现的唯一一处规模宏大、等级齐全、排列有序、保存完好的西周时期大型邦国公墓，从众多出土青铜器铭文来看，墓主人虢仲是虢国的一代国君，其入葬年代在西周晚期厉、宣之际。

虢国出土的玉圭是古代贵族朝聘、祭祀、丧葬时所用礼器之一，被广泛用作“朝觐礼见”标明等级身份的瑞玉及祭祀盟誓的祭器，玉圭是从史前时代的农具——耜发展而来。考古学界将新石器时代至商周时期的许多玉铲及方首长条形玉器都定名为圭。真正标准的尖首形圭始见于商代而盛行于春秋战国。其形状为左右对称而上尖，或“上圆下方”，作扁平长条形，圭被视为“瑞玉”，是所谓“六瑞”之一。玉握也称握玉，为死者手中握的玉器，属于葬玉。在葬玉类中，虢国墓出土的两件玉握：左手握为和阗青白玉，呈圆角方管状，周身饰 8 周弦纹，两端分别饰 4 只蝉纹，为商代遗物；右手握为和阗青玉，呈圆管状，周身饰旋转龙纹，是西周时期的典型器物。这里展出的是其中一件。玉握最早出现于新石器时代晚期，殷商时代的墓葬中死者两手常握贝，周代握玉，汉初贵族墓死者手中多握璜形玉器，东汉流行以玉豚为玉握。玉鸮是西周时期流行的一种动物形玉雕，在陕西、山西和河南的西周墓葬中经常出现。鸮在上古时期被认为是通神灵的动物，有为墓主人护身辟邪厌胜作用之说。在红山文化飞禽类的玉雕中，玉鸮造型最为突出，在仰韶文化中也常将祭器作成鸮的形状，就是期望借助鸮来通达神灵。“兽叔”盨，盨是盛放饭食的器皿，体呈椭圆方形，敛口、鼓腹、圈足，附双耳，盨盖可仰置盛食物。盨的组合一般为偶数。盨由簋发展而来，流行于西周时代晚期，春秋时代初期以后消失。“兽叔”盨，盖口为椭圆长方形，盖面向上隆起。器体子口微敛，薄方唇，腹臂略外鼓，两侧有一对龙首耳。

（六）百家争鸣时代——春秋战国丰富多彩的文化

1. 从山西侯马盟书看到的春秋战国时代社会变化

侯马盟书为春秋晚期晋国世卿赵鞅与卿大夫间举行盟誓的约信文书。发现于 1965 年山西侯马晋城遗址。盟书一式二份，一份藏在盟府，一份埋于地下或沉在河中，以取信鬼神。盟书用毛笔将盟辞书写在玉石片上，字迹一般为朱红色。侯马盟书的发现对研究中国古代盟誓制度、古文字及晋国历史有重大意义。

2. 中山国王陵文物再现的“小国”与“大气势”时代特点

平山中山国是战国时代北方的一个“小国”，它北邻燕国、南傍赵国，就是这样一个小小的中山国，当考古工作者打开中山国王陵的时候，却惊奇地发现他们眼前的文物的气势是那样的大、规格是那样高、工艺是那样的精，展览选取中山国 4 件顶级文物，它们从多层面再现中山国的百态历史，让人们真正领略了当时的精神文化、工艺技术、社会时尚。

铜板兆域图是战国中期中山王 cuo 陵园平面规划图，因铜板上刻绘了陵园及其相关建筑的范围、结构线图，故称“兆域图”。铜板原为长方形，因被火烧，略有变形，一面有一对铺首；另一面为金银镶错的陵园平面图。根据这件图版和现场考古发掘材料，学者对中山王陵作了复原研究。这个陵园最初的设计中含有五座墓及其享堂；王墓及享堂居于中央，其两旁分别是两座后妃墓及其享堂，享堂为重檐楼阁式建筑，上述陵墓和享堂周围围筑墙垣，称“内宫垣”，是整个陵园的主要组成部分，其外又有一周墙垣，称“中宫垣”，据此来看，还应有“外宫垣”。此铜板一件从葬，另一件藏在王府。此物的出土证明当时陵园建设，设有专职官员负责设计，铜“兆域图”的发现对研究中国建筑史具有重要的价值。

铜“山”字形器是中山国出土的独具特色的青铜器。作为仪仗礼器，器体上部呈“山”字形，两侧向下部内转成镂空回字纹，下部中间有圆筒状銎，可插在立柱上，銎的前后两侧有方形楔孔。这种礼器为中山国所特有，造型庄重，立于木柱之上排列在帐前，象征着中山国王的权威。目前考古界对“山”字形器的性质有不同看法，有的学者认为是它代表中山国的徽志；也有的学者推测它是旗杆首；还有的认为它是帐前所列之戟，并非宫殿前固定设置。

“错”，是金银镶嵌的一种工艺。错金银四龙四凤铜方案周身饰错金银花纹。下部有两牡两牝四只侧卧的梅花鹿环列，四肢蜷曲，驮一圆环形底座。中间部分于环座的弧面上，立有四条神龙，分向四方。四龙独首双尾。龙身蟠环纠结之间四面各有一凤，引颈长鸣，展翅欲飞。上部龙顶斗拱承一方形案框，斗拱和案框饰勾连云纹。此案的构图动静结合，疏密得当，一幅特殊的龙飞凤舞图跃然眼前，形象生动逼真，足以代表战国工艺技术的高超水平。

错金银铜虎噬鹿屏风座，为战国中、晚期青铜作品。铜虎通体为流云纹饰，图案舒展，清晰可爱，虎股部丰圆，臀部项壮，生动有力，头部眼、眉、鼻以及背部军以金银缕错成，虎口中噬一鹿，鹿作挣扎状，造型栩栩如生。这件青铜雕塑作品采用写实与装饰相结合的手法，将圆雕与镶嵌艺术完美的融合，折射出战国青铜铸造已达到极高水平。

3. 燕下都与秦雍城的宫殿瓦当

都城宫殿建筑是国家政治活动的重要“平台”，瓦当是宫殿建筑中最醒目的建筑材料，统治者正是通过瓦当当面纹饰，传达了其思想理念、精神信仰。

燕下都为战国时代燕国都城，这里出土的瓦当绝大多数为半圆瓦当。当面图案以饕餮纹半圆瓦当占大多数。其中一种饕餮纹，以商周时代青铜器上的饕餮纹为母体花纹所构成，然后演变为简化饕餮纹，再进一步发展为“山形”饕餮纹；燕下都的“山形”饕餮纹半圆瓦当进一步发展为“山字形”半圆瓦当，是燕下都颇具特色的瓦当。另一种饕餮纹，是从春秋战国时代青铜器上的蟠螭纹发展而来。燕下都还有相当数量的动物纹半圆瓦当，动物纹中动物有龙、鹿、鸟等，绝大多数成双结对分布在当面之上，可知是受到战国时代北方草原地区流行的动物纹纹饰影响。燕下都宫殿建筑瓦当当面的饕餮纹与商周大型青铜礼器上的饕餮纹，具有相同的意义，就是向人们宣示其威严。

鹿雁蛙纹瓦当出土于陕西凤翔秦雍城遗址，时代属于战国时代前期至中期。单体或复合的动物纹圆瓦当是战国时代中前期秦雍城遗址颇具时代与地方特色的瓦当。战国时代秦雍城出土的动物纹瓦当一般当面无界格，动物纹中主体动物以鹿最多，还有獾、夔凤等，附属性动物有雁、蛙、鱼、蛇、犬等。这种现象可能是秦国先民的“游牧”、“狩猎”的社会生活的崇尚所致。

谈数字化多媒体在临时展览中的应用

——以"非遗数字化成果展"为例

李伯韬

现代科技日新月异，不仅改变了人类生活的方方面面，同时也在改变着人们对传统工作的研究方法。随着信息技术的发展，数字化多媒体技术在博物馆临时展览中成为了在应用领域不断探索中产生的一个崭新课题。博物馆以藏品、标本等各类实物资源来展览展示，而数字化多媒体技术是构架在信息技术平台上，因此，通过在博物馆展览中充分利用数字化多媒体技术来组织实施展览的展示、宣传，充分发挥博物馆社会教育功能就具有了非常显著的优势。

一、多媒体技术在临时展览中的应用

以计算机数字化的形式生成、汇集的图像、视频、声音、文本、动画、图形等各种媒体组合成的多媒体（multimedia）技术应用于现代化博物馆，将会凭借其高度集合、简捷性、成本性和没有空间、时间制约等优势，正好适应了临时展览具有小型多样，经常更换，展品的选择较为自由的特点。因此数字化多媒体技术在博物馆临时展览中的应用也就成了顺应时代潮流的产物，它是博物馆陈列展览中一个全新的展示方式和发展方向。多媒体技术以其无与伦比的穿透性与震撼力，与博物馆实物藏品有机的结合在一起，不仅能够详尽的展现藏品的真正含义，并且还能够使具体的陈列内容生动、形象、直观地显示出来，从而引起观众的兴趣，能够积极主动地参与展览活动，更好的完成展览应有的社会教育功能。

（一）多媒体技术的定义

"多媒体"一词译自英文"Multimedia"，而该词又是由mutiple和media复合而成。多媒体技术，即是计算机交互式综合处理多媒体信息——文本、图形、图像和声音，使多种信息建立逻辑连接，集成为一个系统并具有交互性。简言之，多媒体技术就是具有集成性、实时性和交互性的计算机综合处理声文图信息的技术。多媒体在我国也有自己的定义，一般认为多媒体技术指的就是能对多种载体（媒介）上的信息和多种存储体（媒介）上的信息进行处理的技术。

（二）在临时展览中多媒体技术应用的设计思路

在我国第五个文化遗产日来临之际，为体现中国非物质文化遗产的丰富性，并展示非物质文化遗产数字化保护与研究的方式及成果，突出传统文化艺术资源在信息化时代与新技术的结合与应用，在首都博物馆举办了“感受遗产——中国非物质文化遗产数字化成果展”。

“感受遗产——中国非物质文化遗产数字化成果展”，就是以“中国民族民间文艺集成志书”为核心的内容资源，围绕着数字典藏和数字展示，展出了一系列的数字化成果。展览内容共分为六部分，第一部分是国家级非物质文化遗产名录展示。在这部分中，采用了点读笔技术，使观众可以通过点击名录滚屏上的项目图片即可用耳机收听到所点项目的语音介绍；第二部分是联合国教科文组织的“人类口头和非物质文化遗产代表作和保护名录”展示。通过视频和图片的形式呈现出名录中的部分代表作，如：木卡姆、古琴等；第三部分是数字典藏。以中国民族民间文艺集成志书的数字化工作为例，介绍了我国非物质文化遗产的数字典藏工作；第四部分是数字展示。运用 flash、数据库等技术，以多媒体的形式充分展示戏曲、音乐、曲艺等各种传统艺术表现形式及口头传统专题。在这部分中，音乐视频可以自动播放，也可由观众点击播放，体现出了很好的互动性；第五部分是文化遗产视频演播，将通过视频的方式循环放映文化遗产方面的纪录片；最后一部分是北京专区，在这个区域里，设置了 6 个展台，每个展台配置一台显示器，观众可通过点击鼠标来了解北京的传统手工艺项目，包括木作、珐琅作、雕漆作、盔头作（戏装）、花作（绢花）、纸作等。此外在北京专区的展台里，还展示了由首博策划筹办的非物质文化遗产项目——北京声音。首博精选出 19 种具有北京特色的城市声音通过数字化手段整理成辑，通过音频播放的形式，在这次展览中供观众欣赏、收听。

（三）在展览中所需数字化设备配置和新技术的应用

在此次展览中，除了少量的实物展示以外，大部分内容都是通过数字化多媒体展示形式来表现。

1、运用点读笔技术来展示国家级非物质文化遗产名录。

本次展览采用了由爱国者自主研发的数字水印编码与高解析光学识别传感两大核心技术，具有即点即读的功能，通过点触特殊印刷书册上的文字图片，就可以用多国语言朗读出设定的内容，将更好地实现游览、参观过程中的自助与互动。在展览中，点读笔相当于一个专业的导游，可对展品从历史、文化等方面进行讲解，并且支持多种语言，也就是说任何一个中外游客都能通过自己的母语真切地了解到这个展品的全面信息。观众只需用笔点触导游册上的展品图片，就可以立即收听到关于该展品的介绍。

2、DLP（Digital Light Procession）多屏幕电视墙技术的应用。

展览运用了 9 块超大 DLP 屏幕电视墙将数字高清晰度数码显示技术、显示墙无缝拼接技术、多屏图像处理技术、多路信号切换技术、网络技术、集中控制技术等的应用综合为一体，形成一个拥有高亮度、高清晰度、高智能化控制、操作方法先进的大屏幕显示系统，同时制作高质量动画影音节目来展示非物质文化遗产保护工作成果。

所采用 DLP 屏幕的技术特点：

彩讯 DLP 显示单元集光学、电子、机械新技术于一体，是美国 TI 公司最新技术。彩讯一体化显示单元采用先进的全模块式结构设计，具有良好的可扩充性和维护性，模块更换方便快捷，拆装、扩容简单，使用寿命长，易于日常维护，缩短了维修时间。可整体更换显示单元、投影机芯、反射系统或箱体结构；当扩充组合时，只须将单元个数叠加即可。DLP 显示单元都是为 724 小时不间断工作而设计，以优越的性能、全球领先的技术提供高质量的显示设备。

优良的屏幕拼接技术，依靠彩讯多年的专业技术经验并采用最新的科学技术成果，通过严格地测试，实现了先进的屏幕拼接工艺。使得屏幕在不同温度、湿度下，始终保持平整性及其结构的长期安全性。高清高亮的背投单元、彩讯自有的多屏幕控制系统和信号接口设备互相配合，可以组成2×2、3×3、最大到8×8的大屏幕拼接系统，本次展览就是根据需求采用了3×3的大屏幕拼接系统。

光学引擎具有6色域调整电路（R、G、B、C、M、Y），与传统3色域调整电路相比，图像画面拥有更丰富的色彩表现，整屏的色彩均匀度达到完美境界。系统集成视频倍线扫描电路，它可以把视频画面扫描线数成倍提高，倍线扫描技术使播放的视频图像更精细、清晰。光学引擎具有参数自动存储功能，将灯泡的亮度、色度等参数记录在存储器上，更换灯泡后自动将亮度、色度等参数调整到接近替换前的运行值，保持拼接墙的色彩平衡。内置三维空间梳型过滤器（3D Comb Filter），它消除了在播放动态视频图像时的边缘锯齿现象，令播放的画面更加清晰，画面边缘顺滑，线条流畅。同时系统采用了12比特Gamma调整电路，可以对明亮和昏暗的图像区域进行高分辨率梯度渲染，使画面效果极富真实感和空间感。

3、展区配备了数据库服务系统。

应用“中国记忆——中国民族民间文艺基础资源数据库”。该数据库的技术有以下特点：（1）所有功能基于ezFrameWork开发平台，继承ezFrameWork平台的全部特性，ezFrameWork平台拥有统一的用户管理权限管理、统一的用户界面。ezFramework开放平台是一套基于J2EE的整体解决方案，包括表现层、业务层、持久层以及大量的公用模块。ezFramework能够为项目开发人员提供一个高效、稳定、安全的开发平台。遵循ezFrameWork开发规范开发的系统，都能很好的集成到ezFrameWork平台上，可以说ezFrameWork平台是一个即插即用的平台。（2）异地管理，通过分布式数据库和关联检索功能，实现行业内多数据库的异地存储、交换和访问。（3）系统附件存储在文件系统中，提供了对大文件更好的支持。（4）使用流媒体播放插件，播放音频视频文件，做到边下载边播放。（5）流媒体RM或者RMVB文件播放时，能够根据场记记录定位播放。多媒体节目的播出将根据数据库管理系统的要求提供高清标准的多媒体信息展示。

4、配备多媒体计算机，用户可以通过浏览器访问服务器的网页的方式实现多媒体信息的交互式浏览，该展区也可以灵活的分配到其他展区；设立“中国节日影像展播”数字放映厅，运用高清投影技术来播放文化遗产视频，通过视频的方式循环放映文化遗产方面的纪录片；此外还配备了音频播放器和高保真立体声耳机，利用声音通过数字化手段整理成辑，通过音频播放的形式供观众欣赏、收听。

为使这个展览获得更好的效果，首都博物馆在文化部民间文艺发展中心的协助下，专门对展厅工作人员进行培训，让他们熟悉多媒体展示设备的应用技巧，以便帮助观众充分利用这些设备获取知识。

二、展览评估分析

通过对展览的设计、施工和开展后社会的反映等方面的综合分析研究，我们可以从以下几个方面来评估：

（一）数字化多媒体技术应用强化了展览的生动性

数字化多媒体技术在本次展览中应用的视频，音频和数据库等方面，可使一些在传统的展览过程中非常困难的表现形式、枯燥的知识点和无法直接体现出来的内容，应用生动、形象、直观的方法展现的淋漓尽致。例如，展览中的戏曲、音乐、曲艺等各种传统艺术表现形式及口头传统专题，应用多媒体计算机，通过观众点击，点播的形式，直观生动地再现了这些非物质文化遗产的神韵。

（二）数字化多媒体技术应用增强了展览的互动性

这次展览以数字化展示方式全面而详尽地展示了列入联合国科教文组织“人类口头和非物质文化遗产代表作和保护名录”项目及公布为我国国家级“非物质文化遗产保护名录”项目的内容，以及从国家到地方对这些非物质文化进行保护的工作成果，通过数字化多媒体展示，观众可以任意点击数据库，提取需要的、感兴趣的展览内容，同时采用计算机控制，使得展示方式更为亲切、直接，具有更好的互动性。多媒体技术的应用使这些知识更加贴近参观者，避免了参观者参观完后不知所云的观赏感受。这些展览形式都极大地激发了参观者的参观兴趣和探索欲望，增强了参与性和互动性，真正赢得了参观者的赞许，可谓内容丰富、形式新颖。展览一开幕，就获得了社会很高的赞誉。

（三）数字化多媒体技术应用改善了展览的扩展性

在传统意义上的博物馆展览方式中，由于布展空间有限，展出的藏品往往只是展出博物馆藏品中的极小部分，而绝大部分是深藏在博物馆的地下库房中，同时每件藏品的展示说明往往只有一些简单的信息，无法扩展更加丰富的内涵。但多媒体技术就可以弥补这方面的缺点，例如在这次展览中，需要展出的内容量巨大，如果和以往展览比较，如此规模的展览空间不可能完成展览设计要求，由于应用了数据库系统，设计者把全部的展览内容都放入了计算机中，观众可以通过某个计算机终端就可以浏览到众多的知识点，并且还有十分详尽的说明和解释。

（四）数字化多媒体技术应用提高了展览的便捷性

展览中的多媒体计算机为观众提供了网页浏览功能，观众可以通过交互的方式浏览网站的多媒体信息。由于系统采用了比较先进的网络结构，为观众提供视频、音频点播、直播服务，只要观众具有一般的浏览网页的知识，就可以轻松实现本地的浏览参观。

三、结束语

数字化多媒体技术应用于博物馆临时展览中，形式新颖，具有很强的时代感，符合博物馆工作数字化的发展趋势，越来越多的博物馆从了解发展到了采用。结合本身展览的特点和设计需求，实现了以数字化多媒体技术表现为基础，实物藏品展示为主线的新颖的展览模式，把展览设计成集知识传播、科学普及、趣味观赏、娱乐互动于一体的文化科学知识宝库和旅游娱乐场所。当然，数字化多媒体技术在博物馆临时展览中的应用还需进一步改进、完善，还应该研究利用更加先进的科学成果和指导方式来实现临时展览的推陈出新，更好地为社会服务。我们相信，随着数字化多媒体技术的不断发展壮大，一定能为博物馆展览中的数字化工作开辟出一条全新的道路。

参考文献：

① 王宏钧主编：《中国博物馆学基础（修订本）》，上海古籍出版社 2001 年版。

② 赵子江编著：《多媒体技术应用教程》，机械工业出版社 2003 年版。

博物馆陈列形式设计方法研究

李丹丹

博物馆陈列是从事社会教育、传播科学文化知识的重要途径。它的教育传播手段不同于一般学校教育和大众传播媒介（广播、电视、电影、报纸等），它是以实物为基础进行形象化教育传播的一种方式。有人把博物馆的陈列，称之为“形象化的教科书”或“移动中阅读的教科书”。这种方式是以真实的、形象的实物为基础的，是大众直观地吸取知识养料的重要途径。社会学家甚至把参观博物馆陈列的观众量，作为衡量一个国家或一个地区社会文化教育程度的指标之一。而陈列形式设计是实现博物馆诸多功能——如社会教育功能、传播信息功能、提供审美欣赏功能和为科学研究提供参考服务功能等——的重要途径。好的形式设计可以把抽象的主题思想与各种展品个体有机的结合起来，转化成具有感染力和说服力的直观形象展示。而我们首都博物馆对展览也有自己的要求，正如我馆副馆长姚安在《“天地人和”展览体系和展览的八个“一”要求》的论文中所说：“希望博物馆里的每个展览都具有伟大的灵魂，展览不分大小，展品不论贵贱，都能带给人心灵的激荡，引导人艺术并温情地生活”。因此，如何把历届上展物品以恰当的形式展示出来，做好展品与观众的衔接工作，也就成了我们在做陈列形式设计时首要解决的问题。

当今的博物馆陈列形式设计从本质上讲是科技与艺术的结合。目前在博物馆界同仁地努力和倡导下，博物馆陈列不仅内容丰富，形式也很多样，因此陈列的艺术水平也急需提高。何种形式设计既能最大程度诠释展品的内涵、贴合展览的主题，又能与观众的品味相一致（这种追求一致并不是一味的迎合，而应该合理的引导）并引起观众的求知欲望，达到展品与观众交流的目的，是对陈列形式设计的基本要求。同时，在面对每个展览项目时，如何加强设计能力，创造出艺术价值较高的设计方案，是我们在做形式设计工作时必须解决的问题。作为一名陈列形式设计师，如何为博物馆与观众沟通搭建更好的桥梁，是我们的职责所在，也是笔者撰写此文的目的。

一、什么是博物馆陈列形式设计

博物馆陈列形式设计又称为博物馆展示设计，是博物馆学的组成部分，具有独特的文化艺术特征。博物馆陈列形式设计就是“通过对材料的选择、加工，以特定的形象手法创造出一个最佳的宣传、观赏和交流的空间，在一定的时间周期内为达到传达信息的目的所进行的一系列创造性活动”①。

首都博物馆新馆建成以来成功举办了100多项临时展览，如此多的临时展览为我们形式设计师提供了宝贵的工作品平台。总结我馆历届布展经验，陈列形式设计内容主要包括：形态与空间设计、参观流线设计、版式设计、文物定位方案设计、展托展具设计、采光与照明设计、场景复原设计、多媒体辅助手段设计等。这些共同构建展览的形式、诠释展览的内容、烘托展览的气氛，与展品、空间、展示设备等共同组成展览群体。

我馆陈列设计突出的特点在于其设计手法上比较含蓄，表达方式上追求艺术的对话性，更具深厚的文化底蕴和让人思考的动力，更强调文化服务特征。因此，根据我馆的特点、职能及展览内容，做陈列设计时需达成以下目标：

（一）创造适宜的陈列空间、营造陈列氛围

博物馆中的空间、展品、观众有着密不可分的关系，观众与空间环境和展品有着思想上的对话与交流。合理追求空间的形式美感和氛围感，创造适宜的陈列空间、营造主题突出的陈列氛围，可以与观众构成互动体验，以此引起更多的情感共鸣。

（二）创造最佳的陈列方式以传达信息

展示传达信息的过程是一个完整的系统，设计师应使形式设计从属和服务于这个过程。通过对展示信息进行科学的加工、选择、提炼、排列、包装等手段使信息内部形成紧密的结构，彼此促进，达到信息增值的目的，从而使原本零散的不易被识别和理解的信息成为高度精练、高质量的展示信息。

（三）在陈列设计中落实博物馆教育功能

教育是博物馆的重要职能之一，这一职能与学校教育、终身教育、回归教育和文化消费相比具有的独特优势和作用。博物馆教育活动是以藏品为物质基础的，而以何种陈列方式诠释藏品及其相关信息，为“物”与“人”之间构建一座互动的桥梁，是在做陈列形式设计时我们需要侧重考虑的地方。目前，博物馆的陈列设计正逐渐由封闭转向为全面开放，由陈列讲解转变为体验式。如展览中的增加的互动内容，既提升观众的观展兴趣、加深印象，又使观众融入到展览中来，对知识的理解与消化有重要的辅助作用。

二、博物馆陈列形式设计方法

博物馆的上展物品和大纲确定后，进入形式设计阶段。博物馆陈列形式设计需要以陈列大纲为依据，集中各种力量、通过多种手段、运用丰富的藏品、通过富有艺术性的陈列方式，向观众传递最有价值的知识信息。艺术形式设计是对陈列内容的再创造，形式设计师应该是既具有深厚的艺术功底，又具有文博知识的人来承担。

（一）陈列氛围设计

形式设计师要根据大纲的内容结构确定展览形式设计的基本风格。

对于参观博物馆的人而言，当他们置身于设计师营造的空间时，便沉浸在设计师渲染出的陈列氛围中。观众走进博物馆最先看到的、最先感受到的不是个体的展品的魅力，而是展示的整体空间给予人的感官与精神上的震撼。整个氛围传达给人们什么样的信息，直接影响着人们对此展览的印象与评价。优秀的设计能使观众在一进入展示的领域时，就被环境特有的文化意境所吸引，激发出强烈的好奇心与参观欲望。要达到这种效果，设计师需要对大纲的充分理解并与项目策划人积极沟通，在设计中通过不同的造型、色彩等专项设计的结合，创造出合适的陈列氛围，并让观众沉浸其中、获取知识。

如首都博物馆的展览《千古探秘——考古与发现》，整个展厅展墙以土黄色的夯土土层造型构成，配合土地断层的主题墙和少量发掘现场场景复原，为观众营造文物出土时的环境氛围，呼应展览“考古”的主题，如图1、图2所示。

图1 《考古与发现》展标题墙

图2 《考古与发现》展厅入口

（二）合理的空间格局和流线设计

博物馆陈列中，空间处理是一个重点，它因展品和参观者的需要而存在，建立一个良好的交流平台有助于信息更好地传播，而且决定了参观者在空间中的运动轨迹——参观流线。

1、空间格局

由于造型艺术的多样性，所以在某种程度上说展示空间的形式也可以是无限多样的。作为整个展示设计的重点，空间设计的优劣决定了整个博物馆展示设计的品质。

博物馆陈列的空间需要清晰的格局。一般来讲，空间划分与时间轴有机的结合，能引导观众的参观路线、控制观众的注意点，从而达到组织观众参观的活动程序。因此，空间设计需要将展览的内容客观化串联起来，使格局具有一定的序列性和节奏感。而且每一种空间都会有与其自身的结构、形态、色彩等相匹配的情感、氛围。所以设计师进行空间设计时，需要综合考虑时间轴的划分、流线设计、大纲主次等各方面因素，营造合理有序的展览空间，并且空间的设计要兼顾非理想化的状态，要解决好在这个空间中发生的种种可能。

2、流线设计

合理的展览空间是展览流线设计的基础。观众体验展示空间的前后次序，往往都是从展览入口开始的，一般我们都会以流线设计去组织展示空间。流线设计合理，方位明确、重点突出会正确的引导观众参观，更好的阐释内容的逻辑关系。

空间格局和流线的设计在很多情况下是相辅相成的，既要根据内容的多少考虑到面积的分配，又要考虑参观路线是否方便观众的参观和人流畅通无阻，避免回头路，如图3所示。

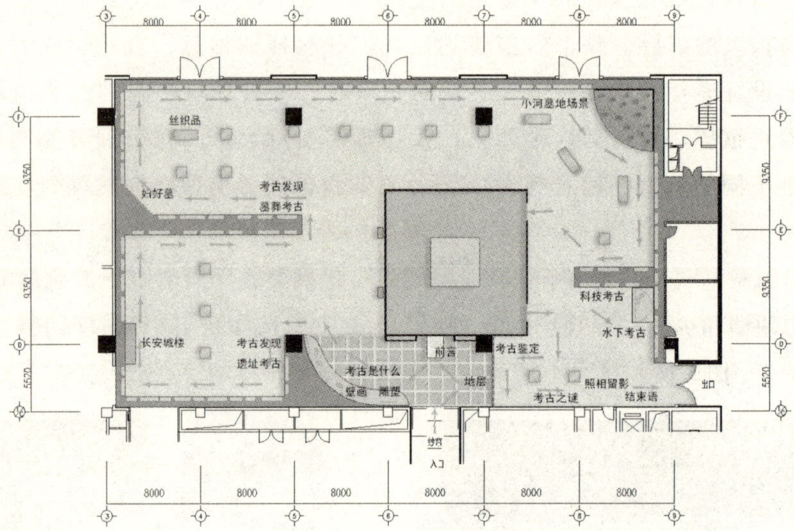

考古与发现展厅平面 1:200

图 3 《考古与发现》展参观线路图

（三）版式设计

版式设计是连接展览与观众的纽带，成功的版式设计可以帮助观众了解展览的信息和掌握知识，可以帮助设计师成功的烘托气氛、呼应主题，是形式设计中重要的组成部分。

版式设计是指与展览相关的平面设计内容，包括展厅内部与展厅外部两个部分。展厅内部包括：标题墙设计，前言、结语、部题文字设计，说明牌及文物细节介绍设计，展墙整体设计等，这些是与展览内容相关的用于说明展览内容或烘托展览气氛的平面设计；展厅外部包括：宣传海报设计、开幕式展板设计、宣传橱窗设计、指示牌设计等，这一系列是用于宣传的平面版式设计。

无论是展厅内部还是展厅外部的版式设计，同一个展览都需要有统一的形式语言和主体形象，色调上要尽量追求统一，切不可样式太多、杂乱无章。这就像企业形象设计类似，需要有统一的规范，要呼应展览主题、准确的传达信息，如图 4 所示。

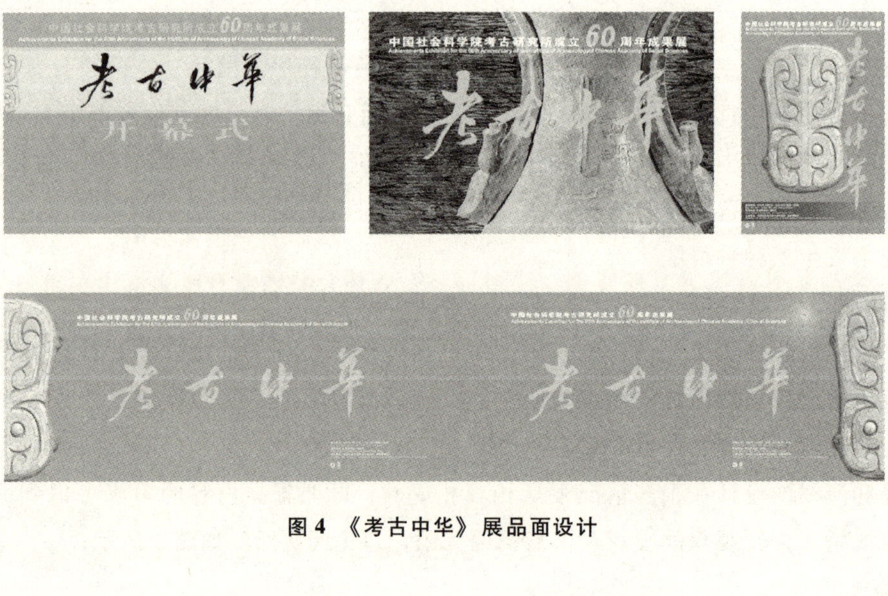

图 4 《考古中华》展品面设计

（四）展品定位设计

正如一个影片剪辑员组织电视节目图像一样，展览设计师的责任是按照某一种次序布置展出，这种顺序应使得整个展览具有一定的意义。②在展览中，展品不会像电视图片一样按照顺序出现在观众眼前，而是需要观众走到不同的展品前观赏。因此，在空间格局以及流线设计完成后，形式设计就需要进入到展品定位设计阶段。文物定位方案的目的是保证准确、层次鲜明的表现展览的内容，把握整个展览的节奏，以展品的摆放顺序来控制观众的步调。

为了实现以上目标，展品定位顺设计应该具备以下几点：

1. 需要测量文物准确尺寸

展品定位顺设计师此时必须按照标准的缩尺图或者模型来展开工作，此过程准确与否直接影响布展时的进度。出于对展品的保护的要求，布展只能依据图纸顺序进行。如果展品定位顺图也就是文物点位图不准确，就会出现展品布置过疏或者过密，为布展工作带来很大的麻烦甚至无法进行，展示效果也将大打折扣。同时，文物准确尺寸也是制作展托展具的重要数据，尺寸不准确不但影响展品展示的美观，更重要的是会危及展品的安全。

2. 组织好展品，给他们恰如其分的位位置

设计师此时在帮助观众理解展览内容方面将扮演一个决定性的角色。观众会依赖于设计师去提供清晰而精确的“菜单”，以便做出快速而满意的选择。③因此在做展品定位顺序设计时，既要保证单个展品可以在适当的光线下以适当的观察等级展现出来，也要保证所有展品互相之间的呼应关系以及整个展览节奏的控制。对于每一件展品如何给予恰如其分的陈列地位，需要逐件深入分析、研究，根据主题、内容的要求，合理的加以组合。④

3. 设计还要兼顾考虑展品的摆放效果，设计即安全又美观的展托、展具

展品展示的正确高度应该是既能看见大概，又能看到细节，给人良好的视觉感受，同时也要兼顾说明牌与图片、文字所需的位置。在设计展品位置时需要兼顾美观，做到高低有序、错落有致，尽量避免体积大的展品与体积小的展品并置。如果内容上需要，则需依靠展托展具的设计将其在视觉效果上调整均衡，如图 5、图 6 所示。

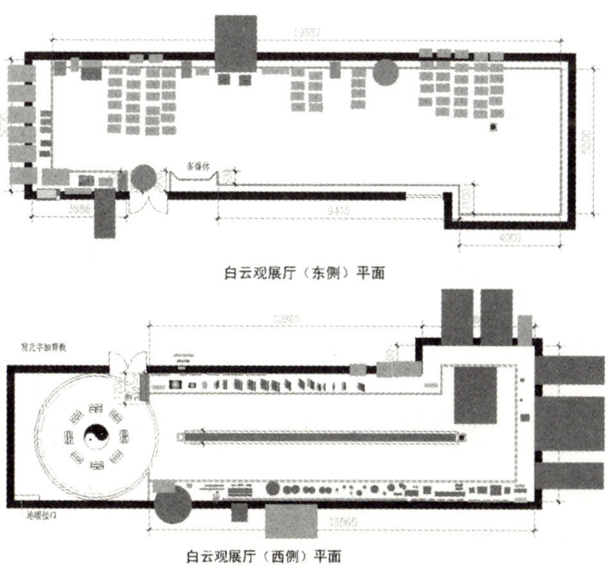

图 5 《白云观历史文化》展厅文物定位图

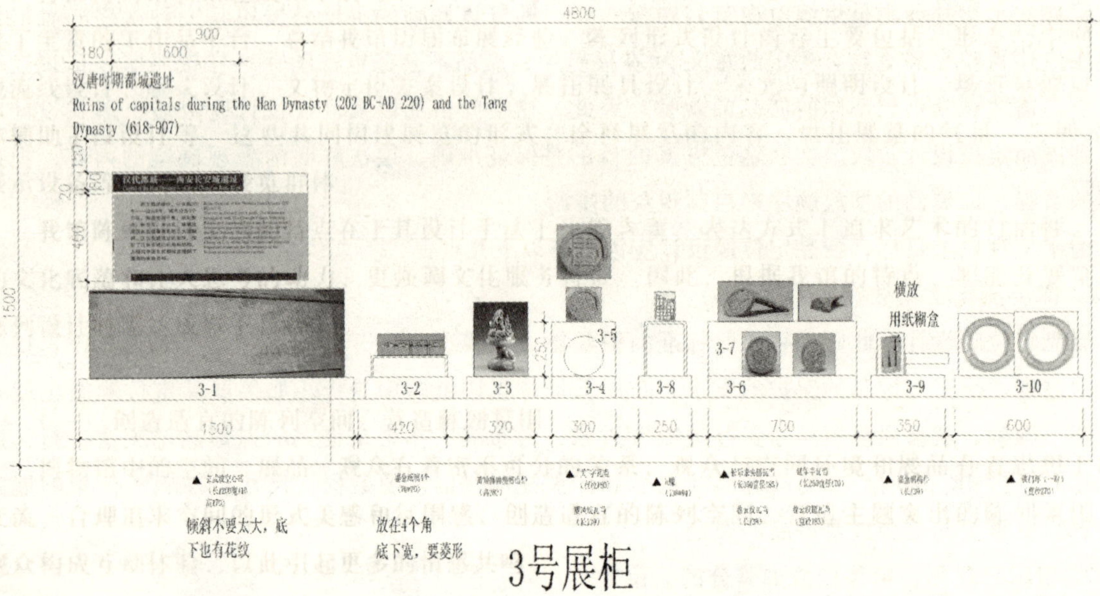

图6 《考古与发现》展文物定位图

（五）新技术的运用

1. 新材料、新工艺的运用

在形式设计工作中，材料的选择、使用以及工艺的制作水平，直接关系到整场展示的最终视觉效果，熟悉各种施工材料，善于发现与使用新的材料、运用新的工艺，对提高展示设计效果有着莫大的帮助。如表面装饰材料与工艺多样化和多媒体设备（包括投影、幻影成像、电子翻书等）的使用可以使展览形式更加丰富和生动，如图7所示。

图7-1 《考古与发现》展幻影成像效果

图7-2 《考古与发现》展幻影成像效果

2. 复原陈列法

复原陈列法是指通过再现某一历史时期的社会生活的某些侧面，再现当时的社会生活场景，直观的给观众以感性的认识，有助于人们对历史时期、历史环境及其当时社会生活的了解。复原陈列要求以严格的史实作为依据，以科学、认真的态度进行考证，设计出复原陈列的真实性、可信性、历史性和艺术性，是博物馆陈列不可或缺的角色，如图8、图9所示。

图 8　《考古与发现》展考古现场场景复原

图 9　《城市记忆》展百姓之家场景复原

3. 交叉学科的运用

学科的交叉性原本就是展示设计的一大特点，博物馆系统的复杂与功能的多样，使博物馆展示设计不能仅仅理解为单纯的陈列、造型与装饰的美化行为，它涉及博物馆学、传播学、心理学、人体工程学、建筑学、美学等诸多学科。有关博物馆陈列设计新的理念最大的特点在于对博物馆学、大众传播学、心理学等相关学科的借鉴和融合：宏观上，以博物馆学的理论为指导，按照博物馆学提供的理论依据进行总体上的把握；微观上，大众传播学的介入为进行深入高效信息传播活动和优化展示手段提供了科学的方法，根据心理学的研究成果用于对观众的参观行为进行有针对性和代表性的调查研究，并将成果用来验证新理念的合理性，无疑会产生良性循环，促进现代理念的完善和发展。

三、结论

博物馆陈列形式设计的研究是一种艺术科学的研究和文化的创造。在人类社会发展的漫漫长河里，“博物馆”是历史与文明的“忠实见证者”。当我们揭开人类社会历史的长卷，探寻博物馆陈列设计与社会发展的关系时，会发现这两者之间有着密不可分的关系。

目前世界范围内展示活动的特点和以后发展的趋势均十分注重以人为本，博物馆陈列设计也更注重展场与观众之间的“交互性”和“体验性”，注重从视觉、触觉、听觉全方位地激发观众的情感，使之能主动地思考博物馆所传达的信息。并且在当自前的环境背景下，可持续发展的生态伦理观已经成为展示设计必须要考虑的一个重点问题。强调“绿色”的生态设计，注重环保、节能，减少污染，回归自然，这也是博物馆展示设计发展的必然方向。

作为一名形式设计师，将抽象的主题思想、科学内容和一件件自然形态互不相同的展品个体，转化为具有感染力和说服力的直观形象系列，形成博物馆特有的陈列形象语言，是一种表达方式的升华和飞跃，是陈列艺术形式设计的重要作用所在。成功的艺术形式设计还可以使博物馆成为美育的课堂，提高观众审美水平。完美的艺术形式设计可以增加陈列的趣味性，丰富观众的文化生活，并吸引更多的观众。⑤

本论文的基本目标也就是通过研究博物馆陈列形式设计的一般规律，结合自身的实践经验，阐释当代博物馆陈列艺术的内涵，把握形式设计的最基本规律，并通过博物馆陈列新技术的运动与博物陈列设计的内在联系的研究，阐释博物馆陈列形式设计的规律，从而归纳出怎样在当今资讯发达的社会中更好地传播中国历史文化、人文精神；研究在新的社会文化中博物馆展示设计的方法及规律，并让这种成果以一种先进文化的方式流传下去。

注释：

① 马赛：《工业设计与展示设计》，中国纺织出版社 1998 年版，第 126 页。

②【美】玛格丽特·霍尔：《展览论——博物馆展览的 21 个问题》，燕山出版社 2007 年，第 183 页。

③【美】玛格丽特·霍尔：《展览论——博物馆展览的 21 个问题》，第 340 页。

④ 王宏钧：《中国博物馆学基础》，古籍出版社 2005 年版，第 266 页

⑤ 王宏钧：《中国博物馆学基础》，第 264 页。

参考文献：

① 马赛：《工业设计与展示设计》，中国纺织出版社，1998 年版。

② 王宏钧：《中国博物馆学基础》，古籍出版社，2005 年版。

③ 黄厚石、孙海燕：《设计原理》，东南大学出版社 2005 年版。

④ 黄建成：《空间展示设计》，北京大学出版社 2007 年版。

⑤ 蒋尚文、莫钧：《展示设计》，中南工业大学出版社 2004 年版。

⑥ 苏东海：《论博物馆的现代化》，《中国博物馆》，1997 年第 1 期。

⑦ 汤洪泉等：《展示设计基础》，江苏美术出版社 2007 年版。

⑧ 中国博物馆学会：《回顾与展望：中国博物馆发展百年》紫禁城出版社，2005 年版。

⑨【美】玛格丽特·霍尔，：《展览论——博物馆展览的 21 个问题》，燕山出版社 2007 年版。

附录：

博物馆照明设计规范

陈列品类型	色温	照度推荐值
对光不敏感的物品： 金属、石材、玻璃、陶瓷、珐琅等	日光、荧光灯 6500—4200K	不大于 300lx（30lm/Sq·ft）
对光较敏感的物品： 竹器、木器、藤器、漆器、骨器、油画、壁画、角质品、天然皮革、动物标本等	日光、荧光灯、白炽灯 4200K 左右	不大于 1501x（151m/Sq·ft）
对光敏感的物品： 纸质书画、纺织品、印刷品、树胶彩画、染色皮革、植物标本等	白炽灯 2900K	不大于 501x（301m/Sq·ft）

《中国记忆——5000年文明瑰宝展》的照明设计

王　超

《中国记忆——5000年文明瑰宝展》由国家文物局，第29届奥运会组织委员会，北京市人民政府及其他省、市、自治区人民政府等主办，北京市文物局及其他省市文化厅（文物局）协办，故宫博物院、国家博物馆、中国社会科学院考古研究所、湖南省博物馆、首都博物馆等承办，是为接待北京奥运会期间来华的各国嘉宾专门设立的展览。

中国是举世闻名的文明古国，中华文明绵延5000年而不间断，并且延续至今。这一切，让每一个中华儿女为之骄傲，然而，如何使浩瀚的中华文明在有限的时间和空间中集中展示给来自五大洲的宾客，也许答案就集中在这一特殊的大展中。

经过两年的紧张筹备，从国家文物局，到26个省市区的文化厅（文物局），55座博物馆为了北京奥运，倾囊献出自己的镇馆之宝。特别感动的是，四川绵阳博物馆在四川大地震余震未了之时，依旧组织人员赶往首博运送文物。此展中169组（件）国家文物生动地勾勒出中华民族发展历史的轮廓，确是一次空前的展览力作。通过5000年的跨度来展示不同种类的文物，其中包括，青铜器、玉器、石刻、陶器、瓷器、壁画、书法绘画、漆木器、金银器等。

当观众走进展厅的时候，必然是从明亮的室外进入到相对较暗的展室，在展厅入口设计了一个过渡区域，以满足视觉从明到暗的适应要求，展厅内区域之间因为展品的不同而有不同的亮度。通常人眼所能适应的亮度变化范围有限，而且从低亮度到高亮度比从高亮度到低亮度所需要的适应时间短。（图1）

图1

在序厅部分，唯一的一件文物就是中国文化遗产标志——太阳神鸟金饰，我们采用降低文物周围环境光的方法，使观众一进入展厅，就能随着灯光被这件文物深深地吸引。跟随着展墙上的一幅公元前21世纪以前中外对比图进入展览的第一部分：曙光初照。这个单元讲述的是史前时期的文明，对于几件重点文物，例如：贾湖骨笛、陶鹰尊、良渚文化大玉琮等，因为这一类文物属于立体文物，选用了德国汉氏独立展柜，这样以便让观众从各个角度来欣赏文物，由于展柜顶部自带100w光纤灯，还可以调整照射角度，可以突出重点照明，从而把最精彩的部分呈现给观众，光纤灯的优点是无红外线和紫外线辐射，安全性高，不发热，维修方便，另外一个方面，光纤灯的优势在于发光部位和发光器是分开的，因此维修方便，特别是对于独立展柜的照明，可以把发光器放在容易维修的位置，方便更换光源。对于展厅中的背景照明，适当降低照度，而便于使展品的照明显得更为突出。

第二部分：礼乐安邦。伴随着国家的出现，中华文明迎来了第一个发展高峰。这一展区的视觉的焦点无疑是秦始皇陵兵马俑，秦代雕塑艺术家用泥质灰陶塑造了千姿百态、栩栩如生的官兵形象，展出的这一组兵马俑包括将军俑、跪射俑、下级官吏俑和马，是秦始皇陵兵马俑的代表作品。我们采用了加强突出重点照明，采用两盏射灯交叉照射的方法，从陶俑的头部到身体采用了由强到弱的渐变照明，由于是陶俑，所以适当的把照度提高，降低展区内其他文物的照度，让观众们感受到仪卫性雕塑的庄严肃穆。(图2)

图2

第三部分：盛世华章。汉在秦统一的基础上开拓进取，呈现出新兴帝国的朝气蓬勃气象。这一区域的文物可以说是琳琅满目，多种多样，其中包括，金器、玉器、彩绘佛像、青铜器、漆盘、书法绘画等，其中最引人注目的是湖南长沙马王堆出土的T形帛画和江苏徐州楚王墓出土的金缕玉衣，这两件文物我们采用了均匀照明，运用比较柔和的灯光，使观众可以看清每个细节，此展区中拥有大量的书法和绘画，采用了墙柜和独立平柜来展示这些作品，在灯轨上均匀的安装了射灯，防止书画产生干化、变形、裂纹，在射灯前面加装了防红外线和紫外线的滤片（图3），同时还加装了扩光镜片，使之能够使用最少的灯具，达到最佳的展出效果。考虑到彩绘、壁画、书法和丝织品对光非常敏感，将第三部分的照度调整为低于前两个部分。

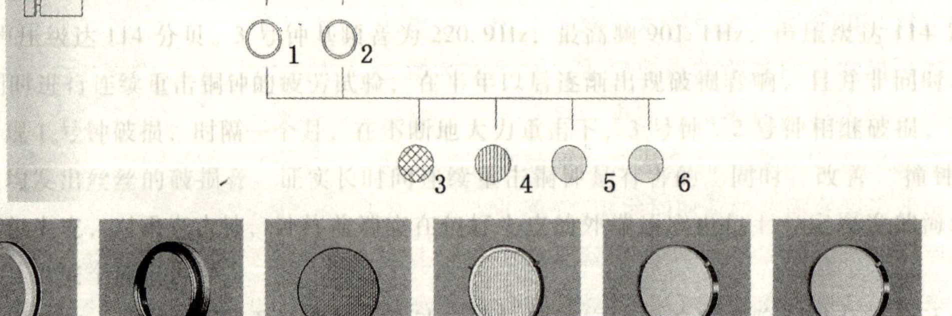

图3

第四部分：古典终结。最后一个部分展出的是宋、元、明、清时期的文物，以瓷器为主，我们把这一单元的整体照度提高，可以让观众感受到官窑瓷器的杰出设计。由于加装了大量的射灯，使得眩光问题比较突出，眩光会使参观者感到不舒适，甚至无法看清展品，为了在展厅中消除眩光，采用了调节光源的位置和照射角度的方法，并为射灯安装了防眩光网罩，处理好展品、光源和观众三者之间的相对位置关系，从而使观展的舒适度大大提高。（图 4）

图 4

最后是对文物保护的一些考虑，对于博物馆展出的展品，为了保护其免遭光辐射的损害，首先必须提出对展品曝光量限制。而为了达到保护展品免遭光损害，又要使观众能够有较好的视觉环境，对各类展品的照度给出了规定值。对光敏感或特别敏感的展品，国家文物局在 2000 年颁布的《博物馆照明设计规范》中明确规定了展品的曝光量限制及照度标准。（表 1）

展品类别	曝光量标准（lx. h/年）	照度标准（lx）
1. 对光特别敏感的展品如：丝、棉、麻等纺织品、织绣品，中国画、水彩画、水粉画、水墨画、版画、素描和书法、拓片、手稿、文献、书籍、邮票、图片、像片、壁纸等各种纸质物品，壁画，彩塑，彩绘陶俑，含有机材质底层的彩绘陶（石）器，染色皮革，各种动植物标本等	120 000	≤50
2. 对于光敏感的展品如：油画、蛋清画等，不染色的皮革，角制品，骨制品，象牙制品，竹木制品和漆器等	360 000	≤150
3. 对于不敏感的展品如：青铜器、铜器、金银器、各种兵器、各种古钱币等金属制品，石器、画像石、碑刻、砚台、各种化石、印章等石质器物，陶器、唐三彩、瓷器、琉璃器等陶瓷器，珠宝、翠钻等宝玉石器和各种岩矿标本，单色及彩色玻璃制品，搪瓷制品，珐琅器等	720 000	≤300

表 1

从表 1 可以看出，对于不同的展品，其照度值应不同。

此次展览我们全部选用了德国的 ERCO 灯具（图 5）和欧司朗的高显色指数光源，以防止光辐射对展品的损害，减少红外或紫外光的辐射。对于《中国记忆——5000 年文明瑰宝展》的照明方案，我们进行了多次现场模拟，反复的进行灯光实验，针对不同单元的时代特征、文物特点、对重点展品有针对性的渲染，形成了不同的风格，从而达到最佳的展出效果。展览一经推出，在奥运期间引起了广泛的社会影响，日均接待观众超过万人。

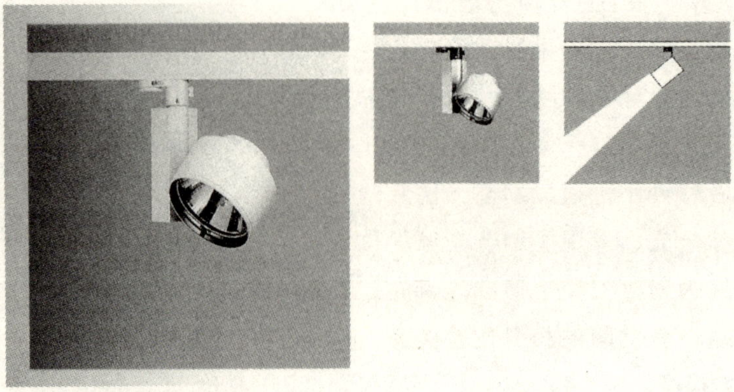

图 5 ERCO 射灯 型号：72009、72010

可置换濒危古钟的同类新产品研制与全面保护钟类文物的探索

夏明明

前　言

钟类文物与非乐器文物不同，是能发声的传统器物，雅俗共赏，喜闻乐见。在数以万计钟类文物中，由博物馆和文物保护单位收藏的仅为少数，目前大多数仍在悬挂或使用，如佛寺道观坛庙金属钟铃、近现代学校校钟等。对钟类文物的威胁，主要来自于两个方面：一是有害锈，二是重击破损。悬挂钟的通风条件较好，有害锈威胁弱化，后一种威胁即敲裂铜钟现象自古至今时有发生。如山东宋熙宁铜钟、上海静安寺明代铜钟、北京大钟寺藏明天启“魏忠贤虔铸”铜钟、北京大学“京师大学堂”校钟、厦门大学“民国养志学校”钟等。研究发现，多数坏损金属钟，是由于连续重击产生疲劳破损、人们又有较强的击古钟求远闻心理预期所致；另外，现代社会噪声影响强化，钟声传播大打折扣，钟类文物保护的需求呼唤相应技术解决办法，以及对一些濒危古钟的置换预期。

一、绪论

本人2003年年底调到北京市正阳门管理处，积极做好现职工作。工作之余，作为保护古钟的志愿者、爱好者，从事公益性“注重古钟防锈”、“最低限度轻击古钟并改善撞钟杵结构”、“以创新型传统钟转移敲古钟行为或置换濒危古钟”三维度全面保护我国古钟方法的探索与实践，行之有效，对全面保护古钟的事业有益。“宁敲金钟一下，不打破鼓三千。”这是《红楼梦》七十二回中的一句话。金钟概括了所有金属钟，如佛寺道观的洪钟、坛庙大钟、城市钟鼓楼报时钟、以及校钟等。其属性是象征物、吉祥物、纪念物、信仰物；是响器、乐器、艺术品，是一种传统发声器，对它的内部发声结构进行创新设计，一定会关系到保护古钟的一些措施。此前国内尚未对以下内容进行全面系统的研究：如对撞钟发声力度期望值的统计量研究，重击古钟疲劳性结构损伤定量分析，横截面大钟可控性响度设计等。国外大钟多为内击式鸣响，重击钟壁易裂，如美国自由钟等，有无钟体抗重击的系统研究尚未可知，其与外击式的中国古钟，在结构上缺乏一定的抗重击可比性。我国对古钟也没有保护性撞钟的统一标准。在期盼钟声远闻心理预期与实际效果方面，由于西方国家率先进入工业化城市时期，文艺复兴时代与宗教改革时期教堂钟大量出现，其钟体结构的演变，适应了在城市噪音条件下钟声能够远闻的发展方向，西方往往是从经验设计上加厚钟口壁厚以抗重击。该经验设计技术，一方面可资我们借鉴，另一方面也没有必要照搬。这就出现了我们尚待解决的问题：如何进行金属钟创新性、先进性结构设计，如何掌握中国特色使金属钟响度感觉提高的科学技术，成为进行“注重古钟防锈”、“最低限度轻击古钟并改善撞钟杵结构”、“以创新型铜钟转移敲古钟行为或置换濒危古钟”三维度全面保护我国古钟方法的技术瓶颈之一。只有解决好钟声能够远闻的预期，才具备全面保护好我国古钟的说服力和效力。而“铜钟”实用新型专利技术，正是符合这一趋势的一种有益尝试。本研究项目可能引起我国文物保护机关的关注，面临的紧迫问题是：应尽快建立全国或地区性的收藏使用古钟单位“全面保护钟类文物指导意见”，制定有关标准，杜绝古钟敲击可能损伤的隐患；有条件地方，可通过创新性、先进性铜钟置换正在使用的古钟，或合理铸造新类型金属钟转移对古钟的敲击压力。原有古钟，只展示，不再敲击。

二、运用评价法，进行人们对钟声需求的调查研究和改善撞钟杵结构

评价指标分为五组，每组为6个空格的刻度标尺，倾向左侧主观评价的，在左边空格，根据倾向程度，做一次选择；倾向右侧主观评价的，在右边空格，根据倾向程度，做一次选择。《向左还是向右？钟声与撞钟力度主观评价》五组相对性选择的主观评价终端分别是：洪亮的—沉闷的；强有力的—劲道不足的；有震撼力的—平淡的；钟声远闻—钟声近闻；重击的—轻击的。被调查对象往往选择重击古钟以期盼钟声远闻，占此类问题调研一百位人士中的82%。这种高度趋同的统计量，证明重击古钟是一种普遍的行为预期；据此制作3件模拟传统金属钟试验件，1号钟的钟体高657mm，口径510mm，口沿壁厚33mm，钟体最薄处壁厚13mm。2号钟的钟体高600mm，口径480mm，口沿壁厚31mm，钟体最薄处壁厚15mm。3号钟钟体高600mm，口径480mm，口沿壁厚20mm，钟体最薄处壁厚18mm。3件试验钟几何尺寸有一些变化，但重量均为100公斤，铸成后测音结果良好，测音报告表明：1号钟基频音为219.5Hz，最高频866.7Hz，声压级达112分贝。2号钟基频音为260.3Hz，最高频922.1Hz，声压级达114分贝。3号钟基频音为220.9Hz，最高频901.1Hz，声压级达114分贝。对1、2、3号钟同时进行连续重击铜钟的疲劳试验，在半年以后逐渐出现破损音响，且并非同时出现破损音响，先是发现1号钟破损，时隔一个月，在不断地大力重击下，3号钟、2号钟相继破损，肉眼观察并无裂缝，但均发出丝丝的破损音。证实长时间连续重击铜钟是有害的。同时，改善“撞钟杵”结构，钟杵前端应包牛皮，对重点古钟，钟杵前端应在包好牛皮的外端还应再包上一定厚度的海绵，在其外再包红绒布，以安全撞击古钟。

改善钟杵结构。分别对不同重量铜钟、铁钟，进行撞钟杵比例关系实验，以获得合适的钟杵重量与钟体重量之比：100公斤至1000公斤重量古钟，钟杵重量为钟体重量的十分之一；2000公斤至5000公斤重量古钟，钟杵重量为其十五分之一；6000公斤至10000公斤重量古钟，钟杵重量为其三十分之一到五十分之一，依次递减；20000公斤至50000公斤重量古钟，钟杵重量为钟体重量的六十分之一到二百分之一，依次递减；钟杵前端应包牛皮，对重点古钟，钟杵前端应在包好牛皮后还应再包上一定

厚度的海绵，在其外再包红绒布，以保护重点古钟安全撞击发声。

三、“铜钟”实用新型专利的关键技术

在此前的实验中发现了单纯依靠加厚钟口壁厚提升基频音的悖论：过度加厚钟口壁厚，虽然会提高基频，但会使钟声延时音急剧缩短，钟声发紧，音色恶化。在实用新型专利技术研究过程中发现，运用以下创新可有效提升基频音和主观音高，又能优化钟声音色，使钟声产生至少90秒以上的延时音。（一）“口径比”的改进，既不同于传统钟的口径小于高度，也不同于多数欧美教堂钟的口径大于高度；（二）“钟腔比”的改进，尽可能缩小钟腔；（三）“音弓”结构的改进。中国传统钟的基本元素与上述改进形成合力，增强了震撼力、感染力、穿透力，并能重击。在优化传统金属钟发声结构的同时，可满足置换濒危古钟的预期。

2005年初，我接受中国农业大学委托，为其设计一尊1100公斤的校钟，我主持利用有限元计算和计算机辅助系统，结合新铸大钟科学设计实践，在传统钟体结构基础上进行“钟腔比”、“口径比”等铜钟结构改进与实验，研制出适合当代传声条件、可有效提高钟声基频音与主观音高的“铜钟”实用新型专利，其关键技术是缩小钟腔直径、降低钟体高度、研制有抗重击性能和发出比较高频率声的钟裙“音弓”结构。以下是本技术应用在中国农业大学校钟的优化设计方案和频率预测报告：

农业大学校钟可控性设计频率计算

从发声机制来看，影响最强、维持时间最长的是大钟受到钟杵撞击后，大钟共振所激发的结构声。具有较多的频率成分，主要是中、高频较多。钟声以振动系统的一个或多个固有振动频率为主要组成部分。而固有频率与钟的结构性质，即结构尺寸、材料特性有关。一般结构声的特点由较低阶次的振动方式决定。对于大钟来说，较高阶次的振动对其音色音质也有很大影响。因此做声学特性分析的时候需要进行大钟的频谱分析、模态分析及时间序列分析。本报告将用有限元方法对大钟的固有频率进行计算。

MSC. Nastran是广泛应用的大型结构有限元分析软件，能够解决从简单到复杂、结构线性及非线性、热、流体和耦合系统等问题，具有很高的软件可靠性。因此，在本次大钟声学特性的预测中，采用MSC. Nastran进行。

1. 大钟有限元建模

本大钟的钟体高度1200mm，口沿宽度1200mm。根据钟体结构图，在合理忽略钟体上花纹对固有频率影响的前提下，建立了大钟的有限元模型，如图1、图2所示。本模型采用4面体10节点单元（Tet10），有限元模型中的单元数量为8322，节点数为15579。

2. 大钟材料特性

大钟所用材料为锡青铜合金，其成分为：电解铜80%、锡13%、锌6%、复合稀土1%（使结晶更缜密），比重按8.8%～8.9%计算。

有限元模态分析模型取材料常数为：

密度 $\rho = 8.72 \times 10^3$ kg/m3

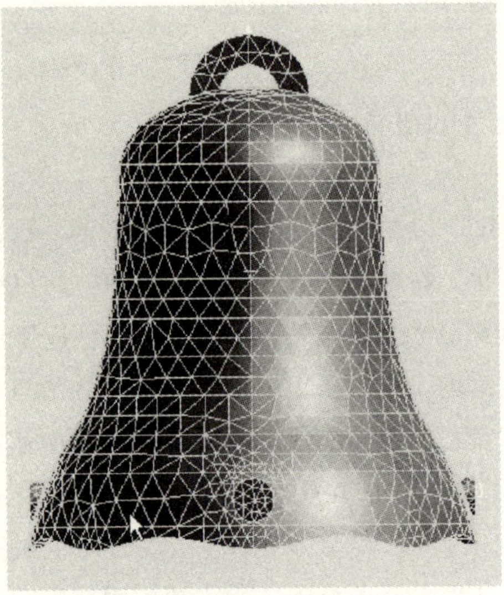

图 1　大钟有限元模型正视图

图 2　大钟有限元模型三维视图

弹性模量 $E = 12.2 \times 10^{10}$ N/m2

泊松比 $\nu = 0.35$

阻尼因子 $\eta = 0.002$

预先计算此钟音频结果如下：

表 1　大钟固有频率计算值

阶数	有限元算值（赫兹）
0～500Hz	
1	124.78
2	125.06
3	135.96
4	137.34
5	255.28
6	268.26
7	271.39
8	325.04
9	325.65
10	444.3
11	444.66
500～1000Hz	
12	578.81
13	593.6
14	745.94
15	772.84
16	773.24

续表

阶数	有限元算值（赫兹）
17	778.1
18	783.71
19	789.24
20	842.96
21	845.97
22	879.44
23	918.41
24	920.66
25	950.5
26	953.56
27	954.25
28	961.49
29	975.4
1000 ~ 3800Hz	
30	1160.8
31	1167.3
32	1167.8
33	1179.5
34	1180.7
35	1266.3
36	1266.8
37	1273.1
38	1275.2
39	1297
40	1315.6
41	1321.8
42	1326.4
43	1328.7
44	1345.5
45	1389
46	1397
47	1408.6
48	1417.7
49	1420.9
50	1541.4
51	1545
52	1566.5

续表

阶数	有限元算值（赫兹）
53	1573.4
54	1575
55	1606
56	1613.5
57	1618.3
58	1640.1
59	1646.6
60	1698.8
70	1792.6
80	1911.9
90	2150.8
100	2282
110	2442.6
120	2657
130	2734.1
140	2999.9

2005年10月，又对其成品进行声学测试，达到设计预期。以下是声学所测音报告：

农业大学校庆钟钟声频谱分析报告

楼厦厦，刘碧龙

中科院声学研究所

1. 概述

如图1所示，在点1和点2处记录两个钟声样本，点1处录音位置距离钟下沿39cm，点2处录音位置距离钟下沿3.4m。钟声总体上比较洪亮，拍频明显。钟声的时域波形如图2和图3。

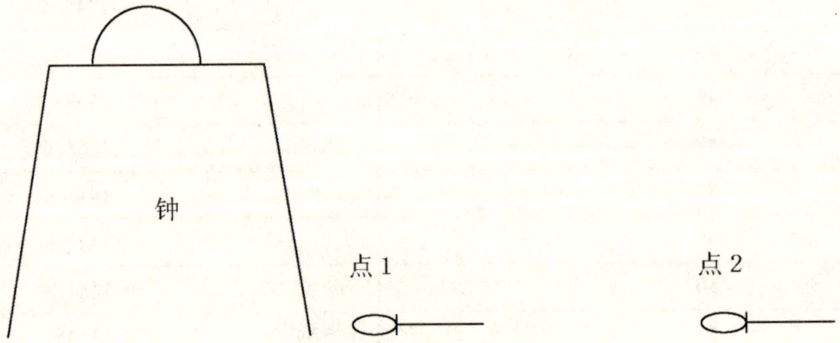

图1 录音位置示意图

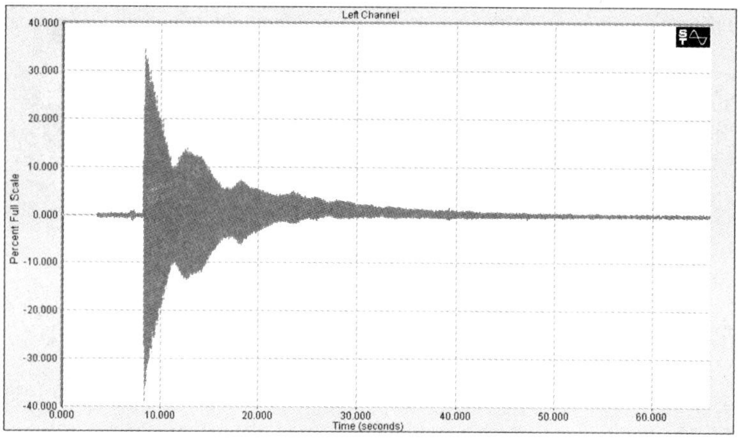

图 2　近处钟声时域波形图

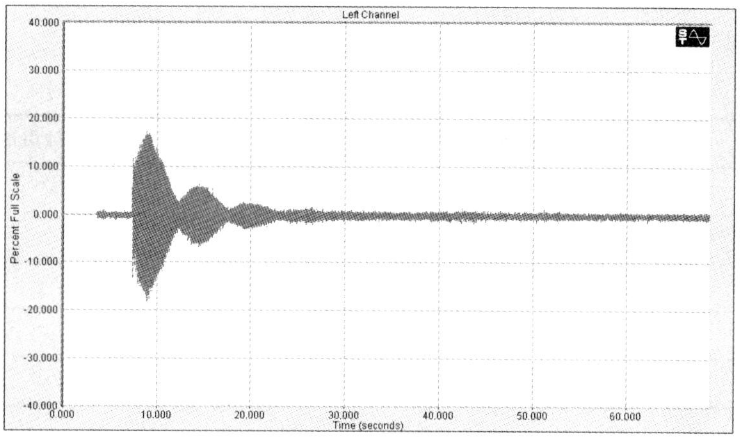

图 3　远处钟声时域波形图

2. 频谱分析

钟声的频谱图参见图 4 和图 5。结果表明：钟的基频为 111Hz，线谱 284Hz 处的能量最大。图 6 和图 7 为钟声的时频谱图。

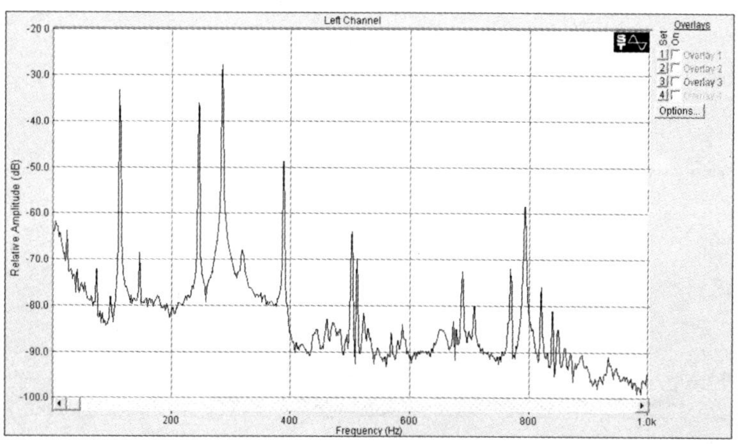

图 4　点 1 处的钟声频谱

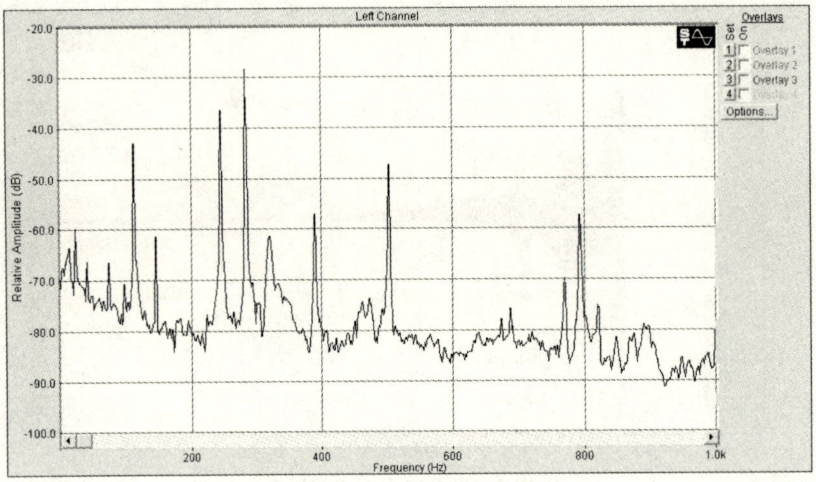

图5　点2处的钟声频谱

前五个线谱的频率和幅度见表1。

表1　前五个线谱的频率和幅度

频率（Hz）	近处钟声谱线声压级（dB）	远处钟声谱线声压级（dB）
111	94	78
245	91	85
284	99	93
388	78	64
502	63	74

3. 拍频分析

拍频出现在283.859Hz和284.084Hz处。频率差为0.225Hz。声压级为98dB和96dB。拍的间隔约为4.5秒。参见图8。

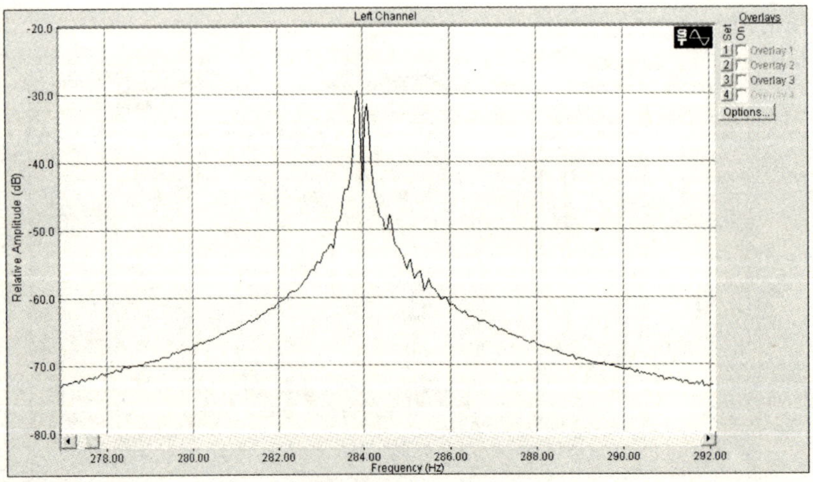

图8　点1钟声拍频示意图

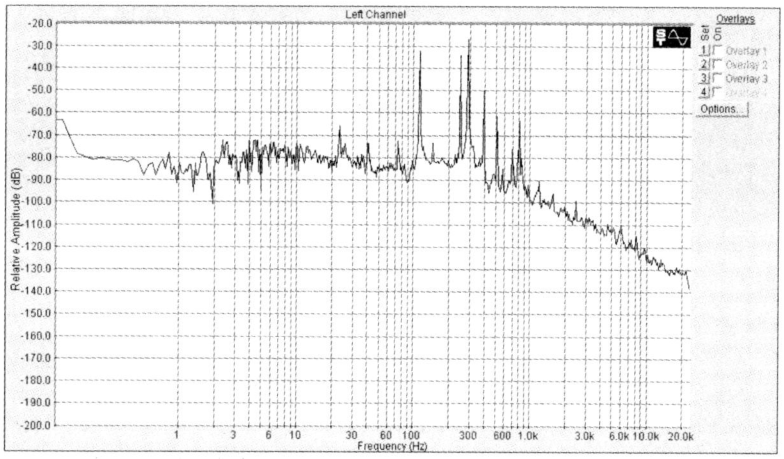

近处钟声谱线图。(全频率域)

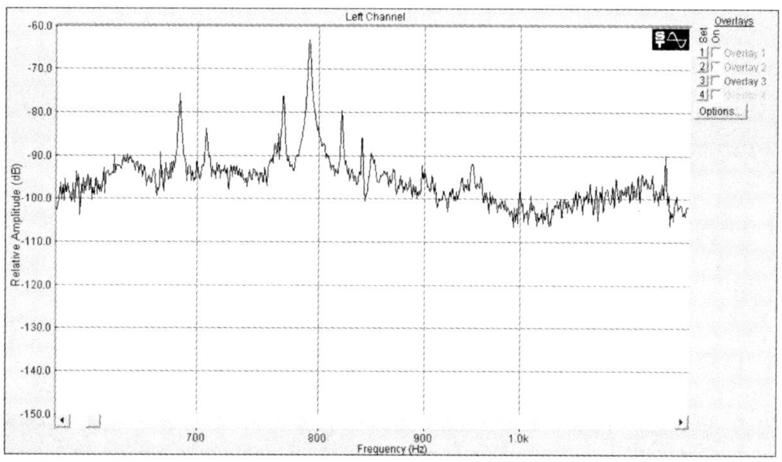

800Hz 附近谱线图。

最高处为 791Hz，声压级为 61dB。其余几条谱线位置为 687Hz，51dB，706Hz，－83dB，769Hz，－76dB，820Hz，－80dB。

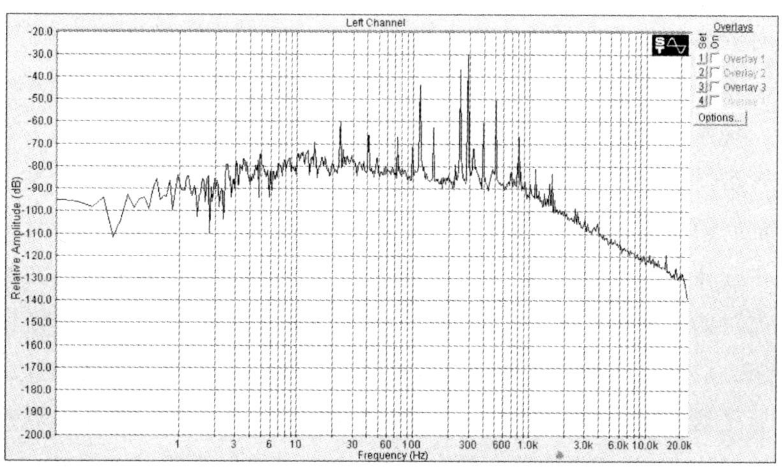

远处钟声谱线图

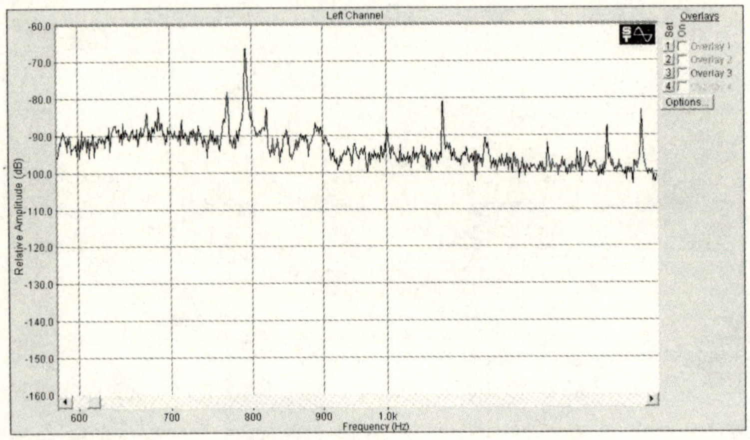

远处钟声谱线图（800Hz 附近）

最高为 791Hz，57dB

其余几条谱线为：

768Hz，45dB

1094Hz，43dB

1434Hz，36dB

1516Hz，40dB

三、解决的主要问题

（一）改善置换濒危古钟的预期。为置换正在使用的濒危古钟和不宜再敲击的珍贵古钟，提供了具有时代特色优越性能的金属钟新产品。面对佛寺道观普遍存在着经常性撞钟祈福活动，有的已经受损，有的还在敲击，如五台山显通寺钟楼古钟、九华山上钟楼古钟等，游客祈福撞钟现象很普遍，钟身上布满福帖，久而久之，形成隐患，这几乎是文物监管的盲区，一旦出现古钟损伤，影响极坏。创新型“铜钟”具有很强的感召力、吸引力，可以在对这类钟类文物保护的盲区消除后，迅速研制可替代古钟的创新型金属钟，有的佛寺道观正在进行这方面工作。在我国传统钟造型基础上，进行“钟腔比”、“口径比”、“音弓”等金属钟结构的改进与实验，成功应用到北海西天梵境铜钟的复制创新设计、以及中国农业大学校钟、华西村村钟、奥运村龙王庙“奥运纪念钟”的结构设计的实验与实践，获得的数据测试和人们主观评价经住了时间的考验。置换正在使用的濒危古钟和不宜再敲击的珍贵古钟，是当今和以后一个很长的时期，钟类文物保护的现实需求和潜在需求。拒不完全统计，名胜古迹、佛寺道观，修建复建，要求新铸金属钟的需求，每年都有上百口之多，这还未统计经文物部门进行不宜再敲古钟专项普查后，有可能需要更换的古钟数量。而“最低限度轻击古钟并改善撞钟杵结构”是更为普遍、更宜操作的善事，应该成为每位公民的基本素质，这就要配合较有力度的社会舆论宣传，本项目人也力所能及地进行了这方面的投稿工作，如在 2010 年 2 月 3 日《北京晚报》第 43 版五色土专栏发表《重击古钟无远声》一文，产生积极的社会影响：“重击古钟非但不能钟声远播，而且会对文物造成损害。……”鉴于我国古钟的钟体结构已不适应现代城镇的传声条件、重击古钟无远声的现状，笔者认为，应反复宣传重击古钟无用、无益、且有害。藏有古钟类文物的保护单位，更应杜绝重击古钟行为。

大音稀声，在辞旧迎新等节庆鸣钟时，应派专人控制撞击古钟的力度，使其控制在对文物无损的中等力度范围内，这样对于古建和钟体都有利。至于使钟声远闻的方法，近年来已有了成功的实践，并获得国家知识产权局实用新型专利。这就是在中国传统古钟形制基础上，改进新研制铜钟的结构，有效提高其固有频率。古钟是祖先为我们留下的宝贵的文化遗产，善待古钟、爱护古钟，真正使钟声远传千秋，我们才能无愧于先人和后人。"

（二）对于重点文物保护单位正在展出和定期使用的古钟，为转移古钟敲击压力，适宜地添置具有时代特色优越性能的金属钟，也是一个很不错的选择。通过本项目研究，应引起对北京钟鼓楼新年钟声活动中的文物保护问题重视，最好的保护措施是：可铸造重量级在 1 吨 ~3 吨具有先进性结构的创新型钟，放在其钟楼合适位置，体积不大，便于悬挂，可重击远闻，大型活动只敲此钟，一般不再敲击 63 吨的古钟。以此类推，这种文物保护措施的需求大；既紧迫又重要。我曾参与了以复制钟置换西安钟楼想用景云古钟的工作，现在新年钟声即为此新钟。

（三）全面进行三维度保护钟类文物实践。"注重古钟防锈除锈"已有很多成熟经验和管理办法。但对于展厅陈列的古钟，因为不像正在使用的古钟那样有较好的通风条件，产生有害锈的威胁更为突出，应重点注意日常通风换气、对钟体表面灰尘进行经常性吸尘保护，防止过度湿气与钟上灰尘同时出现，再加上氧，三者条件同时具备时，就会出现锈蚀。对钟体表面的吸尘工作应有严格的制度要求；对非文物保护单位收藏置换下来的古钟，也应开展古钟的防锈除锈工作。"最低限度轻击古钟并改善撞钟杵结构"是本项目的重要内涵，把钟杵作为撞钟系统的研究是创新型金属钟研究的一个重要组成部分，本研究提出对重点古钟，钟杵前端应在包好牛皮后还应再包上一定厚度的海绵，在其外再包红绒布，以保护重点古钟安全撞击发声。适用于大钟寺永乐大钟和钟鼓楼永乐大钟等还在敲击的著名古钟。要人为控制轻击古钟，对一定想重击古钟的游客，工作人员有职责在一侧亲手控制钟杵的撞钟力度。项目人曾多次在上述单位做过这类工作，行之有效。重要的是，本项目研究把"最低限度轻击古钟并改善撞钟杵结构"纳入到保护古钟的系统措施，填补了以前的研究缺环。"以创新型铜钟转移敲击古钟行为或置换濒危古钟"，则是三位一体、三维度做好保护全国各地钟类文物的一个不可或缺的方面，目前已有包括本项目人在内的一些古钟保护志愿者在长期从事这方面工作，并取得成效。

（四）研究发现：当代旨在远闻的金属钟最佳重量值在 500 公斤 ~9000 公斤之间，超过 12 吨以后的金属钟，在提高基频音方面进入惰性区，只有加大"音弓"壁厚，才能更有效提高基频音，但延时音等音色指标会下降。这一结果，将有效遏制不必要的单纯攀比铸大钟行为。本项目人曾多次据此说服社会有关方面，使五六家原想复制巨型钟的单位改变初衷，铸钟的吨位成倍下降，声学指标反而更好。

四、结论

在传统钟体结构基础上进行"钟腔比"、"口径比"等铜钟结构改进与实验，研制适合当代传声条件、有效提高钟声基频音与主观音高的"铜钟"实用新型专利产品，响度感觉和传播距离明显提升，成为可置换濒危古钟的创新性、先进性产品。该新型传统钟可以重击远闻，从而减轻人们重击古钟预期和压力。

本研究可能引起我国文物保护机关的关注，面临的紧迫问题是：应尽快建立全国或地区性的收藏使用古钟单位"全面保护钟类文物指导意见"，制定有关标准，杜绝古钟敲击可能损伤的隐患；有条件地方，可通过创新性、先进性铜钟置换正在使用的古钟，或合理铸造新类型金属钟转移对古钟的敲击压力。原有古钟，只展示，不再敲击。

总之，“注重古钟防锈”、“最低限度轻击古钟并改善撞钟杵结构”、“以创新型铜钟转移敲古钟行为或置换濒危古钟”的三维度全面保护我国古钟新方法，是一种行之有效的好办法。

这一研究与实践，有利于推动文物保护科技进步，保护文化遗产，将铸钟传统工艺发扬光大。在进行抢救性保护的同时，适当结合了开发性保护，使其非物质文化遗产也能得到保护和弘扬。“宁敲金钟一下，不打破鼓三千。”不仅只是一句名言，“夜半钟声到客船”还会千古流传。

奥运纪念钟

中国农业大学校钟

首都博物馆利用科技手段解读山东青州贴金彩绘石雕佛菩萨三尊像文物信息

文物保护修复中心课题组

前　言

关于山东青州龙兴寺遗址窖藏佛教造像的研究，国内文物工作者多从直观的感觉、资料记载和彩绘的调色经验对其施彩颜料、制作工艺进行研究，还没有人利用科技手段对其深入探讨。受山东青州博物馆委托，首都博物馆利用文保科技实验室的仪器设备（包括X射线荧光能谱仪、激光拉曼、扫描电镜、X射线衍射），对石雕佛的彩绘颜料、金箔、石质胎体成分进行无损分析，进一步研究了该石刻佛像的施彩、饰金工艺。

一、研究原则与思路

研究测试以对文物不造成损害为原则，该研究所用仪器为无损检测设备，个别微量样品是文物包装盒内脱落残渣小微粒。

（一）石雕佛菩萨三尊像石质胎体成分判定。

（二）石雕佛菩萨三尊像彩绘颜料的种类及成分测定。

（三）从彩绘颜料测试结果推断石雕文物的彩绘工艺。

（四）石雕佛菩萨三尊像饰金工艺探讨。

二、仪器设备

（一）X射线荧光能谱仪（德国布鲁克公司）

测定石质文物胎体及彩绘颜料元素成分，最大优点是可移动性，对不可移动文物进行多方位无损检测。

（二）扫描电子显微镜（配牛津能谱仪，日本日立公司）

对文物所含C、O等轻元素进行定量分析，弥补了X射线荧光能谱仪的不足。所需文物样品极其微量（样品小于0.5mm），只需文物脱落残渣少许即可。

（三）X射线衍射仪（荷兰帕纳科公司）

判断被测物化学结构，微区检测系统所需样品为微量。该测量中，所用红色颜料是脱落的微量颗粒。

（四）激光拉曼光谱仪（法国JV公司）

与X射线荧光仪、衍射仪结合，对文物彩绘矿物颜料进行准确判断。

三、研究过程

（一）石雕佛菩萨三尊像石质成分测定

石材种类很多，有花岗岩、大理石、石灰石、板岩、砂岩、石英岩等，不同种类的石材成分各有差别，如花岗岩、石英岩中二氧化硅含量高，石材硬度也高。大理石、石灰石主要成分为碳酸钙，石质较为细腻，便于雕刻。有资料记载，青州龙兴寺遗址发现的佛教造像所用材料有石灰石、汉白玉、花岗岩、陶造像、铁、泥和木，其中绝大部分是石灰石造像①。

为判断该石雕佛菩萨三尊像石胎质地，用带有能谱仪的扫描电子显微镜、荧光能谱仪、激光拉曼光谱仪，对石材成分进行分析。

1、利用扫描电镜及能谱仪，对两粒石材样品（脱落残渣）选取三个区域进行面扫描。

元素	C	O	Ca	S	Mg	Al	Si	Na	K	Fe
重量百分比含量（%）	20.45	44.73	17.56	5.33	0.30	0.94	2.32	0.46	6.32	1.59
原子百分比含量（%）	31.28	51.37	8.05	3.05	0.22	0.64	1.52	0.37	2.97	0.52

扫描电镜能谱仪测定石材元素成分及含量数据

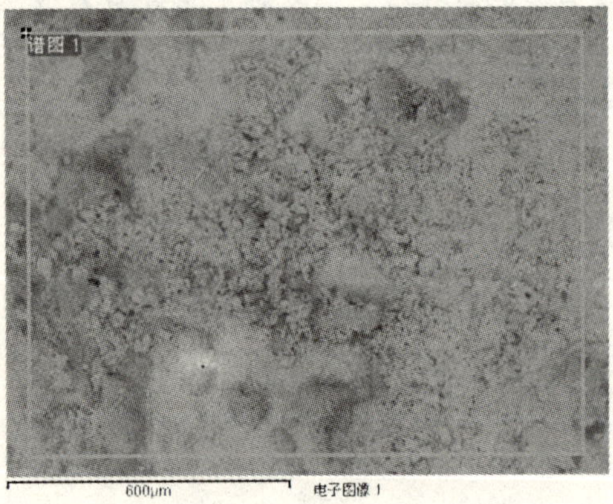

扫描电镜能谱仪选取的分析范围

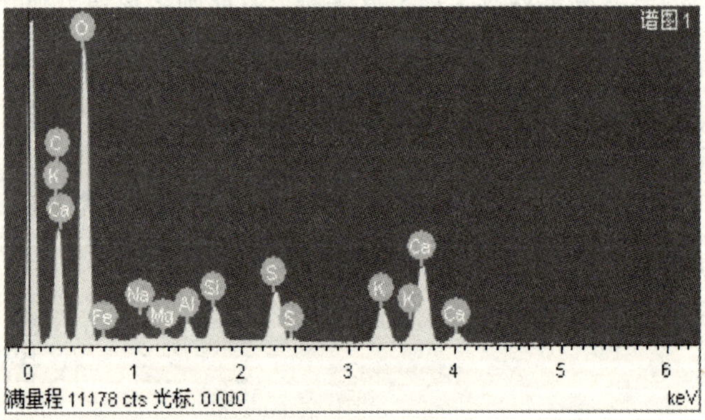

牛津能谱仪谱图

从上述定量结果分析，硅含量较低，远低于钙含量，碳酸钙为石材的主要成分。

2、荧光能谱仪检测

荧光能谱仪测定石材元素成分及含量数据

元素	Na	Mg	Al	Si	K	Ca	Fe
重量百分比含量（%）	9.90	11.35	2.31	8.30	0.76	65.41	0.58

荧光定量结果显示，硅元素的含量远低于钙元素。

3、激光拉曼光谱仪检测

对佛足石材进行拉曼分析，1089、713、284 三处峰位与碳酸钙拉曼特征峰位吻合，该石材主体材料为碳酸钙（$CaCO_3$）。

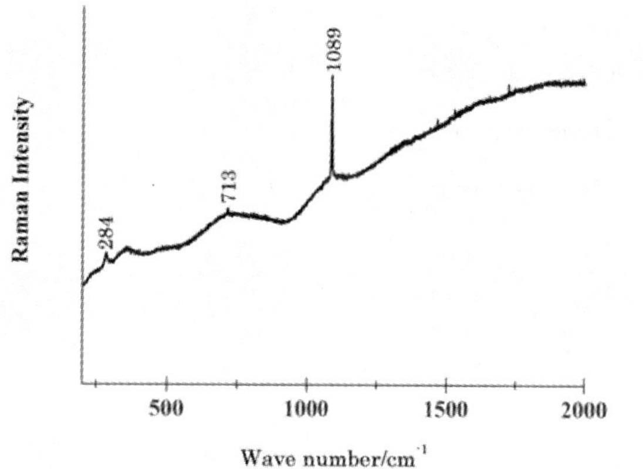

佛像足部石胎拉曼谱图

三种手段对石材本体进行测量，结果一致，为碳酸钙盐，俗名石灰石。山东青州盛产石灰石，当地石灰石质地细腻，软硬适中，十分适合精细的雕刻，这在很大程度上促进了当地石雕艺术的发展②。

（二）石雕佛菩萨三尊像彩绘颜料判断

整件文物上，肉眼可观察到：

红色，广泛分布于三尊佛、菩萨、飞天的衣袂间，是彩绘的主色之一。

白色，石雕文物的底色，是彩绘的另一主色。

绿色，分布于主佛衣袖内衬。

黑色，脱落严重，只见于两菩萨脚下靠近主佛侧。

金色，佛面部及足部。

1、红色

利用 X 射线荧光能谱仪、X 射线衍射仪、激光拉曼光谱仪，对佛像上红色颜料进行测试。

（1）X 射线荧光能谱仪

在佛像施红彩处，选取了 4 个点利用荧光能谱仪进行测量，4 张谱图相同。

荧光能谱仪共检测到汞、铅、铁、钙、硫五种元素信号。

谱图中，汞、铅元素为主成分，而汞、铅元素形成的化合物都可以为红色：朱砂与铅丹，都是古代彩绘文物常用的颜料。因此需要利用其他仪器进行确认。铁、钙元素为X光穿透红色颜料打到石材本体测到的石材本体元素。

（2）X射线衍射仪

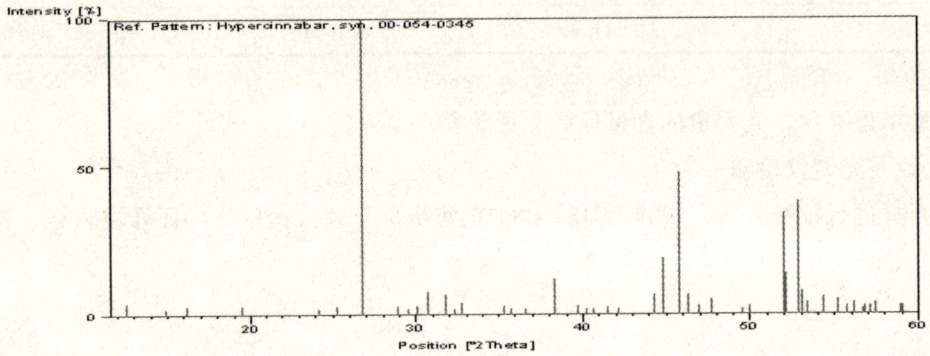

Referencecode: 00-054-0345

Mineralname: Hypercinnabar, syn

PDFindexname: MercurySulfide

Empiricalformula: HgS

Chemicalformula: HgS

衍射谱图显示红色颜料为朱砂（硫化汞）。

（3）激光拉曼光谱仪

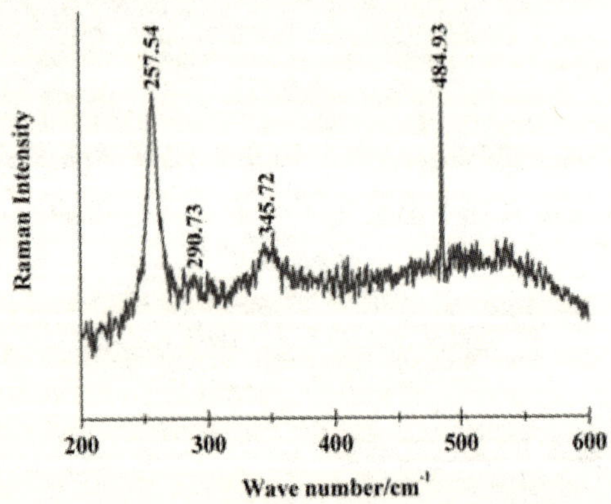

佛像足部左侧红色颜料拉曼谱图

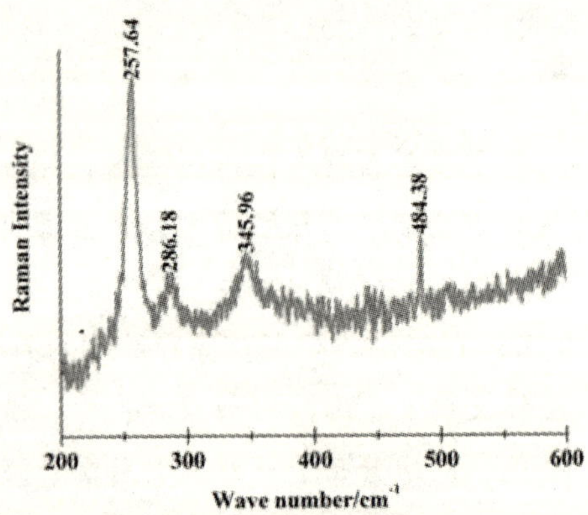

佛像足部右侧红色颜料拉曼谱图

上图为佛像红色颜料拉曼光谱。在佛像足部左侧及右侧各选取两个区域进行拉曼测试，谱图与朱砂（HgS）254、285、344的三个特征峰位非常吻合。

经过三种手段测试得知：红色颜料为古代常用的朱砂（学名辰砂，化学式HgS）。在X射线荧光测试中，检测到信号很强的铅元素，原因将在后面探讨。

对于青州彩绘石刻佛像红色颜料的鉴定，以前相关研究人员指出可能的物质为朱砂、铅丹和赭石③，经过测定，该件彩绘佛红色颜料只为朱砂。

2、白色

古代工匠常用白垩（碳酸钙）或含铅的白色矿物颜料作为白色彩绘颜料。白色含铅颜料有：氯铅矿

($PbCl_2$)、硫酸铅矿($PbSO_4$)、角铅矿($PbCl_2 \cdot PbCO_3$)、白铅矿($PbCO_3$)以及碱式氯化铅(Pb(OH)Cl)④。

在用荧光对白色颜料测试时，检测到铅、铁、钙三种元素。其中铅元素信号最强，为主成分。铁、钙元素与石胎本体中铁、钙元素相当，为X射线穿透颜料层后石材本体成分。所以，此白色颜料应该为含铅白色矿物颜料（可能性最大为碱式碳酸铅）而不是白垩（碳酸钙）。

3、绿色

分布于主佛像衣袖下端里衬，着色为淡绿色。用荧光检测时，测到铜、铅、铁、钙四种元素。其中铜元素信号最强，为主要特征元素，未检测到其他与铜可成色的阴离子元素，因此，该绿色颜料为碱式碳酸铜的可能性较大。钙、铁元素为X射线穿透绿色颜料层后石材本体的成分。关于出现的铅元素，后面将做论述。

4、黑色

在下面局部放大照片中，菩萨脚偏下方，在白色地子上有黑色细线。古代常用的黑色颜料有：墨（炭黑）、磁铁矿（Fe_3O_4）、二氧化铅（红色颜料铅丹的变色产物）、二氧化锰（MnO_2）等⑤。利用X射线荧光能谱仪对该黑色区域进行检测，除铅元素以外，没有检测到其他金属元素信号（如铁、锰等），通过测定已知白色为碱式碳酸铅。在检测黑色颜料时所检测到的铅应该是X射线穿透黑色层后白色地子碱式碳酸铅的成分，因此，黑色颜料为墨（炭黑）的可能性较大。

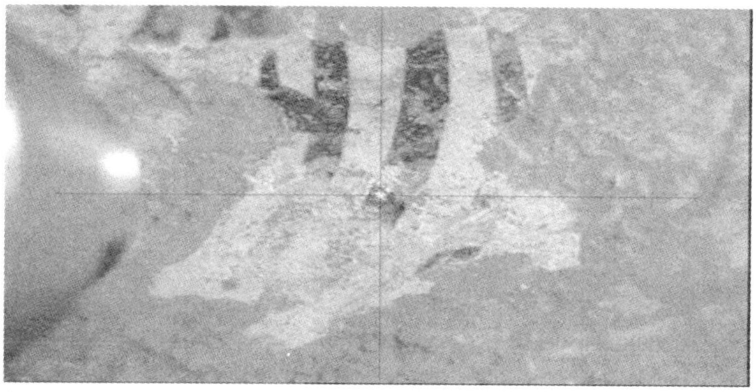

菩萨脚偏下方白色地子上的黑色颜料

5、金色

在佛像主佛的脸部和足部，有一定厚度的金存在。

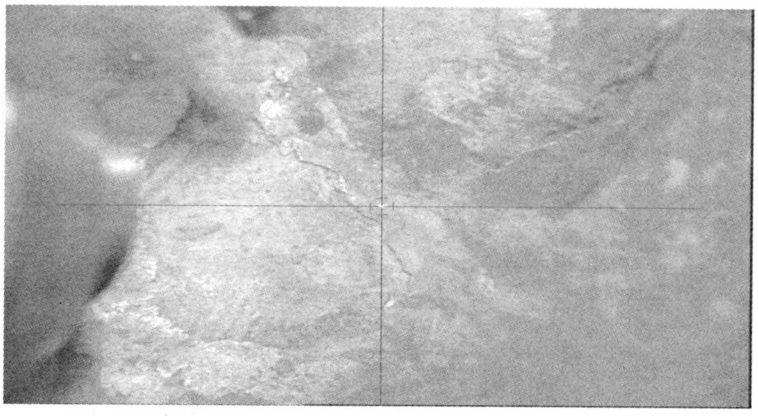

佛像脸部饰金荧光测试点放大图

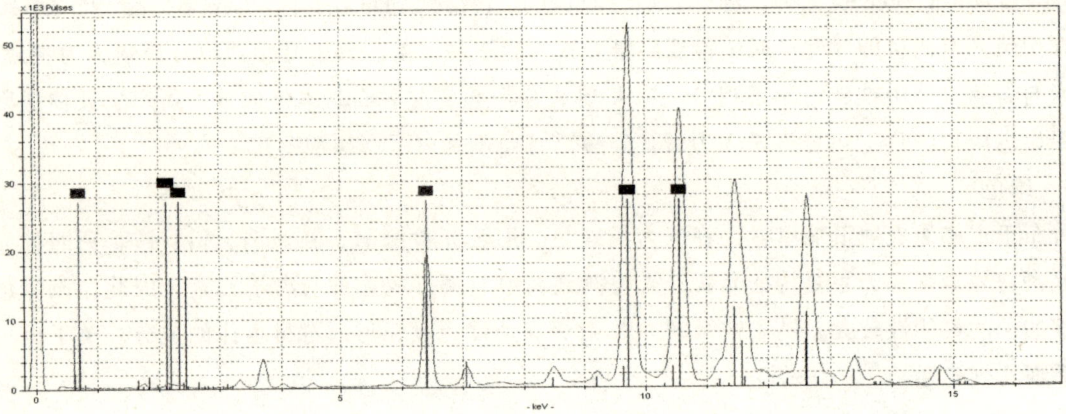

荧光谱图

荧光检测时，测到了金、铅、铁元素。

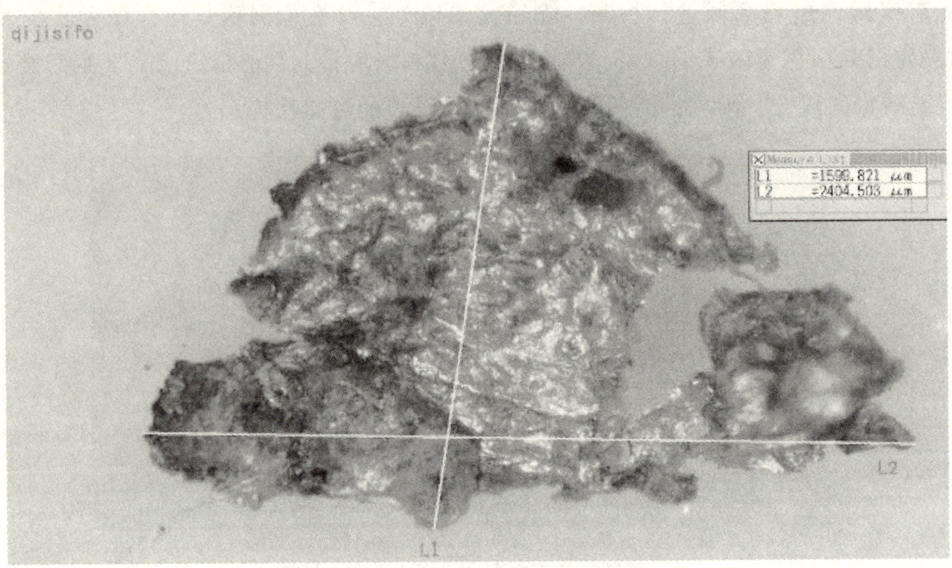

三维视频显微镜拍摄的脱落的金箔残渣照片

用扫描电镜能谱仪对样品进行定量分析，结果如下：

金箔正面：

元素	重量 百分比（%）	原子 百分比（%）
CK	6.04	32.61
NK	2.95	13.65
OK	6.25	25.32
AgL	1.97	1.18
AuM	82.79	27.24
总量	100.00	

金箔正面成分表

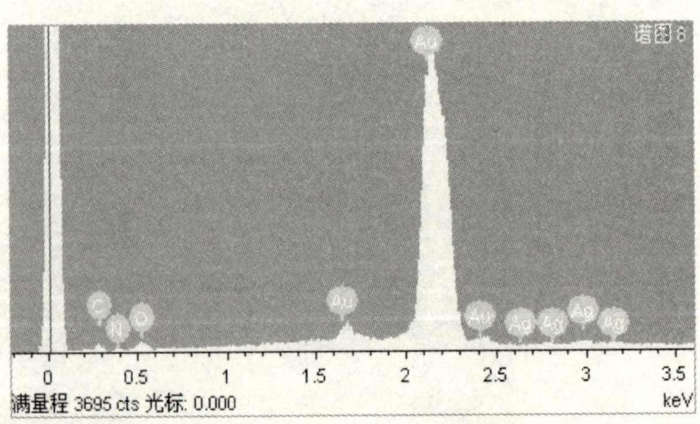

金箔正面能谱图

金箔反面：

元素	重量百分比（%）	原子百分比（%）
CK	27.28	73.52
OK	6.22	12.59
AlK	0.26	0.31
ArK	0.72	0.58
CaK	2.86	2.31
FeK	0.97	0.56
AsK	0.14	0.06
AuM	56.48	9.28
PbM	5.08	0.79
总量	100.00	

金箔反面成分表

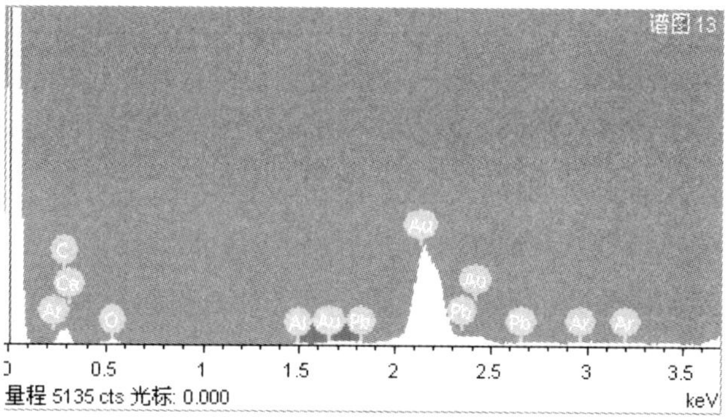

金箔反面能谱图

金箔正反面定量结果可知，C（碳）、N（氮）、O（氧）来自于污染，Au（金）、Ag（银）应为金箔成分。如去掉杂质的成分重新计算，含金量为97.5%，该金箔是库金箔。反面的杂质较多，含碳、氧等元素较多，且反面含铅达5.08%，金箔正面不含铅，因此应该是地子成分（后面有论述）。该金箔厚度在0.04—0.1mm之间。

四、结论

（一）颜料色彩判断

经过测试可以知道：红色颜料是朱砂，绿色颜料是碱式碳酸铜，白色颜料是含铅矿物颜料而不是白垩（较大的可能性是碱式碳酸铅），黑色颜料是墨。传统学者对青州彩绘石雕佛颜料种类给出的范围很广，利用科技手段测试，得到了较为准确的结果。

（二）从彩绘颜料测试结果推断石雕文物彩绘工艺

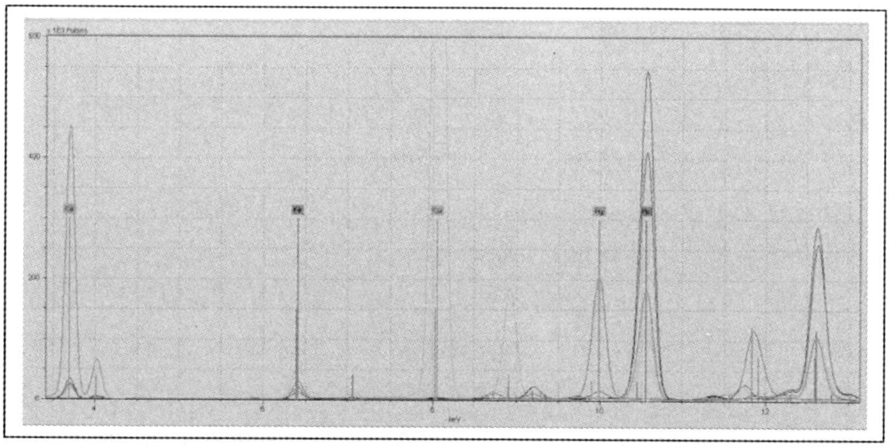

红色、绿色、白色、黑色颜料及石材本体荧光叠加谱图

用X射线荧光能谱仪检测红色颜料、绿色颜料、黑色颜料以及金箔的荧光图谱中，都有很强的铅元素信号。而对脱落的微量红色颜料用激光拉曼、X射线衍射仪进行检测时，只检测到朱砂，未检测到铅的化合物。另外，用扫描电镜能谱仪检测金箔时，正面未检测到铅元素，而金箔背面检测到了含量较高的铅元素，此铅元素应该是金箔背面所附地子的成分。

对上述现象合理的解释是：用X射线荧光能谱仪检测金箔、红色、绿色、黑色颜料时，X射线穿透了上层颜料检测到地子层白色含铅矿物颜料的缘故，造成荧光谱图中有较强的铅元素特征峰存在。据此推断出了该佛像的彩绘工艺：在给佛像贴金箔以及施彩（红、绿、黑等）前，古人先用白色含铅颜料（碱式碳酸铅）做好白色地子层，然后在其上用其他颜料施彩或贴金。

经过查阅资料，得到了论据。北京服装学院美术系讲师邱忠鸣在其文章《"福田"衣与金色相——以青州龙兴寺出土北齐佛像为例》中指出：

"大量青州北齐佛像选择这种'福田衣'作为表现的手法，较为独特。从所发现的实物来看，除青齐地区外，在雕刻的石像上绘制'福田衣'袈裟是笈多时期中印度萨拉纳特佛像的主流样式。二者整体造型很相似，表现手法也十分接近，均在雕刻好的薄衣贴体的、无衣纹的单尊石制立佛上进行装饰。简而言之，其过程是先在佛衣上施一层薄薄的白色化妆泥，再在化妆泥上绘制福田，表现的是'福田'观念。"

该文从史料的角度谈到了佛像彩绘前要施加一层白色的化妆泥。

李佳在其硕士论文《青州龙兴寺佛教造像艺术初探》的研究工作中也谈到：

"新石器时期的彩陶在彩绘之前一般先在陶胎上施一层白衣，以便于上彩；秦兵马俑在施彩绘之前也要先将陶胎进行处理和修整，'陶俑表面施彩过程分三步，即生漆－猪血－绘彩。陶质表面不能直接着色，必须先行处理，也就是涂生漆以填塞陶制品表面疏松的孔隙，并能增加附着力，再敷一层猪血或豆汁，然后彩绘，并有在着色前施加白衣者'。古代墓室壁画在制作过程中也是先用石灰、白垩等白色矿物质先抹平、修整好墙壁表面后才施彩绘画的。石胎造像十分光滑，也不利于彩绘和贴金的附着，因此龙兴寺造像也存在着石胎修整的问题。经过仔细观察，在造像彩绘和贴金局部脱落的地方，也发现了一层白色的类似于瓷器上化妆泥的物质附着在造像石胎上，想必也是用来修整石材的凹凸不平和表面空隙以便于上彩、贴金。"

因此，该佛像在施彩前也用白色物质进行了打底处理，经测试该白色物质是铅白而不是白垩。

（三）石雕佛菩萨三尊像施金工艺

古代饰金常用方法有：

1、鎏金或涂金：金与水银（汞）形成金汞齐（金色液态膏状物）涂于佛像上，用火将汞烘出，佛像上就只留下金膜，此过程往往重复数次。

2、贴金：利用金的延展性，将金捶压成金箔，再将金箔粘贴到佛像上。

3、描金：将金研磨成粉，用胶调和涂于物体上。

那么，三尊像佛脸、佛足上的金是通过哪种工艺制作？通过X荧光能谱仪、扫描电子显微镜能谱仪测试，金箔成分中没有汞元素存在，可以肯定该金箔不是鎏金形成。东南大学李佳在硕士论文《青州龙兴寺佛教造像艺术初探》中，从史料的角度对龙兴寺石刻佛造像贴金装饰手法进行过较为详细的论述，与本测定结论相同。佛脸、佛脚的金是将打制好的金箔贴饰于以铅白为地子的石雕上形成。[⑥]

注释：

① 杨晨光：《青州背屏式佛造像的艺术特点》，《滨州学院学报》，2007 年第 2 期，第 23 卷，第 53 页。

② 杨晨光：《青州背屏式佛造像的艺术特点》，《滨州学院学报》，2007 年第 2 期，第 23 卷，第 53 页。

③ 李佳：《青州龙兴寺佛教造像艺术初探》，《东南大学硕士学位论文》，2005 年，第 29 页。

④ 北京市文物研究所：《北京地区辽金墓葬壁画保护研究》，科学出版社 2008 年版，第 57 页。

⑤ 北京市文物研究所：《北京地区辽金墓葬壁画保护研究》，科学出版社 2008 年版，第 58 页。

⑥ 课题组成员：赵瑞廷、何秋菊、黄洁、李玉玲、邵芳。

孔庙进士题名碑调查研究

何海平　范胜利　胡媛媛

北京孔庙始建于元代，已经有700多年的历史，由于儒家思想在中国封建社会的统治地位，所以孔子在我国古代具有非常高的地位。作为元、明、清三代祭祀孔子的场所，北京孔庙的历史地位在当时是相当重要的，其建筑规模非常大，具有重要的历史价值。孔庙内的石质文物较多，有石碑、石亭、石鼓、石刻、石柱、石栏杆、月台，大青石浮雕等，在这些石质文物中最有意义的就是进士题名碑。有元、明、清三代的进士题名碑198块，其中元代3座、明代77座、清代118座。这些进士题名碑上刻着元、明、清三代各科进士的姓名、籍贯、名次，共计51 624人。这些进士题名碑为研究中国古代科举制度提供了重要文献资料。由于北京地区酸雨较多①，这些珍贵石质文物受到侵蚀，出现了酥松、裂纹、剥落、粉化等严重风化现象，有些进士题名碑碑文字迹若隐若现，非常模糊，有的字迹已基本消失，碑身污物也相当严重。首都博物馆刘树林曾经对进士题名碑的保护进行过研究并提出了保护方法②，但后来由于种种原因未实施。本研究拟对进士题名碑现状进行调查并分析其病害，为以后的保护研究提供材料。

一、进士题名碑保护情况

进士题名碑共有198通，而矗立在碑林的只有197通。这197通石碑最早的已经有700年的历史，最晚的也有100多年，随着岁月的流逝，风化严重，亟待保护。由于现代工业的发展，大气中污染物增多，在20世纪八九十年代北京酸雨频繁，对这些文物的损害非常大。为了更好的保护这些珍贵文物，在专家的建议下，2004年在这197通石碑上面采用遮雨棚覆盖，以阻挡雨水对石碑的冲刷，这在一定程度上减缓了进士题名碑的风化，但不能从根本上解决石碑的风化问题。其主要缺陷有：

（一）不能阻挡风沙对石碑的损害，遮雨棚在石碑的正上方，而风沙都是从侧边吹来，遮雨棚不但不能阻挡风沙，而且可能会加大风沙的吹蚀作用。

（二）遮雨棚存在漏水问题，没起到应有作用，如图1所示。

（三）雨水落下时一般都伴随有风，所以也会有雨水被吹到石碑表面，如图2所示。

图 1　顶棚漏水

图 2　风吹雨水

（四）虽然上面的雨水被挡住了，但从遮雨棚旁边滴落的雨水会溅落到石碑下面，使石碑下部风化，如图 3 所示。

图 3　融化雪水滴落地面

（五）石碑表面容易积聚灰尘，且灰尘集聚后没有雨水的冲刷长期附着在文物上，而灰尘中可能含有腐蚀性成分，使石碑风化。

（六）无法阻挡阳光的直射，阳光直射使石碑表面温度急剧升高，产生温度梯度，使内部应力增加。

二、进士题名碑病害状况及材质

本研究首先采用调查统计的方法，对 197 通石碑的现状进行研究并将病害分类统计。目前最主要的病害有 9 种，分别为粉化、裂纹、断裂、起皮、层状剥落、表面污染、孔洞、不当修复、缺损。其中粉化是指石质文物表面的酥粉剥落现象③；裂纹是指石质文物表面的开裂；断裂是指石质文物断为多截；起皮是指石质文物表层鼓起、分离形成空腔，但并未完全剥落的现象；层状剥落是指石质文物起皮后完全脱离基体的现象；表面污染是指石质文物表面被人为或自然改变的现象；孔洞是指石质文物表面由于风化形成有一定深度的洞穴；不当修复是指石质文物经过水泥、钢铁等修复的现象，这些修复未从根本上控制石碑的病害；缺损是指石质文物整体不完整的现象。这些进士题名碑已经被孔庙及国子监博物馆编上了序号，本研究将按照孔庙的序号进行研究。对每通石碑进行调查，并记录下各种病害。具体病害情况如表1所示：

表1 进士题名碑病害情况

病害	表面粉化	裂纹	断裂	起皮	层状剥落	表面污染	孔洞	不当修复	缺损
数量（通）	159	64	37	56	38	170	47	30	20
所占比例（%）	80.7	32.5	18.8	28.4	19.3	86.3	23.9	15.2	10.2

根据调查，表面粉化和表面污染两类病害的石碑最多，都在80%以上。表面粉化的进士题名碑有159通，占总数的80.7%，并且这些石碑都是大理岩材质的石材。其表现形式比较单一，就是表面掉粉现象（见图4）。表面污染的进士题名碑有170通，占总数的86.3%。表面污染有人为污染和自然污染两种。人为污染主要指碑面被涂上墨水、油漆、胶粘剂等现代材料，这些石碑不是很多，大约有十几通。如人为破坏污染，不当修复造成的污染（见图5），拓片造成的墨渍污染（见图6）。自然污染包括灰尘附着和酸雨导致的表面硫酸钙黑色硬壳等④，主要由自然环境造成。如表面生成硫酸钙污染（见图7），表面附着灰尘污染（见图8），表面生物污染。有时候生物破坏在石质文物的风化中起到重要作用，不可小视⑤。由于石碑经历年代久远，有32.5%的石碑产生了裂纹（见图9），28.4%的石碑表面起皮，19.3%的石碑表面有层状剥落现象，这些病害存在的石碑中材质为砂岩的比例高一些，这主要是由于粉砂岩颗粒间的结合力较低，导致层间剥落而形成的。主要表现形式如图10、图11、图12所示。从这组数据和照片可以看出，裂纹是一种轻度风化、裂纹发展后就会导致表面起皮，表面起皮后如果不加以控制就会层状剥落，而一旦层状剥落后石碑表面的历史信息将荡然无存，使文物的价值大大降低。这三类病害的存在比例由高到低，也反映了这三类病害的严重程度，所以对这些文物的预防保护非常必要。石碑断裂的比例也占到了18.8%，其主要表现形式如图13所示。断裂的原因主要是人为造成的，可能是人的蓄意破坏或者没考虑到石碑的稳定性，经过震动后倒塌摔倒而断裂的，这些人为破坏只要管理人员提高警惕、加强责任心就可以避免。表面有孔洞的石碑有47通（见图14），占总数的23.9%，这主要是因为年代久远，石碑经过雨水的溶蚀作用，将表面的可溶或易溶物质溶解的结果。从图14可以看出，孔洞不像人为因素造成，孔洞部分缺少一个字，这说明此孔洞在当初雕刻时并不存在，是因为后期的溶蚀作用形成的。不当修复的石碑有30通，占总数的15.2%，这些修复大多采用水泥、钢板等现代材料，老化后会加速石碑的风化。缺损的石碑有20通，主要是人为破坏的结果。一般来说，缺损、断裂、不当修复等病害都同时出现，有的是缺损和不当修复两种病害一起，图15是缺损、断裂和不当修复三种病害同时存在。这说明石碑主要是对缺损和断裂进行修复，而对其他的病害还较少进行修复。

图 4　表面粉化使字迹变浅

图 5　不当修复造成的污染

图 6　拓片墨迹污染图

图 7　表面生成硫酸钙污染

图 8　表面附着灰尘污染图

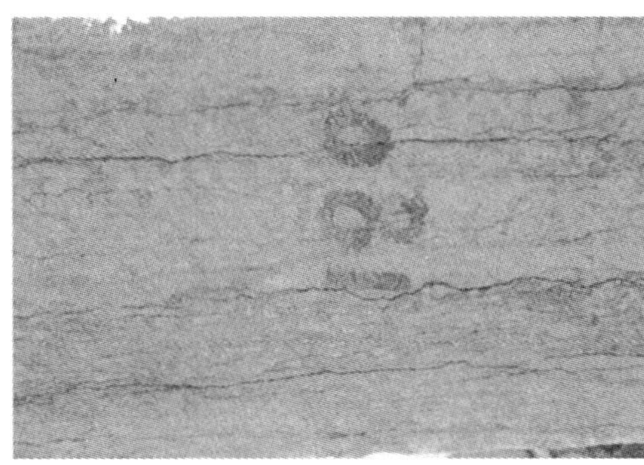

图 9　表面裂纹图

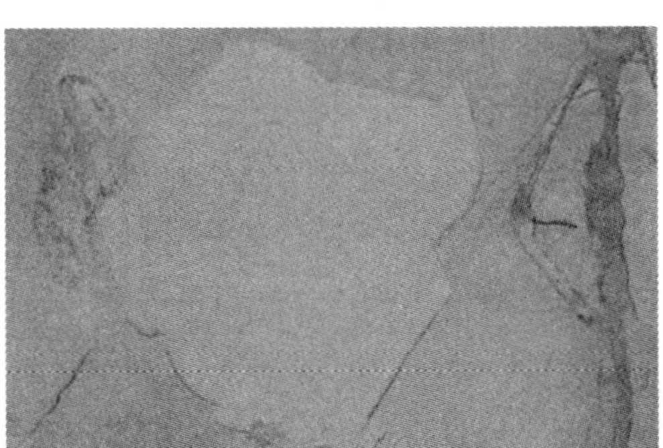

图 10　砂岩片状剥落

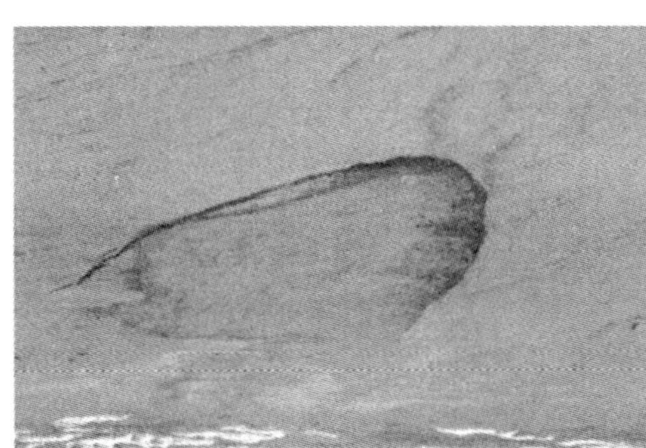

图 11　大理岩片状剥落

图 12　泥质石灰岩片状剥落

图 13　断裂

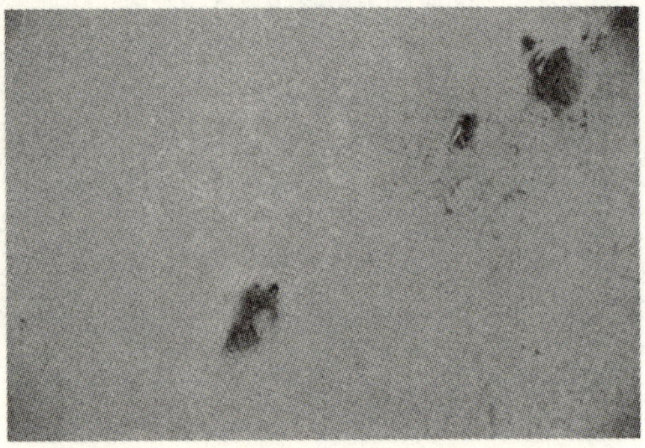

图 14　表面孔洞

图 15　缺损断裂及不当修复

除了进行病害调查，本研究还调查了进士题名碑的岩石种类，初步认为进士题名碑由大理岩、泥质石灰岩和砂岩组成。表 2 为进士题名碑各种材质比例。根据这些调查结果，可以看出进士题名碑中大理岩占了绝大多数，占总数的 89.8%，而泥质石灰岩才占到 3.6%，粉砂岩的比例为 6.6%，因此大理岩的保护是进士题名碑保护的重点。而从保存状态观察，大理岩的风化比泥质石灰岩和粉砂岩都要严重，这说明大理岩比其他两种岩石的耐风化能力要差。

表 2　进士题名碑各种材质比例

石材种类	大理岩	泥质石灰岩	粉砂岩
数量（通）	177	7	13
所占比例（%）	89.8	3.6	6.6

三、结论

根据现场调查，进士题名碑的风化具有如下现象：

（一）进士题名碑整体风化严重，并且有进一步风化的趋势，需要有效保护。

（二）进士题名碑由大理岩、泥质石灰岩和粉砂岩组成，其中大理岩所占比例较高，占到总数的90%。

（三）大部分大理岩石碑上部粉化明显比下部严重，所以有些碑文上部字迹模糊，下部字迹清楚。这主要是因为酸雨的冲刷作用造成的⑥。

（四）大部分层状剥落严重的都为粉砂岩和泥质石灰岩，大理岩层状剥落较少。

（五）年代越久的石碑风化越严重。元代三通石碑有两通完全没有字迹，只有元至正11年石碑有少部分字迹；明代石碑也大部分字迹不清楚，有少量石碑完全没有字迹；而清代石碑都能看见字迹，只是有些比较模糊。

（六）在相近时期大理岩石碑比泥质石灰岩和粉砂岩的保存现状要差，说明大理岩比泥质石灰岩和粉砂岩耐风化性能差。

（七）早期石碑多为泥质石灰岩和粉砂岩，即使是明朝大理岩石碑，其中所含杂质较多，说明石材加工技术随时间推移而提高。

参考文献：

① 徐梅，祝清林，王丽娜等：《京津地区酸雨变化特征及趋势分析》，《气象》2009年第11期，第78-83页。

② 刘树林：《北京孔庙石质文物的现状及保护探研》，《北京文博》2003年第3期，第88-97页。

③ 国家文物局主编：《石质文物病害分类与图示》，《中华人民共和国文物保护行业标准》2008年，第2页。

④ 冯楠：《高句丽石质文物风化机理及保护方法研究》，《吉林大学硕士学位论文》2008年，第1-2页。

⑤ Rakesh Kumar，AnuradhaV. Kumar：《Biodeterioration of Stonein Tropical Environments》，《The Getty Conservation Institute》1999年，第10-18页。

⑥ 张秉坚，陈劲松：《石材的腐蚀机理和破坏因素》，《石材》1999年第11期，第14-17页。

中国古代纺织品植物染料鉴定方法探讨

何秋菊

我国纺织品染色工艺历史悠久，最早可追溯至新石器时代①。染料是指能溶于水中并能直接或借助助剂上染于纤维而显示色彩的有机物质②。合成染料于19世纪晚期出现③，古代纺织品上的染料多为天然植物染料。古代纺织品植物染料的科学测试是中国纺织品科技考古和鉴定工作的重点。明确染色文物染料的种类和基本性能，研究其染色工艺对纺织品修复、复制有着十分重要的作用。

植物染料常用的分析测试方法分为色谱法和光谱法。国外有报道对从古代织物上的提取的染料进行高效液相色谱、薄层色谱、分子光谱结构等分析④。在国内，最早是上海纺织科学研究院在研究马王堆出土织物时对其中的一些染色和印花织物进行了测试，后来，北京纺织科学研究所对定陵出土的黄色织物也曾作过染料测试⑤。近年来，陈元生等⑥采用薄层色谱法、红外光谱法、高效液相色谱法、质谱及快原子轰击质谱法等多种分析测试手段，通过综合比照认定毛织品上的蓝色染料的主要成分应是靛蓝素。解玉林等⑦从毛织品上提取、分离得红色染料，经质谱、紫外可见吸收光谱、核磁共振谱、核磁共振谱分析鉴定，判断其主要成分紫茜素均来源于茜草属植物。张雪莲等⑧以薄层色谱法为主要测试手段，结合化学分析以及高效液相色谱、紫外光谱等近代方法对染草中提取出的各种植物染料进行分析与鉴定，揭示了三千年前古样品染料色素的成分。

由于出土染织品异常珍贵，可供染料萃取的更为稀少。样品多为从织物脱落的少量丝线，色素含量很低，况且某些色素组分因自然降解而消失，分析鉴定难度较大。所以，目前关于古代纺织品染料及染色工艺分析鉴定方面的研究相对薄弱。

本文总结了古代常用植物染料色素的结构和性质，鉴定染料时可采用的提取试剂及工艺，将天然植物染料的常用测试方法作一系统总结，并以一组古代织物蓝色染料的具体鉴定为例进行研究，探讨了各种方法对染料的测试结果，比较了各种方法的应用特点，以期找到适合于文博系统的古代纺织品植物染料研究方法，更好的为馆内纺织品文物保护修复服务。

一、古代常用植物染料

自然界中有记载的能够染色的植物达300多种⑨。按照色相可将染料分为以下几类，各染料主要色素化学结构式见图1。

（一）红色染料

茜草是我国历史最悠久的红色植物染料。茜草色素化学成分主要是蒽醌衍生物（主要成分为茜素，亦含紫茜素等）。茜素学名1，2－二羟基蒽醌，由1，2位羟基和媒染剂络合，生成不溶性沉淀而染于纤维[10]。

红花传说汉时由张骞自西域带回，唐宋以后，红花一直是我国最主要的红色植物染料之一。红花中主要含有红花甙（0.3%～0.6%）和黄色素（20%～30%）[11]。一般情况下只用红花甙进行直接染色。

苏木又称苏枋，原产于东南亚和我国岭南地区，约于魏唐之间跨过南岭进入中原。苏木内含苏枋隐色素，能在空气中迅速氧化而成苏木红素，主要成分为 $C_{16}H_{12}O_5$，是一种典型的媒染染料，与金属盐络合产生色淀才能有较好的染色牢度[12]。

（二）蓝色染料

古代蓝色植物染料均是运用蓝草中所含靛质进行染色，人类应用靛蓝染色的历史可以追溯到四千多年前[13]。相传在夏代，我国就开始种植蓝草[14]。1880年，Adolf von Bayer 用化学方法合成了靛蓝[15]，传统的靛蓝生产逐渐衰退。但是，传统的蓝印花布、蜡染和扎染中使用的染料均为靛蓝，目前少数地区还在进行传统的制靛工作。常见的蓝草有菘蓝、蓼蓝、马蓝等。所有蓝草中均有可以缩合成靛蓝的吲哚酚，但它在各植物细胞中的存在形式却是不同的。其中菘蓝中的形式为菘蓝甙，当它遇到碱时即可水解游离出吲哚酚，从而氧化为靛蓝（$C_{16}H_{10}N_2O_2$）；而其他蓝草如蓼蓝、马蓝中是靛甙，必须经过长时间的发酵，在生物酶和酸的作用下才能水解游离出吲哚酚，再氧化为靛蓝。同时由于部分吲哚酚在溶液中发生烯醇互变，过氧化还会形成靛蓝素的同分异构体靛玉红。靛蓝除了可以染蓝色之外，还能与其他含黄色色素的植物染料套染绿色，以及与红色调植物套染紫色[15]。

（三）黄色染料

自秦汉以来，栀子的种植已经极为普遍。栀子色素成分主要是萜类的藏红花素和黄酮类的栀子黄色素[17]。用于染色的主要是藏红花酸，成分是 $C_{20}H_{24}O_4$。栀子色素可用直接法将织物染成黄色，微泛红光，亦可加媒染剂染成不同色调之深浅黄色。

槐米染黄出现在唐代以后，明代继续发展。其色素成分为芸香甙（10%～30%），又名槐黄素[18]，属黄酮类衍生物，为色彩艳亮、牢度优良的黄色直接染料。

姜黄主要成分是姜黄素，化学式是 $C_{21}H_{20}O_6$，属于酚类衍生物[19]。姜黄可直接染棉、毛、丝等纤维，也用金属媒染得各种不同的黄色。

（四）绿色染料

冻绿是古代为数不多的天然绿色染料之一，又称鼠李或绿柴。色素主要为天然绿二号（$C_{15}H_{12}O_6$）[20]。这些色素可以采用直接法在弱碱性浴中染棉和丝绸，还可以在弱酸性浴中采用还原剂来还原染色，得到蓝光绿色。

（五）紫色染料

春秋战国时紫草在我国就已经使用，紫草叶及根部均含有乙酰紫草醌（$C_{18}H_{18}O_6$），含量约为50%，是以萘醌类为主要发色基团的媒染染料，易与多价金属氢氧化物生成络合物[21]。

（六）黑色染料

黑色染料常见的有麻栎树果壳，胡桃、杨梅、榉柳等树皮，莲子壳等。五倍子是染黑色的主要天然染料，含有没食类鞣质而能染色成黑。鞣质首先与铁盐在纤维上生成无色的鞣酸亚铁，然后被空气氧化成不溶性的鞣酸高铁色淀，所以染色牢度非常优秀[22]。

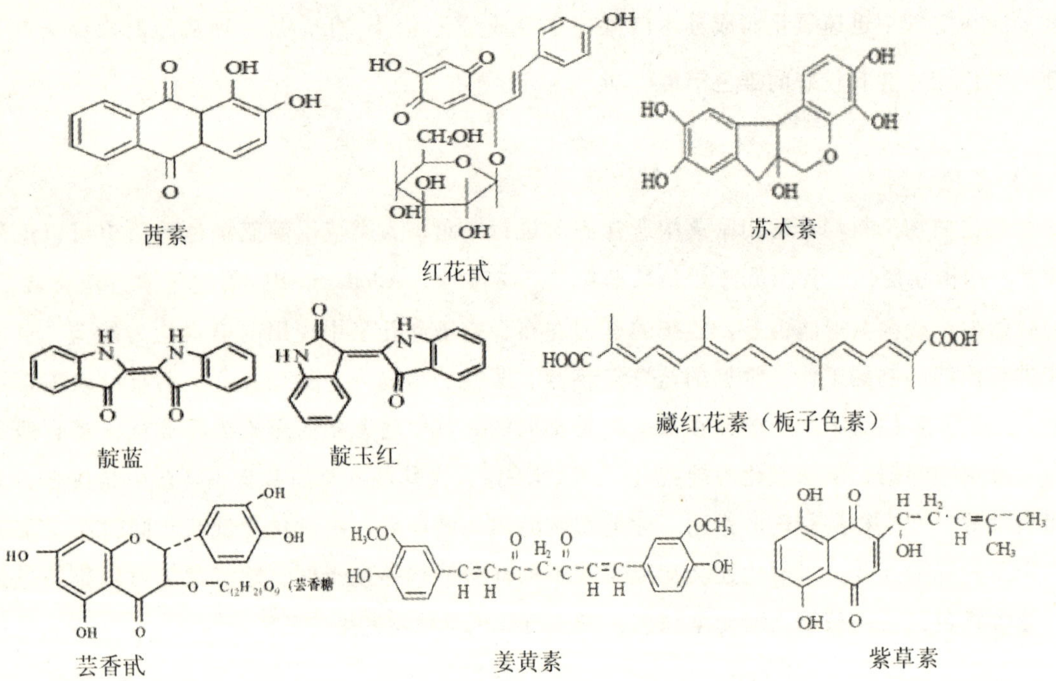

图1 各植物染料色素结构式

二、天然植物染料鉴定方法

鉴定植物染料的种类一般都采用将已知植物染料标准样品与古代染色织物染料比较的方法。测定染料成分的基本步骤：第一，根据古代织物的染料色彩及有关资料初步推断所用染料。第二，制备染料测试样品，其中包括在初步判断基础上选用已知天然染料样品制备标准对照品和古代织物样品上微量染料的提取。第三，采用化学方法或物理方法进行无损/微损分析测试。

（一）样品制备

1．染料对照品制备

在初步推断的基础上制备天然植物染料对照品。目前，也可通过购买标准染料色素作为标样。对于不易买的的色素标样，选择合适的色素提取方式是分析测试的关键。

溶剂提取方法包括浸渍法、煎煮法、回流提取法等[23]。对湿热均稳定且不易挥发，可以以水为溶剂通过浸渍法或煎煮法提取色素。此外，还有酸性水提和碱性水提。天然染料中较为特殊的是靛蓝，制备靛蓝染料可将天然蓝草叶于水中浸泡数天，浸泡过程中加入石灰，浸出液呈黄绿色，利用空气氧化可使靛蓝沉淀析出，此为浆状靛蓝，烘干后即可收藏备用。

对于难溶于水的色素染料，可用甲醇、乙醇、苯、乙醚、冰醋酸和乙酸乙酯等有机溶剂进行分步提取，也可采用混合溶剂、反应溶剂进行提取。

2. 古代纺织品染料提取

古代织物上染料提取是鉴定的关键。溶剂萃取法很适用于古代织物染料的提取。染料的剥色、提取色素需要经过一定试验，应尽可能选取既能提取色素又不破坏染料及织物纤维结构的溶剂。羊毛上的染料一般可用二甲基甲酰胺、氯苯－醋酸（1:1）、吡啶－水（53:47）或冰醋酸溶液等作为溶剂来萃取。棉织物上的染料一般可使用二甲基甲酰胺、吡啶及5%的NaOH进行萃取。方法是将小块织物试样用蒸馏水等清洗干净后，置于试管中，加入溶剂（有时需煮沸），倒出试管中的溶液即为染料溶液。重复以上步骤，尽可能完全地提取出色素。

（二）染料鉴定方法

1. 色谱法

（1）薄层色谱法（TCL）

薄层色谱法是最普遍、最经济的染料测试方法，最佳样品量0.5—3mg/ml。将未知染料和标准染料试样同时在薄层板上点样，比较展开后的斑点形状、颜色和Rf值（试样的移动距离和流动相的移动距离之比），从而判断未知样品的性质。

在对馆内文物保护修复中心纺织品组修复的清代传世品扇套深蓝色丝线染料鉴定的试验中，采用试验条件：基质：硅胶GF254（成品）；温度：27℃；时间：45min；展开剂：苯：三氯甲烷：丙酮（5:4:1）。

将丝线蒸馏水洗净，以吡啶溶液超声萃取样品蓝色染料，大部分染料被剥取，证明应为有机染料。称量参比物靛蓝试剂、含靛蓝的中草药青黛，配成约为2mg/ml的吡啶供试溶液。将样品染料萃取液、参比物溶液以微量注射器各吸取2—5μl，同时以薄层层析法做展开分析，展开结果见表1。

从表1可以看出，样品蓝色染料提取液与标准靛蓝、青黛二者相应的斑点、颜色一致，而且Rf值非常接近，证明样品染料蓝色素与标准靛蓝、青黛为同一种物质。

表1　薄层色谱实验结果

样品	前沿	蓝色色素斑点	RF值
靛蓝	13.5	10.8	0.8
青黛	13.5	11	0.81
扇套蓝色丝线	13.5	10.7	0.79

（2）高效液相色谱法（HPLC）

高效液相色谱是快速的微量分析工具，现在国际主要的纺织染料测试机构均采用该法，所需样品只要一根1cm长度的丝线即可测出其染料的种类，最低检出限可达10 - 7 ~ 10 - 12g。

采用德国LUMTECH K - 501高效液相色谱仪对首都博物馆藏品河北隆化鸽子洞元代窖藏蓝棉袄蓝色、浅蓝色纤维以及百纳枕顶蓝色纤维样品蓝色染料进行鉴定。将各蓝色染料织物样品，靛蓝素和靛玉红标准品（中国药品生物制品检定所），靛蓝试剂，青黛用冰醋酸分别萃取，将该染料溶液在高效液相色谱上分析，实验结果见图2，分析图谱可知靛蓝素标准品的主峰保留时间为6.7min，靛玉红标准品的主峰保留时间为9.4min。靛蓝与青黛所含色素成分一致，皆共有两个主峰，这两个主峰分别代表靛蓝素（indigou）和靛玉红（indirubin）的流出峰。各样品染料的两个主峰保留时间与试剂靛蓝、青黛主峰的保留时间基本一致，可以说明各蓝色染料主要成分都是靛蓝素和靛玉红。靛蓝素和靛玉红为同分异构体，均是蓝草中靛蓝的主要成分，由此可以推断元代鸽子洞丝织品蓝色均系用靛蓝染色。由于蓝草种类或采摘季节、地域以及各样品染料色素老化情况的不同，这几个样品两成分之间比例不同。

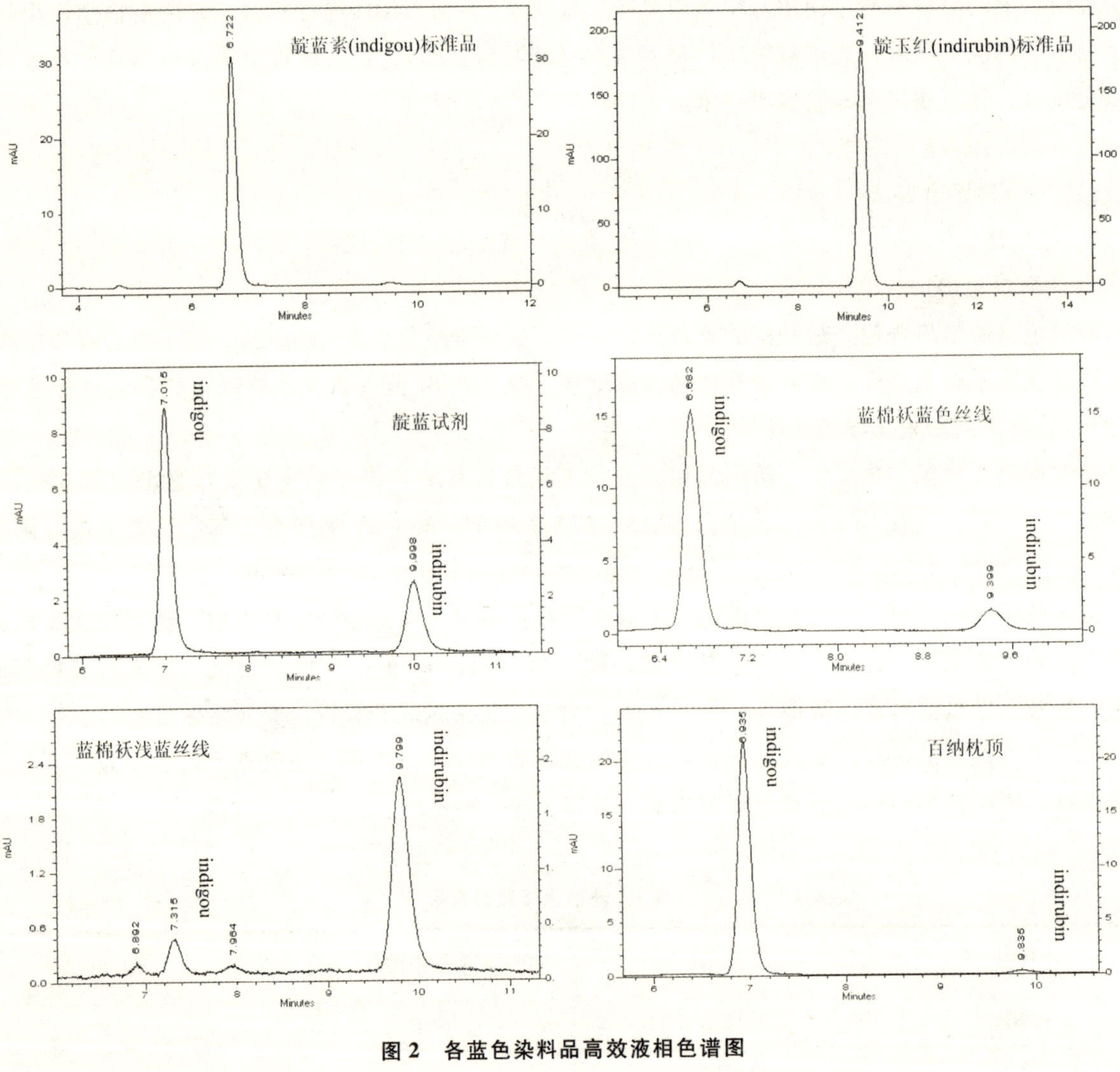

图2 各蓝色染料品高效液相色谱图

2. 分子光谱法

（1）紫外 - 可见光谱法（UV - vis）

古代植物染料的分子结构中多含有苯环或双键等能够吸收紫外光或可见光而引起电子跃迁的发色基团。定性分析中，配制100ml溶液，最少样品量可达10 - 6g。

采用试剂冰醋酸超声提取元代鸽子洞窖藏蓝棉袄、百纳枕顶蓝色丝线染料 1h，有少量蓝色染料被剥落，同样以靛蓝试剂、中草药青黛作为对照样品，配置成的靛蓝、青黛溶液，以冰醋酸作为参比溶液（249nm 以下的紫外区有较强吸收），各测试其紫外可见吸收光谱（见图 3）。由图 3 可知，样品蓝棉袄、百纳枕顶蓝色染料与靛蓝、青黛类似，均在 286、616nm 有特征吸收，显示样品蓝棉袄、百纳枕顶与靛蓝、青黛物质分子中的生色团（助色团）相同，应该带有苯环。可见古织物蓝色染料均为有机物，为蓝草中的提取物靛蓝色素染色。

（2）红外光谱法（FITR）

傅立叶变换红外光谱仪在近十年来得到广泛的应用。可通过解析红外光谱图中染料的特征官能团的吸收波长来推测分子结构，更多的是采用未知染料与若干标准天然染料红外光谱图进行比较，从而确定未知染料种类。但红外光谱分析需要较多、较纯的试样，才能对未知物做准确鉴定，所以对于古织物微量的染料样品来说，难以在实际中应用。

（3）激光拉曼光谱法（Laser - laman）

拉曼光谱技术非常适合于易损和不允许取样的珍贵文物的无损分析。拉曼光谱分析技术在染料研究中常遇到的困难是染料自身或者某些杂质引发的荧光干扰，可以通过转换不同的激发波长测试不同吸收带的样品以减少荧光背景影响或者采用表面信号增强技术克服这一困难。

传统方法均需要用试剂萃取，尝试性使用非接触式无损害拉曼光谱鉴定古代丝织品蓝色染料。仪器为法国 J Y 公司 LabRAM HR 800 型激光显微共焦拉曼光谱仪，在室温、暗室条件下，采用 $\lambda_0 = 785$ nm 的激发光源（半导体激光器）在显微镜下对样品聚焦后测试。图 4 为标准靛蓝试剂、鸽子洞出土蓝棉袄、百纳枕顶蓝色丝线的拉曼光谱图。由图 4 可见，标准靛蓝的拉曼特征峰位出现在 103w、132m、175vw、252m、311vw、544m、599w、675w、756w、1224w、1310w、1362w、1460w、1572vs。鸽子洞出土纺织品蓝色染料与标准靛蓝拉曼光谱相似度很好，说明样品蓝色丝线系靛蓝染色。可见利用激光拉曼光谱在显微镜下找到适合的测试点可以实现对纺织品上蓝色染料的无损测定。

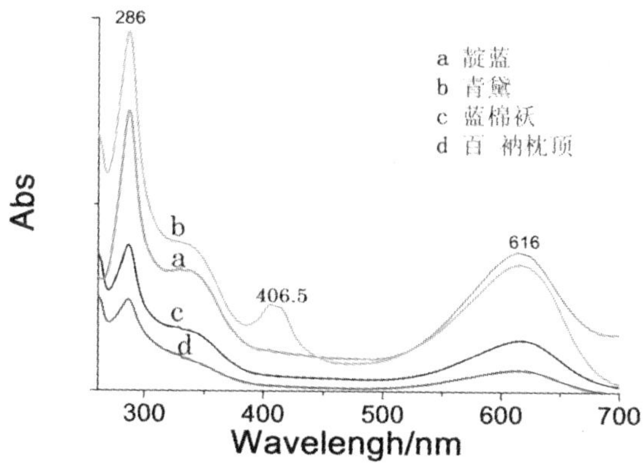

图 3 冰醋酸提取蓝色染料紫外可见吸收光谱

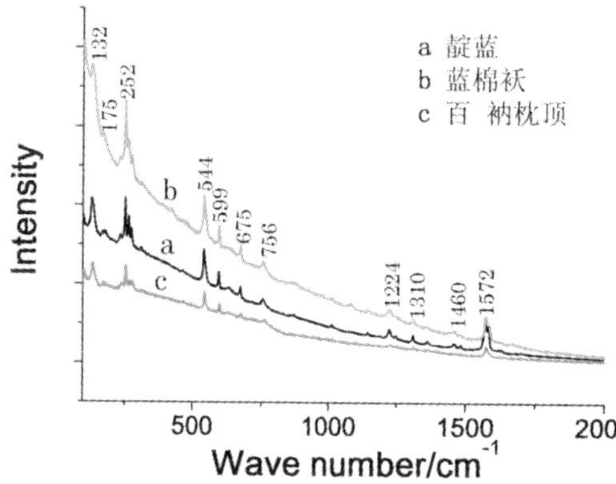

图 4 鸽子洞出土蓝色染料拉曼光谱图

（4）其他分子光谱法

近年来，其他的分子光谱法也逐渐被借用于天然染料的鉴定工作中。日本学者着力研究了通过三维荧光光谱法来无损测试比较和识别植物染料。

3．质谱法（MS）

质谱法的优点是可以测出物质的分子量，因此，有助于确定化合物的分子结构。通常只需要几微克样品，在最优化条件下甚至只要10-12g样品，所以对于极微量的染料色素样品分析很有效。但质谱法要求纯样品，所以质谱法多与不同的分离方法联用，特别是与气相色谱和液相色谱联用，可成为一种强有力的分离、鉴定复杂染料混合物及结构的可靠手段。

三、结论

以上对常用植物染料结构、性质以及常用分析方法的介绍可以初步得出以下结论：古代常用天然植物染料属于复杂的有机物，色素成分多并非只有一种，因而需用几种方法从几个方面同时进行分析鉴定。在查阅文献后，根据色彩推测可能的染料种类，尽可能多的提取古织物染料色素，并以染料标准品或制备对照品作为参照，采用拉曼光谱技术初步判定样品染料组成，利用紫外-可见吸收光谱分析染料的基本构造，用核磁共振氢谱和核磁共振碳谱判定染料的分子结构，用薄层色谱、质谱以及高效液相色谱辅证，则可成功完成馆藏丝织品文物微量染料的鉴定。

致谢：本研究受到北京市科技计划课题（编号：Z0805060288080）资助，文物保护修复中心纺织品组贾汀、黄悦提供了文物样品，在此表示真挚的感谢。

注释：

① 熊樱菲、解玉林、陈元生：《古代植物染料分析方法比较》，《科技考古论丛（第三辑）》，中国科学技术大学出版社2003年版，第120-123页；龚德才：《“相关元素法则”在古代丝织品媒染剂研究中的应用》，《文物世界》2003年第5期，第36-40页；吴淑生、田自秉：《中国染织史》，上海人民出版社1986年版，第3-25页。

② 中国纺织品鉴定保护中心：《纺织品鉴定保护概论》，文物出版社2002年版，第87-101页；杨新玮、罗钰言、李锦簇等：《化工产品手册-染料及有机颜料》，化学工业出版社1999年版，第2-30页。

③ 王玮：《中国传统草木染历史发展概述》，《四川丝绸》2007年第3期，第52-54页。

④G. C. H. Derksen, T. A. V. Beek, et al. High-performance liquid chromatographic method for the analysis of anthraquinone glycosides and aglycones in madder root (Rubia tinctorum L.). Journal of Chromatography A, 1998, volume 816, number 2, pp. 277-281; Xian zhang, Irene good, Richard laursen. Characterization of dyestuff in ancient textiles from XinJiang. Journal of Archaeological Science, 2008, volume 35, number 4, pp. 1095-1103; E. V. Karpova, et al. HPLC and molecular spectroscopic investigations of the red dye obtained from an ancient Pazyryk textile. Dyes and Pigments, 2006, volume 71, number 1, pp. 54-60; Petra Novotná, Vera Pacáková, Zuzana Bosáková, et al. High-performance liquid chromatographic determination of some anthraquinone and naphthoquinone dyes occurring in historical textiles. Journal of Chromatography A, 1999, volume 863, number 2, pp. 235-241; Mohamed A Ackacha, Kasia Polec'-Pawlak, Maciej Jaros. Identification of anthraquinone coloring matters in natural red dyestuffs by high performance liquid chromatography with ultraviolet and electro spray mass spectrometric detection. J. Sep. Sci., 2003, number 26, pp. 1028 - 1034.

⑤ 同②。

⑥ 陈元生、解玉林、熊樱菲等：《山普拉墓群出土毛织品上蓝色染料的分析研究》，《文物保护与考古科学》2000年第12卷第1期，第15-20页。

⑦ 解玉林、熊樱菲、陈元生等：《周-汉毛织品上红色染料主要成分的鉴定》，《文物保护与考古科学》2001年第13卷第1期，第1-6页。

⑧ 张雪莲、唐静娟、熊贤礼等：《古代织品染料的分析》，《文物保护与考古科学》1996年第8卷第1期，第1-8页。

⑨ 潘丽娜、贾丽霞：《植物染料的研究现状及趋势》，《纺织科技进展》2008年第3期，第36-37页。

⑩ 杨东洁、郑光洪：《茜草在天然纤维染色中的应用》，《丝绸》2000年第12期，第19-21页。

⑪ 孙云嵩：《植物染色技术》，《丝绸》2000 年第 10 期，第 24 - 29 页。

⑫ 贾呐：《植物染料的红、黄色素提取及应用前景初探》，《南京艺术学院硕士学位论文》2004 年 8 月，第 8 页。

⑬ 刘剑、王业宏、郭丹华：《传统靛青染料的生产工艺》，《丝绸》2009 年第 11 期，第 42 - 43 页。

⑭ Zui C. Koren. HPLC analysis of the natural scale insect, madder and inigoid dyes. J So Dye Co, 1994, number 110, pp. 273 - 277.

⑮ 15WARREN N Watson, CHESTER H Penning. Indigo and world's dye trade. Industrial and Engineering Chemistry, 1926, volume 18, number 12, pp. 1309 - 1312.

⑯ 邓一民：《天然植物染料在真丝绸上的应用》，《四川丝绸》2003 年第 3 期，第 23 - 26 页。

⑰ 李惠民：《天然植物染料资源多样性及应用研究进展》，《西安工程科技学院学报》2006 年第 20 卷第 3 期，第 378 - 381 页。

⑱ 同⑪。

⑲ 孙云嵩：《黄色植物染料及染色》，《丝绸》2003 年第 1 期，第 31 - 33 页。

⑳ 同⑰。

㉑ 同⑲。

㉒ 张实、陈美林：《植物染料的应用与发展》，《山东纺织科技》2006 年第 1 期，第 50 - 53 页。

㉓ 何瑾馨：《染料化学》，中国纺织出版社 2009 年版，第 261 页。

电子探针在文物保护研究中的应用初探

邵 芳 张 蕊 康 涛

引言

首都博物馆文物保护修复中心为了适应文物保护修复的需要，组建了分析实验室，购买了日本岛津公司的 EPMA－1600 电子探针显微镜。电子探针在地球科学上的应用研究及其广泛，然而将其应用到文物保护研究则很少，文物材质及文物埋藏、保存环境决定了它与地球科学有着密切的联系，因此将电子探针应用到文物保护研究上有着重大的意义。

文物的保护处理必须依据严格的科学原理，遵循不改变文物原貌的原则，既要有效地清除文物的病害，又要最小限度干涉文物，使文物保持原貌，因此对文物实施保护修复的处理前进行系统地分析研究成为必要。在保护处理的实际工作中，仅凭经验观察很难区分各种蜕变产物，我们可以利用电子探针的分析结果，根据文物的成分选择与其相应的保护方法和材料，对待病害也仍然是根据成分的不同进行相应的处理，避免失误，从而达到最好的效果。

一、仪器原理及特点

电子探针显微分析仪（Electron Probe Microanalyser，简称电子探针或 EPMA）① 是一种微区成分分析的仪器，它利用被聚焦到 1μm 以下加速到 5kV－30kV 高压的高能电子束轰击用光学显微镜选定的待分析试样上某个“点”（一般直径为 1－50um），再经 X 射线波谱仪或 X 射线能谱仪分析从试样产生的特征 X 射线的波长和强度，从而定性、定量地给出体积仅为几立方微米的微小区域的化学成分。

仪器主要功能还有用于观察的高分辨的背散射电子像（COMPO）以及线分析（line analysis）、面分析（mapping analysis）。

由于文物种类繁多，本文只对文物中的颜料、青铜、陶瓷等材质的成分分析进行了论述。

二、应用实例

（一）青铜器材质的元素成分分析

以洛阳博物馆送修的青铜王座鼎为例，利用电子探针独特的微区微量的元素成分定性、定量分析对王座鼎的基体作了科学分析，为王座鼎的修复保护方案的制定提供了科学依据。样品为修复过程中掉下的小碎片经过打磨露出的青铜基体，利用日本岛津公司的电子探针 EPMA－1600 对该样进行了定性、定量分析以及面分析。

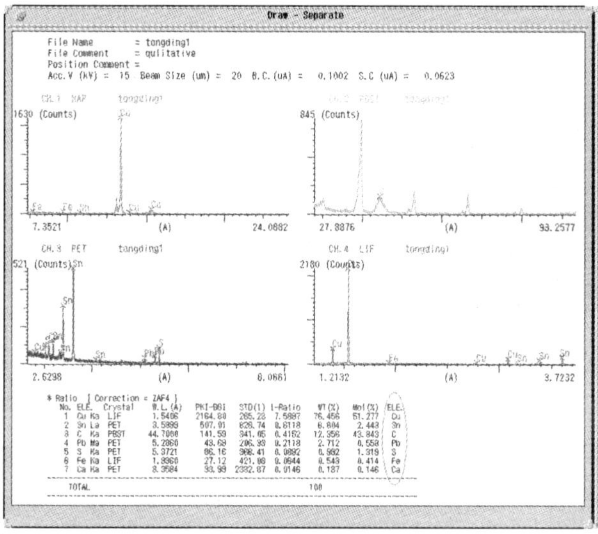

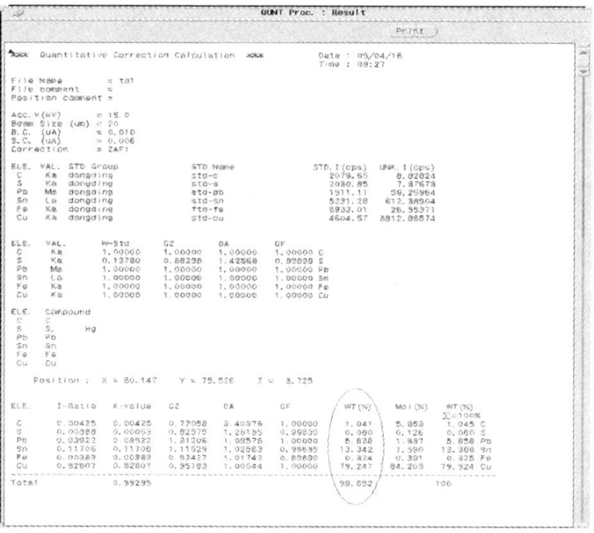

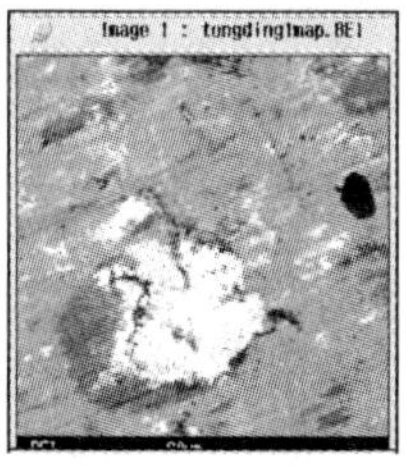

上图左　定性分析结果

上图右　定量分析结果

下图左　面扫描分析区域的背散射像

下图右　面扫描分析结果

根据电子探针分析王座鼎的成分为铜、锡、铅、碳、硫、铁、钙，其定量分析结果显示铜、锡、铅分别为 79.247%、13.342%、5.638%，是青铜合金。面分析结果反映了铅、铜、锡主元素的分布情况，分析结果显示铅具有偏析现象。

（二）江苏宜兴均山窑西晋青瓷残片线分析及面分析

在中国陶瓷史上，六朝青瓷占有十分重要的地位[②]。所谓青瓷，其釉是以氧化钙为主要助熔剂的高温石灰釉，这种釉含 2% 的三氧化二铁，在氧化气氛中烧成时呈青色或青绿色，故称青瓷，青瓷是中国瓷器中最古老的品种。通过分析江苏宜兴均山窑西晋青瓷残片釉中含 SiO_2 62.616%、Al_2O_3 13.438%、CaO 13.179%、Fe_2O_3 2.754%，胎含 SiO_2 69.025%、Al_2O_3 19.161%、CaO 0.437%、Fe_2O3 1.907%，这与中国科学院上海硅酸盐研究所测定的结果基本一致[③]。

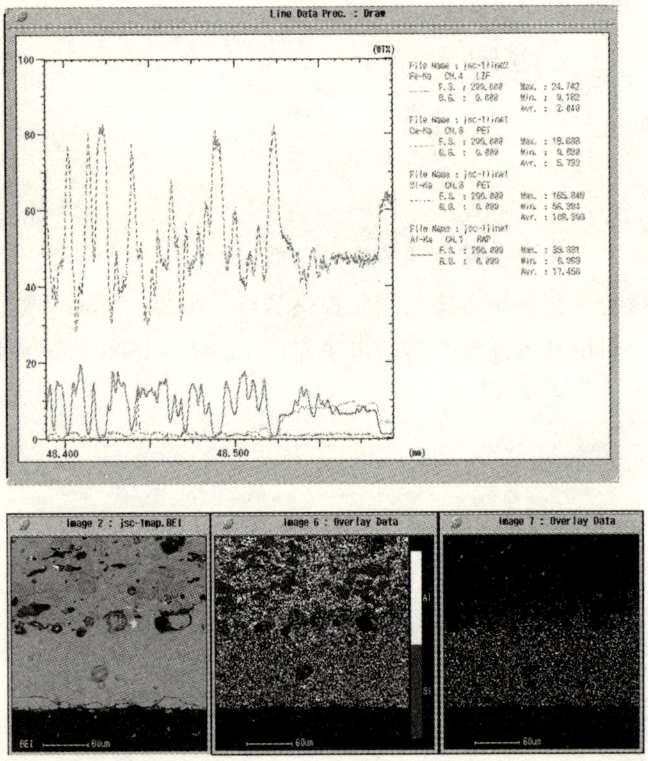

上图　均山窑西晋青瓷残片线分析结果

下左　面扫描分析区域的背散现象

下中　SiO_2、Al_2O_3面分析结果

下右　CaO面分析结果

线分析横坐标从48.39mm～48.525 mm为瓷胎部分，48.525mm～48.59 mm为瓷釉部分，瓷胎中的SiO_2含量因为有未熔融的石英存在变化较大，而釉中因为玻璃化程度高SiO_2含量较稳定；CaO的含量在胎中低而在釉中高，瓷釉中大于10%，从而说明了是石灰石釉；Fe_2O_3的含量在瓷胎中低而瓷釉中高，瓷釉中大于2%。下左图中显示胎釉中间层有针状钙长石晶体析出，瓷胎的深灰色部分是未熔融的石英；SiO_2、Al_2O_3在瓷釉中分布基本均匀，说明玻璃化程度高，下右图CaO面分析结果说明其在瓷胎中含量低而在釉中高。

（三）山东青州七级寺贴金彩绘佛造像上的红色颜料定性分析

山东青州七级寺出土的北魏时期贴金彩绘佛造像采用的颜料主要有：朱砂红、孔雀蓝、石绿、赭石、黑、白等原色和调制的肉色等。这些颜料本为矿石，经过研磨形成粉状颗粒，再用粘合剂调配后使用。由于颜料均为矿物质，故虽然埋在地下已经一千余年，还仍然保留完好④。因为取样的原因，本次只取了红色颜料部分作电子探针分析。

从图谱得知主要元素为汞、硫、铅、钙，说明红色颜料为朱砂，铅元素应该来自于地子层中的含铅白色颜料，钙元素则来源于造像基体石灰岩。

三、结语

电子探针作为目前较精确的微区微量元素成分分析的仪器，由于其独特的优势，并且对被测样品无损伤的特性，在文物材质及锈蚀物、附着物的成分检测中有着非常广泛的应用前景。

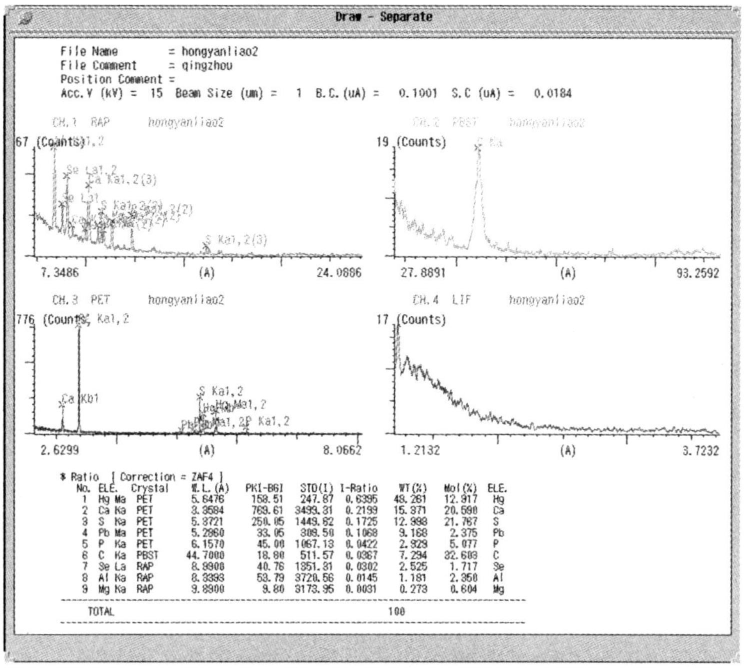

红色颜料定性分析结果

注释：

① 方惠群等：《仪器分析》，科学出版社 2002 年版，第 466 页。

② “六朝” 字面上指东吴、东晋、宋、齐、梁、陈六个朝代，这六个朝代皆定都于今南京，故合称“六朝”，但实际上常包含西晋在内，此因西晋一度统一全国，可是西晋政权对 原东吴控制的南方地区采取了维持之策，南方地区东吴西晋一脉相承，文化面貌几无改变，故南方地区在东汉灭亡至隋朝建立之间的近四百年历史习惯以“六朝”相称。

③ 罗宗真：《六朝考古》，南京大学出版社 1994 年版，第 39 页。

④ 青州市博物馆编：《青州龙兴寺佛教造像艺术》，山东美术出版社 1999 年版，第 13 页。

运用扫描电镜对华光礁出水瓷器瓷胎的研究

黄　洁

1998—1999年度西沙水下考古对华光礁1号沉船遗址进行了抢救性试掘，共出水沉船遗物849件，以瓷器为主。出水瓷器以青白瓷居多，还有部分青瓷及酱褐釉瓷器。器形主要有碗、盘、碟、盏、瓶、壶、粉盒等①。为了加深对这批宝贵的出水文物的认识，现在首都博物馆实验室运用扫描电子显微镜对其中一些文物进行科学检测和分析。

一、样品选择及制备

在所有出水文物当中，所占比重最大的是青白瓷碗，因此先对青白瓷碗做检测分析。从其中选出7件进行制样，将所取瓷片横断面进行切割、打磨、抛光后镀碳，使样品可以导电，就可以放在扫描电镜中进行检测了。

二、显微观察

肉眼观察这批瓷片，可见胎质较粗糙疏松、胎体较薄、呈灰白色。将制好的样品放入扫描电镜，在加速电压15kv的条件下进行观察和拍照。以下是7件样品的照片：

观察这些试样，可以看到华光礁瓷器剖面在微观结构上的一些特点：

（一）胎中的空隙较多，但杂质不多。

（二）从附图3-c釉-胎的照片中未见明显的化妆土痕迹。

（三）瓷胎中均含有一定量带有熔蚀边的残留石英

（四）胎中含有较多量的玻璃相，几乎看不到莫来石。

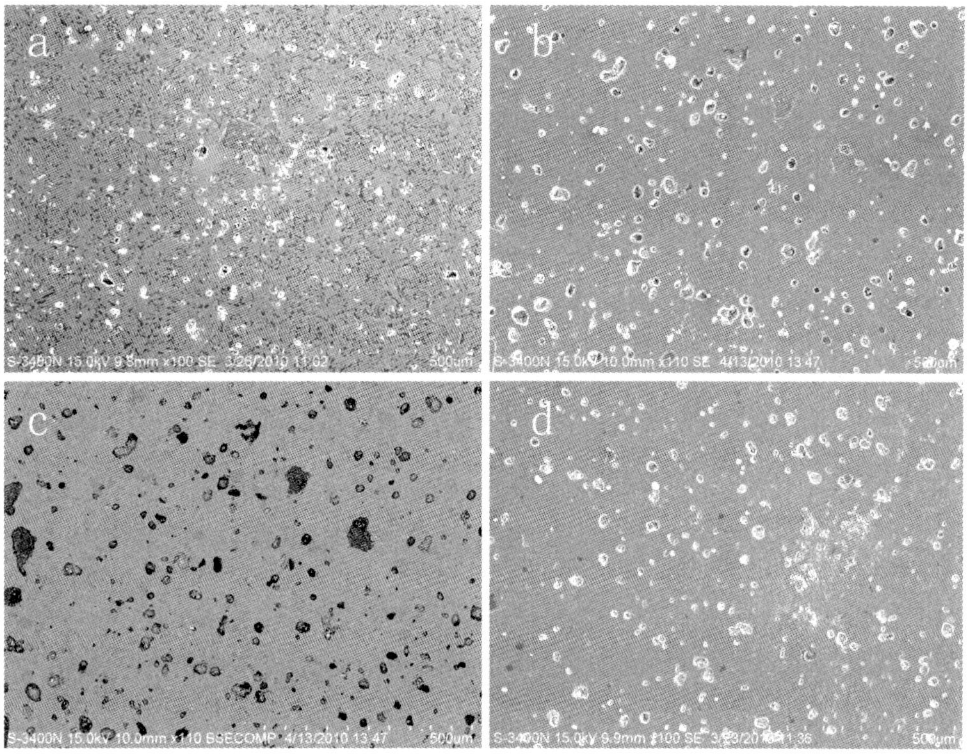

图 1：a、样品 qbc－006 在放大 100 倍时的二次电子像；b、样品 qbc－013 在放大 100 倍时的二次电子像；

c、样品 qbc－013 在放大 100 倍时的背散射电子像；d、样品 qbc－017－2 在放大 100 倍时的二次电子像；

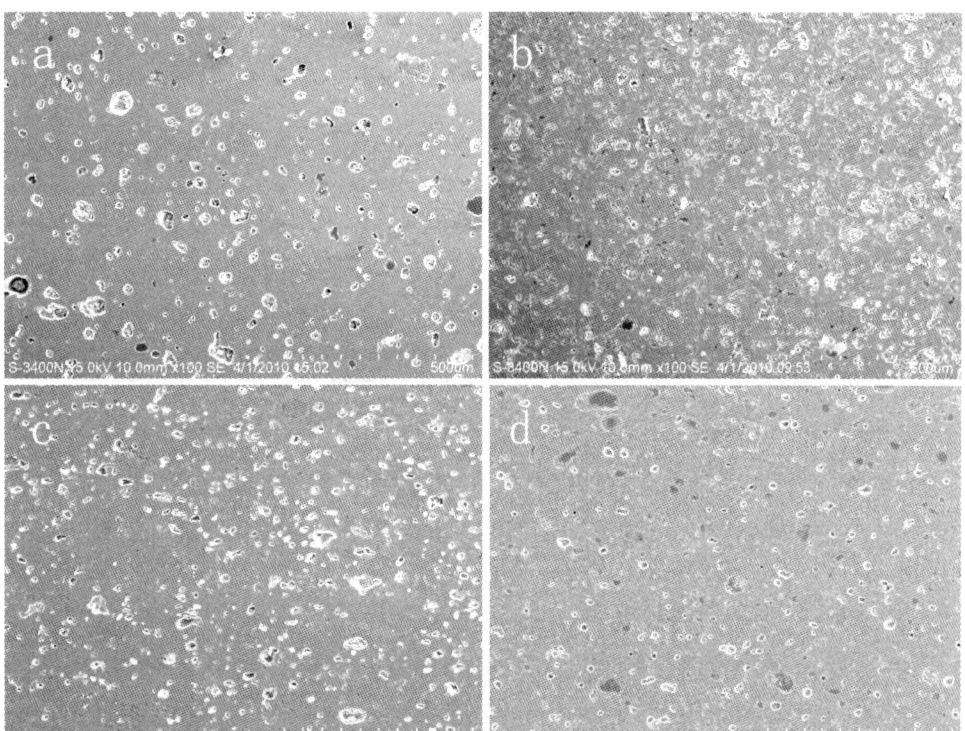

图 2：a、样品 qbc－025 在放大 100 倍时的二次电子像；b、样品 qbc－027 在放大 100 倍时的二次电子像；

c、样品 qbc－030－1 在放大 100 倍时的二次电子像；d、样品 qbc－030－2 在放大 100 倍时的二次电子像；

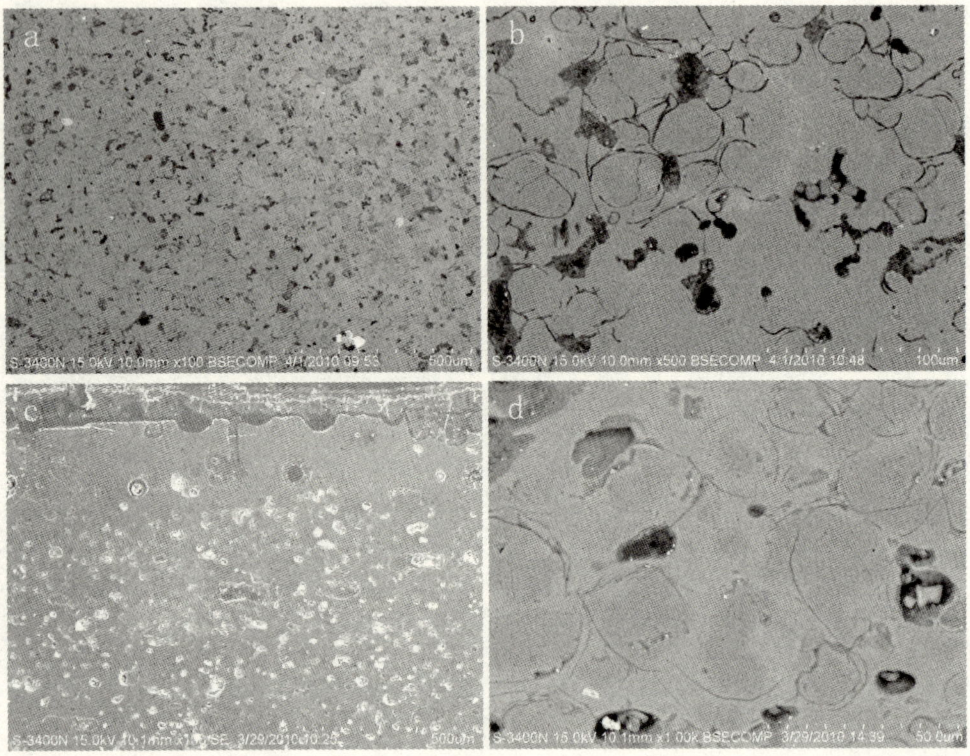

图 3： a、样品 qbc－**027－2** 在放大 **100** 倍时的背散射电子像；b、样品 qbc－**027－3** 在放大 **500** 倍时的背散射电子像；c、样品 qbc－**030－1** 在放大 **100** 倍时的二次电子像；d、样品 qbc－**030－1** 在放大 **1000** 倍时的背散射电子像；

三、化学成分分析

使用扫描电镜配备的牛津能谱仪对样品进行分析检测。检测电压：15kv；检测范围：不小于 1000μm

500μm，检测时间：1000 秒。所得结果如附表 1。

附表 1：　华光礁出水瓷器瓷胎化学成分

样品编号	氧化物含量（%）							
	SiO_2	Al2O_3	Fe_2O_3	TiO_2	CaO	MgO	K_2O	Na_2O
qbc－006	70.36	21.79	1.66	0.18		0.23	3.36	0.49
qbc－013	74.78	18.78	1.04	痕量			4.21	0.55
qbc－017－2	73.56	19.33	1.16	痕量	0.23	0.19	4.44	0.39
qbc－025	74.76	18.53	1.07	0.12		0.12	4.92	0.34
qbc－027	69.54	21.39	1.85	0.21		1.43	4.34	0.51
qbc－030－1	78.55	14.99	0.9		0.7	0.58	3.14	0.49
qbc－030－2	79.39	14.7	0.8		0.71	0.46	2.71	1.17

从附表1中可以看出，这批瓷器属于高硅低铝质胎，应为南方瓷器[②]。因南方主要使用瓷土或瓷土配高岭土制胎，故为高硅质胎。

这批瓷器多产自中国福建沿海一带的各个民窑窑口，所属年代一般为南宋晚期[③]，故将检测所得结果和福建窑址检测数据进行比较。

附表2：　建盏及德化窑青白瓷胎的化学成分[④、⑤]

样品名称	氧化物含量（%）							
	SiO_2	Al_2O_3	Fe_2O_3	TiO_2	CaO	MgO	K_2O	Na_2O
一般建盏	62－68	21－25	7－10	1－1.6	0.01－0.06	0.4－0.5	2－2.7	0.05－0.12
中型御用建盏	64.1－67.2	21－23.3	7.1－8.2	0.98－1.1	0.11－0.92	0.4－0.52	2.1－2.4	0.1
宋德化白瓷	74.65	20.2	0.64	痕量	0.53	0.08	3.53	0.35
南宋德化青白瓷	77.8	18.47	0.42	0.03	0.17	0.17	4.45	0.1
元德化白瓷	76.38	17.38	0.27	0.08	0.04	0.06	5.71	0.1
元德化青白瓷	72.26	20.68	0.55	0.18	0.17	0.14	5.82	0.1
明德化猪油白瓷	76.74	16.76	0.35	0.1	0.15	0.08	5.94	0.13
明德化猪油白瓷	75.63	17.29	0.18	0.13	0.04	0.1	6.51	0.13

从表中可以看出，这批华光礁瓷器胎的成分和建盏的差别较大，与德化窑较相似。表现为Fe_2O_3含量较低，这也是胎色呈灰白色的原因之一。钙镁钠含量低，而钾含量高。

从表可见德化窑古瓷胎中的SiO_2的含量在72.26%～77.8%之间变化。Al_2O_3则在16.76%～20.68%之间变化。而华光礁瓷器胎的SiO_2及Al_2O_3的含量基本在这一范围内。这种变化及差异可以由不同产地或不同的淘洗程度的原料予以满足。瓷胎中高SiO_2的含量也解释了它的显微结构中为什么含有一定量带熔蚀边的残留石英及较多的玻璃相。

另外也可看出的是，德化白瓷、青白瓷胎的Fe_2O_3含量较低，一般不超过0.6%；TiO2的含量也较低，很多时候都不超过0.1%；而K_2O的含量较高，在5%左右。这种情况也发生在华光礁瓷器的胎中。华光礁瓷器胎的Fe_2O_3含量比德化窑的含量高，但这同样可以由原料的淘洗程度予以实现，淘洗越精，Fe2O3的含量越高，可高于1%[⑥]。而华光礁瓷器胎中的K_2O也多在3～5%。

华光礁样品瓷胎数据与德化窑青白瓷胎数据比较的结果很类似，说明两者在原料的取用上差别不大，从一定程度上用数据证明了考古学上对产地的判断。但瓷胎的化学成分与烧造时代、工艺等因素有关，所以确切地判断华光礁瓷器的具体烧造地点还需更深入的研究。

四、结论

通过实际工作证明扫描电镜是研究瓷器的有效方法之一。电子成像照片有着景深大，观察视野大、放大倍率大的优势，并可通过二次电子像背散射电子像同时观察样品的形貌和成分。结合电镜配备的能谱仪，可对样品进行快速的成分分析。

通过对七件华光礁出水轻薄瓷碗胎质的检测分析，可以验证考古学上对这批瓷器产地的判断，即与福建德化窑宋代窑址的产品相似⑦。但福建瓷土储量丰富，制瓷业发达，古窑址众多。这批瓷器究竟为那个窑址所出，仍需采用其它手段，并通过大量的工作才可定论。

注释：

① 中国国家博物馆水下考古研究中心、海南省文物保护管理办公室编著：《西沙水下考古 1998－1999》，科学出版社 2006 年版，第 66 页。

② 张福康：《中国古陶瓷的科学》，上海人民美术出版社 2000 年版，第 2 页。

③ 中国国家博物馆水下考古研究中心、海南省文物保护管理办公室编著：《西沙水下考古 1998－1999》，科学出版社 2006 年版，第 237 页。

④ 李家治主编：《中国科学技术史陶瓷卷》，科学出版社 1998 年版，第 204、355 页。

⑤ 张福康：《中国古陶瓷的科学》，上海人民美术出版社 2000 年版，第 79 页。

⑥ 李家治主编：《中国科学技术史陶瓷卷》，科学出版社 1998 年版，第 352 页。

⑦ 中国国家博物馆水下考古研究中心、海南省文物保护管理办公室编著：《西沙水下考古 1998－1999》，科学出版社 2006 年版，第 266 页。

纳米材料在文物保护中的应用

张　蕊　范胜利

引言

“纳米”作为一个新名词，近些年出现的频率越来越高。不沾油不沾水的纳米领带，吸水性强的化纤织物，具有自清洁和抗菌功能的纳米冰箱，存储量大得惊人的纳米光盘，纳米产品涉及人们生活的方方面面，“纳米”也逐渐成为各行各业高端产品的时尚代名词，或许有一天，人们打招呼时的第一句话就是“今天你纳米了吗”？纳米材料之所以受到广泛关注并显示出巨大的应用潜力，其根本原因在于，与常规块体材料相比，纳米尺度的材料具备反常的或者特殊的性质，利用这些特殊性可以改善或改变现有材料或技术的性能。

“纳米”（nanometer）同米、厘米一样，是物理学上的一个度量单位，英文缩写为nm。从换算关系上来说，1纳米等于10^{-9}米，相当于一根头发丝直径的万分之一。最早在纳米层次上提出科学和技术问题的是著名物理学家、诺贝尔奖获得者、美国加州理工学院理查德·费曼教授（Richard Feynman）。他在1959年12月29日作的一场题为《底层还有许多空间》（There is Plenty of Room at the Bottom）的演讲中首次提出在原子或分子的尺度上操纵和控制物体的问题，并大胆地提出把24卷《大英百科全书》缩小2.5万倍，完整地记录在一个大头针的针尖上的设想。

随着科学技术的不断发展，人们的认识水平和要求不断提高。1981年，德国科学家格尔德·宾宁（Gerd Binnig）和海因里希·罗雷尔（Heinrich Rohrer）发明了纳米显微镜，即扫描隧道显微镜，是一种利用量子理论中的隧道效应探测物质表面结构的仪器，从此人类可以直观地观察和定位单个原子。此后，扫描隧道显微镜、透射电子显微镜、原子力显微镜、离子束技术、同步辐射光谱技术等先进的仪器和技术的出现大大促进了纳米科技的发展。一般所说的纳米材料是指尺寸在1~100 nm范围内的材料①。这一尺寸与电子的德布洛意波长、超导相干波长和玻尔半径相近，使得纳米材料具有表面效应、体积效应、量子尺寸效应和宏观隧道效应等特殊本质，从而导致纳米材料在光、热、电、磁等物理性质上往往与块体材料差别很大，甚至出现反常现象。文物保护工作者注意到纳米材料的优异性能，并大胆尝试应用到金属质、石质、陶质以及有机质文物的封护和加固技术中。

一、文物保护的一般要求

文物需要保护是由于其本身具有历史的、科学的和艺术的价值，这种价值的珍贵之处就在于文物的原貌具有研究和借鉴价值，因此保证文物的完好无损就是保存文物的价值。保护和修复文物的目的在于最大限度地保持其完整性，因此对于保护材料和保护技术具有特殊而严格的要求，保护处理过程一般遵循“最小干预”原则。[②]其具体要求是：

（一）保持原貌，修旧如旧

文物保护应尽量保持文物的原貌，维持文物自身的外形特征和内部结构，不影响或遮盖文物所反映的历史信息和文化信息，最大限度地保持文物固有的价值。

（二）有效性和持久性

用于文物保护的材料应具备有效性和持久性。对于每一件文物的损坏和病害情况，有针对性地采取保护措施，遏制其进一步损毁。保护方法应稳妥持久，从而达到延长文物生命的目的。

（三）可逆性

保护文物所用的保护材料应具有可逆性，以便于将来的再处理。选择保护材料时应考虑到某些材料的老化降解特性，长期使用后不应对文物产生破坏性影响。

（四）环保性

文物保护材料应符合生态和环境保护要求，尽量避免对人和周围环境带来负面影响。

（五）简单易行

选择保护材料时，应考虑具体的施工条件，尽量选择成本低廉的材料，并且操作简单易行。

二、纳米材料的特殊性能及其应用研究

纳米材料应用于文物保护的前景十分广阔，不仅可以用于石质、金属器、陶瓷器等无机质文物，还可用于木质、纸质、纺织品等有机质文物，另外在古建筑及油饰彩绘文物的保护中也崭露头角。例如，针对石质文物易风化的特点，纳米材料经过加工改性可起到透气、防水、防霉、防酸碱等作用；针对木质文物容易腐朽、易遭虫蛀的特点，纳米材料可起到防潮、防腐、防虫蛀及其阻燃等作用；对于木质文物油漆起翘、脱落，彩绘和壁画的褪色等问题，纳米材料可起到固色、防老化的作用。总的来看，目前文物保护研究中选用的纳米材料多为无机质材料，尺度的控制可以实现材料宏观性能的变化，改善保护材料的性能，更适于文物保护的特殊需要。纳米材料的主要特性有：

（一）无色透明

纳米材料的粒径远小于可见光的波长（400～750 nm），因此对可见光的透过率较高，用作文物保护材料时不会遮盖文物。选择 ZnO、TiO_2、SiO_2 等材料均匀分散于一定的介质中，可形成无色、透明的涂膜，从而保持文物的本来面貌，符合文物保护“修旧如旧”的理念。

（二）疏水疏油

纳米材料可实现同时疏水和疏油，容易形成超双疏界面，吸附于其表面的气体分子将形成一层致密的保护膜，降低水和油对文物的侵蚀，从而降低酸雨、酸雾、有机物等污染物对文物的损害。Dei L. 等人将纳米 $Ca(OH)_2$ 粒子分散于醇介质中，用作石灰石加固剂，该体系具有很好的渗透性，在意大利圣泽诺大教堂（San Zeno Maggiore）的低孔隙率壁画基体保护中取得了较好的加固效果，不仅对于表层暴露的岩体起到了加固作用，并且对于已经风化的粉体起到了重聚作用，还通过降低吸水率来保护深层岩体。③有研究表明，将纳米 TiO_2 加入石质文物防护剂中，使得防护剂的老化产物容易与石材基体表面分离，可明显改善防护剂的重涂性。④

铁质文物在潮湿和有水存在环境中极其危险，铁容易与环境中的空气和水发生吸氧腐蚀反应，从而产生锈蚀产物。因此，铁器文物的保护对环境要求很高，要求封护材料表面疏水。材料的水润湿角是反映其憎水性的一个重要指标。北京科技大学的刘彧采用 TiO_2 纳米材料改性的有机—无机杂化涂料复合封护剂保护汉代铁质箭头，用接触角测量仪测试发现其憎水性能有了明显的提高。表面封护剂中的 TiO_2 纳米材料使得封护剂的水性、油性介质接触角都得到提高，大大改善了封护剂的双疏性能。⑤

（三）耐紫外光老化

对于露天存放的文物来说，紫外线是最具侵蚀性的因素。紫外线波长位于 100～400nm 范围，能量大大高于可见光，可加速材料的老化。例如，当紫外光照射银器表面时，本来性质稳定的银原子吸收高能量光子，可从稳定的基态跃迁至不稳定的激发态，表现为银的离子化，性质活泼，这将加速银的腐蚀变色。同时，紫外线也引起封护剂老化的主要因素之一，可导致高分子有机涂层中的分子链断裂，生成化学性质活泼的游离基，从而进一步引起涂层分子链的分解，最终导致封护剂粉化变质。因此，提高封护剂的紫外线屏蔽效果对于封护剂的耐光老化性能至关重要。北京化工大学的许淳淳教授课题组在研究石质文物封护材料时，使用纳米 TiO_2 对有机硅氧烷类渗透固结型防护剂进行改性，纳米尺寸的 TiO_2 颗粒对紫外线的强烈吸收和散射作用，起到了较好的紫外线屏蔽效果，增强了防护剂涂膜的耐光老化性能。⑥

（四）高强度和高韧性

对于出土文物来说，埋藏环境对其质量有着至关重要的影响，地下水的侵蚀、盐的结晶与溶解的交替变化，都将导致文物自身抵抗力减弱。而出土后暴露在空气中，温湿度的平衡被破坏，而光照、雨淋、大气污染、微生物感染、人为震动等多种因素又给文物的保存带来更大的困难。尤其是对于年代久远的陶器，其烧制温度一般在 800～1000℃，结构不致密、孔隙率大、吸水性强都造成其易破碎、酥粉。湖北大学的相关专家在研究陶质文物的加固保护材料时，采用纳米 SiO_2 改性的聚丙烯酸酯复合乳液对汉代墓砖进行保护试验。结果表明，相对于聚丙烯酸酯乳液来说，适量加入纳米 SiO_2 的聚丙烯酸酯复合乳液涂层可以大大提高砖块的抗压强度，渗水性大幅降低，同时还可以保持砖块的原貌，不改变表面颜色。[7]

（五）抗菌防霉

纳米材料引入抗菌材料的研究在国内外已有很多报道，抗菌性能的深入研究表明，多种纳米材料均具有显著的广谱抗菌效果。南京博物院与南京工业大学合作研制的书画装裱浆糊中，加入了氧化锌纳米材料，利用其抗菌、无毒、稳定、无色等特性，取得了较好的防霉效果，有望取代传统工艺中常用的防霉剂明矾和对苯二甲酸，有助于字画的长期保存。[8]另外，在桑蚕丝织物的保护中，苏州大学的研究人员用纳米氧化锌分散液整理真丝织品，取得了明显的抗菌和抗紫外老化效果，这一研究成果为丝织品文物的保护工作提供了新的思路。[9]

（六）透气

文物是有“生命”的，不同材质的文物都需要维系自身生命的体系稳定。比如，木质文物需要环境保持一定的湿度，干燥的环境会使其干裂起翘；石质文物同样需要与外界环境进行空气和水汽的交换，以保持石质的晶体完整，避免粉化。这要求保护材料具有一定的透气性，从而保证文物呼吸顺畅。纳米材料颗粒之间存有大量空隙，因此具有良好的透气性，这为开发具有这种特性的保护材料提供了可能。

三、前景与展望

文物是解读历史的钥匙，是人类文明的载体，是人类社会发展史上的“记事绳结”。文物无可替代，不可再生，更无法复制。在国内外的文物保护技术的研究中，文物保护涉及众多学科。随着科学技术的飞速发展，许多物理学、化学、生物学高端技术方法不断涌现，纳米科学的发展也处于众多学科的交叉研究范畴，纳米科学和技术的发展已经渗透到生产生活的各个领域。在文物保护领域中，仍有很多问题亟待解决。比如使用外在器具遮挡的方法来保护文物，不但造价较高，而且有碍于文物的观赏和研究，有些情况甚至需要增加照明，而光照对于文物来说是有副作用的；采用化学方法，需要长久的时间考验，而有机质材料的老化变质问题又会引起保护失效，甚至引起严重的副作用。

文物保护研究中尝试应用纳米材料，可在很大程度上解决上述难题，有效地增长保护时间，具有巨大的实用价值，且能够降低成本，在保护文化遗产的同时达到高效、环保、节能的目的。然而，纳米材料的应用仍有很多问题需要大量的实验研究得以证明和考验。比如，保持纳米材料良好的分散性，就需要在材料的制备和施工过程中采取适当的方法避免团聚，从而长久保持纳米材料本身的特殊性质。另外，纳米材料种类的选择需要慎重，应选择化学稳定性高、无毒或低毒的材料，达到真正的环保。目前，纳米科技的发展仍处于初级阶段，仍需要优化生产工艺和降低加工成本，寻找简单易行的施工操作工艺，从而降低文物保护的成本。

总之，用纳米材料和技术来保护文物目前正处于起步阶段，很多方法还处于试验阶段。但是，纳米材料具有的诸多特性与文物保护的要求是多处吻合的，在一定程度上可以弥补现有保护材料的缺陷和不足，在未来的文物保护材料中，纳米材料的开发和应用必将占有重要的位置。

注释:

① 张立德，牟季美：《纳米材料和纳米结构》，科学出版社2000版，第6页。

② 陆寿麟：《文物的科学研究和文物保护修复的原则》，《文物科技研究》第1辑，科学出版社2004年版，第11页。

③ Luigi Dei, Barbara Salvadori. Nanotechnology in cultural heritage conservation: nanometric slaked lime saves architectonic and artistic surfaces from decay. See: Journal of Cultural Heritage 2006年 No. 7, Vol. 17, P110.

④ 许淳淳，何海平，何宗虎：《用纳米材料改性的石质文物防护剂的耐老化性及重涂性研究》，《腐蚀与防护》2005年1期，26卷，第18页。

⑤ 刘彧：《有机—无机杂化纳米TiO_2防护涂层在汉代铁质箭头上的应用》，《化工技术与开发》2009年第3期，38卷，第19页。

⑥ 同④。

⑦ 董兵海，王世敏，许祖勋，夏璐，谭白明：《纳米SiO_2/聚丙烯酸酯复合乳液加固保护陶质文物的研究》，《涂料工业》2005年第12期，35卷，第9页。

⑧ 王吉荣，魏无际，李小华，陈步荣：《纳米ZnO在书画装裱浆糊中的防霉应用研究》，《化工新型材料》2008年第6期，36卷，第35页。

⑨ 程友刚，林红，张峰，陈宇岳：《纳米ZnO处理桑蚕丝织物的抗菌抗紫外性能研究》，《印染助剂》2008年第4期，25卷，第35页。

记一枚狮钮印章复制

郭 弘 黄 洁

不久前，宋庆龄故居博物馆的工作人员带着一枚狮钮印章来到了首都博物馆技术部，请技术部帮忙复制。这枚印章小小的很不起眼，却记载着一段鲜为人知的历史。完成这项工作，也会使这段历史更好的被人记忆，并传播开来。

一、印章背景及现状

1922 年，孙中山开始实施北伐。当时的粤军司令陈炯明因为反对孙中山的北伐政策，对免去他的一些职务不满，策动了兵变。紧急关头孙中山带了几个人突围撤退。这一事件可以说对中国的历史进程有着很大的影响。根据记载突围的随行人员有三人，均有名有姓。但 2007 年宋庆龄故居接受的一件文物却揭示了一段鲜为人知的秘密。

捐赠文物为一件铜质印章，印章上面是一个狮钮，下面阴刻“谭卫全章”四个字。印章主人谭卫全，原名谭惠全，是 1922 年兵变时保护孙中山突围撤退的一名资深卫士，但记载中并未提及。

1923 年，宋庆龄特意请人刻了一枚印章送给谭惠全，并专门将他的名字改为谭卫全，以此来表达对谭惠全保卫孙中山安全脱险的感激之情。后来谭惠全也获得了孙中山亲自下令颁发的“十一年讨贼有功奖章”。谭惠全保护孙中山成功突围，对中国革命是非常重要的，但在历史上却从没有记录过这一笔，只有这枚小小的印章默默地见证着这段历史。由于这枚印章所承载的历史价值，使得它成为宋庆龄故居收藏的一级品文物。

图 1　印章原貌

这枚狮钮印章通高 2.2cm，底座为 1.2cm 见方，被印文充满，没有印边。狮钮生动传神，制作细腻精巧，印文清晰。如图 1，印章保存情况良好，未见明显锈蚀痕迹。只在底座上留有少许使用痕迹，呈黑色。

二、复制技术路线

（一）在原文物上翻模

翻模有石膏法和硅橡胶法两种。硅橡胶具有流动性好的特点，非常适宜复制细腻的纹饰。但其复杂的化学构成和化学反应①有可能使文物的外观发生变化，特别是这枚印章表面的锈蚀层非常薄，一旦和硅橡胶中的某种成分发生反应，就会给文物带来不可挽回的损害。所以，为了不破坏印章表面的氧化层及印章的历史感，尽管硅橡胶可以复制印章狮钮的细致纹饰，我们仍然选择比较安全的传统石膏翻模法。

（二）在石膏模中注锡，形成锡胎。

（三）锡胎经打磨抛光后，电刷镀铜。

（四）在锡胎上刻字。

（五）随色做旧，显出历史感。

三、技术难点

（一）体量小

这枚印章十分小巧，制作细腻，狮钮生动传神，全身布满阴刻细纹。因此，给石膏翻模造成不小的困难，必须在调制石膏时稀稠适中。太稠，则不能复制细腻纹饰，太稀，则石膏模质地松软，给接下来的铸锡带来影响。而这么小的体量，也给铸锡和抛光带来不小的麻烦。

（二）在锡胎上刻字

由于金属锡的熔点低，只有大约 230 摄氏度，铸造方便，因此经常在文物复制当中使用。但锡也是一种软金属，硬度只有 2，轻轻磕碰就会出现凹陷变形。在复制品这么小的底座上刻字，如何保持外形不改变也是本次复制的难点之一。

（三）随色做旧

一件复制品和原文物像还是不像，最后的随色做旧是一大关键。具体到这枚印章，既要做得颜色一致，又要有相同的金属光泽，还要做出印章在使用过程中留下的痕迹。随色做旧的步骤反映了修复人员的技术功底。

四、复制过程

（一）复制锡胎

首先用原印盖印，留下字口原型。然后用雕塑泥对文物进行翻模。将已翻好的外模在烘干箱中进行烘烤，彻底干燥。使用电加热化锡炉将锡条加热至熔融，注入高温石膏模中。待冷却定型后，分开石膏模将锡胎取出。从所铸锡胎中选择铸型较好的进行打磨抛光。

（二）在已打磨抛光好的锡胎上刻字

由于前面所述原因，直接用錾刻刀在底座上刻字效果并不理想，底座外形极易变形，所以本次复制采用了喷砂法刻字。方法如下：首先，根据原物印迹制作镂空刻板，只将需要錾刻处镂空。将镂空刻板覆在复制品底座上，放入喷砂机中喷砂，镂空处就形成了和原文物相同的字口，并且不会使复制品外形改变。

如图 2，此时只是初步的手工錾刻，已经使得底座外形变形，不再呈方形。如果要使字口和原文物一样，还需要经过墩刻，但底座变形会更严重，所以这种复制印章字口的方法在这件文物上并不可取。

如图 3，采用硼砂法刻字的效果十分理想。左侧是原文物，右侧为复制品。复制品字口与原文物完全相同，并且外形保持良好。

图 2　在原物上翻泥模

图 3　铸好的锡胎

（三）对锡胎进行电刷镀铜

电镀就是利用电解原理在某些金属表面上镀上一薄层其他金属或合金的过程，是利用电解作用使金属或其他材料制件的表面附着一层金属膜的工艺。刷镀是电镀的一种方法，适用于局部镀或修复。电刷镀铜采用了一台专用刷镀机，配有直流电源②。所用电镀液为碱性铜镀液，pH 值为 9，要求电镀电压在 8 ~ 14V，并保持小电流，使镀层平整美观。电镀时，镀层金属做阳极，被氧化成阳离子进入电镀液（即图 7 中电镀笔上蘸取的电镀液）；待镀的金属制品做阴极（即图 7 中放在金属板上的复制品），镀层金属的阳离子在待镀金属表面被还原形成镀层。

（四）对复制品进行做旧。

经过电刷镀铜之后，复制品已和原文物十分相近。但在颜色和光泽方面还是略有差距，还需用颜料进一步做旧。作旧所用材料为丙烯颜料，通过画、摸、擦、按等手法，使复制品与原文物的颜色、光感、质感相近。字口也做出被印泥填充的效果。做旧之后，复制品几可乱真（如图 4）。

通过这样的复制，使得原文物得到进一步的保护，也使得这一段鲜为人知的历史更好的传承下去。

图 4　狮钮印章复制品

注释：

① 首都博物馆编：《文物养护工作手册》，文物出版社 2008 年版，第 111 页。

② 首都博物馆编：《文物养护工作手册》，文物出版社 2008 年版，第 21 页

三维扫描技术在文物保护修复中的应用

杜 侃

一、前言

三维激光扫描是工业设计及制造领域较为先进的一种技术，借助光学和计算机辅助技术的极大发展，三维激光扫描在精度、速度以及数据处理方面都有着飞跃性的提升，随着现代化博物馆建设的不断深入，数字建模技术在对于文物的虚拟展示中有过一些应用。不仅如此，作为博物馆数字化的一个重要组成部分，馆藏文物保护与修复的数字化技术一直在不断深入地研究，三维激光扫描技术在文物保护分析研究以及文物修复、复制等工作中，都有着广泛且巨大的借鉴意义。因此，建立在科学的文物保护分析和文物修复理论基础上，首都博物馆文物保护分析实验室应用三维激光扫描技术开展了一系列在文物保护分析过程中的数字建模工作，旨在探索此项技术在文物保护修复中应用的新思路，供文物保护领域和计算机技术领域共同参考和研究。

二、三维激光扫描数字建模技术原理简述

三维激光扫描技术是应用激光测距的原理，通过三维激光扫描仪发出一条线激光照射到被测物体的表面，并收集反射信息，得到该物体表面点云空间相对位置的三维数据，进而经过计算机软件处理，快速复建出点、线、面及实体模型。早期的三维激光扫描仪用的是脉冲式激光，它只能发出单点激光，靠计算激光飞行时间来确定物体和扫描仪之间的距离，而现在较为先进的是相位式扫描，它是发出一束不间断的整数波长的激光，通过计算从物体反射回来的激光波的相位差，来记录目标物体的距离。这样连续地对空间以一定的取样密度进行扫描测量，就能得到被测目标物体的密集的三维散点数据，称作点云（Point Cloud）。把采集到的点云数据输入计算机，通过工程软件的处理，就可以得到被测物体的三维形貌，加上色彩纹理的叠加，最终生成三维数字模型。

三、首都博物馆三维激光扫描系统介绍

首都博物馆文物保护分析实验室拥有一套三维激光扫描系统，主机采用 KONICA MINOLTA 公司的 VIVID 910 三维激光扫描仪，它能在 2.5 秒内同时获取被测物体表面的三维数据和彩色纹理信息。激光源采用线形，每一条激光线上分布了 640 个激光点，一次扫描发射 480 条激光线，可获得 30 万个以上具有 XYZ 和 RGB 信息的点，扫描精度最高为 0.1 毫米。这台仪器标配的 3 个镜头可以用于不同精度不同距离的扫描，对扫描范围、扫描物体和扫描环境没有任何限制，比较适合博物馆应用。

工程数据处理使用的是行业内最先进的加拿大 Innov Metric 公司开发的 Poly Works 逆向工程点云分析软件，它是一套利用非接触三维扫描系统所获取的数位化点云数据做后期处理的程序。我们运用这套软件，可以快速生成被测文物的三角网格数据，从而构建出器物表面局部形貌，计算机将多组数据进行叠加，精确定位出重叠部分并自动拼接，同时，软件还可以利用模拟构建平面或曲面对缺失部分进行修补，以及对错误数据进行人工修改，最终得到完整的三维数据模型。Poly Works 可以导出 ODJ 等多种通用格式，便于后期利用 Auto CAD 制图软件或是 3ds Max、Maya 等动画制作软件进一步处理。

四、数字建模技术在文物保护中的应用及其意义

三维技术对于文物的展示有着比传统照相技术更直观的特点，而三维扫描也具有传统人工测绘无法比拟的优势。由于三维激光扫描技术具有非接触式测量、扫描速度快、点位和精度分布均匀等特点，在国内外的文物保护领域已经有了很多应用和成功案例。国外最为著名的有斯坦福大学的“米开朗基罗项目”，该项目将包括著名的大卫雕像在内的 10 座雕塑数字化，其中大卫雕像模型包括 2 亿个面片和 7000 幅彩色照片[①]。意大利 Gabriele Guidi 等人运用调频激光为多纳泰罗的大卫像建模[②]。国内文物数字化项目主要有：故宫博物院与日本凸版印刷株式会社合作的数字故宫项目[③]；浙江大学开发的敦煌石窟虚拟漫游与壁画复原系统；秦兵马俑博物馆与西安四维航测遥感中心合作的“秦俑博物馆二号坑遗址三维数字建模”项目等。不难发现，这些项目都是针对大型遗址或者建筑的测绘与展示，对于小型文物特别是馆藏文物，由于工艺精细、形状复杂等特点，往往应用较少。目前一些前沿的相关研究也都集中在大型遗址建模或虚现实技术上[④⑤]，针对馆藏器物修复保护研究的相关应用未见发表。

首都博物馆新馆建设之初，为配合展览需求对馆藏 40 余件珍贵文物进行三维激光扫描，用于动态虚拟展示，在馆藏器物数字化方面进行了大胆的尝试并取得了很好的效果，积累了宝贵的经验。所以，在筹建文物保护分析实验室时，考虑到实验室的功能和数字化工作的重要意义，购置了这套三维激光扫描系统，用于开展馆藏文物保护分析及修复中数字建模的研究。

文物是不可再生的，但也不能是永生的，文物保护的最终目的是运用现代技术最大程度地维持文物的状态，无限延长其寿命。对于文物保护分析的研究，最主要的一个任务就是在最小干预的前提下要尽可能多的获取文物包含的原始信息，在这点上，三维扫描数字建模的意义是非常广泛和巨大的，主要体现在以下几个方面：

（一）在器物描述中发挥作用

器物描述是文物保护分析和修复的第一步，三维扫描数据的获得，积累了文物最原始的精确尺寸

数据，在图像中可以测量器物任意位置的长度、面积，并且全方位地了解器物形貌特征，这不仅是传统照相及绘图技术无法实现的，而且对于原器物不会造成二次破坏。同时，对于文物病害的展示，也是最直观的方式。

（二）对文物复制的帮助

在传统方法中文物的复制往往是在原器物上进行翻模，这在一定程度上对器物的表面造成危害，特别是一些脆弱的器物容易在翻模过程中发生无法弥补的损失。而应用三维激光扫描技术，可以在非接触状态下为文物建立数字模型，通过成型技术得到高精度的复制品，这样大大简化了文物复制的程序，而且最重要的是不对文物进行任何破坏。

（三）文物虚拟修复试验

利用三维处理软件对已建模的器物数据进行模拟修复，可以预览修复完成的形貌，这对文物修复方案的制定实施都有着指导作用。同时，模拟修复还可以避免由于实际修复操作过程中反复比对、拼接对文物造成的二次破坏。例如破碎瓷器的修复，可以预先经过建立碎片的三维模型，利用计算机进行拼接复原，还可以对缺失部分进行模拟修补，恢复器物原始形貌。当然，这些操作要建立在计算机辅助系统和大量识别算法的基础上，目前还处在研究阶段。西北大学周明全教授曾开展一系列计算机辅助文物修复的课题研究工作：2000 年国家自然科学基金的项目（60072044）“形状匹配技术与计算机辅助文物复原研究”，2001 年国家“863”计划项目“计算机辅助的文物复原系统”，（9934—10）），在破碎物体复原和形状匹配研究中取得了一定的成果⑥。

五、数字建模在文物保护分析中的应用实例

（一）北魏佛造像三维测绘

这件北魏石刻彩绘造像高约 2 米，造型工艺精美，表面彩绘保存比较好，有很高的研究价值（图 2）。我们在对这件文物进行材质及颜料成分分析的同时，利用三维激光扫描仪采集了的三维数据，对于尺寸的精确测量和缺失部分的记录发挥了很大作用，并且还可以直观地对测试位置进行选取（图 1）。

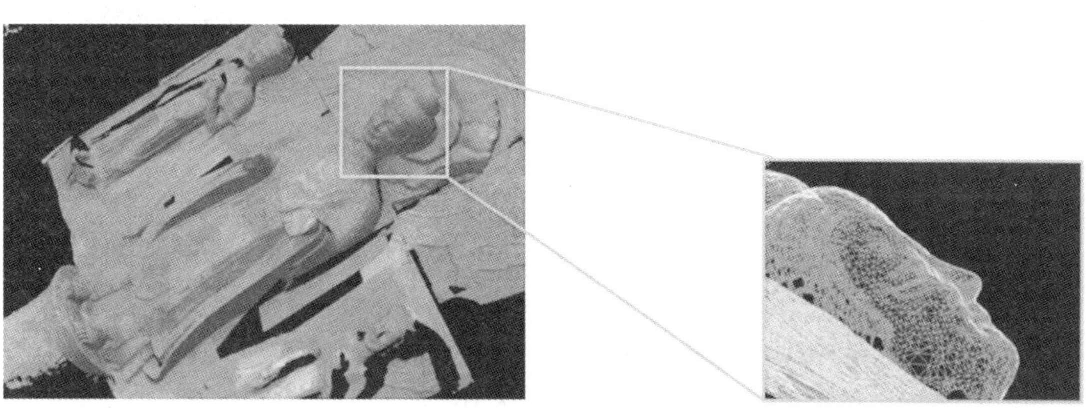

图 1　带色彩的整体表面数据以及局部三角网格

（二）西周伯距鬲复制品建模

伯距鬲是首都博物馆馆藏青铜器珍品，对这件文物曾有过复制，但采用的都是传统翻模的办法。现在我们对这件器物进行数字建模，利用三维数据采用直接立体成形的办法得到原大的模型（图 2），再对这个模型进行翻模浇铸，可以有效避免对原文物造成的接触性破坏以及对材质的加速腐蚀，这对文物的保护与利用是一项行之有效的举措。

图 2　伯距鬲三维模型

（三）南宋青白釉瓷器碎片的拼接

对于破碎器物残片的模拟拼接是一项有益的尝试，我们对每个残片，尤其是断面进行高精度的扫描，然后对数据进行处理，去掉背景和噪声的干扰，通过软件的计算找到误差最小的位置（图 3）。

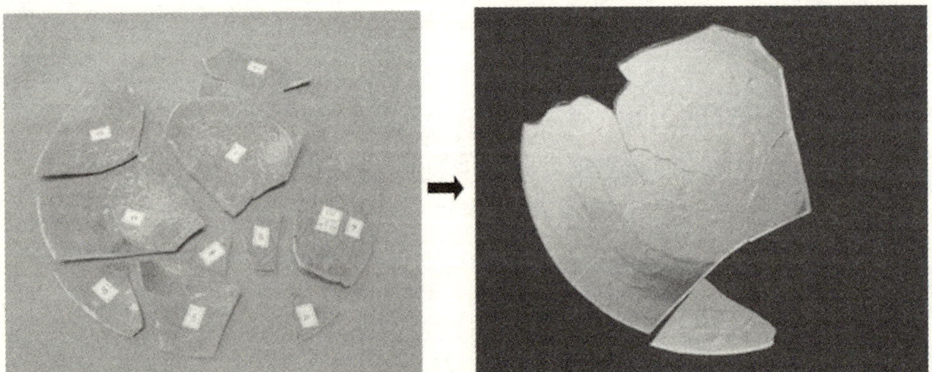

图 3　模拟拼接中的效果

但实际上，这种拼接只能是近似的，因为理论上两个相邻碎片的断面是没有重合数据的。但这对于文物修复也是很有意义的，因为在实际修复中，找到碎片位置和拼接实验的工作量是很大的，而这个方法免去了在实物上进行反复拼接比对的步骤，直接在计算机上找到最近似的位置，并且可以模拟拼接后的效果，避免了在实物的操作过程中对文物的人为破坏。

对于计算机辅助拼接，还要依靠人工智能识别算法的不断改进，比如借助神经网络系统以及小波分析等方法，改善识别效率，这在今后的工作中还有待进一步研究。

六、结语

三维激光扫描数字建模技术在博物馆馆藏文物保护分析研究中发挥了巨大的作用。但由于馆藏文物种类的多样性，这项技术也有它的局限性，比如对于透明器物的建模还是无能为力的。通过以后的工作，还要在最大限度发挥其作用方面多加努力，以得到更丰富的经验。另外，对于虚拟修复技术还有很多工作要做，我想随着研究的进一步深入，还会有更多的成果问世。

参考文献：

① Levoy M Pulli K. The Digital Michelangelo Project: 3D scanning of large statues [C] Siggraph' 2000. [s. l.]: ACM Press, 2000.

② Gabriele Guidi, Alessandro Spinetti, Luca Carosso and Carlo Atzeni. Digital Three - Dimensional Modelling of Donatello' s David by Frequency - Modulated Laser Radar. Studies in Conservation. Vol. 54 Number 1, 2009.

③ 徐虎:《虚拟现实技术应用于故宫文物保护》《中国文化遗产》, 2004 年第 3 期，第 79 - 81 页。

④ Pedro Martín, José Llamas Fernández, Álvaro Melero Gil, A Practical Approach to Making Accurate 3D Layouts of Interesting Cultural Heritage Sites Through Digital models, Journal of Cultural Heritage, Vol. 11 - No. 1, 2010, pp. 1 - 9.

⑤ Fabio Bruno, Stefano Bruno, Giovanna De Senti, From 3D Reconstruction to Virtual Reality: A Complete Methodology for Digital Archaeological Exhibition, Journal of Cultural Heritage, Vol. 11 - No. 1, 2010, pp. 42 - 49.

⑥ 周明全，计算机辅助文物复原技术，课题立项编号：512 - 9934 - 10；60072044 国家科技成果数据库 TP391. 41。

明青花花盆的修复思路

吕淑玲

当我们接到一件要求修复的古陶瓷器，首先要把这件器物身上的信息尽可能研究透，器型、胎、色、釉、纹饰的制造工艺——在创烧时的制作思想、色釉特点、绘画风格等，再制定相应的修复方案，之后才是按修复方案的步骤实施，最后要对所完成的作品进行审视，不像的地方进行修改，最终修得一件修旧如旧理想的作品。

一、认识过程

（一）青花瓷器

青花，是中国瓷器的主流品种之一，明代青花瓷器的特点是青花料有很大变化。一般可分为三个时期，早期以永乐、宣德为代表，使用进口苏泥勃青料，色浓重、绚丽、鲜艳；中期以成化为代表，使用国产平等青料，色泽淡雅幽静；晚期以嘉靖、万历为代表，使用是回青料，色彩蓝中泛紫。明初青花瓷还带有粗犷豪放的遗风，色泽偏暗。永乐宣德典雅秀丽，色泽浓艳幽深，呈色如宝石蓝般鲜艳。自成化开始，变得精巧轻盈，色泽淡雅稳定，赢得了后人极高的评价。成化青花绘画手法多淡描青花。纹饰布局前期疏朗，后期繁密。花叶似手掌撑开状；叶子多齿边，花叶均无阴阳正反。

（二）明成化青花瓷器

明代青花瓷器有永宣、成弘变化不同的黄金时期，把中国的青花瓷器推向了更高峰。成化年间政局较平稳，社会安定，青花瓷的生产也出现了新的面貌。改变了永宣以来豪放雄健的风貌，总体上变得精巧秀丽，轻盈雅致。由于青料为平等青，所以所绘纹饰以淡雅著称，呈色明丽而透彻，发色蓝中泛灰青，衬以洁白温润的胎釉和纤细的纹饰，显得超凡脱俗，但是往往因为釉层肥厚，青花色淡，有时有朦胧感，在绘画手法上也显示出与前期不同的效果。

（三）明成化青花花盆资料

首都博物馆藏景德镇窑明成化青花花盆为征集所得的文物。花盆长 52.3cm，宽 24.1cm，高 18cm，重 18.25kg。长方形花盆折沿上口绘卷草纹，四面绘花卉纹，底是回纹隔开的云头足。修复前花盆周身污渍，残碎多块。残碎处拼合粘接缝隙大，缝隙处污渍浓重，盆底足（四只）缺两处（在一侧）。修复要求：（要达到的标准）整体修复，修旧如旧。修复历史情况：曾胶粘，有残缺、裂缝。

二、修复理念与修复方案

（一）修复理念

博物馆是文物和标本的主要收藏地。博物馆文物的来源主要为考古、墓葬出土、征集，每一件文物经过多重筛选成为博物馆的藏品，是不可多得的宝物。将这些藏品保管保护好是博物馆职能工作的需要，也就是社会需要。拯救破碎的文物需要有一系列专业的修复保护理念。博物馆藏品的特殊性决定了修复保护的工作必须完全遵守《中华人民共和国文物保护法》中的相关文物保护方针。

（二）修复档案与方案

修复档案是文物修复工作中必不可少的一个环节，它是将修复前前后后的每一点信息资料全程跟踪记录，以留后用。记录修复资料的方法有文字表格登记存档、数码拍照、电子文档整体汇总存档等。文物修复档案表内容有：档案号、器物名称、编号、年代、质地、级别、提取日期、修复时间、归还日期、主持人、修复人、主任签字、馆长签字、器物尺寸重量、文物现状（破损现状）、修复要求（要达到的标准）、修复历史情况、修复前照片资料、修复后照片、修复方案、方案制定人、方案审定人、修复经过及使用材料、检验结果、验收人。修复方案是操作修复的重要依据，在领导和专家共同审核后，修复人员应按照方案内容进行操作。明青花花盆的修复方案：加温拆开、碎片清洁干净、环氧树脂粘接。填充、补缝、打磨平整与器物一致。上色、施釉、做旧复原、修旧如旧。

这件青花花盆修复档案记录的修复经过及使用材料为：水槽加温至接缝断裂后拆分，手术刀机械清除污渍，酒精清洗干净待干，拼对整齐后环氧树脂粘接。两足残缺处用环氧树脂加填充料补配、补缝，砂纸打磨平整与器物一致。油漆调色上色、施釉。抛光做旧复原、修旧如旧。

三、修复细节

（一）粘接成形

粘接是将碎片拼对整齐后用粘接剂加固成形，就这件文物而言粘接前的准备工作要有拆分、清洁、拼对、粘合等环节。明青花花盆为出土器物，有出土后的简单粘接的考古修复痕迹，因此，要先将花盆拆分、清洁，再做重新的粘接。拆分有很多方法，加温是最普遍的。因为粘接材料几乎遇热都会变质失效，所以瓷器在高温的热水容器里会很快拆分，而且文物也很安全，不会再次破坏。清洁，去除表面的污垢，超声波振荡后，手术刀剔除，酒精蒸馏水清洗控干后拼对。粘接剂是无色、无味、透明的环氧树脂双组分胶。

（二）补配打底

粘接后对残缺、缝隙部位要进行填补，补配材料是粘接树脂胶合成的补配腻子，干后用从粗细到细的砂纸反复打磨到与原器物吻合为止，既是做色前的准备工作又是打底。补配打磨时观察器形特点、拉坯修胎痕迹最重要，打磨将制作工艺的每个线条修整出来和原线结合自然、流畅。

（三）作色施釉

颜色是我们观看器物时的第一感觉，因此，修复工作中作色的环节很重要。再有就是瓷器身上的光泽即釉色，虽然釉是无色透明的，但也为瓷器增添着重要的色彩。作色时观察底色、纹饰特征、选择漆釉、调色准确、观察整体效果最重要。本件器物色釉工序可分三步：涂底色、绘纹饰、施釉料。

首先用漆料调好底色，也就是青花纹饰的背景颜色，再用笔喷涂覆盖缝隙。其次是画青花纹饰。由于青花发色青料有苏料、平等青、石子青、回青、浙料、珠明料、化学青料等品种，所以绘画色料每个时期都有不同。成化时期采用的是平等青，青中略灰，调色时将三原色的比例搭配好即可。纹饰采用双线勾勒填色的方法，填色时一笔涂抹。这件花盆的绘画风格正是成弘绘画典型特征，因此在绘画青花纹饰时先用细毛笔轻轻勾出青花线条，再渲染上青花色，浓淡因原件逐渐变化，衔接自然，全部画完再适当点缀朦胧细砂白效果。最后是施釉。古陶瓷修复中一般用清漆代替光釉，既有瓷的釉质效果，还可还原。油漆使用时也是要根据不同的釉色光感去调配浓度，用笔喷涂均匀，待干后会出现与瓷器相同的光釉感。

四、修复前后相关照片

图1　拆分后的碎片与残缺

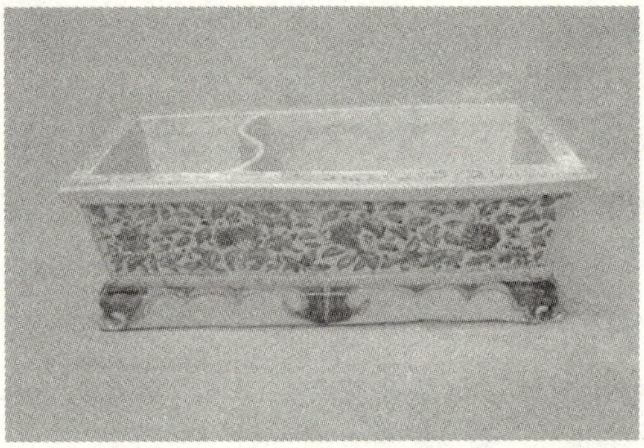

图2　作色修复后的青花花盆

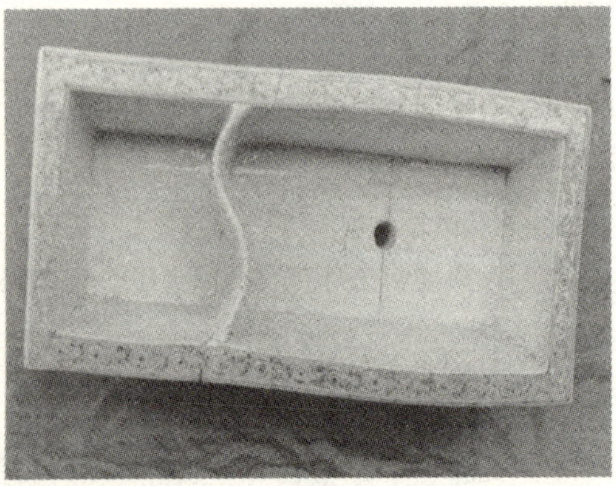

图3　粘接后的青花花盆

图4　破烂不堪的青花花盆

参考文献：

叶佩兰主编：《古瓷收藏入门百科》，吉林出版集团有限责任公司2006年版。

周保中主编：《文物修复和辨伪》，大象出版社2007年版。

信息化技术在博物馆中的应用与思考

黄保忠

一、前言

随着信息科技的不断进步，信息化技术的应用给当今世界带来深刻和广泛的变革，同时也给文博行业带来了革新。信息化技术给博物馆的馆藏、展陈、图书、安保、社教开放以及行政办公和文化产业等多个方面带来了全新的技术实现手段，推动了博物馆全面的功能提升。特别是多媒体技术作为一种具有广泛应用价值的高新技术，越来越广泛地应用到博物馆展陈设计中来。本文针对信息化技术特别是多媒体技术在博物馆展陈中的应用加以研究，通过分析总结展陈中信息技术手段的应用特点，更好发挥其对博物馆展陈设计全新的功能和应用。

二、博物馆信息化应用技术概述

博物馆的信息化建设，是随着信息技术的不断发展和成熟而展开的。我国博物馆的信息化工作始于20世纪90年代中期，基本与世界各国的博物馆信息化建设同步展开。经过二十多年的发展，大型综合类博物馆长期跟踪信息技术的发展变化，积极适应、引入新的技术理念和手段，始终占领着应用水平的前沿，如故宫博物院的数字影像技术、南京博物院的多媒体和虚拟现实技术应用、上海博物馆的智能化弱电技术应用、首都博物馆的信息集成应用系统等。

（一）博物馆功能概述

曾任美国众议院立法主任的尼尔·科特勒（Neol Kotler）与世界市场营销的领导主要权威之一菲利普·科特勒（Philip Kotler）合作出版的《博物馆战略与市场营销》一书中，曾对世界上好多博物馆进行研究，他们得出结论认为：绝大多数成功的博物馆，提供给不同观众群体以多种经验，并针对个体观众的不同需要作出反应。研究表明，博物馆观众寻求学习、动手实践和欣赏各种体验。成功的博物馆在尽可能提供多样化的体验：审美和情感的快乐，庆祝和学习、娱乐和社交。

对博物馆的使命和认知观念的不同导致一部分甚至于大部分人认为，博物馆应以藏品为中心，以展陈为手段，以研究和保管博物馆的藏品为主要功能，因此，博物馆应该限制观众，来提供一种沉思的、集中的氛围，即博物馆应是肃穆之地。而也有人认为，博物馆的功能和理念应随时代的变化而发展，博物馆应该是大众的博物馆，应该能够为大多数的观众所接受，让受众在欣赏和体验之余，使文物藏品的价值得到传承和发扬，真正做到取之于大众又归于大众。无论是基于上述的哪种观点，信息化技术都可有其独特的技术优势，使其功能要求得到满足。非常明显，第二种观念对信息技术的依赖更直接。那些基于“数字化博物馆”、“虚拟化博物馆”、“体验式博物馆”概念的实现，更把博物馆的信息化作为主要甚至于是完全的手段和方式。

所以如此详细的说明博物馆的功能，主要是为了从基本的功能应用出发，探讨信息化对博物馆所能涉及的各专业功能的贡献。

（二）信息技术及其在博物馆中的应用

信息技术主要包括计算机技术、现代通信技术及终端接口技术。现代信息技术的基石是电子技术，特别是微电子技术。目前主要应用于博物馆的信息技术包括：计算机及计算机网络技术、数据库技术、系统集成技术、多媒体、图形图像技术、GPS 技术、虚拟现实技术甚至于包括 3D 技术和人工智能技术等。具体的讲，文博行业利用信息技术实现了全方位、多层次的功能：

1. 进行博物馆文物藏品信息的管理和利用计算机协助文物的保护研究工作。

2. 基于 RFID 技术的博物馆藏品陈列信息的管理。

3. 利用多媒体技术、计算机图形技术进行陈列设计和数字化展示。

4. 利用计算机数据库、多媒体技术进行博物馆数据的信息处理。

5. 对各种博物馆需要的数字化建模。

6. 利用计算机通讯技术、遥感技术、计算机地理信息地图技术和全球定位 GPS 技术的结合，全面展示和分析研究不可移动和非物质文化以及考古发掘工作。

7. 用计算机测绘、三维图形技术、人工智能技术进行计算机模拟文物修复。

8. 应用多媒体软件开发工具设计，并应用计算机触摸屏技术面向观众的博物馆导览和展示系统。

9. 用计算机进行图书资料信息的管理和出版发行。

10. 利用计算机国际互联网进行信息发布、利用互联网的巨大信息资源帮助博物馆进行学术研究。

11. 用计算机数据库技术进行人事、档案、党务以及日常办公的信息管理，以及开发博物馆领导办公信息和决策系统，为决策提供帮助。

12. 利用计算机技术三维图形设计制作文物复仿制品，以及在博物馆的服务业中用计算机网络技术应用进行旅游纪念品的广告宣传及电子交易。

13. 利用 WEB 技术，做数字化博馆馆网站，对传统博物馆实现超越时空的全面展现，并实现个性化博物馆、虚拟化博物馆。

14. 利用图形图像学技术及数据库技术进行文化遗产的藏品管理和应用，涵盖了博物馆的安保、保管、研究、展陈、社教以及日常行政办公的各个方面。当然信息技术在博物馆中的应用不仅仅是这些方面，随着技术的不断进步及博物馆业务信息的挖掘与科学化管理程度的加强，信息技术的应用领域会更广。

从以上的功能应用的阐述可以看出信息化对博物馆功能应用的贡献。博物馆的信息化是随着当今信息技术发展和博物馆自身发展的需要，以及公众对博物馆需求而变成一种博物馆必需的手段，甚至于变成一种不可阻碍的发展方向。博物馆工作人员，更应以积极的态度应对，来认真的研究和应用，而不是用传统观念无意或有意的阻碍这一技术应用的进程。

博物馆的信息化应该具有两个方面的重要意义：一、完美和扩充博物馆的功能，满足各类人群对实体博物馆的功能需求；二、建立以信息提供为主要目的的虚拟化博物院，建立和保存数字文化遗产，达到长久保存人类历史文明的终极目标。这两个目标，前者是把博物馆从狭窄的视野看待自己的使命、展陈和观众，带到用广阔的形象去沟通，用多样化的手段去交流和丰富的公众需求来实现有活力的博物馆，而后者从更高层次来达到博物馆所应负有的历史责任。

三、博物馆展陈中应用信息化技术几个关键问题

（一）把握好博物馆功能需求和功能定位，是做好博物馆信息化成败的关键

博物馆信息化的关键在于应用，应用的关键在于求。有资料显示，全世界信息化项目差不多有70%是不成功的，其根本原因是由于求定位没做好。需求分析是一项专业性很强的工作，尤其是文博行业有自身的发展规律和特定的信息技术需求，必须由专业人员来完成。博物馆信息化建设不可能脱离实际业务工作而自行其事，要强化信息技术研发与博物馆业务工作的联系和有机结合，以行业需求指导应用信息技术研究和应用软件的开发，以信息化应用促进业务工作的发展。

目前文博方面的信息化项目的开发，总体上已经处于相对成熟的阶段。应用信息技术研究和应用软件的开发已经迈上了新的台阶。但无论是对于博物馆而言还是对于专门研究开发博物馆系统的研制单位而言，其对博物馆的需求还没有完全把握，也没有形成系统、完善、统一的标准。要扭转这种现状，必须深入分析行业需求特点，重视文博信息化科研基础研究。要研究各业务部门分别需求和共同需求，要研究不同文物数据之间的数据关联需求，研究行政办公和业务部门的不同需求等。有时有些需求需要加以整合，有些需要加以阔充，更有些需求相互矛盾，需要找到恰当的结合点。

要以解决文博行业的实际需求为目标，开发功能、完善安全可靠的行业系列应用软件，如藏品管理软件、办公OA软件、多媒体管理软件、综合应用平台软件等。要把这些软件尽快完成平台化、标准化的开发，降低购买成本，加快推广应用，切实提高文博系统的工作效率和管理水平，真正实现以信息化推动文博事业的全面发展。

（二）建立信息资源数据是文博信息化建设的核心

信息资源数据对于博物馆的信息而言，是一项基础性很强的工作内容。其一，它是为各个应用系统产生最基础数据，没有数据，所有系统都变成无源之水，没有展示和运行的东西；其二，信息资源数据从文化遗产保护的角度可以理解为数字文化遗产，具有独特的文物价值；其三，信息资源数据的生成，需要不断的生成和积累，不是一朝一夕、一促而就就能完成的工作，甚至于它需要不断的积累更新。因此，建立信息资源数据是整个博物馆信息化建设工作的核心。

当公众站在各种多媒体展示平台前，满足于欣赏丰富多彩、生动逼真的精彩内容时，这些珍贵的文化信息在不知不觉中融入到公众的精神文化生活之中，达到了博物馆社会功能的初始目的。而所有这些都需要利用信息化技术和文博资源，建造数字博物馆或是虚拟博物馆。加拿大遗产部就利用加拿大藏品资料库的藏品信息在网上开办了虚拟博物馆。有些博物馆，如首都博物馆，由于其建立了丰富的多媒体展示内容，开通第一年就吸引了来自72万人次的访问，获得很好的效果。因此，文博信息化建设工作

的开展，特别是文博数据库的建立，为文博信息资源的合理利用提供了更深入的应用和展示空间。

关于建立文博信息资源数据最关键是要建立统一、完整的信息，突破数字鸿沟和信息孤岛的瓶颈，实现从文物资源到信息资源的重要转变。充分利用一切有利条件，加强信息资源的采集、加工和整合等基础工作，重视信息知识产权的保护，维护数字文物信息的安全，面向博物馆的保管、展陈、社教等需要，尤其是公众的需要，提供形式多样，内容丰富的文博信息资源多方位服务。

（三）制定标准是作为文博信息化工作的基石

标准对于整个信息化工作来讲，都是各行业的关键，也是重点和难点所在。标准是对重复性事物和概念所作的统一规定。它以科学技术和实践经验的综合成果为基础，按照法定程序，经过参与方协商一致，由某个公认机构批准、发布，作为相关各方共同遵守的准则和依据。这是一个非常规范的定义。文博系统从行业发展来看，相对于其他行业，信息化水平还处于相对滞后的阶段。而且发展不平衡，观点不统一。基于对博物馆信息化的理解和理念都有差异，导致对博物馆信息化的功能不定位、需求不明确、标准不统一。这样造成的结果往往是：一是拿别的行业的标准和需求来硬套在文博行业上，达不到适合文博行业自身特点的应用；二是各自为政，形成重复建设，重复劳动，费时、费力、费工、费钱；三是差之毫厘，谬以千里，如果开始就没有标准，或标准不统一，产生的信息数据越多，到后来越难以解决共享数据的问题。

对文博信息化的标准化工作，虽已经有观注，但还没有上升到紧迫的程度上来。文博信息标准体系还远远没有建立，文博信息化的规范也没有制定。因此探寻文博信息标准化工作的切入点，引入标准化管理的方式方法来改进文博信息化管理的工作，构建全面、系统的文博信息化发展体系、把握行业需求，明确发展方向，加强对文物信息资源的开发利用、信息技术在行业中的应用等重大问题的研究。

（四）以应用带动技术，以技术推动应用，是文博信息化的主要方法

以应用带动技术的提升，以技术推动应用的整合，可能是各行业在发展信息化建设都采取的方法。因此，文博行业目前的主要方法也是如此。

比如在新媒体技术方面，正是由于展陈和社教方面的需求，把一些尖端的影视、声效、动画、互动等动态元素优化展陈效果，比传统静态展陈的手段表现出更多层次的内容，展现了更丰富的内涵，增强了观众的亲和力和理解度。合理运用新媒体技术，可以将展品、知识和信息融入到情节、故事中，运用影视艺术的故事性、戏剧效果、节奏、韵律和逼真的场景氛围。使展览更加丰富而生动有趣。

正是根据展厅对影像的应用要求，在展厅设置屏幕投影系统，通过此系统可以将需要体现的内容以流媒体的方式在大屏幕上滚动播放，达到很好的播放、教育、宣传效果。这种应用，带动了全高清多媒体技术、高宽带计算机网络技术、多媒体后台控制技术以及媒资管理和非线性编辑等多种技术的整合。利用先进的多媒体技术和计算机控制技术，实现大的场景、复杂过程的逼真展示，完成在博馆物展陈中的应用需求。好的技术平台成就了完美的应用效果，多样的应用需求也推动了技术的创新。

四、北京奥运博物馆信息技术应用设想

北京奥运博物馆信息化系统是北京奥运博物馆建设的重要组成部分。其方案正在筹划和设计中。奥运博物馆作为现代化博物馆，根据其功能，信息化方案大体涵盖“一条主线，两大平台，四类应用”

。即以“多媒体应用服务”为主线、以“局域网络支撑平台、综合业务信息集成平台”为支撑和统领框架、包含“网站、文化遗产和行政办公、多媒体采集和媒资存储、教育广播”四类应用，打造具有奥林匹克专题性与文博行业普遍性特点的数字博物馆平台，是博物馆运行管理的重要组成部分。在媒资一体化服务、RFID 藏品应用、奥运知识库建设方面具有创新性。

从技术角度讲，北京奥运博物馆信息化系统，主要应用了当前比较先进的数字博物馆和虚拟博物馆理念，以及当前先进的计算机和多媒体技术，深化基于现代展陈理念、现代管理手段的高科技平台体系，定量化地提高各部门、各专业工作的效率和深度，并从更好的保存、保管和宣扬奥运文化遗产的角度出发，极大地拓展博物馆的社会终身教育功能，更广泛地为社会公众服务。

从功能角度讲，奥运博物馆信息化项目围绕博物馆展览、休闲、保藏、研究等基本职能展开设计，建设核心是将藏品信息和专业业务应用为主的各种信息形成数字化资源，用数字技术展现中国奥运历史和奥林匹克精神。整个项目力求从博物馆数字化的科学理念出发，通过数据、应用和管理三个层面的集成，构建以奥运博物馆文化遗产数字化资源为主体的综合信息数据库，并通过信息共享交换和聚合挖掘等功能，使数字化系统各子系统按不同用户管理权限连接成为一个有机的整体。

奥运博物馆信息化系统中集成应用平台系统建设内容包括计算机局域网络、数据库系统、集成管理系统三个部分。计算机局域网络是系统集成平台的硬件基础，它的设计以全馆行政管理和文物工作流程管理两大基本功能为出发点，建设综合布线和计算机中心机房，以及网络交换设备、服务器和存储设备、网络安全设备为主体的基础平台，以便串联起奥运博物馆全馆各环节、各专业的 IT 应用；数据库系统是数字化博物馆系统建设的核心，建设一个综合的中央基础数据库，向全馆各部门提供综合信息服务，并向各子系统提供局部内容的镜像服务，其功能强弱将直接决定奥博数字化博物馆系统的性能和效果；集成管理系统是奥博新馆数字化博物馆系统建设的重点，它将通过统一身份认证用户管理集成、数据共享交换内容集成、Weblogic 应用集成、IT 框架管理集成，将各子系统有机组织起来，形成一个完整的高效的数字化系统，从而全面实现奥博新馆数字化博物馆系统的建设目标。

下面有重点讲一下博物馆信息化的几个实例应用：

（一）博物馆信息网络平台建设

博物馆信息网络平台建设包括内部网络平台建设与互联网接入两大部分。

1、内部网络平台是指博物馆局域网的软硬件环境。局域网是以交换机和服务器等为中心，并连接博物馆内部各信息点的网络系统，并通过路由器和专线与互联网连接。局域网建设是博物馆信息化建设的基础所在。

2、互联网是博物馆与外界进行信息交流的桥梁。对于博物馆的上网工程，可申请宽带网服务，并配置防火墙和杀毒软件，作好必要的数据备份，以保障系统不受黑客和病毒的危害以及非授权用户访问，这是实现博物馆信息化的根本保证。这样，工作人员可经常从互联网上进行相关信息的采集以充实博物馆的信息化资源库。

（二）博物馆藏品数据库建设

对于博物馆而言，藏品是其赖以生存和发展的基础。如何建立一个规范、有序、标准的藏品信息数据库，应该成为博物馆信息化建设的首要任务，也是博物馆信息化建设的核心和关键所在。藏品数据库的首要作用是替代传统的藏品卡片式管理，大大提高藏品管理工作的质量与效率。

建立藏品数据库，要做好各方面准备工作，确保文物信息真实、准确、完整，充分实现建立藏品数据库的价值和意义。首先，要确立文物信息的分类、编码、字段设置、流程设置、权限分工、关键字设置等。从字段设置来看，建立基础信息，需要考虑应用哪些字段，在数据库中体现哪些信息。如：藏品编号、藏品名称、藏品等级、征集人、藏品柜号等。因此，做好藏品基本信息登记，对不完整、不准确信息进行求证完善，是必不可少的工作之一。从信息的采集来看，在数据库建设初期，要组织专门的人力，对信息进行核实、整理、分类，保证数据信息完整、准确。充分借助现代的技术方式和手段，比如采用全息数码技术，实现图像信息三维立体影像存储等。

（三）博物馆网站建设

是数字化系统的网上文化展示平台，以藏品信息库为基础，以公共发布信息库为补充，通过Internet强大的表现能力，面向不同层次的不同访问对象，系统、全面、生动地真实反映博物馆内容，向网络博物馆用户传播博物馆的理念，同时实现国际化的交流。

并在网站设立虚拟博物馆，以虚拟网络为媒介，以文物知识体系为依托，建成一个具有较强拟真度和良好交互性的Internet 3D体验馆，让民众浏览网络虚拟展馆体验身临其境感受的同时饱览文化丰富的博物馆典籍和背后的故事。包括虚拟场景、虚拟实物、瞬间还原、未来展望。

（四）博物馆办公自动化（OA）系统建设

办公自动化（OA）系统以网络化协同办公满足博物馆不同层次的管理者和工作人员高效率处理日常事务的需要，提供日程安排、公文发送、个人办公、邮件服务、议题讨论、决策支持、管理监督等功能，有效地协助博物馆完成各项任务。

为此，博物馆应以先进的计算机网络技术为依托，以业务流转为核心，以综合信息服务为基础，以电子邮件、信息查询、工作流程及日常事务等内容的综合办公平台，提高博物馆内部的办公效率、决策能力和应急指挥能力。应达到“无纸化”和“移动办公”的工作模式，整个系统应由办公和服务管理、决策支持两个子系统组成，具有领导决策支持、个人事务处理以及各办公部门的办公事务处理功能，建立信息库，实现信息共享。

总之，博物馆保管着人类文明发展历程的见证物，这些精美文物，看似静态，但大都隐藏着仅以视觉直观方式难以全面表达的信息。这种呆板的展陈方式，也越来越难满足公众对博物馆多种需求的文化需要。为此，当今许多著名的博物馆应用信息技术，实现丰富精彩、互动有趣的展陈和社教方式，达到吸引和满足公众的目的。信息技术引领着我们这个时代的发展方向，推动着社会方方面面的资源融合与共享，改变着人类的生存方式。信息技术的应用亦将深刻地改变博物馆的服务方式和发展方向，在更高的层次、更广的范围、更深的程度满足公众对高端精神文化产品的需求，满足社会进步的需要，从而实现传承文明的终极目标

参考文献：

① 游庆桥：《文物调查项目》，2005年度高级管理人员培训班讲稿之一（非正式出版物）。

② 李一凡：《新媒体在博物馆展陈的应用与设计》，（非正式出版物）。

③ 尼尔．科特勒，菲利普．科特勒，潘守勇等译：《博物馆战略与市场营销》，北京燕山出版社2006年版。

多媒体，能走多远？

——多媒体技术在博物馆展览中的应用与发展

彭 昕

多媒体（Multimedia）技术，作为一种新型信息交流传递的中介，将不断发展的新技术与人类感官相结合，企图制造出一种多维空间下的立体框架。正是这种机器的发展和人类思想的结合，为我们带来了一场全新的展览革命。

一、什么是多媒体？

在百度网站上搜索“多媒体”一词，给出的定义是：“多媒体就是多重媒体的意思，可以理解为直接作用于人感官的文字、图形图像、动画、声音和视频等各种媒体的统称，即多种信息载体的表现形式和传递方式。”笔者认为它并不仅仅是各种信息媒体的简单复合，它应该理解为：一种把所见、所想、所感的情绪高潮通过与文本（Text）、图形（Graphics）、图像（Images）、动画（Animation）、声音（Sound）、光线（Light）、节奏（Rhythm）等形式的信息结合在一起，通过计算机进行综合处理和控制，能支持完成一系列交互式操作的信息技术，它应该包括：硬件、软件和这两者相遇时的界面——人。没错！你不再是一个被动的观众，你可以参与、控制、交互影响甚至改变，也可以按照你的思想重新结合，再创造。它在展示信息、交流思想和抒发情感的同时，让你看到、听到甚至触摸到其他人的思想。说到底这是一种以技术为依托，以思想来驾驭，用艺术来表现的更方便、更有趣、带有情感的合成体。这是真正“合成时代”①的产物。在创造它的同时，我们也成为其中的一个元素，在不断探索的同时，我们也在保存更多的历史信息。

二、多媒体与博物馆

让我们先从这种技术最初的出现说起，看看它是如何与博物馆联系在一起的。

多媒体技术的出现是以计算机网络的出现为基础而延伸。20世纪60年代初期，美国用于军事领域的ARPANET网络②有谁能想到会对我们现在的生活造成如此大的影响？1972年，ARPANET在首届计算机后台通信国际会议上首次与公众见面，并验证了分组交换技术的可行性，由此，ARPANET成为现代计算机网络诞生的标志。

从中国的第一座博物馆——南通博物苑的建立，到中华民国成立后的第一座国立博物馆——国立历史博物馆的落成，再到三大馆的建立、中小型综合博物馆的出现，我国博物馆事业建设也随之飞速发展。据统计1976年全国文化系统博物馆数量仅为263座，到2009年仅北京地区博物馆数量就已达到151座，国家计划到2015年前，将全国博物馆数量增加到3000家。如今在文化大繁荣下的博物馆工作人员更是以饱满的热情投入到这场加快提高国家文化软实力③的战斗中。纵观世界强国的纷纷崛起：工业革命、明治维新、商业繁荣、国际贸易，哪一个与经济发展分得开？马克思在《资本论》中的一句“经济基础决定上层建筑”精准的命中发展的要害。的确，科技是推动人类文明进步的革命力量，也是文化大发展的肥沃土壤，经济大发展的同时也正是文化大繁荣的时期。13世纪后的文艺复兴、17世纪起的启蒙思想、19世纪的科学主义、现如今的多元文化，文化对世界的影响，取决于产生这种文化的强盛经济。“科技创新”在不同时期的博物馆建设中有着不同的体现。

随着我国经济实力的不断增强，1986年国家开始致力于计算机网络的研究，到1994年我国计算机网络正式从科研走向应用，通过互联网打开了我们与世界沟通的新桥梁。也正是在这个时期，由于政府的推广，国内博物馆开始真正接触到计算机，并开始用于简单的网络办公，同时也以更简便、快捷的方式将自身融入世界博物馆的发展中。然而这一变化在当时并没有引起我们的注意，也没有意识到一种全新的交互技术手段在不久以后将引起一轮激烈的争论，并对博物馆的展览带来翻天覆地的变化。

三、多媒体技术在当代博物馆展览中的应用

中国博物馆在足足经历了一个多世纪成长的同时，也在不断探索新的展示语言。正如国家、民族或是个人，每个时代都有不同的成长记忆，博物馆也是这样。在经历了最初的文字说明、图片展板、沙盘模型、场景再造等常规手段后，随着计算机技术的不断成熟，90年代后期投影、幻影成像、虚拟现实正越来越多的在国内受到推崇，尽管他们最初并不是以博物馆展览语言的形式出现，但其新奇的展现手段、不同寻常的表现方式、大胆的参与和尝试，立刻吸引了观众的注意力，为长期以来寻找新型展览语言的国内展览界注入一剂强心剂。由此，一种新型展览语言开始被引入博物馆并得到运用，它成为了这一时期博物馆走向现代化的标志，这也就是我们所说的——博物馆多媒体技术。先让我们看看这几种代表着21世纪的新技术是如何应用于博物馆展览的。

（一）投影（Projection）

一种假借投影和反射原理，将屏幕和投影系统置于一体的显像系统。有两种主要方式：正投（Front Projection）和背投（Rear Projector）。

正投系统使用一个投影机和一个单独的屏幕，将图像投射到屏幕的正面。这种装置看起来与电影院中的装置非常相像——投影设备与屏幕完全分离。投影机可以安放在桌上或采用天花板挂装。画面在高品质屏幕上显示时观感最出色，但经过特殊粉刷的平整墙面也可以。

背投系统看起来更像传统电视。它们将图像显示在屏幕的背面而非正面，而投影机则完全包含于

电视机内。用一部投影机和一块特殊的屏幕，也可以组装一套背投系统，但“背投系统”这个词通常都用于形容一体化电视机。

以上两种方式的使用都能够产生非常细腻画面。一旦光线获得了图像，透镜就会放大图像并将其投射到屏幕上。如：原首都博物馆的三层城建厅（如图1），有一部分展现了民国时期的北京城，在设计上除静态展示外，还利用此时期最具代表性的灰砖墙为载体，放映了一部多媒体影片，真实展现了民国时期城市的发展、百姓的生活状态。这种极具说服力的视觉动态展现，既是对平面空间的一个资源利用，也是对展览内容的一个延展，同时也将不同时间、地点展现在同一空间中。再如台湾世界宗教博物馆的“生命之旅”展厅（如图2），投影则以组的形式出现，以另一种手法得以展现。在静谧的空间中展现人类出生、成长、中年、老年、死亡这五个阶段，使观众随着展线一步步体验人生的过程，通过传达产生思索。

图1　原首都博物馆城建厅

图2　台湾世界宗教博物馆“生命之旅”展厅

（二）弧形幕（Arc Screen）

轴弧形屏幕，是在利用投影技术的基础上发展起来的一种更先进的技术，也是目前应用最广泛的一种技术。其主要应用多个投影机，使用柔和融边技术，创造出超大无缝的逼真画面。在视景仿真应用环境中，其拥有比平面幕更大的视角，会使用户产生强烈的沉浸感。弧形幕目前分为两种，一种是带有坚固底座的硬幕，另一种是带有铝制框架的软幕。在应用上以扬州双博三楼历史馆序厅为例（如图3)。入口处的宽屏动画长卷——“广陵潮”携带着汉代的气息扑面而来，铺天盖地的潮起潮落一下子就把人们卷进了2000多年前烟波浩渺的历史长河。宏大的背景与前景汉代建筑相呼应，潮起潮落轰轰隆隆的水鸣声，让观众无论从视觉到听觉都有一个震撼。

（三）幻影成像（Ghost Imaging）

其原理其实不复杂，就是利用光的反射原理把虚影与真实场景结合在一起的一种技术。剩下的另外一种形式就是前面提到的背投透明幕。

“幻影成像”最早最著名的成功案例是在1862年由伦敦皇家理工学院的约翰·亨利·派佩尔（John Henry Pepper）和工程师亨利·戴瑞克斯（Henry Dircks）利用镜子反射投影，为查尔斯·狄更斯（Charles Dicken）的话剧《鬼缠身》（The Haunted Man）里的鬼出没制作的效果。其原理就是利用镜子反射将演员的虚像投影到场景中。

图3　扬州双博历史馆序厅

图4

2006年3月著名时装品牌 Alexander McQueen 在巴黎的时装发布会上展示了在金字塔形玻璃罩中漂浮的英国名模 Kate Moss 的等身大的幻影（如图4），极大地震撼了观众，这次的成功，再次激发了此种技术效果的商业活力。

在此期间，这种被誉为“连接历史与未来”的技术也开始尝试应用于博物馆的展陈中，如：首都博物馆二层通史展厅（如图5），运用此种技术在真实舞台上虚拟动态再现了五四运动的全过程。

图5

（四）触摸感应（Touch Sensor）

其运作原理是首先通过捕捉设备（感应器）对目标影像（如参与者）进行捕捉拍摄，并使用滤光片技术过滤掉可见光④，然后由影像分析系统进行动作数据分析，结合实时影像互动使参与者与屏幕之间产生互动效果，可以说这是一种革命性的互动方式。这种最初用于产品展示、广告宣传的技术正在向着越来越多的领域发展。比如北京城市规划馆中应用此系统制作的电子书（如图6）。其内容不但含有文字图片，一些动态文件也涵盖在内，使原始二维阅读转变为人机互动的三维阅读模式，将任意一块平淡无奇的区域变成令人兴奋的实时交互。再如泰国清迈历史文化馆展览结尾部分（如图7），其主题是展现“世界家庭的面孔”，运用互动媒体，将每位参观者也加入展览主题中，真正体会到人机交互的快乐。这种技术也成为逐步从人机互动向着自然或虚拟世界的仿真模拟发展的基础。

图6　北京城市规划博物馆

图7　泰国清迈历史文化馆

（五）虚拟仿真/虚拟现实（Virtual Reality）

简称VR或称灵境技术，实际上是一种可创建和体验虚拟世界（Virtual World）的计算机系统。虚拟现实技术能够利用计算机生成，可以是现实世界的再现，亦可以是构想中的世界，用户可借助视觉、听觉及触觉等多种传感通道与虚拟世界进行自然的交互。这种集计算机技术、图形学、视觉生理学、视觉心理学、仿真技术、微电子技术、立体显示技术、传感与测量技术、语音识别与合成技术、网络技术及人工智能技术等多种高新技术于一身的系统，其最初目的也是用于军事训练，但随着技术的不断成熟，更多的应用于虚拟游戏的开发上。由于其具有沉浸性（Immersion）、交互性（Interaction）和构想性（Imagination），使人们能沉浸其中，超越其上，出入自然，形成具有交互效能多维化的信息环境，我们在一些博物馆内也能看到它的应用。如：台湾国立工艺博物馆的航空与太空展示厅（如图8），以机场管制塔为模拟展示，让观众可以亲身体验空中交通管制的方式与操作过程。人可以通过使用各种特殊装置将自己“投射”到这个环境中，并操作、控制环境，实现特殊的目的，即人是这种环境的主宰。

图 8　台湾国立工艺博物馆

21 世纪科学技术的发展推动了博物馆的迅猛发展，科技博物馆、科学中心在世界各地成倍增长，高新技术的发展给博物馆注入了新的活力，如何更准确的使用这些技术，如何借助技术阐述创作意图，将是博物馆多媒体展览语言的探索方向。

四、多媒体技术与博物馆展览的关系

新技术的出现在今天是如何与博物馆展览共存的？是一种互补关系还是寄生关系？以首都博物馆常设展览为例，让我们看看这些技术是如何与整个展览结合得到运用的，从中你可以看到不同形式的多媒体在不同展览中体现的不同价值。

（一）用于传统手段不好表现且信息量过大不能在详尽展示时使用，体现事件整体过程

在首都博物馆二层通史展厅的内环展线上，为了在有限空间内展现重大历史事件的发生，抬头你会发现在许多关键时间点上会有不少多媒体影片（如图 9），如在一组老山汉墓出土的文物群上，配套出现的是关于老山汉墓发掘时的情况、汉代墓葬介绍、北京地区汉代文物精品等。这一系列的延伸信息使展览不再局限在展品本身上，而是通过具有典型性的器物组群展示了器物出土时的情况、当时社会的历史背景、从而整体传达了整个北京地区汉代文化的发展。这就如同中国古典建筑中九曲桥的作用，其目的不是为了缩短两地的距离，而是延长游览行程的时间，变换游览者的视线及方向，扩大空间感。

图 9　首都博物馆通史展厅

（二）用于对具有重大历史意义、价值的事件，文物或其他资料不足以说明重点时的补充说明及气氛烘托

同样是在首都博物馆二层通史厅的展线上，结尾处对于“开国大典”这一主题的表现主要运用了一组多媒体投影。其主要目的是想从视觉、听觉上重塑历史的时空，通过感官上的共鸣使观者产生心理上的变化，从而体验开国大典时的宏大场面。在内容上也特意挑选了开国大典的亲历者，通过他们的描述，从不同角度阐述同一个历史事件，拉近观看者与参与者的距离。

（三）扩充展览空间，对非物质文化遗产的直观表述

在首都博物馆戏剧展厅中有一座戏楼，设计之初是供观众参与互动之用，在没有演出时，利用舞台背景放映一部讲述戏曲文化对一个北京人的成长、生活所产生影响的影片，通过它反映历史的变迁（如图 10）。这种设计既不影响活动时的场地使用，又在展览有限的空间内展示了更多的文化信息，同时，也是对非物质文化遗产——京剧的具象传达。

（四）对于无法移动的展品采用三维互动再现

在首都博物馆精品展厅中，摆放了一系列触摸屏（如图 11）。因展厅内受展品条件限制，无法触摸或移动展品，但文物本身又有展出条件限制，如：字画不能长时间光照、瓷器不能触摸观看底款、玉器展品个头一般很精巧，细部不好展现等，将文物进行高精度三维扫描，通过多媒体触摸屏，可以让观众以超出平常的观看角度随意操纵旋转欣赏文物的细节、内部、构造等特征，并通过辅助展品说明了解到中国古代不同器物的制作工艺。

图 10　首都博物馆的戏楼

图 11　首都博物馆精品厅触摸屏

由此可见，多媒体作为一种新的展览语言，目前也正越来越多的被运用到展览中，并且充当起解释说明展览原理及内容、介绍创作流程及历史背景、收藏记录非物质文化遗产、衬托展览环境气氛、引导观众参与展览等功效，使创意者与参观者真正产生互动关联。这既不是一种寄生关系，又不能用简单的互补关系来概括，我认为这更多的是一种由互补而引发的不同介质间的独立或相互思考所带来的数字革命。其开始的表述为单纯技术上的，随着与不同介质的深入组合，其概念扩展为带有某种意识倾向的数字媒体。当其应用在博物馆中时，反过来这种机器所制造的结果又使展览的创作者从中挖掘出更新的信息，带来更新的创意。

五、在使用中需要注意的几点问题

在一座座翻新、改扩建的博物馆中，如果不使用那么一点点多媒体，好像就无法将它与现代化挂钩。但问题也随之而来：硬件是不会升值的，甚至保值都很难，而软件是要不断更新的。所以，升级、更新、换代，似乎成了永无止境的一个洞，稍有闪失，这曾经象征着“现代化”的光荣就会成为光鲜脸蛋上的一颗痣，无伤大雅但又总不那么招人喜爱，有人甚至认为承载着各种大型设备的机器比人工要值钱。这种现代化与博物馆展览间的微妙关系，背后乐得最开怀的要数各大硬件厂商与软件制作商。因此我们在多媒体技术的运用中应该注意如下几点：

（一）在展陈中应用多媒体技术目前存在的争论主要是“量”的问题，即究竟用多少合适

有人认为：展览的主题是物，应以展示物体本身为主，多媒体的使用，尤其是它在播放过程中的声音、光线会影响到参观者对物本身的注意度，缺少了沉稳、平和、深入的观看氛围。另有人则认为：多媒体技术是对所展物的一个更深层的立体解说，其新颖的形式和丰富的信息，能很好的起到与观众沟通的作用，拉近距离的同时使深奥的知识变得通俗易懂。在我看来，其主要还是与策展人的展示内容及展览表达语言有关。不能因为多媒体而大量使用多媒体，只要在恰当的地方合理地应用，才会使整个展览融会贯通，产生很好的效果。

（二）多媒体不是展览的“填空”工具

在展览中，我更多的看到多媒体被放置在一个独立的空间。其原因主要有三点：第一，声音的干扰。第二，其内容不能准确传达意图。第三，并没有与整体展现统一考虑，而是作为填补工具。我认为多媒体的使用不能离开展览而单独存在，它应该在展览设计之初就有所考虑。内容、形式、展示方式应该是贯穿一体的，不应在最后草率的作为填补工具。

（三）多媒体技术的载体并不仅仅是等离子、触摸屏、投影等形式

我们在展览中经常会看到以等离子、触摸屏、投影等形式为载体的多媒体技术，我认为主要可能与其低廉的成本与方便的使用有关，其实没有人规定我们应该使用何种技术作为载体，策展人在运用多媒体的同时也应该创造，努力尝试不同形式、不同技巧、不同功能的应用。人脑的创造力不要被技术所限制。

（四）不要让我们的展览成为新技术的试验场

在没有明确展览目标之前，不要轻易听信及尝试设备公司人员的推销。这种实验很可能给展览带来巨大的遗憾。

（五）在多媒体的使用中，要考虑到今后的系统升级、换代问题

大量资金的投入的确给展览带来了全新的体验，但随着技术的飞速发展，我们曾经引以为傲的技术有几个能坚持过五年？在使用之初，设备的升级换问题是不得不考虑的。

六、多媒体技术今后的发展方向

在物质过剩的21世纪，审美的需求开始占据上风，我们需要的不再是征服而是合作，不是快而是慢，更多的思考、更好的传达、更深的领悟。多媒体技术在近乎与世界同步的发展节奏上，该如何发挥最大优势？如何引导思维的重新开启？它应该更多的探讨其所展现内容对生活、情感所造成的直接冲击。

多媒体应该作为一种沟通的艺术手段，起到准确传达的作用，它不应再充当说教的成分，而更多的是抛出问题，展示出展览的思想，它将会向着一种带有自身感情的新媒体艺术形式发生转变。我们在表达自己意愿的同时，它也在借助我们的思想更多的表达自己的意愿。相信这种带有情感的媒体技术会给我们带来思想上的新探索。

不是所有媒体都能做到如此地步，但我相信多媒体技术随着自身的不断完善，其强大的交互功能将不断深入每个人的生活，带来一场全新的展览革命。我们现在所要做的就是让自己的头脑准备好，借助多媒体技术的思想使我们达到一次展陈语言上的飞跃。

注释：

① 2008年6月，中国美术馆举办的"媒体中国2008—国际新媒体艺术展览"，其主题定义为：合成时代。展览通过四个主题，人与自己，人与机器，人与现实，人与社会，展现在我们面前的新物质性和新现实所带来的问题。在日益模糊的自然与数字、真实与非真实界限的会聚性媒体的漩涡中，讨论这种真实对于人类的意义是什么。

② ARPANET：Advanced Research Projects Agency Network 高级研究计划署网络。由于美国20世纪60年代的特殊性，人们认为能否保持科学技术上的领先地位，将决定战争的胜负，而科学技术的进步依赖于电脑领域的发展。美国国防部认为有必要设计一个分散的指挥系统——它由一个个分散的指挥点组成，当部分指挥点被摧毁后其他点仍能正常工作，而这些分散的点又能通过某种形式的通讯网取得联系，这正是ARPANET。它被认为是现代互联网的始祖。——"Internet History：From ARPANET to Broadband." Congressional Digest. February，2007. pgs 35 - 37.

③ 2008年1月22日，中共中央总书记、国家主席、中央军委主席胡锦涛在全国宣传思想工作会议上发表重要讲话中强调"加强思想宣传 提高国家文化软实力"。——http：//news. sina. com. cn/c/2008－01－22/210813306420s. shtml。

④ 罗四维：《视觉感知系统信息处理理论》，电子工业出版社2006年版，第63页。

参考文献：

① 王宏钧主编：《中国博物馆学基础》上海古籍出版社2002年版。

② 曹兵武：《记忆现场与文化殿堂：我们时代的博物馆》北京学苑出版社，2005年版。

③ 王岳：《光盘里的世界》人民教育出版社2005年版。

④ 苏东海：《博物馆的沉思》北京文物出版社，2006年版。

⑤ 苏海涛：《数位探险家》黑龙江美术出版社2004年版。

⑥ 李小宁：《展览新空间》北京建筑工业出版社2009年版。

⑦ 项洁、陈雪华主编：《数位博物馆大观园》台北远流出版事业有限公司2003年版。

⑧（意）史华罗：林舒俐，谢琰，孟琢译：《中国历史中的情感文化》商务印书馆2009版。

⑨（英）约翰 伯格 戴行钺译：《观看之道》广西师范大学出版社2007版。

*本文部分图片来自于RAA展览展示规划设计公司及百度图片网。

首都博物馆免票网上预约系统及其作用

李 陶

一、前言

首都博物馆于2008年3月28日起，开始免费对公众开放。为了进一步满足观众的参观需求，并为能给观众提供更安全、舒适的参观环境，首都博物馆制定了“免费不免票”的政策，采取限额预约、领票入馆的参观办法。

为方便广大群众能够提前预约到门票，在提供传统的电话预约途径的同时，首都博物馆在原有数字化博物馆系统项目中的网站系统基础上又开发了“首都博物馆免票网上预约系统”，并于博物馆正式免票前一周开始投入使用。

作为国内首家采用网上免票预约系统的博物馆，首都博物馆资料信息研究中心、开放管理部的工作人员，以及承建公司的程序开发人员，在系统建设的前期做了大量的调研工作，共同探讨了关于免票预约的预约流程、工作人员职能、预约系统结构设计等多方面的问题。在多方的协作努力下，“首都博物馆免票网上预约系统”得以在较短的时间内开发完成。

“首都博物馆免票网上预约系统”开始使用并正常运行半年后，根据广大观众和后台工作人员的需求，我们对系统功能又进行了扩展开发，新增和完善了诸多功能，加入了观众信息反馈、预约数据统计分析、发送最新展览信息等功能。

从总体来说，“首都博物馆免票网上预约系统”项目开发实现了以下几方面的技术创新及先进性：

（一）电话预约与网上预约分别采用各自的专有流程，但数据经过整合，形成完整的门票预约信息库，在技术实现上具有先进性。

（二）统计和保存了电话用户信息和网上用户信息，方便博物馆活动的推广，具有很好的技术可操作性和实用性。

（三）灵活的系统参数配置，可以适应临时开闭预约系统、实现人数控制、发送通知通告等异常情况，具有很强的技术可靠性。

（四）灵活的数据分析、统计功能，具有很好的技术先进性。

依照以上几点，接下来将从整体结构上较为详细的介绍“首都博物馆免票网上预约系统”的架构及工作流程。

二、首都博物馆免票网上预约系统设计架构

"首都博物馆免票网上预约系统"的开发基于J2EE架构，这使得整个系统的兼容性、可伸缩性和易维护性得到保证；同时，系统还采用了B/S结构（Browser/Server结构），工作人员和维护人员只需在客户机上通过Internet浏览器，即可进行相关操作，简化了工作步骤，方便快捷。具体内容请看下面两张图表：

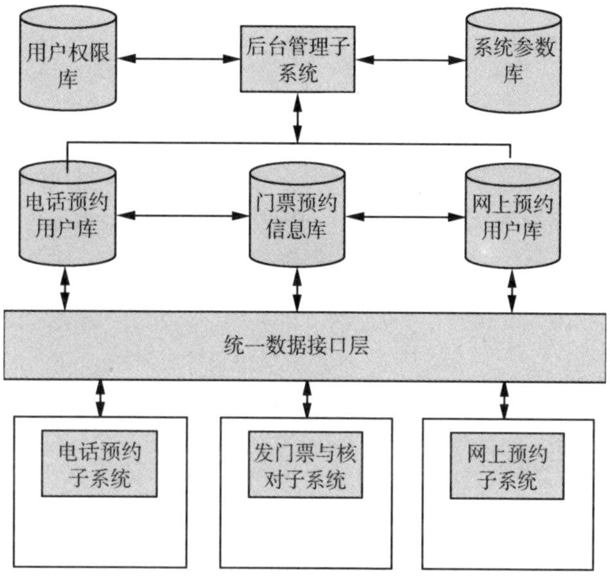

免票预约系统架构图

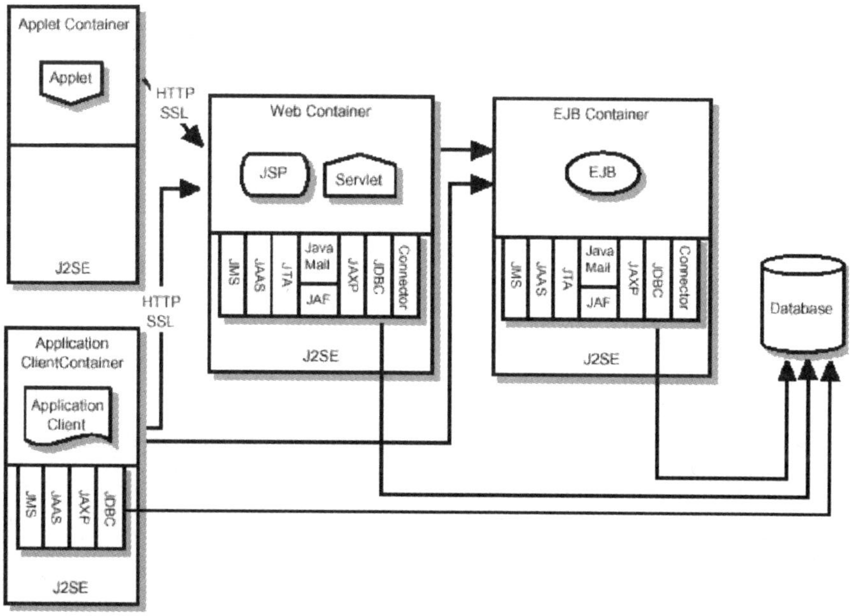

J2EE体系结构

三、首都博物馆免票网上预约系统整体功能的实现

（一）前台设计

“首都博物馆免票网上预约系统”为观众提供了友好便捷的前台页面，观众进入首博网站后，能够快速方便的注册和登录到预约系统，只要按照相应提示进行操作，就能快速完成预约。当观众完成订票流程，则可以立即在预约系统中查看到自己的订票信息。

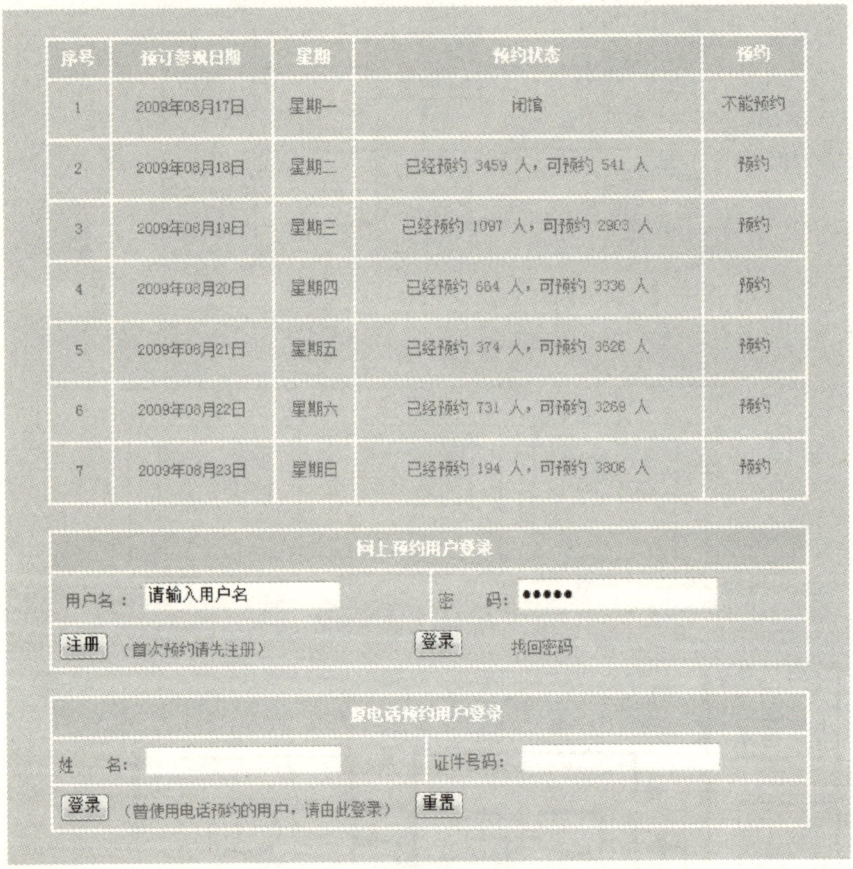

序号	预订参观日期	星期	预约状态	预约
1	2009年08月17日	星期一	闭馆	不能预约
2	2009年08月18日	星期二	已经预约 3459 人，可预约 541 人	预约
3	2009年08月19日	星期三	已经预约 1097 人，可预约 2903 人	预约
4	2009年08月20日	星期四	已经预约 664 人，可预约 3336 人	预约
5	2009年08月21日	星期五	已经预约 374 人，可预约 3626 人	预约
6	2009年08月22日	星期六	已经预约 731 人，可预约 3269 人	预约
7	2009年08月23日	星期日	已经预约 194 人，可预约 3806 人	预约

网上预约用户登录

用户名：请输入用户名　密　码：●●●●●

注册（首次预约请先注册）　登录　找回密码

原电话预约用户登录

姓　名：　证件号码：

登录（曾使用电话预约的用户，请由此登录）　重置

1、登录/注册页

网上预约的观众必须先注册为首都博物馆网站会员，填写注册信息（包括姓名、证件号、性别、年龄、联系方式、职业等），完成注册后，才能使用预约系统。

此前，通过电话预约过门票的用户信息，已经由前台工作人员将数据录入预约系统的数据库，所以网上免票预约系统专门为已通过电话预约过的观众（不包括已在网上注册的观众）提供登录及信息完善功能。观众只需要输入姓名及电话预约时的证件号即可登录网上预约系统，并同时正式成为首都博物馆网站会员，但是在预约前需要先将个人信息进行完善，只有填写了完整的注册信息后才能够进行预约。

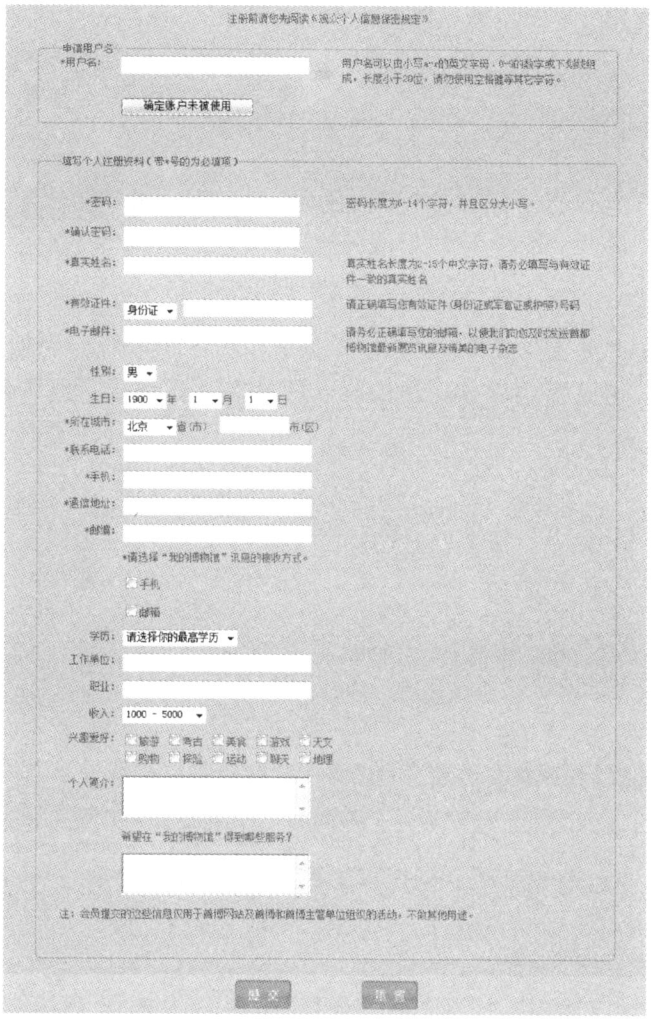

2、预约功能页

登录预约系统后可以显示当日能够预约门票的情况，如果预约状态中有剩余名额，即可点击右边表格中的“预约”按钮进行预约。

序号	预订参观日期	星期	预约状态	预约
1	2009年08月17日	星期一	闭馆	不能预约
2	2009年08月18日	星期二	已经预约 3473 人，可预约 527 人	预约
3	2009年08月19日	星期三	已经预约 1102 人，可预约 2898 人	预约
4	2009年08月20日	星期四	已经预约 664 人，可预约 3336 人	预约
5	2009年08月21日	星期五	已经预约 384 人，可预约 3616 人	预约
6	2009年08月22日	星期六	已经预约 741 人，可预约 3259 人	预约
7	2009年08月23日	星期日	已经预约 207 人，可预约 3793 人	预约

同一身份证号码可以预约多张门票，观众可以自主选择。

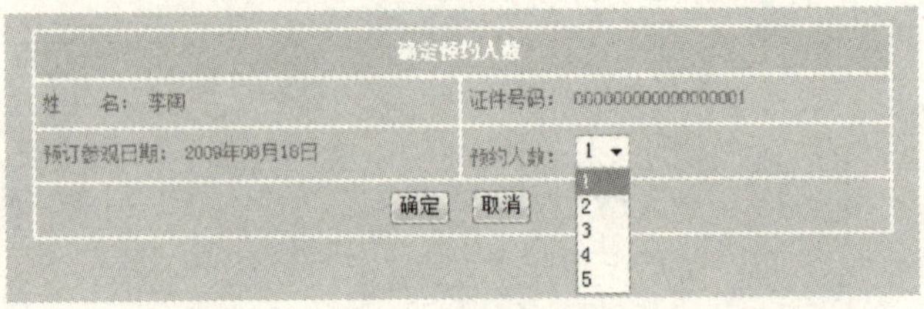

3、生成预约号

当预约完成，系统将自动生成预约号，预约号由年月日序号组成。（例如：2008 年 3 月 7 日第一个人预约 200803070001）。完成预约后显示预约观众的姓名、证件号、预约数和预约号，以列表形式显示。

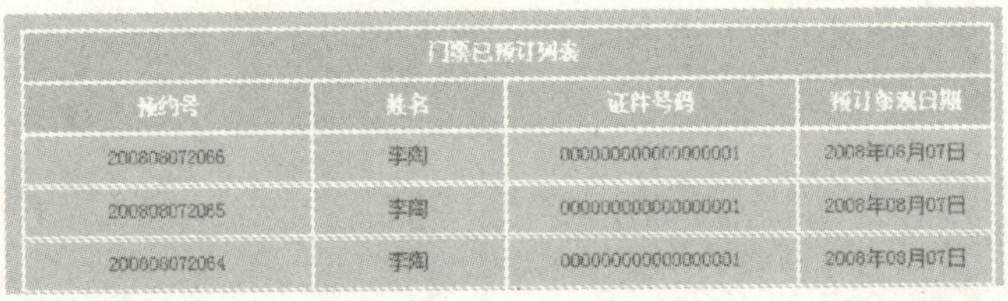

门票已预订列表

预约号	姓名	证件号码	预订参观日期
200808072066	李陶	000000000000000001	2008年08月07日
200808072065	李陶	000000000000000001	2008年08月07日
200808072064	李陶	000000000000000001	2008年08月07日

（二）后台设计

“首都博物馆免票网上预约系统”管理平台的各个功能全都集成在“首都博物馆网站后台管理及发布系统”中，系统管理员可以分配特定权限给各个不同的工作组成员，方便工作人员对网上预约的管理。

相比前台界面及功能的简洁直观，“首都博物馆免票网上预约系统”的后台功能和选项比较繁多，系统的可调性和灵活性上更加突出。

为了应付意外情况的发生，预约系统后台可以做到及时修改网上预约的参数，并发送通知信息告知观众；可以对预约数据可进行汇总、统计、分析，根据基本信息对观众进行检索，方便管理员对观众参观情况的了解；同时还能够协助开放部的电话预约人员完成观众的电话预约，协助发票组完成对来馆参观的预约观众的签到工作。

1、预约参数设置

此项设置允许管理员自行设置预约系统的开启日期及总上限人数、单次上限人数、预约的周期和提前预约的天数，对于特殊情况可将某日的预约开启或取消，比如节假日临时开馆或闭馆时就可以用到此功能。

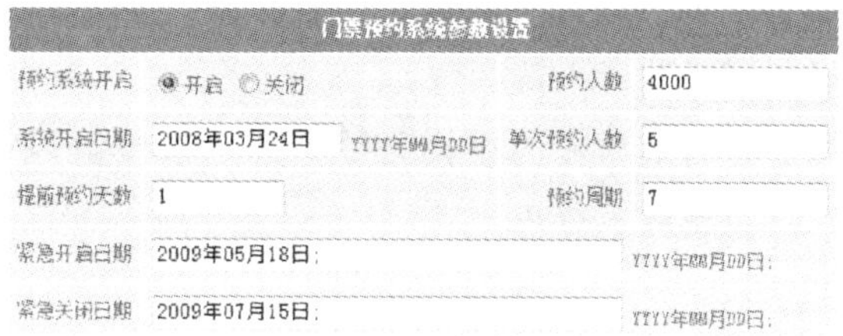

2、预约观众统计

按照不同条件对预约观众进行数据统计，以列表的形式进行显示，例如观众的预约方式、参观情况、年龄层次、职业和日周月的参观量等。

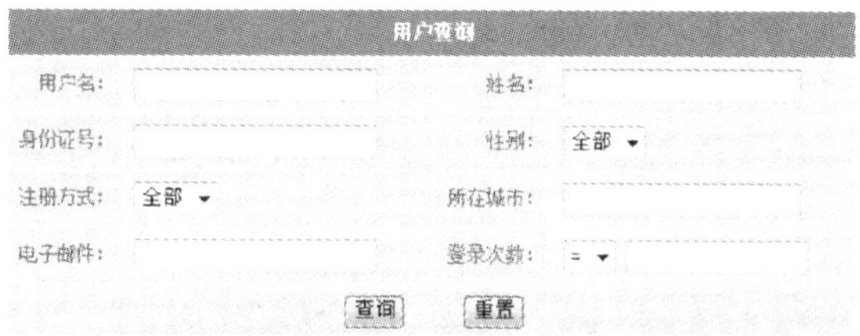

3、电话预约

此功能专为开发部的电话预约工作人员开放，协助其完成观众电话预约操作，主要完成以下内容：

(1) 对未注册过的观众进行基本信息注册。

(2) 对已完成注册的观众（包括“我的博物馆”会员），通过注册姓名及注册证件号登录系统。

(3) 帮助观众完成电话预约，与预约功能页相同。

(4) 生成预约号，完成预约。

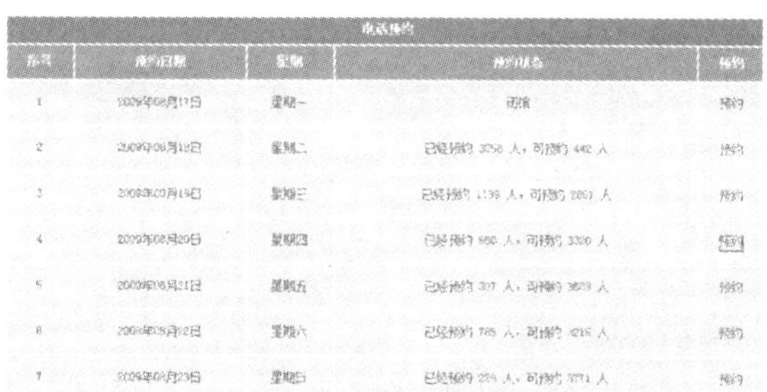

4、数据导入

数据导入导出接口系统，对预约的数据导入、导出为 Excel 等格式，方便报表制作、数据上报、数据再利用。

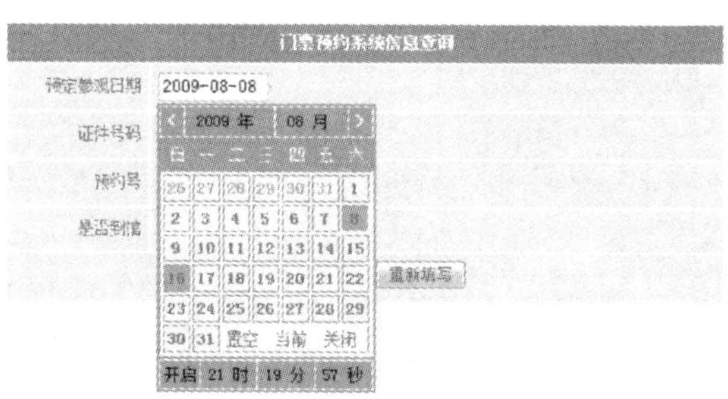

5、预约签到

方便前台开放工作人员通过基本信息在批量数据中查找预约观众，对预约观众的参观情况进行记录，加快观众入馆检票的时间，方便观众入馆参观。

以日期、证件号、预约号、是否到馆作为查询条件，用于发票组为每位来馆参观的观众进行签到审查，以方便日后对预约观众进行统计、分析。

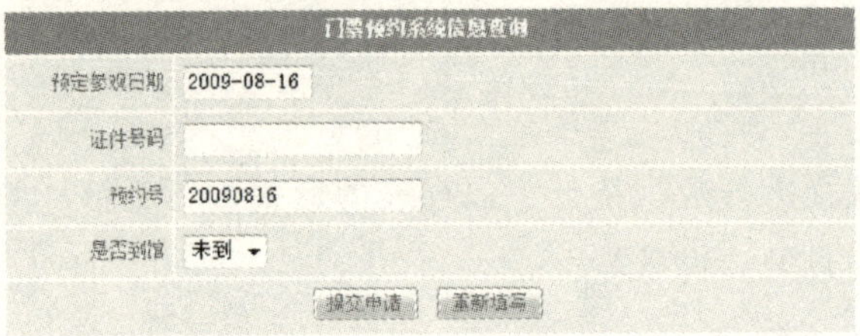

6、用户信息修改

用于电话预约操作人员修改用户信息。以用户姓名及证件号作为条件，查询用户的注册信息，对相关内容进行修改调整。

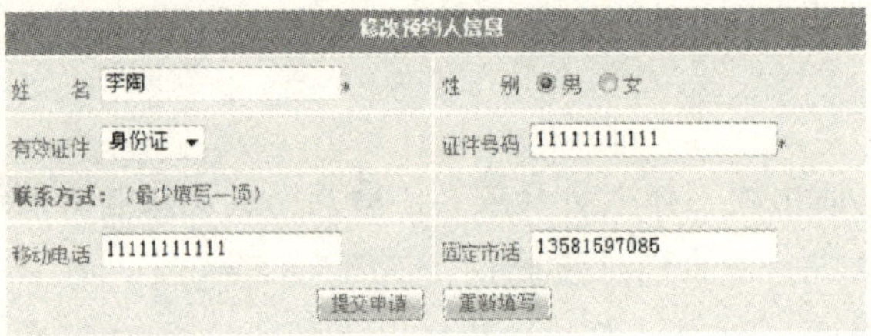

7、预约人数修改

为满足已预约观众的需求，方便电话预约人员的工作，当预约观众的参观人数发生变化的时候，可根据预定参观日期和证件号查找到该预约观众并对其预约的人数进行修改。

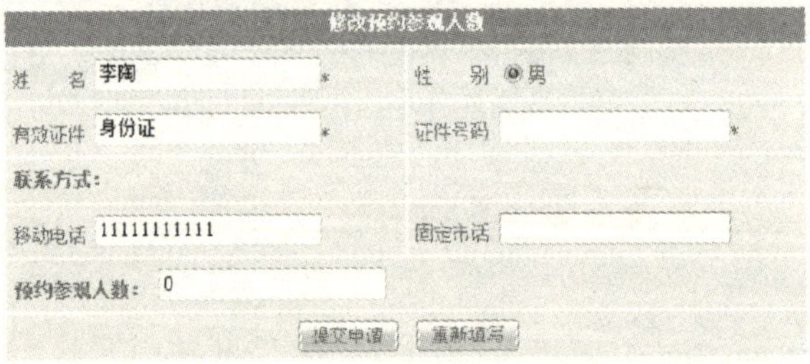

8、预约统计/发票统计

此项功能可以用来统计电话预约人员及发票工作人员一天及总体的工作量，清晰的反映出相关工作人员的工作状态和工作强度。

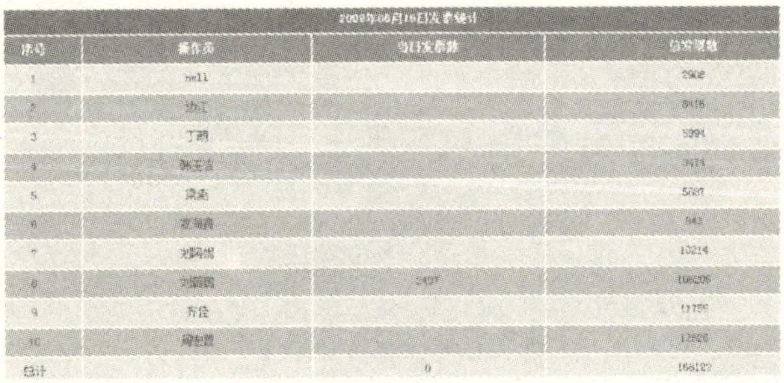

四、首都博物馆免票网上预约系统运行现状和意义

到目前为止，“首都博物馆免票网上预约系统”已经运行近两年，期间据统计，大多数观众都选择通过网上预约的方式预定门票，网上预约量约占总预约量的70%，可见网上免票预约的方式得到了广大群众的认可；同时，也有更多的同行单位，以“首都博物馆免票网上预约系统”为标准，在本单位推行和建立了类似的网上预约系统，使这种简便快捷的门票预约方式得到推广。

然而“首都博物馆免票网上预约系统”的运行也并非完全一帆风顺，部分观众在使用过程中也对“首都博物馆免票网上预约系统”里存在的不足，提出了很多值得参考、改进的意见和建议，对于这些用户的反馈，首都博物馆工作人员都在第一时间予以了解决和改进。有了广大群众的关注、支持和帮助，相信“首都博物馆免票网上预约系统”一定能够为观众们提供更方便的参观途径，同时，也能为博物馆对外开放工作作出更大的贡献。

浅谈首博会议网络互动系统与多媒体视听室播放系统

陈 超

一、会议网络互动系统概述

首都博物馆作为北京地区文物博物馆行业内进行交流、学习、会议的中心之一，馆内的现代化的多功能会议厅是必不可少的，而应用在其中的会议网络互动系统则更是不可或缺的。主要功能有：

（一）开放性功能

1. 互联网用户可以实时参与现场讨论。
2. 馆内设置会议信息检索点，向公众开放会议进程。

（二）会议内容的媒体形式。

1. 文字、声音、静态图像（含幻灯）、视频等。
2. 电子白板。

（三）信息交互能力

1. 收集：通过互联网络分时预收集场外相关信息。
2. 组织：现场的发言素材综合成为统一的多媒体发言文稿。
3. 发播：会议现场信息采集后通过互联网向外实时进行数字化播放。
4. 交互：网上观众将发言内容传输、投影到讲台投影屏。
5. 制作：后台汇总编辑电子出版物母盘（脱机）。

二、会议网络互动系统技术特点

本套在原有硬件视频会议系统基础上，针对首博互动会议系统实现网络与现场一体的会议模式，可支持多达 100 人同时进行上网交互和 30 人远程互联网及大于 1000 人互联网访问浏览。通过视频、语音、文字、电子白板等，实现多功能会议及在线讨论等多种会议互动形式，同时大大便利了首博的业务功能。

（一）网络构架

在网络构架方面，多功能厅内的两个服务器和 3 个工作站分别属于首博网站（内网）和电信公网（外网）。内网的服务器和工作站与其他内网的计算机一样均出于核心交换机；但访问外网的服务器或工作站时，出于安全性考虑都要经过防火墙．再经过单独的交换机．

（二）软件构架

首博会场互动系统是采用 B/S① 构架的应用系统，用户在使用该系统进行会议时，无须安装额外的应用软件，在登录时自动下载安装会议系统插件就可以参与现场会议，并能参与现场会议互动。系统提供基于 Web 应用包括：

首博会议管理功能，对会议查询：包括用户注册登记管理、会议预约管理、会议配置管理、会议通知邀请、会议中止、会议延长、会议和服务器资源统计维护等。

基于 Web 的用户注册，审核和发送会议邀请通知功能。

基于 Web 形式，实时发布会议进行状态。

基于 Web 登录方式，会场无线用户，互联网用户均可以登录会场互动系统。

系统逻辑结构如下图所示，服务器软件工作前台是 Web 服务 IIS② 组件，通过 Web 服务与客户端软件连接。

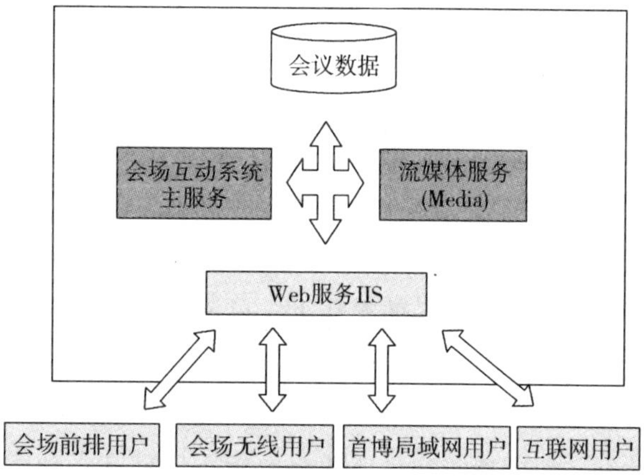

会场互动服务、流媒体服务、Web 服务与后台数据库服务协同工作，提供现场会议与网络用户互动。Web 服务将流媒体服务提供的音视频流与会场互动服务提供的会场信息整合，以 web 形式发布到互联网，互联网用户可以实时看到会场的会议情况。

（三）会议信息收集和存档

会议进行过程中所有的音视频信息，会议进行过程中的文字图片信息，以及局域网互联网用户的互动信息均可以作为会议内容进行存档。现场会议的整个进行过程，服务器上对音视频信号、数据操作、文字讨论、会场互动信息等都进行了详细记录。会后，可在脱机情况下随时浏览会议内容，并可以制作成电子出版物。

会场互动系统支持对客户端本地音视频和远程音视频的录制功能，可以实时录制自己的本地视频或远程的用户视频。会场互动系统录制的最大特点是录制结果以标准的 AVI 格式保存，所以可以使用任意常见的视频播放器，如微软的 Media Player（Windows 自带），Real 的 Real player（网络上有免费下载）等进行播放。录制的结果，也可以为其他的视频点播系统的节目源，供他人进行点播或通过闭路电视进行播放，或者使用第三方编辑软件 Windows XP 自带的 Movie Maker 视频编辑软件对视频录像进行编辑。

（四）系统的音视频支持

1. 系统提供窄带、宽带、高保真等多种语音质量，提供 4 到 16 路业界领先的多路混音技术，并通过灵活方便的发言人切换控制，使会议成员在同一个会议中的发言更加自然和流畅，系统采用 G. 723. 1[③]和 G. 711[④]和 G. 729[⑤]以及 PCM [⑥]等多种音频压缩技术，在各种网络带宽条件下均保持声音清晰连贯。

2. 会场互动系统支持同时显示 26 路远端视频和 1 路本地视频，与会者可以灵活选择、切换会议成员的视频图像。视频显示大小和布局可由用户手工调整或由会议主席、主持人管理控制，提供单路、多路视频全屏、画中画、一大多小等多种显示方式，支持双屏显示，支持投影、电视、电视墙等各种显示设备。

（五）方便灵活的会议形式

1. 电子白板

利用电子白板，用户可以在白板上自由地绘制、书写任意可视化信息，方便所有的会议成员进行交流。电子白板支持荧光笔、激光笔、文字、多种指针、手型等工具，使操作更加灵活和方便。

2. 文档共享

文档共享功能可以将所有可打印的文档在白板页上共享出来供所有与会人员观看，并支持多人同时进行标注、勾画等操作。

3. WEB 共享

WEB 共享功能可以将 Office 文件、Gif 文件、Jpeg 文件转换成 HTML 文件和动画文件共享出来供所有与会人员观看。系统支持同时共享多个文档，并提供文档预先上传机制，充分保证数据共享的应用效率。

4. 协同浏览

协同浏览功能使所有与会人员在控制者的操作下，可以同时浏览网页等网络上的资讯信息，并支持多网页浏览。

5. 桌面共享

桌面共享是一个强大功能，利用桌面共享或者桌面指定区域共享功能，利用此功能您可以将自己的计算机屏幕共享给单个、多个、全体与会人员，让他们看到自己的一举一动。

6. 远程遥控

利用远程遥控功能，会议成员可以对远程的机器进行直接的操作，就像操作本地机器一样方便。

7. 多种会议形式

首博会议互动系统支持多种会议进行模式和会议类型：分别对会议权限、用户权限等进行了不同级别的验证。

会议主席和主持人可设置为自由会议模式、主席控制模式、完全控制模式，在自由会议模式中，各种发言、控制的权限均按照排队机制进行处理。而在主席控制模式中，主席或者主持人拥有集中控制的权限，可对整个会议的进程安排进行控制管理，在完全控制模式中，主席或者主持人拥有更加集中控制的权限，完全满足企事业单位及运营商召开各种内外部会议的不同会议需求。

8. 公共讨论、私人讨论、文件传输

系统提供文字交流和文件传输功能。所有与会人员都可以利用公共文字交流平台进行文字交流，也可发起与某个与会人员之间的点对点文字沟通。在会议过程中，利用文件传输功能，可以方便的将某个文件实时地传送给某个与会人员或全体与会人员

9. 网上互动

首博现场会议可以通过会议互动系统，发布到互联网。互联网用户通过登录首博网站相关内容，不仅能了解现场会议的内容，还可以实时观看现场会议的进行情况，与会议现场进行互动。

（六）会议控制管理

通过对首博会议流程的分析，设计了相应的功能模块，对会议实行流程化的管理，使其能够真正实现会议系统的智能化管理。

下图为系统的整体框架图：

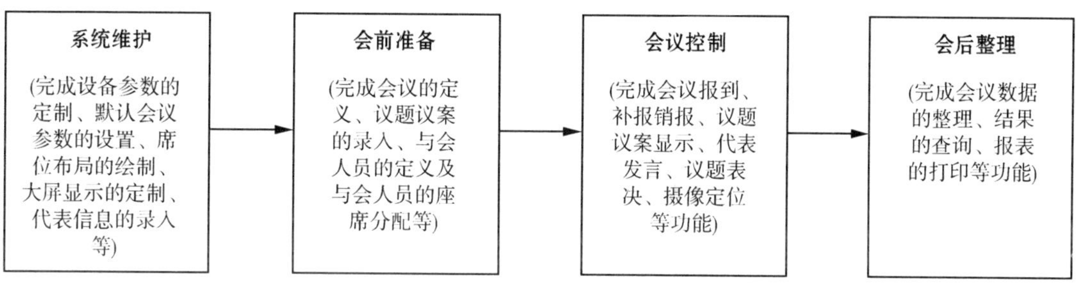

根据系统流程的要求，我们归纳出了以下几个功能模块，包括：设备管理模块、大屏显示定制功能模块、人员数据库管理模块、议题议案管理模块、与会人员管理功能模块、人员签到管理模块、补报销报功能模块、发言控制功能模块、摄像机自动跟踪功能模块、文稿提示功能模块、会序控制功能模块、查询打印功能模块、设备状态查询功能模块，以及会议内容网络上传管理模块。这些模块基本上涵盖了目前多种会议的基本要求。

各功能模块在操作上相互独立，不同模块的操作可以交叉进行，并行工作，同时模块之间通过系统的关系数据库相互关联，体现了会议系统的模块化设计思想。

下图为智能会议系统管理软件的操作主界面

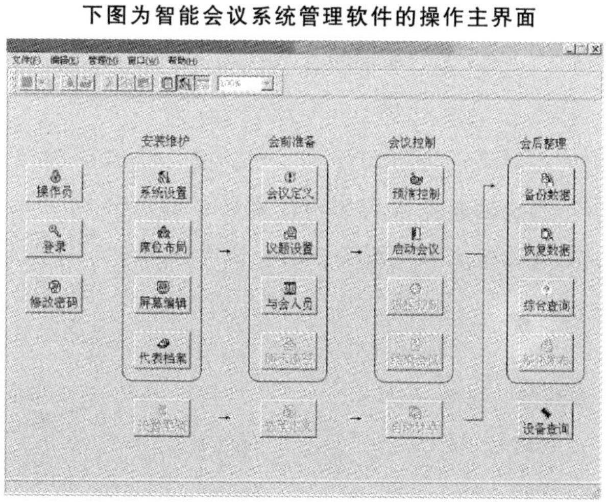

下图为其中的设备管理模块操作界面

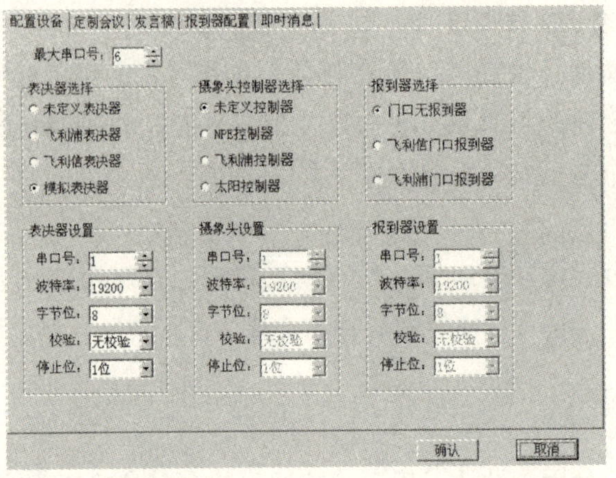

三、会议网络互动系统的应用

首都博物馆多功能会议厅会议网络互动系统针对首博需求将会议厅原有功能进行扩展和定制，使现场会议与局域网用户和互联网用户互动、会议信息发布功能，可以实现与原有硬件会议系统互连互通。首博的会议网络互动系统，主要包括以下几个子系统：综合性发言的会议系统、会议表决系统后台计算机管理系统、硬件设备的计算机监控管理系统、实时会议网络互动系统、会议室网站管理系统、数字放映厅的数字节目播放系统。整个系统所支持会议形式多种多样，管理灵活方便，能够满足各种会议形式的需要。

并且为了保证系统的可靠性，系统采用容错及系统恢复措施：一方面可以保证在硬件设备出现故障时，软件系统能够对硬件设备中的数据进行恢复；另一方面对用于控制的 PC 机可能出现的故障，则采取了软件系统支持双机热备份功能，当主控机出现故障时，备机可以进行热切换，代替主机完成控制功能，保障正常的会议进程不间断。

首都博物馆多功能会议厅会议网络互动系统自开馆以来运行正常，通过该系统支持，举办了多次的重大会议活动、讲座、新闻发布会等，很大程度地方便了会议管理者对会议进程的管理，增加了与会者对会议的热情。

四、多媒体视听室播放系统概述

首都博物馆的多媒体视听室坐落于圆形展厅的一层，是一个圆形放映厅，观众来到首博后可以选择首先进入放映厅欣赏电影。放映的主要内容为首博新馆的综合介绍、北京风景名胜、北京城市历史演变的虚拟展示等，并可以实现兼顾放映高清晰三维立体影像。

系统主要实现的功能有：

（一）数字放映

（二）5.1 声道环绕立体声

（三）采用被动立体方式接收

（四）弧形宽银幕，无缝拼接

（五）图像同步性、色彩一致性控制

（六）采用集控系统，控制方便

五、多媒体视听室播放系统技术特点

（一）首都博物馆多媒体视听室播放系统采用比利时 BARCO 新一代高性能投影机 SIM5 + 投影机的系统优化部分、偏振技术的实现、屏幕技术和机械部分等。该系统可以满足首博需求的技术指标要求，可提供高质量的沉浸式显示环境。

1. 系统光路原理图

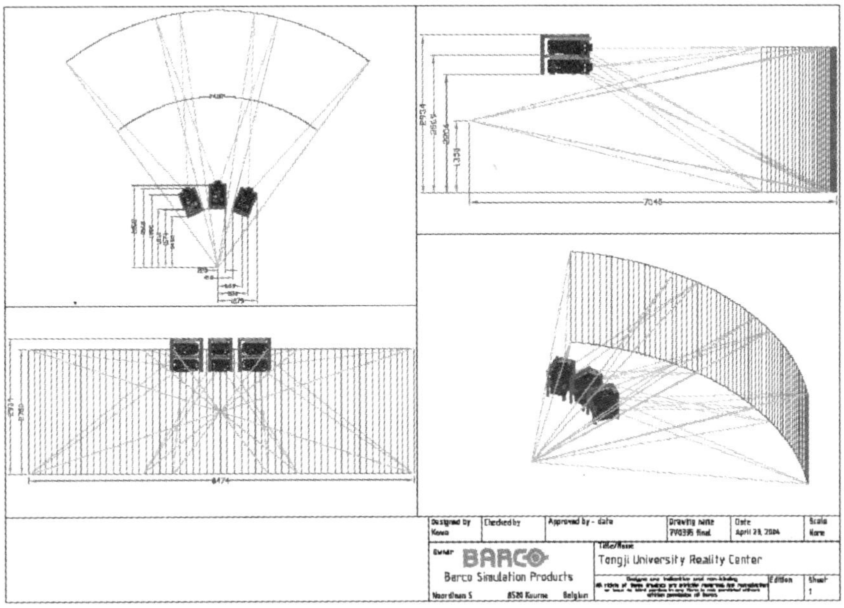

2. 双三次精度曲面几何校正

目前几乎所有专业投影设备的曲面显示系统在选择校正设施时都会注意下面的关键问题：

（1）细节特征损失——图像经过处理后的细节特征损失程度。

（2）几何变形控制——几何畸变程度（像素偏离控制）。

（3）信号转换损失——信号 A/D 和 D/A⑦转换带来的质量下降。

而 BARCO 的 WARP6™采用的是双三次方法（16 位浮点精度），为目前同行业最高精度。为避免插件方式带来的信号损失，WARP6™采用的是与投影机的像素处理单元 PMP 结合在一起的先进方式。

3. 电子和光学的边缘融合处理

多通道无缝拼接显示时，光阀门技术（DLP 和 LCD）投影机由于这类技术本身的限制会导致输入的零（黑）信号，无法进行纯黑输出显示，因而单纯的电子融合方法会带来暗场景情况下融合区亮带（尤其在非直线的边缘情况下）问题和电子融合带来的系统对比度降低问题。因此单纯的电子融合方法很多时候是不完善的。

克服电子融合方法带来问题的有效手段是采用光学的融合方法，目的是保证所有情况下图象显示的亮度均匀性和整体对比度不降低。非专业的光学融合部件会导致亮的图像（如蓝天白云）拼接区的黑带效果。因此，根据系统设计参数进行专业设计和加工的光学部件质量对系统适合所有场合应用非常关键。

当某一区域有两个以上的图像重叠显示时，电子和光学融合技术的处理难度要更为复杂。BARCO特有的系统技术和专业设计能够确保所有复杂情况下图像的完好拼接显示。

4. 多通道亮度一致性控制

采用正确的方法实现通道间输出亮度的一致性是系统集成的重要任务。简单地依靠设定灯的恒定功率输出或通过对理论上的亮度输出曲线采用功率补偿的方法是无法实现多通道间亮度一致的，属于非专业的做法。

而首都博物馆多媒体视听室播放系统采用 BARCO 专业的 CLO™方法控制多通道系统的亮度一致性。

CLO™的原理是根据用户需要事先定义好每台投影机输出光通量的值，在投影机的输出光路上利用亮度自动测量装置在设定的时间间隔进行采样，通过不断调整光输出的方式保持灯的输出亮度为设定的值。采用 CLO™技术的系统在新旧灯混合使用的情况下能实现亮度一致，无须因为损坏一只坏而更换全部。

5. 多通道色彩一致性控制

首都博物馆多媒体视听室播放系统采用 BARCO 系统的色彩一致性控制手段 DynaColor™方法。DynaColor™方法的原理是计算出多通道系统的颜色三角公共部分，实行系统统一颜色定义和控制，在色温稳定的情况下该方法可以满足要求。

6. 真色彩还原技术——TCR™

BARCO 专业的系统技术能提供世界上最高的 16 位颜色处理手段、BARCO 智能的颜色追踪和 Gamma 校正能真正实现很多行业要求的真彩色还原处理，提供给所有用户真实的颜色显示和效果表现。

（二）除了先进的显示系统外，整个首都博物馆多媒体视听室播放系统还应该包括图形生成（IG）、自动化和软件等其他部分。

1. 图像源（IG）建议

首都博物馆多媒体视听室播放系统采用的是 PC 架构的高档图形工作站作为图像源（IG）。

多通道立体回放系统中，应用场景不需要实时交互，被动立体显示方式也不需要场频扫描同步，因此对于 CPU 及图形卡的要求与交互系统不一样。系统选用 6 台高配置工作站作为播放大分辨率节目的图形工作站，其中 3 台播放，3 台为备用设备；1 台高性能的处理和音频工作站作为控制计算机，完成管理控制工作并兼做音频播出计算机。7 台工作站通过百兆网进行连接。如下图所示

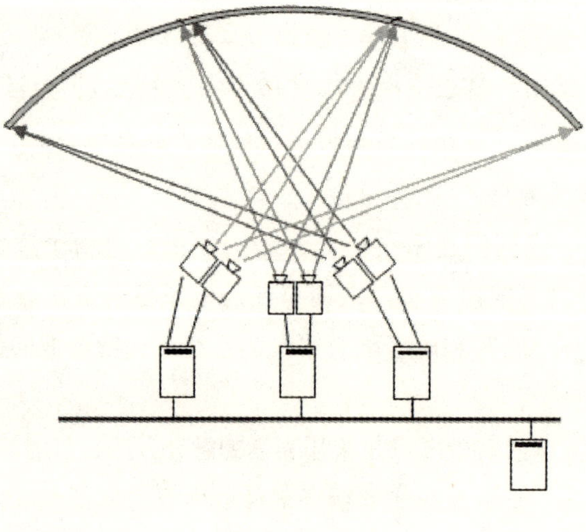

2. 应用软件/内容

对于多通道回放系统，在选择了适合的投影及计算机等硬件设备后，选择适合的播放软件是另一个至关重要的因素。播放软件不但直接影响整个播放系统的观看效果，而且播放软件设计的好坏还直接影响系统硬件系统效能的发挥。系统采用的播放软件不但具有强大的功能，而且融合了目前最先进的流媒体技术，能够充分挖掘新一代计算机图形卡的效能，减少计算机硬件系统的投入。

播放的节目事先通过软件制作，按一定的要求加工成独立的三个节目，分别由三台计算机播出。在这里，由于整个画面是由三台计算机生成的图像拼接而成，为保证整体画面的一致性，要求三台计算机在输出每一帧画面时都保持完全同步。

（三）电声系统技术特点

首都博物馆多媒体视听室播放系统的声场设计是整个5.1数字环音系统最重要的环节，是放映室音响系统最终具有良好效果的关键。系统设计时结合了整个视听室的建筑形体、建筑声学设计，对声场进行最优化设计。

1. 建筑声学条件

众所周知，室内音响是由“D+3R”所组成的，D表示直达声（DIRECT SOUND），3R则分别表示反射声（REFLECTION）、混响声（REVER BEATION）和房间共振（RESONANCE），除直达声外其它三个“R”均受制于室内的建筑结构和装修的表面材料，而3R中的房间共振（RESONANCE）更涉及复杂的“声学波动原理”，所以一旦建筑结构和装修的表面材料定型的情况下，能改变建筑声学特性的办法实在是极为有限，必然会造成对音质的影响。

2. 放映视听室扬声器的布置

系统扬声器安装在投影幕上方及下方，分左、右两个声道和超低音，各个声道独立覆盖全场观众区，环绕声音箱放置在会场中后方（详见扬声器位置放置参考图）。

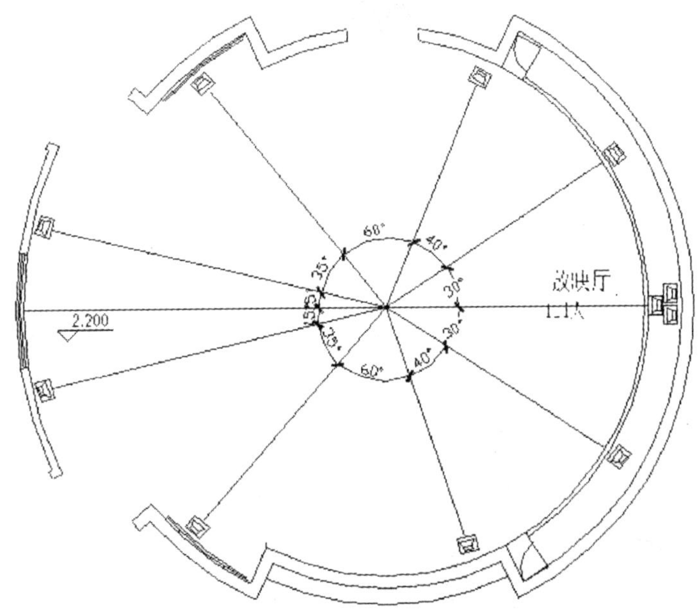

扬声器位置放置参考图

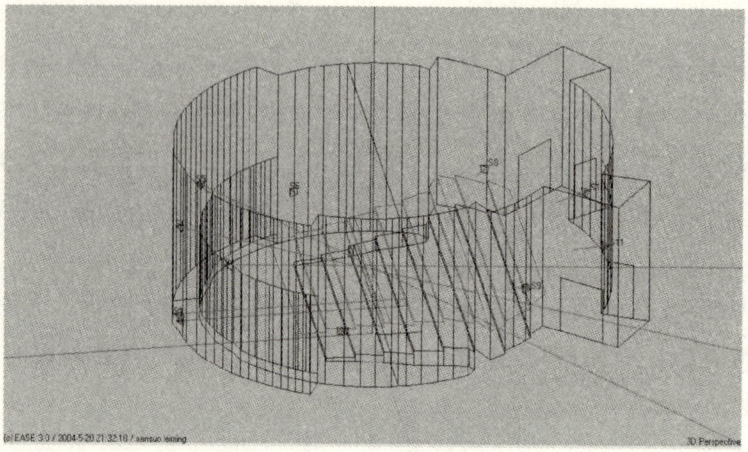

数字放映厅建筑形体的模型图

依据声学设计指标的规定，借助计算机对该放映厅扩声系统声学特性进行了计算机辅助设计计算。将建筑声学的有关特性与电声作为“一体”进行综合设计考虑，给出声学特性的具体量值。通过计算机辅助设计，能直观的看到所设计的扩声系统声学特性的预期结果。

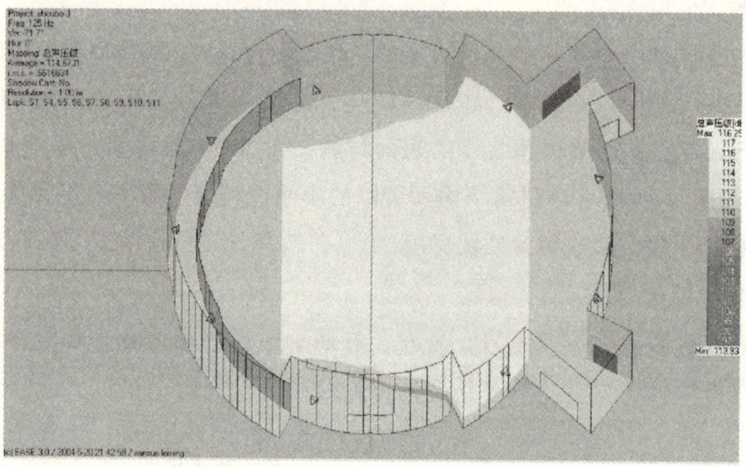

数字放映厅稳态混响声场⑧分布图（125Hz）

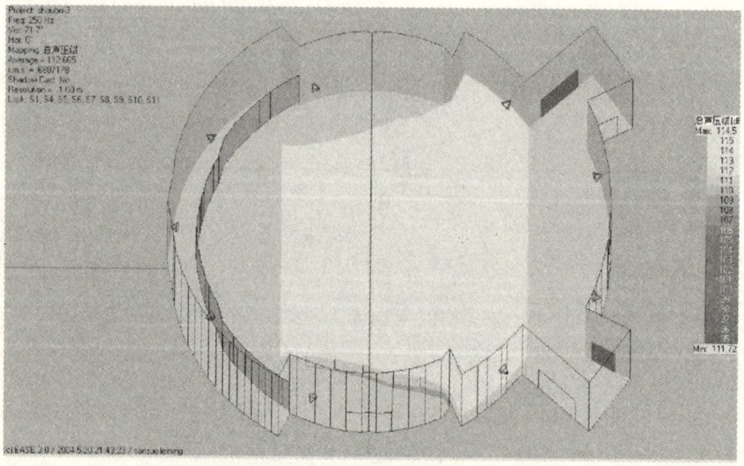

数字放映厅稳态混响声场分布图（250Hz）

声场的最大声压级（稳态准峰值）为：98dB。

声场的不均度≤ ±4dB。

这些数据是在扬声器（80%满功率）下，所计算出的结果，所以留有功率储备。由此可见，首都博物馆多媒体视听室播放系统声学特性将全面达到《厅堂扩声系统声学特性指标》的“扩声特性指标”一级水平。

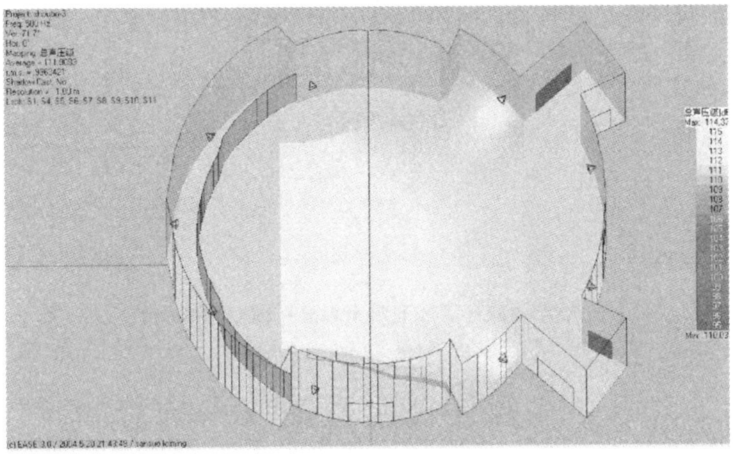

数字放映厅稳态混响声场分布图（500Hz）

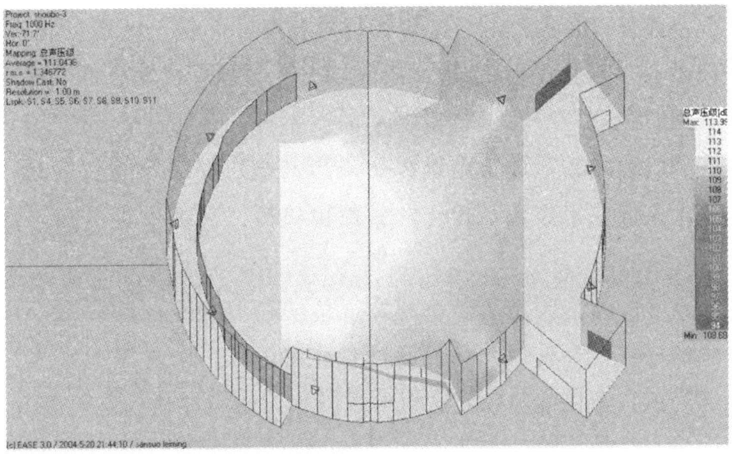

数字放映厅稳态混响声场分布图（1000Hz）

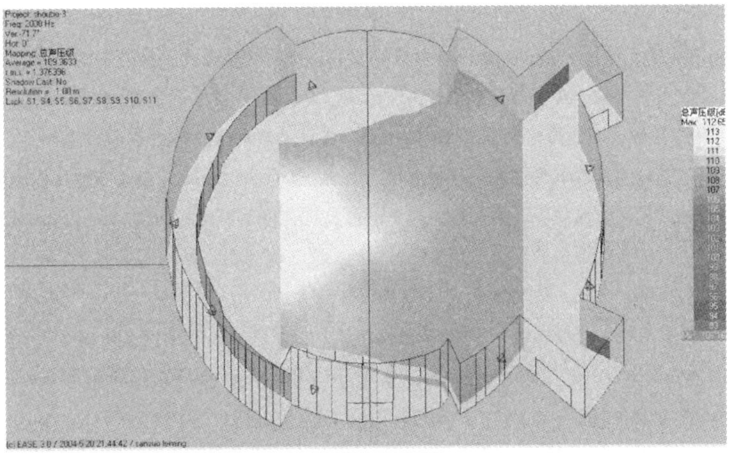

数字放映厅稳态混响声场分布图（2000Hz）

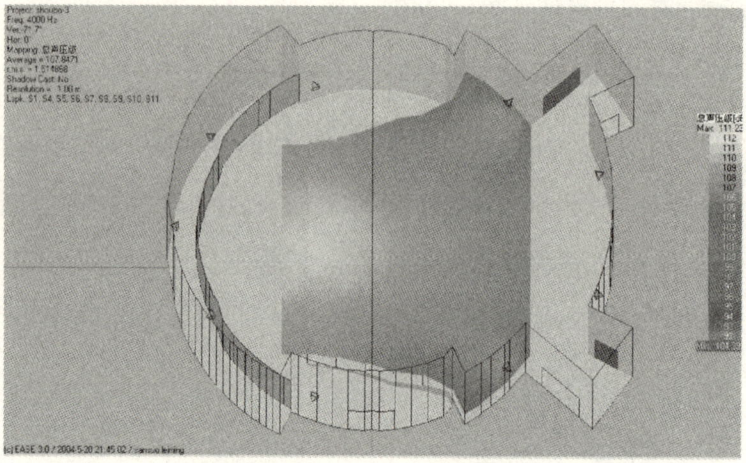

数字放映厅稳态混响声场分布图（4000Hz）

六、多媒体视听室播放系统总结

首都博物馆多媒体视听室播放系统采用智能集控系统集中控制，该系统取代乐多台投影机的遥控器，在计算机上实现数字播放设备的控制，工作人员只要在计算机上的图形化设备标志上，轻轻一按，就能便捷操作整个房间设备（包括投影机）。其控制功能主要包括投影机的状态、多通道数字音响控制器的场景、投影机开关及时序电源控制、音量大小的调整等。还可进行固定场景的设置、单键触发一系列指令。如投影模式，只要在显示屏上触动投影机启动键，那么投影机启动，音、视频设备自动转换等一系列动作自动依次完成。工作人员操作非常简单快捷，三组投影机和三组工作站的复杂同步播放都可以轻松完成。

观众来到首都博物馆多媒体视听室，坐在超宽视角的弧形银幕前观赏数字电影，对任何人而言绝对都是一场视觉与听觉的盛宴。自首博开馆开始正式开馆以来，来首博多媒体视听室观赏影片的观众络绎不绝，很多领导和外国宾客也都曾来到这里欣赏影片，他们对整套系统都给予非常高的评价。

注释：

① B/S 结构即浏览器和服务器结构。它是随着 Internet 技术的兴起，对 C/S 结构的一种变化或者改进的结构。在这种结构下，用户工作界面是通过 WWW 浏览器来实现，极少部分事务逻辑在前端（Browser）实现，但是主要事务逻辑在服务器端（Server）实现，形成所谓三层 3 - tier 结构。这样就大大简化了客户端电脑载荷，减轻了系统维护与升级的成本和工作量，降低了用户的总体成本（TCO）。以目前的技术看，局域网建立 B/S 结构的网络应用，并通过 Internet/Intranet 模式下数据库应用，相对易于把握、成本也是较低的。它是一次性到位的开发，能实现不同的人员，从不同的地点，以不同的接入方式（比如 LAN，WAN，Internet/Intranet 等）访问和操作共同的数据库，它能有效地保护数据平台和管理访问权限，服务器数据库也很安全。在 JAVA 这样的跨平台语言出现之后，B/S 架构管理软件更是方便、快捷、高效。

② Internet Information Services（IIS，互联网信息服务），是由微软公司提供的基于运行 Microsoft Windows 的互联网基本服务。最初是 Windows NT 版本的可选包，随后内置在 Windows 2000、Windows XP Professional 和 Windows Server 2003 一起发行，但在普遍使用的 Windows XP Home 版本上并没有 IIS。

③ G. 723. 1 是一个数据通信标准，以 8kHz 的速率采样，每秒可以对 5. 3 或 6. 3 千位的数据进行压缩的 16 位脉冲编码调制方式。编码在 30 毫秒的帧中完成，超前时间是 7. 5 毫秒，所以总延迟时间是 37. 5 毫秒，压缩率达到 12：1，它与语音触发检测（VAD）共

同提供了非常窄的信号带宽。

G. 723. 1 为多信通道操作提供全工和半工传输能力，这在综合处理数字信号的多媒体系统中是非常有用的。在语音通信领域，音频质量要比那些由更好的鲁棒性多媒体数字信号编码器提供如 G. 711 等的方式低，也许正是因为这些，G. 723. 1 标准被其他互联网用户语音传输协议做取代。

④ G. 711 也称为 PCM（脉冲编码调制），是国际电信联盟订出来的一套语音压缩标准，主要用于电话。它主要用脉冲编码调制对音频采样，采样率为 8k/s，它利用一个 64Kbps 未压缩通道传输语音讯号，其压缩率为 1：2，即把 16 位数据压缩成 8 位，G. 711 是主流的波形声音编解码器。

G. 711 标准下主要有两种压缩算法。一种是 μ - law algorithm（又称 often u - law，ulaw，mu - law），主要运用于北美和日本；另一种是 A - law algorithm，主要运用于欧洲和世界其他地区。其中，后者是特别设计用来方便计算机处理的。

⑤ G. 729 编码方案是电话带宽的语音信号编码的标准，对输入语音性质的模拟信号用 8kHz 采样，16bit 线性 PCM 量化，G. 729A 是 ITU 最新推出的语音编码标准 G. 729 的简化版本。

⑥ PCM 现在的数字传输系统都是采用脉码调制（Pulse Code Modulation）体制。PCM 最初并非传输计算机数据用的，而是使交换机之间有一条中继线不是只传送一条电话信号。PCM 有两个标准即 E1 和 T1。我国采用的是欧洲的 E1 标准。T1 的速率是 1. 544Mbit/s，E1 的速率是 2. 048Mbit/s。

⑦ A/D 表示模拟信号/数字信号，同理 D/A 表示数字信号/模拟信号。

⑧ 声音经过物体多次反射后到达受声点的反射形成的声场叫混响声场。

浅谈博物馆虚拟现实技术的应用和展望

高 铮

随着信息时代的到来，越来越多的高新技术应用到社会的各个领域中来，而作为信息技术发展中不可缺少的驱动力——虚拟现实技术也越来越多地应用到社会的各个领域中来。本文着重论述了虚拟现实技术在首都博物馆中的应用范围、应用过程、应用意义以及对该技术应用的进一步展望。

虚拟现实是一种基于可计算信息化的沉浸式交互环境，具体地说，就是采用以计算机技术为核心，通过现代科技生成逼真的视、听、触觉一体化的特定范围虚拟环境，用户可借助必要的设备以自然的方式与虚拟环境中的对象进行交互作用、相互影响，从而产生与亲临等同的真实感受和体验。虚拟现实技术的核心是模拟和仿真。

一、虚拟现实技术在首都博物馆的应用

目前，随着虚拟现实技术的不断发展，它的应用范围也在不断扩大，在规划信息存储和查询系统、城市规划的辅助表现系统、城市规划和建筑设计可行性论证系统等多种领域中都有相应的应用。同样在文博界虚拟现实技术也是一项重要的展现形式，并逐渐成为常用手段之一。通过首都博物馆的实际应用，我们可以看出虚拟与现实技术在博物馆展示中发挥了重要的作用，并受到广了大观众的欢迎。下面就首都博物馆是如何将虚拟与现实技术与博物馆展览相结合应用的作一具体介绍。

随着首都博物馆新馆的建设，博物馆在多媒体展示领域中应用了大量新技术，为了更好地将多媒体展示技术与博物馆的展陈相结合，我们将多媒体展示技术分类，如线性多媒体展示、非线性多媒体展示；单体交互式多媒体展示、多人交互式多媒体展示等。根据展览主题以及展陈设计的需要将相应的多媒体展示方式应用到不同主题的展览中，确定好展览中多媒体展示方式后，将相应的展览内容制作成适合多媒体展示技术的具体节目。经过与展陈内容专家、展陈形式设计专家以及馆内多媒体技术顾问等相关专家的共同研究，确定了首都博物馆展览中的多媒体展示方式。

在首都博物馆这些多媒体展示节目中，最引人注目的应属文物精品展厅中应用虚拟与现实技术制作的精品文物欣赏节目。该节目的主要内容为展现馆内 7 类精品展中的精美文物，包括书法、绘

画、瓷器、青铜器、玉器、佛造像、文玩。如图 1 所示我们从以上 7 类文物中各选取了制作精美、造型别致、具有代表性的器物 10—20 件，确定了具体的展示文物后，按文物的类型确定描述信息（包括：器型、色彩、材质等相关信息）的采集方式，最终采集方式为：书法和绘画类文物为平面纸质形式，且其色彩丰富，层次分明，因此采用高清晰文物数字影像的拍摄方式来采集相应的影像信息。为保证虚拟文物与真实文物的大小比例，对这两类文物的外形数据采用真实测量的方式，拥有这些文物信息后采用虚拟与现实技术将它们整合起来，同时应用直观便于操作的 VR 多媒体展示技术，实现可视化，书法和绘画这两类文物就是按照这个工作流程制作完成的。如图 2 所示瓷器、青铜器、玉器、佛造像和文玩这 5 类文物器型多样，且较为复杂、缺乏规律性，因此采用三维扫描仪全方位扫描，生成文物模型的三维云点数据，再将这些三维云点数据组合起来生成完整的文物数字模型，通过这种技术采集的文物数字模型信息与真实的文物器型相比还是有一定的偏差，但是它的真实性可以达到 99%。文物器型的数字信息采集完成后，就要对这 5 类文物的材质和影像数字信息进行采集了，这个过程和采集书法、绘画类文物数字信息一样，采用高清晰文物数字影像拍摄的方式来采集相应的文物影像信息。

（图 1）

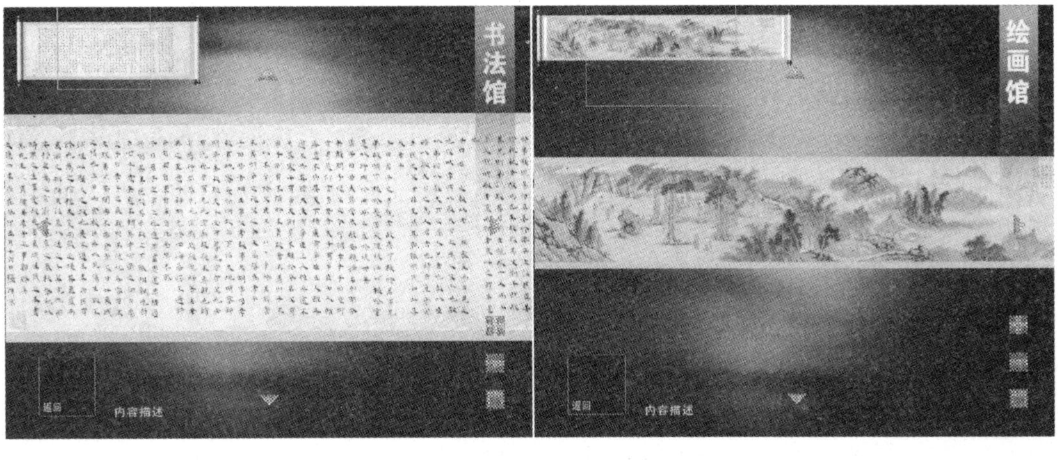

（图 2）

以上就是对这7类文物的数字信息的采集过程，在这个过程中也遇到了不少的问题，同时这些问题也是整个过程中的要注意的重点，下面来看一下我们是如何解决这些重点问题的。

二、对于应用过程中出现的重点问题的解决

首先是文物影像采集的过程，为了保证虚拟文物的色彩还原与真实文物的色彩相统一，让广大观众在欣赏虚拟文物时能达到与真实文物同样的质感，在拍摄过程中由首博的专业文物摄影师来控制影像的拍摄，包括采集设备、灯光、角度等的选择都十分严格，（严格按照文物影像拍摄要求作为影像采集工作流程，这是确保后期色彩还原的准确的基础，在数字影像采集过程中使用的设备是仙娜数字后背），同时在数字影像后期冲洗过程中采用与仙娜数字后背配套的 Capeure One 数字冲洗软件，通过对以上流程的严格控制，最终采集到与真实文物质感及色彩相一致的数字影像信息。

其次是在文物器型的扫描过程中遇到的问题。三维扫描仪可以对物体外形进行精度扫描，它的工作原理是靠三维扫描仪自身发出红外线光信号投射在物体表面，再经物体反射回到三维扫描仪的接受器上，通过这样一个往返过程可以确定物体外形的三维云点数据（在三维空间中的位置）。这个过程看起来很流程化，也很简单，但是当工作起来时却遇到了一些问题。第一，红外线反射信号衰减的问题。由于文物表面材质与工业产品的表面材质完全不同，因此在红外线反射过程中会有衰减，而且像玉器和瓷器等文物由于材质和表面反射的问题基本上没有红外线反射信号，玉器是石质的而且透明，红外线信号投射时基本上全透过去了；瓷器表面则太过光滑，红外线信号也无法准确地反射回来。如何解决这样的问题呢，经过几次尝试并且和文物保管员以及文物修复的专家商讨，最终我们找到了解决的办法：将少量对文物没有任何损害的白色细粉状物均匀的撒在文物表面，再用三维扫描仪对文物进行扫描，经过这样的处理终于得到了文物器形的三维云点数据。第二，在整个扫描过程中发现文物外形的复杂程度很高，在扫描时很多细部的数据都不能顺利获取，对于这种情况我们采取了现场拼接及核对模型数据的方法。这个方法就是将扫描完的文物外形数据在现场进行初步合成，看生成的文物模型是否与真实的文物相吻合，如果有缺陷，则对缺少数据的位置进行二次扫描，这样就可以保证被扫描文物的器形数据完整，同时达到一定的真实性。在这个模型数据拼接过程中，得力于科技的发展，特别是三维技术的发展，我们应用的三维数据拼接软件是十分智能的，在很短的时间内将分散的数据组合在一起生成完整的数据模型，这大大节省了时间。通过以上的方式我们完成了对所有文物外形数据的采集工作。第三，就是如何将文物模型数据与文物的影像数据相结合，同时在保证与真实文物的材质、色彩、外形相统一的前提下生成虚拟文物。这部分的工作是应用虚拟与现实技术的关键步骤，首先在3D MAX（CG 动画制作软件）软件中将文物的影像数据附在模型之上初步形成带有色彩的虚拟文物，此时的虚拟文物与真实的文物相比缺少质感。为了能达到真实再现文物的效果，需要模拟出各种文物的材质及质感的效果，这包括：青铜器、玉器、

（图 3）

瓷器、佛造像、木雕、竹雕、象牙等材质，相同材质的文物经过时间的沉积会有不同的质感和色泽，这些问题是整个模拟过程中最难解决的。经与虚拟现实技术专家的商讨及器物模拟试验，最终找到解决办法，先在 3D MAX 中给初步形成的虚拟文物配上材质灯光，这个过程中我们给各类的文物配上相应材质的灯光（一个文物需要 2—4 个材质灯光），然后在 VR 展示系统中为每一件文物配上实时灯光，这里的灯光是为了模拟出真实文物的色泽，同时保证在互动的过程中能够实时渲染出真实文物的材质和色彩效果。这一过程的工作量很大，因为要为每个文物配上适合它灯光数值以及最佳的位置和角度。

经过之前的这些工作已经制作完所有的虚拟文物，之后的工作就是要将这些虚拟文物通过多媒体互动展示系统（虚拟与现实展示方式）展示出来。将完成后的虚拟文物经过 VR 虚拟展示系统生成可以自由观赏（带有操控性）的元件，再将该元件导入到 Adobe Director（该软件的整合能力很强大）中，同时将大量的动画效果文件（应用 Flash 技术制作的大量 swf 文件）也导入其中，经过 Adobe Director 整合打包生成最终成品文件。如图 4 所示

（图 4）

三、应用展望与发展前景

虚拟与现实技术是首都博物馆首次尝试的新技术之一，其应用主要是为了增加观众与文物之间的互动性，同时通过这项工作也为博物馆文物信息数字化工作起到了投石问路的作用。首博在制作这次虚拟文物展示节目中采集到了大量的文物三维数据，虽然这是制作虚拟文物展示节目的基础工作，但它同样也是文物数字化的基础工作。这批文物的三维数据将会得到广泛地应用，如文物复制品的制作、作为网络虚拟展览中的展示品、为文物研究提供辅助服务等，同时随着虚拟与现实技术的不断发展它的应用范围将会得到更大的扩展。

通过对本次制作完成的虚拟与现实文物展示节目在展厅应用情况的调查，广大观众非常喜欢该节目，并且广大观众非常期盼能看到更多的这类节目。随着人们对信息获取的方式逐步向可视化和交互式的方向发展，人们越来越需要具有直观性、真实性、交互性及易操作性的文化传播形式，就像首博虚拟与现实文物展示这样的节目，它让广大观众在观赏的同时能感到真实的文物就在眼前，这也是虚拟与现实节目调动观众兴趣的关键，在观众们感叹它的真实性和震撼力的同时已经将相关的信息传达给了观众，应用这样的文化传播方式将会大大提高人们对文化知识的接受度，这对文博界来说将是一

个提高自身影响力的首选方式，并且随着该技术的不断更新与发展，它在文博界的应用范围将会得到更大的扩展。

在本次虚拟与现实文物展示节目的制作过程中也存在技术（包括软件与硬件设备）上有待提高的地方。从前期数据采集上来看，目前的三维扫描仪只能采集物体的外形数据，材质及色彩数据就要靠其他设备另行采集，随着硬件技术的发展希望未来能出现三维影像扫描仪，可以将物体的外形数据、材质数据及色彩数据一次扫描获取，这样将大大节省工作周期，同时还能够将虚拟物体的真实性提高到一个新的层面（目前已经有了这样的产品，但是该类产品可以采集到的材质数据有一定的局限性，还不能满足文物影像信息的采集要求）。在后期加工制作上来看，目前的虚拟与现实节目制作软件非常专业化（包括软件用语），而且操作起来非常的复杂，如果没有经过系统的学习和专业的培训是无法使用这些后期制作软件的，这对其他领域工作的人员来说，如果想对现有节目进行简单的修改工作，或是对现有的数据进行后期加工将是一件非常困难的事甚至可以说是不可能的，因此简单易操作的软件是一个发展的趋势。

虚拟与现实技术在文博界的应用有待进一步发掘和探索，它不仅可以应用到虚拟文物展示中，可以说在文博界的各个专业中都可以得到广泛应用。作为虚拟展示技术，它带有强大的互动性和易操作性，并且它的真实性可以用于科研及社会教学中，同样在网络传播中也将得到广泛地应用。在未来的展览中会遇到无法在不同的展厅同时展出一件文物的问题，这就需要应用虚拟与现实技术来解决文物不能分身的问题；同样随着博物馆展览数量的不断增加，而展厅数量的有限致使不少的展览无法举办，这对文化传播和观众的需要都造成了局限。这时，虚拟与现实技术和网络技术就能共同发挥作用，网络是无限大的一个空间，在网络中举办虚拟展览不仅可以满足博物馆文化传播的需要，而且能让更多的观众自主参观展览，同时这些虚拟的展览能永久保留下来供广大观众随时去观赏，并且这种技术也将为博物馆节省下大量的办展费用。

随着广大观众需求的不断提高，文化传播的方式也将会随着这些需求不断的提高而发展。从目前的观众需求来看，网络技术与虚拟现实技术相结合将是一个必然的过程，通过虚拟现实技术在网络中的应用博物馆的网站将会成为一个展览汇集的地方、文化知识的宝库、历史文物爱好者的家园。网络虚拟展览将会弥补实体展览中因为空间、参观环境、展览形式等方面的限制而无法达到的效果，这样的网络虚拟展览将为博物馆在文化传播方面开辟一片新的空间。

综上所述，在首都博物馆新馆建设中应用的虚拟现实技术对文博界来说是一次展示技术的飞跃，对首都博物馆来说是一次具有开创性的尝试，它的应用得到了广大观众的喜爱与支持，这说明这一尝试是成功的，它将对首都博物馆乃至文博界未来的文化传播方式产生一定的引导作用。随着时代的发展，观众文化素养的提高以及对文化传播方式的新的要求，虚拟现实技术将会成为未来文化传播领域的核心技术，并且它将在更多专业领域中得到广泛应用。

布鲁塞尔和她的城市博物馆

赵雅卓

位于布鲁塞尔市中心的大广场是一处世界文化遗产，广场及其四周建筑完好地保存了18世纪的建筑风貌，也是布鲁塞尔历史文化的核心地带。广场西南面的建筑是市政大楼，东北面与其遥遥相望的古老建筑叫“Maison du Roi”——“国王宅邸”（或国王之家），这就是布鲁塞尔市城市博物馆的所在地。它曾代表了皇权，与象征着城市自治权力的市政大楼对立百年，见证了城市的历史更替与兴衰。如今作为讲述布鲁塞尔历史与文化的博物馆更加融入到这座城市的血脉之中。

一、建筑与城市——历史的见证

城市博物馆在拥有六十多家博物馆的布鲁塞尔也许并不那么出众，但它却具有一个得天独厚的优势，就是这座“国王宅邸”，它比任何一件藏品都更重要，因为它就像一本历史书，忠实地写下了布鲁塞尔历史的点点滴滴。于是它成为了城市博物馆摆在每个观众面前的第一件展品。

（一）历史的源起

布鲁塞尔起源于6世纪末赛尼河小岛上一座名为圣格雷的小礼拜堂，13—14世纪逐渐兴起的贸易使河畔的布鲁塞尔成为连接根特（Ghent）、布鲁日（Bruges）（另外两座比利时历史名城）和科隆（Cologne）之间重要的贸易港口。经济的繁荣带动了城市的发展同样也带来了政治地位的提高。15世纪初，布拉班特公爵①在大广场市政大楼的对面建起了这座建筑的前身“公爵官邸”，显示着对这片领地的所有权。由于姻亲关系，勃艮第（Burgundy）公爵飞利浦四世从母亲的家族继承了布拉班特公爵爵位，布拉班特公国并入勃艮第公国。1477年勃艮第公爵勇敢者查理（Charles the Bold）战死于与法国的南锡（Nancy）战争，部分领土为法所占。然而勃艮第王室并没有因此衰落而是凭借与显要的欧洲皇族哈布斯堡家族（Habsburgs）的联姻使得家族得以延续。哈布斯堡家族将布鲁塞尔作为勃艮第剩余领地的中心，并以此作为其王朝崛起的基础。从此布鲁塞尔成为经济发达的地底国家②的政治经济中心。

（二）国王的宅邸

在建成一百多年后，“公爵官邸”迎来了它最重要的主人哈布斯堡王朝的查理——权倾一时的帝王。[③] 1515 — 1536 年，查理五世扩建了布鲁塞尔“公爵官邸”，它从此被称为“国王宅邸”。其为一三层晚哥特式建筑，大坡顶上开有多个老虎窗。百年后他后继者的女儿布拉班特女公爵伊莎贝拉（Isabela the Infanta）最终完善了建筑的设计，并增加了华丽的文艺复兴式的右立面。然而这座精美的作品没能长久保存下去：1695 年，布鲁塞尔遭受到来自法国的致命打击。长久以来哈布斯堡家族与法兰西王朝权力争夺的矛盾终于导致了报复行动，法军炮轰了布鲁塞尔，导致整个城市近三分之一的建筑包括大广场在内都毁于一片火海。

（三）风格的嬗变

城市的重建工作很快就展开了，然而建筑的风格却随着时代在改变。17 世纪的巴洛克风格是罗马教廷反宗教改革运动（the Counter Reformation）的产物，哈布斯堡王朝统治者是虔诚的天主教徒，因此巴洛克风格成为了主流。直至今日大广场四周大多数建筑依然保留着浓厚的巴洛克风情。为保持整个广场建筑风格的一致，国王宅邸也呈现出了它巴洛克的外形。有趣的是，历史有时候是一种循环，当 1875 年这座建筑最后一次重建时，巴洛克风格却消失在晚哥特式的柱廊之中，一座钟楼伫立在正立面的中间，每一个精致的装饰无不显示着哥特式风格的回归。

（四）政治斗争的中心

除了政权的更替，国王宅邸还见证了数次政治斗争中的反抗与镇压。由于西班牙腓力二世[④]征收高额赋税并对新教和加尔文教派教徒残酷迫害，尼德兰地区各阶层人民奋起反抗，爆发了“捣毁圣像运动”（iconoclasm）和尼德兰革命。1568 年，为民请命的艾格蒙特伯爵和何恩伯爵在国王宅邸前被推上了断头台。此后的斗争中，国王宅邸成为双方争夺的焦点和关押敌人的地方。[⑤]其后的 1789 年布拉班特革命（Brabant Revolution）又使得这座建筑成为斗争的中心。在比利时人民反抗奥地利统治争取独立的战斗中，奥地利军队在国王宅邸内炮轰比利时和众国（United State of Belgium 1790）部队，和众国部队曾一度攻占了国王宅邸并更名为“人民之家”。

（五）辉煌重现

在革命之后国王宅邸作为私人财产几经易手，最终于 1860 年收归国有。然而，历经多次战争（如滑铁卢[⑥]）或挪作他用，到 19 世纪 70 年代，整个建筑已破旧不堪，于是就有了前文提及的 1875 年彻底改造。负责这次改造的建筑师皮尔 · 维克多 · 雅米尔（Pierre – Victor Jamaer）仔细研究了 16 世纪留下的建筑图纸和文献资料，竭尽全力地去复原最初查理五世时期的建筑原貌。同时为了整个建筑的风格统一，在细节上他着重强调了哥特式。最主要的变化首先表现在一二层在正立面增加了柱廊，正中竖起一座钟楼，左右两侧立面装饰哥特式小尖塔。雅米尔认为这些是查理五世计划建造而未完成的部分。其次，外部装饰繁复而精美。“一层柱廊由八边形柱础小圆柱撑起桃尖拱，二层以略细束状圆柱撑起成对小拱，对拱间加装饰性小圆柱。”“三层及屋顶大老虎窗饰以四叶形纹。”[⑦]钟楼高耸于正立面三层之上，其上方为一八角形小塔楼。最后，该建筑最具特色的地方是外墙使用了砖和两种不同颜色的本地石材——以比利时蓝灰色花岗岩为主材，在柱廊的拱券和钟楼上装饰了浅黄色的布鲁塞尔石灰岩，如同镶嵌了白色的蕾丝。此外，柱廊正中开间的立柱上以及屋顶老虎窗和小尖塔上都站立着姿态各异的青铜雕像。这些雕像原型来自历代公爵和其他重要的历史人物，鲜亮的青绿色、灵动的姿态使得这座庄严的建筑立刻充满的活力。与历史上著名的哥特教堂相比，国王宅邸多了一份优雅与活泼。这也是建筑史上对哥特式民用建筑的一个全新的阐释（见图1）。

图1　1875年重建至今一直保持原有风格，1998年作为广场的一部分被列入世界文化遗产名录

在历经近五百年的兴衰后，在建筑师雅米尔手中国王宅邸得以重生，继续伫立在大广场北面，像一部浓缩的欧洲历史，无声地讲述着这座城市沧桑荣辱。1884年城市博物馆（the Museum of the City of Brussels）的诞生，使得这座古老的建筑又一次焕发了青春。

二、展览与城市——布鲁塞尔的故事

1830年在法国七月革命的鼓舞下，比利时人民反抗荷兰压迫统治[⑧]争取民族独立的斗争取得了胜利。比利时临时政府宣布比利时正式独立。1831年布鲁塞尔正式成为首都后，市政府意识到这样一个令人自豪的城市应该有一座自己的博物馆去为人们讲述它的历史。然而好事多磨，1843年，一批计划作为博物馆基础收藏的布鲁塞尔文物和文献上交给了国家，博物馆成立的进程不得不停止。正当筹建工作陷于困境之时，一份重要的捐赠为人们带来了曙光。1880年著名收藏家约翰·沃德鲁·威尔森（John Waterloo Wilson）将毕生收藏的文物和艺术品捐献给了博物馆，仅四年后城市博物馆正式成立，入住“国王宅邸”，并于1887年正式对外开放。

（一）如何讲述城市的故事

随着收藏的不断丰富和展厅面积的扩大，博物馆开始思考如何实现城市博物馆的职能。20世纪80年代，经过对展陈的彻底调整，放弃了堆砌式的展示方式，形成了现在展览的主体面貌。城市博物馆认为密集的陈列更适合美术馆，它们通过大量艺术作品展现不同风格的演变。而城市博物馆则更强调艺术品曾经的社会、历史和文化环境，同时也为观众提供一个线性故事叙事方式来了解历史。在城市博物馆平面图中（图2）我们可以看到，博物馆分为三层。一层的六个小展厅分别展示了各类造型艺术和装饰艺术，包括从哥特风格到巴洛克风格的雕塑、尼德兰绘画、祭坛画与浮雕、挂毯艺术、彩釉陶器、锡镴及其他金属器和瓷器。这些艺术品不仅仅具有审美上价值更重要的是“他们是布鲁塞尔多领域艺术创造和生产的见证”[⑨]。二层展厅题为《城市的发展》，历述布鲁塞尔作为城市的历史以及城市形成中交通、环境、城市与水、城市建筑和城市规划等多个子话题。三层则以《布鲁塞尔人民的历史》

为题，分别简述了首都、政治体制、经济生活、文化生活及社会生活等内容。同时，博物馆还有一份重要的收藏，就是小于连（Manneken－Pis）[10]的礼服。由于他的知名度，博物馆将这些收藏以衣橱的形式，独立展示于其他历史故事叙述之外，作为其他展览的补充，不仅表现了布鲁塞尔文化的国际性、开放性，也宣扬了一种爱国的情怀。

统观全部展览，他们是一个有机的整体，是从点到线到面的多元展示逻辑。一层展厅中的各门艺术就是布鲁塞尔历史文化中的点，他们通过不同的层面反映了其历史文化中的鲜明特色。二层和三层则是两个面。一个从城市的角度，另一个从城市中生活群体的角度。每个面由多个子话题也就是多条线交织而成。于是一个形象立体的布鲁塞尔就展现了出来。在这些历史文化的点中，尼德兰绘画和挂毯艺术是布鲁塞尔最具特色和历史文化内涵的艺术与工艺。

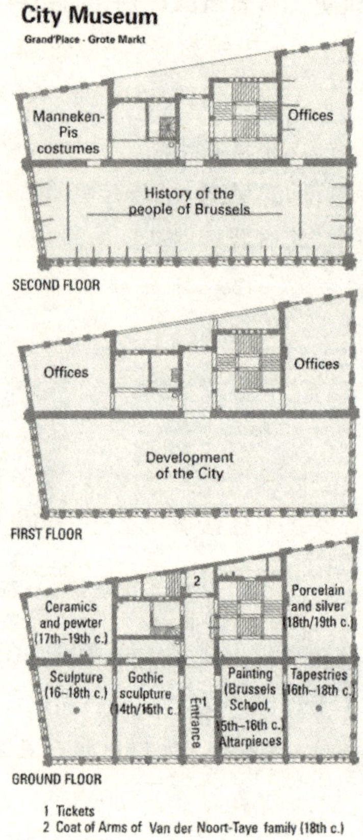

图 2　城市博物馆平面图

1. 城市的故事——展示艺术的典范

第一，尼德兰绘画。老彼得·布鲁盖尔（Pieter Bruegel the Elder 1525 — 1569 年）是文艺复兴时期尼德兰地区最著名的风俗画家。由于他对农民题材的情有独钟，人们又称他为“农民的布鲁盖尔”（Peasant Bruegel）。在他生活的年代，很少有人关注农民的生活，而“布鲁盖尔经常穿着农民的服装到农村去和农民生活在一起，因此描写这样题材的画总是分外生动”[11]，成为了尼德兰风俗画（Netherlandish genre painting）的先驱。城市博物馆所展出的布鲁盖尔《婚礼队伍》（*The Wedding Procession*）描绘了布拉班特地区一个村庄的男女老少伴着新郎新娘向教堂走去。作品场面宏大，人物众多，色彩丰富，笔触细腻，背景的自然风光也描绘的异常秀美，较意大利文艺复兴绘画的理想主义而言，继承了尼德兰绘画由扬·凡·艾克开创的特有的精致写实之风。布鲁盖尔风俗画还涉及农民的劳作、乡村的节庆、孩子们的游戏、冬天的狩猎等方面内容，对研究布鲁塞尔地区农民的风俗和底层人民的现实生活而言，具有很高的史料价值。

第二，挂毯艺术。1567 年佛罗伦萨驻尼德兰大使罗德维西·古西亚蒂尼曾这样评价布鲁塞尔的挂毯艺术“布鲁塞尔的挂毯由丝绸、银线和金线编织而成，为全世界所赞叹。”[12]可以说挂毯艺术是布鲁塞尔最具有代表性的艺术，15 世纪晚期到 17 世纪是其发展最为鼎盛的阶段。而其之所以如此繁荣，原因有三：其一，布鲁塞尔在 15 世纪前业已形成了成熟的织造业，有大型企业[13]、熟练的纺织工人、成熟的行会制度和销售网络。其二，布鲁塞尔拥有来自于皇家和教廷的广大市场。[14]其三，一代代著名艺术家参与到挂毯画稿的创作中，挂毯的艺术价值得到很大的提升，成为展现二维造型艺术的新媒介。此外，挂毯可以复制，更加有助于其传播。历史上很多著名的挂毯画稿都留下多个版本。最著名的就是 1515 年教皇利奥十世以拉斐尔的画稿为西斯廷教堂定制的系列挂毯《使徒行传》（The Act of the Apostles）（出自圣经新约），17 世纪初英格兰国王詹姆士一世也曾复制过。《诺亚的故事》、《特洛伊战争》、《征服突尼斯》、《七宗罪》等宗教神话故事都是各国皇家争相定制的主要题材。

随着艺术家风格的变化，布鲁塞尔挂毯前后呈现出不同的特点。15 世纪中后期为早期风格（retardataire）——二维图案、构图饱满、有很强的叙事性。到 16 世纪一二十年代，受文艺复兴绘画风格影响，特别是拉斐尔的画稿传播到布鲁塞尔以及丢勒（Albrecht Dürer 1471—1528 年）的作品为人们所熟知，第一位布鲁塞尔著名的挂毯画家贝尔那·冯·奥尔雷（Bernard van Orley 约 1492—1542 年）创造了相融合的风格，既加强了空间感和人物的动感又保留了叙事性强、复杂的背景和装饰性强的布鲁塞尔特色。此后著名的挂毯画家还有彼得·库克（Pieter Coecke 1502—1550 年）和麦克·库西（Michiel Cocxie 1499—1592 年），二者都曾游历意大利，因此深受文艺复兴绘画的影响。17 世纪，尼德兰巴洛克风格绘画大师彼得·保罗·鲁本斯（Pieter Paul Rubens 1577—1640 年）也为布鲁塞尔挂毯绘制大量样稿。例如城市博物馆展出的一件名为《罗马帝国执政官德西乌斯的葬礼》（*Solemn Funeral of the Roman Consul Decius Mus*）的挂毯便是以其画稿制作而成的。挂毯鲜明饱满的色彩、流动的线条，营造了激动人心的氛围，毫不逊色于鲁本斯的油画作品，反而更加衬托出作品的富丽堂皇。

布鲁塞尔挂毯不仅展现了很高的艺术价值，“挂毯经济也是布鲁塞尔利润最高的行业”[15]，为布鲁塞尔带来了经济上的繁荣。这与当地发达的行会制度是密不可分的。行会在布鲁塞尔历史上占有重要的地位。“自 1421 年起，九大行会成为除七大家族和贵族联盟以外另一支政治权力集团”[16]管理城市的政治经济。挂毯经济也得益于此。挂毯行会通过执行严格的章程，保证了先进的技术、高质量产品和稳定的市场。[17]“通过安特卫普便利的港口和销售商，布鲁塞尔的挂毯遍布欧洲大陆，在15 世纪末开始独占欧洲的高端市场。”[18]

除绘画和挂毯艺术外，城市博物馆还通过其他艺术品来表现布鲁塞尔艺术风格和社会发展，特别是在祭坛画、雕塑和瓷器方面都独具特色。综上所述，一层展览通过各种艺术形式生动地展示了布鲁塞尔宗教、艺术、经济、风俗、手工艺等多个层面，为观者留下深刻的印象。

2. 城市的故事——展示历史的演进

城市博物馆二三层展览以城市的历史和城市人民的生活的历史为主题。笔者以二层展览为例陈述城市博物馆在展览内容上的选择与思考。二层展厅《城市的发展》剥离出一个城市从形成、发展到成熟的轨迹，展现了一个看似没有生命其实充满生机的有机体的演变过程，以版画、水彩、油画、地图、银器以及城市模型和实物模型等辅助展品为媒介来叙述布鲁塞尔一千年的城建史。有些展品看起来虽然十分普通，但是通过具有逻辑秩序的故事来维系，这些物就具有了意义和价值。展览由五个小故事串起，从城市范围的变化说起：大约公元 979 年，洛林公爵在岛上建造了永久堡垒，标志着建城的开始。随着战略地位的提升、经济基础的稳固以及有教堂作为精神信仰的寄托，于是城市从小岛扩大到塞尼河两岸以及坎特伯格山（日后皇室居住区），12 世纪布鲁塞尔建起了第一座环形城墙。展览以一座三维模型形象地展示了第一座城墙环绕着圣马可教堂、高地上的城堡及低地区域的村庄的景象。人口与经济的增长，城市扩展到城墙之外，于是在 14 世纪后半叶，一座不规则五边形的第二道城墙建起。此后，多幅地图细述了 16 世纪到 19 世纪城市在不断扩大中的变化。

第二部分与第一部分联系紧密，陈述城市扩张中面临的交通问题。“由于城市建设从谷地向高地发展，在一公里距离内，落差达 50 米，使得上城与下城之间出现了交通上的障碍。上下城之间旧城中的狭窄陡峭的街巷和阶梯是唯一的通道。”[19]到 19 世纪这个问题变得越来越紧迫，于是上下城间的旧城被逐渐拆除，随着穿城而过的火车、包豪斯式的现代建筑的崛起，而这一地区的古老城市格局却一去不复返了。展览没有回避城市现代化进程中出现的问题，而是陈列事实，引人以深思。

第三部分以城市与水作为主题。对作为母亲河的塞尼河来说，布鲁塞尔既得益于它又受制于它。

中世纪后期沿河兴建的港口给城市带来了经济的繁荣，然而随着时间推移，水量的减少，上游梅赫伦城（Mechelen）对水源的控制使得塞尼河成为发展的阻碍。经过几个世纪的改造，布鲁塞尔通过修建多条运河沟通了卢博尔河等其他河流，建造更大更先进的港口，解决了城市漕运问题。这些运河也是欧洲地区最早的运河。展厅里一幅16世纪庆祝维利布罗克运河建成典礼的布告和一件纪念运河开通银制雕花铲，说明了当时水运对人们生活的重要程度。19世纪末塞尼河的污染成为城市环境的大问题，为了建造现代大都市，布鲁塞尔决定将它城区部分改造成暗河，从此河道变成了大街。

最后两部分，展览分别通过建筑风格的演变和城市规划来展示布鲁塞尔城市变迁。前文提及的“1695年轰炸”是城市发展的转折点。法国的入侵使城市三分之一的建筑被毁。这既是一次灾难同样也是一个机遇。对于建筑风格来说，城市的面貌从中世纪和文艺复兴风格走向了巴洛克，而对于城市的管理者来说，重建带来了真正意义上的城市规划。18世纪的第二次城市改造与规划是新古典主义建筑的黄金时期，强调了和谐的几何形的原则。19世纪城市建设不再强调奢华的外表，而是注重使用功能。已残破不堪的第二道围墙被拆除改造成宽阔的街道。“19世纪末20世纪初多次大型展览会和世界博览会使得布鲁塞尔郊区成为了新的郊野公园和市民休闲之所。”[20]展览中，大量详实的版画、油画以及城市模型为人们找回了那段已经消失的城市历史（图3）。展览所选择的角度和子话题都紧密相关。城市的范围、建筑、规划和水系无疑是布鲁塞尔发展轨迹中的关键，因此这一连串故事的选择成就了展览的丰满。

图3　17世纪赛尼河畔的布鲁塞尔城低地地区

（二）如何营造故事氛围

城市博物馆不仅在展览内容的编排上做到条理清晰重点突出，而且在展览环境设计上也独具匠心。由于博物馆所在的古建环境不能做太多的改造，在展厅与展览设计方面必然受到一定的限制。但从另一方面讲，又是一种优势——它可以很自然地营造一种与文物相融合的氛围，这是其他现代化的展示空间所不能比拟的。当其他现代化的博物馆还在为营造雕梁画栋虚拟环境上大费周章时，城市博物馆则巧妙地在环境的细节中做少许装饰，就可以实现环境与展品的呼应。

营造氛围的方式大致分为两种：色彩氛围以及建筑和装饰氛围。色彩氛围是通过创造展厅外围的有差别的色彩来衬托展品。例如，瓷器展厅中，一排配以红色窗帘的大窗使得以白色为主调的精致瓷器格外突出（图4）。其他环境包括地面墙面屋顶等部分的色彩又较为柔和，成为红白两种对比中的背景。另一处色彩应用表现在祭坛浮雕展柜。展柜与墙面使用色差很小的偏绿浅灰色，使柜子隐入了墙体中，而展柜中文物背景墙以深蓝色衬托金色的祭坛浮雕，因此浮雕自然而然成为了观众的视觉中心（图5）。色彩氛围的应用在突出展品中起到了四两拨千斤的作用，它将整个展厅分成多个色彩层次，巧妙而自然的将辅助展示的展柜与其他设备推到背景的层次上，这样展品本身必然处于色彩层次的最前面。如果配上恰当的灯光效果，对成功地展示中心展品起到了重要的作用。当然，这样的手段更为适用于小型展厅。

图 4 瓷器展厅环境的营造

图 5 祭坛画和浮雕，展厅体现出对色彩的运用及建筑装饰与文物的呼应

在运用第二种方式即建筑和装饰氛围上，博物馆最大限度地利用了原有建筑的内部形态，使之成为展览的一部分。另外，各种辅助装饰、用具和展品也起到了重要的作用。例如瓷器展厅的两尊近三米的女像柱和屋顶的水晶吊灯，不仅提升了展厅内的纵向空间，还烘托出古典的氛围。最独特的是窗边放置的一席暗红底绣金花的三人扶手沙发，它恰恰呼应了红色窗帘和瓷器上优美的红色调纹饰。更重要的是，因为它的存在，人们似乎走进了贵族的客厅，举起精美的咖啡杯，品味一份奢华。再如，挂毯展厅和祭坛画展厅中（图 5），展墙后露出的尖拱花格窗不仅为室内补充了自然光，同时也与挂毯和祭坛浮雕中的建筑图案相对应，使展览与环境相互映衬。除了展厅设计中对环境因素的活用，博物馆其他空间都散发着氛围的影响力。入口、走廊、楼梯等区域以开放方式陈列的青铜骑士像、石雕像、绘画以及楼梯侧面彩色玻璃窗上绘制的与布鲁塞尔历史相关联的家族徽章都无时无刻不带给观者回到过去的感觉。（图 6）博物馆正是依靠这些精致细节所营造的氛围宣传着布鲁塞尔的历史与文化。

图 6 楼梯处的彩色玻璃上所绘制的图案有布拉班特、鲁汶、勃艮第、哈布斯堡、神圣罗马帝国等各皇族的徽章，是布鲁塞尔历史的缩影

纵观城市博物馆的展览，它虽然不像许多现代化的博物馆一样使用大量新媒体作为陈列的辅助手段，但是它的展览却没有因此而逊色，这是由于思路清晰编排严谨的展览脚本、展示逻辑和恰当的历史氛围相融合的结果，使得文物能够以更加直接而自然的方式呈现给观者。相较之下，当下一些博物馆过于追求先进技术和新奇的外在形式，有时甚至脱离了展品本身。虽然先进技术的使用和时尚的展览设计能够给予观众耳目一新的感觉，但是，展览的设计与形式永远是为内容服务的，因为“以抛弃内容为代价的纯粹审美形式只能阻碍受众接受展览”[21]，从而影响展览的效果。因此外在形式与展览内容相匹配是最值得关注的，这也是布鲁塞尔城市博物馆值得我们思考与借鉴之处。

一座好的城市博物馆是一座城市的记忆，是城市人民的记忆，当你走近她，这座城市的兴衰会深深地打动你、感染你，也许她的藏品并非价值连城，但她可以通过它们展现这座城市的性格，与城市的人们血脉相连。一座城市的历史成就了一座建筑和所有收藏存在的意义，同样，一座建筑和她的收藏也永远佐证着这座城市存在的意义，这就是布鲁塞尔和她的城市博物馆。

注释：

① 公元979年下洛林公爵（Lower Lotharingia）在布鲁塞尔建城，约10世纪，鲁汶侯爵（Leuven）与其结亲，两领地合并，12世纪鲁汶侯爵成为布拉班特公爵（Duke of Brabant），从此，布鲁塞尔成为公爵领地。

② Low Countries，包括现今荷兰、比利时、卢森堡及法国一部分。

③ 欧洲各皇室的广泛联姻使得他从其父亲美男子飞利浦（Philip the Handsome）手中继承了勃艮第公爵爵位，从其外祖父费迪南二世手中继承西班牙国王王位即卡洛斯一世，最后又接过了其祖父马克西米连一世神圣罗马帝国皇帝头衔，世称查理五世。他所拥有的欧洲领土加上西属美洲和亚洲的殖民地达到将近四百万平方公里。

④ 查理五世退位时将其哈布斯堡王朝分成奥利地和西班牙两支，分别传给其子西班牙腓力二世（Philip II）和其弟费迪南一世（Ferdinand I）。从此尼德兰地区成为了西班牙哈布斯堡家族腓力二世统治地区。

⑤ 这场革命最终由于南方贵族的妥协南部的革命被平息了，而尼德兰北部联合省则取得了斗争的胜利，1648年荷兰共和国成立了。

⑥ 1815年拿破仑战败于布鲁塞尔市郊的滑铁卢（Waterloo）。战争期间，英军曾将该建筑用作弹药库。

⑦ *Proposal for Registration of the Grand - Place in Brussels on the World Heritage List*（English Translation），File name：857. pdf，WHC Nomination Documentation，July 1998. p. 55. http：//whc. unesco. org/en/list/857/documents/

⑧ 在拿破仑战败后的维也纳会议上，比利时作为法国占领区被交与荷兰威廉一世统治成立荷兰联合王国，但其统治令比利时经济遭受很大损失，人民受到压迫，最终导致了独立战争。

⑨ *The Museum of the City of Brussels—Maison du Roi* Brussels：Stichting Monumenten - en Landschapszorg v. z. w.，1992. p18

⑩ 小于连是大广场东侧一个建于1619年的喷泉上的铜雕，关于他的来历最流行的说法是在抗击外敌入侵时，小于连机智地用尿浇灭了火药的引线，从此他成为了比利时的骄傲。从1698年到现在，他已经拥有八百多套礼服，许多国家官员、领导人来访时，都会赠予他具有各国风情的服装。

⑪ 周至禹：《丰盈与永恒——与欧洲博物馆的艺术邂逅》，重庆大学出版社，2008年版，第141页

⑫ *Tapestry in the Baroque*：*Threads of Splendor* New Haven：Yale University Press，c2007. p. 3

⑬ 由于挂毯制造工艺复杂，体量很大（宽度短则3米长则5米，长度短则5米长则9米），在空间、技术和材料方面有很高的要求，因此只有大型的纺织企业才能制作。

⑭ 15世纪后半叶，布鲁塞尔成为勃艮第朝廷所在地，公爵的喜爱和宣传带动了其后继者查理五世皇帝以及英法等国皇室、罗马教廷、意大利美第奇家族等欧洲贵族对布鲁塞尔挂毯的钟情，他们大量定制挂毯，作为奢侈的馈赠和收藏，使得这一行业在16世纪达到繁荣的顶峰。

⑮ *Tapestry in the Baroque*：*Threads of Splendor* New Haven：Yale University Press，c2007. p. 3

⑯ *The Museum of the City of Brussels—Maison du Roi* Brussels：Stichting Monumenten - en Landschapszorg v. z. w.，1992. p122

⑰ 在1450到1451年挂毯行会章程中提到，挂毯行业技术以家族方式传授；限制向布鲁塞尔以外的学徒传授技术。在图案设计和生产上也有很严格的规定。行会对所生产的挂毯内容也有限制，销售全部通过行会进行。这些规定一方面在一定程度上保证了先进的挂毯技术不会外传，保证了产品的高质量；另一方面，规范严格的管理，统一的销售渠道，保证了稳定的市场和规模生产。

⑱ Jennifer Harris. *Textiles*，5，000 *years*：*an international history and illustrated survey* New York：H. N. Abrams，1993. p. 190

⑲ *The Museum of the City of Brussels—Maison du Roi* Brussels：Stichting Monumenten—en Landschapszorg v. z. w.，1992. p74

⑳ *The Museum of the City of Brussels—Maison du Roi* Brussels：Stichting Monumenten—en Landschapszorg v. z. w.，1992. p105

㉑（英）罗杰·迈尔斯、劳拉·扎瓦拉主编，潘守永、雷虹霁等译：《面向未来的博物馆——欧洲的新视野》，北京燕山出版社2007年版，第129页。

佩加蒙博物馆概览

张亦弛（译）

译者按

在欧美的众多博物馆当中，相比于大英博物馆、卢浮宫博物馆、大都会博物馆以及冬宫博物馆而言，佩加蒙博物馆对于我们大多数中国人来说还有些陌生。我也是有幸在德国留学期间游览柏林，参观了这座在德国可称得上位列前茅的佩加蒙博物馆，参观过后颇有眼界大开、深深折服的感觉。

佩加蒙博物馆是坐落在柏林博物馆岛之上的博物馆群中的一部分。

自 1907 年起，由 Alfred Messel 根据 Wilhelm von Bode 的理念筹划，并在 1910 年与 1930 年间为了 Carl Humann 发现的佩加蒙祭坛、后古典时期德意志绘画和雕塑美术展，根据 Alfred Messel 和 Ludwig Hoffmann 的计划建造了所谓的“德意志博物馆”和前亚洲展览部（就是现在的拥有海地特、亚述、巴比伦和波斯艺术品的前亚洲博物馆以及伊斯兰艺术展览部（以及其他，例如穆萨塔宫殿）。每个展览部原先均是单独陈列的。东翼部分的古代陈列馆从 1958 年开始，整体建筑开始以“佩加蒙博物馆”命名。时至今日，整个博物馆是古代陈列馆、前亚洲博物馆以及伊斯兰艺术博物馆组成的。佩加蒙博物馆在 2007 年迎来了大约 1135000 名观众，以此雄踞所有柏林博物馆乃至德国艺术博物馆观众数量的第一名。除 2004 年外，佩加蒙博物馆从 1999 年来每年都是柏林博物馆中观众最多的博物馆。

佩加蒙博物馆正门

题写在大门上方的博物馆名称

一、历史

（一）第一佩加蒙博物馆

Fritz Wolff 在 1897 年至 1899 年间建造了第一佩加蒙博物馆，并于 1901 年以 Adolf Brütt 绘制的 Carl Humann 肖像揭幕。先前博物馆建筑的玻璃天井内就已经拥有了来自佩加蒙、普瑞恩和马甲尼西亚的建筑了。

当第一佩加蒙博物馆在 1908 年关闭后，佩加蒙雕塑被成功的重新安放到了新博物馆东展览大厅的后续建筑中。

第一佩加蒙博物馆的外观

（二）第二佩加蒙博物馆

因为在旧建筑中不能恰当的展示从巴比伦、乌鲁克、亚述古城和埃及发掘出的纪念碑式的物品，另外，一些文物损伤也随即产生（建筑的基座有下沉现象，根据相应的某些政治意愿却是可以修复的），从 1906 年起就有了 1905 年被当时的君王任命为负责人的 Wilhelm von Bode 的计划蓝图——1918 年开始在原址上为国家博物馆建设一座新的建筑。按计划，北翼的古建筑边上应该是德意志博物馆的后古典时期德意志艺术，南翼中应该是前亚洲展览部以及伊斯兰艺术展览部（其中伊斯兰展览部是 1927 年以来的计划）。

从 1907 年开始 Alfred Messel 筹划了以简洁的新经典形式呈现的纪念碑式三翼建筑。由于他 1909 年辞世，作为他的挚友，柏林建筑市议员 Ludwig Hoffmann 接任了他的建造工作。除此之外，还有其他人员参与了这个建筑项目。建筑学家 Wilhelm Wille，Walter Andrae 参与了前亚洲展览部（即今天的前亚洲博物馆）的建造，German Bestelmeyer 参与了北翼德意志博物馆的建造，Ernst Kühnel 与 Hoffmann 一起设计了伊斯兰艺术展览部（即今天有着穆萨塔宫殿的伊斯兰艺术博物馆）。Ludwig Hoffmann 与 Theodor Wiegand 一起设计了结构来源于普瑞恩、马甲尼西亚、米利都和佩加蒙的展厅，还有一个拥有佩加蒙圣坛和米利都市场大门的展厅。1910 年开始了建造工程，工程被第一次世界大战、1918 年德国十一月革命和 1922—1923 年的通货膨胀数次延误。1930 年三翼结构的建筑才得以建造完工，它里面的四座博物馆也随之开放。这个时期完工的还有按 Messel 和 Hoffmann 计划的青铜挖掘处的柱廊大厅，以及在新博物馆和青铜挖掘处之间计划中的一支翼，这一支翼是有着纳芙蒂蒂半身像的柏林埃及博物馆。博物馆建筑的立面由以下成分组成：来自图林根（三迭纪）的弗兰肯和上多莱尔贝壳石灰、卢萨蒂亚的花岗闪长岩（前寒武纪）和来自萨克森的一种岩浆岩（二叠纪）以及来自克罗地亚的石灰岩包（白垩纪）。

（三）第二次世界大战及其影响

二战时对柏林的空中轰炸使得佩加蒙博物馆损毁严重。许多展品被安置转移到了安全的地方，纪念碑式的大型古迹被部分的以墙包围起来。1945 年苏联红军的艺术保护官员为“斯大林伟大胜利博物馆”向莫斯科和列宁格勒运走了很多的展品。1958 年这些被运走的展品中的大部分库存又被归还给了德意志民主共和国。此后佩加蒙圣坛继续按 1930 年的策划再次被建造，但德意志博物馆再也没被建造起来。起先在德意志博物馆中展出的收藏品大部分展览在位于西柏林达勒姆博物馆中心的美术画廊和雕塑陈列馆中。其余库存或在 Flakbunker Friedrichshain 被焚毁，或者以违反国际法的状况收藏在莫斯科普希金博物馆和圣彼得堡埃尔米塔日博物馆的馆库中。对于包含著名的特洛伊之金在内的藏品归还，在 1990 年德国与前苏联就以协议的方式确定了下来，但是至今一直被俄罗斯杜马和莫斯科的博物馆负责人们所阻挠。佩加蒙博物馆已经开设了古代陈列馆、前亚洲博物馆、伊斯兰博物馆、东德新建的东亚陈列馆和德意志民俗博物馆；后两者在 19 世纪 90 年代初再次被搬出，并与在达勒姆的兄弟展览组成了一个整体新展览。

1951 年博物馆岛上的伯德博物馆和佩加蒙博物馆

二、展览陈列

佩加蒙博物馆拥有三个博物馆的收藏：古代陈列馆，伊斯兰艺术博物馆和前亚洲博物馆。博物馆展陈了不同的古代纪念碑式建筑，其中最重要也是最著名的展品是：

佩加蒙圣坛

米利都市场大门

伊丝塔大门和古巴比伦的行列大街

穆萨塔宫殿

佩加蒙圣坛

Thraseas 和 Euandria 的浮雕

穆萨塔宫殿

古巴比伦的伊丝塔大门

（一）古代陈列馆

古代陈列馆要追溯到勃兰登堡选帝侯时代，它里面收集展出了精典古代器物。1698 年收购了一位罗马考古学家的收藏为原来的古代陈列馆奠定了基础。1830 年一部分展品首次可供参观的开放标志着旧博物馆的开放。在奥林匹亚、萨摩斯岛、佩加蒙、米利都和迪迪姆进行的考古发掘也为展览的做了很有意义的补充。

随着二战后德国的分裂，古代陈列馆也被分解。佩加蒙博物馆 1959 年在东柏林重新开放，而在西柏林存放的藏品直到 1995 年才在夏洛滕堡宫对面的是 Stüler 馆得以展示。

那时的古代陈列馆是被分成两部分展出的：佩加蒙博物馆和旧博物馆的主皇宫。佩加蒙博物馆中的展出部分是古希腊和古罗马的艺术珍品：建筑艺术、雕像、铭文、镶嵌细工、青铜器、珠宝首饰。两个最吸引人的地方一是公元前2世纪的佩加蒙圣坛，它表面的雕饰花纹壮观的展示了神话中天神和巨人间的战争，再有一个是罗马时期的米利都市场大门。展览更进一步的主要部分是来自 Keratea 远古时期的柏林女神以及来自塔兰托近古时期的王座女神。

（二）伊斯兰艺术博物馆

8世纪到19世纪间伊斯兰艺术博物馆陈列从西班牙到印度这片土地上出现的的伊斯兰艺术。在泰西封、萨迈拉和塔布加进行的考古挖掘活动和可能的收获使得尤其是埃及、中东地区和伊朗成为了重中之重。其他地域则通过重要的单个或多个展品来代表，比如，莫卧儿帝国的书法、小装饰绘画，或者西西里岛的象牙工艺品。

（三）前亚洲博物馆

在前亚洲馆内展出的展品是德国东方学会的科学家们考古发掘出的，这些考古发掘涉及了苏美尔、巴比伦、亚述这些古代文明的地域。其中包括了大量的纪念碑式的文物建筑、浮雕，还有一些小型的工美器物、首饰、实用器物。

特别引人注目的还有古巴比伦伊丝塔大门、门前铺设的古巴比伦行列大街的一部分，以及尼布甲尼撒二世的王座宫殿。

三、博物馆岛的总体规划

在柏林博物馆岛的整体框架内，佩加蒙博物馆应该是处在整体的中心地位，因为它巧妙的将新博物馆、伯德博物馆、老国家画廊和新建的入口建筑连接在了一起。

在2000年为改建而举行的设计竞标中，来自克隆的建筑师 Oswald Mathias Ungers 最终胜出。依照他的想法整座建筑将被翻新。因为在 Ungers 的计划中，翻新很大程度的牵扯到对佩加蒙博物馆1930年来未曾改变过的原始建筑材料的干涉，使得他的方案饱受争议。原有在荣誉大厅中19世纪80年代修建的连接通道将被抽象的入口柱廊所取代，至今仍朝东敞开的大厅将被一个建于基架上四层的侧房所封闭。原来拥有德意志博物馆的北翼将以原先的形态很大程度上得以保留，但其中的一些部分将会被彻底改建，以通过这一次对魏玛共和国的博物馆改革的方案，使它更少地存留下来。

人们可以通过位于底层的“考古大道”到达其他博物馆建筑。这一想法也因经费和教育提纲的原因存在争议。从2008年开始，佩加蒙博物馆将在不确定的时间分段装修。但资金问题至今没有落实。

参考文献：

① Wikipedia. Pergamonmuseum. [2010-05-01]. http://de. wikipedia. org/wiki/Pergamonmuseum

② Wikipedia. Pergamonmuseum. [2010-05-01]. http://de. wikipedia. org/wiki/Museum_ f%C3%BCr_ Islamische_ Kunst_ (Berlin)

2009年大事记

1月6日 经北京市文物局党组会研究决定，北京市文物局党组成员、副局长崔国民同志正式兼任首都博物馆党委书记、常务副馆长、法人代表。

1月15、16日 召开首都博物馆2009年工作计划会，中层以上干部参加会议，部门主任对本部门2009年工作进行主题发言，主管馆长进行点评，并提出相应的工作思路。

1月18日 由我馆主办，北京市朝阳区文化馆、北京民间文艺家协会协办的《牛年吉祥民俗风情展》、我馆与陕西汉阳陵博物馆、西安经文牛文化陶瓷博物馆共同主办的《牛年说牛文化文物展》开幕。国家文物局副局长张柏、中国国际广播电台副台长王云鹏等嘉宾出席开幕仪式。展览2月10日结束。

1月21日 召开首都博物馆可持续发展问题专家意见征询会，邀请国家文物局博物馆司司长宋新潮、故宫博物院副院长李季、中国博物馆学会秘书长、中国友谊博物馆副馆长安来顺、北京大学考古学院博物馆专业主任宋向光4位博物馆行业专家为我馆下一步的发展建言献策。

1月23日 市委宣传部常务副部长陈启刚同志一行4人来我馆检查安全工作，北京市文物局副局长、首博党委书记崔国民、副馆长安理陪同检查。

1月23日 召开2008年安全工作暨表彰大会。副馆长安理主持会议、馆长郭小凌、副馆长姚安、高凯军参加。会上，馆领导向荣立北京市公安局集体三等功的安保部、个人三等功的3位同志、个人嘉奖的6位同志和市文物局安全工作先进个人51位同志颁发了证书。

1月 原北京市人大常委会副主任武光，向首博捐赠了《共产党人》（第十三期）一册，我馆向武光同志颁发了《首都博物馆捐赠证书》。这本《共产党人》第十三期，是反映抗战时期我党历史的实物资料，对研究我国的近现代历史具有一定的参考价值。

2月16日 台北故宫博物院院长周功鑫女士一行9人到我馆参观。馆长郭小凌热情欢迎周院长一行的到来。在郭馆长的陪同下，周院长一行饶有兴趣地参观了《北京文物精品展》、《京城旧事——老北京民俗展》。周院长以论语句“依于仁，游于艺”为题词赠予我馆。

2月17日 由宝马中国和华晨宝马、中国艺术研究院、中国非物质文化遗产保护中心共同举办的“京杭逸韵——2008‘BMW中国文化之旅’成果展”在我馆开幕。该展览展至3月8日结束。

2月20日 中国文联主席团委员、中国摄影家协会分党组书记、副主席兼秘书长、《世界遗产》画册总策划兼执行主编李前光先生作为捐赠代表，向我馆捐赠了该画册，馆长郭小凌接受捐赠，并向李前光先生颁发了“首都博物馆捐赠证书”。

2月27日 首博党委召开学习实践科学发展观活动总结测评会，崔国民书记代表党委通报了首博学习实践活动的总体情况以及取得的成效和收获。全馆中层以上干部、党员、职工代表共92人参加了测评，其中，评价为“满意”的达到83.7%，评价为“比较满意”的达到16.3%，评价为“不太满意”和“不满意”的为零。

3月1日 为了进一步落实政府惠民政策，更好的发挥博物馆社会服务的职能，我馆再次对免费参观办法进行了调整。将预约参观名额从原有的每日4000名上调至每日6000名，同时还将预约时间限制从提前3天预约缩短为提前1天预约，方便了观众的预约参观。

3月20日 为了彰显中国传统文化之魅力，由北京市文物局主办，首都博物馆、北京艺术博物馆与北京市元青花文化交流中心合作承办的《青花的记忆——元代青花瓷文化展》在首都博物馆开幕。展览汇集了国内外25家博物馆（收藏机构）的73件元代青花瓷。国家文物局副局长董保华、北京市委宣传部副部长陈冬等领导出席开幕式。展览展至6月21日。

3月20日 由北京市文物局主办，首都博物馆、北京艺术博物馆、北京市元青花交流中心承办的《元青花瓷与中华文化国际论坛》研讨会在我馆召开，12位代表在论坛上围绕元青花的有关问题做了学术报告。本次论坛收到国内外学者提交的论文30余篇。

3月25—27日 由越南国家历史博物馆副馆长、越南国家博物馆新馆建设委员会董事长、法人代表阮文强先生带队的“越南国家博物馆新馆建设委员会”一行16人来我馆进行了友好交流和业务考察。

3月30日 首都慈善公益组织联合会向我馆捐赠“慈善明星集体奖”奖瓶。我馆接受了捐赠，并向捐赠方颁发了《首都博物馆捐赠证书》。这件“慈善明星集体奖”奖瓶不仅记录了首都各慈善机构及个人所作的贡献，也体现了首都人民对社会慈善公益事业的热情，是一份值得回忆的永久纪念。

3月 由我馆策划编著、文物出版社出版、北京雅昌彩色印刷有限公司制版及深圳雅昌彩色印刷有限公司印制的《中国记忆——五千年文明瑰宝》大型画册荣获“中国最美的书”、“香港印制大奖”、“世界最美的书”等称号。

3月 由市委宣传部、市文物局报送，我馆撰稿、拍摄制作的电视专题片《首博奥运纪实》在北京市“服务奥运、奉献奥运”优秀党员电教片评比活动中荣获二等奖。

3月 由我馆策划编制的《物华天宝——高精度文物影像》多媒体光盘，分别荣获“第二届中华优秀出版物奖”和“第三届中国数字出版优秀作品奖”。

3月 热心市民张书云女士向我馆捐赠海鸥牌120照相机一台，我馆接受了捐赠，并向捐赠人颁发了《首都博物馆捐赠证书》。120照相机是二十世纪五十至七十年代的产物，通常是指中型片幅相机，而海鸥牌则是当时国内知名的照相机品牌。

4月8日 尼泊尔联邦民主共和国外交部长乌彭德拉·亚达夫一行8人来我馆参观了《古代玉器艺术精品展》、《燕地青铜艺术精品展》、《古代佛像艺术精品展》及《京城旧事——老北京民俗展》。

4月13日 首博党委组织党员观看由国家统计局总经济师姚景源主讲的“当代中国经济形势”党课。

4月15日 首博党委向全体在职党员发出通知，积极参加平安北京建设社区志愿服务，共有48名党员在所在社区报名参加志愿服务，年底统计，14名党员参加志愿服务518小时。

4月20日 由我馆和瑞典马尔默艺术博物馆共同主办的“源自宋代瓷片中的瑞典现代艺术——郘拉·克雷茨及古斯塔夫·克雷茨雕塑作品展”在首博开幕。展出的99件雕塑作品，题材涉及人物、动物和日常物品。所有展品的创作灵感均来源于瑞典艺术家对中国宋代瓷片的审美感受。展览的设计师克雷茨夫妇是两位来自瑞典的当代杰出艺术家。展览于6月12日结束。

4月22日 馆长办公会审核通过“首都博物馆多功能厅管理规定”、“首都博物馆场地出租管理暂行办法”和“首都博物馆场地出租收费标准”。

4月24日 联合国副秘书长沙班先生在中国对外翻译出版公司的陪同下来我馆参观。沙班先生饶有兴趣地参观了我馆基本展陈《古都北京·历史文化篇》、《京城旧事——老北京民俗展》及《北京文物精品展》。参观结束后，沙班先生与我馆接待人员在“景德街”牌楼前合影留念。

4月25日 “内蒙古乌拉特前旗北京知青物品捐赠仪式”在我馆举行。此次捐赠活动的捐赠人是曾经在内蒙古乌拉特前旗插队的20位老知青。捐赠物品包括老照片、日记、手稿、书信、插队时的生活用品、劳动工具等，共计102件。这些老照片、手稿、信件、生活用品及劳动工具等，是一段特殊历史时期的实物见证，它们丰富了我馆近现代藏品的内容，也为我们研究当时的社会历史提供了实物依据。

4月27日 由湖南省株洲市人民政府、湖南省文化厅主办的“历史的釉光——湖南醴陵釉下五彩瓷珍品展”在收博开幕。展览通过清末至现代的97件套醴陵釉下五彩瓷，展示了醴陵釉下五彩瓷从起源到为国瓷的成长历程。全国人大常委会副委员长顾秀莲女士，国家工商总局周伯华局长等领导出席开幕仪式。展览于6月20日结束。

4月 我馆被评为“2008年度首都文明单位标兵”。

5月3日 中央政治局委员，北京市委书记刘淇同志一行8人来我馆参观，北京市文物局副局长于平、我馆副馆长安理陪同。

5月6日 由中共什邡市委、四川省什邡市人民政府主办的《重生——什邡512地震周年纪念展》在首博隆重开幕。展览分序言、北京援建、什邡历史文化三个部分，反映什邡历史、地震、救灾、援建等方面的摄影作品230幅，重建项目模型6个以及体现什邡地区特色的文物36件。北京市副市长陈刚，市委副秘书长肖培等领导出席了开幕式。展览于5月31日结束。

5月11日 由中华人民共和国文化部、国家广播电影电视总局、北京市人民政府主办的《坚忍卓绝——2008·五月记忆》大型油画展在首博开幕。此幅大型油画全景式记录了中华民族波澜壮阔的抗震救灾斗争和灾后重建工作，以生动写实的手法和充满感染力的绘画语言形象地描绘了大地震的惨烈和救灾过程中感人场景及英雄形象，表现了党的赤诚关怀和全国人民万众一心、不怕艰险、百折不挠的乐观精神。中央政治局委员、国务委员刘延东，文化部党组副书记、副部长欧阳坚，文化部副部长赵少华，文化部外联局局长董俊新，北京市委宣传部副部长常卫等领导出席开幕式。展览于5月14日结束。

5月13日 由首都博物馆和北京铁路局共同举办的“工业遗产——京张铁路青龙桥车站”展览在延庆县八达岭镇青龙桥车站开幕。该展览是首博对北京工业遗产调研的重要组成部分，也是博物馆社会职能和社会责任的具体体现。

5月14日 首都博物馆党委向市文物局党组报请成立首都博物馆团委。

5月20日 首都博物馆积极落实北京市委关于防控甲流的要求，在我馆多功能厅组织职工观看《紧急行动：防控甲型H1N1流感》专题片光盘，全馆共有130多名职工观看此片。

5月21日 首都博物馆党委会决定，按馆领导分工，将首博党支部由六个调整为七个。7月底完成6个在职支部的支部委员会改选工作。

6月2日 美国财长蒂莫西·盖特纳来我馆访问。北京市文物局副局长崔国民对盖特纳的到访表示欢迎，并向盖特纳财长赠送了“伯矩鬲的琉璃仿制品”，盖特纳财长表示感谢。盖特纳参观了《古都北京·历史文化篇》展览。

6月11日 我馆邀请崇文区纪委副书记杨春发同志在多功能厅做廉政风险防范管理工作辅导讲座，首博中层以上干部、党员、职工约150人聆听了讲座。

6月17日 我馆迎来了参加“数字技术在文化遗产保护与传播领域应用的考察活动”的各位专家。“首都博物馆信息集成应用系统”建设完成后，一直受到文博界领导和专家的好评与重视，同时也受到科技界专家的关注。此次北京数字科普协会特别组织包括中国工程院院士何新贵、原北京市信息化工作办公室主任华平澜、原工业和信息化产业部研究院院长柳纯录、中国科协科普部资源处处长吴小林在内的30余位专家来到我馆进行专题考察。

6月19日 由中华慈善总会、中国艺术研究院等单位主办的“明天会更好——纪念汶川地震一周年慈善爱心书画艺术交流展开幕式暨书画交流创作笔会”在首博举行。展览共展出捐赠书画作品近200幅，囊括了数位党和国家领导人的亲笔题词、著名书画家沈鹏、王琦、娄师白、廖静文等人的优秀作品。这次活动不仅弘扬了慈善公益的理念，同时促进了书画艺术的交流。全国人大副委员长周铁农，原全国人大副委员长何鲁丽、顾秀莲，原全国政协副主席孙孚凌等领导出席开幕式。展览于6月21日结束。

6月25日 由中华人民共和国交通运输部和北京市人民政府共同捐赠的“中国公路零公里标志”牌入藏我馆。该标志牌为青铜质地，造型设计吸取了中国传统文化中“天圆地方”的概念，图形采用中国古代表征方向的四方神青龙、白虎、朱雀、玄武的形象，分别代表东西南北四个方向，用古代车轮的形象代表以首都北京为中心，四通八达的中国公路网。“中国公路零公里标志”牌入藏，丰富了我馆的馆藏，同时，该标志作为中国公路起点的象征，具有重要意义。

6月30日 由中国美育大家绘画工程组委会、世界遗产论坛组委会共同主办的《2009中华颂·世界文化遗产主题油画风景系列作品展》在首博开幕。本次展览汇集了闻立鹏、李天祥、靳之林、王胜利、孙为民等五十多位著名油画家精心绘制的174幅大型主题性风景系列油画，这些作品以中国成功申报世界文化遗产的36处自然和人文景观为主题，凸显了祖国五千年历史的灿烂文明，并同时表达了保护文物古迹的重要性。展览于7月5日结束。

6月30日 北京电影制片厂一级美术师、北京文物保护学会会员张先得先生将他自己绘制的一百幅表现老北京城门风貌的水彩画捐赠给我馆。我馆向捐赠人颁发了《首都博物馆捐赠证书》。这一百幅水彩画用艺术的表现手法，再现了老北京各个城门及古建筑的风貌，也是对北京城市建设的真实反映。被北京市地税局选定为印花税票的图案。

6月30日 六件宋代绞胎捶丸，一件龙山文化蛋壳黑陶双耳尊，共计七件文物入藏首都博物馆。这是收藏爱好者姜爱国、庞运华分别捐赠给首博的。我馆向两位捐赠人颁发了《首都博物馆捐赠证书》。

6月 首都博物馆被西城区委评为“西城区区域党建先进单位”。

6月 我馆开展党风廉政宣传教育月活动，制定出活动计划，积极参加局里安排的各项活动，与廉政风险防范管理工作相结合，采取集中教育和分散教育相结合的形式，组织党员观看警示教育片《贪之害》，学习市委常委、市纪委书记马志鹏以《加强党性修养、树立和弘扬良好作风》为题撰写的党课材料，以“促进博物馆科学发展”为选题，开展调研活动，撰写《树立科学发展观，推动首博科研工作新发展》调研文章。

6月 我馆开展学习实践科学发展观活动整改落实“回头看”工作，制订出五年发展规划，切实解决了群众反映强烈、涉及群众切身利益方面的一些问题，12 项整改措施均得到了落实，对实现首博展览、科研、开放接待等各方面工作的科学发展起到了积极的推动作用。

7 月 1 日 首都博物馆被北京市文物局党组评为“先进基层党组织”。

7 月 5 日 由中国 2010 年上海世博会组织委员会主办的《走进世博会——中国 2010 年上海世博会暨世博会历史回顾展》在我馆隆重开幕。展览通过 200 余幅历史照片和部分珍贵实物展品，综合介绍了自 1851 年起至 2008 年世界上举办过的各种类型的世博会，系统阐述了世博会的由来、发展历程、世博会与人类近代社会文明、文化发展的关系。中共中央政治局委员、国务院副总理、上海世博会组委会主任委员王岐山；中共中央政治局委员、上海市委书记、上海世博会组委会第一副主任委员、执委会主任俞正声；国际展览局秘书长洛塞泰斯；北京市市长郭金龙；中国贸促会会长万季飞等领导出席了开幕仪式。展览于 7 月 25 日结束。

7 月 15 日 党和国家领导人胡锦涛、吴邦国、温家宝、贾庆林、李长春、习近平、李克强、贺国强、周永康分别来到我馆，参观了“走进世博会——中国 2010 年上海世博会暨世博会历史回顾展览”。

7 月 21 日 由中国人民对外友好协会与中国国际友好城市联合会共同主办的《庆祝新中国成立六十周年——中国城市书画艺术交流展》在首博开幕。本次展览由四个部分近 200 幅书画作品组成。全国政协副主席李金华，中国人民对外友好协会会长、中国国际友好城市联合会会长陈昊苏等领导出席开幕式并为展览剪彩。展览于 7 月 26 日结束。

7 月 28 日 馆长办公会审核通过“首都博物馆办公自动化方案”。

7 月 我馆开展纪念建党 88 周年活动，拟订了详细的活动方案，组织党员到门头沟平西挺进军指挥所旧址开展党日活动，举行了新党员宣誓和老党员重温入党誓言的仪式，走访慰问了老干部、历年受表彰人员和困难党员，组织了共产党员献爱心活动，211 名党员群众捐款 8970 元。

8 月 17 日 北京盛德林文化有限公司向首都博物馆捐赠了“世界大同宝盘”。副馆长姚安向捐赠方代表颁发了《首都博物馆捐赠证书》。“世界大同宝盘”由多位艺术家及多家单位共同为国庆六十周年而设计制作的。宝盘质地为瓷，直径 120 厘米，盘内中间部分是我国当代著名书法家董凤树先生手书的《礼运大同篇》，周边及底纹选用了极具中国传统文化特色的图案和纹饰。

8 月 17 日 由蒙古国驻中国大使馆和新华通讯社新闻信息中心联合主办的“友谊合作的一甲子——纪念蒙中建交 60 周年图片展”在首博开展。展览展出图片 150 余幅，从高层交往、政治合作、经济合作、军事交流、人文交流、地方交流等不同层面，真实再现蒙中两国 60 年来交流合作的辉煌历程。展览于 8 月 30 日结束。

8 月 18 日 由北京市文物局主办，首都博物馆与全国 25 家文博机构合作承办的《千古探秘——考古与发现》展在首博开幕。展览汇集从商代甲骨、周代盟书到古代西域的“微笑”干尸，共 260 多件套国内历年出土的文物精品。国家文物局副局长张柏、博物馆司司长宋新潮、国家博物馆副馆长董琦、市委宣传部副巡视员张柏华等领导出席开幕仪。展览于 11 月 30 日结束。

8 月 18 日 由首都博物馆与北京市朝阳文化馆合作主办的《城市记忆——百姓之家》展在首博开幕，展览通过复原建国以来自 50 年代到改革开放，直至新千年各时代普通北京人的家居场景，及昔日承载着吃穿住行的 800 余件“老物件”，讲述着六十年北京人的梦想和追求，使历史陈列回归“人的世界”，实现“精神关怀”的价值功能。展览于 10 月 31 日结束。

8 月 紫砂雕塑“海听涛声”入藏首都博物馆。这件作品是著名工艺美术师、陶艺家范泽锋先生为纪念中华人民共和国成立六十周年设计、制作。副馆长姚安向范泽锋先生颁发了《首都博物馆捐赠证书》。

9月2日 原全国人大副委员长布赫及家属一行8人在北京市人大常委会副主任吴世雄的陪同下到首博参观，副馆长王武钰对客人的来访表示欢迎，并陪同参观了《千古探秘——考古与发现》、《城市记忆——百姓之家》和《北京文物精品展》。

9月3日 北京市文物局在首博召开了《北京京西工业遗址保护展示研究和展示服务试点工作》的中期成果验收会。国家文物局、北京市文物局、清华大学的相关领导和专家出席了此次会议。与会领导和专家听取了首博所作的《北京京西工业遗址保护展示研究和展示服务试点工作》的工作汇报，审阅了相关材料，并对有关问题进行了讨论。

9月10日 党委组织全体党员和积极分子在多功能厅观看警示教育专题片“反对邪教警钟长鸣”，教育广大党员坚定了严防“法轮功”等邪教组织的捣乱破坏活动，确保首博为庆祝建国60周年而举办的展览活动及场馆绝对安全。

9月17日 “《北京人》答谢北京人赠书仪式”在我馆举行。画册《北京人》收录了著名肖像摄影家、清华大学教授邓伟的66幅作品，分为“胡同”与“广厦”两部分。通过一幅幅生动、传神的人物肖像和特定场景，见证了快速发展中的北京城和北京人。

9月22日 为庆祝新中国成立六十周年，由首博主办的大型民族历史文化展“多彩中华”开幕。本次展览汇聚了国内十二家文博单位的百余套民族文物精品。通过民族服装和各种工艺品的展示，带领观众探索中华民族的多元文化。为配合本次展览，我馆还在礼仪大厅进行每天两场免费的原生态民族歌舞“魅力花瑶”展演，展现了中华民族的和谐与进步。展览于11月20日结束。

9月26日 由国家文物局、科技部、财政部、文化部主办，故宫博物院、国家博物馆、社会科学院考古研究所、北京市文物局协办，首都博物馆承办的《早期中国——中华文明起源展》在首博开幕。来自全国13个省、市、自治区共23家单位的212组件珍贵文物参展，很多展品是在北京首次亮相。体现了公元前3500年至公元前1400年中华文明起源与早期发展历程，展示了“中国”从萌芽到初创的发展脉络，揭示了中国早期文明对中华传统文化的深远影响，是我国第一次以展览的形式向社会公众宣传、展示中华文明的起源历程。中共中央政治局委员、国务委员刘延东、文化部部长蔡武、科技部副部长刘燕华、国家广播电视总局副局长胡占凡等领导出席了开幕式。展览于10月30日结束。

9月28日 建国六十周年，我馆组织党员观看电影《建国大业》，既对党员进行了爱国主义教育，又丰富了党日活动内容。

10月18日 经馆长办公会决定，在年中聘任副科级中层干部并对部分副职进行不同部门岗位轮换的基础上，继续进行第二轮中层干部的聘任，并对现有正职进行了适当的岗位轮换。黄雪寅同志作为馆长助理协助崔国民书记和高凯军副馆长工作，同时兼任首都博物馆专家委员会秘书长；成立临时展览部，由祁庆国同志担任主任；资料信息研究中心与计算机管理中心重新合并，由孙五一同志担任主任；王春城同志兼任策划交流部主任。龙霄飞同志担任业务研究部主任。

10月25日 《最美的书：第七届全国书籍设计艺术展览》开幕式在中国国家大剧院拉开帷幕。展览汇聚了2003到2008年一大批优秀书籍设计艺术作品，是中国出版业和书籍设计界历史最久、规模最大、最具权威性的赛事。我馆所编写的《中国记忆——五千年瑰宝展》、《千古探秘——考古与发现》、《多彩中华》参选本次展览，其中《中国记忆——五千年瑰宝展》荣获2009年度“世界最美的书”称号，并作重点展示。

10月28日 北京市文物局、首都博物馆举办“北京·2009博物馆合作会议”，邀请了支持首博举办建国六十周年展览的60个省、市、自治区、文化文物局及博物馆领导来到北京，在首都博物馆欢聚一堂，共同探讨展览合作的经验和前景，并借此机会向各省、市、自治区的无私支持表示真挚的谢意。

10月28、29日 暂存首都博物馆的奥运文物已移交奥运博物馆，根据奥组委善后办［2009］8号文的要求，首博文物资源调查征集部与北京奥运博物馆筹备处工作人员，在首博库房进行了202件套奥运文物的点交工作。其中193件套是首博为北京奥组委代管的文物，进行永久移交；其余9件套为我馆馆藏奥运文物。

10月 我馆拍摄的“迎国庆讲文明树新风”专题片《首博——文明相伴》。被首都精神文明建设委员会办公室评为“迎奥运讲文明树新风”专题片征集活动优秀作品。

11月8日 由首都博物馆主办，北京翰海拍卖有限公司承办的《盛世气象—海峡两岸重要藏家文物收藏高端展》和《海外华人重要书画珍藏展》在首博开幕。《盛世气象—海峡两岸重要藏家文物收藏高端展》是海峡两岸收藏界联袂举办的公益性文物收藏展，展览萃集了两岸重要藏家倾心珍藏的自宋代至清代的书画、瓷器、玉雕、文房清供等文物展品，共计70余件。《海外华人重要书画珍藏展》荟集了已故著名美籍华人收藏家王己千（季迁）先生旧藏，以及家族成员部分藏品近30件。作品展示出中国传统绘画自两宋至明清近千年来鼎盛时期的基本风貌和璀璨成果，书画珍品题材丰富、内容精典，将为国内古代书画爱好者提供一次难得的观赏机缘。展览于11月29日结束。

11月10日 由中国人民政治协商会议北京市委员会办公厅主办的“北京市政协成立六十周年书画展”在首博展出。展览共展出书法、绘画作品118幅。中共中央政治局常委、北京市委书记刘淇、全国政协副主席孙家正、北京市政协主席阳安江等领导出席了开幕仪式。展览于11月17日结束。

11月10日 由北京收藏家协会主办的“中国历代纸币展”在我馆隆重开幕。展览展出中国历代纸币2500种，展品来自中国、中国香港、中国台湾、英国、加拿大、新加坡、马来西亚、日本等国家和地区的80多位纸币收藏家的珍藏。全国人大教科文卫委员会副主任、原国家体育总局党组书记李志坚，中央党史研究室副主任龙新民，国家文物局局长单霁祥等领导出席了开幕式。展览于11月20日结束。

11月17日 由西城区教委组织的中小学生“魅力北京 辉煌中国”社会大课堂活动在我馆举办。参与这次活动的学校有44中学、白云路小学、35中学和北京裕中中学。这次活动不仅丰富了学校的教学形式和内容，也为我们今后进一步开展活动提供了有益的经验。

11月 在首博党委的支持下，开放部在开放区域开展了“迎国庆—争当‘首博服务之星’”活动，从仪表、着装、仪态、工作状态四个方面对员工的表现进行检查和综合打分，评选“首博服务之星”。评比中共有21名员工被评为“首博服务之星”，部门新成立的临展区被评为“首博团队服务之星”。

11月 首都博物馆被首都精神文明建设委员会评为首都“迎奥运讲文明树新风”活动先进单位。

11月 首都博物馆被北京市旅游局评为“庆祝新中国成立60周年华诞 ——安全保障先进单位”。

12月3日 由中国国际友谊促进会和匈牙利驻华大使馆主办、《欧洲丝绸路》杂志社协办的《中匈建交六十周年图片展》在我馆开幕。本展览以历史发展为主线，展示67幅新闻照片及匈牙利摄影家的摄影作品，不仅回顾了中匈两国历届领导人发展和培育中匈友谊的历程，还从不同角度、不同层面再现了两国人民为建设自己的国家以及为促进中匈友谊而努力的精神风貌。中国国际友谊促进会副理事长黎虹、匈牙利驻华大使库绍伊·山道尔等嘉宾参加了开幕式。展览于12月5日结束。

12月11日 由澳门特别行政区政府主办的“澳门特别行政区10周年成就展”在首博开幕。展览通过大量图片、文字、模型和实物，配合新颖的多媒体影音技术效果，以活泼生动的形式，形象地展示了澳门回归祖国十年的发展和成就，以及城市风貌与韵味，使观众对澳门有全方位的体验和感受。中共中央政治局常委、国家副主席习近平出席开幕式并为展览揭幕。全国政协副主席、国务院港澳办主任廖晖、澳门特别行政区行政长官何厚华分别在开幕式上致辞。中共中央政治局委员、北京市委书记刘淇，国务委员刘延东，中央统战部部长杜青林，澳门新任特首崔世谙出席了开幕式。展览于2010年1月13日结束。

12月11日 中央领导胡锦涛、吴邦国、温家宝、贾庆林、李长春、习近平、李克强、贺国强、周永康陆续抵达首都博物馆，在澳门特别行政区何厚华、崔世谙两位特首的陪同下仔细观看了“澳门特别行政区10周年成就展”。

12月15日 由华晨宝马、中国艺术研究院、中国非物质文化遗产保护中心共同举办的“BMW中国文化之旅三年成果展”在首博开幕。展览以丰富的声音、影象与文字资料为公众鲜活地再现了从苍茫隔壁到雄伟运河，从丝竹锦绣到汉藏之边的瑰丽文化长卷。中国艺术研究院副院长、非物质文化遗产保护中心常务副主任张庆善先生、宝马汽车贸易有限公司总裁史凯先生等出席了开幕仪式。展览于12月23日结束。

12月15日 北京市副市长刘敬民在新馆业主委员会主任秦德海的陪同下到首博参观。市文物局副局长崔国民、首都博物馆副馆长齐密云等陪同。

12月22日 法国总理弗朗索瓦·菲永夫人佩内洛普·菲永一行8人在中国驻法大使孔泉夫人王莺莺的陪同下到首博参观。馆长郭小凌在北门外热情欢迎法国总理夫人的到来。并为总理夫人简单介绍了我馆的情况，总理夫人饶有兴趣地参观了《北京文物精品展》、《京城旧事——老北京民俗展》及《燕地青铜艺术精品展》。

12月23日 领导班子在广泛征求群众意见的基础上召开了民主生活会，围绕贯彻科学发展观、党性修养和作风养成、廉洁自律以及落实党风廉政建设责任制等方面，对照群众提出的7点建议，开展了批评与自我批评，并制订了8项下一步的改进措施。

12月25日 北京市文物局副局长崔国民及组织宣传处、纪检监察处等3人到首博检查验收2009年我馆目标责任书的各项工作，首都博物馆中层以上干部、在职党员、职工代表82人参加了会议。与会人员对馆领导班子和各位馆长从德、能、勤、绩、廉等方面进行了测评。验收组成员认真观看了我馆2009年各项工作的成果展示。

12月26日 北京电视台《这里是北京》栏目相关物品的捐赠仪式在首都博物馆举行。北京电视台副总编辑华艺、公共频道主任赵福明、首都博物馆馆长郭小凌、副馆长王武钰等出席了捐赠仪式。《这里是北京》栏目组将2005年以来的全部节目光盘和相关栏目资料捐赠给首博，包括《这里是北京》图书、印章、演播室中使用的桌椅、屏风等，共计三十余件套。

郭小凌馆长陪同台北故宫博物院院长周功鑫女士参观

《源自宋代瓷片中的瑞典现代艺术——邬拉·克雷茨及古斯塔夫·克雷茨雕塑作品展》开幕式

美国财长蒂莫西·盖特纳来我馆参观

《千古探秘——考古与发现》开幕式

观众正在参观《城市记忆——百姓之家》展览

《多彩中华》展览开幕式

《澳门特别行政区10周年成就展》

法国总理夫人佩内洛普·菲永来我馆参观